Die Rosenburg

Das Bundesministerium der Justiz und die NS-Vergangenheit – eine Bestandsaufnahme

Herausgegeben von
Manfred Görtemaker und Christoph Safferling

2. Auflage

Vandenhoeck & Ruprecht

Bibliografische Information der Deutschen Nationalbibliothek

Die Deutsche Nationalbibliothek verzeichnet diese Publikation in der Deutschen Nationalbibliografie; detaillierte bibliografische Daten sind im Internet über http://dnb.d-nb.de abrufbar.

ISBN 978-3-525-30046-6
ISBN 978-3-647-30046-7 (E-Book)

Umschlagabbildung: © Gerd J. Nettersheim

Satz: textformart, Göttingen
Druck und Bindung: ⊕Hubert & Co, Göttingen

Gedruckt auf alterungsbeständigem Papier.

Inhalt

Vorwort

Bevor Roland Freisler Präsident des Volksgerichtshofs wurde, war er mehrere Jahre Staatssekretär im Reichsministerium der Justiz. In dieser Eigenschaft verfasste er 1938 das Buch *Nationalistisches Recht und Rechtsdenken*. Darin heißt es: »So ist die Grundlage des [...] Rechts nicht seine gesetzliche Fassung, sondern die durch die nationalsozialistische Revolution gewandelte deutsche Lebensanschauung. [...] Das Gesetz ist heute nicht weltanschaulich neutral, sondern weltanschaulich gebunden; denn es ist feierlicher Ausdruck des Willens der nationalsozialistischen Volksführung, des Führers selbst.«[1]

Ideologisch-inhaltlich geprägte Gesetze sind ein Bruch mit dem Grundsatz, dass alle Menschen vor dem Gesetz gleich sind – unabhängig von Herkunft, Religion oder Rasse. Genau das hat die Gesetzgebung und Rechtsprechung des nationalsozialistischen Regimes gekennzeichnet. Willkür und Verletzung der Menschenwürde derjenigen, die nicht in die Ideologie des Rassismus passten, waren die Folge. Eine Ausgabe von Freislers Buch findet sich heute in der Bibliothek des Bundesjustizministeriums. Offenbar wurde es in früheren Jahren wieder angeschafft – es trägt den Stempel des ersten Dienstsitzes des Hauses, der Rosenburg bei Bonn.

Nach dem Untergang des sogenannten »Dritten Reiches« und der Gründung der Bundesrepublik Deutschland wollte deren erster Justizminister Thomas Dehler das Bundesministerium der Justiz zu einer »juristischen Bauhütte« machen.[2] Beim organisatorischen Aufbau des Ministeriums orientierte er sich am Reichsjustizministerium aus der Zeit der Weimarer Republik. Personelle Anknüpfungen gab es allerdings auch an das Justizministerium im »Dritten Reich«[3]. Und daraus ergibt sich die Problemstellung

1 *Roland Freisler*, Nationalsozialistisches Recht und Rechtsdenken (= Schriften des Reichsverbandes Deutscher Verwaltungsakademien), Berlin 1938, S. 95.

2 *Udo Wengst*, Thomas Dehler 1897–1967. Eine politische Biographie, München 1997, S. 142. Das Bild wurde zunächst von Gustav Radbruch verwendet, der von der »Bauhütte des Rechts« sprach. Vgl. *Gustav Radbruch*, Das Strafrecht der Zauberflöte, Vorwort, in: Ders., Gesamtausgabe, Bd. 4: Kulturphilosophische und kulturhistorische Schriften, Heidelberg 2002, S. 283 ff.

3 *Udo Wengst*, Thomas Dehler als liberaler Bundespolitiker, in: Haus der Geschichte der Bundesrepublik Deutschland (Hg.), Nach-Denken. Thomas Dehler und seine Politik (Wissenschaftliches Symposion am 8. Dezember 1997 aus Anlaß des 100. Geburtstages), Berlin 1998, S. 20.

der Aufarbeitung des Umgangs des Bundesministeriums der Justiz mit der NS-Vergangenheit.

Dem Rechtsextremismus heute glaubwürdig entgegenzutreten und die Debatte über neue nationalsozialistische und antisemitische Handlungsmuster glaubwürdig zu bestehen, verlangt die Bereitschaft der staatlichen Institutionen, sich dem Umgang mit ihrer eigenen Vergangenheit zu stellen, diese zu erschließen und kritisch aufzuarbeiten. Das gilt in besonderem Maße für die Justiz und das Bundesministerium der Justiz, denen die Aufgabe oblag, den Rechtsstaat des Grundgesetzes aufzubauen.

Die Zeit der nationalsozialistischen Terrorherrschaft ist kein beliebiges, sondern das schlimmste Kapitel der deutschen Geschichte. Allein der ständige Rückblick, die immer neue Befragung aus der Gegenwart heraus, lässt uns die Funktionsweise der Diktatur und die daraus folgende Verantwortung begreifen. Hannah Arendt hat in ihrer Rede am 28. September 1959 bei der Entgegennahme des Hamburger Lessing-Preises einmal gesagt: »Wie schwer es sein muss, hier einen Weg zu finden, kommt vielleicht am deutlichsten in der gängigen Redensart zum Ausdruck, das Vergangene sei noch unbewältigt. [...] Dies kann man wahrscheinlich mit keiner Vergangenheit, sicher aber nicht mit dieser. Das Höchste, was man erreichen kann, ist zu wissen und auszuhalten, daß es so und nicht anders gewesen ist, und dann zu sehen und abzuwarten, was sich daraus ergibt.«[4]

Dabei reicht es nicht aus, sich nur mit den Jahren des Nationalsozialismus selbst und mit den unmittelbaren Ausprägungen der Unrechtsjustiz zu beschäftigen. Es fehlt uns heute vor allem an Wissen über personelle und sachliche Kontinuitäten in der Zeit *nach* 1945. Das gehört zu einer umfassenden Aufarbeitung nicht nur dazu, sondern kann auch Begründungen für rechtspolitische oder unterlassene rechtspolitische Entscheidungen in der Nachkriegszeit liefern. Erst wenn auch diese aufgearbeitet sind, können wir die Entstehung und Entwicklung unseres demokratischen Gemeinwesens vollständig verstehen und die verpflichtenden Lehren aus der Vergangenheit ziehen.

Auch unter dem Eindruck Richard von Weizsäckers Erinnerungsimperativ[5] hat das Bundesministerium der Justiz seit Mitte der 1980er Jahre verstärkt eigene Anstrengungen unternommen, um die Aufarbeitung der Rolle der Justiz in der NS-Zeit zu fördern. Besonders darf ich dabei an die von meinem Vorgänger Dr. Klaus Kinkel sehr unterstützte Ausstellung *Im Namen*

4 *Hannah Arendt*, Über die Menschlichkeit in finsteren Zeiten, München 1969, S. 33.
5 Vgl. *Aleida Assmann/Ute Frevert*, Geschichtsvergessenheit – Geschichtsversessenheit. Vom Umgang mit deutschen Vergangenheiten nach 1945, Stuttgart 1999, S. 145.

des Deutschen Volkes – Justiz und Nationalsozialismus von 1989 erinnern, die er in seiner Zeit als Staatssekretär im Bundesjustizministerium mit initiierte. Die Ausstellung ist in vielen Städten gezeigt worden. Heute befindet sie sich im früheren Dienstgebäude des Bundesverwaltungsgerichts am Bahnhof Zoo in Berlin. Ich kann ihren Besuch nur empfehlen.

Seit Anfang 2012 nimmt sich die von mir bestellte Unabhängige Wissenschaftliche Kommission nun der drängenden Aufgabe an, die personellen und sachlichen Kontinuitäten des Bundesjustizministeriums der 1950er und 1960er Jahre auszuleuchten. Tatsache ist, dass in den Dienst des Ministeriums nach 1949 auch Juristen eingestellt wurden, die in den Jahren der nationalsozialistischen Diktatur schwere Schuld auf sich geladen haben. Wie hat sich die Beschäftigung dieser Mitarbeiter im Ministerium auf das Recht der jungen Bundesrepublik ausgewirkt? Wie hat sie die inhaltliche Auseinandersetzung mit dem Unrecht der NS-Justiz beeinflusst? Welche Bedeutung hatte das im Zusammenhang mit der Strafverfolgung von NS-Tätern und der Bereinigung der Gesetze von nationalsozialistischer Ideologie? Welche Kriterien waren bei Beförderungen maßgeblich? Und welche spielten bei Einstellungen eine Rolle, auch beim Umgang mit aus dem Exil zurückgekehrten Juristen? Was war bekannt über Mitgliedschaften in NSDAP, SS, SA und Sondergerichten? – All das sind wichtige Fragen, mit denen sich die Unabhängige Kommission bereits beschäftigt hat und weiter auseinandersetzt. Dabei sollen die Aufbaujahre des Bundesministeriums der Justiz oder die Integrität und die Leistungen von unbescholtenen damaligen Mitarbeiterinnen und Mitarbeitern der Rosenburg nicht unter Generalverdacht gestellt werden. Es geht vielmehr um die für *heutige* Lehren bedeutsame Frage, inwieweit ideologisiertes Gedankengut auf die Bundesrepublik Deutschland einwirken konnte.

Das Bundesministerium der Justiz wird den beteiligten Wissenschaftlern jede mögliche Unterstützung gewähren, sich einer inhaltlichen Einflussnahme auf ihre Arbeit aber strikt enthalten. Mir ist zudem sehr daran gelegen, dass die Arbeiten der Kommission und weitere Forschungen nicht allein als wissenschaftliche Expertenrunden oder geschlossene Ministeriumsveranstaltungen wahrgenommen werden. Die Forschungsergebnisse sollen vielmehr einen kritischen Diskurs in der Öffentlichkeit auslösen und deshalb jeweils zeitnah der Öffentlichkeit zugänglich gemacht werden. Der vorliegende Band gibt dafür ein Beispiel.

Sabine Leutheusser-Schnarrenberger
Bundesministerin der Justiz

Einleitung

Die »Rosenburg« im Bonner Ortsteil Kessenich, 1831 im Auftrag des Paläontologen und Zoologen an der Rheinischen Friedrich-Wilhelms-Universität, Professor Georg August Goldfuß, von dem Architekten Carl Alexander Heideloff im neoromanischen Stil erbaut, war von 1950 bis 1973 Sitz des Bundesministeriums der Justiz. Dies ist auch in etwa der Zeitraum, mit dem sich die »Unabhängige Wissenschaftliche Kommission beim Bundesministerium der Justiz zur Aufarbeitung der NS-Vergangenheit« befasst, die am 11. Januar 2012 von Bundesjustizministerin Sabine Leutheusser-Schnarrenberger eingesetzt wurde. Als die Kommission für den 26. April 2012 ein erstes Symposium plante, um eine Bilanz des aktuellen Forschungsstandes zu ziehen, Anregungen für die künftige Arbeit zu erhalten und gleichzeitig einen Beitrag zum öffentlichen Diskurs über NS-Belastungen im Bereich der Justiz zu leisten, war es deshalb naheliegend, die Veranstaltung mit dem Titel »Die Rosenburg – Das Bundesministerium der Justiz und sein Umgang mit der NS-Vergangenheit« zu überschreiben. Diesen Titel, leicht abgewandelt, haben wir nun auch für den vorliegenden Sammelband gewählt.

»Sie werden als unabhängige Kommission eine zeithistorische Untersuchung der personellen und damit fachlich-politischen Kontinuität des nationalsozialistischen Deutschlands in das Regierungshandeln des Bundesministeriums der Justiz in der Nachkriegszeit der fünfziger und sechziger Jahre leisten«, erklärte Ministerin Leutheusser-Schnarrenberger im Januar 2012 bei der Ernennung der Kommissionsmitglieder. Staatliche Institutionen müssten bereit sein, sich ihrer eigenen Vergangenheit zu stellen und diese kritisch aufzuarbeiten. Tatsächlich waren Fragen des NS-Einflusses in den Gründungsjahren der Bundesrepublik nach 1949 bereits früher immer wieder Gegenstand historischer Forschungen. Das Bundesministerium der Justiz selbst ließ unter Minister Hans Engelhard mögliche personelle und fachliche Kontinuitäten untersuchen. Aktensperrfristen, historisches Desinteresse und häufig sicher auch der Unwille, sich mit der unliebsamen eigenen Vergangenheit – oder der Vergangenheit des Hauses – auseinanderzusetzen, trugen jedoch dazu bei, dass große Forschungslücken blieben, die nun geschlossen werden sollen.

Dabei ist hervorzuheben, dass auch die Initiative zur Einsetzung der jetzigen Unabhängigen Kommission aus dem Ministerium kam. Nachdem Bundesaußenminister Joschka Fischer schon 2005 eine »Unabhängige Historikerkommission zur Aufarbeitung der Geschichte des Auswärtigen Amtes in der Zeit des Nationalsozialismus und in der Bundesrepublik« berufen hatte, die ihre Ergebnisse 2010 in einer kontrovers diskutierten Publikation präsentierte[1], wuchs im BMJ die Überzeugung, dass der Justizbereich ebenfalls eine entsprechende Untersuchung verdiene, ja dringend erfordere. Ministerin Leutheusser-Schnarrenberger persönlich unterstützte von Anfang an die Idee, eine eigene Unabhängige Kommission beim BMJ einzusetzen. Dafür und für das Vertrauen, das sie mit ihrem Auftrag in uns gesetzt hat, sind wir ihr zu besonderem Dank verpflichtet. Ministerialdirigent Gerd J. Nettersheim und Ministerialrat Detlef Wasser waren die treibenden Kräfte, die das Projekt initiierten und immer wieder voranbrachten, wenn es einmal hakte. Da dieses Unternehmen, wie bei einem derartigen Wagnis üblich, bei dem man nicht weiß, zu welchen Ergebnissen es führen wird, nicht überall gleichermaßen befürwortet wurde, kommt ihrer Unterstützung eine entscheidende Bedeutung zu.

Einer der führenden Rechtshistoriker der Bundesrepublik, Professor Michael Stolleis vom Max-Planck-Institut für Rechtsgeschichte in Frankfurt am Main, gehörte im Sommer 2011 zu denjenigen, die das Projekt konzeptionell mit vorbereiteten, und wird uns, die wir nun die Kärrnerarbeit der Archivforschung leisten müssen, auch weiterhin beratend unterstützen. Das Symposium, das im April 2012 schließlich stattfand, war ebenfalls seine Idee. Dafür gebührt ihm – ebenso wie Ministerialdirigent Nettersheim und Ministerialrat Wasser, die uns von ministerieller Seite in der täglichen Arbeit begleiten – unser Dank.

Untersuchungsgegenstand der Unabhängigen Kommission ist der Umgang des Bundesministeriums der Justiz und seines Geschäftsbereichs mit den persönlichen und politischen Belastungen, die sich aus dem »Dritten Reich« ergaben. Hierbei soll zunächst erforscht werden, wie groß der Personenkreis ist, der in der NS-Zeit bereits aktiv war und nach 1949 in den Dienst des BMJ übernommen wurde, und welche Kriterien und Maßstäbe bei der Einstellung sowie bei Beförderungen galten. Als Ausgangspunkt dient der im Nürnberger Juristenprozess entwickelte Maßstab für das Verhalten von Ministerialbeamten, Richtern und Staatsanwälten. Dabei geht es nicht nur um die Übernahme von Juristen in den Dienst des BMJ, die in diesem Sinne als belastet gelten mussten, sondern auch um die inhaltliche Auseinander-

1 *Eckart Conze/Norbert Frei/Peter Hayes/Moshe Zimmermann*, Das Amt und die Vergangenheit. Deutsche Diplomaten im Dritten Reich und in der Bundesrepublik. Unter Mitarbeit von Annette Weinke und Andrea Wiegeshoff, München 2010.

setzung mit dem Unrecht der NS-Justiz, die Bereinigung der Gesetze von nationalsozialistischer Ideologie und die Strafverfolgung von NS-Tätern durch die deutsche Justiz, die in der Bundesrepublik erst mit dem Gesetz Nr. 13 des Rats der Hohen Kommissare begann, als Einschränkungen in der Verfolgung von NS-Verbrechen durch die Bundesrepublik aufgehoben wurden.

Untersucht wird ebenfalls die Rolle des BMJ bei der Amnestierung von NS-Tätern, durch die bis 1958 fast alle Verurteilten freikamen, und bei der Erarbeitung des Einführungsgesetzes zum Ordnungswidrigkeitengesetz vom 10. Mai 1968, durch das die Beihilfestrafbarkeit herabgesetzt wurde, so dass im Zusammenspiel mit der Gehilfenrechtsprechung in Bezug auf nationalsozialistische Gewaltverbrechen die rückwirkende Verjährung dieser Beihilfetaten zum 8. Mai 1960 eintrat. Ferner wird der Frage nachgegangen, inwieweit das BMJ bei der verschleppten Rehabilitierung der Opfer der NS-Justiz mitwirkte – etwa bei Strafrechtsentscheidungen, bei Erbgesundheitsurteilen oder in der Militärjustiz –, so dass die Urteile des Volksgerichtshofs und der Militärgerichte erst 1998, 2002 bzw. 2009 durch Bundesgesetz aufgehoben wurden.

Wichtige Kapitel sind darüber hinaus die Haltung des BMJ zu den Nürnberger Prozessen und zum Alliierten Kontrollrat, etwa zum Kontrollratsgesetz Nr. 1 vom 20. September 1945, mit dem NS-Recht aufgehoben wurde, oder zu den Urteilen der Nürnberger Prozesse, deren rechtliche Grundlagen in der Bundesrepublik bekanntlich weithin umstritten waren. Eingegangen wird schließlich auch auf die Zentrale Rechtsschutzstelle, die bis 1953 im Geschäftsbereich des BMJ angesiedelt war, ehe sie in den Verantwortungsbereich des Auswärtigen Amtes wechselte, wo sie bis zu ihrer Auflösung 1968 deutsche Kriegsverbrecher vor Strafverfolgung im Ausland warnte und die Arbeit der Ludwigsburger Zentralstelle zur Aufklärung von NS-Verbrechen erschwerte.

Für das Symposium im April 2012, mit dem die Unabhängige Kommission sich erstmals einer breiteren Öffentlichkeit präsentierte, konnten renommierte Forscher gewonnen werden, die ihre Auffassungen zur Frage des Umgangs des Ministeriums mit der NS-Vergangenheit während der Zeit, in der das BMJ seinen Sitz in der Bonner Rosenburg hatte, darlegten. Auch ihnen möchten wir ausdrücklich danken, dass sie uns ihre knapp bemessene Zeit und ihr immenses Wissen zur Verfügung gestellt haben – nicht nur für die Konferenz, sondern auch für den vorliegenden Band, für den sie neue, originäre Beiträge verfassten oder die Manuskripte ihrer Vorträge überarbeiteten, die sie auf dem Symposium gehalten hatten. Ohne ihre in jedem Einzelfall spontan erklärte Bereitschaft zur Mitarbeit und ohne ihre Verlässlichkeit bei der Ablieferung der Manuskripte wäre beides nicht zustande gekommen: weder das Symposium noch das Buch.

Die Aufarbeitung der NS-Justiz kann insgesamt als relativ weit fortgeschritten bezeichnet werden. Das BMJ selbst hat bereits 1989 eine viel beachtete Ausstellung zum Thema »Justiz und Nationalsozialismus« erarbeiten lassen. Zudem wurden in verschiedenen wissenschaftlichen Studien einzelne Regionen oder Gerichte auf die Rechtsprechung während der NS-Zeit hin untersucht. Das Bundesjustizministerium an sich wurde dabei allerdings nur am Rande in den Blick genommen. Alle Teilnehmerinnen und Teilnehmer des Symposiums hoben deshalb die Dringlichkeit hervor, die Tätigkeit des Ministeriums insbesondere in den 1950er und 1960er Jahren noch einmal grundsätzlich zu beleuchten und auf der Grundlage der vorhandenen Akten ein quellengestütztes Gesamtbild zu erstellen. Diese Untersuchung sollte sich sowohl auf die Tätigkeit der einzelnen Mitarbeiter vor 1945 als auch auf die mögliche Beeinflussung der Gesetzgebungsarbeit durch belastete Mitarbeiter im Ministerium nach 1949 beziehen.

Inhaltlich wurde immer wieder darauf hingewiesen, dass in der Nachkriegszeit – mit Ausnahme des sogenannten Nürnberger Juristenprozesses – kaum Richter und Staatsanwälte wegen Unrechtsurteilen zur Rechenschaft gezogen wurden, dass vielmehr ein Großteil der NS-belasteten Juristen in der Bundesrepublik in die Justiz zurückkehrte. Vor diesem Hintergrund verwundert es nicht, dass der Umfang der personellen Kontinuitäten in einzelnen Regionen ebenso wie in den Bundesgerichten ein erschreckendes Ausmaß annahm. Diese Tatsache galt offenbar auch für das Bundesjustizministerium, in dem 1960 sämtliche Abteilungsleiter eine einschlägige NS-Vergangenheit aufwiesen, wie der Frankfurter Rechtshistoriker Joachim Rückert betonte, der im Archiv des BMJ bereits Akten zur Besetzung der Leitungspositionen einsehen konnte.

Allerdings lässt sich damit noch nicht die Frage beantworten, ob bzw. inwieweit personelle Kontinuität zugleich einer nationalsozialistischen oder zumindest antidemokratischen Restauration Vorschub leistete. Die rasche Wiedereingliederung der Juristen lässt lediglich darauf schließen, dass sie, wie der Freiburger Neuzeit-Historiker Ulrich Herbert bemerkte, gesellschaftlich angepasster erschienen als der typische »NS-Verbrecher«, der in der Nachkriegsgesellschaft vielfach als »asozialer NS-Schläger« wahrgenommen wurde. Es ist seit langem bekannt, dass dieses Klischee nicht stimmt. Gerade führende NS-Täter zeichneten sich durch gute Bildung und einen hohen Grad an gesellschaftlicher Anpassung aus. Daher bleibt im Einzelnen zu untersuchen, welche Tätigkeiten während der NS-Zeit tatsächlich ausgeübt wurden und wie sich diese zum Maßstab des Nürnberger Juristenprozesses verhalten.

Neben der Frage der personellen Kontinuität sind vor allem die sachlichen Bezüge zwischen der NS-Vergangenheit und der Entwicklung in der Bundesrepublik von Interesse. Der Konstanzer Rechtshistoriker Bernd Rüthers stellte allgemeine Überlegungen zur Gesetzgebung nach Regimewechseln an und verglich den Wandel 1945/49 mit 1918/19 und 1989/90. Weitere Referate bezogen sich auf einzelne Rechtsgebiete: Thomas Vormbaum aus Hagen behandelte das Strafrecht, Dieter Schwab aus Regensburg das Familienrecht, Horst Dreier aus Würzburg das Verfassungsrecht. Dabei wurde deutlich, dass in allen Bereichen wichtige Fragen noch offen sind – warum beispielsweise bestimmte Gesetzesinitiativen unternommen wurden oder, umgekehrt, andere unterblieben. In allen Vorträgen und Diskussionsbeiträgen wurde jedoch zugleich betont, dass der Umbau Deutschlands zu einem demokratischen Rechtsstaat auf der Grundlage des Grundgesetzes trotz der Einbindung alter Eliten gelungen sei und dass es interessant wäre, Näheres darüber zu erfahren, wie es möglich war, dass sich der Übergang so rasch und scheinbar mühelos vollziehen konnte.

Der vorliegende Band enthält alle Beiträge, die auf dem Symposium vorgestellt wurden. Zusätzlich wurden drei Texte aufgenommen, die zum Zeitpunkt der Konferenz noch nicht vorlagen, aber von uns inhaltlich für erforderlich gehalten wurden, um ein einigermaßen abgerundetes Gesamtbild zu vermitteln: ein Aufsatz zu den bisherigen Aktivitäten des BMJ, sich der Vergangenheit zu stellen; ein Beitrag zu Amnestie und Strafrechtsreform, der von Anfang an geplant war, aber aufgrund einer Erkrankung des ursprünglich vorgesehenen Referenten nicht vorgetragen werden konnte; sowie eine etwas ausführlichere Darstellung zu Entwicklungen im Wirtschaftsrecht vor und nach 1945, die im Rahmen des Projekts eine erste größere Forschungsleistung in einem Bereich bietet, der bislang wenig Beachtung fand. Gerne hätten wir auch noch ein Manuskript über das Militärstrafrecht in den Band aufgenommen. Dies war jedoch aus Zeitgründen nicht möglich. Das Thema wird aber in der weiteren Arbeit der Unabhängigen Kommission ebenfalls eine gewichtige Rolle spielen.

Schließlich verbleibt uns noch, den Mitarbeitern zu danken, die uns bei der Redaktion des vorliegenden Bandes unterstützt haben: Dr. Hilde Farthofer, Viola Friedrichs, Katrin Wagener, Philipp Graebke, Florian Hansen, Sascha Hörmann, Daniel Seeger, Florian Detjens, Markus Apostolow und Dr. Burghard Ciesla sowie Dr. Albrecht Kirschner und Dr. Kristina Hübener. Der Deutsche Bundestag hat für das Projekt die erforderlichen Haushaltsmittel zur Verfügung gestellt und damit seine politische Unterstützung zum Ausdruck gebracht. Sie ist zugleich ein Zeichen für die positive Resonanz, die das Thema im parlamentarischen Bereich gefunden hat. Auch für diese Unterstützung danken wir herzlich.

Potsdam / Marburg, im März 2013
Manfred Görtemaker / Christoph Safferling

Manfred Görtemaker

In eigener Sache

Das BMJ und seine Beiträge zur Aufarbeitung der NS-Vergangenheit

Die Zeit von 1933 bis 1945 gehört zu den am besten erforschten Abschnitten der jüngeren deutschen Geschichte. Dies gilt mit einigen Einschränkungen auch für die Rolle der Justiz im Nationalsozialismus. Deren Verbrechen und die personelle Kontinuität der juristischen Eliten über das Ende des NS-Regimes hinaus werden insbesondere seit den 1960er Jahren verstärkt untersucht. Die »Braunbücher« der DDR über die NS-Vergangenheit des westdeutschen Führungspersonals, die seit 1957 veröffentlicht wurden, die von Studenten erstellte Ausstellung »Ungesühnte Nazijustiz« von 1959 bis 1962 und vor allem der Frankfurter Auschwitz-Prozess, der 1963 begann, trugen dazu bei, Interesse für das Thema zu wecken, das bis dahin in der Öffentlichkeit wenig diskutiert worden war. Auch das Bundesministerium der Justiz hat sich an dieser »Aufarbeitung der Vergangenheit«, wenngleich eher spät, beteiligt. Ein Beispiel dafür ist die Wanderausstellung »Im Namen des Deutschen Volkes – Justiz und Nationalsozialismus«, die 1989 eröffnet wurde. Nachdem sie an 43 Orten der Bundesrepublik gezeigt wurde, fand sie 2008 im Gebäude des Oberverwaltungsgerichts Berlin-Brandenburg in der Berliner Hardenbergstraße am Bahnhof Zoo einen dauerhaften Platz. Es gibt jedoch auch weniger sichtbare Aktivitäten, mit denen das BMJ in den vergangenen Jahrzehnten an der Beschäftigung mit der NS-Vergangenheit teilnahm. Davon soll in diesem Beitrag die Rede sein.

I. Die NS-Vergangenheit: ein monströses Gespenst?

»Der Nationalsozialismus lebt nach, und bis heute wissen wir nicht, ob als Gespenst dessen, was so monströs war, daß es am eigenen Tode noch nicht starb, oder ob es gar nicht erst zum Tode kam; ob die Bereitschaft zum Unsäglichen fortwest in den Menschen wie in den Verhältnissen, die sie umklammern«, erklärte Theodor W. Adorno 1959 in einem Vortrag mit dem

Titel *Was bedeutet: Aufarbeitung der Vergangenheit.*[1] Tatsächlich war es praktisch unmöglich, dieser Vergangenheit zu entrinnen. Allein die Dimensionen und die Ungeheuerlichkeit der Verbrechen sowie die schiere Zahl der Menschen, die daran aktiv oder passiv mitgewirkt hatten, machten es notwendig, sie »aufzuarbeiten«. In den 1950er Jahren war damit jedoch etwas anderes gemeint als in späteren Jahrzehnten. Es gehe offenbar gar nicht darum, bemerkte dazu Adorno, dass man das Vergangene im Ernst verarbeite, also »seinen Bann breche durch helles Bewusstsein«, sondern man wolle von der Vergangenheit lediglich loskommen: »mit Recht, weil unter ihrem Schatten gar nicht sich leben läßt, und weil des Schreckens kein Ende ist, wenn immer nur wieder Schuld und Gewalt mit Schuld und Gewalt bezahlt werden soll; mit Unrecht, weil die Vergangenheit, der man entrinnen möchte, noch höchst lebendig ist«.[2]

Der Justizbereich bildete hierbei keine Ausnahme: Karrieren setzten sich fort, als hätte es die Zäsur von 1945 nicht gegeben; Personal wurde übernommen und weiterempfohlen; Moral und Ethik, die Verbindung von Schuld und Verantwortung, die doch nach eigenem Anspruch unauflösliche Bestandteile des juristischen Selbstverständnisses darstellten, schienen plötzlich ohne Bedeutung zu sein.[3] Von »Aufarbeitung«, wie Adorno sie sich gewünscht hätte, konnte keine Rede sein. Stattdessen wurde die Vergangenheit scheinbar dem kollektiven Vergessen anheim gegeben – wurde »verdrängt«.[4] Ralph Giordano urteilte deshalb 1987, die Deutschen hätten damit eine »zweite Schuld« auf sich geladen.[5] Aber verbarg sich dahinter nicht auch etwas Nützliches? Wurde es nicht dadurch erst möglich, den Wiederaufbau des zerstörten Landes so rasch und gezielt, geradezu bedenken- und gewissenlos, in Angriff zu nehmen? Der Philosoph Hermann Lübbe bezweifelte jedenfalls 1983 in einem Vortrag, dass eine »Verdrängung« überhaupt stattgefunden habe; alle Deutschen hätten doch gewusst, dass der Nationalsozialismus mit

1 *Theodor W. Adorno*, Was bedeutet: Aufarbeitung der Vergangenheit, in: Ders., Eingriffe. Neun kritische Modelle, Frankfurt am Main 1963, S. 588.

2 Ebd., S. 588f.

3 Siehe hierzu exemplarisch *Annette Weinke*, Die Selbstamnestierung der bundesdeutschen Justiz 1957–1965. Der Fall West-Berlin, in: Zeitschrift für Geschichtswissenschaft 46 (1998), H. 7, S. 622–637.

4 Vgl. *Hans Schwab-Felisch*, Die verdrängte Vergangenheit, in: Die Zeit, Nr. 11, 15.03.1968, S. 13. Schwab-Felisch bespricht darin das Buch »Die Unfähigkeit zu trauern« von Alexander und Margarete Mitscherlich und bemerkt, dessen Ergebnisse resümierend, in der Bundesrepublik wirkten die »vaterautoritären Strukturen« fort; deswegen sei es »einer großen Zahl, wenn nicht der Mehrheit der Bewohner unseres Staates nicht gelungen, sich in unserer demokratischen Gesellschaft mit mehr als mit ihrem Wirtschaftssystem zu identifizieren«.

5 *Ralph Giordano*, Die zweite Schuld oder Von der Last Deutscher zu sein, Hamburg 1987.

dem Ende des Krieges »in jeder Hinsicht verspielt« hatte. Deshalb habe Übereinstimmung geherrscht, dass die allgemein bekannte individuelle »Verstrickung« der meisten Deutschen in das NS-Regime öffentlich nicht thematisiert werden dürfe. Ein solches »kommunikatives Beschweigen« der Vergangenheit sei notwendig gewesen, um die große Mehrheit des deutschen Volkes in den neuen demokratischen Staat zu integrieren.[6]

Im Alltag der Bundesrepublik schloss die eine Deutung die andere keineswegs aus: Die »zweite Schuld« war unbezweifelbar; aber der Wiederaufbau gelang – sogar die Errichtung einer funktionierenden parlamentarischen Demokratie und eines Rechtsstaates, dessen Stabilität und Reformfähigkeit sich auch in Zeiten der Krise immer wieder zeigen sollte. Doch die vermeintliche kollektive Amnesie ließ sich schon in den 1960er Jahren immer weniger aufrechterhalten. Die Erinnerung kehrte mit Macht zurück – durch Anstöße von außen ebenso wie durch eine zunehmend kritische Betrachtung im Innern. Der Justizbereich war davon in besonderer Weise betroffen. So streute die DDR seit 1955 gezielt Material, das belastende Informationen über die NS-Vergangenheit von Staatsanwälten, Richtern und hohen Beamten enthielt. 1957 wurde sogar eine »Braunbuch-Kampagne« der DDR gestartet, die am 2. Juli 1965 ihren Höhepunkt erreichte, als das für Propaganda zuständige Mitglied des Politbüros der SED, Albert Norden, eine Dokumentation vorlegte, in der die SS-Dienstränge und NS-Parteiämter von 1.800 Wirtschaftsführern, Politikern und führenden Beamten der Bundesrepublik aufgelistet waren.[7] Die Informationen erwiesen sich in nahezu allen Fällen als korrekt und führten daher, wie im Fall des Generalbundesanwalts Wolfgang Fränkel und des Bundesministers für Vertriebene, Hans Krüger, zu Rücktritten, die nicht nur für die Betroffenen, sondern auch für die Bundesrepublik als Ganzes in hohem Maße peinlich waren – peinlich deshalb, weil es erst der Enthüllung aus der DDR bedurfte, um den notwendigen Schnitt des längst gebotenen Rücktritts zu vollziehen.

Parallel zur Braunbuch-Kampagne der DDR wurde seit dem 27. November 1959 zunächst in Karlsruhe und danach bis 1962 in verschiedenen Städten der Bundesrepublik die von einer kleinen Gruppe von Studenten vorberei-

6 *Hermann Lübbe*, Vom Parteigenossen zum Bundesbürger. Über beschwiegene und historisierte Vergangenheiten, Paderborn 2007, S. 11 ff. Lübbe sprach deshalb wörtlich »vom integrativen Sinn des Beschweigens biographischer Vergangenheitslasten im bundesrepublikanischen Alltag«.

7 *Nationalrat der Nationalen Front des Demokratischen Deutschland* (Hg.), Braunbuch. Kriegs- und Naziverbrecher in der Bundesrepublik und in West-Berlin. Staat, Wirtschaft, Verwaltung, Armee, Justiz, Wissenschaft, Berlin (Ost) 1965. In der 3. Auflage wurde die Liste sogar noch auf über 2.300 Namen erweitert.

tete Ausstellung »Ungesühnte Nazijustiz – Dokumente zur NS-Justiz« gezeigt. Darin wurden Verfahren und Urteile von Sondergerichten im »Dritten Reich« dokumentiert und mit Hinweisen belegt, dass die beteiligten Richter und Staatsanwälte weiterhin in der Justiz der Bundesrepublik tätig waren.[8] Der Auschwitz-Prozess, der 1963 in Frankfurt am Main begann, gab schließlich den wohl wichtigsten Anstoß, dem Thema Justiz im Nationalsozialismus die notwendige Aufmerksamkeit zu widmen. Von hier ergab sich wiederum beinahe zwangsläufig die Frage, wie man in der Bundesrepublik bisher mit dieser Vergangenheit umgegangen war und ob nicht durch die fortdauernde Beschäftigung belasteter Personen aus der NS-Zeit gerade im Justizbereich das Ansehen und Funktionieren des demokratischen Rechtsstaates gefährdet sei.

Damit begann, erst um 1960, die ernsthafte Auseinandersetzung mit der Geschichte der Justiz im NS-Regime. Einer breiteren Öffentlichkeit bekannt geworden sind hierzu vor allem die späteren Bücher von Ingo Müller und Norbert Frei.[9] Frei plädierte dabei für die Einführung des Begriffs »Vergangenheitspolitik« anstelle der Rhetorik der »Vergangenheitsbewältigung«, um deutlich zu machen, dass es nicht nur um die Geschichte der Diktatur *vor* 1945 ging, sondern auch um die »konkrete politische Praxis des Umgangs mit dieser Vergangenheit« *nach* 1945.[10] Inzwischen zählt die Datenbank juristischer Literatur *juris* zum Stichwort »Nationalsozialismus« mehr als 2.600 Einträge. Die Veröffentlichungen betreffen nicht zuletzt auch die Rolle des BMJ und dessen Vorgängereinrichtung. Beispiele aus jüngerer Zeit sind etwa die Geschichte des Reichsjustizministeriums von 1942 bis 1945[11], die mangelnde Verfolgung von NS-Verbrechen durch die westdeutsche Justiz nach 1945/49[12], die Haltung des Bundesministeriums der Justiz bei der Amnestiegesetzgebung, die zu dieser unbefriedigenden Verfolgung von NS-Tätern beitrug[13], oder die Rolle des Bundesgerichtshofes und seines damaligen Präsidenten Hermann Weinkauff bei der »Entlastung« der west-

8 Vgl. *Stephan Alexander Glienke*, Die Ausstellung »Ungesühnte Nazijustiz« (1959–1962). Zur Geschichte der Aufarbeitung nationalsozialistischer Justizverbrechen, Baden-Baden 2008.

9 *Ingo Müller*, Furchtbare Juristen. Die unbewältigte Vergangenheit unserer Justiz, München 1987; *Norbert Frei*, Vergangenheitspolitik. Die Anfänge der Bundesrepublik und die NS-Vergangenheit, München 1996.

10 Ders., Vergangenheitspolitik – Die Produktivität der Verdrängung?, in: Rubin 1/2000.

11 *Sarah Schädler*, »Justizkrise« und »Justizreform« im Nationalsozialismus. Das Reichsjustizministerium unter Reichsjustizminister Thierack (1942–1945), Tübingen 2009.

12 *Annette Weinke*, Eine Gesellschaft ermittelt gegen sich selbst. Die Geschichte der Zentralen Stelle Ludwigsburg 1958–2008, Darmstadt 2008.

13 *Marc von Miquel*, Ahnden oder amnestieren? Westdeutsche Justiz und Vergangenheitspolitik in den sechziger Jahren, Göttingen 2004.

deutschen Nachkriegsjustiz.[14] Zumindest bekannt, wenn auch nur teilweise erforscht, sind ebenfalls die Biographien belasteter Juristen, die nach 1945 im BMJ ihre Tätigkeit unbehelligt fortsetzen konnten. Dazu zählen etwa Walter Roemer, der am Landgericht München als sog. Vollstreckungsstaatsanwalt die Vollstreckung von Todesurteilen »bearbeitete« und bis 1968 als Abteilungsleiter im BMJ fungierte, Franz Maßfeller, Kommentator der Nürnberger Rassengesetze, am 6. März und 27. Oktober 1942 Vertreter des Reichsjustizministeriums auf den Folgekonferenzen der Wannsee-Konferenz zur »Endlösung der Judenfrage« im Referat IV B 4 von Adolf Eichmann und vom Januar 1950 bis zu seiner vorzeitigen Pensionierung 1964 Referatsleiter Familienrecht im BMJ, sowie Eduard Dreher, der als Staatsanwalt am Sondergericht Innsbruck zahlreiche Todesurteile erwirkte und bis 1969 Unterabteilungsleiter Strafrecht im BMJ und einflussreicher Kommentator des Strafgesetzbuches der Bundesrepublik Deutschland war.

II. Der Wandel unter Bundesjustizminister Hans A. Engelhard

Neben dieser Aufarbeitung der NS-Vergangenheit durch Historiker spielten die Bundesministerien in Fragen der »Vergangenheitsbewältigung« lange Zeit keine Rolle. Eine Ausnahme bildet nur das Bundesministerium der Verteidigung (BMVg), das sich mit dem Militärgeschichtlichen Forschungsamt (MGFA) und dem Zentrum Innere Führung gleich in doppelter Hinsicht der NS-Vergangenheit stellte. Das MGFA, schon 1957 gegründet, ist mit beinahe 100 Dienstposten und mehreren Dutzend Fachhistorikern das größte Historische Institut in Deutschland. Es betreibt nicht nur Grundlagenforschung zur jüngeren deutschen Militärgeschichte, sondern leistet auch Beiträge zur historisch-politischen Bildung, konzipiert Ausstellungen und gibt eine eigene Zeitschrift heraus. Das Zentrum Innere Führung in Koblenz, das sogar schon seit 1956 besteht, dient dazu, dem gesamten Führungspersonal der Streitkräfte das neue Leitbild des Soldaten als »Bürger in Uniform« zu vermitteln und ihn damit von früheren Vorstellungen, vor allem der nationalsozialistischen Wehrmacht, abzugrenzen. Bei Gründung der Bundeswehr wurde 1956 zudem ein »Personalgutachterausschuss« (ein Gremium aus 38 Persönlichkeiten des öffentlichen Lebens, die auf Vorschlag der Bundes-

14 *Klaus-Dieter Godau-Schüttke*, Der Bundesgerichtshof. Justiz in Deutschland, Berlin 2005. Für diese Untersuchung konnten auch die Personalakten des BGH eingesehen werden.

regierung und nach Bestätigung durch den Bundestag vom Bundespräsidenten ernannt wurden) gebildet, um alle Offiziere vom Oberst an aufwärts auf ihre Vergangenheit im »Dritten Reich« zu überprüfen. Der Ausschuss durchleuchtete bis zum 25. November 1957 insgesamt 600 Bewerber, nahm 486 an und lehnte 53 ab.[15]

Selbst im Fall des BMVg war die Bereitschaft, mit der Vergangenheit zu brechen, jedoch nicht so eindeutig, wie es auf den ersten Blick schien. Abgesehen davon, dass der Geist der Wehrmacht in vielen Soldaten noch lange fortlebte, zeigten sich etwa bei der Traditionspflege oder der Namensgebung von Kasernen die Grenzen der Distanzierung. Ein anderes Beispiel war das Wehrstrafrecht, in dem das BMVg noch in den 1990er Jahren die öffentliche Auseinandersetzung scheute. Gegenstand waren damals mehrere Entschließungsanträge der SPD und von BÜNDNIS 90/DIE GRÜNEN, die am 2. Dezember 1993 und 30. Januar 1995 eingebracht wurden und die politische Feststellung enthielten, dass die NS-Militärgerichte Terrorinstrumente des NS-Regimes gewesen seien und ihren Entscheidungen deswegen keine Rechtswirksamkeit zukomme.[16] Es ging darum, dass während des Zweiten Weltkrieges Zehntausende deutscher Soldaten und Zivilpersonen wegen »Wehrdienstverweigerung«, »Fahnenflucht/Desertion« oder »Wehrkraftzersetzung« verurteilt worden waren. Die wegen dieser Tatbestände verhängten Urteile waren nie pauschal aufgehoben worden; eine Entschädigung der Opfer bzw. ihrer Angehörigen hatte es nie gegeben. Die Angelegenheit wurde federführend an den Rechtsausschuss des Bundestages überwiesen. Ansprechpartner des Rechtsausschusses war zwar das BMJ, doch die fachliche Zuständigkeit innerhalb der Bundesregierung lag beim BMVg, das diese Verantwortung aber trotz jahrelanger Bemühungen des Referats II B 4 des BMJ nicht wahrnahm. Offenbar wollte das BMVg in dieser auch militärpolitisch heiklen Frage nicht Position beziehen. Im Bundestag einigte man sich am Ende auf eine Entschließung, die nicht mehr als einen Formelkompromiss darstellte. Es hieß darin: »Er [Der Deutsche Bundestag] stellt fest, dass die von der Wehrmachtsjustiz während des Zweiten Weltkrieges wegen dieser Tatbestände verhängten Urteile unter Anlegung rechtsstaatlicher Wertmaßstäbe Unrecht waren. Anderes gilt, wenn bei Anlegung dieser Maß-

15 Vgl. *Detlef Bald*, Die Bundeswehr. Eine kritische Geschichte 1955–2005, München 2005; *Frank Nägler* (Hg.), Die Bundeswehr 1955 bis 2005. Rückblenden – Einsichten – Perspektiven, München 2007.

16 BT-Drucksache 12/6220 vom 02.12.1993, 12/6418, 13/353, 13/354. Siehe hierzu auch *Gerd J. Nettersheim*, Die Aufhebung von Unrechtsurteilen der NS-Strafjustiz. Ein langes Kapitel der Vergangenheitsbewältigung, in: Ernst-Walter Hanack u.a., Festschrift für Peter Riess zum 70. Geburtstag am 4. Juni 2002, Berlin 2002, S. 943 f.

stäbe die der Verurteilung zugrundeliegende Handlung auch heute Unrecht wäre.«[17]

Das Beispiel zeigt, wie schwer man sich auch im BMVg mit der historischen Abgrenzung tat – so sehr man sich ansonsten mit hohem personellem und finanziellem Aufwand und teilweise durchaus kritisch mit der eigenen Geschichte auseinandersetzen mochte. »Vergangenheitsbewältigung« blieb ein Balanceakt, für den es scheinbar keine einfachen Regeln gab – oder gibt.

Im Bundesministerium der Justiz wird deshalb bis heute nicht ohne Grund darauf verwiesen, das BMJ und auch viele andere Akteure der Justiz hätten sich sehr wohl »an der Auseinandersetzung mit der eigenen Vergangenheit beteiligt«, wie es in einer Ausarbeitung des BMJ vom 19. November 2010 heißt.[18] Sie hätten »ihre einstige Rolle im NS-Staat kritisch untersucht«, sich der Opfer der NS-Justiz erinnert und diese durch Gedenkstätten geehrt, sich »mit den personellen Kontinuitäten nach 1945, deren Folgen und den Defiziten einer rechtzeitigen Aufarbeitung der NS-Vergangenheit befasst« und »die NS-Vergangenheit und die Versäumnisse ihrer Aufarbeitung zum Bestandteil der juristischen Aus- und Fortbildung gemacht«.[19]

Richtig daran ist, dass Justiz und Justizministerium hinsichtlich ihrer NS-Vergangenheit spätestens seit den 1960er Jahren, als sie zunehmend in den Blickpunkt der Öffentlichkeit und der wissenschaftlichen Forschung gerieten, ihrer Vergangenheit nicht mehr entfliehen konnten. Anders als andere, vermeintlich »technisch-administrative« Ressorts hatte die Justiz als Machtinstrument eine wesentliche Rolle bei der Etablierung und Durchsetzung der nationalsozialistischen Gewaltherrschaft gespielt und musste sich deshalb auch zu seiner besonderen Verantwortung bekennen, die sich aus dem unauflöslichen Widerspruch zwischen den schrecklichen NS-Verbrechen und dem Ideal der Gerechtigkeit ergab, dem die Justiz hätte verpflichtet sein sollen. Außerdem gereichte es jetzt dem gesamten Justizbereich – einschließlich des BMJ – zum Nachteil, dass man trotz der immer sichtbarer werdenden Verstrickung in das NS-Regime allzu lange gezögert hatte, sich der eigenen Vergangenheit zu stellen. Tatsächlich hatte das BMJ bis

17 BT-Drucksache 13/7669. Ein anderes Beispiel für die Problematik des Umgangs mit der Vergangenheit im militärischen Bereich war die Diskussion um zwei Wanderausstellungen des Hamburger Instituts für Sozialforschung – oft verkürzt als »Wehrmachtsausstellungen« bezeichnet –, in denen von 1995 bis 1999 und von 2001 bis 2004 Fotos und Dokumente zu Verbrechen der Wehrmacht im Vernichtungskrieg des NS-Regimes, vor allem gegen die Sowjetunion, sowie zu ihrer Beteiligung am Holocaust gezeigt wurden.

18 Ausarbeitung MinB, BMJ, »Die Rolle des Justizressorts im NS-Regime und personelle Kontinuitäten nach 1945 sowie deren Aufarbeitung durch das Bundesministerium der Justiz«, 19.11.2010, S. 2.

19 Ebd., S. 2.

Anfang der 1980er Jahre kaum Handfestes zur Aufarbeitung zu bieten, sieht man einmal von einem Gedenkstein mit der Inschrift *Gerechtigkeit erhöht ein Volk – Zum Gedenken an alle, die im Dienst am Recht ein Opfer der Gewaltherrschaft wurden* ab, der 1974, offenbar auf Anregung von Robert M. W. Kempner, dem stellvertretenden Hauptankläger der USA in den Nürnberger Prozessen von 1945 bis 1948, darunter auch im Juristenprozess, errichtet wurde. Der Gedenkstein befindet sich heute an wenig prominenter Stelle im Garagenhof des BMJ in der Berliner Mohrenstraße.

In seinen Memoiren bemerkte Kempner zu der Frage, inwieweit die in Nürnberg erörterten Tatbestände im allgemeinen Bewusstsein geblieben seien, kritisch an: »Der Juristenprozess hat das große Publikum nicht so aufgeregt. Das ist bei einem Verfahren, wo es um bürokratische Verbrechen geht und das Blut nicht gleich vor den Augen des Publikums fließt, nie der Fall. Debatten gibt es da nur in Kollegenkreisen. Gustav Radbruch, der politisch prominenteste Hochschuljurist der Weimarer Zeit, hat einige formale Beanstandungen angemeldet, als ich den Fall mit ihm in Heidelberg besprach, fand die ganze Unternehmung allerdings sehr richtig. Viel ist im Kopf der heutigen deutschen Juristen nicht davon hängengeblieben.«[20]

Dennoch änderte sich, wenngleich eher spät, in den 1980er Jahren zumindest im BMJ die Grundeinstellung zur »Vergangenheitspolitik«. Maßgebend war dabei Bundesjustizminister Hans A. Engelhard, der behutsam die Wende einleitete. 1934 als Sohn eines Münchner Ärzteehepaares mit Schweizer Vorfahren geboren, studierte er Rechtswissenschaft in Erlangen und München, bestand 1963 das zweite juristische Staatsexamen und erhielt im selben Jahr seine Zulassung als Rechtsanwalt. Seit 1954 Mitglied der FDP, der er in verschiedenen Funktionen angehörte – unter anderem 1972 als Kandidat für das Amt des Oberbürgermeisters von München –, gelangte er 1972 über die Landesliste Bayern in den Bundestag und wurde am 4. Oktober 1982 zum Bundesminister der Justiz ernannt. Nach der Bundestagswahl 1990 schied er freiwillig aus der Bundesregierung aus. Engelhard besaß also keinerlei persönliche oder gar politische Verbindungen zur NS-Zeit mehr. Er war elf Jahre alt, als das »Dritte Reich« unterging, und wuchs danach in die freiheitlich-demokratische Rechtsordnung der Bundesrepublik hinein, deren liberale Maßstäbe er vorbehaltlos vertrat.

So förderte er als Minister schon früh Bestrebungen, die Öffentlichkeit über »die zum Teil fast unfaßbaren Verbrechen und die den Opfern angetanen Leiden« zu informieren, wie er im Mai 1986 in seinem Geleitwort zu

20 Vgl. *Robert M. W. Kempner*, Ankläger einer Epoche. Lebenserinnerungen. In Zusammenarbeit mit Jörg Friedrich, Frankfurt am Main u. a. 1983, S. 287 f.

einem Band über die Verfolgung von NS-Straftaten schrieb, zu dessen Entstehung er maßgeblich beigetragen hatte. Das Werk wende sich deshalb, erklärte Engelhard, »weniger an den Juristen und Historiker«, sondern suche »auf Grund der gewählten Darstellungsweise bewußt die Mitbürger in unserem Land anzusprechen, die sich über diesen Abschnitt der deutschen Geschichte, aber auch über die Anstrengungen zur strafgerichtlichen Bewältigung dieser Verbrechen und deren Ergebnisse informieren wollen«.[21]

Während der Amtszeit Engelhards als Bundesjustizminister erschien bereits 1984 die Publikation *Justiz im nationalsozialistischen Deutschland* – eine schmale Broschüre, die als Beilage zum Bundesanzeiger kostenlos verbreitet wurde. Drei Jahre später förderte das BMJ eine große wissenschaftliche Untersuchung von Lothar Gruchmann zur Rolle des Reichsjustizministeriums unter Justizminister Franz Gürtner durch die Offenlegung von Personalakten und die Gewährung eines Druckkostenzuschusses. Gruchmanns Buch über *Justiz im Dritten Reich 1933–1940*, von dem an späterer Stelle noch ausführlich die Rede sein wird, gilt inzwischen als Standardwerk. 1989 folgte die eingangs bereits erwähnte Wanderausstellung *Im Namen des Deutschen Volkes – Justiz und Nationalsozialismus*, die in eigener Regie des Bundesjustizministeriums entstand.[22] Und noch im selben Jahr ließ das BMJ an der Deutschen Richterakademie in Trier eine Gedenkstätte für die Opfer der NS-Justiz errichten. Damit traten das Ministerium und seine nachgeordneten Einrichtungen aus dem Schatten der bis dahin praktizierten Ignoranz gegenüber der unliebsamen Vergangenheit heraus und befreiten sich wenigstens teilweise von dem Vorwurf, nichts zur Aufklärung beizutragen.

Als Hans Engelhard starb, hielt der damalige Bundesminister für besondere Aufgaben, Thomas de Maizière, bei der Trauerfeier am 17. März 2008 in München eine Rede, in der er bemerkte: »Herzensangelegenheit war ihm auch die Aufarbeitung der Vergangenheit. Er ließ die Rolle der Justiz und auch der Ministerialbürokratie während der nationalsozialistischen Diktatur erstmals umfassend wissenschaftlich untersuchen. Die von ihm angeregte Wander-Ausstellung ›Justiz und Nationalsozialismus‹ wird bis heute in deutschen Gerichten gezeigt. Das Justizministerium hat sich damit […] sehr gründlich und selbstkritisch seiner Vergangenheit gestellt. Damit ist Hans Engelhard bis heute vorbildhaft.«[23]

21 *Albrecht Götz*, Bilanz der Verfolgung von NS-Straftaten, Köln 1986, S. 3.

22 Siehe hierzu *Im Namen des Deutschen Volkes – Justiz und Nationalsozialismus*. Katalog zur Ausstellung des Bundesministers der Justiz, Köln 1989.

23 Rede des Bundesministers für besondere Aufgaben Dr. Thomas de Maizière bei der Trauerfeier für den ehemaligen Bundesminister der Justiz Hans A. Engelhard am 17. März 2008 in München, 18.03.2008 (Maschinenschriftl. Manuskript), S. 10.

III. Der Geist der Rosenburg

Betrachtet man nun im Einzelnen die Arbeiten, die aus dem Bundesministerium der Justiz hervorgingen oder von hier unterstützt wurden, so fällt zunächst auf, dass es eine Darstellung der Geschichte des Ministeriums bisher nur in Ansätzen gibt. Dies ist ein Desiderat der Forschung, das nicht dem BMJ selbst anzulasten ist, sondern darauf zurückzuführen sein dürfte, dass Institutionengeschichte in Deutschland als altmodisch und überholt gilt. Zudem steht ein wichtiger Teil des Aktenbestandes, der für eine nähere Untersuchung der Institution BMJ unverzichtbar wäre, für die Forschung noch nicht zur Verfügung. Dies gilt vor allem für die Personalakten, die seit 1949 im hausinternen Archiv des BMJ ruhen.

Der einzige nennenswerte Aufsatz zur Vorgeschichte und Geschichte des Bundesministeriums der Justiz stammt aus der Feder von Professor Hans Hattenhauer aus Kiel, der 1977 für die vom BMJ herausgegebene Festschrift zum 100jährigen Gründungstag des Reichsjustizamtes am 1. Januar 1877 einen 108seitigen Beitrag mit dem Titel »Vom Reichsjustizamt zum Bundesministerium der Justiz« verfasste.[24] Die Nachkriegszeit wird darin allerdings auf nicht mehr als 17 Seiten abgehandelt. Wichtiger als die Länge ist indessen die Tendenz des Textes, der noch ganz dem Tenor der frühen Nachkriegsjahrzehnte entspricht. Dies gilt nicht zuletzt für die Beurteilung des Reichsjustizministeriums vor 1945. Zwar wird eingeräumt, dass sich nach der nationalsozialistischen Machtergreifung die »Befriedigung alter Reformwünsche« und die »gewohnte ministerielle Perfektion der Gesetzgebungstechnik« zu einem »Produkt diktatorischer Staatsveränderung« verschränkt hätten, in dem schließlich auch »das dienstbare Ministerium« selbst zugrunde gegangen sei.[25] Allerdings wurde die Schuld dafür allein Hitler angelastet, der einen »Haß gegen die Juristen« gehabt habe, die »ihm oft genug Steine in den Weg gelegt und ihn zur ›Raserei‹ gebracht« hätten.[26]

Nach Darstellung von Hattenhauer wurde die Zäsur 1945 deshalb von den Juristen nicht nur als Schockerlebnis empfunden, sondern auch als Verpflichtung: »Der Schrecken über die durchlebte Vergangenheit saß allen in den Herzen, und alle gelobten sich heilig, daß es nie wieder zu einem solchen

24 *Hans Hattenhauer*, Vom Reichsjustizamt zum Bundesministerium der Justiz, in: Vom Reichsjustizamt zum Bundesministerium der Justiz. Festschrift zum 100jährigen Gründungstag des Reichsjustizamtes am 1. Januar 1877. Mit einem Geleitwort von Dr. Hans-Jochen Vogel, hg. vom BMJ, Köln 1977, S. 9–117.

25 Ebd., S. 80.

26 Ebd., S. 81.

Verfall des Rechtes und des Staates kommen dürfe. [...] Die Juristen vor allem sahen, daß ihnen hier eine besondere Aufgabe zufiel. Man muß ihnen zugeben, daß sie in der Tat in weiten Bereichen der Rechtspflege unauffällig und von der Öffentlichkeit nicht bemerkt, durch Übertragung ihrer Erfahrungen und Vorsätze in die Praxis des Alltags, vor allem durch die verfassungskonforme Interpretation des Rechtes vieles zum Guten gewendet haben, was unter Hitler und auch in der Weimarer Zeit unerfüllter Wunschtraum geblieben war.«[27]

Es ist eine höchst bemerkenswerte Interpretation, die den Juristen keinerlei Schuld für selbst begangenes Unrecht, für eigene Verbrechen zumisst, sondern dafür auch nach 1945 anderes und andere verantwortlich macht: »Der Krieg, die Folgen der Diktatur und die Besatzungsherrschaft hatten Schäden verursacht, über denen die Themen der Vergangenheit unbedeutend wirkten und für lange Zeit ad acta gelegt werden mußten.«[28] Natürlich ist es von einer derartigen Sichtweise nur ein sehr kurzer Weg zu einer idealisierenden und romantisierenden Betrachtung der Nachkriegszeit: »Man legte Wert darauf, ›*unpolitisch*‹ zu sein, sich am Tagesgezänk nicht zu beteiligen, über die Bedürfnisse der Gegenwart hinweg für die Zukunft zu planen. Man tat dies mit einem guten Gewissen und konnte sich dabei mit Recht rühmen, daß das ›*Knistern*‹ den Stil des Hauses nicht bestimmte.«[29] Und über die Rosenburg schrieb Hattenhauer: »Ihr Name stand gleichbedeutend für ›Bundesjustizministerium‹. [...] Die Angehörigen des Hauses scheinen einen hohen Grad an Zusammengehörigkeitsgefühl besessen zu haben. Die Karnevals- und Sommerfeste, Blasmusik, Obsternten, Spaziergänge während der Mittagszeit, das Gelächter über den Rehbock des Hauses, der einen Ministerialbeamten zu Fall brachte, die Wehmut beim Erinnern an den ersten Minister, der in seinem selbstgefahrenen VW-›Privatdienstwagen‹ alle der Rosenburg zustrebenden Fußgänger mitnahm und seinen Mitarbeitern in den Jahren der Not Filzstiefel zum Schutz gegen die Kälte verordnete – das alles hat einen sozialen Humus erzeugt, der in dem neuen Domizil nicht wiederherzustellen sein wird.«[30]

Der Beitrag von Hattenhauer spricht für sich; er bedarf keines näheren Kommentars. Seinem Schlusssatz immerhin, es müsse »der Nachwelt überlassen bleiben, ein gerechtes Urteil über das Justizministerium der Bundesrepublik Deutschland zu fällen«[31], ist zuzustimmen. Dies gilt auch für die

27 Ebd., S. 101.
28 Ebd., S. 107.
29 Ebd., S. 110.
30 Ebd., S. 110f.
31 Ebd., S. 117.

Bemerkung des damaligen Bundesjustizministers Hans-Jochen Vogel, möglicherweise sei es »gerade die Geschichte des Versagens in der Konfrontation mit dem Unrechtsstaat von 1933 bis 1945, aus der wir die wichtigsten Lehren ziehen können«, wie er im Geleitwort für die Festschrift erklärte.[32] Da dem Minister die Schwächen des Textes nicht entgangen sein dürften, suchte er offenbar künftigen Generationen Mut zu machen, den Tatsachen offener als bisher ins Auge zu blicken.

Neben dem Aufsatz von Hans Hattenhauer und einem maschinenschriftlichen Manuskript »Zum Abschied von der Rosenburg« aus dem Jahre 1974 mit historischen Reminiszenzen und impressionistischen Erinnerungen an die damalige Zeit[33] gibt es nur noch eine weitere interne Publikation, die sich mit den frühen Jahren des BMJ beschäftigt. Sie wurde vom Personalrat des BMJ herausgegeben und handelt vom *Geist der Rosenburg*, wie der Titel lautet.[34] Bemerkenswert ist das Datum der Veröffentlichung: Weihnachten 1991. Ein halbes Jahr zuvor, am 20. Juni 1991, hatte der Bundestag den Umzug von Parlament und Regierung von Bonn nach Berlin beschlossen.[35] Zwar wurde zu der Frage, wer übersiedeln sollte, erst am 3. Juni 1992 vom Bundeskabinett ein Vorschlag des Innenministeriums gebilligt, wonach zehn der 19 Ministerien sowie das Presse- und Informationsamt der Bundesregierung und das Kanzleramt nach Berlin verlagert werden sollten. Doch für die Mitarbeiter der betroffenen Einrichtungen, darunter auch das Bundesministerium der Justiz, war schon die Entscheidung vom 20. Juni 1991 Anlass genug, nostalgisch Rückschau zu halten.

Vor diesem Hintergrund ist der *Geist der Rosenburg* ein dankenswertes Unternehmen, aber keine kritische Auseinandersetzung mit der Vergangenheit. Zum Geleit heißt es darin, die »gute alte Zeit der Rosenburg« solle »nicht nach und nach dem Vergessen anheimfallen«. So wurden ehemalige und aktive Mitarbeiter des Ministeriums gebeten, ihre Erinnerungen an die frühen Jahre des BMJ zu Papier zu bringen: sehr subjektive Betrachtungen, die in der Regel jegliche Distanz zum eigenen Tun ihrer Verfasser oder zur Rolle des Ministeriums in Vergangenheit und Gegenwart vermissen lassen. Exemplarisch soll hier der Text von Dr. Eduard Dreher genannt werden. Ein-

32 *Hans-Jochen Vogel*, Zum Geleit, in: Vom Reichsjustizamt zum Bundesministerium der Justiz, S. 5.

33 Zum Abschied von der Rosenburg. Ein Rückblick von Walter Hardt (Maschinenschriftl. Manuskript), BMJ, Bonn 1974, in: Justizhistorische Sammlung des BMJ, Sign. N 35.118.

34 Der Geist der Rosenburg. Erinnerungen an die frühen Jahre des Bundesministeriums der Justiz, hg. vom Personalrat des BMJ, Bonn 1991.

35 Vgl. Berlin-Bonn. Die Debatte. Alle Bundestagsreden vom 20. Juni 1991, Köln 1991, S. 375.

gehend beschrieb er die »schöne, überaus lebendige Zeit«, als die Zahl der Mitarbeiter noch sehr klein war und jeder jeden kannte. Den Zusammenhalt, der sich daraus ergab, empfand er als bereichernd. Die Kollegen werden ausnahmslos mit freundlichen Adjektiven geschildert. Zu seiner Arbeit in der für Strafrecht zuständigen Abteilung II bemerkte er, man habe »vor großen Aufgaben« gestanden: »Es galt, die gesamte Rechtsordnung nicht nur von den unerträglichen Eingriffen in der nationalsozialistischen Zeit zu befreien, sondern auch auf einen Stand zu bringen, der den Anforderungen einer modernen parlamentarischen Demokratie entsprach.«[36]

Einen Absatz widmete Dreher auch dem Vorstellungsgespräch, das Walter Strauß, von 1949 bis 1963 beamteter Staatssekretär im BMJ, mit ihm geführt hatte. Auf die Frage, wie er bei seiner Tätigkeit – während des Krieges – als Staatsanwalt in Innsbruck mit den Österreichern ausgekommen sei, will er demnach lediglich geantwortet haben, »daß das gut gegangen sei«, da er ja, von seiner Persönlichkeit her, »keinen preußischen Eindruck« mache.[37] Kein Wort zu den umstrittenen Todesurteilen, die er in Bagatellfällen beantragte; kein Wort zur politisch-moralischen Verantwortung, die sich daraus ergab. Das einzige, was Dreher dazu noch zu berichten wusste, war der Hinweis, dass er gegenüber Strauß, dem als Sohn eines Berliner Mediziners preußische Pflichterfüllung »eine der obersten Tugenden« gewesen sei, »einen faux pas begangen« habe: »Wie groß er war, wurde mir erst später so recht bewusst, aber nachgetragen wurde er mir nicht.«[38]

Natürlich besitzen derartige Texte keine Bedeutung für eine distanzierte und kritische historische Auseinandersetzung. Aber sie vermitteln etwas, was aus den Akten üblicherweise nicht zu entnehmen ist: Atmosphäre. Insofern können die Beiträge, die vom Personalrat 1991 zusammengetragen wurden, hilfreiche Ergänzungen sein, um den »Geist der Rosenburg« einzufangen, der offenbar mehr war als die Addition von Paragraphen und politisch-juristischen Ausarbeitungen. Allerdings waren die gesammelten Texte nie für eine breitere Öffentlichkeit gedacht. Sie wurden vielmehr für die Mitarbeiter des Hauses geschrieben, um die Erinnerung an die alte Rosenburg wachzuhalten, die bei allen Feiern im BMJ beschworen wurde, bis 1999 der Umzug von Bonn nach Berlin erfolgte und damit ein neues Kapitel in der Geschichte des Ministeriums begann.

36 Der Geist der Rosenburg, S. 21.
37 Ebd., S. 24.
38 Ebd.

IV. Bilanz der Verfolgung von NS-Straftaten

Von gänzlich anderer Qualität ist das bereits genannte Werk von Albrecht Götz *Bilanz der Verfolgung von NS-Straftaten*, das 1986 auf Anregung und mit Unterstützung Justizminister Engelhards vorgelegt wurde. Albrecht Götz, der von Engelhard ermuntert worden war, die Verfolgung nationalsozialistischer Straftaten zu bilanzieren und seine Ergebnisse für eine breitere Öffentlichkeit aufzubereiten, hatte sich durch seine langjährige Tätigkeit als Ministerialrat im BMJ besondere Kenntnisse auf dem Gebiet der Strafverfolgung und Verurteilung von Tätern erworben, die unter der Gewaltherrschaft des Nationalsozialismus zum Teil schwere und schwerste Verbrechen begangen hatten. Mit seinem Buch zeigte er nun die Bemühungen auf, diese Verbrechen zu ahnden. Er selbst hatte dazu in einem Bericht an den Deutschen Bundestag über die Verfolgung nationalsozialistischer Straftaten vom 24. Februar 1965 aufgrund einer Umfrage bei den Landesjustizverwaltungen eine »Anfangsbilanz« mit einer Gesamtstatistik erstellt, die in den folgenden Jahren fortgeführt wurde.[39] Jetzt, 1986, hielt er den Zeitpunkt für geeignet, eine »Schlussbilanz« vorzulegen, und nannte dafür zwei Gründe: Zum einen sei von den Tausenden an NS-Verbrechen Beteiligten »der weitaus größte Teil heute nicht mehr am Leben«. Gegen die wenigen noch Lebenden seien entweder Verfahren geführt und abgeschlossen oder die Verdächtigen seien aus Alters- und Gesundheitsgründen »nicht mehr verhandlungsfähig, zumindest aber nur in Ausnahmefällen noch vollzugstauglich«. Zum anderen hätten mehr als zwei Drittel aller Deutschen die Hitlerzeit nicht mehr bewusst miterlebt; den Versuchen, die Verbrechen »dreist zu leugnen«, wie bei der »Auschwitzlüge«, müsse deshalb »rechtzeitig und überzeugend entgegengetreten werden«. Wörtlich bemerkte Götz zur Kernbotschaft seines Buches: »Die Dokumentation belegt eindeutig die nach Motivation, Ausführung und Umfang einmalige verbrecherische Handlungsweise des nationalsozialistischen Regimes, die Versuche einer ›Aufrechnung‹ mit alliierten Verstößen gegen das Kriegsvölkerrecht verbietet und deren Gewicht durch etwaige Einwendungen gegen die Art der Durchführung der alliierten Verfahren nicht gemindert wird.«[40]

Götz erläuterte in seinem Band die verschiedenen Verfahren, die von 1945 bis 1985 gegen NS-Täter geführt worden waren: die Kriegsverbrecherprozesse vor alliierten und ausländischen Gerichten, die Verfolgung von

39 BT-Drucksache IV/3124.
40 *Götz*, Bilanz der Verfolgung von NS-Straftaten, S. 5.

Nazi- und Kriegsverbrechen in der DDR sowie, besonders ausführlich, die Verfahren vor Gerichten in der Bundesrepublik Deutschland. Neben der – oft sehr knappen – Darstellung der historischen Vorgänge zitierte er auszugsweise aus den rechtskräftigen Urteilen, um zu belegen, wie die Gerichte aufgrund umfangreicher Beweisaufnahmen die einzelnen, meist exemplarischen Verbrechen der NS-Gewaltherrschaft feststellten und ahndeten. Im Wesentlichen handelt es sich dabei um einen nützlichen Überblick mit präzisen Zahlenangaben und einer Analyse, die trotz ihrer sachlichen Nüchternheit an Deutlichkeit nichts zu wünschen übrig lässt.

Bemerkenswert ist allein schon die Auflistung der Verfahren. Daraus geht hervor, dass der größte Teil der Verurteilungen in die Zeit vor Gründung der Bundesrepublik fällt: 1945 waren es 23, 1946 immerhin bereits 238 und 1948 schließlich, als die Zahl der Verurteilungen ihren Höhepunkt erreichte, 1.819. Danach ging die Zahl bis 1951 wieder auf 259 zurück.[41] Die Gründe dafür sind bekannt: Nachdem die Besatzungsmächte die Zuständigkeit für die Ahndung von NS-Verbrechen bis 1951 schrittweise auf deutsche Gerichte übertragen hatten, erließ die Bundesrepublik als eines ihrer ersten Gesetze eine Amnestie, durch die alle Verfahren eingestellt wurden, bei denen keine höhere Strafe als sechs Monate Gefängnis zu erwarten war.[42] Im Mai 1950 trat – kaum bemerkt und von niemandem diskutiert – nach § 67 Abs. 2 des Strafgesetzbuches in der damals geltenden Fassung Strafverfolgungsverjährung für alle »Vergehen« ein, das heißt für alle Taten, die nach damaligem Recht nicht als Verbrechen mit Zuchthaus bedroht waren. Von den NS-Verbrechen waren demnach ab diesem Zeitpunkt nur noch Mord, Totschlag und schwere Körperverletzung verfolgbar.

Insgesamt weist die Statistik nach der großen Welle der Verurteilungen bis 1951 folgerichtig ein starkes Absinken auf. Erst ab 1959 steigt die Zahl wieder an, ohne jemals die Dimensionen der frühen Nachkriegsjahre zu erreichen. So wurden in dem Jahrzehnt von 1959 bis 1969 nur noch 303 Personen verurteilt, von 1970 bis 1980 noch einmal 189 und von 1980 bis 1985 schließlich nicht mehr als 33. Mindestens ebenso aussagekräftig ist jedoch eine andere Zahl: Von den 90.921 Personen, gegen die von den Staatsanwaltschaften zwischen dem 8. Mai 1945 und dem 1. Januar 1986 Ermittlungen eingeleitet wurden, mussten nur 6.479 nach rechtskräftiger Verurteilung eine Strafe hinnehmen. 83.140 Verfahren wurden hingegen ohne Bestrafung abgeschlossen. Die Gründe dafür waren vielfältig: Freispruch, Außerverfolgungsetzung, Nichteröffnung der Hauptverhandlung, Einstellung durch

41 Ebd., S. 35.
42 Straffreiheitsgesetz vom 31. Dezember 1949, in: BGBl 1949, S. 37.

Gericht oder Staatsanwaltschaft, Tod des Beschuldigten oder andere Umstände. Die große Zahl von Verfahren und die relativ geringe Zahl von Verurteilungen sind allerdings auch damit zu erklären, dass die Staatsanwaltschaften vielfach das Personal ganzer Einheiten und Dienststellen, deren Angehörige für eine Tatbeteiligung in Betracht kamen, systematisch überprüften, weil die Taten nicht von vornherein individuell zuzuordnen waren. Teilweise geschah dies auch deshalb, um vorsorglich eine Unterbrechung der drohenden Verjährung herbeizuführen.[43]

Albrecht Götz schließt seine Untersuchung mit dem Abdruck der Rede, die Bundespräsident Richard von Weizsäcker am 8. Mai 1985 aus Anlass des 40. Jahrestages der Beendigung des Krieges in Europa und der nationalsozialistischen Gewaltherrschaft im Deutschen Bundestag hielt und knüpft daran die Bemerkung, dass man, auch wenn die Verfolgung der NS-Verbrechen im Wesentlichen als abgeschlossen betrachtet werden könne, der Versuchung widerstehen müsse, »diese Verbrechen zu leugnen, zu verdrängen oder zu vergessen«. Nur wenn die Taten und die Umstände, die sie möglich machten, den heute Lebenden bewusst blieben, bestehe die Hoffnung, eine ähnliche Entwicklung in der Zukunft zu verhindern.[44] Diese pädagogische Sichtweise des Autors machte sich das BMJ unter Minister Engelhard offenbar zu eigen, indem es die Untersuchung anregte und förderte. Der Minister selbst bekräftigte diese Position in seinem Geleitwort, in dem er abschließend erklärte, das Buch möge »seinen Zweck erfüllen, mit der sachlichen Information zugleich auch die Mahnung zu vermitteln, daß sich eine Periode der Unrechts- und Gewaltherrschaft in unserem Lande niemals wiederholen darf«.[45]

V. Justiz in der Ära Gürtner

Das zweite Projekt, das durch das BMJ in den 1980er Jahren gefördert wurde, war das Forschungsvorhaben zum Thema *Justiz im Dritten Reich 1933–1940*, das Lothar Gruchmann vom Institut für Zeitgeschichte in München durchführte. Es ging dabei um die Phase, in der Franz Gürtner als Reichsjustizminister amtierte.[46] Die voluminöse, 1297 Seiten umfassende Untersuchung

43 Ebd., S. 149.
44 Ebd., S. 150.
45 Ebd., S. 3.
46 *Lothar Gruchmann*, Justiz im Dritten Reich 1933–1940. Anpassung und Unterwerfung in der Ära Gürtner (= Quellen und Darstellungen zur Zeitgeschichte. Herausgegeben vom Institut für Zeitgeschichte, Bd. 28), München 1988.

beschreibt die Entwicklung und Tätigkeit des Reichsjustizministeriums und seines nachgeordneten Behördenapparates in der Ära Gürtner im Geflecht ihrer Beziehungen zur politischen Führung und dem Parteiapparat der NSDAP sowie zu den anderen Ministerien und Stellen der Staatsverwaltung, insbesondere der Polizei. Wichtige Themen sind dabei neben der Darstellung der Person und Politik Gürtners der Aufbau einer zentralisierten Justizverwaltung und die Überleitung der Länderkompetenzen auf das Reich, die personelle »Säuberung« der Justizverwaltung und der Anwaltschaft sowie das Problem der Verfolgung von Straftaten von Angehörigen der nationalsozialistischen »Bewegung«, vor allem aber die Beugung des Rechts im Interesse der politischen Führung: die Exemption der Machthaber vom Recht und die Ausschaltung der Justiz bei ungesetzlichen Maßnahmen der politischen Führung; das Verhältnis der Rechtspflege zur organisierten außernormativen Gewalt, also des Verhältnisses der Justiz zu SS und Polizei; die Ausstattung der Rechtspflege mit neuen Normen durch die Gesetzgebungstätigkeit des Reichsjustizministeriums auf dem Gebiet des materiellen Rechts; und schließlich die Erhöhung der Wirksamkeit der Rechtsprechungsorgane durch Gesetzgebungs- und Verwaltungsmaßnahmen des Reichsjustizministeriums auf den Gebieten der Gerichtsverfassung, des Verfahrensrechts und der sogenannten »Lenkung der Rechtsprechung«.

Gruchmann kommt in seiner Untersuchung zu dem Ergebnis, dass sich die »Entwicklung zum Unrecht in den Jahren 1933 bis 1940 wie ein roter Faden durch die Tätigkeit des Reichsjustizministeriums« gezogen und nach Gürtner dazu geführt habe, »dass schließlich das Erreichte beinahe ebenso schlimme Züge trug, wie das dadurch Verhütete«, wie Gustav Radbruch bereits 1948 schrieb.[47] Gürtners Nachfolgers Georg Thierack habe dann ab August 1942 »ohne juristische Skrupel« begonnen, »Hitlers Auftrag zu erfüllen«, um »eine nationalsozialistische Rechtspflege« aufzubauen, wie es im Führererlass über besondere Vollmachten des Reichsministers der Justiz vom 20. August 1942 hieß.[48] Am Anfang dieser Entwicklung, so Gruchmann, habe der verhängnisvolle Irrtum gestanden, »daß das Gedeihen der Nation

47 *Gustav Radbruch*, Des Reichsjustizministeriums Ruhm und Ende, SJZ 1948, Sp. 60. An anderer Stelle heißt es zum RJM bei Radbruch: »Das Reichsjustizministerium bestand aus einer kleinen Anzahl sublimer Justiz-Künstler, exakter Gesetz-Ingenieure, sorgfältiger Wort-Graveure, es war ein rechtstechnisches Konstruktionsbüro, eine juristische Bauhütte, kurzum eine Stätte streng fachmännischer Arbeit. Nur durch hohe juristische Fähigkeiten ausgezeichnete Beamte konnten sich in dieser Arbeitsgemeinschaft hochqualifizierter Fachmänner durchsetzen und behaupten.« (Sp. 57).

48 *Gruchmann*, Justiz im Dritten Reich 1933–1940, S. 1146. Vgl. Erlass des Führers über besondere Vollmachten des Reichsministers der Justiz vom 20. August 1942, RGBl. 1942, S. 535.

am besten durch einen autoritären, d.h. antidemokratischen, antiliberalen und antiparlamentarischen Staat gewährleistet werden könne, wie ihn Hitler und die Nationalsozialisten 1933 zu verwirklichen versprachen, und dass zur Erreichung dieses Zieles die Unverbrüchlichkeit des Rechtsstaates ›vorübergehend‹ missachtet werden könne«.[49] Diesem Irrtum sei nicht nur Gürtner, sondern seien auch die führenden konservativen Kräfte des Reichsjustizministeriums erlegen.

Der quellengesättigte, empirisch angelegte Band von Gruchmann, der die Entwicklung situationsbezogen und differenziert beschreibt, zählt bis heute zu den grundlegenden Untersuchungen über die Justiz im »Dritten Reich«. Das BMJ sah darin einen wichtigen Beitrag zur Aufarbeitung des NS-Unrechts, aber auch zur Darstellung der Vorgeschichte des eigenen Hauses, und gewährte einen Druckkostenzuschuss in Höhe von 80.000 DM. Das BMJ trug aber auch dadurch zum Gelingen des Vorhabens bei, dass es in großzügiger Weise Auskünfte zu den Personalakten des Reichsjustizministeriums gewährte, wobei Ministerialrat i.R. Karl-Heinz Biederbick und Ministerialdirigent Harald Kirchner vom Autor ausdrücklich als »hilfreich« für das Projekt hervorgehoben wurden.[50]

VI. »Im Namen des Deutschen Volkes – Justiz und Nationalsozialismus«

Die 1989 eröffnete Wanderausstellung *Im Namen des Deutschen Volkes – Justiz und Nationalsozialismus* war schließlich das dritte Vorhaben, das vom BMJ Ende der 1980er Jahre in Angriff genommen wurde. Doch während die Arbeiten von Götz und Gruchmann extern entstanden, lagen Regie und Verantwortung für die Ausstellung allein in den Händen des Justizministeriums. Geleitet wurde das Projekt von Gerhard Fieberg, zuletzt Präsident des Bundesamtes für Justiz, der bei seiner Arbeit von einigen Kollegen aus dem BMJ und einem mit Experten besetzten wissenschaftlichen Beirat unterstützt wurde. Die Ausstellung, zu der auch ein ausführlicher Katalog gehört, besteht aus drei Teilen: der Justiz in der Weimarer Republik, den Justiz-Verbrechen während der NS-Zeit sowie der Entwicklung der Justiz nach 1945 und ihrem Umgang mit der NS-Vergangenheit. Mit rund 2.000 Dokumenten und Bildern sowie Begleittexten zu den einzelnen Themenkreisen un-

49 *Gruchmann*, Justiz im Dritten Reich 1933–1940, S. 1146.
50 Ebd., S. 7.

ternimmt die Ausstellung den Versuch, die deutsche Justizgeschichte im 20. Jahrhundert möglichst anschaulich darzustellen.

Damit handelte es sich 1989 um den ersten ernsthaften justizeigenen Beitrag zur Auseinandersetzung mit der NS-Justiz und ihren Folgen überhaupt. Erneut war es Hans Engelhard, der diese Tatsache freimütig einräumte: »Wie fast alle gesellschaftlichen und politischen Kräfte war auch die Justiz in den fünfziger und sechziger Jahren nicht bereit, sich ihrer Vergangenheit zu stellen, in einer offenen Diskussion Ursachen und Hintergründe ihres geradezu geräuschlosen Abgleitens in das NS-Unrechtssystem zu erörtern und daraus Konsequenzen zu ziehen, auch strafrechtlicher oder dienstrechtlicher Art. Diese Flucht vor der Vergangenheit halte ich für die Fehlleistung der bundesdeutschen Justiz; ihren Ausdruck findet sie vor allem in der Tatsache, daß keiner der Richter eines Sondergerichts oder des Volksgerichtshofs wegen eines der zahlreichen Unrechtsurteile von bundesdeutschen Gerichten rechtskräftig verurteilt worden ist.«[51] Umso wichtiger erscheine es ihm, so Engelhard, über diesen Kapiteln der deutschen Rechtsgeschichte nicht einfach die Akten zu schließen. Die Opfer, deren Leiden ungesühnt blieben, wie auch das Selbstverständnis der demokratisch gefestigten Justiz in der Bundesrepublik verlangten es, sich zumindest jetzt in offener Form mit der NS-Justiz und ihren Folgen auseinanderzusetzen. Dem diene die Ausstellung, »die zwar spät, aber – wie sich zeigt – keineswegs zu spät kommt«.[52]

Die Ausstellung, die sich nicht speziell an Juristen wendet, sondern in allgemein verständlicher Form dem historisch und politisch interessierten Bürger die Möglichkeit bieten soll, sich über die jüngere deutsche Rechtsgeschichte zu informieren, behandelt im Abschnitt über die Weimarer Republik vor allem die soziale Herkunft und ablehnende Haltung der Richterschaft gegenüber der Republik und versuchte damit zu erklären, wie sich der Übergang der Justiz in das NS-Unrechtssystem beinahe problemlos vollzog. Der Hauptteil der Ausstellung zeigt danach die Verstrickung der Juristen im Justizapparat in das NS-Regime: den Ausschluss jüdischer Mitbürger und politischer Gegner aus dem öffentlichen Dienst und damit auch aus der Justiz; die Demontage des Rechtsstaates durch die Verordnung zum Schutz von Volk und Staat vom 28. Februar 1933, durch die alle Grundrechte außer Kraft gesetzt wurden; den Schwur auf Hitler von mehr als 10.000 Juristen mit erhobenem rechten Arm und unter Berufung auf Gott vor dem Reichsgericht in Leipzig im Oktober 1933; die Personalpolitik in der Justiz und den Anpas-

51 *Hans A. Engelhard*, Vorwort, in: Im Namen des Deutschen Volkes – Justiz und Nationalsozialismus, S. 5.

52 Ebd.

sungsdruck des Reichsjustizministeriums auf Justizjuristen; die Anwendung des Strafrechts als Kampfinstrument gegen rassische Minderheiten und politische Gegner; die Herausstellung der Volksgemeinschaft als neue Rechtsidee durch die Zivilgerichte – lange schon vor Inkrafttreten der Nürnberger Rassengesetze; und schließlich die Einrichtung von Sondergerichten – von Roland Freisler als »Panzertruppe der Rechtspflege« bezeichnet[53] – und des berüchtigten Volksgerichtshofs zur rascheren Aburteilung von Widerstand und oppositionellem Verhalten. Natürlich setzt die Ausstellung auch den wenigen Juristen, die sich offen gegen das Unrecht bekannten, wie Martin Gauger, Lothar Kreyssig oder Hans von Dohnanyi, ein Denkmal. Aber sie blieben seltene Ausnahmen.[54]

Besonders schockierend ist schließlich der Abschnitt über die etwa 16.000 Todesurteile, die von 1933 bis 1945 allein von den zivilen Strafgerichten verhängt und zum größten Teil auch vollstreckt wurden. Sie offenbaren auf furchtbare Weise, wie es um das deutsche »Rechtssystem« im Nationalsozialismus bestellt war, dem sich die Justiz nahezu bedingungslos unterwarf.[55]

Der Ausstellungsteil, der die Zeit nach 1945 behandelt, ist indessen kaum weniger erschütternd, wenn auch auf andere Weise: Er zeigt eine Justiz, der es weniger um späte Gerechtigkeit als um Rechtfertigung – genauer: Selbstrechtfertigung – ging. »Was damals Recht war, kann doch heute kein Unrecht sein«, lautete eine gängige Verteidigungsstrategie, der in aller Regel der Erfolg nicht versagt blieb.[56] Die bereits von Minister Engelhard angesprochene Tatsache, dass kein einziger Richter der Sondergerichte oder des Volksgerichtshofes wegen eines der zahlreichen Unrechtsurteile von bundesdeutschen Gerichten rechtskräftig verurteilt wurde, wird in der Ausstellung am Beispiel des beisitzenden Richters im 1. Senat des Volksgerichtshofs Hans-Joachim Rehse und des ehemaligen Kammergerichtsrats Dr. Paul Reimers dargestellt.[57] Der Fall des ehemaligen Generalbundesanwalts Wolfgang Fränkel, der am 30. März 1962 von Bundesjustizminister Wolfgang Stammberger feierlich in sein Amt eingeführt, aber bereits vier Monate später wieder entlassen werden musste, nachdem Vorwürfe wegen seiner NS-Vergangenheit gegen ihn bekannt geworden waren, zeigt zudem, dass hochbelastete Juristen wieder Verwendung in der bundesdeutschen Justiz fanden. Fränkel war vor 1945 bei der Reichsanwaltschaft beim Reichsgericht – also

53 Ebd., S. 208.
54 Ebd., S. 300 ff.
55 Ebd., S. 206. Hinzu kamen mindestens 25.000 Todesurteile der Kriegsgerichte.
56 Ebd., S. 422 ff.
57 Ebd., S. 440 ff., 450 f.

der obersten Anklagebehörde des »Dritten Reiches« – unter anderem für sogenannte »Nichtigkeitsbeschwerden« zuständig gewesen und hatte damit Urteile, etwa von Sondergerichten, bewertet und seinen Vorgesetzten Entscheidungsvorschläge unterbreitet, bei denen es nicht selten um Leben und Tod ging.[58]

Die Schonungslosigkeit, mit der die Ausstellung sowohl auf die Pervertierung und Instrumentalisierung der Justizidee durch das NS-Regime als auch auf die Probleme der nicht bewältigten Vergangenheit durch die deutsche Justiz nach 1945 hinweist, macht deutlich, dass im BMJ in den 1980er Jahren ein Umdenken stattfand, das noch 1977, als die völlig unkritische Darstellung Hattenhauers in der offiziellen Festschrift des Ministeriums zum 100jährigen Gründungstag des Reichsjustizamtes erschien, weithin für unmöglich gehalten worden war. Damit wurde nachvollzogen, was sich im publizistischen und wissenschaftlichen Bereich schon Jahre vorher abgezeichnet hatte. Für das BMJ kam die Kurskorrektur jetzt einer Revolution gleich. Auf die Tatsache, dass sie auch bei der Eröffnung der Ausstellung 1989 noch nicht unumstritten war, wies wiederum Hans Engelhard in seinem Vorwort zum Katalog hin: »Mancher wird sagen: Zu spät, das wäre vor 20 Jahren notwendig gewesen, damals, als die Mentalität des Verschweigens und Verdrängens herrschte. Mancher wird aber auch denken: Muß das denn sein, die ›alten Geschichten wieder ausgraben‹, jetzt, wo so und so nichts mehr zu korrigieren ist. Ich glaube, die Ausstellung kommt nicht zu spät, auch wenn sie vor zwei Jahrzehnten mit Sicherheit einen anderen justizpolitischen Stellenwert gehabt hätte. Daß sie erst in den achtziger Jahren stattfindet, ist letztlich Ausdruck der gesellschaftspolitischen Entwicklung, die die Bundesrepublik Deutschland genommen hat.«[59]

Tatsächlich nimmt die Behandlung der NS-Zeit in der Ausstellung und auch im Katalog den Hauptteil ein. Dieser Teil der Vergangenheit wird, mit Dokumenten gut belegt und am Beispiel von Einzelfällen anschaulich und vielfach erschütternd illustriert, schonungslos behandelt. Aber auch die Zeit nach 1945 kommt nicht zu kurz: Sie umfasst ein knappes Drittel der Darstellung. Da dabei nicht nur allgemeine Entwicklungen beschrieben, sondern auch konkrete Fälle personeller Kontinuitäten im BMJ bzw. im Geschäftsbereich des BMJ genannt werden, ist ein erhebliches Maß an Einsicht und Bereitschaft zur Selbstkritik erkennbar. Damit wurde, allen erschreckenden Erkenntnissen zum Trotz, Glaubwürdigkeit zurückgewonnen, die lange verspielt gewesen war.

58 Ebd., S. 373.
59 Ebd., S. 5.

VII. »Verurteilt zur Demokratie«

So war es nur folgerichtig, dass das BMJ bald weitere Projekte zur Aufarbeitung der Vergangenheit unterstützte. Noch 1989 wurde der Band *Verurteilt zur Demokratie* gefördert, der von dem damaligen Bremer Senatsrat Dr. Hans Wrobel, der zuvor lange für das BMJ gearbeitet hatte, herausgegeben wurde. In diesem Fall zahlte das Bundesjustizministerium jedoch keinen Druckkostenzuschuss, sondern kaufte eine nennenswerte Zahl von Exemplaren an. Das BMJ war also in die Vorbereitung und Abfassung des Buches nicht einbezogen, sondern unterstützte es im Nachhinein durch den Ankauf eines Teils der Auflage. Die Entscheidung zum Ankauf ging auf die persönliche Initiative des damaligen Persönlichen Referenten von Dr. Friedrich-Adolf Jahn aus Münster zurück, der von 1987 bis 1991 als Parlamentarischer Staatsekretär im BMJ fungierte. Hans Wrobel, einer der Vorgänger des Referenten im BMJ, hatte diesem das Buch gewidmet, und dieser empfahl der Hausleitung, den Band, der ihn auch inhaltlich überzeugt hatte, in größerer Stückzahl anzukaufen. Der Band wurde danach gelegentlich Besuchern der Hausleitung überreicht, und auch das Referat für Presse- und Öffentlichkeitsarbeit ließ Interessierten ein Exemplar zukommen, bis der Bestand Ende der 1990er Jahre aufgebraucht war.[60]

»Können wir zufrieden sein mit dem, was wir seit dem 8. Mai 1945 aus unserer Justiz gemacht haben?« fragte Hans Wrobel im Vorwort zu seinem Buch und blickte danach nicht nur auf zwölf Jahre NS-Justiz zurück, sondern beschrieb auch den Neuanfang nach 1945: die Beseitigung nationalsozialistischen Rechts durch den Alliierten Kontrollrat, den Aufbau der Justizverwaltungen in den einzelnen Besatzungszonen, die nicht wirklich gelungene »Erneuerung« des Justizpersonals, die Rechtszersplitterung in Deutschland und die »Verdrängung der Vergangenheit« trotz des Nürnberger Juristenprozesses von 1947 und trotz der Kritik, die in der Öffentlichkeit inzwischen geübt wurde. Die Bilanz, die Wrobel zog, war erneut kein Ruhmesblatt für die deutsche Justiz. Vor allem die rückblickenden Passagen auf die NS-Zeit, nicht zuletzt auf das Wirken von Reichsjustizminister Georg Thierack, machten deutlich, wie schwierig die »Erneuerung« nach 1945 sein musste. Auch hierzu sind die Ausführungen von Wrobel unmissverständlich: Im Verfassungskonvent von Herrenchiemsee und anschließend im Parlamentarischen Rat gewannen am Ende die Konservativen bei der Beratung des Grundgesetzes die Oberhand. Mit der Mehrheitsmeinung, die Rechts-

60 Gespräch d. Verf. mit Ministerialdirigent Gerd J. Nettersheim, BMJ, 27.11.2012.

pflege müsse unabhängig sein und es gebe tatsächlich eine »reine Sphäre des Rechts« – ungeachtet der nationalsozialistischen Verbrechen und der Instrumentalisierung der Justiz durch das NS-Regime –, wich die Justiz-Kritik im Hauptausschuss des Parlamentarischen Rates bald einer Justiz-Apologie, die den Weg in die Frühzeit der Bundesrepublik wies, in der die Beteiligung der Justiz an den vor 1945 begangenen Verbrechen zunächst nur schleppend thematisiert wurde.

Der Ankauf des Bandes durch das BMJ zeigt indessen, dass zumindest in den späten 1980er Jahren keine Bedenken mehr bestanden, Kritik in weitreichender Form zuzulassen, auch wenn sie das eigene Haus betrafen. Dies war bereits bei der Förderung des Gruchmann-Projekts der Fall gewesen und wiederholte sich jetzt bei dem Buch von Wrobel.

Als Wrobel von 1991 bis 1994 drei Bände zur *Strafjustiz im totalen Krieg. Aus den Akten des Sondergerichts Bremen 1940 bis 1945* vorlegte[61], zeigte sich das BMJ erneut zur Unterstützung bereit. Zusätzlich zu dem grundsätzlichen Umdenken, das in den 1980er Jahren stattgefunden hatte, machte sich nun offenbar auch die Tatsache bemerkbar, dass inzwischen eine neue Generation im BMJ Einzug gehalten hatte, die der Vergangenheit unbefangener begegnete als ihre Vorgänger. In den Akten des Bremer Senators für Justiz und Verfassung finden sich dazu zwei Bittschreiben von Senator Henning Scherf (SPD), der, selbst Jurist, seit Februar 1990 Senator für Bildung und Wissenschaft war und 1991 zudem das Ressort Justiz und Verfassung übernommen hatte.[62] Bundesjustizministerin Sabine Leutheusser-Schnarrenberger stellte am 21. April 1994 für den Band 2 eine Zuwendung über 10.000 DM in Aussicht. Scherf bat deshalb am 6. Januar 1995 auch um eine Zuwendung zu Band 3. Ob das Geld tatsächlich geflossen ist, geht aus den Akten nicht eindeutig hervor, da Zuwendungsbescheide fehlen. Auf jeden Fall wurde dem BMJ in beiden Bänden für die Unterstützung gedankt. Unabhängig davon, so Hans Wrobel heute, habe die Zusage der Ministerin damals »die Arbeiten beflügelt«.[63]

Der Band 2 der Dokumentation befasst sich mit sogenannten »Volksschädlingsverbrechen«, wie Mord und Totschlag, Diebstahl, Brandstiftung, Sittlichkeitsvergehen, Meuterei, Urkundenfälschung, Fahnenflucht und Sabotage. Dabei wird unter anderem der Fall des 16jährigen polnischen »Fremd-

61 Hans Wrobel (Bearb.), *Strafjustiz im totalen Krieg. Aus den Akten des Sondergerichts Bremen 1940 bis 1945*, 3 Bde., Bremen 1991–1994.

62 Archiv des Senators für Justiz und Verfassung der Freien Hansestadt Bremen, Akte 4010/6.

63 Schreiben Hans Wrobel an Gerd J. Nettersheim (Betr. Förderung der Publikation Strafjustiz im totalen Krieg, Bd. 2 und 3 durch BMJ), 16.09.2012.

arbeiters« Walerjan Wrobel dargestellt, den das Sondergericht Bremen wegen Brandstiftung als »Volksschädling« zum Tode verurteilen und hinrichten ließ. In Band 3 werden ausschließlich die sogenannten »Kriegswirtschaftsverbrechen«, also Verstöße gegen die für die Jahre des Krieges typischen Vorschriften über die Bewirtschaftung und Rationierung von Rohstoffen und Lebensmitteln, wie Fleisch, Milcherzeugnisse, Tabak und Getreide, dargestellt. Die Dokumentation ist insofern interessant, als hier die Unverhältnismäßigkeit der NS-Gerichtsbarkeit an konkreten Beispielen der täglichen Rechtsprechung aufgezeigt wird.

Die Unterstützung dieses Projekts durch das BMJ ist ein weiteres Beispiel für die Bereitschaft des Ministeriums, nicht nur allgemein an der Aufklärung über die NS-Justiz mitzuwirken, sondern auch durch die Sammlung und Veröffentlichung originärer Daten der historischen Forschung eigene Impulse zu geben. Die Tatsache, dass die Förderung der Dokumentation von Hans Wrobel nach 1990 – also nach dem Ausscheiden von Minister Engelhard aus dem Amt – bewilligt wurde, belegt zudem, dass der Sinneswandel, der sich in dieser Hinsicht in den 1980er Jahren im BMJ vollzogen hatte, über die »Wende« von 1989/90 hinweg anhielt. Auch hier könnte sich der Einfluss einer neuen Generation entsprechend ausgewirkt haben.

Dafür spricht ebenfalls, dass sich der Trend, der hier sichtbar wurde, im neuen Jahrtausend fortsetzte. So förderte das BMJ 2003 aus Anlass des 70. Jahrestages des sogenannten »Gesetzes zur Wiederherstellung des Berufsbeamtentums« vom April 1933 eine Studie zum Schicksal jüdischer Richter und Staatsanwälte in der NS-Zeit, die von Hans Bergemann und Simone Ladwig-Winters verfasst wurde, und stellte dafür 86.000 Euro bereit.[64] 2009 wurde eine Untersuchung, wiederum von Simone Ladwig-Winters, zu »Jüdischen Juristinnen nach 1933« mit 75.000 Euro finanziert. 2009/10 förderte das BMJ den »Bundesverband Information und Beratung NS-Verfolgter e. V.« in Köln mit Druckkostenzuschüssen für Informationen über Entschädigungsleistungen, unter anderem für Opfer von NS-Justiz-Unrecht. Und am 27. Oktober 2011 wurde schließlich durch die Bundesrepublik Deutschland, vertreten durch das Bundesministerium der Justiz, die mit zehn Millionen Euro ausgestattete »Bundesstiftung Magnus Hirschfeld« errichtet, die unter anderem dem Ziel dienen soll, die Verfolgung von Homosexuellen in der NS-Zeit aufzuarbeiten.

Zu nennen sind aber auch Aktivitäten an Gerichten und in Regionalorganisationen der Anwaltschaft. Dazu zählen beispielsweise die Errichtung

64 *Hans Bergemann/Simone Ladwig-Winters*, Richter und Staatsanwälte jüdischer Herkunft in Preußen im Nationalsozialismus. Eine Dokumentation, Köln 2004.

der »Dokumentations- und Forschungsstelle Justiz und Nationalsozialismus in der Justizakademie des Landes Nordrhein-Westfalen« in Recklinghausen, die seit 1988 besteht, sowie die Errichtung einer »Gedenk- und Dokumentationsstätte für die Opfer der NS-Justiz« in Wolfenbüttel. Das Justizministerium Niedersachsen ließ 2000 auch eine Wanderausstellung zum Thema »Justiz im Nationalsozialismus – Über Verbrechen im Namen des deutschen Volkes« erstellen. Ähnliches galt für die Bundesrechtsanwaltskammer, die ebenfalls im Jahre 2000 die Ausstellung »Anwalt ohne Recht – Schicksale jüdischer Rechtsanwälte ab 1933« in Auftrag gab. Der Deutsche Anwaltsverein und der Deutschen Richterbund schließlich schufen 2007 und 2010 Gedenkstätten für durch den Nationalsozialismus verfolgte Anwälte und Richter. Die Deutsche Richterakademie bietet zudem jährlich Veranstaltungen zur NS-Justiz und deren Aufarbeitung nach 1945 an, wobei auch die Rolle des BMJ kritisch beleuchtet wird, etwa durch Referenten wie Ingo Müller, den Autor des Buches *Furchtbare Juristen*.[65] Die Berührungsängste mit Kritik und Selbstkritik, die früher einmal bestanden haben mögen, sind inzwischen also offenbar weitgehend, wenn nicht vollständig, geschwunden.

VIII. Zusammenfassung und Ausblick

Die Auseinandersetzung mit der Vergangenheit ist heute auch im Bereich der Justiz breit und vielschichtig. Sie wird nicht nur durch das BMJ gefördert, sondern findet auch in vielen Gerichten, Kammern und Verbänden statt. Darüber hinaus ist sie seit den 1980er Jahren vielfach Teil der Juristenausbildung. Niemand kann heute noch behaupten, das Unrechtssystem der NS-Justiz oder das eigene Versagen bei der rechtzeitigen Aufarbeitung der Justiz-Verbrechen im »Dritten Reich« würden nicht ausreichend wahrgenommen. Das BMJ und sein Geschäftsbereich unterscheiden sich sogar ausdrücklich von manchen anderen Ressorts, in denen »erst in jüngerer Zeit Zusammenhänge zu NS-Verbrechen ins Bewusstsein der breiten Öffentlichkeit geraten und Gegenstand von Untersuchungen geworden« sind.[66]

Es ist allerdings auch richtig, wie es in der schon erwähnten Ausarbeitung des BMJ vom 19. November 2010 heißt, dass bei neuen Vorhaben »der Blick auf die Nachkriegszeit gerichtet werden [sollte], insbes. auf personelle

65 Ausarbeitung »Die Rolle des Justizressorts im NS-Regime und personelle Kontinuitäten nach 1945 sowie deren Aufarbeitung durch das Bundesministerium der Justiz«, S. 3 f.

66 Ebd., S. 2.

Kontinuitäten nach 1945 im BMJ sowie auf Strategien aus dem BMJ heraus zur Entlastung von NS-Tätern und zur Behinderung der justizförmigen Aufarbeitung von NS-(Justiz-)Unrecht«. Denn eine »umfassende, externe, vom BMJ angeregte, wissenschaftliche Aufarbeitung« habe es »noch nicht gegeben«.[67] Problematisch erscheint indessen die Anregung, einen »gänzlich neuen Akzent« zu setzen und »eine Untersuchung zu den (seltenen) Fällen widerständigen Verhaltens von Justiz-Juristen während der NS-Zeit« in Angriff zu nehmen, um »positive Beispiele für Zivilcourage und Mut« aufzuzeigen und damit eine »Erinnerungskultur« fortzuentwickeln, die nicht Gefahr laufe, »in Ritualen zu erstarren und den Anschluss an jüngere Generationen zu verlieren«.[68] Zwar ist gegen eine derartige Untersuchung grundsätzlich nichts einzuwenden. Doch sie würde, wenn man es ausschließlich bei ihr beließe, möglicherweise dazu führen, die Aufmerksamkeit wieder in eine Richtung zu verlagern, die gerade erst überwunden wurde. Die Entwicklung im BMJ seit den 1980er Jahren spricht vielmehr dafür, den Gedanken der Aufklärung über die NS-Vergangenheit auch weiterhin mit der Reflexion über die eigene Rolle nach 1945 zu verbinden, um die Glaubwürdigkeit zu bewahren, die gerade erst so mühsam wiedererlangt wurde. Darin besteht die Aufgabe künftiger Geschichtsschreibung über das Bundesministerium der Justiz: genau hinzusehen, nichts zu vertuschen, alles ans Licht der Öffentlichkeit zu bringen – und die bitteren Einsichten, die sich daraus mit Blick auf die Entwicklung vor und nach 1945 möglicherweise ergeben werden, auszuhalten.

67 Ebd., S. 5.
68 Ebd.

Ulrich Herbert

Justiz und NS-Vergangenheit in der Bundesrepublik 1945–1970

I. Der Fall Fränkel

Im Frühjahr 1942 fasste die Kieler Polizei einen Handtaschendieb. Er kam vor Gericht und wurde aufgrund der »Volksschädlingsverordnung« in erster Instanz zum Tode verurteilt. Im Überprüfungsverfahren sprach sich der Staatssekretär im Reichsjustizministerium, Roland Freisler, für die Aufhebung des Urteils aus, da der Verurteilte nur wenig Schaden angerichtet habe, nicht vorbestraft und zudem geistig behindert sei. Der zuständige Referent der Reichsanwaltschaft hingegen weigerte sich, gegen das Urteil Nichtigkeitsbeschwerde einzulegen. Der Angeklagte sei »seiner Persönlichkeit nach, mag er auch noch nicht bestraft sein, ein wenig wertvoller Volksgenosse.« Er bestätigte das Urteil. Der Handtaschendieb wurde gehängt.

Zwanzig Jahre später gewann diese Entscheidung noch einmal Brisanz, und zwar durch die Person des Referenten, Wolfgang Fränkel, seit 1962 Generalbundesanwalt der Bundesrepublik Deutschland. Aus der DDR wurden Vorwürfe gegen Fränkel laut, die bald mit detaillierten Unterlagen belegt wurden. Fränkel hatte in seiner Funktion bei der Reichsanwaltschaft in mehr als 30 Fällen Todesstrafe beantragt oder bestätigt, in denen es um Vergehen wie Diebstahl von Lebensmitteln, Fahrrädern, Kleidungsstücken, um Schwarzschlachtung sowie um Rassenschande ging. Das Bundesjustizministerium sah allerdings keinen Anlass zu Reaktionen. »Das uns vorliegende Material«, so das Urteil einer interfraktionell zusammengesetzten Kommission im Bundestag, »rechtfertigt nicht den Vorwurf, daß Herr Fränkel während seiner Tätigkeit bei der Reichsanwaltschaft in Leipzig in den Jahren 1938 bis 1943 seine Amts- und Dienstpflichten verletzt hat«.[1] Auch BGH-Präsident Weinkauff sprang dem bedrängten Bundesanwalt bei: Gerade unter den Reichsanwälten habe es »die leidenschaftlichsten und überzeugtesten Gegner

1 Stellungnahme Dehler, Jahn, Wilhelmi, 09.07.1962, zit. nach: *Marc von Miquel*, Ahnden oder amnestieren? Westdeutsche Justiz und Vergangenheitspolitik in den sechziger Jahren, Göttingen 2004, S. 104, 108, Fn. 24.

des Nationalsozialismus« gegeben. Diese Männer hätten »Anweisungen des Reichsjustizministeriums vollziehen (müssen), die ihrem Rechtsgefühl heftig widerstrebten.« Dies »zwang sie in einen tragischen Zweispalt hinein, den spätere Beurteiler wenigstens einmal zur Kenntnis nehmen müssten, ehe sie pharisäerhafte Verdammungsurteile fällen.«[2] Der FDP-Politiker und vormalige Justizminister Thomas Dehler schließlich befand gar, Fränkel sei bei dem Todesurteil gegen den Handtaschendieb wie in den anderen Fällen rechtstechnisch »mit peinlicher Korrektheit« vorgegangen. »Es ist namenlos schwer, dem Laien, der durch das Schicksal einer armen, menschlichen Kreatur ergriffen wird, klarzumachen, daß es in der kühlen Luft der Revisionsinstanz ausschließlich darum geht, ob die festgestellten Tatsachen rechtlich zutreffend gewürdigt worden sind.«[3]

Im Fall Fränkel bündelten sich zahlreiche der Probleme und Fragen, die im Zusammenhang mit der NS-Vergangenheit des westdeutschen Justizapparats aufzuwerfen sind: das Ausmaß der personellen Kontinuität im Rechtsbereich über 1945 hinweg, die propagandistische Instrumentalisierung der Personalkontinuität im Justizbereich durch die DDR im Kontext des Kalten Krieges, die Abwehr gegen solche Vorwürfe und die nahezu vorbehaltlose Unterstützung der Angegriffenen durch ihre Kollegen, die Fiktion der Rechtskontinuität und des Rechtspositivismus, welche die Juristenschaft von der Richtigkeit der gesetzestreuen Anwendung des nationalsozialistischen Rechts überzeugt habe. Und nicht zuletzt die Tatsache, dass von wenigen Ausnahmen abgesehen strafrechtliche und disziplinarische Maßnahmen gegen die einstigen NS-Juristen nicht ergriffen worden sind.

Trotz solcher Zuspitzungen sind aber die hier angedeuteten Entwicklungen nicht spezifisch für das Justizwesen, sondern Teil eines allgemeineren Prozesses, dessen Etappen ich im Folgenden zunächst nur sehr knapp skizzieren kann, um dann noch einmal auf den Fall Fränkel und ein weiteres NS-Verfahren zurückzukommen und am Ende einige Fragen zu formulieren.

2 Weinkauff an Stammberger, 12.07.1962, zit. nach: *Miquel*, Ahnden oder amnestieren?, S. 113.

3 »Rechtspflichten hat er nicht verletzt. Thomas Dehler zum Fall des Generalbundesanwalts«, in: Süddeutsche Zeitung, 20.07.1962, zit. nach: *Miquel*, Ahnden oder amnestieren?, S. 116.

II. Scheitern der Entnazifizierungspolitik

Die Frage nach dem Umgang mit den einstigen Funktionsträgern und Amtsinhabern des NS-Staates gewann in Westdeutschland schon in den Nachkriegsjahren und verstärkt nach der Gründung der Bundesrepublik großes und wachsendes Gewicht. Die raschen Erfolge der jungen Bundesrepublik, ihr wirtschaftlicher Aufstieg, ihre innere Stabilisierung und auch ihr militärisches Gewicht hatten das Verhältnis der Westdeutschen zu dem 1945 untergegangenen NS-Regime schrittweise verändert, und in dem Maße, wie die Alliierten konzessionsbereiter wurden, wurden die Deutschen selbstbewusster.

So begann die nach 1945 zunächst so intensive Beschäftigung mit den NS-Verbrechen schon früh in den Hintergrund zu treten. Die nach dem Krieg von den Westalliierten mit so viel Elan betriebenen Säuberungs- und Entnazifizierungsprozeduren wurden rasch abgewickelt. In gleichem Maße gewannen in der Bundesrepublik jene Stimmen an Einfluss, die gegen die Entnazifizierungspolitik der Westmächte und das ihr zugrunde liegende Bild von Krieg und Nationalsozialismus Sturm liefen und die bestraften oder aus ihren beruflichen Positionen verdrängten Nationalsozialisten zu rehabilitieren versuchten. Den wenigen »Mordgesellen Hitlers und Himmlers«, so hatten etwa die bayerischen Bischöfe in einem Hirtenwort betont, habe ein »Riesenheer unschuldiger Menschen« gegenübergestanden, darunter auch »Säuglinge und kleine Kinder, Greise und Mütter«. »Von den Unmenschlichkeiten, die in den Konzentrationslagern gegen meist unschuldige Menschen begangen wurden, hat das deutsche Volk mit wenigen Ausnahmen keine Kenntnis gehabt.« Als ebenso schlimm, wenn nicht schlimmer als das, was in jenen Jahren geschehen sei, müsse man nun aber jeden Versuch ansehen, das deutsche Volk kollektiv zu verurteilen.

Allerdings waren solche heftigen Proteste gegen die Entnazifizierungspolitik der Alliierten stets verbunden mit einer grundsätzlichen Absage an »*den* Nationalsozialismus«. Dabei schrumpfte der Bedeutungsgehalt dieses Begriffes im Verlaufe der Zeit und war schließlich auf eine Handvoll SS-Führer sowie auf die unmittelbare Beteiligung am Mord an den Juden regrediert. Ein Großteil der Westdeutschen fühlte sich schon früh nicht als Schuldige, sondern als Opfer des Krieges und einer Diktatur, die über die Deutschen wie über Feindesland gekommen sei. »Das deutsche Volk«, so erklärte der Kölner Kardinal Frings, »ist viel mehr Opfer als Träger dieser Gräueltaten gewesen«. Und dieser Opfergang sei noch nicht zu Ende: Erst von den Nazis, dann von den Siegermächten verfolgt und entrechtet, seien die Deutschen Opfer in gleich zweifachem Sinne.[4]

Hermann Hesse, der Literatur-Nobelpreisträger von 1946, beobachtete diese Entwicklung von der Schweiz aus mit scharfem Blick. In einem bitteren Brief an Luise Rinser vom Frühjahr 1946 schrieb er, ein Bekannter aus Deutschland habe ihn kürzlich gefragt, »was denn nach meiner Meinung ein gut gesinnter und anständiger Deutscher in den Hitlerjahren hätte tun sollen? Nichts habe er verhindern, nichts gegen Hitler tun können, denn das wäre Wahnsinn gewesen, es hätte ihn Brot und Freiheit gekostet und am Ende noch das Leben.« Andere, die jahrelang Parteimitglied gewesen seien, so Hesse weiter, erzählten ihm jetzt, »dass sie in all diesen Jahren stets mit einem Fuß im Konzentrationslager gewesen seien, und ich musste ihnen antworten, dass ich nur jene Hitlergegner ernst nehmen könne, die mit beiden Füßen in jenen Lagern waren, nicht mit dem einen im Lager, mit dem anderen in der Partei«. Frühere Bekannte, lange Zeit begeisterte Nazis, »erzählen mir eingehend von ihrem Alltag, ihren Bombenschäden und ihren häuslichen Sorgen, ihren Kindern und Enkeln, als wäre nichts gewesen, als wäre nichts zwischen uns, als hätten sie nicht mitgeholfen, die Angehörigen und Freunde meiner Frau, die Jüdin ist, umzubringen und mein Lebenswerk zu diskreditieren und schließlich zu vernichten…« Und wieder andere gebe es, »die mich auffordern, draußen in der Welt meine Stimme zu erheben und als Neutraler und als Vertreter der Menschlichkeit gegen Übergriffe oder Nachlässigkeit der Besetzungsarmeen zu protestieren. So weltfremd, so ohne Ahnung von der Welt und Gegenwart, so rührend und beschämend kindisch ist das!«[5]

Hatten sich die fortwährend verschärften Beschwerden der Westdeutschen zunächst auf die Entnazifizierung beschränkt, so konzentrierte sich die Kritik bald auf die strafrechtliche Verfolgung der NS-Verbrechen durch deutsche und alliierte Gerichte. »Siegerjustiz« lautete hier der zentrale Begriff, und dahinter verbarg sich ein Geschichtsbild, das den Zweiten Weltkrieg und damit auch die von den Deutschen begangenen Massenverbrechen in den Kategorien des gewissermaßen normalen Krieges anzusehen versuchte. Nicht die exzeptionellen Massenverbrechen, sondern die militärische

4 *Joseph Frings*, Denkschrift vom 02.08.1945, in: Bernhard Stasiewski/Ludwig Volk (Bearb.): Akten deutscher Bischöfe über die Lage der Kirche 1933–1945, Bd. 6: 1943–1945, Mainz 1985, S. 625–628, hier 625.

5 *Hermann Hesse*, Brief an eine junge Deutsche, Frühjahr 1946, in: Klaus Wagenbach (Hg.), Vaterland, Muttersprache. Deutsche Schriftsteller und ihr Staat seit 1945, Berlin 1979, S. 51 ff.

Niederlage der Deutschen gebe die Grundlage für die Strafverfahren ab, lautete die sich verbreitende Überzeugung.

Im Jahre 1946 hatten noch über siebzig Prozent der Westdeutschen den Kriegsverbrecher-Prozessen zugestimmt. Nun, 1950, wurden sie von ebenso vielen abgelehnt. Zugleich wurden in der westdeutschen Öffentlichkeit Entnazifizierung, Internierungslager, Spruchgerichte und Kriegsverbrecher-Prozesse als Ausweis bereits empfangener Strafe und Sühne genommen, wobei die offenbaren Ungerechtigkeiten vor allem des Entnazifizierungsverfahrens als Beleg für die Verfehltheit des gesamten Unterfangens dienten und das dabei begangene »Unrecht« mit den Verbrechen des Nationalsozialismus gewissermaßen verrechnet werden konnte.

Die politische Konsequenz aus dieser breiten und auch von den demokratischen Parteien mitgetragenen Kampagne bestand in einer Reihe von weit reichenden gesetzgeberischen Maßnahmen zur Integration der ehemaligen Nationalsozialisten in den ersten Jahren der neuen Republik. Durch die Amnestiegesetze von 1949 und 1954 wurde die Mehrheit der von den deutschen Gerichten bestraften NS-Täter, insbesondere jener der unteren Chargen, begnadigt und ihre Strafen ebenso wie die Urteile der Spruchgerichte aus dem Strafregister gestrichen.[6]

Eine besondere Bedeutung kam in diesem Zusammenhang der Wiedereinstellung der Beamten bei. Zunächst war lediglich vorgesehen gewesen, den aus den Ostgebieten und der DDR nach Westdeutschland gekommenen (»verdrängten«) Beamten die Möglichkeit der Wiedereinstellung zu eröffnen. Zu dieser Gruppe der »verdrängten« Beamten wurden dann auf Druck der Beamtenverbände aber auch jene gezählt, die aufgrund ihrer NS-Belastung im Entnazifizierungsverfahren ihre Stellungen verloren hatten. Unter den dadurch Begünstigten waren mindestens 100.000, mehr als ein Drittel, die im Entnazifizierungsverfahren als belastet eingestuft worden waren. Durch diese Bestimmung erhielten nun die einstigen NS-Beamten nicht nur die Möglichkeit, sondern das Recht, erneut als Beamter tätig zu werden. Lediglich gut tausend von knapp 345.000 ehemaligen Bediensteten waren als Hauptschuldige in den Entnazifizierungsverfahren (Kategorie I und II) davon ausgeschlossen. Mittlerweile wurden aber sogar NS-Gauleiter und SD-Führer in den Revisionsverfahren schließlich als »Mitläufer« oder »Unbelastete« eingestuft. Damit waren in weniger als fünf Jahren der überwiegende Teil der politischen Säuberungsmaßnahmen der Westalliierten rückgängig gemacht und das Gros der nationalsozialistischen Funk-

6 Verhandlungen des Deutschen Bundestags, 1. Wahlperiode, 23.03.1950, S. 1329 ff.

tionsträger amnestiert und weitgehend reintegriert worden.[7] Anders als nach Kriegsende von den Alliierten und auch von den deutschen Demokraten beabsichtigt, war so in den frühen fünfziger Jahren die nahezu vollständige Reintegration der Nationalsozialisten einschließlich ihres Spitzenpersonals mit wenigen Ausnahmen vollzogen worden. In der Verwaltung, der Justiz und der Ministerialbürokratie rückten sie unterhalb der Staatssekretärsebene beinahe vollständig wieder in die Behörden ein.

Diese Rehabilitierung erstreckte sich auch auf solche Personen, die in zentraler Funktion in den Strafverfolgungsbehörden des NS-Staates tätig gewesen waren, sei es im Justizapparat, bei der Polizei oder, damit personell und institutionell stark verzahnt, im Reichssicherheitshauptamt, also dem Zusammenschluss von Politischer Polizei, Kriminalpolizei und Sicherheitsdienst der SS. Diese Männer waren in der Regel akademisch, meist juristisch ausgebildet und besaßen die besten Beziehungen. Es gelang ihnen bis auf wenige Ausnahmen, nach ihrer Entlassung aus Haft oder Internierung in der Bundesrepublik beruflich wieder Fuß zu fassen. Allerdings entsprachen sie durchaus nicht dem Bild, das man sich in Deutschland und noch mehr im Ausland vom Typus eines NS-Täters machte. Schon Konrad Adenauer hatte im Jahre 1952 gegenüber deutschen Journalisten und zu anderen Gelegenheiten davon gesprochen, unter den in den alliierten Gefängnissen einsitzenden und in der westdeutschen Öffentlichkeit »Kriegsverurteilten« seien nur sehr wenige »wirkliche Verbrecher«, und bei diesen handele es sich vorwiegend um »Asoziale und Vorbestrafte«.[8] Nicht der Vorsitzende eines Sondergerichts oder der promovierte Einsatzgruppen-Kommandant, sondern der SA-Schläger und KZ-Bewacher standen hier für das Bild vom NS-Täter; und als konkretes Verbrechen wurden dann auch eher die antijüdischen Ausschreitungen während der »Kristallnacht« verstanden als die im herkömmlichen Vorstellungsvermögen kaum konkretisierbare Ermordung der europäischen Juden vier Jahre später. Dem akademisch auftretenden Juristen jedoch, dem die Beteiligung an Massenerschießungen »im Osten« vorgeworfen wurde, fehlten alle Eigenschaften, die zum hier vorherrschenden Bild eines »Verbrechers« gehörten.

Diese Konstellation erwies sich als sehr wirksam. Denn selbst für Menschen, deren Ablehnung und Verabscheuung des NS-Regimes außer Frage stand, war die Verbindung zwischen den als abnorm und jeder Erfahrung

7 *Curt Garner*, Der öffentliche Dienst in den 50er Jahren: Politische Weichenstellungen und ihre sozialgeschichtlichen Folgen, in: Axel Schildt/Arnold Sywottek (Hg.): Modernisierung im Wiederaufbau. Die westdeutsche Gesellschaft der 50er Jahre, Bonn 1993, S. 759–790.

8 *Hanns Jürgen Küsters* (Bearb.), Adenauer. Teegespräche 1950–1954 (= Adenauer. Rhöndorfer Ausgabe, hg. von Rudolf Morsey u. Hans-Peter Schwarz), Berlin 1984, S. 219.

fern wahrgenommenen NS-Verbrechen und dem als einstigen Gestapo-Stellenleiter oder Sonderrichter enttarnten Kollegen oder Nachbarn nicht zu ziehen, weil die Ruchlosigkeit der Verbrechen und die Wohlanständigkeit des Nachbarn oder Kollegen nicht zueinander in Beziehung gebracht werden konnten. Und um wie viel stärker galt das für jene Juristen, die als Richter oder Staatsanwälte oder im Justizministerium die Politik des NS-Regimes gegenüber Gegnern, Abweichlern oder rassisch Unerwünschten in rechtsförmige Begriffe, Gesetze und Urteile gegossen hatten.

Eine besondere Bedeutung kam in diesem Zusammenhang der Formel von der »Anständigkeit« zu. Dass jemand »dabei gewesen«, aber »dennoch anständig« geblieben sei, wurde bald zum stereotypen Verweis, wenn die NS-Vergangenheit die berufliche oder politische Reputation eines Mannes zu beschädigen drohte. In diesem Begriff der »Anständigkeit« klang einerseits noch mit, was während der NS-Zeit zum Teil nur künstlich stilisiertes, zum Teil echtes und insgeheimes Verständigungskriterium der Eingeweihten gewesen war: Die Unterscheidung nach »Anständigkeit« gab an, ob sich jemand hatte tatsächlich verbiegen lassen oder unterhalb der unvermeidlichen Pflichterfüllung einen geraden Sinn, Hilfsbereitschaft oder Menschenfreundlichkeit hatte erhalten können. Aber weil solche Unterscheidungen in Diktaturen eben nur innerhalb von Gruppen mit klarem, wenn auch nicht unbedingt explizitem Ehrenkodex präzise funktionieren, boten sie sich nach dem Kriege als preiswerte Selbsterhöhung förmlich an. Zudem schwang in diesem Begriff auch noch etwas anderes mit: das Motto der inneren Distanz – der emotionalen Unbeteiligtheit an dem Schrecklichen, an dem man mittat –, das während des Krieges auch bei den Anführern der Mordeinheiten eine so große Rolle gespielt hatte und insinuierte, selbst der an Verbrechen Beteiligte könne, wenn er nur die bürgerlichen Sekundärtugenden bewahre, »anständig« bleiben. In diesem Sinne hatte auch Heinrich Himmler 1943 das Ethos seiner Männer zusammengefasst: Ihre historische Größe bestehe darin, dass sie das Unumgängliche taten und dabei dennoch »anständig« geblieben seien.

Damit verbunden war eine historiographische Uminterpretation des NS-Staates, der nun als das Werk sehr weniger NS-Verbrecher propagiert wurde. Bei dieser Dichotomie zwischen Volk und Führung wurde den sogenannten einfachen Nationalsozialisten vielleicht noch die Rolle des Opfers von Verführung zugeschrieben, dem ganzen Volk aber die des Opfers der Gewalt. Staatliche Funktionen, politische Ämter, militärische Kommandos erschienen hierbei in dieser Konstruktion lediglich als Transformationsinstanzen ohne eigene Verantwortlichkeit. In diesem Konzept der NS-Vergangenheit wurden die Opfer der Nationalsozialisten ebenso wie die Täter anonymisiert und die Geschichte ihres Personals und ihrer Orte beraubt, sodass man sich in der Öffentlichkeit sogar mit einigem Pathos gegen die vergangene Gewaltherrschaft aussprechen konnte, ohne sich mit konkreten Orten und wirklichen Menschen befassen zu müssen.

So vollzog sich die Etablierung einer bürgerlichen demokratischen Republik zunächst auf der Grundlage einer solchen perzeptiven Verwandlung des NS-Regimes, die eine Scheidung zwischen eigener Erfahrungswelt, als deren Kennzeichen Normalität und Kontinuität galten, und den NS-Massenverbrechen beinhaltete – jene Verbrechen, deren Existenz man nicht öffentlich bezweifelte, die aber doch weithin als erfahrungsfern und als Produkt einer anderen Erinnerung apostrophiert wurden, nämlich derjenigen der Sieger.

III. Ulmer Einsatzgruppenprozess und »Vergangenheitsbewältigung«

Auf der anderen Seite standen die hinhaltende Abwehr, die Anonymisierung sowie das schlichte In-Abrede-Stellen des während der NS-Diktatur Geschehenen nicht nur moralisch, sondern auch empirisch auf schwachen Füßen und waren nur als intellektuelle Transitorien tragfähig. Denn anders als nach 1918 vermochten sich diese ideengeschichtlichen Selbstbehauptungsversuche dauerhaft nicht mit einem nationalen Narrativ von Verrat, Betrug und an den Deutschen begangenem Unrecht zu verbinden, die ihnen auch für die nachfolgenden Generationen Plausibilität und Engagement verliehen hätten. Seit den späten 1950er Jahren begann sich dieser Prozess der nahezu vollständigen und geräuschlosen Reintegration der NS-Funktionsträger daher zu verändern. Nach zehn Jahren der relativen Stille wurde der Umgang mit der NS-Zeit und mit den NS-Eliten zur zentralen Herausforderung von Staat und Gesellschaft. Im Innern wie von außen betrachtet wurde er allmählich zum wichtigsten Kriterium für Ernsthaftigkeit und Zuverlässigkeit der demokratischen Entwicklung in Westdeutschland.

Ausgangspunkt war dabei der Fall des einstigen Polizeichefs von Memel, der wie viele andere einstige NS-Funktionäre auf Wiedereinstellung in den Staatsdienst klagte und dabei auf Anfrage auch Auskunft über seine Tätigkeit im Einsatzkommando Tilsit der Einsatzgruppe A gab. Diese hatte unmittelbar nach Beginn des Krieges gegen die Sowjetunion in Litauen Hunderte, später Tausende von Juden erschossen. Dies war der Ausgangspunkt für den ersten großen Prozess gegen Mitglieder der Einsatzgruppen vor westdeutschen Gerichten, der mit der Verurteilung des einstigen Polizeichefs zu zwölf Jahren Zuchthaus endete.[9]

Über diesen Prozess wurde in der westdeutschen Presse allerdings ausführlich berichtet – nun aber mit gegenüber den vorangegangenen Jahren merklich verändertem Zungenschlag. Nur fünf Jahre nach der Vollstreckung der Nürnberger Todesurteile gegen Einsatzgruppenkommandeure, die in der westdeutschen Öffentlichkeit auf enorme Empörung gestoßen war, riefen die in dem Ulmer Verfahren zutage tretenden Berichte über Massenmorde von Polizei- und SS-Einheiten nun offenbar Überraschung und Entsetzen hervor. Hier wurde sichtbar, dass sich in der Bundesrepublik auch in Bezug auf die NS-Vergangenheit mittlerweile ein gewisser Einstellungswandel vollzogen hatte. Die nationalsozialistische Vorgeschichte dieser Westgesellschaft, die sich selbst nun als bereits einigermaßen gefestigt ansah, wirkte daher, wenn sie in Personen wie den in Ulm angeklagten SS- und Polizeioffizieren präsent wurde, als Skandalon, und die Distanzierung davon wurde zum Konstitutionsmerkmal einer Gesellschaft, die sich davon schon weit entfernt wähnte.

Allerdings wurden die Diskussionen um den Ulmer Prozess von einer Welle antisemitischer Aktionen begleitet, bei denen jüdische Friedhöfe geschändet und an Synagogen antijüdische Parolen geschrieben worden waren. In den folgenden Wochen wurden fast fünfhundert Nachahmertaten gemeldet. Offenbar war der Nationalsozialismus doch noch nicht so weit entfernt, wie es die Reaktionen auf den Ulmer Prozess suggerierten.

Diese Konstellation – konsensuale Verurteilung der NS-Verbrechen im Kontext der NS-Prozesse auf der einen, Aktualisierung neonazistischer Tendenzen auf der anderen Seite – führte in den folgenden Monaten und Jahren zu einer ebenso intensiven wie folgenreichen öffentlichen Debatte über die »Bewältigung der Vergangenheit«, wie der nun oft gebrauchte Terminus lautete. Die Gründung der Ludwigsburger Zentralstelle, der Eichmann-Prozess, der Auschwitz-Prozess waren wichtige frühe Stationen in diesem sich beschleunigenden Prozess einer juristischen und politischen Selbstreinigung, der mehr als vierzig Jahre lang andauerte. Er betraf allerdings die verschiedenen Funktionsfelder von Staat und Gesellschaft in unterschiedlicher Weise, und hier ist der Ort, den Justizbereich wieder ins Spiel zu bringen.

9 Zum Folgenden: *Miquel*, Ahnden oder amnestieren?, S. 23–142.

IV. Schonung der Richter und Staatsanwälte

Der Anstoß, sich verstärkt auch um die Vergangenheit von Richtern, Staatsanwälten und Justiz-Ministerialbeamten zu kümmern, kam jedoch von außen. Die Ende 1959 in Karlsruhe von einigen Studenten initiierte Ausstellung über »Ungesühnte Nazijustiz« fand rasch ein breites Echo und löste eine Debatte über die Frage der gesellschaftlichen Kontinuität im Bereich der Verwaltung und Justiz aus – auch wegen der wutschnaubenden Ablehnung, welche die Studenten von Seiten der Justizbehörden und der Politik erfuhren. Diese Ausstellung, so der baden-württembergische Justizminister, stelle »eindeutig einen Versuch der Beeinträchtigung der rechtsstaatlichen Ordnung und Sicherheit der Bundesrepublik« dar.[10]

Zur gleichen Zeit begannen die DDR-Behörden damit, Listen mit den Namen von Richtern und Staatsanwälten zu veröffentlichen, welche in der NS-Zeit tätig gewesen waren und ihre Karrieren in der Bundesrepublik fortsetzten, versehen mit detaillierten Angaben über Zahl und Gegenstände der von ihnen etwa gefällten Todesurteile. Allerdings wurden diese Listen ebenso wie die später publizierten »Braunbücher« in der Bundesrepublik von den westdeutschen Behörden als reine Ostpropaganda abgetan und wirkten sich dadurch zum Teil sogar kontraproduktiv aus. Dennoch bewirkten die DDR-Publikationen, dass nun auch im westlichen Ausland, vor allem in Großbritannien, kritische Fragen wegen der starken Personalkontinuität im westdeutschen Justizwesen laut wurden, die in Bonn nicht gänzlich ignoriert werden konnten. Und auch in den westdeutschen Medien, die bis dahin alle Vorwürfe wegen der NS-Vergangenheit mit Emphase zurückgewiesen hatten, wurde nun die Besetzung von zahlreichen Spitzenpositionen sowohl im Bundesjustizministerium als auch in den obersten Bundesgerichten (mit Ausnahme des Bundesverfassungsgerichts) zunehmend kritisch kommentiert.

Die daraufhin begonnenen Versuche, zumindest solche Richter und Staatsanwälte aus dem Verkehr zu ziehen, die sich in, wie nun formuliert wurde, »besonders exzessiver« Weise der Rechtsbeugung schuldig gemacht hatten, verliefen aber weitgehend im Sande. Appelle, sie möchten doch freiwillig in den vorgezogenen Ruhestand gehen, wurden nur von wenigen erhört. Vielmehr stieß die nun vermehrt vertretene Auffassung, es müsse ein klarer Trennstrich gezogen werden zwischen der demokratischen Rechtsprechung in der Bundesrepublik und den Unrechtsurteilen im NS-Staat,

10 Protokoll des Ständigen Ausschusses des Landtags von Baden-Württemberg, 14.12.1959, zit. nach: *Miquel*, Ahnden oder amnestieren?, S. 54.

auf scharfe Ablehnung. Die These von einem fundamentalen Kontinuitätsbruch, so hob der bayerische Justizminister Haas hervor, hebe das Prinzip der einheitlichen Rechtsprechung vor und nach 1945 auf. Dann aber, so Haas, »könnten wir die Frage auch nicht auf die Todesstrafe begrenzen; dann wären all diese Urteile anfechtbar, und wo kämen wir dann hin? Es geriete alles ins Wanken, was früher geschah.«[11] Und der Präsident des bei der Abwehr gegen alle Versuche einer Aufrollung der NS-Justiz besonders engagierten Richterbundes, Hans Meuschel, betonte, dass alle Versuche, einstige NS-Richter nun zur Verantwortung zu ziehen, rundweg abzulehnen seien, denn es handle sich bei den Beschuldigten durchweg um »honorige, anständige Menschen, sie sind durch ein dummes Schicksal, weil sie jung waren, weil sie tüchtig waren, an irgendein ominöses Gericht gekommen, diese Kollegen genießen absolut kollegiales, vollstes Vertrauen.«[12]

Die solche Überlegungen leitende Vorstellung hat Hans Filbinger später mit dem klassischen Satz zusammengefasst, was damals Recht gewesen sei, könne heute nicht Unrecht sein. Und auch die hier immer wieder durchscheinende Motivkonstruktion des eigentlich rechtlich denkenden Juristen, der gezwungenermaßen aus Rücksicht auf sein Leben und das seiner Familie mitgemacht habe, ist durchaus noch aktuell. Der Berliner Jurist Bernhard Schlink hat sie kürzlich im »Merkur« wiederbelebt, als er die Kritik an den Ministerialbeamten des Auswärtigen Amtes in der NS-Zeit zurückwies. Eine moralische Bewertung dieser Personen könne nur »im Horizont ihrer Zeit« geschehen, betont Schlink und wendet sich scharf gegen alle Versuche, hier moralisch Gericht zu halten – »mit heutigen Maßstäben über gestriges Verhalten … Wer Rechtswissenschaftlern des 19. und 20. Jahrhunderts, die nicht so demokratisch und wirklichkeitsorientiert und totalitarismusresistent waren, wie wir das heute von Rechtswissenschaftlern fordern«, solche Vorwürfe mache, sei nichts weiter als ein Denunziant, so Schlink. Das nimmt diese alte Wendung auf, wonach NS-Täter und ganz besonders Richter und Staatsanwälte nicht nach ihren Taten zu beurteilen seien, sondern nach ihren nur von den Zeitgenossen zu erkennenden Motiven.[13]

Schließlich aber gelang es der bundesdeutschen Justiz tatsächlich, jedes schärfere Vorgehen gegen einstige NS-Richter, NS-Staatsanwälte und Beamte des Reichsjustizministeriums, etwa eine Änderung des Richtergesetztes, zu verhindern. Allerdings mit einer Ausnahme: Generalbundesanwalt Wolf-

11 Protokoll des Rechtsausschusses des Deutschen Bundestages, 137. Sitzung, 26.01.1961, zit. nach: *Miquel*, Ahnden oder amnestieren?, S. 85.

12 Protokoll des Rechtsausschusses des Deutschen Bundestages, 146. Sitzung, 20.04.1961, zit. nach: Ebd., S. 92.

13 *Bernhard Schlink*, Die Kultur des Denunziatorischen, in: Merkur 745 (2011), S. 473–486.

gang Fränkel reichte nach weiteren gegen ihn erhobenen Vorwürfen seine Demission ein. Jedoch blieb dies nahezu die einzige personelle Konsequenz aus den Vorwürfen gegen das westdeutsche Justizwesen, sodass man zu recht konstatieren kann, dass das westdeutsche Justizwesen in den drei Jahrzehnten nach dem Kriege in ganz erheblichem Maße von einstigen Parteigängern des NS-Regimes bestimmt worden ist.

V. Die Verjährungsdebatten

Das zweite Beispiel, das ich etwas näher anschauen möchte, betrifft den weiteren Kontext der Verjährungsdebatten. Am 8. Mai 1960, fünfzehn Jahre nach Kriegsende, galten Totschlagsverbrechen als verjährt, dazu zählte nach herrschender Rechtsüberzeugung auch ein Großteil der NS-Verbrechen. Nach der antisemitischen Welle Anfang 1960 und nach dem Bekanntwerden weiterer Personalskandale änderte die SPD-Fraktion im Bundestag ihren bis dahin sehr defensiven vergangenheitspolitischen Kurs und stellte den Antrag, die Verjährungsfrist um vier Jahre zu verschieben, um so der gerade gegründeten Ludwigsburger Zentralstelle die Möglichkeit zu geben, ihre Ermittlungen fortzusetzen und, wie man glaubte, abzuschließen. Dieser Antrag wurde im Bundestag abgelehnt, vor allem das Bundesjustizministerium hatte sich dagegen ausgesprochen und damit die verjährungspolitische Linie des Ministeriums festgelegt. Federführend war dabei der Leiter der Strafrechtsabteilung im Bundesjustizministerium, Ministerialdirigent Dr. Eduard Dreher – der hierbei auch in eigenem Interesse handelte, denn unter diese Verjährung fielen auch die von ihm als Staatsanwalt beim Sondergericht Innsbruck während des Krieges beantragten Todesurteile.

An der Öffentlichkeit war diese Frage allerdings weitgehend vorbeigegangen. Drei Jahre später, als die Frage der 1965 beginnenden Verjährung von Mord anstand, war dies ganz anders. Bereits im Vorfeld hatten zahlreiche jüdische Organisationen und viele Politiker in den westlichen Staaten vor einer Beendigung der Verfolgung der NS-Morde gewarnt, die ja gerade erst angelaufen war. Die Bundesregierung jedoch beharrte strikt auf Einhaltung der Verjährungsfristen und schlug vor, das Thema aus der parlamentarischen Beratung herauszuhalten. Das aber scheiterte nun an der SPD und vor allem an dem Berliner CDU-Abgeordneten Ernst Benda, der sich gegen die Mehrheitsmeinung der Unions-Fraktion stellte und zum wichtigsten Befürworter einer Verlängerung der Verjährung von Mord wurde. Das Vorhaben der Regierung, eine Ausdehnung der Verjährung mit dem Argument zu verhindern, solches sei verfassungswidrig, stieß nun zunehmend auf Widerspruch; vor allem die Beziehungen zu Israel und den USA drohten sich deutlich zu verschlechtern.

In der westdeutschen Bevölkerung allerdings sprach sich weiterhin eine (sogar noch wachsende) Mehrheit gegen die Verjährungsausweitung und auch gegen die weitere strafrechtliche Verfolgung von NS-Tätern aus, und darauf bezogen sich viele Politiker der Regierungsparteien auch, wenn sie sich mit scharfen Worten gegen die Aufhebung der Verjährung wandten, so der von der FDP gestellte Justizminister Bucher: »Wir können uns nicht von Israel unter Druck setzen lassen in einer Frage, die für uns eine Rechtsfrage ist. Wir müssen es auf uns nehmen, notfalls mit einigen Mördern zusammenzuleben.«[14]

Schließlich wurde in einem Kompromiss die Verlängerung um vier Jahre beschlossen – in der Annahme, dass bis dahin die meisten Verfahren zum Abschluss gebracht worden seien. Ein Irrtum, wie leicht vorhersagbar war. Gleichwohl war diese Entscheidung von großer Bedeutung, vor allem weil nun die mit großem Aufwand von der Staatsanwaltschaft beim Berliner Kammergericht vorbereiteten Verfahren gegen die Hauptverantwortlichen für die meisten Mord- und Vernichtungsaktionen des NS-Regimes, die Mitarbeiter des Reichssicherheitshauptamtes, zur Anklage kommen konnten. Das aber wurde durch einen Verfahrenstrick verhindert, der schließlich dazu führte, dass die Prozesse gegen diese Männer, überwiegend ebenfalls Juristen, nicht durchgeführt werden konnten. Es gibt Hinweise darauf, dass dieser Weg der »kalten Amnestie« aus dem Kreis der betroffenen NS-Funktionäre selbst vorgeschlagen wurde. Umgesetzt wurde er jedoch im Kontext der Mitte der 50er Jahre einberufenen Großen Strafrechtskommission, die das in weiten Teilen veraltete Strafrecht einer vollständigen Überarbeitung unterziehen sollte. »Generalreferent« und treibende Kraft dieses Ausschusses war der Leiter der Strafrechtsabteilung im Bundesjustizministerium, der Ministerialdirigent Dr. Eduard Dreher – jener Dreher, der im Justizministerium bereits in den frühen 50er Jahren der für Amnestiesachen zuständige Referatsleiter gewesen war. Die Ergebnisse der Arbeit der Strafrechtskommission wurden erst 1970 im Bundestag beraten und beschlossen und traten 1975 in Kraft. Nur ein einziges, ganz unscheinbares Nebenprodukt wurde aus dem Gesamtpaket herausgelöst und schon 1968 dem Bundestag zugeleitet: das Einführungsgesetz zum Ordnungswidrigkeiten-Gesetz (EGOWiG). Es bezog sich in der Mehrheit seiner insgesamt 167 Artikel auf

14 »Notfalls mit einigen Mördern zusammenleben, sagt Bucher«, Süddeutsche Zeitung, 18.01.1965.

die Neuregelung der Behandlung von Ordnungswidrigkeiten, vor allem auf dem Verkehrssektor. Der Artikel 1, Ziffer 6 allerdings enthielt entgegen dem irreführenden Titel, der ja eher auf prozedurale Vorabregelungen hinwies, eine substantielle Neufassung des § 50 Abs. 2 des Strafgesetzbuches, in dem die Frage der Schuld bei der Beihilfe zum Mord geregelt wurde. Der jetzt neu eingeführte Abs. 2 lautete: »Fehlen besondere persönliche Eigenschaften, Verhältnisse oder Umstände (besondere persönliche Merkmale), welche die Strafbarkeit des Täters begründen, beim Teilnehmer [an der Mordtat], so ist dessen Strafe nach den Vorschriften über die Bestrafung des Versuchs zu mildern.«

Bei der Beratung im Bundestag gab es zu diesem Gesetz keinen Diskussionsbedarf; nicht einmal eine Nachfrage, warum die doch so wenig dringlich scheinende Novellierung dieses Abschnitts aus dem großen Gesamtpaket der Strafrechtsreform herausgenommen und dem Parlament vorab vorgelegt worden war. Tatsächlich aber war es nunmehr in einer »juristischen Kettenreaktion« nicht mehr nur möglich, sondern zwingend geboten, dass der Mordgehilfe – waren ihm keine »niederen Beweggründe« nachzuweisen – nicht nach den Strafvorschriften für Mord, sondern jenen für Mordversuch, maximal 15 Jahre Haft, bestraft wurde. Dadurch aber veränderte sich auch automatisch die Verjährungsfrist für Beihilfe zum Mord: Nicht mehr 20 Jahre, wie bei Mord, sondern nur noch 15 Jahre, wie bei versuchtem Mord, dauerte die Verjährungszeit. Und damit waren alle Taten während der NS-Zeit, die in diesem Sinne als Beihilfe anzusehen waren, verjährt, wenn nicht vor dem 8. Mai 1960 ein Verfahren eröffnet worden war. Vor allem die RSHA-Verfahren jedoch, und in ihrem Gefolge ein Großteil der Verfahren gegen Gestapo- und SD-Führer, waren erst seit 1965 in Gang gebracht worden. »Mit der Beihilfe-Novelle«, so fasst Marc von Miquel, der in seiner Studie über die westdeutsche Justiz in den sechziger Jahren diesen Zusammenhängen intensiv nachgegangen ist, seine Ergebnisse zusammen, »war bemerkenswert früh die Formel gefunden worden, mit der genau jene Teilamnestie durchsetzbar schien, die von so vielen, von ehemaligen Tätern und deren Anwälten ebenso wie von konservativen Politikern und Richtern brennend gewünscht wurde. Während ein derartiges Straffreiheitsgesetz innerhalb der Großen Koalition auf politischem Wege kaum durchsetzbar war, konnte die einsetzende rechtswissenschaftliche Debatte über die Auslegung des Paragraphen 50/2 die Amnestiebefürworter durchaus zufriedenstellen.«[15]

Vorausgesetzt, den Betroffenen waren keine »niederen Beweggründe« nachzuweisen, konnten nun die vorbereiteten außerordentlich umfangreichen

15 *Miquel*, Ahnden oder amnestieren?, S. 335.

Verfahren gegen die RSHA-Männer und damit gegen die Hauptverantwortlichen für die Ermordung der europäischen Juden nicht mehr durchgeführt werden. Zu welchen Ausweitungen diese Regelungen im Einzelnen führten, mag ein Beispiel illustrieren. Im Verfahren gegen Hermann Heinrich, der als Angehöriger der Sicherheitspolizei an der Deportation der Krakauer Juden im Oktober 1942 beteiligt war, begründete Rudolf Börker, nun Richter am 5. Strafsenat des BGH, als einstiger Kriegsgerichtsrat im Torgauer Wehrmachtsgefängnis selbst stark NS-belastet, seinen Antrag auf Einstellung des Verfahrens so: Die Heinrich angelasteten Verbrechen seien ohne eigene niedere Beweggründe verübt und die Strafverfolgung erst nach dem 8. Mai 1960 eingeleitet worden. Denn Heinrich habe sich bei der Räumung des Krakauer Ghettos »nicht durch besondere Brutalität hervorgetan.« Dies gelte »bei nüchterner Betrachtungsweise und bei Berücksichtigung der Umstände, wie sie nun einmal bei den Aktionen tatsächlich herrschten, auch für die Oktoberaktion in Krakau, in deren Verlauf der Angeklagte eine 14-Jährige niedergeschlagen und bei der er in drei Fällen mitgeschossen und mitgetötet hat.«[16] Heinrich wurde freigesprochen.

VI. Zusammenfassung

Am Ende will ich die hier angestellten Überlegungen in vier Punkten zusammenfassen. Zum *einen*: Die außerordentlich erfolgreiche vergangenheitspolitische Selbstverteidigung der einstigen NS-Juristen, die sich seit den 50er Jahren nahezu vollständig in bundesrepublikanischen Positionen wiederfanden, ist in ihrer Aggressivität gewiss bemerkenswert. Verwunderlich ist die konstante Abwehr der Verantwortung von Juristen für die eigenen Taten hingegen nicht, sie waren darin nur erfolgreicher als die meisten anderen Berufsgruppen.

Schwieriger ist der *zweite* Punkt. Dass man sich selbst vor Strafe schützen möchte, ist nachvollziehbar. Aber was trieb einen prominenten Juristen wie Rudolf Börker dazu, einen vielfachen Mörder wie Hermann Heinrich mit einer solchen Begründung vor der Verfolgung zu schützen? Welche Motive hatte Eduard Dreher, ein Spitzenjurist und ein brillanter Kopf, wenn er mit erheblichem intellektuellen Aufwand und großer Sorgfalt ein Gesetz platzierte, das den schrecklichsten Massenmördern des 20. Jahrhunderts vollständige Straffreiheit brachte? Gewiss, das Empfinden der Solidarität mit

16 Gutachten Börker zu BGH 5 StR 658/68, 28.04.1969, zit. nach: Ebd., S. 339.

juristischen Kollegen, auch im RSHA, mag eine Rolle gespielt haben, der Drang, sich gegen »Siegerjustiz« der Alliierten und ihrer Verbündeten zu wehren, auch die Vorstellung, das im Krieg Geschehene sei eine mit rechtlichen Mitteln nicht zu beurteilende Sondersituation gewesen. Eine gespaltene Moral? Die Unfähigkeit der Empathie mit den Opfern? Eine deutsche Sondermoral? Hier bleibt ein großer Rest des Unverständnisses.

Drittens: War die Rückkehr der alten Eliten nach 1945 in die Spitzenpositionen der Verwaltung und insbesondere der Justiz ein Prozess ohne Alternativen? Die Option in der DDR, rasch ausgebildete Gegeneliten in hohe Funktionen zu bringen, war dort auf das Engste mit der Installation einer neuen Diktatur verbunden. Aber war das ein zwangsläufiger Prozess? Wäre es nicht ohne Schädigung der Verwaltungseffektivität möglich gewesen, wenigstens die Schwerbelasteten unter den Juristen aus dem Verkehr zu ziehen? Ein solcher scharfer Reinigungsprozess, der nach klaren Maßstäben der Beurteilung des Handelns, nicht des Wollens, funktionierte, wäre für die rechtliche und ethische Konstituierung der demokratischen Bundesrepublik von erheblicher Bedeutung gewesen. Nur – wer hätte ihn durchführen sollen? Eine bürgerliche Gegenelite existierte nicht, von den kleinen Gruppen demokratischer Politiker der Weimarer Jahre abgesehen, die die Bundesrepublik in den 50er Jahren führten – zu breit und zu tief war die Integration der alten Führungsgruppen in das NS-System gewesen. Dennoch, hier gab es Alternativen, die versäumt worden sind.

Schließlich aber der *vierte* Punkt, der uns bei der Beschäftigung mit diesen Fragen Probleme bereitet. Wie konnte es gelingen, dass mit einem solchen Justizapparat mit dieser personellen Besetzung nach 1949 sowohl in der Gesetzesformulierung wie in der Rechtspraxis ein demokratisches und, jedenfalls seit den 1960er Jahren, zunehmend liberales Rechtssystem etabliert werden konnte? Die Frage ist nicht einfach zu beantworten. Gewiss war die nachdrückliche Betonung der eigenen demokratischen Zuverlässigkeit, die wir bei vielen Richtern und Ministerialbeamten ebenso wie bei Professoren und Wirtschaftsführern in den fünfziger und sechziger Jahren finden, oft auch ein Reflex auf die traumatischen Erfahrungen der Jahre nach 1945, mit *automatical arrest*, Internierungslager und Nürnberger Verfahren und insbesondere auf die Befürchtungen, dass ihr Verhalten während der Diktatur doch noch einmal zur Sprache kommen könnte. Auch erwies sich die Bundesrepublik als ausgesprochen erfolgreiches Unternehmen und ermöglichte auch das eigene Fortkommen – warum sollte man sich da weiterhin mit jenem alten Regime identifizieren, das den einzelnen ja auch persönlich die größte Niederlage ihres Lebens beigefügt hatte? Nicht wenige von denen, die diese Gelegenheit wahrnahmen und ihren Opportunismus belohnt sahen, wurden im Verlaufe der Zeit tatsächlich zu guten und überzeugten Demokraten. Indem man ihren Opportunismus akzeptierte, wurde auch die Grundlage zu einem tatsächlichen Einstellungswandel gelegt, nicht bei allen, aber doch bei vielen – ein moralisch gewiss problematischer, aber doch wohl effektiver Prozess.

Bei den meisten aber, so meine Vermutung, war die Überzeugung oder die Autosuggestion ausschlaggebend, man habe stets nur dem Recht gedient, und zwar jeweils unter den gegebenen Umständen. Die eigene Erinnerung wurde so durch das Postulat der eigenen Unschuld verformt oder besser: neu geschaffen. Aber gerade weil die Rehabilitierung und nahezu bruchlose Integration der NS-Juristen wie beinahe aller einstigen NS-Funktionseliten in Westdeutschland einen so offenkundigen Skandal darstellte, der im Ausland und seit den sechziger Jahren auch im Inland auf mehr und mehr Empörung und Kritik stieß, waren nach einer gut zehnjährigen Zwischenphase die Proteste dagegen so heftig, die darauf folgende Gegenwehr so hilflos und der dann einsetzende Transformationsprozess so tiefgreifend und rapide.

So wird in der Rückschau deutlich, dass diese »verzweifelten Traditionsrettungen, konstruierten Ausnahmen und vorgeschobenen Unschuldsbehauptungen«, nicht das Gegenteil eines Nachdenkens über den Nationalsozialismus und seine Traditionen waren, »sondern das Medium, in welchem es stattfinden konnte.«[17]

17 *Nicolas Berg*, Lesarten des Holocaust, in: Ulrich Herbert (Hg.), Wandlungsprozesse in Westdeutschland. Belastung, Integration, Liberalisierung 1945–1980, Göttingen 2002, S. 91–140.

Joachim Rückert

Einige Bemerkungen über Mitläufer, Weiterläufer und andere Läufer im Bundesministerium der Justiz nach 1949*

Das Läuferbild im Thema ist nicht nur der Assoziation zur Entnazifizierung halber gewählt.[1] Auch Quer- und Gegenläufer könnten ja mit ins Bild kommen. Wichtig daran ist: Es geht nicht um etwas wie einen Volkslauf, sondern um etliche verschiedene, konkrete Läufer, auch Lauf-Bahnen, aber eben um Individuen, Subjekte, Menschen. Wie steht es dabei mit Kontinuitäten und Wandel nach 1945? Sind das nicht nur rein persönliche Vorgänge von nur geringem ›historischem‹ Interesse? Natürlich schlummert in den individuellen Läufer-Bahnen nicht nur Geschichte von konkreten Handlungen und Taten, sondern auch von Strukturen und Institutionen und Typik. Darin einen grundlegenden, methodischen Gegensatz finden zu wollen, ist ebenso alt wie unfruchtbar.[2] Beide Ebenen sind wichtig und dürfen nicht gegeneinander ausgespielt werden. Heute liegt mein Schwerpunkt quellen- und themenbedingt auf der individuellen Ebene. Forschung dazu gibt es so gut wie nicht, obwohl die Geschichte des Ministeriums durchaus schon Interesse gefunden hat.[3]

* Der Text folgt meinen Notizen zum Berliner Vortrag am 26.04.2012 und enthält Einiges dabei aus Zeitgründen Weggelassene zu den Personen Rotberg, Roemer, Kanter und zum Nürnberger Juristenurteil.

1 Siehe die bekannte Studie von *Lutz Niethammer*, Entnazifizierung in Bayern. Säuberung und Rehabilitation unter amerikanischer Besatzung, Frankfurt am Main 1972; 2. Auflage, Berlin 1982 unter dem Erfolgstitel: Die Mitläuferfabrik. Die Entnazifizierung am Beispiel Bayerns.

2 Nach wie vor wesentlich *Karl Acham*, Geschichte und Sozialtheorie. Zur Komplementarität kulturwissenschaftlicher Erkenntnisorientierung, Freiburg 1995, besonders S. 250 ff., 338 ff. zu Strukturgeschichte und Ereignisgeschichte, Interventionismus und Strukturalismus, Erklären und Verstehen.

3 Siehe insbesondere *Hans Hattenhauer*, Vom Reichsjustizamt zum Bundesministerium der Justiz, in: Bundesministerium der Justiz (Hg.), Vom Reichsjustizamt zum Bundesministerium der Justiz. Festschrift zum 100jährigen Gründungstag des Reichsjustizamtes, Köln 1977, S. 9; *Jan Schröder*, Das Bundesministerium der Justiz und die Justizgesetzgebung 1949–1989, in: Bundesministerium der Justiz (Hg.), 40 Jahre Rechtspolitik im freiheitlichen Rechtsstaat, Köln 1989, S. 7. Recht intensiv erforscht ist dagegen die Justiz, siehe zuletzt *Marc von Miquel*, Ahnden oder amnestieren? Westdeutsche Justiz und Vergangen-

Kontinuitäten und Wandel dabei nach 1945 lassen sich zunächst statistisch klären. Das haben Hubert Rottleuthner und seine Arbeitsgruppe in bewundernswerter Weise getan.[4] Aber Statistik ist nur ein Teil dieser Geschichte. Und erfasst werden dort vor allem die Amtskontinuitäten, das heißt grob gesagt, ob und wo ein Jurist vor und nach 1945 in einem juristischen Amt tätig war. Die NS-Belastung als Parteimitglied oder sonst wurde nicht erfasst. Diese Kontinuitäten sind bisher nicht systematisch untersucht.

Für diesen ersten Zugriff dazu wähle ich folgende fünf Schritte[5]: I. Ein Musterfall? – II. Die personellen Entwicklungen auf den Leitungsebenen im Ministerium – III. Die Würdigung des NS-Anteils – IV. Ein zweiter Blick, mit ›Nürnberger‹ Augen – V. Kurze Anmerkungen zu einigen Kontexten.

I. Ein Musterfall?

Karl Dallinger wurde 1908 geboren, im fränkischen Bad Kissingen, gut katholisch erzogen, vom Vater als Rechtsbeistand, und von der Mutter als tüchtiger Hausfrau.[6] Diese eher kleinen Verhältnisse wurden noch kleiner nach der Trennung der Eltern 1919, als sich die Mutter nun in München mit den Kindern durchschlug. Der begabte Sohn hat dazu immer wieder mit Nachhilfestunden für andere Schüler und später auch Studenten beigetragen. Er studierte Jura in München mit Glanz, absolvierte das 1. Staatsexamen 1931 mit sehr gut – bekanntlich eine legendäre Juristennote, zumal in Bayern –, gelangte im 4. Semester in die Studienstiftung, assistierte im Strafrecht bei

heitspolitik in den sechziger Jahren, Göttingen 2004, nebenbei auch mit einer Braunbuch-Liste zum BMJ (S. 385f.); *Sonja Boss*, *Un*verdienter Ruhestand. Die personalpolitische Bereinigung belasteter NS-Juristen in der westdeutschen Justiz, Berlin 2008, nebenbei auch zu Dallinger und Dreher (S. 77f.). Den frühen Behördenaufbau im Ganzen untersuchte *Udo Wengst*, Staatsaufbau und Regierungspraxis 1948–1953. Zur Geschichte der Verfassungsorgane der Bundesrepublik Deutschland, Düsseldorf 1984. Er prüfte auch die Personalwahl auf der Abteilungsleiterebene und generell den Anteil ehemaliger Ministerialbeamter und NSDAP-Mitglieder (S. 177–181). Die konkrete Lage im BMJ ist dabei nicht erkennbar. Kurz äußert sich dazu ebenfalls *Udo Wengst*, Thomas Dehler 1897–1967. Eine politische Biographie, München 1997, S. 142f. Generell sieht er eher viel Kontinuität, deutlich weniger dagegen bei den ersten vier Leitern der Abteilungen I–IV. Abteilung Z fehlt. Der Befund ist nicht ins Verhältnis gesetzt zu dem bei anderen Behörden.

4 *Hubert Rottleuthner*, Karrieren und Kontinuitäten deutscher Justizjuristen vor und nach 1945, Berlin 2010 (mit allen Grund- und Karrieredaten auf beiliegender CD-ROM).

5 Sie waren möglich dank der sehr kooperativen Hilfe im BMJ beim Aktenzugang, für die ich ausdrücklich auch hier danke.

6 Das Folgende nach der Personalakte im BMJ, mit Vorakten RMJ und BayMJ.

den Professoren Beling, Engisch und vor allem Exner (also bei durchweg guten Namen), promovierte im Dezember 1933 und erwog die wissenschaftliche Laufbahn. Im Juli 1935 wurde er mit einem brillanten Assessorexamen zum sog. Volljuristen. Unmittelbar aus dem Examen heraus erhielt er durch den Prüfungsvorsitzenden die großartige Empfehlung, sich direkt an das Reichsjustizministerium wegen Einstellung zu wenden. Diese etwas ungewöhnliche Chance beruhte auf einer Bitte des Reichsjustizministeriums vom Juni 1935 an die nichtpreußischen Reichsländer, ihm für die kommenden Aufgaben besonders bei der großen Strafrechtsreform besonders gute Juristen zu benennen, da nach der Vereinigung 1934 mit dem preußischen Justizministerium ein zu starker Preußen-Überhang bestand.[7] Dallinger entschied sich für diese ziemlich sichere und gut besoldete Karriere und begann seine Tätigkeit als von Bayern abgeordneter, sog. Hilfsarbeiter, im Reichsjustizministerium im September 1935. Auch hier erwirbt er bald allerbeste Zeugnisse. Er glänzt durch Sprachbegabung, besonders für das nun aktuelle Italienisch. Sein Abteilungschef Ernst Schäfer nennt ihn 1936 »einen der fähigsten und fleißigsten Hilfsarbeiter« und »besonders wertvoll«. Im September 1939 zieht er in den Krieg bis 1945. 1950 eröffnet sich ihm eine neue Karriere im BMJ, wiederum in der Strafrechtsabteilung, zuletzt als Unterabteilungsleiter (1958) bis zum vorzeitigen Ruhestand wegen Krankheit 1965.

1959 kommen auch zu ihm die ersten sog. Braunbuch-Angriffe. Die DDR hatte bekanntlich seit den späten fünfziger Jahren immer systematischer NS-Vergangenheiten der westdeutschen Eliten ermittelt und in der Weltöffentlichkeit angeprangert, nicht immer zutreffend, aber wirksam. 1965 wurde dann erstmals das »Braunbuch. Kriegs-und Naziverbrecher in der Bundesrepublik und in Berlin (West)« vorgelegt.[8] Zu Dallinger enthielt es die zutreffende Angabe: »geb. Juli 1908/früher: Landgerichtsrat im Nazi-Justizministerium/heute Ministerialdirigent im Bundesjustizministerium«.[9] Der »Landgerichtsrat« bezog sich auf die letzte Beförderungsstelle Dallingers

7 *Lothar Gruchmann*, Justiz im Dritten Reich 1933–1940. Anpassung und Unterwerfung in der Ära Gürtner, München 1988, S. 270.

8 Nationalrat der Nationalen Front des Demokratischen Deutschland (Hg.), Braunbuch. Kriegs- und Naziverbrecher in der Bundesrepublik. Staat, Wirtschaft, Armee, Verwaltung, Justiz, Wissenschaft, Berlin 1965, Die 1. Auflage umfasste 340 Seiten, die 2. Auflage, 1965, 387 Seiten, die 3. Auflage, 1968, 446 Seiten. Eine Neuausgabe der 3. Auflage erschien 2002 mit einem längeren Vorwort des Herausgebers Norbert Podewin. Teile waren vor 1965 erschienen und wurden jeweils in unterschiedlichen Presseorganen relativ stark verbreitet. Die sog. Braunbuch-Kampagne der DDR lief seit 1956.

9 Siehe *Norbert Podewin* (Hg.), Braunbuch. Kriegs- und Naziverbrecher in der Bundesrepublik. Staat, Wirtschaft, Armee, Verwaltung, Justiz, Wissenschaft, 3. Aufl., Berlin 2002, S. 152.

1938 im Rahmen der bayerischen Justizverwaltung vor 1945. Dallinger war am 1. Mai 1937 in die Partei eingetreten, also mit der 2. Eintrittswelle nach der sog. Aufnahmesperre seit Mai 1933. Zuvor hatte er sich wie die meisten Juristen dem BNSDJ und dem NRWB, also dem Bund nationalsozialistischer deutscher Juristen und dem Nationalsozialistischen Rechtswahrerbund angeschlossen. Ebenfalls im Mai 1937 übernahm er für den Bezirk seiner Berliner Wohnung die Funktion eines sog. Blockhelfers. Im April 1938 wurde er verbeamtet, 1943 noch Oberregierungsrat. Waren das bloß »formelle«, nicht politisch »aktivistische« Tätigkeiten »ohne Amt und Rang«, wie man nach 1945 fragte?[10] In einer der vom Internationalen Militärgerichtshof für verbrecherisch erklärten Organisationen wie der SS oder dem SD war er nicht tätig. Was hatte er im Ministerium gemacht? Er arbeitete in der Strafrechtsabteilung mit an der sog. Strafrechtsreform. Viel Genaueres wissen wir nicht. Ich komme darauf zurück. Jedenfalls wurde er im August 1946 und noch einmal im April 1947 in Bayern entnazifiziert als sog. Mitläufer und mit einer Buße von 1000 DM oder 40 Tagen Arbeit bestraft.

Ist das ein Musterfall? Was bedeutet das im Vergleich? Dazu muss erklärt werden, aus welcher Gesamtheit ich ausgewählt habe. Es gab zwei Auswahlschritte. Die erste Auswahl umfasste im Wesentlichen die Kohorte der 1900–1910 Geborenen. Sie waren 1933 zwischen 23 und 33 Jahre alt und schienen damit primär für eine NS-Belastung noch nach 1949 als Juristen infrage zu kommen. Ich habe zunächst zu dieser Kohorte und einigen mehr die Personalakten im BMJ fast alle durchgesehen und zusätzlich wegen fehlender Akten das Bundesarchiv einschließlich ehemaliges Document Center angefragt. Das BMJ hatte zuvor aus Anlass einer parlamentarischen Anfrage eine Gesamtliste von ca. 250 möglicherweise irgendwie Betroffenen in seinem gesamten Behördenbereich erarbeitet, also vor allem auch mit der gesamten Bundesjustiz. Davon verblieben in der hier relevanten Kohorte im BMJ selbst ca. 50 Personen. Als belastet genannt wurden und werden immer wieder rund 20 davon. Dies sind im Wesentlichen die sog. Braunbuch-Juristen, wie sie seit den späten 1950er Jahren präsentiert wurden, also aus den Leitungsebenen vor allem folgende Namen: Wilhelm Bertram, Arthur Bülow, Karl Dallinger, Eduard Dreher, Heinrich Ebersberg, Ernst Geßler, Ernst Kanter, Franz Maßfeller, Walter Roemer, Erwin Saage, Joseph Schafheutle, daneben Georg Elsenheimer, Rudolf Fleischmann, Josef Herzog,

10 Dazu besonders eindrucksvoll und weiterführend die Fallstudien von *Hans-Konrad Stein-Stegemann*, Das Problem der »Nazi-Juristen« in der Hamburger Nachkriegsjustiz 1945–1965, in: *Rottleuthner*, Karrieren und Kontinuitäten, S. 309 ff.

Hans Lüttger, Georg Schwalm, Joachim Schölz, Heinrich von Spreckelsen, Hermann Weitnauer.[11]

Ergänzend habe ich dann doch alle in den Leitungsebenen bis ca. 1970 Tätigen durchgeprüft, nun ohne Rücksicht auf das Geburtsdatum. Tätig waren hier vom Staatssekretär bis zum Unterabteilungsleiter nach Ausweis der Organigramme zwischen 1949 und 1969 folgende 26 Personen, alle aus der erweiterten Geburtskohorte von 1895–1915, und zwar: von Arnim, Bertram, Bülow, Dallinger, Dreher, Ebersberg, Elsenheimer, Erdsiek, Fleischmann, Geßler, Herzog, Joel, Jung, Kanter, Maassen, Marquordt, Petersen, Richter, Riedel, Roemer, Rotberg, Saage, Schafheutle, von Spreckelsen, W. Strauß, Winners. Diese und einige weitere Personalakten habe ich durchgesehen. Die Anfrage beim Bundesarchiv wegen weniger Lücken[12] ergab nichts hier Wesentliches.

Um Missverständnisse zu vermeiden: Es kommt mir bei diesem Zugriff nicht darauf an, ›bloß‹ individuelle Belastungen oder Nichtbelastungen auszumessen, obwohl sich dies natürlich mit ergab. Es geht vielmehr um ein erstes Gesamtbild von personeller Kontinuität und Wandel und dessen Konturierung an Musterfällen und kritischen Fällen. Für Dallinger kann danach gesagt werden: An seiner relevanten Kohorte gemessen, stellt er einen durchaus typischen Fall dar, einen Musterfall. Ich komme für eine Würdigung darauf zurück.

II. Die personellen Entwicklungen auf den Leitungsebenen im Ministerium

Mit Leitungsebene meine ich jetzt alle leitenden Funktionen vom Staatssekretär bis zu den Referenten für einen Geschäftsbereich. Die männliche Form trifft für den hier relevanten Zeitraum 1950–1970 ohne weiteres zu – es gab keine einzige leitende Frau. Im Ganzen geht es um ca. 180 Personen, die in diesem Zeitraum tätig waren.

11 Diese 19 Namen nennt auch *Miquel,* Ahnden oder amnestieren?, S. 385 f., in seiner Liste zum BMJ. Zu allen diesen lagen mir die Akten vor.

12 Die Akten Herzog und Rotberg fehlen, die Akte Strauß ist nur ein kleiner Torso. Im ehemaligen Berlin Document Center ließen sich Herzog und Rotberg als NSDAP-Mitglieder positiv klären, und zwar für 01.04.1939 und 01.07.1940. Weitere belastende Aufschlüsse außer der Parteimitgliedschaft ergaben sich bei Stichproben auch zu Bertram, Ebersberg, Elsenheimer, Fleischmann, Schölz, von Spreckelsen nicht.

Wer da in der ersten Staffel loslief, zeigt das erste sog. Organigramm, d.h. der Geschäftsverteilungsplan, vom November 1950. Es gab noch keine Unterabteilungen wie dann seit 1953. Abgeschlossen ist die erste Phase etwa 1970. Das Bild sieht dann sowohl quantitativ wie personell und inhaltlich deutlich anders aus. Eine ganze Abteilung R und ein Parlamentarischer Staatssekretär kamen 1970 hinzu. Es bedarf nun einiger Zahlen. Ich habe dafür die erwähnten Leitungsebenen anhand der Organigramme ausgezählt und jeweils den NS-Belastungsanteil ermittelt.

1950 beginnt man mit einem Minister und Staatssekretär, 29 Referenten und 5 Abteilungsleitern. 1970 begegnen 2 Staatssekretäre, 61 Referenten, 6 Abteilungsleiter und 14 Unterabteilungsleiter – deutlich mehr als die doppelte Staffel also. Wie steht es dabei mit dem NS-Gepäck? Im Ergebnis waren 1950 vom Minister bis zu den Referenten einer von 5 Abteilungsleitern und wohl 12[13] von 29 Referenten als Parteimitglied belastet, d.h. 20% und 41%, im Ganzen also 17 Personen von insgesamt 36, d.h. 47% – die Prozentzahlen sagen bei der so kleinen Gesamtzahl natürlich inhaltlich wenig. Staatssekretär Walter Strauß war ebenso wie Minister Dehler in jeder Hinsicht unbelastet.[14] Auf der Abteilungsleiterebene war 1950 nur Hans-Eberhard Rotberg in Abt. II Parteimitglied gewesen, nicht also Walter Strauß in Abt. Z, Georg Petersen in I, Günter Joel in III und auch nicht Walter Roemer in IV. Rotberg und Roemer sind etwas zu erläutern.

Rotberg war als Richter 1940 Parteimitglied geworden und nach 1945 als entlastet entnazifiziert worden. Am Sondergericht war er offenbar nicht.[15] 1946–1949 wirkte er als Senatspräsident am Oberlandesgericht Koblenz und als Abteilungsleiter im Justizministerium von Rheinland-Pfalz[16], 1950/51 im BMJ, dann am BGH.

13 Die Zahl kann minimal höher sein, da einige wenige Daten zu den in den Organigrammen Genannten auf dieser Ebene ganz fehlen, teils wegen Aktenlücken, teils mangels Erfassung überhaupt; letzteres vermutlich zum Teil wegen baldigem Wiederausscheiden. Die Dimension erscheint aber verlässlich.

14 Dazu umfassend *Friedemann Utz*, Preuße, Protestant, Pragmatiker. Der Staatssekretär Walter Strauß und sein Staat, Tübingen 2003 (= Beiträge zur Rechtsgeschichte des 20. Jahrhunderts 40) und *Wengst*, Thomas Dehler.

15 Die Akte fehlt. Siehe aber Fn. 13. Kurz zu ihm ebd., S. 143 (für 1940 und entlastet, aber ohne Beleg); laut Munzinger, Internationales Biographisches Archiv: online-Personen, war er bis 1932 Hilfsarbeiter im preußischen Justizministerium, dann 1932–1943 Amtsgerichts- und Landgerichtsrat in Koblenz, zunächst im Strafrecht, dann im Zivilrecht, dann bis 1945 Landgerichtsdirektor und Lehrbeauftragter in Bonn (ebenfalls ohne Beleg), http://www.munzinger.de/search/start.jsp (zuletzt eingesehen am 24.02.2013).

16 Laut Munzinger, Internationales Biographisches Archiv: online-Personen. http://www.munzinger.de/search/start.jsp (zuletzt eingesehen am 24.02.2013).

Walter Roemer war nicht Parteimitglied. Als Staatsanwalt war er tätig am Landgericht München I, nicht am Sondergericht[17], auch nicht vertretungsweise. Gegenüber den Vorwürfen, am Scholl-Tod und in anderen Fällen als Staatsanwalt mitgewirkt zu haben, liefern die Personalakten ein eindrückliches Bild sorgfältiger Untersuchung und Klärung (für 1955 und erneut 1961), mit dem Ergebnis: Roemer war nicht bei den Scholls, aber sonst mehrfach beteiligt als zuständiger, sog. Vollstreckungsstaatsanwalt. Als solcher bearbeitete er auch Vollstreckungen von Todesurteilen des Volksgerichtshofs oder der Sondergerichte. Mit dem Scholl-Urteil des Volksgerichtshofs oder dessen Vollzug hatte er nichts zu tun.[18] In Briefen zu den Vorwürfen traten für ihn u.a. Vater Scholl (1955), Fabian von Schlabrendorff (1966, Roemer habe bei den Vollstreckungen nur auf Weisung gehandelt und ab 1944 vielfach Vollstreckungen u.a. durch Verzögerung verhindert) und Adolf Arndt (1966, analog) klärend und dezidiert ein.[19] Strafrechtlich wären ihm die Mitwirkungen an den Tötungen eventuell zuzurechnen gewesen, wenn die Urteile für ihn als rechtswidrig erkennbar gewesen waren. Das wurde, wie die Akten zeigen, nach 1945 in diesem und anderen Fällen (GStA Koblenz, Düsseldorf, München) geprüft und verneint. Es wird u.a. angeführt, die Erkennbarkeit einer eventuellen Rechtswidrigkeit sei erschwert gewesen, da vom VGH nur vollstreckbare Ausfertigungen des Urteilstenors übersandt wurden, also nicht die Sachverhalte und die Gründe der Rechtsanwendung. Roemer war in seiner Position freilich Teil des organisierten, verbrecherischen Teils des NS-Justizsystems und damit nach den Grundsätzen des Nürnberger Juristenurteils eventuell mitverantwortlich. Darauf komme ich zurück. Nach 1945 wirkte Roemer zunächst noch als einziger belassener Staatsanwalt[20], ab Dezember 1945 dann im bayerischen Justizministerium, 1950–1968 im BMJ.

Wie ging es weiter? Ist diese knappe Hälfte an NS-Parteibelastung zu Beginn schon nicht wenig, so erscheint der weitere Verlauf der Zahlen ziemlich niederschmetternd. Mit dem Ausbau des BMJ wächst die Belastung auf der Unterabteilungsleiterebene und vor allem auf der Referentenebene mit, statt abzunehmen. 1959 sind 3 von 8 Unterabteilungsleitern und wohl 24[21] von

17 So unrichtig *Podewin*, Braunbuch, S. 176; anders der Personalbogen und weitere Belege in PA Roemer.

18 Unrichtig Wikipedia (Mai 2012) zu Walter Roemer. Es ging auch nicht um »volksrichterliche« Urteile.

19 Auch Minister Dehler und die ehemaligen bayrischen Ministerpräsidenten Ehard und Hoegner.

20 So nach Personalakte II fol. 146 (von Schlabrendorff, 06.10.1966).

21 Siehe Fn. 13.

den 50 Referenten, also in Prozent 37 % und 48 % belastet. Im Ganzen sinkt der Belastungsanteil mit nun 24 Personen von 53 minimal auf 45 % statt 47 % 1950. Seit dem Ausscheiden von Rotberg ist immerhin vorübergehend keiner der 5 Abteilungsleiter als Parteimitglied belastet.[22]

Der Belastungshöhepunkt liegt mit 48 % im Ganzen schon hier, um 1959. Für die Leiterebene kommt er aber erst 1966 mit überraschenden 60 % der Abteilungsleiter, nämlich 3 von 5. Alle 5 werden nun als Braunbuch-Juristen genannt, freilich nicht ganz zu Recht[23]. Parteimitglied gewesen waren aber doch 3 von 5, zudem nun auch 66 % der Unterabteilungsleiter, nämlich 8 von 12. Der Referentenanteil sank dagegen schon deutlich von 48 % 1959 auf 20 %, d.h. 12 von 60 Personen. Hier wirkte nun offensichtlich die Laufbahn, d.h. der Aufstieg mit dem Alter. Zugleich wirkte aber die allmähliche Verjüngung von unten her, das heißt von allen Leitenden mit den Referenten sind 1966, wie erwähnt, nur noch 12 von 60 belastet, also 20 %.

Bis etwa 1970 wirkt sich dann die Erneuerung mit unbelasteten Jüngeren deutlich aus, bis auf im Ganzen 11 von 104, d.h. 10 %, und vor allem 0,5 % auf der Referentenebene mit 4 von 72. Mit der Pensionierung von Abteilungsleiter *Winners* (geb. 1911) in Abt. Z, Unterabteilungsleiter *Marquordt* und *Franta* (geb. 1913) und einigen anderen Altersgenossen schieden 1976 und 1978 wohl die letzten ehemaligen Parteimitglieder aus. Immerhin steht das BMJ im Vergleich der Zahlen für NS-Parteimitglieder unter den neu ernannten Abteilungsleitern von August 1950 – Februar 1953 in allen Ministerien mit seiner Zahl 0[24] gegenüber 60 % im Ganzen[25] gut da. Das war die Sprache der Zahlen. Wie ist sie zu würdigen?

22 Schafheutle, Abteilungsleiter der Abteilung II (Strafrecht), war nicht Parteimitglied.

23 Siehe zu Roemer oben bei Fn. 17 und noch unten bei Fn. 81 ff; zu Hans Winners, 1911–2009, Abteilungsleiter der Abteilung Z, muss hier Folgendes mit Verweis auf die Personalakte genügen. Winners war seit November 1933 in der SA, Mai 1937 in der Partei, stets ohne Amt und Rang, ab April 1939 abgeordneter Assessor bzw. Richter bei der Staatsanwaltschaft Bamberg und weiteren benachbarten, mit viel Wechsel (siehe PA, nach fol. alt 120, unpag.). Er vertrat auch Anklagen beim Sondergericht Bamberg. Nach 1945 wurden alle Bamberger Sondergerichtsakten überprüft, Winners hatte kein Todesurteil beantragt (fol. 104). Er erhielt von unmittelbar beteiligt gewesenen Verteidigern u.a. Personen sehr entlastende Zeugnisse mit konkreten Vorgängen (PA, nach fol. alt 120). Ende 1943 versuchte er eine Versetzung in die Post-, Bahn- oder Finanzverwaltung zu erreichen, um den Justizdienst zu quittieren (ebd. 102). 1947 als entlastet eingestuft und wieder eingestellt als Richter mit Zustimmung der Militärregierung.

24 Es wurde niemand neu ernannt; die Position Rotberg in Abteilung II übernahm zunächst Staatssekretär Strauß selbst, ab 1954 Schafheutle (er war kein ehemaliges Parteimitglied).

25 Diese Zahl nach *Wengst*, Staatsaufbau und Regierungspraxis, S. 180.

III. Die Würdigung des NS-Anteils

Diesen Sachverhalt um 1959/1966 nennt man oft Renazifizierung, oder milder Restauration oder neutraler Kontinuität der Facheliten. Die Sprache der Zahlen erscheint in der Tat drastisch. Aber sie ist nicht das letzte Wort. Mit Renazifizierung oder Restauration und ähnlichen größeren Stichworten betritt man die Ebene der übergreifenden und bewertenden Zusammenhänge. Das muss und soll natürlich geschehen in der Geschichtswissenschaft. Nur geht die Wissenschaft dabei über in unvermeidlich auswählende und damit wertende, kleine oder große Erzählungen. Denn diese übergreifenden Zusammenhänge lassen sich nicht unmittelbar den immer nur konkreten Quellen und Ereignissen entnehmen. Das gilt übrigens unabhängig von allen Geschichtstheorien. Gehen wir also eine Ebene ›tiefer‹ und konkreter hinein ins »volle Menschenleben«, um die Fundamente für die Zusammenhänge genauer zu erwägen. Die Zahlen zeigen dann zum einen einiges an sich Banale, und zum anderen zu wenig.

Banal daran ist, dass natürlich die Alterskohorte 1900–1910 ca. 1930 bis 1940 ihren Berufseinstieg begann, und, bei genügendem Geschick, Fleiß und Glück und manch anderem Faktor, ca. 1955–1965, also mit 55–65 Jahren ihren beruflichen Höhepunkt erreichte – mehr oder weniger laufbahnbedingt. Banal ist auch die Prämisse des ganzen Verlaufs, dass nämlich die Profession weitergalt. Juristen, und zwar gute, mussten es auch nach 1949 sein – das war völlig unstreitig. Konsequent dominierten die sehr guten ›Einser-Juristen‹, eben wie Dallinger aus München. Banalerweise zeigen die Zahlen auch, dass Alternativen wenig vorkamen. In der Tat schieden sie aus oder waren wenig real:

- Ausgeschieden war mit dem Professionsprinzip die Lösung Volksrichter und sozialistische Gesetzlichkeit, wie sie in der DDR durchgeführt wurde. Sie war von Anfang an dezidiert ›einparteiisch‹ im Sinne der SED. Für einen pluralistischen, parlaments- und gesetzesgestützten Rechtsstaat und Sozialstaat wie die neue Bundesrepublik war die Profession unvermeidlich. Das zeigen Vergleiche und Geschichte. Auch die demokratische Schweiz und der demokratische Westen kamen und kommen nicht ohne Juristen aus – in der UdSSR war es übrigens Gorbatschow. Natürlich können das auch »böse Christen«, wie für Luther[26], oder »furchtbare Juristen«,

26 *Albert Stein*, Luthers Meinung über die Juristen, ZRG. Kanonistische Abteilung 85 (1968), S. 362 ff.

wie für Ingo Müller[27], oder »böse Sozialisten?«, wie für Inga Markovits[28], sein. Aber ganz ohne professionelle Jurisprudenz scheinen die westlichen Staatsideale nicht umsetzbar.

- Wenig real waren die drei Alternativen Remigration, Rechtsanwälte und Verjüngung. Diese Alternativen lassen sich natürlich nur schwer messen. Aber man kann wohl doch sagen: Remigration 1949/50 oder wenig später nach Bonn, das war äußerlich wenig reizvoll und gesellschaftlich und psychisch meist ebenso wenig. Und vor allem war es wenig reizvoll für Juristen. Denn wenn diese in der Emigration in einer ihnen fremden Rechtskultur erfolgreich geworden waren, hatten sie sich notwendig auf ein ganz neues Fachrecht, Arbeitsfeld und Lebensmilieu einstellen müssen. Nicht einmal für die besser erforschte Jura-Professorengruppe[29] war die Remigration sehr verlockend, obgleich man Forschung und Vorlesungen leichter anpassen und umstellen oder, in den Grundlagenfächern wie Geschichte, Philosophie und Vergleichung, recht gut fortführen konnte.
- Das gleiche, d. h. wenig Verlockung zum Wechsel des Berufslebens, gilt für halbwegs erfolgreiche Rechtsanwälte. Wer diesen Weg vor oder nach 1945 oder kontinuierlich und mit Erfolg gegangen war, den zog eine Beamtenlaufbahn in Bonn kaum an. Das liegt auch daran, dass sich die juristischen Professionen jedenfalls in Deutschland relativ früh deutlich trennen. Im Alter von 40–50 Jahren ist hier ein grundlegender Wechsel selten.
- Zu denken wäre schließlich an eine energische Verjüngung, etwa auf die Jahrgänge 1920–1925, also um 1950 30–25 Jahre alte Juristen, mit Studium kurz vor oder nach 1945. Aber das waren einfach sehr wenige. Die Studentenzahlen in der Rechtswissenschaft waren nach 1939 erheblich zurückgegangen, die Kriegsverwerfungen kamen dazwischen, und mit einem Studium nach 1945 war man 1950 ohne jede Erfahrung und auch bei sehr guten Abschlüssen noch nicht gerade reif für den Ministerialdienst auf der Leitungs- oder Referentenebene. Auch waren die ›alten‹ Juristen aus der Kohorte 1900–1915 um 1950 erst 50–45 Jahre alt, also für eine Ministerialposition als Referenten oder Abteilungsleiter noch nicht besonders alt und sehr konkurrenzfähig. Die ersten fünf Abteilungsleiter waren

27 *Ingo Müller*, Furchtbare Juristen: die unbewältigte Vergangenheit unserer Justiz, München 1987.

28 *Inga Markovits*, Juristen – böse ~~Christen~~ Sozialisten? Die juristische Fakultät der Humboldt-Universität in den DDR-Jahren, ZRG. Germanistische Abteilung 129 (2012) S. 267–314.

29 Besonders lehrreich *Anikó Szabó*, Vertreibung, Rückkehr, Wiedergutmachung. Göttinger Hochschullehrer im Schatten des Nationalsozialismus; mit einer biographischen Dokumentation der entlassenen und verfolgten Hochschullehrer: Universität Göttingen – TH Braunschweig – TH Hannover – Tierärztliche Hochschule Hannover, Göttingen 2000.

1950 z.B. zwischen 47 und 51 Jahren alt, jünger waren Referenten wie Dallinger, der 1949 erst 41 Jahre alt war.[30] Staatssekretär Walter Strauß (geb. 1900) und Minister Dehler (geb. 1897) bemühten sich also, wie die Akten zeigen, nicht zufällig und oft persönlich sozusagen auf allen Kanälen um die Reste der alten Fachelite von ca. 1939 und die möglichst wenig Belasteten darunter. Minister Dehler erklärte 1951 im Bundestag, man bemühe sich um eine »Gemeinschaft von Könnern«, aber das Reservoir dafür sei sehr klein geworden.[31]

Das war, die Profession vorausgesetzt, die von heute her eher banale Seite der Sache. Die Zahlen zeigen zugleich vieles Wichtige nicht. Sie sagen nichts über Inhalt, Relevanz und Kontextbedeutung der NS-Belastungen vor wie nach 1945. Ich hatte das bisher recht pauschal belassen. Nun muss es konkreter werden. Noch einmal also zu Karl Dallinger – was hat er eigentlich 1933 bis 1945 gemacht? Was lässt sich daraus als typische Belastung oder Nichtbelastung entnehmen?

Dallinger arbeitete im Reichsjustizministerium als Hilfsarbeiter, ab 1938 mit 30 Jahren als Beamter. Er war tätig in der Strafgesetzabteilung, die sich dem materiellen Recht widmete, nicht im etwas kritischeren Verfahrensrecht. Aktuell war seit 1935 wieder eine Strafrechtsreform, nun ein »neues Deutsches Strafrecht«.[32] Er arbeitete aber auch mit am Entwurf eines Strafvollstreckungsgesetzes. Beide Reformen sind im Ergebnis gescheitert. Besonders die Vollstreckungsrechtsreform war ein Kapitel aus dem vergeblichen Ringen des Reichsjustizministeriums um seine Kompetenz gegenüber dem Sicherheitsdienst, hier für die verurteilten Gefangenen oder den Vorrang der Untersuchungshaft vor der Schutzhaft. Anfang 1942 veröffentlichte Dallinger dazu einen längeren Artikel in der verbreiteten Zeitschrift »Deutsche Justiz« über »Die Änderung der Strafvollstreckungsordnung vom 21. Januar 1942«.[33] Es handelt sich um eine durchweg trockene, recht detaillierte Erklärung des neuen Rechts. Eingangs benennt er als neue »Leitgedanken«

30 Dies galt auch für Geiger 41 Jahre alt, Haertel 40, Hage 40, Jung 39, Marquordt 1952 39, Thier 34 und Winners 39.

31 Nach *Schröder*, Bundesministerium der Justiz, S. 12.

32 Siehe den Überblick und die kleine Quellen- und Literaturliste bei *Hinrich Rüping/ Günter Jerouschek*, Grundriss der Strafrechtsgeschichte, 6. Auflage, München 2011, S. 99–101, und umfangreich grundlegend *Hinrich Rüping*, Bibliographie zum Strafrecht im Nationalsozialismus. Literatur zum Straf-, Strafverfahrens- und Strafvollzugsrecht mit ihren Grundlagen und einem Anhang: Verzeichnis der veröffentlichten Entscheidungen der Sondergerichte, München 1985, S. 83–87.

33 *Karl Dallinger*, Die Änderung der Strafvollstreckungsordnung vom 21. Januar 1942, DJ 1942, S. 125–127 und 144–148.

den »Grundsatz der schnellen Vollstreckung«, das Bestreben, das »Verfahren möglichst beweglich zu gestalten und aufzulockern« und »erhebliche Vereinfachungen« zu erreichen. Er liegt damit ganz auf der Linie seines Abteilungsleiters Schäfer.[34] Die Personalakten ergeben nur wenig Genaueres. 1943 schrieb Schäfer:

»Dallinger hat, nachdem er beide Examina mit ›lobenswert‹ bestanden hat, obwohl er sich – wie schon im Gymnasium – in der Hauptsache seinen Unterhalt und seine Studienkosten selbst verdienen musste, vom 2.9.1935 bis 31.8.1939 – zuerst als Assessor, seit 1.8.1938 als Landgerichtsrat – im Reichsjustizministerium Dienst geleistet und ist seit 21.3.1940 wieder im Reichsjustizministerium auftragsweise als Referent beschäftigt. Während des Krieges war er als Soldat eingezogen und ist dort zum Unteroffizier befördert worden. Zur Zeit ist er als Sonderführer-Dolmetscher bei einem italienischen Truppenteil in Afrika. (...) In den ersten Jahren war er hauptsächlich bei den Vorarbeiten für das neue Strafgesetzbuch beschäftigt, später wurde er bei der Bearbeitung des Entwurfs eines Strafvollstreckungsgesetzes eingesetzt, wo er sich ganz besonders bewährt hat. Große Verdienste hat er sich ferner durch die intensivste Pflege unserer Beziehungen zum italienischen Justizministerium erworben. Seine Leistungen übersteigen den Durchschnitt der im Hause befindlichen Kräfte ganz erheblich. Seine dauernde Übernahme in den ministerialen Dienst wäre zu empfehlen. Charakter und Führung sind einwandfrei. Meines Wissens ist Dallinger Pg.«[35]

Auch das große Buch von Gruchmann[36] oder der spezielle Überblick von Rüping/Jerouschek[37] informieren nicht näher über die Tätigkeit des Ministeriums oder gar einzelner Personen im materiellen Strafrecht. Jedenfalls gab es natürlich etliche spezielle Änderungen von in der Regel wenig rechtsstaatlichem Gehalt, besonders im Verfahrens- und Kriegssonderstrafrecht. Am scharfen Kriegsrecht war Dallinger aber kaum beteiligt, da er ab 1939 im Wesentlichen bei der Wehrmacht tätig und nur für einzelne Aufträge des Ministeriums freigestellt war, offenbar besonders in Sachen Strafvollstreckungsordnung, da er dazu, wie erwähnt, noch 1942 veröffentlichte.[38] In seinem Lebenslauf zur Einstellung 1952 erwähnt Dallinger, er habe im Ministerium in »nichtpolitischen Sachen« gearbeitet.[39]

34 Siehe unten im Text bei Fn. 43.
35 PA Teil BayJM Vorblatt, Office of Military Government for Germany (OMGUS)-Abschrift 22.01.1949 vom Zeugnis Schäfer 03.03.1943.
36 *Gruchmann*, Justiz im Dritten Reich, S. 580 f., 610 f. zum Strafvollstreckungsrecht.
37 *Rüping*, Bibliographie, S. 188.
38 S. Fn. 33. Das Strafvollstreckungsrecht betont auch das soeben zitierte Zeugnis Schäfers.
39 PA Vorblatt, fol. 2 v°. Sept. 1935-Aug. 1939 im RMJ, dann bis Apr. 1940 Wehrdienst, bis März 1942 wieder, Apr. 1942 – Mai 1943 in Nordafrika, dann bis Juni 1946 amerikanische Gefangenschaft.

Einigen weiteren Anhalt geben aber die Zeugnisse in den Akten, vor wie nach 1945. Vor 1945 wird Dallinger hoch gelobt als »einer der fähigsten und fleißigsten Hilfsarbeiter in der Abteilung«, als besonders »zuverlässig«, »besonders wertvoll« und den »strengsten Anforderungen« genügend.[40] Aber was bedeutet das in diesem Kontext, also im April 1936 und in Sachen Beförderung? Heißt »besonders wertvoll« einfach tüchtig? Oder besonders NS-passend? Oder besonders gemäßigt im Sinne des noch eher traditionell eingestellten Justizministeriums unter Gürtner?[41] In die Partei trat Dallinger ja erst 1937 ein. Quellenkritisch ist zu fragen: Von wem kam das Lob? Geschrieben hat es Dallingers Abteilungsleiter Strafrecht, Ernst Schäfer, ein alter preußischer Ministerialbeamter. Er war 1921 preußischer Justizminister, seit 1928 Ministerialdirektor im Reichsjustizministerium. Hier galt er als ausnahmsweise »republikanisch« und allzu katholisch. 1942 musste er unter Thierack auf ›eigenen‹ Antrag ausscheiden.[42] Aber 1935 lesen wir von ihm einen Aufsatz über »Die Auflockerung des Verfahrens im künftigen Strafprozess und der Gedanke der materiellen Gerechtigkeit«.[43] Als heutiger Leser begegnet man einer uns sehr fremden Rechtswelt, wenn auch vieles noch so gut gemeint gewesen sein mag, wenn Schäfer gewisse feste Formen, ein gewisses Maß von zwingenden Verfahrensvorschriften, eine unentbehrliche Rechtsgrundlage und ein bestimmtes Mindestmaß von Rechtsgarantien fordert.[44] Man spürt schon das Defensive in diesen Formulierungen. Daneben geht es viel um »Auflockerung«, eben für »straffe und schnelle Justiz, die allein eine gerechte, dem Verbrechen tunlichst auf dem Fuße folgende Sühne und den wirksamen Schutz der Volksgemeinschaft verbürgt.«[45] Das war eine Art kleinster gemeinsamer Nenner mit den davor liegenden Reformbemühungen der Entwürfe von 1913 und der Weimarer Zeit[46], wie er in wiederholtem Zurückweichen sich ergab.[47] Schnelligkeit und Gerechtigkeit werden nun sehr

40 PA Teil BayMJ fol. 20 (08.04.1936), Teil RMJ, fol. 40 (25.02.1938), 91 (09.01.1941).

41 In diesem Sinne bekanntlich *Gruchmann*, Justiz im Dritten Reich.

42 Siehe PA Dallinger fol. 5, Zeugnis Frau Toni Schäfer v. 03.11.1946, Ernst Schäfer war 1945 verstorben, war nicht in der Partei, seine Frau Mischling 2. Grades. Siehe zu »republikanisch« *Gruchmann*, Justiz im Dritten Reich, S. 241.

43 Im Sonderheft zum 11. Internationalen Kongress für Strafrecht und Gefängniswesen in Berlin, in der führenden Zeitschrift: Deutsches Strafrecht. Strafrecht. Strafrechtspolitik. Strafprozess, n. F. 2 (1935) S. 247–257; siehe *Rüping*, Bibliographie, S. 147.

44 *Schäfer*, Die Auflockerung des Verfahrens, S. 248.

45 Ebd., S. 249, auch S. 251–253.

46 Dazu besonders *Karl Kroeschell*, Rechtsgeschichte Deutschlands im 20. Jahrhundert, Göttingen 1992, S. 64–69; auch *Hinrich Rüping/Günter Jerouschek*, Grundriss der Strafrechtsgeschichte, 6. Auflage, München 2011, S. 93–95.

47 Dazu eindrucksvoll *Gruchmann*, Justiz im Dritten Reich, S. 933 ff.: GVG-Entwurf Schäfer, noch ohne Führerprinzip bei Kollegialgerichten, 1936 Verschärfungen dazu, dann

ambivalent verbunden. Die Möglichkeit einer *reformatio in peius*, wie seit 1935 novelliert, wird nachdrücklich verteidigt als Forderung der materiellen Gerechtigkeit und des gesunden Volksempfindens.[48] Der Rechtsreferendar Helmuth James Graf von Moltke schrieb jedenfalls im März 1934:

»daß ich die Jurisprudenz vorläufig wohl aufgeben werde. Die alte Jurisprudenz, die ich gelernt habe und die von einem Begriff abstrakter Gerechtigkeit und Menschlichkeit ausgeht, ist ja heute nur noch von historischem Interesse, denn wie sich auch immer die Dinge in Deutschland entwickeln mögen, für die nächste Zeit ist mit einer Wiederkehr dieser alten Rechtsfindungsmethoden nicht zu rechnen. Sie sind zwar durch die Jahrhunderte erprobt und gefestigt, jedoch sie sind so gründlich eingerissen worden, daß Jahrzehnte wenigstens daran zu arbeiten haben werden, um sie wieder unter dem Schutt hervorzuholen.«[49]

Im Ergebnis wird man dem Zeugnis Schäfers »besonders wertvoll« für Dallinger kaum eine besondere NS-Eignung entnehmen dürfen, sondern eher ein einfaches »besonders tüchtig«. Aber es gibt weitere Zeugnisse. In der Rechtsanwaltsstation in München im März 1935 wurde Dallinger hoch gelobt als »außer Zweifel nationalsozialistisch zuverlässig und sehr interessiert an der neuen Richtung«.[50] Bestätigt wurde dies auch von seinem Strafrechtsprofessor, d.h. dem berühmten Franz Exner, der Dallinger als »auch politisch zuverlässig« und »nationalsozialistisch gesinnten jungen Mann« bezeichnete.[51] Solche Zeugnisse waren bekanntlich Teil des Vorbereitungsdienstes und der Würdigung im Staatsexamen. Wohin neigt sich also das Urteil über Belastung und Nichtbelastung?

dezidierte Kritik des Bundes Nationalsozialistischer Deutscher Juristen (BNSDJ) in einer Denkschrift und Forderung von radikalem Führerprinzip, Abschaffung aller Rechtsmittel außer der Wiederaufnahme, Wegfall der gerichtlichen Voruntersuchung und des Eröffnungsbeschlusses, möglichste Verfahrensbeschleunigung, alles Frühere dann abgelehnt als zu »liberalistisch« (S. 981), weiterer Abbau von rechtsstaatlichen Sicherungen, stärkere Staatsanwaltschaft, Verfahrensauflockerungen, Wegfall von Privatklage und Eröffnungsbeschluss; erneute Kritik als zu wenig nationalsozialistisch (S. 995), usw.

48 *Gruchmann*, Justiz im Dritten Reich, S. 254.

49 Brief vom 07.03.1934, bei *Günter Brakelmann*, Helmuth James von Moltke. 1907–1945. Eine Biographie, München 2007, S. 71.

50 PA Beiakte OLG München, unpag., 14.03.1935. Dallinger halte auch Referate beim BNSDJ.

51 PA Beiakte OLG München, unpag., 27.03.1935. Dallinger sei zwei Jahre bei ihm, Exner, tätig gewesen. Franz Exner, 1881–1947, war ein vor wie nach 1933 führender, international angesehener Kriminalsoziologe. Er betonte die wertfreie Tatsachenwissenschaft und das Verbrechen als gesellschaftliche Erscheinung und war auch kriminalpolitisch tätig. Nach 1933 kommt es zu Akzentverlagerungen und Anpassungen an den Nationalsozialismus, aber auch zu Kritik. Die genauere Würdigung ist umstritten. Näheres in dem sehr aktuellen, umsichtigen und gut belegten Artikel zu Franz Exner in Wikipedia, Mai 2012, mit Nachweisen.

Nach 1945, im Entnazifizierungsverfahren 1946/47[52], wird Dallinger erneut und ebenso kräftig gelobt, nun freilich für Distanz zum Nationalsozialismus, für Kritik an seiner Rechtsfeindlichkeit sowie für Dissens mit anderen NS-Vorgesetzten. Er hat dafür gute, unmittelbar kenntnisreiche Zeugen, die Ehefrau des verstorbenen Schäfer[53] und einen weiteren ehemaligen Abteilungsleiter.

Als historischer Betrachter steht man vor dem Phänomen, wie ich es nennen möchte, doppelter Persilscheine. Vor 1945 wird Dallinger als nationalsozialistisch zuverlässig gelobt, um ihn zu fördern. Nach 1945 lobte man ihn umgekehrt, um ihn wieder zu fördern. Was wiegt wie viel und was wiegt mehr? Das lässt sich naturgemäß von heute aus noch schwerer beurteilen als damals. Dass man jedenfalls im damaligen BMJ die Tätigkeiten vor 1945, die Entnazifizierung und die allgemeine Eignung sorgfältig erwogen hat, lässt sich der Personalakte klar entnehmen.

Ich lasse dies nun ebenso beiseite wie die genaueren Inhalte und die Bedeutung von Dallingers Arbeit im Bundesministerium seit 1952 – er war hauptsächlich im internationalen Strafrechtsbereich tätig. Denn im Interesse des heute eröffneten Projektzugriffs liegt, wie in der Projekteinführung besonders erläutert wurde, ein etwas anderes Messen, nämlich das Messen mit dem Nürnberger Maßstab. Gemeint ist der Maßstab des Nürnberger Juristenurteils von 1947. Man darf dessen Maßstäbe freilich nicht bloß abstrakt übertragen nach den Formeln im Allgemeinen Teil des Urteils und quasi mit ihnen nachsubsumieren. Nur ein konkreter Fallvergleich mit den Zurechnungen im Besonderen Teil des Urteils führt hier weiter.[54] Nur daran lassen sich die am Ende entscheidenden Erwägungen nachvollziehen und vergleichend einbeziehen.

52 Abschriften in PA Teil BayMJ, unpag. Ich lasse das Nähere dazu beiseite, insbesondere die Erwägungen zu Dallingers NS-Funktion in Berlin, ab Juni 1937, als Blockhelfer. Man beurteilte das als im Zweifel aktivistisch, aber hier als konkret widerlegt, da Dallinger damit kein Hoheitsträger gewesen sei und konkret keine wesentliche Förderung der NS-Gewaltherrschaft betrieben habe, etwa als Hausspion, sondern lediglich Beiträge kassiert, Kinokarten besorgt und Abzeichen verkauft habe (02.08.1946, erneut 01.04.1947 in der Überprüfung).

53 Es gab in Berlin auch viel privaten Kontakt mit Familie Schäfer.

54 Von den bisherigen deutschen Ausgaben seit 1947 ist also nur die von *Lore Maria Peschel-Gutzeit* (Hg.), Das Nürnberger Juristen-Urteil von 1947. Historischer Zusammenhang und aktuelle Bezüge, Baden-Baden 1996, verwendbar, die auch den Besonderen Teil mit den einzelnen Fällen und den Strafzumessungen enthält. Leider hat man dabei nicht, wie bei besseren Editionen üblich, die Originalseitenzahlen mit eingefügt, was die Verifizierung von Zitaten sehr erschwert. Daneben natürlich das amerikanische Original, jetzt online greifbar via The Mazal Library, http://www.mazal/org/archive/nmt (zuletzt eingesehen am 24.02.2013).

IV. Ein zweiter Blick, mit ›Nürnberger‹ Augen

1. Umriss und Maßstäbe des Nürnberger Juristenurteils von 1947

In aller Kürze und Kühnheit gesagt, ging es im Juristenurteil – nicht: »Justizurteil«, wie vielfach gesagt wird – 1947 in Nürnberg vor allem um die Mitwirkung an den sog. organisierten Verbrechen nach Kontrollratsgesetz Nr. 10, Art. II 2 e)[55]:

»2. Ohne Rücksicht auf seine Staatsangehörigkeit oder die Eigenschaft, in der er handelte, wird eines Verbrechens nach Maßgabe von Ziffer 1 dieses Artikels [d.h. Verbrechen gegen den Frieden, Kriegsverbrechen, Verbrechen gegen die Menschlichkeit, Zugehörigkeit zu einer verbrecherischen Organisation laut IMT] für schuldig erachtet, wer a) als Täter oder b) als Beihelfer bei der Begehung eines solchen Verbrechens mitgewirkt oder es befohlen oder begünstigt oder c) durch seine Zustimmung daran teilgenommen hat oder d) mit seiner Planung oder Ausführung in Zusammenhang gestanden hat oder e) einer Organisation oder Vereinigung angehört hat, die mit seiner Ausführung in Zusammenhang stand oder f) ...[gehobene Stellung bei einem deutschen Alliierten]«.

Es urteilten vier amerikanische Juristen als Richter über 15 angeklagte Juristen aus dem Justizministerium, der Staatsanwaltschaft und der Richterschaft, sowie einen Laienrichter beim VGH. Aus dem Ministerium waren es neun Mitarbeiter[56], und zwar

55 Vom 20.12.1945, Art. II 2 e, s. Amtsblatt KR Nr. 3 v. 31.01.1946, S. 50–55, und vielfache Abdrucke, auch bei *Peschel-Gutzeit*, Das Nürnberger Juristen-Urteil. Nicht zu verwechseln mit den sogenannten verbrecherischen Organisationen, die im Hauptkriegsverbrecherprozess des International Military Tribunal (IMT) ermittelt und für weitere Prozesse bindend fixiert wurden, z.B. die SS. Relevantes im Text ist hier kursiv hervorgehoben. Ich danke Herrn Kollegen Safferling gerne für einen kleinen Diskurs zum wesentlichen Zugriff des Urteils. Die Literatur dazu setze ich voraus. Kürzlich betont aus ergänzender Perspektive *Harry Reicher*, The Jurist' Trial and Lessons for the Rule of Law, in: Herbert R. Reginbogin/Christoph Safferling (Hg.), The Nuremberg Trials. International Criminal Law since 1945. Die Nürnberger Prozesse. Völkerstrafrecht seit 1945, München 2006, S. 175–181, die Unabhängigkeit der Justiz als entscheidend. Gerade sie wurde bis 1942 nicht frontal, aber subtil zerstört, durch Personalpolitik, durch Kompetenzverlagerungen und Sonderverfahren, durch aktive interne »Lenkung« und seit 1939 mehr und mehr direkt durch brutale, zwingende Todesstrafentatbestände. Der jüngste Überblick von *Erardo Cristoforo Rautenberg*, In Memoriam Nürnberger Juristenprozess: Die Auseinandersetzung mit dem NS-Justizunrecht in den beiden deutschen Teilstaaten, GA 2012, S. 32 ff., trägt nichts Bedeutsames bei.

56 Vergleiche die hilfreiche Aufstellung bei *Hubert Rottleuthner*, Das Nürnberger Juristenurteil und seine Rezeption in Deutschland – Ost und West, NJ, H. 12 (1997), S. 617, 623.

- *Josef Altstötter*, geb. 1892, seit 1943 Ministerialdirektor und Leiter der Abteilung VI für Bürgerliches Recht und bürgerliche Rechtspflege;
- *Wilhelm von Ammon*, geb. 1903, seit 1943 Ministerialrat in der Abteilung IV für Strafrechtspflege (Nacht-und Nebel-Fälle und Verfahren gegen Ausländer),
- *Karl Engert*, geb. 1877, Ministerialdirektor und Leiter der Abteilung V Strafvollzug (neu 1942) und der Sonderabteilung XV (neu 1942, nur Häftlingsverlegung, Nacht- und Nebelaktionen)[57], zuvor Vizepräsident des VGH;
- *Günter Joel*[58], geb. 1903, 1933–37 Leiter der neuen Zentralstaatsanwaltschaft im Justizministerium, dann Referent in den Abteilungen III/IV, 1937 Verbindungsmann zur SS und Gestapo, hohes SS-Mitglied seit 1938, seit 1941 Ministerialrat, tätig in Nacht- und Nebel-Sachen und sog. Polenstrafrecht, 1943 als Generalstaatsanwalt nach Hamm;
- *Herbert Klemm*, geb. 1903, 1935–40 im RJM, 1942 Ministerialdirektor und Leiter der Abteilung II Aus- und Fortbildung, 1944/45 Staatssekretär unter Minister Thierack;
- *Wolfgang Mettgenberg*, geb. 1882, Ministerialdirigent für Strafgesetzgebung in Abteilung III und Strafrechtspflege in Abteilung IV 4, mit dem besonderen Aufgabenbereich besetzte Gebiete;
- *Curt Rothenberger*, geb. 1896, OLG-Präsident in Hamburg 1935–1942, 1942/43 Staatssekretär unter Thierack;
- *Franz Schlegelberger*, geb. 1876, Staatssekretär 1931–1942, 1941/42 auch geschäftsführender Minister nach dem Tod Gürtners;
- *Carl Westphal*, geb. 1902, Ministerialrat in Abteilung IV, dabei Bearbeiter von Nichtigkeitsbeschwerden.

Zwei Angeklagte kamen aus der Staatsanwaltschaft als Reichsanwälte beim Volksgerichtshof, *Paul Barnickel* 1938–1944 und *Ernst Lautz* 1939–45.

Fünf Angeklagte waren in der Justiz tätig gewesen, genauer bei den Sondergerichten (*Cuhorst, Oeschey, Rothaug*) und *Hans Petersen*[59] als Laienrichter, sowie *Günther Nebelung* als Senatspräsident beim VGH.

57 Dazu jetzt näher *Sarah Schädler*, »Justizkrise« und »Justizreform« im Nationalsozialismus. Das Reichsjustizministerium unter Reichsjustizminister Thierack (1942–1945), Tübingen 2009, S. 126–128.

58 Nicht zu verwechseln mit dem späteren Abteilungsleiter Günther Joel im BMJ, geb. 1899, nicht 1903.

59 Nicht zu verwechseln mit dem späteren Abteilungsleiter Georg Petersen im BMJ, geb. 1899, nicht 1885.

Zwei Angeklagte schieden aus dem Verfahren aus wegen Verhandlungsunfähigkeit und Selbsttötung (*Engert, Westphal*). Vier wurden freigesprochen, und zwar der Reichsanwalt beim VGH *Barnickel*, wegen mangelnder Überzeugung des Gerichts von der Schuld; der Vorsitzende Richter am Sondergericht Stuttgart *Cuhorst*, da er vor 1945 noch abgelöst worden war, »weil er anscheinend nicht dem entsprach, was Staat und Partei von einem Richter verlangten«, und mangels genauer Akten für die von ihm verhandelten Fälle, die verbrannt waren; der Senatspräsident am VGH *Nebelung* aufgrund des für nicht ausreichend gehaltenen Beweisergebnisses; und ebenso der Laienrichter am VGH *Hans Petersen*.[60]

Was waren die entscheidenden Zurechnungsmomente? Konkret verurteilt wurden die Beamten des Reichsjustizministeriums wegen bewusster Mitorganisation und Mitdurchführung der sog. Nacht- und Nebel-Aktionen zur Verbringung in den Bereich des SD und der Gestapo seit 1942[61] (*von Ammon*, auch wegen Bestätigungen von Todesurteilen; *Mettgenberg*), wegen aktiver Förderung des Sicherheitsdienstes oder der SS (*Joel*), wegen aktiver und bewusster Mitgliedschaft in der SS als für verbrecherisch erklärter Organisation (*Altstötter*), und wegen einer hohen Entscheidungsposition als Staatssekretär (*Schlegelberger, Rothenberger, Klemm*). Darin wurden Verbrechen gegen die Menschlichkeit nach KRG Nr. 10 Art. II Ziff. 1 c gesehen also »Gewalttaten und Vergehen, einschließlich der folgenden, den obigen Tatbestand jedoch nicht erschöpfenden Beispiele: Mord, Ausrottung, Versklavung, Zwangsverschleppung, Freiheitsberaubung, Folterung, Vergewaltigung oder andere an der Zivilbevölkerung begangene unmenschliche Handlungen; Verfolgung aus politischen, rassischen oder religiösen Gründen, ohne Rücksicht darauf, ob sie das nationale Recht des Landes, in welchem die Handlung begangen worden ist, verletzen.«

60 Siehe das Urteil bei *Peschel-Gutzeit*, Das Nürnberger Juristen-Urteil, S. 208 zu Barnickel, S. 208 zu Petersen und Nebelung, S. 209–210 zu Cuhorst.

61 Dazu besonders *Lothar Gruchmann*, Nacht- und Nebel-Justiz. Die Mitwirkung der Strafgerichte an der Bekämpfung des Widerstandes in den besetzten westeuropäischen Ländern 1942–1944, VjhZ 29 (1981), S. 342 ff.; und *Sarah Schädler*, »Justizkrise« und »Justizreform« im Nationalsozialismus, S. 127, S. 325–328; zum Ministerium dabei, sowie das Nürnberger Urteil, bei *Peschel-Gutzeit*, Das Nürnberger Juristen-Urteil, S. 113–127.

2. Der Musterfall im Fallvergleich

Die entscheidenden Zurechnungsmomente in diesen Fällen waren also objektiv die Beteiligung an den sog. Nacht- und Nebel-Aktionen, leitende Positionen besonders im Zusammenhang mit Strafsanktionen oder die Mitgliedschaft in einer verbrecherischen Organisation per se, und subjektiv die dabei bewusste und billigende Förderung. Alle diese Zurechnungsmomente fehlen offensichtlich bei Dallinger. Die Analyse der Verurteilungen wäre noch in anderen Hinsichten für Vergleiche ergiebig (es lagen vor etwa Tätigkeit meist bes. unter Thierack ab 1942, meist frühe Parteimitgliedschaft 1931 oder 1933, daneben SA oder SS oder SD), muss hier aber unterbleiben. Dallinger jedenfalls war zwar offensichtlich hochbegabt und effektiv, aber ein einfacher junger Hilfsarbeiter und ab 1939 im Wesentlichen bei der Wehrmacht. Der strengere Nürnberger Maßstab hilft hier also erst recht nicht bzw. klärt er durchaus die mildere Beurteilung Dallingers in der Entnazifizierung und nach 1949.

Dieses Urteil trifft, soweit ich sehe, im Vergleich auch für die übrigen ehemaligen Parteimitglieder im Bundesjustizministerium zu. Sie alle hatten keine leitenden Ministerialpositionen vor 1945, sie waren nicht beteiligt an den Nacht- und Nebel-Aktionen und waren nicht in der SS. Es handelt sich also um eine hier typische Konstellation: Wie gezeigt waren etliche durchaus belastet als Parteimitglied, einige aus etwas kritischen Positionen (StA u. ä.), aber keiner war insoweit in »Amt und Rang« und/oder »aktivistisch« gewesen, wie man das nach 1945 abgrenzend nannte.[62] Das erübrigt eine genauere Analyse natürlich nicht. Ich habe mir für eine Reihe von Fällen ein recht genaues Bild machen können anhand der Personalakten, die nicht selten auch die alten Reichsakten, die Entnazifizierungsmaterialien und Dokumente oder Abschriften aus Tätigkeiten vor 1945 enthalten. Es würde freilich zu weit führen, dies hier auszubreiten. Hier und jetzt erscheint es vielmehr

62 Siehe etwa den typischen Schlussabsatz im Brief von Staatssekretär Strauß an Staatssekretär im BMI Ritter von Lex, am 03.10.1950, wegen der Einstellung von Ministerialrat Gessler, der als Parteimitglied und SA-Scharführer belastet war: »Sie wissen, daß ich mich neben der sachlichen Eignung stets besonders um die politische Vorgeschichte und den Charakter unserer Mitarbeiter gekümmert habe, bevor sie eingestellt wurden. Dafür bin ich auch bereit die Verantwortung zu tragen, wenn ich mich einmal in meinem Urteil geirrt haben sollte. Ich glaube indessen, bei Gessler, über den ich schon in der Frankfurter Zeit [sc. beim Zentralen Rechtsamt nach 1945] auch mündliche Erkundigungen eingezogen habe, versichert zu sein, dass seine Zugehörigkeit zur NSDAP nur eine formale war. Unter anderem ist mir bekannt, dass er mit einem früheren Studien- und Referendarkollegen von mir nichtarischer Herkunft während der ganzen Zeit des Nazismus nicht nur persönlich verkehrt hat, sondern nach Kräften für ihn eingetreten ist.«

wichtiger, noch einigen womöglich kritischeren Fällen nachzugehen. Zu diesen Fällen kann man, auch im Blick auf die bisherigen Diskussionen, Eduard Dreher, Ernst Kanter und Walter Roemer hinzurechnen.

3. Drei kritischere Fälle im Vergleich

Eduard Dreher wurde am bekanntesten wegen der sog. Verjährungspanne oder Nichtpanne 1968 zu §50 II StGB, die die Mordbeihilfe im Ergebnis überraschend früher, nämlich 1965, verjähren ließ.[63] Er war Jahrgang 1908. Nach wieder sehr guten Examina, in Dresden, arbeitete er ab September 1938 als Staatsanwalt in Leipzig und zuletzt seit 1940 in Innsbruck. Er hatte um 1926/27 die ersten beiden Semester in Wien studiert, »ein Gefühl der Anhänglichkeit für Österreich« entwickelt und sich »vor Beginn des Krieges aus Liebe zu den Bergen« nach Innsbruck beworben.[64] Als schon im deutschen Recht und besonders im Strafverfahrensrecht erfahrenen Staatsanwalt setzte man ihn dort beim Sondergericht ein, vermutlich wegen seiner besonderen Kenntnisse und Erfahrungen im Verfahrensrecht. Er war auch in politischen Strafsachen tätig, »bis etwa Herbst des ersten Jahres«[65], später in Kriegswirtschaftssachen. Zudem war er befasst mit Gnadensachen in der Generalstaatsanwaltschaft und dort als meist einziger weiterer Jurist neben dem Generalstaatsanwalt. Dem BMJ wurde er Ende 1950 von Adolf Arndt empfohlen.[66] Im Juli 1947 war er in Garmisch-Partenkirchen als Mitläufer entnazifiziert worden.[67]

Kritisch sind im Wesentlichen drei Fälle aus dem Jahre 1944. Sie alle wurden im BMJ seit 1959 mehrfach und unter Heranziehung der alten Akten

63 Dazu zuletzt und besonders eindringlich *Monika Frommel*, Taktische Jurisprudenz – die verdeckte Amnestie von NS-Schreibtischtätern 1969 und die Nachwirkungen der damaligen Rechtsprechung bis heute, in: Matthias Mahlmann (Hg.), Gesellschaft und Gerechtigkeit. Festschrift für Hubert Rottleuthner zum 65. Geburtstag, Baden-Baden 2011, S. 458 ff.; leicht aktualisierte Fassung im Netz unter »Hat Dreher gedreht«. »Im Ergebnis« steht hier im Text, da erst das Zusammenwirken von Novelle, bestimmter BGH-Auslegung danach und bloßen Beihilfeanklagen zuvor, das Ergebnis brachte. Dreher gehörte sehr wahrscheinlich zu den wenigen Juristen, die diesen Effekt zwar nicht allein bewirken konnten, aber sehr wohl überblicken und anstoßen. Andererseits war das Anliegen genauerer subjektiver Zurechnung längst anerkannt und schuldstrafrechtlich nur konsequent. Die Personalakte enthält zu alledem nichts.

64 Siehe PA II fol. 10, Dienstliche Erklärung Drehers 1959.

65 PA II fol. 10, Dienstliche Erklärung Drehers 1959, mit dem Zusatz, »Bei meiner Bewerbung und Versetzung hatte ich von dieser Verwendung noch nichts gewusst.«

66 PA I fol. 1.

67 PA I Vorblätter, S. 4.

geprüft. Es ging um eine Plünderung, einen Einbruch und einen größeren Kleiderkartendiebstahl.

In dem Plünderungsfall (Rathgeber[68]) war ein 62jähriger, früher einmal Vorbestrafter, inzwischen recht gut Beleumundeter, angeklagt vor dem Sondergericht wegen Plünderungen nach einer Bombennacht in Innsbruck. Dreher beantragte als Staatsanwalt die Todesstrafe nach der VolksschädlingsVO § 1 in Verbindung mit § 2 RStGB 1935, also dem Analogieparagraphen. Das Sondergericht verurteilte am 27. April 1944 zum Tode. In Vertretung des Generalstaatsanwalts nahm Dreher negativ Stellung zum Gnadengesuch des Verteidigers, der »Betriebsführung« Rathgebers und der dortigen »Gefolgschaft«, unterstützt nun vom Sondergericht selbst und dem Oberstaatsanwalt.[69] Laut dienstlicher Erklärung Drehers erfolgte die Ablehnung auf Weisung des Generalstaatsanwalts.[70] Das Urteil wurde am 8. Juni 1944 nach der regulären Überprüfung auf Anordnung Berlins (RJM) vollstreckt.

Im zweiten Fall handelte es sich um einen Einbruch mit Gewalt gegen Personen in einem abgelegenen Hof außerhalb Innsbrucks.[71] Der Angeklagte Knoflach war ebenfalls mehrfach vorbestraft. Nach § 1 des Gewohnheitsverbrechergesetzes vom 4. September 1941 und nach der Gewaltverbrecherverordnung vom 5. Dezember 1939 stellte Dreher in der Hauptverhandlung vom 19. Juli 1943 Antrag auf Todesstrafe. Das Sondergericht selbst beschloss

68 Dazu PA II fol. 3 f., 24 f., 42 f., 106–110, 164 f. und bes. 174–177 zusammenfassend.

69 PA II fol. 174–177, zusammenfassender Bericht mit reichen Zitaten aus den Originalakten.

70 Dazu Dreher am 17.10.1968 an Staatsekretär Ehmke: »Das von mir gezeichnete Votum vom 3.5.1944 beruhte auf einer Weisung des Generalstaatsanwalts, zu dem ich damals abgeordnet war. Mir fiel es in der Sache sehr schwer, mich zu einem bestimmten Standpunkt durchzudringen. Ich habe daher das Pro und Contra dem Generalstaatsanwalt vorgetragen, habe aber nach meiner Erinnerung nicht selbst votiert. Er entschied trotz der für einen Gnadenerweis sprechenden Gesichtspunkte, die nicht übersehen worden sind, für eine ablehnende Stellungnahme. Dafür waren folgende Gesichtspunkte von Bedeutung: Der Wert des Entwendeten war nicht geringfügig. Rathgeber hatte in mehreren Fällen geplündert und hatte dadurch und durch die Diebstähle, die er bei seinem Arbeitgeber begangen hatte, gezeigt, daß er noch immer ein Krimineller war. Die von ihm gelesenen Warnungen, daß Plündern mit dem Tode bestraft werde, hatten ihn nicht von seinen Taten abgehalten. Ausschlaggebend war aber folgendes: Die Innsbrucker Bevölkerung stand damals stark unter dem Eindruck der ersten Bombenangriffe auf die Stadt. Trotz der an allen Trümmergrundstücken aufgestellten Tafeln, daß Plündern mit dem Tode bestraft werde, waren Plünderungen vorgekommen auf die man in der Bevölkerung empört reagiert hatte. Rathgeber war nach meiner Erinnerung der erste Täter, der gefasst worden war. Wäre er begnadigt worden, so hätte leicht der Eindruck entstehen können, daß mit der Strafdrohung nicht ernst gemacht werde. Das hätte zu einer Schwächung des in diesem Punkte besonders wichtigen Rechtsgüterschutzes führen können. Bei dieser Lage habe ich den ablehnenden Standpunkt des Generalstaatsanwalts für vertretbar gehalten.« (PA II fol. 214 f.)

71 Dazu PA II fol. 59, 68, 97 f., 106–109, 193–197.

aber, einen Gnadenantrag zu stellen, der Oberstaatsanwalt beantragte Umwandlung der Todesstrafe in eine angemessene zeitliche Strafe, der Generalstaatsanwalt schloss sich diesmal dem an und nach längerem Hin und Her wurde die Todesstrafe am 2. Oktober 1943 vom RJM in eine Zuchthausstrafe von 8 Jahren umgewandelt.

Im dritten Fall ging es um einen recht umfänglichen Kleiderkartendiebstahl[72], um diese Karten anderweit in Gewinn umzusetzen. Die angeklagte Frau Hauser wurde am 15. April 1942 zu Zuchthaus verurteilt, Dreher hatte als Staatsanwalt die Todesstrafe beantragt. Der 6. Senat des Reichsgerichts hob das Urteil auf eine Nichtigkeitsbeschwerde des Oberreichsanwalts hin am 19. Juni 1942 vollständig auf und verwies zurück nach Innsbruck. Dreher beantragte am 14. August 1942 erneut die Todesstrafe, das Sondergericht erhielt aber das erste Urteil aufrecht. Im September 1946 hob das Landgericht Innsbruck infolge einer sog. Befreiungsamnestie das Urteil im Strafausspruch auf. Mit Urteil vom 11. März 1949 wandelte es die Zuchthausstrafe zu 3 1/4 Jahren schweren Kerkers um.

Ich lasse nun die genaueren NS- und Entnazifizierungsdaten Drehers beiseite. Sie ergeben nichts Besonderes: in der Partei seit 1. Mai 1937, vorher im Rechtswahrerbund wie die meisten, dann 1947 Entnazifizierung als Mitläufer, dabei zwei starke Zeugnisse von jüdischen Freunden, denen er geholfen hatte, vor 1945 empfohlen als zuverlässiger Nationalsozialist.[73] Es ist klar, dass diese Fälle eine ziemlich rohe Kriegsjustiz zeigen, die uns kaum noch verständlich ist. War Dreher, der daran mitwirkte, also untragbar? Im Lichte des Nürnberger Juristenurteils, das uns hier ja als Leitlinie dienen soll, nimmt die Sache eine verblüffende Wende. Denn Dreher verteidigt sich in einem letzten Schreiben zum Fall Rathgeber, nun an Staatssekretär Ehmke vom 17. Oktober 1968, auf irgendwie makabre Weise mit einem zutreffenden Hinweis auf das Urteil selbst. Er zitiert,

»Wir können nicht in einem Atemzug sagen, dass lebenslängliche Haft für Gewohnheitsverbrecher eine heilsame und vernünftige Bestrafung in Amerika in Friedenszeiten ist, dass aber die Verhängung der Todesstrafe in Deutschland ein Verbrechen gegen die Menschlichkeit war, als die Nation unter dem Druck des Krieges stand. Die gleichen Überlegungen gelten in weitem Maße für Plünderung. Jedes Volk anerkennt die absolute Notwendigkeit einer strengeren Anwendung des Strafrechtes in Zeiten großer Not. Jeder, der die starke Verwüstung der Großstädte Deutschlands gesehen hat, muss sich klar sein, dass die Sicherheit der Zivilbevölkerung verlangt, die Wer-

72 Dazu PA II fol. 165 f., 198–204.

73 Siehe die Abschriften der dienstlichen Beurteilungen der OStA Dresden vom 14.09.1936 und 28.10.1937, PA II fol. 8c.

wölfe, die durch die Straßen der brennenden Stadt streiften, Leichen beraubten und die zerstörten Häuser plünderten, streng zu bestrafen (Seite 79[74]).«

Diesen Maßstab muss man wohl akzeptieren. Der Nürnberger Maßstab hilft also auch Dreher. Es besteht eine Belastung, aber sie wird als ›normal‹ zeitgemäß anerkannt und nicht als besonders politisch und nazistisch angesehen. Die kritischen Fälle kamen freilich erst nach und nach zum Vorschein. Man wird sich also fragen dürfen, warum das Ministerium nicht von Anfang an systematischer das Problem geprüft hat. Die Erklärung liegt in der ersten dienstlichen Erklärung von Dreher vom 24. Januar 1959, wo es heißt:

»Bei den wenigen Todesurteilen, an deren Verhängung ich mitgewirkt habe, hat es sich um unpolitische Mordsachen, um Fälle von Plünderung, Gewaltverbrechen und andere Taten mit kriminellem Charakter gehandelt. Es war kein politischer oder kriegswirtschaftlicher Fall darunter. Bei der Generalstaatsanwaltschaft habe ich in allen dort anfallenden Sachen gearbeitet, da außer dem Generalstaatsanwalt selbst meist kein weiterer Jurist zur Verfügung stand. In der Hauptsache handelte es sich um Gnadensachen. Für Sachen nach der Kriegssonderstrafrechtsverordnung waren Generalstaatsanwaltschaft und Oberlandesgericht Innsbruck nicht zuständig. Diese Sachen wurden ausschließlich in Wien verhandelt.«[75]

Auf der Grundlage dieser und einer weiteren[76] Erklärung konnte man annehmen, dass es in der Tat nur um sog. unpolitische Mordsachen auch im Sinne des Nürnberger Urteils gegangen war, also kein Anlass zu systematischer Ermittlung bestand. In diesem Sinne entschied dann auch Minister Schäffer im April 1960.[77] Man hat es sich jedenfalls im Ministerium nicht leicht gemacht. Zu den Innsbrucker Vorgängen gibt es zum Fall Rathgeber zwei dienstliche

74 Das bezog sich zutreffend auf den weniger bekannten Besonderen Teil, jetzt bei *Peschel-Gutzeit*, Das Nürnberger Juristen-Urteil, S. 96, mit dem weiteren Schlusssatz zum Absatz: »Die gleichen Überlegungen gelten – wenn auch in einem geringeren Maße – für die Strafverfolgung von Hamsterern und Personen, die die Kriegswirtschaftverordnungen verletzten.« Zur materiellen Würdigung des Vorgangs müsste man der damaligen Rechtslage und Anwendung des § 1 in genauerem Fallvergleich nachgehen; einen guten Einstieg zu Literatur und Rechtsprechung dazu gibt *Gerhard Werle*, Justiz-Strafrecht und polizeiliche Verbrechensbekämpfung im Dritten Reich, Berlin 1989, S. 259–264.

75 PA II fol. 10.

76 Vom 21.04.1959, PA II 24f., nun deutlich genauer: Es habe sich nach seiner Erinnerung um drei Fälle von Mord ohne politischen Zusammenhang gehandelt, weiter um zwei oder drei Fälle von Plünderung und schließlich um ein Urteil gegen einen gefährlichen Gewohnheitsverbrecher, der sich schon in Sicherungsverwahrung befunden hatte. Und er versichert »nochmals, daß ich an keinem Todesurteil in einer politischen Strafsache mitgewirkt habe. Soweit ich mich erinnere, hat das Sondergericht Innsbruck überhaupt kein derartiges Urteil gefällt. Das Gericht war in seiner gesamten Rechtsprechung mit gewissen Sondergerichten des Reiches überhaupt nicht zu vergleichen.«

77 Vgl. PA II fol. 43.

Erklärungen von Dreher vom 24. Januar und 21. April 1959, ein Gutachten von Ministerialdirektor Schafheutle, dem damaligen Abteilungsleiter Strafrecht, zum Fall Rathgeber vom 22. September 1959[78] und eine Ergänzung Drehers dazu vom 6. November 1959[79]; dann zwei Erklärungen Drehers zum Fall Knoflach vom 24. Mai 1963 und 14. Juni 1963, sowie zwei Erklärungen Drehers zum Fall Hauser vom 1. Dezember 1964 und 18. Mai 1965. Ende 1959 wurde in diesem Zusammenhang eine schon vorbereitete Berufung Drehers an den Bundesgerichtshof nicht weiterverfolgt.

Im Fallvergleich lassen sich nun die problematischen Aspekte klarer konturieren. Bei Dreher ging es nicht um politische Strafsachen. Politische Sachen standen jedoch, wie erwähnt[80], bei *Walter Roemer* in Frage. Anders als im Fall Dreher geht es aber um eine schwächere Mitwirkung nicht als anklagender, sondern als lediglich die korrekte Vollstreckung leitender Staatsanwalt. Einen klärenden Nürnberger Beispielsfall dafür gibt es nicht. Angeklagt wurden dort nur vielfach und selbst anklagende Staatsanwälte am VGH oder Sondergericht. Billigendes Bewusstsein wurde gefordert, fehlte aber offenbar bei Roemer. Roemer wäre also in Nürnberg kaum verurteilt worden, war aber gewiss zunächst durchaus belastet trotz Nichtmitgliedschaft in der Partei. Die Zeugnisse ergeben andererseits auch stark entlastende aktive ›Gegenarbeit‹ im Amt.[81]

Sehr kritisch diskutiert wurde auch die Belastung von *Ernst Kanter.* Er wurde 1895 in Saarbrücken geboren, katholisch erzogen, wirkte nach wiederum guten Examina 1925 in Kassel und 1928 in Berlin als Richter im Saarland, trat am 1. Mai 1933 in die Partei ein. 1936 wurde er auf eigenen Wunsch ins Reichskriegsministerium als Oberkriegsgerichtsrat bei der Heeresjustiz, die damals noch relativ unabhängig war, abgeordnet, im September 1942 nach längeren Versuchen auf eigenen Antrag in den Ruhestand versetzt. Ab November 1942 war er aber eingezogen zum Wehrdienst, gegen seinen Wunsch statt im normalen Dienst als Reichskriegsgerichtsrat (bzw. unter der neuen Amtsbezeichnung Generalrichter).[82] Dabei soll er nach DDR-Vorwürfen den Tod von über 800 Dänen bewirkt haben. Im Mai 1945 wurde er unter den Briten Chefrichter, 1947 Richter am Landgericht Köln, ebenfalls 1947 in Köln als entlastet entnazifiziert, 1950 OLG-Rat in Neustadt a.d. Hardt und 1951 abgeordnet ins BMJ. Anfang 1958 wurde er zum BGH-Richter ge-

78 10 Seiten, PA II fol. 178 ff.

79 5 Seiten, PA II fol. 188 ff.

80 Siehe oben bei Fn. 17 ff.

81 Siehe schon oben bei Fn. 17 ff. Er soll durch Verzögerung etwa 150 Menschen vor einer Verurteilung gerettet haben.

82 PA fol. 1 ff. und 6 ff., bes. 7.

wählt und zum Senatspräsidenten im Strafrecht/Staatschutzsenat ernannt. Die Vorwürfe wurden bereits vor dem Vorschlag, Kanter zum Bundesrichter zu ernennen, 1957 im BMJ und 1960 staatsanwaltschaftlich gründlich untersucht und widerlegt.

Als die renommierte Wochenzeitung »Rheinischer Merkur« am 13. Juli 1962 die Vorwürfe zu den Dänen erneuerte, äußerte sich Kanter brieflich mit den Worten, ihn habe die Ostpropaganda ungeschoren gelassen,

»bis ich in der Staatsschutzgerichtsbarkeit des Bundesgerichtshofs eingesetzt war, obwohl ich bis dahin bereits 7 Jahre lang als Staatsschutzreferent oder als Leiter der Staatsschutzunterabteilung im Bundesjustizministerium gearbeitet hatte, was der Sowjetzone keineswegs entgangen war! Dann erst suchte sie alles hervor (…) so ging ihr Hauptangriff gegen mich dahin, ich hätte das Leben von etwa 800 Dänen auf dem Gewissen, die von Frühjahr 1944 bis zur Kapitulation von deutscher Seite umgebracht worden seien. In Wirklichkeit hatten nicht mehr als 11 Dänen während der ganzen Dauer der Besetzung Dänemarks aufgrund von Todesurteilen der Wehrmachtsgerichte, deren Exponent in Dänemark ich seit Frühjahr 1943 war, ihr Leben lassen müssen. Diese Urteile ergingen – übrigens sämtlich ohne meine Mitwirkung – in Verfahren wegen Kriegsverbrechen, wie sie jeder demokratische Staat gerade im vergangenen Krieg in gleicher Weise verfolgte. Als Unterlage der Verleumdung dienten der Ostpropaganda – wie ich später feststellen konnte – die Listen des Weißbuchs der dänischen Widerstandsbewegung, in denen die genauen Daten der dänischen Kriegsopfer (…) verzeichnet waren. Die angegebenen Daten schienen die Gewissenhaftigkeit der gegen mich erhobenen Anklage frappant zu unterstreichen. Es war nur übersehen worden, dass seit spätestens Mitte 1944 die Wehrmachtsjustiz nachweisbar nichts mit der Aburteilung von Landeseinwohnern mehr zu tun hatte. Hitler hatte diese nämlich der Wehrmachtsjustiz mit der ausdrücklichen Erklärung entzogen, dass ihr die erforderliche Härte fehle! Er hatte den SD mit der Aufgabe betraut, deren Ergebnisse nun mir in die Schuhe geschoben werden sollten.«[83]

Ich verzichte auf die Wiedergabe der ausführlichen Ermittlungsergebnisse von 1957, die dies mit vielen konkreten Vorgängen bestätigen, auch mit dänischen Quellen von 1948 und vielem weiteren[84], etwa deutlichen Verbindungen zur Widerstandsgruppe um Canaris, Oster und anderen und einer Reihe konkreter Konflikte mit der NSDAP. Auch Kanter war also belastet durch seine Parteimitgliedschaft und seine hohe Position in der Wehrmachtsjustiz. Aber nicht nur nach Nürnberger Maßstäben wird man ihn nicht zu den aktiven Nationalsozialisten rechnen können.

Wesentliche Maßstäbe im Rahmen der Entnazifizierung und danach lassen sich gut nachvollziehen anhand der eindringenden Untersuchung von

83 PA fol. 91–95, hier 94.
84 PA fol. 6–13, damals als Anlage zum Vorschlagsbogen als Bundesrichter, 19.11.1957.

Stein-Stegemann.[85] Er spricht mehrfach von einer Art »juristischer Schmerzgrenze« für die ungemein vielfachen Belastungen. Die Beispiele zeigen, dass diese Schmerzgrenze überschritten erschien mit der Folge von Nichtwiedereinstellung oder Nichtentlastung bei offenen Überschreitungen der Normenwortlaute, bei drakonischen Strafen, bei besonderer Härte im Gnadenbereich, bei längerer Tätigkeit am Sondergericht, bei Denunziationen, bei sehr hohen Entscheidungsfunktionen wie Generalstaatsanwalt oder Vizepräsident des Oberlandesgerichts, und bei aktiver politischer Strafjustiz am Sondergericht in Prozessen wegen Verrat oder Rassenschande.[86] Auch an diesen Maßstäben gemessen, dürften die im Ministerium Belasteten nicht zu den Fällen gehört haben, bei denen solche Schmerzgrenzen überschritten gewesen wären.

V. Kurze Anmerkungen zu einigen Kontexten

Ich gehe nicht ein auf allfällige Erwägungen über allgemeine Stichworte wie Mitläufer, Mitträger, Restauration, Renazifizierung usw., wie sie unsere Hand- und Leitbücher gerne verwenden und gewiss verwenden müssen. Man müsste auch hier recht konkret werden, um sich nicht im Allgemeinen zu verlieren und zu verwirren. Zum Beispiel wäre in Sachen »Restauration« nach 1949 zu fragen, was eigentlich von wem restauriert wurde und was nicht – sicher nicht der Rassismus und Antisemitismus, sicher nicht die Gegnerschaft zu Rechtsstaat, Juristen und Justiz und das instrumentale Verständnis von Recht, schon eher der Glaube an die Wichtigkeit eines Führers, einer Nation und Volksgemeinschaft. Man wird auch für die Adenauer-Zeit kaum von antidemokratischen und antipluralistischen Grundsätzen der Regierung sprechen können – anders steht es mit den Überzeugungen und Meinungen in der Gesellschaft, wie etwa die Allensbacher Umfragen seit 1949 vielfach eindrücklich belegen.[87]

Auch das Bundesjustizministerium entstand und wirkte in diesen Kontexten. Alle Versuche allgemeinerer Schlussfolgerungen über Kontinuität

85 Fallstudien von *Hans-Konrad Stein-Stegemann*, Das Problem der »Nazi-Juristen« in der Hamburger Nachkriegsjustiz 1945–1965, in: *Rottleuthner*, Karrieren und Kontinuitäten, S. 309 ff. Sehr ergiebig auch *Michael Lojowski*, Richter und Staatsanwälte der politischen Strafsenate der Oberlandesgerichte Darmstadt und Kassel in der Zeit des Nationalsozialismus, in: W. Form/Th. Schiller (Hg.), Politische NS-Justiz in Hessen, Bd. 2, Marburg 2005, S. 1043–1103.

86 Siehe ebd., in der Folge wie hier, S. 333, 335, 337, 344, 344, 345, 345 f., 346 und 349.

87 Vgl. die laufenden Jahrbücher des Instituts, etwa die lange Hitlerverehrung.

und Wandel und deren Wohl und Wehe, sei es zu der Personalpolitik, sei es zu den inhaltlichen Arbeiten im Ministerium, müssen sich dem natürlich stellen. »Ungebrochene Karrieren« findet man, wenn man die fünf Jahre zwischen 1945 und ca. 1950 ausblendet. So gerecht und nötig die Brüche in diesen Jahren gewesen sein werden, man musste sie durchleben. Die BMJ-Juristen hatten zum Teil erhebliche Brüche erlebt. Schafheutle saß dreieinhalb Jahre im SBZ-Lager Hohenschönhausen und Sachsenhausen, und fast alle erlebten längere Arbeitslosigkeiten und einigermaßen erschütternde Entnazifizierungsverfahren, zum Teil mit besonderen Sanktionen wie bei Dallinger. Nach 1950 gelangen einige erneuerte Karrieren. Diese standen nun im Zeichen von betonter Rechtstaatlichkeit, regierungstreuer Fachlichkeit und Distanz zur Tagespolitik. Ich habe keinen Anhaltspunkt gefunden, dass diese Juristen die neue Demokratie nicht vertreten oder gar bekämpft hätten. Als sie um 1970 langsam abtraten, war sie jedenfalls recht gut gefestigt.

Vielleicht wäre im Aufbau seit 1949/50 eine ›strengere‹ Auswahl möglich und nötig gewesen, trotz der erwähnten Begrenztheit der Alternativen. Das ist von heute her kaum zu ermessen. Die allgemeine Linie gab insoweit schon früh das Bundeskabinett vor. Gustav Heinemann versuchte im Juni 1950 als Bundesinnenminister der CDU einen bindenden Beschluss zu erreichen, dass ehemalige Mitglieder der NSDAP nicht in die Positionen Abteilungsleiter, Personalreferent und Ministerialbürodirektor eingewiesen werden sollten, »es sei denn, dass es sich um Beamte handelt, die den Bestrebungen des Dritten Reiches nachweislich Widerstand entgegengesetzt haben.«[88] Bundeskanzler Adenauer und die Mehrheit des Kabinetts hielten es aber für richtig, »unter Abstandnahme von der allgemeinen Beschlussfassung von Fall zu Fall zu entscheiden«. Man einigte sich dann auf eine Richtlinie ohne bindenden Charakter.[89]

VI. Ergebnisse

Mein Beitrag ergibt jedenfalls folgendes: Die Zahlen der Personalentwicklung mit NS-Belastung sehen bis 1966 niederschmetternd aus – 1959 im ganzen 48 %, 1966 bei den Unterabteilungsleitern 66 %, bei den Abteilungsleitern 60 %. Sie sind es aber nicht. Sie zeigen einfach eine professionelle Elite in

88 Kabinettsprotokolle online, 1950: unter 7. Personelle Entscheidungen, sowie Protokoll der Sitzung vom 30.06.1950, Antrag vom 25.08.1950 und Sitzung vom 31.08.1950.

89 Protokoll der Sitzung vom 31.08.1950.

neuer Funktion im neu errungenen Rechts- und Sozialstaat. Personelle Alternativen im Rahmen der Profession gab es beim Neuaufbau kaum. Die Braunbuch-Vorwürfe wurden alle ernst genommen, geprüft und als nur sehr begrenzt tragfähig erkannt. Das ändert nichts an der aus heutiger, friedlicher Sicht wiederum niederschmetternden Verrohung auch der sozusagen normalen Kriegsjustiz bei Plünderung und ähnlichen Delikten. Eigene systematische Nachprüfungsinitiativen über die Entnazifizierung und die öffentlich vorgeworfenen Vorgänge hinaus hat das Ministerium nicht unternommen. Man verließ sich insoweit auf die Staatsanwaltschaften und dienstlichen Erklärungen der Betroffenen. Am Nürnberger Maßstab des Juristenurteils gemessen sind jedenfalls keine kritisch Belasteten im Ministerium tätig geworden. Glückliche Zeiten, die nicht so auf die Probe gestellt wurden wie die hier behandelte Alterskohorte in ihrer Zeit.

Horst Dreier

Das Bundesministerium der Justiz und die Verfassungsentwicklung in der frühen Bundesrepublik Deutschland*

I. Themenkonfiguration: Besonderheiten und Probleme des Verfassungsrechts

Der Zuschnitt meines Themas verlangt zunächst eine Besinnung auf die Frage, ob es überhaupt einen tauglichen Untersuchungsgegenstand in der Schnittmenge von Bundesministerium der Justiz (BMJ), Verfassungsentwicklung und Umgang mit der NS-Vergangenheit, dem eigentlichen Generalthema, gibt.

1. Das BMJ als Akteur der Vergangenheitsbewältigung

Wenn wir über den »Umgang mit der NS-Vergangenheit« sprechen und als Akteur das Bundesministerium der Justiz genannt wird, dann drängt sich als thematischer Schwerpunkt unweigerlich das auf, was man als juristische Vergangenheitsbewältigung zu umschreiben gewohnt ist. Dabei ist klar, dass man die Vergangenheit nicht so bewältigen kann wie man eine übertragene Aufgabe bewältigt (und erledigt oder abschließt).[1] Der Begriff soll nicht abhakende Entsorgung suggerieren. Gemeint ist vielmehr der Vorgang mehr oder minder umfangreicher Neubewertung oder auch fundamen-

* Für wertvolle Hilfe bei der Beschaffung, Sichtung und Auswertung des Materials, namentlich der Archivbestände, danke ich sehr herzlich meiner Lehrstuhlassistentin, Frau Anna-Lena Strelitz. Meinen besten Dank sagen möchte ich auch dem ehemaligen Präsidenten des Bundesamtes für Justiz, Herrn Gerhard Fieberg, der mit persönlichem Einsatz bei den ersten Schritten im Koblenzer Bundesarchiv geholfen hat. – Der vorliegende Text wurde erarbeitet und verfasst während meines Aufenthaltes als Fellow der Carl Friedrich von Siemens Stiftung München im Akademischen Jahr 2011/12.

1 Zum folgenden näher *Horst Dreier*, Verfassungsstaatliche Vergangenheitsbewältigung, in: Peter Badura/Horst Dreier (Hg.), Festschrift 50 Jahre Bundesverfassungsgericht, Bd. I, Tübingen 2001, S. 159 ff.

taler normativer Umwertung der Vergangenheit.[2] Es macht eben einen großen Unterschied, ob man unter die Vergangenheit den vielzitierten dicken Schlussstrich zieht (wofür es in der Geschichte bedeutende und keineswegs durchweg abstoßende Beispiele gibt) – oder ob man sich ihr bewertend und regulierend zuwendet. Jede aktive Vergangenheitsbewältigung, die es nicht bei Schlussstrichen und Amnestien belässt, sieht sich sodann bei systematischer Betrachtung drei Themenkomplexen gegenüber:

Erstens geht es um die Behandlung der Opfer des überwundenen Regimes und die Wiedergutmachung des ihnen zugefügten Unrechts: materielle Entschädigungen, Rehabilitation strafrechtlich Verurteilter, Ausgleichsleistungen aller Art, also den gesamten Komplex der Wiedergutmachung. Wenn man die Opfer entschädigt, so liegt es *zweitens* nahe, die Täter zu strafen. Inwieweit kann, darf oder muss deren Handeln nachträglich strafrechtlich geahndet werden? Schließlich stellt sich *drittens* die Frage nach dem staatlichen Personal, der Fortführung oder Beendigung der Dienstverhältnisse; Vergangenheitsbewältigung richtet sich nicht allein auf den überkommenen Rechtsbestand, sondern auch auf den Personalbestand.

Zu allen drei Komplexen hat es in der Bundesrepublik nach 1949 über Jahrzehnte hinweg und partiell bis heute fortdauernd eine Vielzahl gesetzlicher und untergesetzlicher Regelungen sowie eine unübersehbare Fülle von Judikatur gegeben.[3] Darüber sind wir durch die rechtswissenschaftliche, rechtshistorische und allgemein historische Forschung im Grunde recht gut informiert. Sehr viel weniger wissen wir aber darüber, welche Rolle das BMJ bei diesen außerordentlich vielschichtigen und zum Teil sehr komplexen Vorgängen gespielt hat: etwa bei der die Personalfrage betreffenden Gesetzgebung zu Art. 131 GG, bei den Verjährungsdebatten für Mordtaten oder den verschiedenen gesetzlichen Entschädigungsregelungen für die Opfer. Welche inhaltlichen Positionen vertrat es? Beschränkte es sich auf die förmliche Überprüfung auf Verfassungsmäßigkeit, oder wirkte es aufgrund eigener Vorstellungen und Leitlinien an den kontroversen Entscheidungsprozessen mit? War das BMJ Bremser oder Antreiber? Nur in den wenigsten Fällen dürfte es die Federführung innegehabt haben, könnte aber dennoch im Wege ministerialer Kooperation an vielen Entwürfen und Vorgängen maßgeblich beteiligt gewesen sein. Mir schiene es ein lohnendes Forschungsprogramm,

2 Grundsätzlich zur Befugnis zur Umwertung *Bodo Pieroth*, Der Rechtsstaat und die Aufarbeitung der vor-rechtsstaatlichen Vergangenheit, in: Veröffentlichungen der Vereinigung der Deutschen Staatsrechtslehrer (VVDStRL) 51, Berlin 1992, S. 91, 99.

3 Einiges Material bei *Dreier*, Verfassungsstaatliche Vergangenheitsbewältigung, S. 165 ff. (Personal), S. 176 ff. (Opfer), S. 192 ff. (Täter).

im Rahmen dieses Projektes in Bezug auf die genannten drei Themenkomplexe nach Rolle und Positionierung des BMJ zu fragen. Ergänzt und angereichert werden könnte das Ganze noch um die Frage der Bereinigung der Gesetze von nationalsozialistischer Ideologie und ihres Umbau- bzw. Rückbaus im Sinne eines freiheitlichen Rechtsstaates: Gab es retardierende, gab es forcierende Elemente und Kräfte? Woher kamen die entscheidenden Anstöße? Begriff sich das BMJ eher als aktiver Gestalter oder als passive Prüfinstanz?

Das könnten einige wichtige Fragen sein, auf die sich durch akribische Archivarbeit gewiss aufschlussreiche Antworten gewinnen ließen.

2. Spezifika der Materie Verfassungsrecht

Freilich finden sich mit alledem noch kaum Berührungspunkte zu meinem speziell der Verfassung gewidmeten Thema. Nicht, dass die drei Themenkomplexe nicht auch Verfassungsfragen aufwerfen würden, beim Strafrecht etwa im Hinblick auf das Rückwirkungsverbot (das freilich praktisch keine dominante Rolle spielte[4]). Doch enthält das Grundgesetz für die konkrete Durchführung der juristischen Vergangenheitsbewältigung wenig spezifische oder gar engmaschige Vorgaben.[5] Zu Entschädigung und Wiedergutmachung sagt es praktisch nichts, zur Personalfrage erteilte es in Art. 131 einen weit gefassten Gesetzgebungsauftrag.[6] In dieser relativ schwachen Präge- und Determinationskraft für die konkreten legislativen und judiziellen Maßnahmen liegt der eine Grund, warum man das mir auf-

4 Der Hauptgrund lag darin, dass man die Taten aus der NS-Zeit mit den Delikten des »normalen« Strafrechts erfasste. Hier stellte sich das Problem des Rückwirkungsverbots unausweichlich erst bei der Aufhebung der Verjährungsregeln (*Dreier*, Verfassungsstaatliche Vergangenheitsbewältigung, S. 199 ff.). Eingehend zum Ganzen *Thomas Vormbaum*, Die »strafrechtliche Aufarbeitung« der nationalsozialistischen Justizverbrechen in der Nachkriegszeit, in diesem Band.

5 Näher *Dreier*, Verfassungsstaatliche Vergangenheitsbewältigung, S. 160 Fn. 6, S. 164 Fn. 23, S. 176 Fn. 89 und S. 186 Fn. 148, 149.

6 Auch die sehr umstrittenen und gerade von Vertretern der Staatsrechtslehre heftig bekämpften Urteile des Bundesverfassungsgerichts (BVerfGE 3, 58; 3, 288; 6, 132), die mit dem 8. Mai 1945 alle Beamtenverhältnisse für erloschen erklärten, änderten an der gesetzlich ermöglichten Wiedereinstellung breiter Kreise belasteter Beamter und Angestellter des öffentlichen Dienstes letztlich nichts. Näher *Johannes Masing*, Art. 131 Rn. 4 ff., 10 ff., in: Horst Dreier (Hg.), Grundgesetz-Kommentar, Bd. III, 2. Aufl., Tübingen 2008.

gegebene Thema der Verfassungsentwicklung nicht auf die juristische Vergangenheitsbewältigung verengen kann.[7]

Der zweite Grund wurzelt im Wesen der Verfassung selbst. In diesem Band war bislang vom Strafrecht und auch vom Zivilrecht, insbesondere dem Familienrecht die Rede. So liegt der Eindruck nahe, die Reihe der Rechtsmaterien, die auf ihre Vergangenheit und ihre Fortentwicklung »abgeklopft« werden, verlängere sich einfach um das Öffentliche Recht in Gestalt des Verfassungsrechts. Doch dieser Eindruck würde täuschen. Denn das sachliche Hauptproblem vor dem Hintergrund der leitenden Fragestellung nach der Bewältigung des NS-Unrechts besteht ja im Strafrecht, im Zivilrecht und nicht zuletzt im Verwaltungsrecht auch und vor allem darin, wie belastet das aus der NS-Zeit stammende und überkommene Recht inhaltlich war, wie rasch und konsequent es überwunden wurde, ob und wie es zur Bestrafung der Täter, zur Entschädigung der Opfer und zur Erneuerung des Personals eingesetzt wurde.

Sehr plakativ gesprochen: Natürlich gab es vor 1945 ein Privatrecht, ein Strafrecht, ein Verwaltungsrecht, das in irgendeiner Form nach 1945 abgelöst, umgestaltet und modifiziert werden musste oder partiell auch fortgeführt werden konnte. Aber nach 1945 gab es kein überkommenes Verfassungsrecht, das irgendwie weiterentwickelt oder erst langsam modelliert und transformiert werden musste. Vielmehr wurde das Grundgesetz der sichtbarste Ausdruck des Neuanfangs, Gegenbild und Kontrastfolie zur unheilvollen Vergangenheit.[8] Es zeigt sich hier an einem Beispiel mit besonderem Nachdruck, was die allgemeine Staatslehre schon seit jeher wusste: dass Staatsstreiche, Revolutionen oder vergleichbar fundamentale Umbrüche niemals »den ganzen Rechtszustand aufgehoben haben«.[9] Es gibt vielmehr einen immer wieder zu beobachtenden Unterschied zwischen der Masse des einfachen Gesetzesrechts, das niemals von heute auf morgen vollständig ausgewechselt werden kann, und der Verfassung als der besonders symbolträchtigen Urkunde mit normativem Höchstrang. Denn so intensiv sich die Verfassung in aller Regel auf die Vergangenheit als »Erfahrungshorizont und

7 Notabene: alle vom Gesetzgeber getroffenen und von der Verwaltung oder der Rechtsprechung umgesetzten Maßnahmen unterliegen dann natürlich wieder verfassungsrechtlicher Prüfung, etwa im Hinblick auf den Gleichheitssatz oder den Gedanken des Vertrauensschutzes. Aber eine punktgenaue Verpflichtung zu einem bestimmten Tun gibt das Grundgesetz nicht vor. Das gelegentlich herangezogene Kriterium des Sozialstaatsprinzips ist außerordentlich vage.

8 Näher *Horst Dreier*, Grundlagen und Grundzüge staatlichen Verfassungsrechts: Deutschland, in: Armin von Bogdandy/Pedro Cruz Villalón/Peter M. Huber (Hg.), Handbuch Ius Publicum Europaeum, Bd. I, Heidelberg 2007, § 1 Rn. 7.

9 *Georg Jellinek*, Allgemeine Staatslehre, 3. Aufl., Berlin 1914, S. 477.

Erblast«[10] bezieht, so stellt sie doch als deren Überwindung und Ablösung den Inbegriff der neuen Staatsordnung dar und lässt die Zäsur besonders sichtbar werden, deren Bannerträger das neue Staatsgrundgesetz gewissermaßen sein soll. Daher ist es für fundamentale Umbrüche geradezu charakteristisch, dass sie auf der Verfassungsebene ein völlig neues Recht schaffen, während andere Rechtsgebiete länger oder kürzer, mit mehr oder minder starken Modifikationen weitergelten. Kelsen drückt es so aus: »In der Regel werden aus Anlaß einer Revolution … nur die alte Verfassung und gewisse politisch wesentliche Gesetze aufgehoben. Ein Großteil der unter der alten Verfassung erlassenen Gesetze bleibt in Geltung.«[11]

Deswegen ist das Fortwirken des alten Rechts unter einer neuen Verfassung ein lohnendes Studienobjekt. Und nicht minder lohnend ist die Frage, wie Zivil-, Straf- und Verwaltungsrecht die Aufgabe gemeistert haben, die Täter des überwundenen Regimes zu strafen, die Opfer zu entschädigen und das Personal zu säubern. Auf der Ebene des Grundgesetzes aber treten andere Fragen in den Vordergrund: Wie reagiert die neue Verfassung selbst inhaltlich auf die alte Ordnung? Wie wenden die staatlichen Institutionen die neuen Verfassungsinhalte an, wie werden diese interpretiert, in welchem Geist werden sie ausgelegt? Welche neuen Institutionen werden geschaffen, welche neuen Formen der Konfliktaustragung und Konfliktentscheidung bietet die Verfassung?

Die Betonung dieser Differenz soll natürlich nicht den Eindruck vermitteln, dass sich bei der Verfassungsentwicklung der frühen Bundesrepublik die gängigen Probleme einer Vergangenheitsbelastung überhaupt nicht stellen würden. Es gibt durchaus Verzahnungen, zu denen im Folgenden einige exemplarische Darlegungen erfolgen sollen. Dabei gilt dem personellen Aspekt in der Person von Willi Geiger unsere erste Betrachtung (unter II.). Die zweite hat es insofern unmittelbar mit dem Thema Vergangenheitsbewältigung zu tun, als eine neue verfassungsrechtliche Norm zum ersten Mal auf eine Art Nachfolgepartei der NSDAP angewendet wurde; hier ging es politisch wie rechtlich in der Tat um die Frage, wie sich die Gespenster der Vergangenheit bannen ließen und ob die neue Verfassung mit ihren neuen Institutionen dazu über geeignete Instrumente verfügte (III.). Die dritte und letzte Betrachtung widmet sich dem Kampf um den Wehrbeitrag, der zu einer großen Kontroverse und zu einer außerordentlichen Belastung der jungen Republik wurde, auch und gerade weil die Beteiligten sich auf

10 *Fabian Wittreck*, Die Verwaltung der Dritten Gewalt, Tübingen 2006, S. 53.
11 *Hans Kelsen*, Reine Rechtslehre, 2. Aufl., Wien 1960, S. 213.

einen neuen zentralen Mitspieler, das Bundesverfassungsgericht, erst einstellen mussten. Es kam zu einer ersten und ernsten Verfassungskrise, in die nicht zuletzt das BMJ verwickelt war (IV.).

3. Exkurs: Kompetenzen des BMJ

Da diese Vorgänge dem vorgegebenen Rahmen gemäß mit besonderem Blick auf die Rolle des BMJ zu beleuchten sind, ist eine zweite einschränkende Vorbemerkung angezeigt. Hätte sich der erste Justizminister, Thomas Dehler[12], mit seinen immer wieder nachdrücklich vorgetragenen Vorstellungen[13] durchgesetzt, wäre das Ministerium ein umfassendes und alleiniges Verfassungsministerium geworden.[14] Dehler selbst sah das BMJ in der Rolle eines »Hüters der Verfassung«, ja als Rechtsgewissen des Staates.[15] Das Justizministerium sollte zu einem allgemeinen Rechtsministerium werden, das über die Recht- und Verfassungsmäßigkeit aller Akte der Staatsgewalt zu wa-

12 Einen Überblick über das Wirken Dehlers am und im neugegründeten Ministerium geben *Hermann Maassen/Elmar Hucko*, Thomas Dehler, der erste Bundesminister der Justiz, in: Hermann Maassen/Elmar Hucko (Hg.), Thomas Dehler, der erste Bundesminister der Justiz, Köln 1977, S. 9ff.; umfassend zu Leben und Werk *Udo Wengst*, Thomas Dehler 1897–1967. Eine politische Biographie, München 1997.

13 Dehler selbst rechtfertigt seinen unnachgiebigen Eifer, insbesondere was die Abgrenzung seines Ministeriums zum Bundesministerium des Innern (BMI) anbelangt, wie folgt: »Es geht mir dabei wahrhaftig nicht darum, mein Arbeitsgebiet auf Kosten anderer Ministerien auszudehnen. (…) Bei der Auseinandersetzung mit dem Innenministerium handelt es sich um eine ganz grundsätzliche Frage, von deren Entscheidung meines Erachtens abhängt, ob unsere Bundesrepublik auch in der Praxis ein Rechtsstaat wird. Bisher haben wir ihn nicht, auch wenn ihn das Grundgesetz proklamiert hat.« (BArch, B 141/837, Brief Dehlers an die Bundesminister Blücher und Wildermuth, 11.5.1950, S. 1).

14 Siehe hierzu BArch, B 141/836–008: Gutachten Dehlers zur Frage der Abgrenzung der Zuständigkeit zwischen BMJ und BMI. Dehler arbeitet hier mit aller Deutlichkeit den Unterschied zwischen dem BMJ als »Verfassungsministerium« und dem BMI als »Verwaltungsministerium« heraus. In seinen Augen macht es gerade den Charakter des BMJ aus, »daß es mehr als jedes andere Ministerium und ausschließlich der Idee des Rechts und seiner Verwirklichung zu dienen hat. Schutz der Verfassung ist aber der wichtigste und vornehmste Teil jener Aufgabe, dem Recht und seiner Verwirklichung zu dienen« (BArch, B 141/836–008, S. 2). Zum folgenden *Wengst*, Thomas Dehler, S. 143f.; *Jan Schröder*, 40 Jahre Rechtspolitik im freiheitlichen Rechtsstaat. Das Bundesministerium der Justiz und die Justizgesetzgebung 1949–1989, Köln 1989, S. 11.

15 BArch, B 141/836: Stellungnahme Dehlers zum Entwurf des Bundesinnenministers für einen Beschluß der Bundesregierung zur Abgrenzung der Geschäftsbereiche des BMI und BMJ auf dem Gebiet des Verfassungsrechts, 03.01.1950, S. 2. Im Übrigen schätzt Dehler seine Stellung als Bundesjustizminister im staatlichen Gefüge als nicht minder gering ein: »(…) während der Justizminister in den Augen des einfachen Mannes, wie die täglich an ihn gerichteten Eingaben beweisen, als Hüter des Rechts gilt« (BArch, B 141/836).

chen und dafür zu sorgen hätte, dass diese mit der Rechtsordnung in Einklang stünden. Konkret hätte das bedeutet, dass die Federführung in allen Angelegenheiten des Verfassungsrechts beim BMJ gelegen hätte[16] und auch die gesamte Gerichtsbarkeit in sein Ressort gefallen wäre.[17] Dahinter standen gewiss ambitionierte und an einem starken Rechtsgedanken orientierte Ziele. Für Dehler galt das BMJ als einziges »in gewissem Sinne unpolitisches Ministerium«.[18] Insbesondere die Herauslösung der Gerichtsbarkeiten aus den Fachverwaltungen hat ja etwas für sich. Doch Dehlers weitreichende Vorstellungen erwiesen sich als Blütenträume. Die anderen Ressorts ließen sich ihre Kompetenzen und Zuständigkeiten nicht ohne weiteres nehmen. Das BMJ blieb ein Gesetzgebungsministerium mit Schwerpunkt in den Bereichen Zivil- und Strafrecht.[19] Es wurde kein umfassendes Verwaltungsministerium und auch kein alleiniges Verfassungsministerium. Aber Dehler setzte durch, dass das BMJ an allen Gesetz- und Verordnungsentwürfen beteiligt wurde, und zwar in den Worten des Beschlusses des Bundeskabinetts

16 Dies wurde neben Dehler (BArch, B 141/836–008: Gutachten Dehlers zur Frage der Abgrenzung der Zuständigkeit zwischen BMJ und BMI, S. 1) auch noch von anderer prominenter Seite gefordert. In einem Brief an Dehler ließ Richard Thoma erkennen, dass auch er davon ausgeht, »daß für Angelegenheiten des Verfassungsrechts nicht das Innenministerium, sondern das Justizministerium federführend ist« (BArch, B 141/836: Brief Dehlers an Bundesminister Heinemann, 01.11.1949; Dehler zitiert in seinem Brief die Aussage Thomas wörtlich).

17 Siehe hierzu u.a. BArch, B 141/836: Stellungnahme Dehlers zum Entwurf des Bundesinnenministers für einen Beschluß der Bundesregierung zur Abgrenzung der Geschäftsbereiche des BMI und BMJ auf dem Gebiet des Verfassungsrechts, 03.01.1950, S. 3; BArch, B 141/837: Brief Dehlers an die Bundesminister Blücher und Wildermuth, 11.05.1950, S. 2; BArch, B 141/836, Schnellbrief Dehlers an den Staatssekretär des Innern im Bundeskanzleramt, 01.02.1950, S. 1 (mit Hinweis darauf, dass das BMJ auch »– historisch betrachtet – das Ministerium für alle Gerichte« gewesen sei) und BArch, B 141/836, Vermerk, 23.01.1950, S. 3 (mit dem Hinweis, dass es »der Anlage und dem Willen des Grundgesetzes und den sachlichen Bedürfnissen« entspräche, die gesamte Gerichtsbarkeit im BMJ zu bündeln). Siehe auch *Wengst*, Thomas Dehler, S. 143.

18 BArch, B 141/836–008: Gutachten Dehlers zur Frage der Abgrenzung der Zuständigkeit zwischen BMJ und BMI, S. 2. Auch an anderer Stelle unterstreicht Dehler, dass er die Unabhängigkeit und Unvoreingenommenheit der Gerichte als in Bedeutung und Tragweite nicht zu überschätzende Voraussetzung für den wieder aufzubauenden Rechtsstaat einstuft: »Abgesehen von alledem ist es wichtig, daß auch der *Anschein* (Hervorhebung im Original, H.D.) der Voreingenommenheit der Verwaltungs- und Finanzgerichte beseitigt wird, wenn im Volke das Gefühl wiedererstehen soll, daß es in einem Rechtsstaat lebt.« (BArch, B 141/836: Schnellbrief Dehlers an den Staatssekretär des Innern im Bundeskanzleramt, 01.02.1950, S. 2).

19 Eingehend *Hans Meyer*, Aufgaben und Stellung des Bundesministeriums der Justiz nach dem Auftrag des Grundgesetzes, in: Bundesministerium der Justiz (Hg.), Vom Reichsjustizamt zum Bundesministerium der Justiz. Festschrift zum 100jährigen Gründungstag des Reichsjustizamtes am 1. Januar 1877, Köln 1977, S. 443, 455ff.

vom 21. Oktober 1949 »zur Prüfung der Rechtsförmlichkeit und der Einheitlichkeit der Gesetzessprache«.[20]

Das war nun keineswegs eine geringe Kompetenz für das BMJ, die man sogar als den »Anker seiner Macht«[21] bezeichnet hat. Es wurde damit zu einem wesentlichen Ort der Verfassungsauslegung und -interpretation[22]. Und immerhin hatte sich Dehler gleich zu Beginn die Federführung für das Gesetz über das Bundesverfassungsgericht gesichert.[23]

II. Personal: Willi Geiger

Damit sind wir beim Punkt der exemplarischen Personalie. Denn die Aufgabe, einen Gesetzentwurf für das im Grundgesetz vorgesehene Bundesverfassungsgericht zu verfassen, oblag Willi Geiger.[24] Mit ihm begegnen wir

20 14. Kabinettssitzung am 21.10.1949 (TOP 4: Beteiligung des Justizministeriums an der Ausarbeitung von Gesetzentwürfen zur Prüfung der Rechtsförmlichkeit vor der Vorlage an das Kabinett), abrufbar unter: http://www.bundesarchiv.de/cocoon/barch/0011/k/k1949k/kap1_2/kap2_14/para3_8.html (zuletzt aufgerufen am 30.01.2013). Dehler bringt in eigenen Ausführungen gerne diesen Beschluss ins Spiel, da er ihn als Bekräftigung seiner eigenen Vorstellung vom BMJ als »Rechtsministerium« bzw. »Verfassungsministerium« interpretiert (siehe BArch, B 141/836-008: Gutachten Dehlers zur Frage der Abgrenzung der Zuständigkeit zwischen BMJ und BMI, S. 1; BArch, B 141/836: Stellungnahme Dehlers zum Entwurf des Bundesinnenministers für einen Beschluß der Bundesregierung zur Abgrenzung der Geschäftsbereiche des BMI und BMJ auf dem Gebiet des Verfassungsrechts, 03.01.1950, S. 3). Siehe hierzu auch *Schröder*, 40 Jahre Rechtspolitik, S. 11 Fn. 8.

21 *Hans Hattenhauer*, Vom Reichsjustizamt zum Bundesministerium der Justiz. Stellung und Einfluß der obersten deutschen Justizbehörde in ihrer 100jährigen Geschichte, in: Bundesministerium der Justiz (Hg.), Vom Reichsjustizamt zum Bundesministerium der Justiz, S. 9, 103; zur Prüfung der Verfassungsmäßigkeit und der Rechtsförmlichkeit noch näher *Meyer*, Aufgaben und Stellung, S. 458 ff.

22 *Schröder*, 40 Jahre Rechtspolitik, S. 11.

23 Schon in einem Vermerk vom 23.01.1950 stellt Dehler ganz selbstverständlich fest, »daß das Justizministerium federführend wird auf dem Gebiete der Gerichtsverfassung und des Verfahrens dieser Gerichte« (BArch, B 141/836, S. 3).

24 Zu ihm etwa *Friedrich Karl Fromme*, Ein ungewöhnlicher Richter. Das Wirken Willi Geigers am Bundesverfassungsgericht, in: Jahrbuch des öffentlichen Rechts der Gegenwart 32 (1983), S. 63 ff.; sehr kritisch *Helmut Kramer*, Ein vielseitiger Jurist: Willi Geiger (1909–1994), KritJ 27 (1994), S. 232 ff.; die problematischen Aspekte weithin verschweigend *Richard Ley*, Mitteilung Willi Geiger †, NJW 1994, S. 1050 f.; desgleichen die Geleitworte in den beiden Festschriften für Willi Geiger: *Gerhard Leibholz*, Menschenwürde und freiheitliche Rechtsordnung. Festschrift für Willi Geiger zum 65. Geburtstag, Tübingen 1974, S. IX–XI; *Joachim Faller u. a.* (Hg.), Verantwortlichkeit und Freiheit. Die Verfassung als wertbestimmte Ordnung. Festschrift für Willi Geiger zum 80. Geburtstag, Tübingen 1989, S. IV–X.

nun einer der bemerkenswertesten Justizkarrieren der Nachkriegsgeschichte und einer der zentralen Persönlichkeiten der Rechtsentwicklung.[25] Er war von 1951 bis 1977 Richter des Bundesverfassungsgerichts im Zweiten Senat, als dessen »heimlicher Vorsitzender« er galt; niemand hat länger als er das Amt eines Bundesverfassungsrichters bekleidet. Sein Gestaltungswille, sein Ehrgeiz und seine Arbeitskraft waren legendär. Das erste Fernsehurteil[26] als auch die Entscheidungen zum Radikalenerlass[27] sowie zum Grundlagenvertrag[28] sollen stark durch ihn geprägt worden sein.[29]

In den 1960er Jahren gab es freilich erste Hinweise auf seine Belastung im Dritten Reich, etwa im »Vorwärts« vom 27. Juli 1966 unter dem Titel »Des Geigers braune Weste«.[30] Hier wurde auf Geigers im Jahre 1940 publizierte Doktorarbeit über die Rechtsstellung des Schriftleiters hingewiesen.[31] Die Arbeit verkündet im Stil der Zeit das Ende des Liberalismus und die neue Epoche völkischen Gemeinschaftsgeistes. Dem von ihm untersuchten Gesetz attestiert er, es habe »mit einem Schlag den übermächtigen, volksschädigenden und kulturzersetzenden Einfluß der jüdischen Rasse auf dem Gebiet der Presse beseitigt.«[32] Freilich war die Dissertation von einem zeitgenössischen Rezensenten als misslungen bezeichnet worden, weil sie noch zu stark von den Begriffen des liberalen Verwaltungsrechts geprägt sei und demgemäß zu sehr die entsprechenden hergebrachten Namen dominierten (Anschütz, Jellinek, Otto Mayer), während die wichtigen neuen Autoren wie Huber,

25 In aller Kürze *Michael Stolleis*, Geschichte des öffentlichen Rechts in Deutschland, Bd. IV: Staats- und Verwaltungsrechtswissenschaft in West und Ost 1945–1990, München 2012, S. 153 Fn. 219: »W. Geiger wurde nach Examina (1932, 1936) und Promotion (1938) Landgerichtsrat, 1949 OLG-Rat in Bamberg. Ab 1949 tätig im Bundesjustizministerium, ab Oktober 1950 Bundesrichter, ab April 1953 Senatspräsident am BGH, zugleich 1952 Honorarprofessor in Speyer, ab 1951 Richter des BVerfG (für die Dauer des Amtes am BGH) im Zweiten Senat.«

26 BVerfGE 12, 205.

27 BVerfGE 39, 334.

28 BVerfGE 36, 1.

29 Nicht zuletzt die zahlreichen Sondervoten Geigers spiegeln seine unermüdliche Bereitschaft zum Engagement für die von ihm als richtig erkannte Sache wider. Dazu *Paul Kirchhof*, Objektivität und Willkür, in: Verantwortlichkeit und Freiheit. Die Verfassung als wertbestimmte Ordnung. Festschrift für Willi Geiger zum 80. Geburtstag, Tübingen 1989, S. 82ff. (S. 83).

30 Siehe *Klaus-Detlev Godau-Schüttke*, Der Bundesgerichtshof: Justiz in Deutschland, Berlin 2005, S. 361.

31 *Willi Geiger*, Die Rechtsstellung des Schriftleiters nach dem Gesetz vom 4. Oktober 1933, Darmstadt 1940, XII + 122 Seiten. Im Schrifttumsverzeichnis sind einige Autoren mit einem Sternchen (*) gekennzeichnet. Auf S. IX wird erläutert: »* bedeutet: Verfasser ist Jude.«

32 *Willi Geiger*, Die Rechtsstellung des Schriftleiters nach dem Gesetz vom 4. Oktober 1933, Darmstadt 1940, S. 40.

Höhn oder Maunz ebenso zu kurz kämen wie Hitlers *Mein Kampf* und die Reden Goebbels.[33]

Die Doktorarbeit bildete den einen belastenden Umstand. Der zweite betraf Geigers Tätigkeit als Staatsanwalt beim Sondergericht Bamberg, die er in seinen verschiedenen Erklärungen zum Lebenslauf stets verschwiegen oder kleingeredet hatte. Tatsächlich hatte er dort während seiner Zeit in den Jahren 1942 und 1943 als Staatsanwalt auch an mehreren Todesurteilen mitgewirkt.[34]

Im Entnazifizierungsverfahren war Geiger als entlastet eingestuft worden. In der Tat präsentiert sich sein Lebenslauf eben auch nicht in Schwarz oder Weiß, sondern in verschiedenen Graustufen.[35] Sein Bild schillert zwischen »früher NS-Karriere und katholischem Naturrecht«.[36] Dehler, der ihn seit den dreißiger Jahren kannte, hielt ihn ganz offensichtlich nicht für einen überzeugten Nationalsozialisten.[37] Dank dessen Protektion und der Unterstützung von Hermann Weinkauff, dem späteren BGH-Präsidenten, machte Geiger im BMJ rasch Karriere. Ihm wurde im Haus der größte Einfluss attestiert. Bis zu seinem Wechsel an das Bundesverfassungsgericht diente er Deh-

33 *Oskar Redelberger*, Führung und Verwaltung, Deutsche Verwaltung 18 (1941), S. 244.

34 Ausführlich dazu *Klaus-Detlev Godau-Schüttke*, Der Bundesgerichtshof: Justiz in Deutschland, Berlin 2005, S. 342ff.

35 Vgl. dazu die Angaben in einer Stellungnahme von BVerfG-Präsident Gebhard Müller aus dem Jahre 1966, angeführt bei *Klaus-Detlev Godau-Schüttke*, Der Bundesgerichtshof: Justiz in Deutschland, Berlin 2005, S. 363ff.: Man müsse bedenken, dass die beanstandete Dissertation »das einzige Werk Geigers aus jener unseligen Zeit« sei (S. 368). Im Übrigen sei Geiger zum Zeitpunkt der Abfassung erst 27 Jahre alt gewesen und habe sich dem Thema auf Vorschlag seines Doktorvaters Prof. Laforet gewidmet. Den Vorwurf der Veröffentlichung eines der nationalsozialistischen Lehre verpflichteten Werkes müsse man konsequenterweise vielen Staatsrechtslehrern machen. Geiger habe tatsächlich vor 1933 aktiv Widerstand gegen die Nationalsozialisten geleistet, indem er u. a. Mitbegründer der Bayernwacht, der Gegenorganisation zu SA und SS, gewesen sei; 1936 sei ihm eine feste Anstellung als Richter verweigert worden, da ihm in einer Stellungnahme der Gauleitung Mainfranken der NSDAP zu wenig Sympathie für das Dritte Reich attestiert worden sei. Nicht zuletzt hätten einige von den Nationalsozialisten Verfolgte Geiger ihre Haftentlassung zu verdanken.

36 Formulierung: *Christoph Schönberger*, Anmerkungen zu Karlsruhe, in: Matthias Jestaedt/Oliver Lepsius/Christoph Möllers/Christoph Schönberger (Hg.), Das entgrenzte Gericht, Berlin 2011, S. 9, 29; ähnlich *Michael Stolleis*, Geschichte des öffentlichen Rechts in Deutschland, Bd. IV: Staats- und Verwaltungsrechtswissenschaft in West und Ost 1945–1990, München 2012, S. 153: »Was ihn prägte, war insgesamt wohl weniger seine NS-Vergangenheit als ein selbstgewisser Antikommunismus und eine kirchliche Bindung, die wiederum in das gesamte nun aus dem Grundgesetz entwickelte ›Wertsystem‹ ausstrahlten.«

37 Hierzu und zum Folgenden *Wengst*, Thomas Dehler, S. 142f.

ler als persönlicher Referent und war in den Anfangsjahren an allen wesentlichen Entscheidungen beteiligt.[38]

Eine seiner wichtigsten Tätigkeiten bestand im Entwurf des Bundesverfassungsgerichtsgesetzes, dessen ersten Kommentar er dann 1952 (also nach seiner Ernennung zum Richter) herausbrachte.[39] Für die Genese des Gesetzes ist der Umstand von Relevanz, dass es im durchaus kontroversen Dialog mit der Opposition und dem Bundestagsausschuss entstand, dem Wilhelm Laforet, der Doktorvater Geigers, vorsaß.[40] Die Vorstellungen der SPD-Opposition, die früh einen ersten Entwurf aus der Mitte des Parlaments eingebracht hatte, wichen in einigen wesentlichen Punkten von denen der Regierung ab. Letztlich entstand ein Kompromiss, bei dem beide Seiten Zugeständnisse machen mussten. Eine Kardinalfrage blieb aber die Verfassungsbeschwerde, eine gewaltige Erweiterung der Möglichkeiten des Bürgers und zugleich eine gewaltige Aufgabe sowie Relevanzsteigerung für das Verfassungsgericht. Sie, die mittlerweile »zu einem zentralen Element der politischen Kultur der Bundesrepublik geworden« ist[41], stand 1949 noch nicht im Grundgesetz, sondern wurde erst durch das Bundesverfassungsgerichtsgesetz eingeführt. Und in diesem Punkt arbeiteten Geiger auf der einen, Adolf Arndt auf der anderen Seite eng und erfolgreich zusammen. Beide hielten die Verfassungsbeschwerde für unabdingbar, auch und gerade gegenüber Gerichtsurteilen.[42] Es verdient somit festgehalten zu werden, dass wir eine der großen Errungenschaften der politischen Entwicklung in den frühen Jahren der Bundesrepublik, die Einführung der Verfassungsbeschwerde als »Grundrechtsklage des Bürgers«, dem Zusammenwirken von Adolf Arndt und Willi Geiger verdanken. Dieser Umstand wie auch sein Schaffen als Richter erinnern an den Hinweis, den Hermann Lübbe einmal vor vielen Jahren mit Blick auf die personelle Vergangenheitsbewältigung gegeben hat: wir müssen nicht nur schauen, woher die fraglichen Personen kamen, sondern auch, »wo-

38 Ebd., S. 142. Es ging die Rede vom »Bamberger Kartell« (*Godau-Schüttke*, Der Bundesgerichtshof, S. 353).

39 *Willi Geiger*, Gesetz über das Bundesverfassungsgericht vom 12. März 1951. Kommentar, Berlin 1952.

40 Zum folgenden instruktiv *Dieter Gosewinkel*, Adolf Arndt. Die Wiederbegründung des Rechtsstaats aus dem Geist der Sozialdemokratie (1945–1961), Bonn 1991, insbesondere S. 184ff.; siehe auch *Heinz Laufer*, Verfassungsgerichtsbarkeit und politischer Prozeß. Studien zum Bundesverfassungsgericht der Bundesrepublik Deutschland, Tübingen 1968, S. 95ff.

41 *Dietmar Willoweit*, Deutsche Verfassungsgeschichte. Vom Frankenreich bis zur Wiedervereinigung Deutschlands, 6. Aufl., München 2009, §44 III 6, S. 368.

42 Eingehend *Gosewinkel*, Adolf Arndt, S. 199ff.; *Heinz Laufer*, Verfassungsgerichtsbarkeit und politischer Prozeß. Studien zum Bundesverfassungsgericht der Bundesrepublik Deutschland, Tübingen 1968, S. 118f.

hin sie von nun an zu gehen bereit waren«.[43] Und Geiger war, das unterliegt keinem Zweifel, bereit, den Weg des neuen Rechts- und Verfassungsstaates mitzugehen, ja, er war bereit und willens (und im Übrigen auch fähig), ihn mitzuprägen und mitzugestalten. Gewiss mag er auch insofern ein Mitläufer gewesen sein. Doch wie auch immer man zu Geigers Tätigkeit als durchweg dezidiert konservativer, partiell gar doktrinärer Bundesverfassungsrichter stehen mag: offenkundig absurd wäre es, insofern eine gewissermaßen subkutan fortwirkende nationalsozialistische Geisteshaltung ausfindig machen zu wollen.

III. Neues Verfassungsrecht und alte Probleme: Parteiverbote

1. Verbot der Sozialistischen Reichspartei (SRP)

Den Weg einer neuen, freiheitlichen Ordnung wollten nun allerdings bekanntlich nicht alle mitgehen. Und daraus resultierte sogleich eine der ersten und besonders schwierigen Herausforderungen für die junge Republik: der Umgang mit jenen, die sich nicht von der schlimmen Vergangenheit abwandten, sondern sie verklärten und in vielerlei Hinsicht politisch an sie anknüpfen wollten, die »lauten Unverbesserlichen«.[44] Konkrete Gestalt und augenfällige Brisanz gewannen diese Kräfte zunächst in verschiedenen Parteien und Gruppen, die sich in der im Oktober 1949 (also nach der ersten Bundestagswahl) gegründeten »Sozialistischen Reichspartei« bündelten. Ihr gehörten ganz überwiegend frühere Parteigenossen an, so auch ihr Vorsitzender Fritz Dorls[45], der als Abgeordneter der Rechtspartei im Bundestag saß. »Star« der Partei[46], »die propagandistische Galionsfigur«[47] aber war Generalmajor a. D. Otto Ernst Remer, der nach dem 20. Juli 1944 als kommandierender Offizier des Wachbataillons in Berlin bei der Niederschlagung der Verschwörung gegen Hitler eine entscheidende Rolle gespielt hatte.

43 *Hermann Lübbe*, Deutschland nach dem Nationalsozialismus 1945–1990. Aus Anlaß der Enttarnung eines ehemaligen Hochschulrektors mit falscher Identität, in: Hermann Lübbe, Modernisierung und Folgelasten, Berlin u. a. 1997, S. 284, 296.

44 *Norbert Frei*, Vergangenheitspolitik. Die Anfänge der Bundesrepublik und die NS-Vergangenheit, 2. Aufl., München 1997, S. 349.

45 Zu Dorls' Werdegang siehe *Henning Hansen*, Die Sozialistische Reichspartei (SRP). Aufstieg und Scheitern einer rechtsextremen Partei, Düsseldorf 2007, S. 47 ff.

46 *Frei*, Vergangenheitspolitik, S. 327.

47 *Hansen*, Die Sozialistische Reichspartei, S. 53.

Die neue alte Partei, ganz der Vorstellungswelt der NSDAP verpflichtet und bis in ihre Bezeichnungen, Abzeichen und Symbole eine Art Imitat bildend[48], errang nun in einigen Landtagswahlen zum Teil beachtliche Erfolge, z.B. elf Prozent der Stimmen bei der Landtagswahl in Niedersachsen am 6. Mai 1951.[49] Zugleich radikalisierte sie sich in Stil und Inhalt, es kam zu ersten Saalschlachten, die Kritik am demokratischen System gestaltete sich immer grundsätzlicher und ausfälliger. Das alles wurde im In- und Ausland mit großer Sorge zur Kenntnis genommen. Was also tun? Was tat das BMJ? Konkret: was tat Dehler?

Eine bösartige Antwort könnte lauten: Er empfing den Vorsitzenden der SRP. Das tat er zwar ausweislich einer eigenen Aktennotiz wirklich[50], aber nicht ohne sogleich zu erläuternde Hintergedanken. Vorausgegangen war ein Erlass des Bundeskabinetts über die »politische Betätigung von Angehörigen des öffentlichen Dienstes gegen die demokratische Grundordnung«, in der eine ganze Reihe von Organisationen, darunter auch KPD und SRP, als verfassungswidrig bezeichnet wurden.[51] Dorls intervenierte dagegen beim Bundespräsidenten und wies den Vorwurf einer antidemokratischen Grundeinstellung zurück.[52] Mitte Oktober 1950 empfing Dehler also Dorls und stellte ihm anheim, die in der Presse gegen seine Partei erhobenen Vorwürfe zu widerlegen; er, Dehler, werde die Angelegenheit im Kabinett besprechen,

48 So BVerfGE 2, 1, 69.

49 Siehe *Hansen*, Die Sozialistische Reichspartei, S. 163, Tabelle.

50 BArch, B 141/207: Note Dehlers, 28.10.1950. Sie lautete: »Dr. Dorls sprach vor 14 Tagen bei mir vor. Es ist ihm darum zu tun, daß die Ausdehnung der VO. der Bundesregierung vom 19. September 1950 auf die SRP rückgängig gemacht wird. Ich habe ihm anheimgestellt, die Vorwürfe, die in der Presse gegen die SRP erhoben werden und die im Wesentlichen auch die Grundlage der Entscheidung der Bundesregierung waren, zu widerlegen, und ihm in Aussicht gestellt, die Angelegenheit im Kabinett zu besprechen, falls seine Darlegungen stichhaltig erscheinen. Ich bitte um Überprüfung.« Hierzu auch *Hansen*, Die Sozialistische Reichspartei, S. 231.

51 Ausführliche Darstellung im Protokoll der 97. Kabinettssitzung am 19.09.1950, TOP 5, abrufbar unter: http://www.bundesarchiv.de/cocoon/barch/0011/k/k1950k/kap1_2/kap2_65/para3_5.html (zuletzt abgerufen am 30.01.2013). – Hierzu und zum Folgenden *Wengst*, Thomas Dehler, S. 165 ff.

52 Siehe BArch, B 141/207: Brief von Dorls an Dehler, 25.10.1950, aus dem hervorgeht, dass sich Dorls, bevor er mit seinem Anliegen an Dehler herantrat, die Ausdehnung des erwähnten Erlasses der Bundesregierung vom 19.09.1950 auf die SRP rückgängig zu machen, sich bereits mittels »Protestschrift« an den Bundespräsidenten sowie den Bundesinnenminister gewandt hatte. Dazu der Hinweis in: Protokoll der 97. Kabinettssitzung am 19. September 1950, TOP 5, abrufbar unter: http://www.bundesarchiv.de/cocoon/barch/0011/k/k1950k/kap1_2/kap2_65/para3_5.html (zuletzt abgerufen am 30.01.2013).

falls Dorls' Darlegungen ihm stichhaltig erscheinen.[53] Was zuerst wie ein schwer begreifliches Entgegenkommen aussieht, entpuppt sich bei näherem Hinsehen als kluger Schachzug. Denn damit trieb er den SRP-Vorsitzenden in die Enge: entweder musste der eine entlastende Antwort schuldig bleiben (so kam es denn auch[54]) oder Dehler Informationen und Beweismaterial für den Umstand einer engen personellen Verquickung von ehemaliger NSDAP und SRP, von der Dehler ohnehin überzeugt war, in die Hände spielen.[55] Ganz deutlich wird das in einem Brief Dehlers an Dorls vom 20. November 1950, in dem er ihn um nachprüfbare Mitteilung bittet, wie viele ehemalige Mitglieder der NSDAP heute Mitglieder der SRP seien, und in dem er zugleich auf die »zügellosen Angriffe mancher Redner der SRP auf die verfassungsmäßigen Organe der Bundesrepublik« hinweist.[56]

Aber warum wurde nicht umgehend ein Verbotsantrag gemäß Art. 21 Abs. 2 GG gestellt? Das Problem bestand darin, dass man zwar das Gesetz über das Bundesverfassungsgericht bereits am 12. März 1951 verabschiedet hatte, die Richter aber noch nicht gewählt waren und das Gericht daher noch nicht tatsächlich funktionsfähig war.[57] Das regte beim über die möglichen Wahlerfolge der SRP sehr besorgten Innenminister Lehr die juristische Phantasie an. Kurzerhand versucht er einen Kabinettsbeschluss herbeizuführen, wonach die SRP kraft Gesetzes gemäß Art. 9 Abs. 2 GG verboten

53 BAarch, B 141/207, Note Dehlers, 28.10.1950.

54 In seinem Antwortschreiben vom 25.10.1950 (BArch, B 141/207) ging Dorls auf die konkrete Frage nicht näher ein, sondern beließ es bei eher allgemeinen Wendungen. So weist er u. a. bzgl. der personellen Zusammensetzung der SRP völlig unpräzise und ohne weitere Nachweise darauf hin, dass lediglich »ein verschwindender Bruchteil ihrer Mitglieder« eine untere oder mittlere Führungsposition in der NSDAP innegehabt habe (S. 2), und stellte seine Partei als Opfer bösartiger Hetzkampagnen der Presse dar. Entgegen sich häufender Berichterstattungen, mit denen man offensichtlich versuche, die SRP »in einer ganz bestimmten Richtung abzustempeln« (S. 1), stehe die Partei der Bundesrepublik Deutschland in Wahrheit »in jeder Hinsicht loyal« gegenüber (S. 5). Dem widersprachen zahlreiche Dokumente, über die auch Dehler verfügte.

55 *Wengst*, Thomas Dehler, S. 166.

56 Siehe BArch, B 141/207: Brief Dehler an Dorls, 20.11.1950.

57 Natürlich wusste allen voran Dehler um die Dringlichkeit der Errichtung dieses Gerichts. So lässt er seinen Brief an Dorls (BArch, B 141/207, 20.11.1950) mit den Zeilen enden: »Bei dieser Sachlage sehe ich im Augenblick keine andere Möglichkeit, als die Berechtigung und Verfassungsmäßigkeit des Beschlusses der Bundesregierung durch das Bundesverfassungsgericht nachprüfen zu lassen. Ich tue alles, damit dieses Gericht möglichst rasch seine Tätigkeit aufnehmen kann.« (S. 2). *Hansen*, Die Sozialistische Reichspartei, S. 232 weist treffend darauf hin, dass man sich, nachdem es schon bei der Verabschiedung des Bundesverfassungsgerichtsgesetzes zu Verzögerungen gekommen war, insbesondere mit der Benennung des zukünftigen Präsidenten schwer tat.

sei.[58] Damit dringt er freilich nicht durch, weil Dehler in der Kabinettssitzung – verfassungsrechtlich zutreffend – auf die Bestimmung des Art. 21 als Spezialnorm und damit auf die noch fehlende Möglichkeit hinweist, ein Verbot durch das Verfassungsgericht herbeizuführen.[59]

Doch das bleibt ein Intermezzo. Schon in der nächsten Kabinettssitzung[60] wird beschlossen, mit der Materialsammlung gegen die SRP zu beginnen und das Bundesverfassungsgericht so rasch wie möglich funktionsfähig zu machen. In Erwartung des dann tatsächlich erst im September 1951 durch die Wahl seiner Mitglieder konstituierten Bundesverfassungsgerichts wurde ein Verbotsverfahren vor demselben vorbereitet, wobei das BMI federführend war, aber eine enge Abstimmung mit Dehler und dem BMJ erfolgte.[61] Dehler erscheint sogar in der Gesamtbetrachtung als Antreiber und ließ nachhaken, wenn Entwürfe nicht rechtzeitig vorlagen.[62] Vor allem beteiligte er sich

58 BArch, B 141/207: Schreiben Lehrs an den Staatssekretär des Innern im Bundeskanzleramt und die Bundesminister nebst Anlage eines Entwurfs eines Kabinettsbeschlusses, betreffend das Verbot der »Sozialistischen Reichspartei (SRP)«. Für Lehr liegt es auf der Hand, dass in der gegenwärtigen Lage Art. 9 GG zur Anwendung kommen kann, da ein Verbotsantrag beim Verfassungsgericht noch nicht gestellt werden kann: »Über die Frage der Verfassungswidrigkeit einer Partei entscheidet gemäß Art. 21 GG das Bundesverfassungsgericht. Da dieses noch nicht gebildet ist, kann diese Bestimmung des Grundgesetzes noch nicht angewendet werden. (…) Solange die Spezialnorm des Art. 21 noch nicht praktisch angewendet werden kann, muß und kann der durch diese Sonderbestimmung ausgeschaltete Art. 9 des Grundgesetzes auch auf Parteien voll Anwendung finden.« (S. 8); hierzu auch *Hansen*, Die Sozialistische Reichspartei, S. 224.

59 Protokoll der 145. Kabinettssitzung am 04.05.1951 (TOP 1: Verhalten der SRP, BMI), abrufbar unter: http://www.bundesarchiv.de/cocoon/barch/0000/k/k1951k/kap1_2/kap2_34/para3_1.html (zuletzt aufgerufen am 30.01.2013). Dehlers Auffassung wurde unterstützt vom Bundesminister für Verkehr (Seebohm), Staatssekretär Dr. v. Merkatz und Staatssekretär im Bundeskanzleramt Dr. Lenz, während der Bundesvertriebenenminister (Lukaschek) einen Staatsnotstand für gegeben hielt. Siehe auch BArch B 141/207, sog. Platow-Brief, 02.05.1951, S. 1; vgl. *Wengst*, Thomas Dehler, S. 166.

60 Protokoll der 146. Kabinettssitzung vom 08.05.1951 – (TOP A: Wahl in Niedersachsen und Sozialistische Reichspartei [SRP]), abrufbar unter: http://www.bundesarchiv.de/cocoon/barch/0000/k/k1951k/kap1_2/kap2_35/para3_13.html (zuletzt aufgerufen am 30.01.2013).

61 BArch, B 141/207: Vermerk Dehlers mit der Bitte, die Klage auf Feststellung der Verfassungswidrigkeit der SRP beim BVerfG zusammen mit dem BMI vorzubereiten und zu prüfen, ob vorhandenes Material ausreicht, 04.07.1951. Zur Zusammenarbeit zwischen BMI und BMJ auch Protokoll der 186. Kabinettssitzung am 16.11.1951, TOP A (Anträge an das Bundesverfassungsgericht), abrufbar unter: http://www.bundesarchiv.de/cocoon/barch/0000/k/k1951k/kap1_2/kap2_82/para3_16.html (zuletzt aufgerufen am 30.01.2013).

62 *Wengst*, Thomas Dehler, S. 167 f.; andere Einschätzung bei *Frei*, Vergangenheitspolitik, S. 340 ff. – In BArch, B 141/207, Vermerk Dehlers, 02.10.1951, findet man lediglich den Hinweis, dass der Entwurf der Klage gegen die SRP im BMI zwar bereits fertiggestellt, vom Minister aber noch nicht unterschrieben worden sei.

aktiv an der Beschaffung von Belastungsmaterial. Denn seine des Öfteren geäußerte Sorge ging dahin, die Beweisdokumente könnten nicht ausreichen, weswegen er ergänzend erwog und dem Innenminister gegenüber vorschlug, gegen führende Personen der SRP im Wege der Grundrechtsverwirkung vorzugehen, also Art. 18 GG zur Anwendung zu bringen.[63] (Ein solcher Antrag wurde im April 1952 tatsächlich gegen Remer gestellt, verlief aber im Sande; 1960 wies das Bundesverfassungsgericht den Antrag gemäß § 37 BVerfGG zurück.[64])

Vor allem geht die Idee, zeitgleich mit dem SRP-Verbotsantrag auch einen Antrag auf Verbot der KPD zu stellen, wohl auf Dehler zurück.[65] Der weitere Verlauf ist bekannt. Die SRP wird vom Bundesverfassungsgericht mit Urteil vom 23. Oktober 1952[66] verboten. Zwischen Antragstellung und Entscheidung liegt ein knappes Jahr.

2. Verbot der Kommunistischen Partei Deutschlands (KPD)

Nur drei Tage nach dem SRP-Verbotsantrag war seinerzeit der Antrag auf Verbot der Kommunistischen Partei Deutschlands (KPD) beim Gericht eingegangen (nämlich am 22. November 1951).[67] Er war u. a. auf Bedenken der SPD gestoßen, weil ein Verbot der KPD die Wiedervereinigung erschweren würde.[68]

63 BArch, B 141/210: Brief Dehlers an Bundesinnenminister Lehr, 16.07.1951. Dehler rechnet sich im Anschluss an den Ausspruch der Verwirkung von Grundrechten einiger Funktionäre der Partei für den Verbotsantrag, das eigentlich verfolgte Ziel, erheblich bessere Chancen aus: »Hätte das Bundesverfassungsgericht erst einmal die ›Köpfe‹ der SRP verurteilt, dann fiele ihm auch psychologisch der weitere Schritt, die SRP als Partei zu verbieten, erheblich leichter…« (S. 2); siehe *Hansen*, Die Sozialistische Reichspartei, S. 226.

64 BVerfGE 11, 282.

65 BArch, B 141/210, Brief Dehlers an Bundesinnenminister Lehr, 16.07.1951. Beide Klagen zeitgleich zu erheben, wurde in der 179. Kabinettssitzung am 12.10.1951 ins Auge gefasst, in der 186. Kabinettsitzung am 16.11.1951 dann förmlich beschlossen (TOP A: Anträge an das Bundesverfassungsgericht); abrufbar unter http://www.bundesarchiv.de/cocoon/barch/0000/k/k1951k/kap1_2/kap2_82/para3_16.html (zuletzt aufgerufen am 30.01.2013); siehe noch BArch B 141/207, Note Dehlers, 12.10.1951.

66 BVerfGE 2, 1. Zum Urteil und der im Vorfeld ergangenen einstweiligen Anordnung siehe auch *Jörn Ipsen*, Der Staat der Mitte. Verfassungsgeschichte der Bundesrepublik Deutschland, München 2009, S. 159 f.

67 Antrag abgedruckt in: *Gerd Pfeiffer/Hans-Georg Strickert* (Hg.), KPD-Prozeß. Dokumentarwerk zu dem Verfahren über den Antrag der Bundesregierung auf Feststellung der Verfassungswidrigkeit der Kommunistischen Partei Deutschlands vor dem Ersten Senat des Bundesverfassungsgerichts, Bd. I, Karlsruhe 1955, S. 2 ff.

68 Siehe »Verbot erschwert KP-Bekämpfung«, in: Sozialdemokratischer Pressedienst VI/269 vom 19. November 1951, S. 7 (= Anhang): »6. Der Antrag, die Kommunistische Partei zu

Hier gestaltete sich der weitere zeitliche Verlauf in besonderer und äußerst bemerkenswerter Art. Zwar beschloss das Bundesverfassungsgericht im Januar 1952, das Verbotsverfahren gegen die KPD durchzuführen.[69] Auch wurden bestimmte Beschlagnahmemaßnahmen eingeleitet. Doch die mündliche Verhandlung wurde zunächst nicht eröffnet. Zwei, fast drei Jahre gingen ins Land. Dann, im November 1954, traf sich (auf Beschluss des erkennenden Ersten Senats!) der Präsident des Gerichts, Wintrich, mit Bundeskanzler Adenauer und fragte nach, ob die Bundesregierung weiterhin an ihrem Antrag festhalte.[70] Das kann man eigentlich nur als implizite Bitte um Rücknahme interpretieren. Doch Adenauer dachte gar nicht daran. So fanden dann die mündlichen Verhandlungen statt, von Mitte November 1954 bis Juli 1955, insgesamt gab es 51 Verhandlungstage.[71] Doch auch nach deren Abschluss erging kein Urteil. Der Unwille des Ersten Senats, die KPD zu verbieten, muss groß gewesen sein. Nur die Entschlossenheit der Regierung Adenauer, dieses Verbotsverfahren zu Ende zu bringen, war noch größer. Denn der Bundestag beschloss 1956 einige Änderungen des Bundesverfassungsgerichtsgesetzes.[72] Scheinbar handelte es sich um bloße Formalien, sofern es um die Veränderung von Zuständigkeiten zwischen den beiden Senaten ging, deren Belastung sehr unterschiedlich ausfiel. Doch die Sache hatte massive inhaltliche Implikationen und war von enormer Brisanz. Denn die Zuständigkeit für Parteiverbote geht nun vom Ersten auf den (seinerzeit tendenziell unterbeschäftigten) Zweiten Senat über. Art. 4 des Gesetzes bestimmte, dass selbst anhängige Verfahren in dem Zustand, in dem sie sich befanden, auf den neu zuständigen Senat übergehen. Als eine Art Übergangsfrist wurde festgelegt, dass dieser Zuständigkeitswechsel erst zum

verbieten, erhält seine besondere Bedeutung noch dadurch, dass er in einem Augenblick erfolgt, in dem das Thema der deutschen Einheit auf der politischen Tagesordnung steht. Die Verwirklichung der deutschen Einheit würde die völlige politische Entmachtung des Kommunismus bedeuten. Die Einheit darf nicht durch die Anwendung falscher Mittel in der notwendigen Bekämpfung der Kommunistischen Partei vereitelt oder auch nur erschwert werden.« Dass ein Verbot der KPD ein gewaltiges Hindernis für gesamtdeutsche Wahlen und damit die Wiedervereinigung bilden würde, war allen klar: siehe *Uwe Wesel*, Der Gang nach Karlsruhe. Das Bundesverfassungsgericht in der Geschichte der Bundesrepublik, München 2004, S. 90.

69 Hierzu und zum folgenden auch *Ipsen*, Staat der Mitte, S. 161 f.

70 *Alexander v. Brünneck*, Politische Justiz gegen Kommunisten in der Bundesrepublik Deutschland 1949–1968, Frankfurt am Main 1978, S. 117; *Wesel*, Der Gang nach Karlsruhe, S. 91. Dieses Treffen kritisierte der Anwalt der KPD, Dr. Kaul, der darin einen Befangenheitsgrund des Vorsitzenden sah (Der Spiegel vom 01.12.1954, S. 5).

71 *Brünneck*, Politische Justiz, S. 117. Die Verhandlungen sind vollständig abgedruckt in: *Pfeiffer/Strickert*, KPD-Prozeß, Bd. I, Karlsruhe 1955; Bd. II, 1956; Bd. III, 1956.

72 Gesetz zur Änderung des Gesetzes über das Bundesverfassungsgericht vom 21. Juli 1956 (BGBl. I S. 662).

31. August 1956 eintritt – also fünf Wochen nach Inkrafttreten.[73] Diese Regelung zielte exakt auf das einzige seinerzeit anhängige Parteiverbotsverfahren, jenes gegen die KPD. Das Gericht verstand die Botschaft. Am 17. August 1956 und somit fast fünf Jahre nach Antragstellung erließ der Erste Senat die lang erwartete Verbotsentscheidung gegen die KPD.[74]

3. Folgen

Insgesamt ließen sich die Parteiverbotsentscheidungen als Erfolg auf ganzer Linie verbuchen, den die Regierung und mit ihr auch Dehler und das BMJ erzielt hatten.[75] Zugleich war demonstriert worden, dass das Instrument des Art. 21 Abs. 2 GG kein stumpfes Schwert darstellte, die junge Republik sich vielmehr als durchaus wehrhaft und kämpferisch präsentierte. In einem Punkt allerdings widersprach Dehler den Ausführungen des Gerichts, und zwar bezüglich der Folgen der Verbotsentscheidung für die Mandate der Abgeordneten in Bundestag und Landesparlamenten. Das Gericht hatte kurz und bündig erklärt, dass mit der Feststellung der Verfassungswidrigkeit einer Partei deren Bundestags- und Landtagsmandate fortfallen.[76] Diese »kühne Entscheidung des Bundesverfassungsgerichts ist nicht unwidersprochen« geblieben.[77] Das stand nämlich weder im Wahl- noch im Bundesverfassungsgerichtsgesetz (und war auch in den Entwürfen zum Parteiengesetz nicht vorgesehen). So dekretierte das Verfassungsgericht diese harte Konsequenz unter direktem, aber höchst problematischem Rückgriff auf das Grundgesetz selbst, genauer: auf eine bestimmte, insbesondere von Gerhard Leibholz (Richter des Zweiten Senats) inaugurierte Interpretation des Verhältnisses von Art. 21 und Art. 38 GG. Ihr zufolge besteht zwischen

73 Art. 4 lautet: »Anhängige Verfahren gehen mit dem Inkrafttreten dieses Gesetzes in der Lage, in der sie sich befinden, auf den nunmehr zuständigen Senat über. In der Zeit bis zum 31. August 1956 verbleiben jedoch Verfahren, in denen bereits eine mündliche Verhandlung oder eine Beratung der Entscheidung stattgefunden hat, in der Zuständigkeit des bisher zuständigen Senats.«

74 BVerfGE 5, 85.

75 Siehe rückblickend zur gesamtgesellschaftlichen Einordnung der Parteiverbote u.a. *Willoweit*, Deutsche Verfassungsgeschichte, § 44 III 1, S. 363, der den Verbotsanträgen und den sich anschließenden Verboten der SRP und KPD durch das Bundesverfassungsgericht zwar die Wirkung eines »politisch-moralischen Appells« attestiert, dann aber fortfährt: »eine größere Bedeutung für die Entwicklung des Parteienspektrums kommt ihnen kaum zu«.

76 BVerfGE 2, 1 Nr. 4 und Teil E 2, 1, 72.

77 *Jörn Ipsen*, Der Staat der Mitte. Verfassungsgeschichte der Bundesrepublik Deutschland, München 2009, S. 160.

beiden ein Spannungsverhältnis, das nun mit Blick auf das Wesen der parteienstaatlichen Demokratie zuungunsten des Mandats des einzelnen Abgeordneten aufzulösen sei.[78]

Ein Gutachten des BMJ zu dieser Frage sah das mit guten Gründen kritisch.[79] Dehler opponierte daher zu Recht und sah ein allzu deutliches Übergewicht von Art. 21 GG, ja eine drohende »Fortentwicklung des Parteienstaates bis zum imperativen Mandat«.[80] Die heutige Staatsrechtslehre würde ihm wohl ganz überwiegend Recht geben. Denn: »Alle Abgeordneten besitzen als Vertreter des ganzen Volkes den Status der Unabhängigkeit. Der vom Volk gewählte Abgeordnete darf von einem Parteiverbot lediglich in seiner Rolle als Mitglied der Partei getroffen werden. Die bisherige Lösung des Konflikts zwischen Art. 21 II und Art. 38 I 2 GG ist verfassungswidrig.«[81]

78 Leicht greifbar etwa die Beiträge in: *Gerhard Leibholz,* Strukturprobleme der modernen Demokratie, 3. Auflage, Frankfurt am Main 1974, darin insbesondere: Der Strukturwandel der modernen Demokratie, S. 78, 112 ff. Durchgreifende Kritik: *Hasso Hofmann*, Parlamentarische Repräsentation in der parteienstaatlichen Demokratie, in: Ders., Recht – Politik – Verfassung, Frankfurt am Main 1986, S. 249, 253 ff.

79 BArch, B 141/208: Gutachten vom 08.11.1952. In seiner Note vom 24.10.1952 (BArch, B 141/208) hatte Dehler seinem Mitarbeiter Roemer folgendes mitgeteilt: »Der Herr Bundeskanzler wünscht umgehend eine genaue Darstellung unserer Rechtsauffassung über die Möglichkeit der Aberkennung von Mandaten im Rahmen einer Klage nach Art. 21 Abs. 2 GG und die dadurch bedingte Änderung des Grundgesetzes und der Länderverfassungen hinsichtlich der Zahl der Abgeordneten. Die Sache eilt.« Dehler untermauert seine Auffassung u. a. mit den Begründungen zum Bundesverfassungsgerichtsgesetz sowie zum Entwurf für das Parteiengesetz und macht auf die Möglichkeit aufmerksam, die Aberkennung des Mandats über Art. 18 GG herbeizuführen. Im Übrigen »gebiete der in Artikel 38 zum Ausdruck kommende Grundsatz des repräsentativen Parlamentarismus, daß ein Austritt oder Ausschluß aus der Partei nicht zu einem Verlust des Mandats führe und die Auflösung der Partei durch eine Entscheidung des Bundesverfassungsgerichts nicht die Verwirkung des Abgeordnetenmandats zur Folge habe« (Gutachten, S. 2).

80 Das vollständige Zitat findet sich im Gutachten vom 08.11.1952 (BArch, B 141/208, S. 2), wo Dehler Bezug auf die Begründung des Entwurfes zum Parteiengesetz nimmt, die er sich zu eigen macht: »Während Artikel 21 für sich genommen einer Fortentwicklung des Parteienstaates bis zum imperativen Mandat des Abgeordneten nicht entgegenstehe, gebiete der in Artikel 38 zum Ausdruck kommende Grundsatz des repräsentativen Parlamentarismus, daß ein Austritt oder Ausschluß aus der Partei nicht zu einem Verlust des Mandats führe und die Auflösung der Partei durch eine Entscheidung des Bundesverfassungsgerichts nicht die Verwirkung des Abgeordnetenmandats zur Folge habe.« *Wengst*, Thomas Dehler, S. 168.

81 *Martin Morlok*, in: Horst Dreier (Hg.), Grundgesetz-Kommentar, Bd. II, 2. Aufl., Tübingen 2006, Art. 21 Rn. 153.

IV. Der Kampf um den Wehrbeitrag

1. Politische Kontroverse um die Wiederbewaffnung

Dehlers Kritik an den Mandatsverlusten fiel, gemessen jedenfalls am Spektrum seiner oft demonstrierten polemischen Fähigkeiten, eher moderat aus. Von seiner Kritik am Bundesverfassungsgericht, die er im Zuge der Kontroverse um die Wiederbewaffnung Deutschlands artikulierte, kann man das nicht sagen. Angesichts der hohen Reputation und allgemeinen Anerkennung, die das Gericht in unseren Tagen und mittlerweile seit mehreren Jahrzehnten unbestritten genießt[82], erschrickt man ob der Heftigkeit der Vorwürfe und der groben Worte. »Das Bundesverfassungsgericht«, so Justizminister Dehler auf dem Höhepunkt des Konflikts am 11. Dezember 1952 in einem Telegramm an Journalisten, »ist in einer erschütternden Weise von dem Wege des Rechts abgewichen und hat dadurch eine ernste Krise geschaffen«.[83] Tags zuvor hatte er einen Plenarbeschluss des Verfassungsgerichts gegenüber Pressevertretern als »völlig rechtlos« bezeichnet und empört verkündet: »Wir werden diesen Beschluß niemals anerkennen. Dieser Beschluß ist ein Nullum.«[84] Schon in seiner Rede auf dem Parteitag der FDP vom 21. November 1952 hatte er ähnlich aufsehenerregende und allgemein scharf kritisierte Äußerungen getätigt.[85] Die Opposition im Bundestag stellte

82 Als letztes von vielen Dokumenten des Respekts und der großen Anerkennung mag gelten: *Michael Stolleis* (Hg.), Herzkammern der Republik. Die Deutschen und das Bundesverfassungsgericht, München 2011.

83 *Wengst*, Thomas Dehler, S. 214; siehe auch *Arnulf Baring*, Im Anfang war Adenauer. Die Entstehung der Kanzlerdemokratie, 3. Auflage, München 1984, S. 423; *Hermann Maassen/Elmar Hucko*, Thomas Dehler, der erste Bundesminister der Justiz, in: Dies. (Hg.), Thomas Dehler, der erste Bundesminister der Justiz, Köln 1977, S. 22. Schon im Frühjahr 1952 gab es ähnliche Äußerungen von ihm, insbesondere nachdem bei einer Zusammenkunft mit dem Präsidenten des Bundesverfassungsgerichts Höpker-Aschoff am 03.03.1952 dieser hatte erkennen lassen, dass man die Klage der SPD nicht ohne weiteres als unzulässig abweisen könne. Des Weiteren attestierte Dehler den Richtern des Zweiten Senats »die Sucht, die Kompetenzen des Bundesverfassungsgerichts auszuweiten und neues Recht zu ›schöpfen‹«; in einem Brief an den Bundeskanzler vom 09.04.1952 resümierte er, die Bundesverfassungsrichter seien insgesamt »einer Hybris sondergleichen verfallen« (beides bei *Wengst*, Thomas Dehler, S. 205f.; zum Brief Dehlers vom 9. April 1952 auch *Dieter Gosewinkel*, Adolf Arndt. Die Wiederbegründung des Rechtsstaats aus dem Geist der Sozialdemokratie [1945–1961], Bonn 1991, S. 304).

84 Zitate bei *Wesel*, Gang nach Karlsruhe, S. 71; *Wengst*, Thomas Dehler, S. 215.

85 »Sie wissen, die Barriere des Bundesverfassungsgerichts besteht auch für unsere Verträge. Ich möchte hoffen, daß sich dort der Geist des Sozialismus nicht auswirkt. Ich möchte hoffen, daß in dem höchsten deutschen Gericht keine politischen Willensentscheidungen, sondern Rechtsentscheidungen fallen.« (*Wengst*, Thomas Dehler, S. 209).

am 25. November 1952 einen Antrag zur »Mißbilligung von Äußerungen des Bundesministers der Justiz«.[86] In der 252. Sitzung des Bundestages vom 4. März 1953 bezog Dehler Stellung und wich kein Jota von seiner Position ab; vielmehr nahm er einige prominente Entscheidungen des Bundesverfassungsgerichts durch und beleuchtete sie kritisch. Insbesondere den – sogleich näher zu betrachtenden – Beschluss vom 8. Dezember 1952 lehnte er entschieden ab. Dehler fürchtete »eine Art Diktatur des Bundesverfassungsgerichts«, das sich »gegen den Geist der Verfassung versündigt, zu deren Hüter es berufen ist«.[87]

Die Massivität dieser Vorwürfe war nicht nur dem bekannt übersprudelnden Temperament Dehlers geschuldet. Sie war zugleich Ausdruck des Umstandes, dass die junge Republik mit dem Vorhaben einer Remilitarisierung in ihre erste große Krise geriet, deren rechtliche Seite auch die handelnden Organe und Institutionen nicht unbeschadet ließ. Das wiederum kann man als Spiegel der vehementen Proteste begreifen, auf die das Vorhaben in breiten Kreisen der Gesellschaft stieß. Denn über die Wiederbewaffnung wurde mit gewaltiger Leidenschaft und Erbitterung gestritten.[88] Besonders engagiert waren neben der SPD-Opposition Kirchen und Gewerkschaften. Innenminister Heinemann verließ das Kabinett und die CDU, um die einen strikten Neutralitätskurs fahrende Gesamtdeutsche Volkspartei zu gründen.[89] Doch Adenauer hielt auch hier seinen Kurs der Westbindung eisern durch, mochten die Sozialdemokraten mit noch so großer Berechtigung darauf verweisen, dass die Remilitarisierung unweigerlich zur Vertiefung der deutschen Spaltung führen würde.

Das war keineswegs nur parteipolitischer Ärger; vielmehr trieb ihn die ernste Sorge um, das Gericht könne die Vertragsschlüsse vereiteln, deren Gelingen für ihn nichts Geringeres als »die Zukunft der Außenpolitik der jungen Bundesrepublik« bedeutete (ebd.).

86 Drucksache Nr. 3897, in: Verhandlungen des Deutschen Bundestages, I. Wahlperiode 1949, Anlagen zu den stenographischen Berichten, Drucksachen Nr. 3701 bis 3900 (20. Teil), 1952.

87 Verhandlungen des Deutschen Bundestages, I. Wahlperiode 1949, Stenographische Berichte, Bd. 15, 1953, S. 12083 ff. (12105).

88 *Dreier,* Grundlagen, § 1 Rn. 73 mit weiteren Nachweisen; siehe auch *Manfred Görtemaker,* Kleine Geschichte der Bundesrepublik Deutschland, Bonn 2002, S. 137, der darauf hinweist, dass die seit 1950 ununterbrochen andauernden Proteste kurz vor der Unterzeichnung der Pariser Verträge und des Saar-Statuts im Rahmen von öffentlichen Protestveranstaltungen ihren Höhepunkt erreichen sollten; *Schönberger,* Anmerkungen, S. 21 spricht von einer »der heftigsten innenpolitischen Kontroversen in der gesamten Geschichte der Bundesrepublik«.

89 Siehe *Anselm Doering-Manteuffel,* Die Bundesrepublik Deutschland in der Ära Adenauer. Außenpolitik und innere Entwicklung 1949–1963, Darmstadt 1983, S. 75; *Edgar Wolfrum,* Die Bundesrepublik Deutschland 1949–1990, Stuttgart 2005, S. 165; *Görtemaker,* Kleine Geschichte, S. 127.

2. Konfliktebene Grundgesetz und Verfassungsgericht

Die Kontroversen blieben nun aber nicht auf den Raum unterschiedlicher politischer Vorstellungen beschränkt, sondern führten zu grundsätzlichen verfassungsrechtlichen Differenzen und Konflikten, in die das BMJ tief verstrickt war, auch wenn die wesentlichen weichenstellenden Vorgaben der Politik von Adenauer stammten.

Denn dessen Linie wurde von Dehler geteilt und von Beginn an vorbehaltlos unterstützt.[90] Auf diese Weise agierte das BMJ als Mitspieler in den juristisch außerordentlich verwickelten, wiederum Neuland betretenden Auseinandersetzungen, deren Austrag vor dem Verfassungsgericht in Karlsruhe zur ersten großen Krise führte – zum geringsten Teil des Verfassungsgerichts selbst, wohl aber der politischen Institutionen und ihrer Amtswalter im Hinblick auf deren Verhältnis zum Verfassungsgericht. Es handelte sich vielleicht um die erste ganz große Probe des Verfassungsstaates Bundesrepublik Deutschland.

Worum ging es in der Sache? Nach dem Beginn des Kalten Krieges und dem Schock des Korea-Krieges erschien insbesondere den USA ein militärischer Beitrag des Westens und damit auch Deutschlands zwingend.[91] Die vor allem von Adenauer vorangetriebene Aufstellung eigener Streitkräfte bildete einen ganz wesentlichen Pfeiler der angestrebten Westintegration.[92] Die zunächst angepeilte Realisierung bestand in dem – letztlich gescheiterten – Versuch, diesen Beitrag in Gestalt der Gründung einer Europäischen Verteidigungsgemeinschaft, der EVG, zu leisten. Die Regierungskoalition wollte dieses Projekt auf dem Gesetzgebungswege verwirklichen. Die SPD-Opposition hielt hingegen eine Verfassungsänderung für erforderlich.[93] Daraus resultierte eine der kompliziertesten und komplexesten verfassungsrechtlichen Verfahren vor dem Bundesverfassungsgericht. Zugleich geriet die Sache in gewisser Weise zu einem Lehrstück für das Verhältnis von Recht und Politik.

90 *Wengst*, Thomas Dehler, S. 202 ff. mit ausführlicher Darstellung der Vorgänge.

91 Die historischen Hintergründe und Verknüpfungen sehr anschaulich beleuchtend *Hans-Peter Schwarz*, Die Ära Adenauer 1949–1957. Gründerjahre der Republik, Stuttgart 1981, S. 104 ff.

92 Hierzu statt vieler *Hasso Hofmann*, Die Entwicklung des Grundgesetzes von 1949 bis 1990, in: Josef Isensee/Paul Kirchhof (Hg.), Handbuch des Staatsrechts der Bundesrepublik Deutschland, Bd. I, Historische Grundlagen, 3. Aufl., Heidelberg 2003, § 9 Rn. 44 ff.; *Görtemaker*, Kleine Geschichte, S. 117 ff.

93 Es ging also nicht um die Konfliktlinie Exekutive – Parlament (so die Darstellung bei *Michael Stolleis*, Geschichte des öffentlichen Rechts in Deutschland, Bd. IV: Staats- und Verwaltungsrechtswissenschaft in West und Ost 1945–1990, München 2012, S. 160 f.), sondern um die anders gelagerte Frage, ob das einfache parlamentarische Zustimmungsgesetz ausreichte oder eine Änderung des Grundgesetzes erforderlich war.

Das Ganze wird deshalb so unübersichtlich, weil sich das Geschehen nicht in aufeinanderfolgenden Schritten vollzog, sondern sich die strategischen Linien überschnitten und verknäulten. Zu Recht hat man von einem »windungsreichen Justizkrimi« gesprochen.[94] Dennoch oder gerade deshalb lohnt ein näherer Blick.[95]

Erste Linie: Adenauer verhandelte über den EVG-Vertrag und wollte alsbald dessen Ratifikation auf den Weg bringen.[96] Dafür war ein Zustimmungsgesetz des Bundestages erforderlich, wofür normalerweise die einfache Mehrheit genügt. Die SPD bestritt aber die Realisierungsmöglichkeit auf einfachem Gesetzgebungswege, hielt für die Wiederbewaffnung eine Verfassungsänderung für erforderlich und wandte sich im Januar 1952 mit einem entsprechenden Feststellungsantrag an das Bundesverfassungsgericht.[97] Der Antrag lautete in seiner später leicht modifizierten Version, dass ein Zustimmungsgesetz des Bundestages zum Vertrag vom 27. Mai 1952 über die Europäische Verteidigungsgemeinschaft ohne vorangegangene Ergänzung und Abänderung des Grundgesetzes weder förmlich noch sachlich mit dem Grundgesetz vereinbar sei.[98] Politisch hätte ein Erfolg das Ende der EVG bedeutet, weil 1952 keine Zweidrittelmehrheit in Bundestag und Bundesrat für eine entsprechende Änderung des Grundgesetzes in Sicht war. Der Antrag warf komplizierte Fragen auf, zumal alles neu und entsprechend unklar war. Nicht eindeutig war zunächst, welcher Senat zuständig sei: der Erste, weil es sich um eine Normenkontrolle, oder der Zweite, weil es sich um eine Organstreitigkeit handelte? Das Plenum des Gerichts stufte den Antrag als Normenkontrollverfahren ein und wies die Sache dem Ersten Senat zu.[99] Dieser galt nun aber auch als der »rote« Senat, weil man in ihm aufgrund seiner personellen Besetzung eine strukturelle Mehrheit für die sozialdemokratische Opposition und gegen die Regierungskoalition vermutete. Doch

94 *Schönberger*, Anmerkungen, S. 21.

95 Zur Vollständigkeit der Hinweis, dass sogleich nach der vorbeugenden Normenkontrollklage der Opposition Dehler Überlegungen anstellte, diese durch einen Organstreit beim Zweiten Senat oder ein Gutachten des Plenums konterkarieren zu lassen, was aber zu dieser Zeit noch nicht realisiert, sondern erst später aufgegriffen wurde (*Wengst*, Thomas Dehler, S. 205, 210).

96 Eingehend *Arnulf Baring*, Außenpolitik in Adenauers Kanzlerdemokratie. Bonns Beitrag zur Europäischen Verteidigungsgemeinschaft, München 1969, S. 81 ff.

97 Abgedruckt in: Der Kampf um den Wehrbeitrag, Bd. I: Die Feststellungsklage, München 1952, S. 3 ff.; zur Feststellungsklage der SPD und dem Ratifikationsverfahren siehe insgesamt *Schwarz*, Die Ära Adenauer, S. 169 ff.; *Ipsen*, Staat der Mitte, S. 75 ff.

98 Geänderte Version abgedruckt in: Der Kampf um den Wehrbeitrag, Bd. I: Die Feststellungsklage, München 1952, S. 209 ff.

99 Siehe BVerfGE 1, 396, 398.

der Senat entschied am Ende defensiv und keineswegs zugunsten der Antragsteller, sondern wies den Antrag als unzulässig ab.[100] Der Beschluss vom 30. Juli 1952[101] argumentierte im Wesentlichen prozessual: eine kontrollfähige Norm liege nicht vor, solange es noch keinen entsprechenden Gesetzesbeschluss gebe.[102] Das wirkte eigentlich wie eine Niederlage für die Sozialdemokraten. Das schien aber nur so. Denn immerhin ließ der Senat ein kleines Zeitfenster für eine entsprechende Überprüfung offen.[103] Außerdem und vor allem aber muss man wissen, dass noch vor dieser Entscheidung ein weiterer Antrag bei Gericht eingegangen war, mit dem die fragwürdigen Manipulationsversuche begannen, an denen auch Dehler und das BMJ nicht unbeteiligt waren. Das sind also die sich überschneidenden Linien, die es im Folgenden ausführlicher nachzuzeichnen gilt.

Zweite Linie: Im Frühjahr 1952 waren Gerüchte aufgekommen, der Erste Senat könne den Antrag der SPD für zulässig und womöglich auch für begründet erklären (eine irrige Annahme, was man aber eben noch nicht wissen konnte).[104] Das löste massive Befürchtungen in der Regierungskoalition aus und führte zu Überlegungen, ein solches Ergebnis auf irgendeine Weise zu verhindern. Aber womit sollte man eine Entscheidung des Bundesverfassungsgerichts vereiteln, wenn ein Prüfungsverfahren schon durch den Antrag der Opposition in Gang gesetzt worden ist? Die einfache Antwort: durch ein zweites Verfahren. Hier begannen nun die fragwürdigen Manipulationen und strategischen Operationen. Seinerzeit gab es noch die Möglichkeit, das Bundesverfassungsgericht um die Erstattung eines Gutachtens in einer bestimmten verfassungsrechtlichen Frage zu ersuchen. Dieses Recht

100 *Wengst*, Thomas Dehler, S. 207: mit dem Beschluss »erwiesen sich die im Regierungslager gehegten Vermutungen, Befürchtungen und Verdächtigungen als weitgehend obsolet.«

101 BVerfGE 1, 396 mit aussagekräftigen Leitsätzen.

102 Auch Dehler hatte in seinen Stellungnahmen für die Bundesregierung mehrfach darauf hingewiesen, dass es an einer geltenden Norm – einer der unabdingbaren Zulässigkeitsvoraussetzungen der abstrakten Normenkontrolle – offensichtlich fehle: siehe exemplarisch den Schriftsatz des Bundesjustizministers an das BVerfG vom 19.03.1952, abgedruckt in: Der Kampf um den Wehrbeitrag, Bd. I: Die Feststellungsklage, München 1952, S. 77ff.

103 BVerfGE 1, 396 Nr. 5: »Bei Vertragsgesetzen (Art. 59 Abs. 2 GG) ist die Normenkontrolle schon zulässig, wenn das Gesetzgebungsverfahren bis auf die Ausfertigung des Vertragsgesetzes durch den Bundespräsidenten und die Verkündung abgeschlossen ist.« Ob das realistisch und praktizierbar ist, steht auf einem anderen Blatt.

104 Es waren eigentlich mehr als nur Gerüchte, weil es schon am 03.03.1952 in Karlsruhe ein Gespräch zwischen Höpker-Aschoff, dem Präsidenten des Gerichts, sowie Dehler und dem Staatssekretär des Bundeskanzleramts, Otto Lenz, über diese Frage gegeben hatte und Höpker-Aschoff die Zulässigkeit der Klage nicht ohne weiteres verneinen konnte (*Wengst*, Thomas Dehler, S. 205). Das ließ die Alarmglocken läuten.

stand auch dem Bundespräsidenten zu.[105] Adenauer ging also zu Heuss und bat ihn um einen solchen Antrag zu der Frage, ob ein Ratifizierungsgesetz zum EVG-Vertrag mit der Verfassung in Einklang stehen würde. Heuss war nicht begeistert, willigte aber ein und handelte – trotz des erwartungsgemäß massiven Widerstands von Seiten der Opposition[106] – wie gewünscht. Ein solches Gutachtenverfahren war offenbar schon ganz zu Anfang der Kontroverse erwogen, dann aber vor allem wegen einer negativen Stellungnahme Dehlers nicht weiterverfolgt worden.[107]

Jetzt aber stimmte Dehler diesem Verfahren zu, ja möglicherweise ermunterte er den Bundespräsidenten zu einem solchen Vorgehen.[108] Dessen Antrag datiert vom 10. Juni 1952.[109] An diesem Tag wurde erstmals mündlich über die vorbeugende Feststellungsklage der SPD verhandelt.[110] Die politische Überlegung hinter diesem vermeintlich klugen Schachzug beruhte auf dem Umstand, dass das Gutachten vom Plenum des Gerichts zu erstatten

105 § 97 BVerfGG lautete seinerzeit: »(1) Der Bundestag, der Bundesrat und die Bundesregierung können in einem gemeinsamen Antrag das Bundesverfassungsgericht um Erstattung eines Rechtsgutachtens über eine bestimmte verfassungsrechtliche Frage ersuchen. (2) Dasselbe Recht steht dem Bundespräsidenten zu. (3) Das Rechtsgutachten wird vom Plenum des Bundesverfassungsgerichts erstattet.« § 97 wurde gestrichen durch Art. I Nr. 19 des Gesetzes zur Änderung des Gesetzes über das Bundesverfassungsgericht vom 21. Juli 1956 (BGBl. I S. 662).

106 Insbesondere der SPD-Politiker Adolf Arndt ließ nichts unversucht, den Bundespräsidenten vom Plan des Gutachtenersuchens abzubringen. Nachdem Heuss Arndt am Morgen des 11.06.1952 darüber in Kenntnis gesetzt hatte, beim Bundesverfassungsgericht ein Gutachten beantragt zu haben, antwortete Arndt Heuss unverzüglich in einem Schreiben, in dem er ihm nicht nur nahe legte, den Antrag zurückzunehmen, sondern ihm auch anbot, ihm hierzu einen »Vortrag zu halten«. Heuss nahm an, und so fand am Nachmittag des 11.06.1952 ein Gespräch zwischen den beiden statt, in dem es Arndt aber nicht gelang, Heuss das Ganze auszureden. Auch ein Brief Arndts an Heuss vom 28.06.1952, in dem er ihn mahnte, die Wirkungen seines Vorhabens auf die Öffentlichkeit zu bedenken, vermochte den Bundespräsidenten nicht umzustimmen. Siehe zu alledem *Gosewinkel*, Adolf Arndt, S. 305 f.

107 *Wengst*, Thomas Dehler, S. 205.

108 Ebd., S. 287.

109 Abgedruckt in: Der Kampf um den Wehrbeitrag, Bd. I: Die Feststellungsklage, München 1952, S. 227. Mit Schreiben vom 04.08.1952 modifiziert der Bundespräsident den Antrag folgendermaßen: »ein Gutachten über die rechtliche Stellung des EVG-Vertrages und seiner Zusatzprotokolle im Rahmen des Grundgesetzes zu erstatten und um der Komplexität der beiden Vertragswerke willen die Bestimmungen des ›Deutschlandvertrages‹ und seiner Annexe bei der juristischen Überprüfung mit zu umfassen« (BVerfGE 2, 143, 147); siehe auch Der Kampf um den Wehrbeitrag, Bd. II: Das Gutachtenverfahren (30.07.1952–15.12.1952), München 1953, S. 813.

110 Stenografisches Protokoll der mündlichen Verhandlung abgedruckt in: Der Kampf um den Wehrbeitrag, Bd. I, S. 156 ff.

war, die Chancen für eine regierungsfreundliche Entscheidung demgemäß durch die Beteiligung der Richter des sog. schwarzen Zweiten Senats stiegen.

Aber erstens kommt es bekanntlich anders, und zweitens, als man denkt. So auch hier. Denn kaum hatte der Erste Senat die angesprochene Entscheidung zuungunsten der Opposition gefällt[111], gab es schon erste Gerüchte, das Plenum könne zuungunsten der Regierung entscheiden und das geplante Ratifizierungsgesetz in seinem Gutachten für verfassungswidrig erklären. Entsprechende Befürchtungen verdichteten sich im November 1952. Das führte nun zu der dritten Linie und damit zu Dehler und dem BMJ. Denn es war die Idee des Justizministers, dem ersten Schachzug (Gutachtenanfrage an das Plenum) einen zweiten und nicht minder fragwürdigen folgen zu lassen.[112] Uwe Wesel urteilt hart, aber nicht ungerecht, wenn er schreibt: »Die Idee Thomas Dehlers. Eine dreiste politische Manipulation des Gerichts und gleichzeitig eine Manipulation der anscheinend misslungenen ersten Manipulation.«[113]

Dritte Linie: Worum ging es? Schlicht darum, durch ein weiteres, neues Verfahren wiederum beim Bundesverfassungsgericht die befürchteten Folgen des zweiten Verfahrens auszuhebeln. Das zweite Verfahren sollte am 9. Dezember 1952 mit einer mündlichen Verhandlung vor dem Plenum beginnen. Dieser Termin stand lange fest.[114] Und jetzt muss man sich die Dramatik der Ereignisse sehr genau vor Augen führen, auch um die rein taktischen Elemente besser zu begreifen:

111 BVerfGE 1, 396: Somit war »der Versuch, das Bundesverfassungsgericht schon im Vorfeld der parlamentarischen Willensbildung in die politische Kontroverse einzubeziehen, zurückgewiesen« (*Ipsen*, Der Staat der Mitte, S. 76f.).

112 Siehe den Hinweis bei *Baring*, Außenpolitik, S. 239: »Ein Vierteljahr später, am 26. März 1953, wurde Dehler in diesem Punkte deutlicher: Er berichtete einem kleinen Kreise von Journalisten, der Gedanke der Koalitionsklage stamme von ihm. Er habe sie im Spätherbst in einem Schreiben an Lenz angeregt, ›weil wir wußten‹ – wie er freimütig hinzufügte –, ›daß sich das Gutachten gegen die Regierung aussprechen würde‹. Adolf Arndt habe sich mit dem Gericht ein hervorragendes Machtinstrument geschaffen, das man auch einmal gegen seine Verteidiger habe gebrauchen wollen und müssen.«

113 *Wesel*, Gang nach Karlsruhe, S. 63. Dehler hatte die Idee schon bzw. erneut am 20.10.1952 ins Spiel gebracht, die da aber noch nicht von Adenauer aufgegriffen worden war (*Wengst*, Thomas Dehler, S. 208).

114 Genauer: eigentlich war bereits der 26. November vorgesehen gewesen. Adenauer schickte aber nach einer Beratung im Kabinett seinen Staatssekretär Lenz nach Karlsruhe, der Höpker-Aschoff um Verlegung bat; dieser kam der Bitte nach einigem Hin und Her nach (*Wengst*, Thomas Dehler, S. 208f.). Höpker-Aschoff musste sich dann in ein Sanatorium begeben; Vizepräsident Katz (SPD) übernahm den Vorsitz und setzte die Behandlung der Gutachtenfrage für den 8. Dezember an (*Wengst*, Thomas Dehler, S. 210).

- Am 5. Dezember 1952, einem Freitag, beschließt der Bundestag mit der Mehrheit der Regierungsfraktionen das Zustimmungsgesetz zur Ratifizierung des EVG-Vertrages – in zweiter Lesung. Die eigentlich routinemäßig folgende dritte Lesung findet aber nicht statt, sondern wird verschoben, weil Adenauer ein drittes Verfahren beim Bundesverfassungsgericht anstrengt: diesmal beim »schwarzen« Zweiten Senat im Gewand eines Organstreits.
- Dieser Antrag wird einen Tag nach der turbulenten Debatte vom 5. Dezember 1952 eingereicht, nämlich am Nikolaustag des 6. Dezember 1952, einem Samstag. Antragsteller sind die Regierungsfraktionen, Antragsgegner ist die SPD-Fraktion. Sie begehren folgende Feststellungen: »1. die Antragsgegner verstoßen dadurch gegen das Grundgesetz, daß sie dem Deutschen Bundestag und der antragstellenden Mehrheit des Bundestags das Recht bestreiten, die Gesetze über den Deutschland-Vertrag und den EVG-Vertrag mit der in Art. 42 Abs. 2 Satz 1 GG vorgeschriebenen Mehrheit zu verabschieden, 2. der Deutsche Bundestag ist berechtigt, die Gesetze über den Deutschland-Vertrag und den EVG-Vertrag mit der in Art. 42 Abs. 2 Satz 1 GG vorgeschriebenen Mehrheit zu verabschieden.«[115]
- Die politische Hintergrundüberlegung ist ersichtlich eine doppelte. Man geht zum einen davon aus, dass ein solcher Organstreit zeitliche Priorität gegenüber dem Gutachten des Plenums genießt.[116] Und zum zweiten hofft man darauf, dass der vom Zweiten Senat zu entscheidende Organstreit zugunsten der Auffassung der Regierungskoalition ausgeht.[117]
- Doch zuvor steht am 9. Dezember 1952 (einem Dienstag) die mündliche Verhandlung vor dem Plenum über das von Bundespräsident Heuss beantragte Gutachtenverfahren an. Sie beginnt mit einem Paukenschlag. Denn der Präsident des Gerichts, Höpker-Aschoff, verkündet, was das Plenum am Tag zuvor mit 20:2 Stimmen beschlossen hat (eine der abweichenden Stimmen ist die von Willi Geiger).[118] Zum einen soll der Organstreit keinen zeitlichen Vorrang vor dem Gutachtenverfahren haben; vielmehr

115 Abgedruckt in: Der Kampf um den Wehrbeitrag, Bd. III: Ergänzungsband, München 1958, S. 1 ff., Zitat S. 5.

116 *Gosewinkel*, Adolf Arndt, S. 329 f.; s. auch *Baring*, Außenpolitik, S. 238 f.

117 *Udo Wengst*, Staatsaufbau und Regierungspraxis 1948–1953. Zur Geschichte der Verfassungsorgane der Bundesrepublik Deutschland, Düsseldorf 1984, S. 288 f.; ders., Thomas Dehler, S. 211; auch *Baring*, Außenpolitik, S. 237.

118 Geiger hatte in seiner Kommentierung zu § 97 BVerfGG ausdrücklich die Position vertreten, dass das Gutachten keine Bindungswirkung für die beiden Senate entfalten könne: *Willi Geiger*, Gesetz über das Bundesverfassungsgericht vom 12. März 1951. Kommentar, Berlin 1952, Anmerkung 2, 6 zu § 97, S. 298, 300. Seine abweichende Meinung ist nachzulesen in: Der Kampf um den Wehrbeitrag, Bd. II, S. 822 ff.

wird dem Gutachtenverfahren Fortgang gegeben. Zum anderen, und das ist die eigentliche Sensation, soll die Entscheidung des Plenums im Gutachtenverfahren beide Senate in ihren Urteils- und Beschlussverfahren binden.[119] Die Überraschung ist kolossal. »Diese Mitteilung schlug in Bonn wie eine Bombe ein.«[120] Dehler bezeichnete den Beschluss als »glatten Rechtsbruch« und lässt noch am gleichen Tage mehrere Invektiven wie die »fehlende richterliche Qualität« des Gerichts folgen.[121] Wesel kommentiert: »Adenauers und Dehlers Bubenstreich war als solcher erkannt und der Plan durchkreuzt.«[122] Die Vertreter der Bundesregierung beantragen Vertagung der Verhandlung; das Gericht kommt dem nach – aber nur um 24 Stunden, auf Mittwoch, den 10. Dezember.

Der Plan war zwar durchkreuzt, die Sache aber noch nicht zu Ende. Denn nun kam eine letzte Linie hinzu.

Vierte Linie: Auf das eine gescheiterte taktische Manöver folgt ein weiteres. Das Kabinett berät umgehend die neue Lage, die durch den Bindungsbeschluss des Plenums entstanden ist.[123] Man greift auf die schon mehrfach erwogene Idee zurück, das Gutachtengesuch zurückzuziehen. Der Bundespräsident scheint zunächst nicht begeistert. Doch abends geht Adenauer in Begleitung mehrerer Minister, unter ihnen Dehler, zu Heuss und bewegt ihn dazu, seinen Gutachtenantrag zurückzunehmen.[124] Das ist ein weiteres politisches Kalkül, weil dann nur noch der Organstreit vor dem Zweiten Senat zur Verhandlung steht. Am frühen Morgen des 10. Dezember (Mittwoch) schickt der Bundespräsident einen reitenden Boten per Pkw nach Karlsruhe, der dem Präsidenten des Bundesverfassungsgerichts die Rücknahmeerklärung

119 Die Begründung des Beschlusses findet sich in: Ebd., S. 812ff.; siehe auch BVerfGE 2, 79.

120 *Wengst*, Thomas Dehler, S. 213.

121 Am Abend des 10.12.1952 war Dehler beim Teegespräch des Bundeskanzlers zugegen. In Anwesenheit von über 30 Journalisten ließ er sich zu eben jenen heftigen Äußerungen über das Bundesverfassungsgericht hinreißen: »(…) aber wir können die Grundfesten des Staates doch nicht erschüttern lassen, weil die Herren in Karlsruhe nicht ihr Maß kennen«. Und weiter: »(…) was der größte Mangel ist, wenn ich freimütig sagen darf, das ist nicht die parteipolitische Zusammensetzung, sondern die fehlende richterliche Qualität. Man wird nicht Richter dadurch, daß man zum Bundesverfassungsgericht kommt, sondern wird Richter nur dadurch, daß man Jahrzehnte unter der Verantwortung des Richtens steht. Es sind zu wenig Richter im Bundesverfassungsgericht« (Zitate aus: *Konrad Adenauer*, Teegespräche 1950–1954, bearb. v. Hanns Jürgen Küsters, Berlin 1984 S. 365ff.[389f.]). Siehe hierzu auch *Wengst*, Thomas Dehler, S. 214f.

122 *Wesel*, Gang nach Karlsruhe, S. 66; gleiche Einschätzung bei *Gosewinkel*, Adolf Arndt, S. 337.

123 *Wengst*, Thomas Dehler, S. 213f. Es hatte schon am 02.12.1952 Überlegungen gegeben, den Präsidenten zur Rücknahme seines Gutachtens zu bewegen (ebd., S. 210f.).

124 *Wengst*, Thomas Dehler, S. 214; *Gosewinkel*, Adolf Arndt, S. 337.

überreicht. Sie lautet: »Nachdem ich von dem Beschluß des Bundesverfassungsgerichts vom 8. Dezember 1952 Kenntnis erhalten habe, wonach das von mir erbetene Rechtsgutachten sowie alle anderen Gutachten des Plenums beide Senate in ihrer Rechtsentscheidung binden, habe ich mich entschlossen, mein Gesuch um ein Rechtsgutachten zurückzuziehen, da mir der Charakter eines Gutachtens schlechthin und in seinem grundsätzlichen Wesen durch diesen Beschluß des Bundesverfassungsgerichts aufgehoben zu sein scheint.«[125] Die für den frühen Nachmittag vorgesehene Fortsetzung der mündlichen Verhandlung entfällt damit. Das Gutachtenverfahren ist beendet.

So blieb nur noch der Antrag der Regierungsfraktionen gegen die SPD-Fraktion übrig. Der Zweite Senat wies ihn im März 1953 mit der absolut zutreffenden Begründung als unzulässig zurück, die Antragsgegner würden lediglich die Kompetenz des Bundestages zur Entscheidung bestreiten, aber nicht dessen verfassungsrechtlich gewährleistete Rechte verletzen.[126]

3. Weiterer Fortgang

Damit war der Gesamtkomplex freilich noch nicht abgeschlossen. Es stand noch die politische Entscheidung über die Verträge aus. Zwei Wochen später beriet der Bundestag in dritter Lesung über die Zustimmungsgesetze zum Deutschland-Vertrag, den Vertrag über die Gründung der Europäischen Verteidigungsgemeinschaft und die entsprechenden Zusatzabkommen. Sie wurden mit einfacher Mehrheit verabschiedet. Nachdem am 25. Mai 1953 auch der Bundesrat zugestimmt hatte[127], stellten SPD und FU (Föderalistische Union) beim Bundesverfassungsgericht Antrag auf Feststellung, dass die betreffenden Verträge nicht mit dem Grundgesetz vereinbar sind.[128] Dieses Grundgesetz wurde nun aber seinerseits geändert, um gerade diese Streitfrage zu entscheiden. Nach den Wahlen vom 6. September 1953 hatte Adenauer eine kommode Mehrheit, mit der er das Grundgesetz passgenau ergänzen ließ und sich die Verfassungsgemäßheit der Verträge sozusagen

125 Zit. nach: BVerfGE 2, 79, 83.

126 BVerfGE 2, 143, 175. *Heinz Laufer*, Verfassungsgerichtsbarkeit und politischer Prozeß. Studien zum Bundesverfassungsgericht der Bundesrepublik Deutschland, Tübingen 1968, S. 407 verurteilt die Regierungsfraktionen für ihren Antrag aufs Schärfste: »Nur eine Regierung und eine Parlamentsmehrheit, deren Selbstverständnis von der irrigen Annahme bestimmt wird, daß ihre Konzeption die allein richtige sei, (...) kann auf die Idee verfallen, die Opposition durch einen verfassungsgerichtlichen Spruch dazu zu zwingen, der Realisierung einer politischen Konzeption zuzustimmen.«

127 Und zwar mit 23 gegen 15 Stimmen; siehe *Görtemaker*, Kleine Geschichte, S. 129.

128 Antrag abgedruckt in: Der Kampf um den Wehrbeitrag, Bd. III, S. 166ff.

selbst bestätigte, nämlich durch Einführung der Art. 79 I 2, 142 a GG durch 4. ÄndGesetz vom 26. März 1954.[129] Während der neu eingefügte Art. 79 I 2 GG nunmehr nämlich für bestimmte völkerrechtliche Verträge die Möglichkeit einer »Klarstellung« der Verfassungsmäßigkeit eröffnete, wurde das Grundgesetz im Hinblick auf die zukünftige Europäische Verteidigungsgemeinschaft (EVG) um Art. 142 a ergänzt.[130] Nachdem der Boden nun verfassungsrechtlich bereitet war, wurden die Zustimmungsgesetze zu den Verträgen Ende März 1954 vom Bundespräsidenten ausgefertigt und verkündet.[131] Doch weniger als ein halbes Jahr später war das ganze Projekt politisch tot, weil die französische Nationalversammlung die Ratifizierung des EVG-Vertrages abgelehnt hatte, worauf es dann zum Beitritt der Bundesrepublik Deutschland zur WEU und zur NATO kam. Die Zustimmungsgesetze zu diesen Verträgen fanden erforderliche Mehrheiten in Bundestag und Bundesrat und traten am 5. Mai 1955 in Kraft.[132] Die vor dem Bundesverfassungsgericht anhängigen Verfahren, die die Zustimmung zum EGV-Vertrag betrafen, wurden damit gegenstandslos. Die Beteiligten haben keine weiteren Prozesshandlungen mehr unternommen. Ein formeller Abschluss des Verfahrens ist niemals erfolgt, eine Entscheidung in der Sache hat es nie gegeben.[133]

4. Konsequenzen

Ein anderer Abschluss aber folgte auf dem Fuße: der Abschied Dehlers aus dem Amt, der schon so oft gefordert worden war.[134] Der »fränkische Feuerkopf«[135] war im Grunde untragbar geworden. Gerade seine maßlose Kritik

129 BGBl. I S. 45.

130 Siehe hierzu *Hofmann*, Entwicklung des Grundgesetzes, § 9 Rn. 45. – Text des (1968 wieder aufgehobenen) Art. 142a GG in: *Horst Dreier/Fabian Wittreck*, Grundgesetz. Textausgabe mit sämtlichen Änderungen und weiteren Texten zum deutschen und europäischen Verfassungsrecht, 7. Auflage, Tübingen 2012, S. 135 Anmerkung 1.

131 Ein Hinweis auf die in BGBl. II Nr. 3, ausgegeben am 29.03.1954, verkündeten Gesetze findet sich in BGBl. I S. 47.

132 Hierzu *Hofmann*, Entwicklung, § 9 Rn. 39; siehe auch *Görtemaker*, Kleine Geschichte, S. 137; *Willoweit*, Deutsche Verfassungsgeschichte, § 43 II 3, S. 349.

133 Der Kampf um den Wehrbeitrag, Bd. III, S. 592; *Wesel*, Gang nach Karlsruhe, S. 74; *Schönberger*, Anmerkungen, S. 22 f.

134 Legendär waren seine Konflikte mit den Gewerkschaften und der katholischen Kirche: *Wengst*, Thomas Dehler, S. 187, 222 ff.

135 So ebd., S. 181; dort auch der Hinweis, dass ihm wegen seiner oft leidenschaftlich aufbrausenden, aber teils unüberlegten und überspitzten Äußerungen am Rednerpult die auf Heinrich von Brentano zurückgehende Charakterisierung zuteil wurde, er sei wie eine Rakete, »deren Abschußort und Zeit und Ziel unbekannt« bleibe.

am Verfassungsgericht hatte ihn unmöglich gemacht. Heuss soll nach der siegreichen Wahl der Regierungskoalition angekündigt haben, nicht noch einmal eine Ernennungsurkunde für Dehler als Minister zu unterschreiben.[136] So wechselte man Dehler nach der haushoch gewonnenen Wahl im Jahre 1953 aus. Erledigt hatte sich zudem das Gutachtenverfahren. Heuss hatte nach den Vorkommnissen für sich den Entschluss gefasst, nie wieder ein derartiges Gesuch zu stellen.[137] 1956 wurde das Gutachtenverfahren aus dem Bundesverfassungsgerichtsgesetz gestrichen. Und erledigt waren zumindest fürs erste wohl auch Versuche, die Senate gegeneinander auszuspielen. Ohnehin hatte sich das Bundesverfassungsgericht durch sein kluges, die jeweiligen politischen Erwartungen gerade nicht erfüllendes Verhalten als starke und unabhängige Institution etabliert. Es war ihm auch und gerade in dieser hochsensiblen Materie und angesichts der offensichtlichen Manipulationsversuche von Seiten der Regierung gelungen, »sich als eigenständiges Verfassungsorgan Respekt zu verschaffen«.[138]

136 *Wesel*, Gang nach Karlsruhe, S. 74.

137 *Wengst*, Staatsaufbau, S. 290.

138 *Norbert Frei*, Transformationsprozesse. Das Bundesverfassungsgericht als vergangenheitspolitischer Akteur in den Anfangsjahren der Bundesrepublik, in: Michael Stolleis (Hg.), Herzkammern der Republik. Die Deutschen und das Bundesverfassungsgericht, München 2011, S. 64.

Bernd Rüthers

Die Gesetzgebung – Vom ›Dritten Reich‹ zur Bundesrepublik Deutschland

Vierzehn Hypothesen

Es geht um die Aufhellung historischer Vorgänge, die 63 Jahre zurückliegen und lange in Forschung, Lehre und Rechtspraxis eher zurückhaltend behandelt worden sind. Das Thema ist zutreffend nur zu erfassen, wenn es als untrennbarer Teil des *dreimaligen* Umbruchs von Staat und Gesellschaft in den *Systemwechseln* von 1933, 1945/49 und 1989/90 behandelt wird. Solche Umbrüche und Erkenntnisse erschüttern die Geschichtsbilder, das Rechts- und das Staatsbewusstsein der gesamten Bevölkerung, erst recht der Funktionseliten. Politische Systemwechsel sind dramatische Vorgänge, sowohl für die davon betroffenen Einzelnen wie für die staatlichen und gesellschaftlichen Institutionen. Ihre historische Wahrnehmung und Aufarbeitung (oft irreführend als »Bewältigung« bezeichnet) stößt auf innere und äußere Hemmungen, die regelmäßig dauerhafte Tabuzonen entstehen lassen. Die betroffenen Einrichtungen haben in und nach solchen Umbrüchen nicht selten Schwierigkeiten mit ihrer eigenen Geschichte. Sie wird vor allem von den Führungskadern des abgelösten Systems gern gemieden, vertuscht und verdrängt.[1]

Zur Macht gelangte totalitäre Systeme versuchen in kurzer Frist *alle* staatlichen und gesellschaftlichen Institutionen und Einrichtungen auf die Linie der herrschenden Weltanschauung zu bringen. Das ist, jenseits aller moralischen Aspekte, eine organisationssoziologische Regelerfahrung. Das neue System versucht auch die Auswahl, Aus- und Fortbildung der Funktionseliten aller relevanten Lebensbereiche zu bestimmen und auf seine Ziele zu verpflichten. Das NS-Regime war bei diesem Bemühen in allen Bereichen erfolgreich, teilweise bis in die Kirchen hinein. In der DDR hat sich Ähnliches wiederholt. Durch die Diskussionen um die umstrittene Analyse

1 *Bernd Rüthers*, Geschönte Geschichten – Geschonte Biographien, Sozialisationskohorten in Wendeliteraturen, Ein Essay, Tübingen 2001. Wer solche Tabuzonen zu früh berührt, erweitert nicht unbedingt seinen Freundeskreis.

der Rolle des Auswärtigen Amtes in der NS-Zeit[2] ist diese Tatsache erneut in das öffentliche Bewusstsein gehoben worden und hat parallele Untersuchungen angeregt. Als Einladung zur Kritik und Korrektur formuliere ich 14 Hypothesen.

I. Der mehrfache Umbruch von Staat und Gesellschaft

Hypothese 1: Das komplexe Thema ist zutreffend nur zu erfassen, wenn es als untrennbarer Teil des mehrfachen Umbruchs von Staat und Gesellschaft in den Systemwechseln von 1933, 1945/49 und 1989/90 behandelt wird. Die deutschen Juristen sind »Weltmeister« in der Disziplin Systemwechsel nach den Erfahrungen aus mehrfachen Verfassungsumbrüchen. Sie sind echte »Wende-Experten«.[3]

Das ist kein moralischer Vorwurf, sondern eine historische Tatsachenfeststellung. Sie kennzeichnet das Ergebnis eines mehrfachen Lernprozesses aus den Erfahrungen der genannten Umbrüche. Bei der Analyse der Funktionsverschiebungen in der Legislative haben wir in Deutschland ein oft übersehenes historisches Erfahrungsmaterial. Deutschland hat zwischen 1918 und 1989 je nach Zählweise fünf bis sechs verschiedene Umbrüche und politische Systeme mit sehr unterschiedlichen Basisideologien und Funktionsweisen erlebt: Kaiserreich, Weimar, NS-Zeit, sehr unterschiedliche Besatzungsregime, Bundesrepublik alt, DDR, vereinigte Bundesrepublik und die Integration in die supranationale Rechtsordnung der EU. Die tiefgreifenden, teils katastrophalen Begleiterscheinungen dieser Umbrüche prägen bis heute das National- und Rechtsbewusstsein der Deutschen und auch mancher ihrer Nachbarn. Das betrifft besonders die deutschen Juristen in allen Berufsfeldern, besonders in Justiz, Verwaltung und Wissenschaft. Diese Feststellung widerlegt zugleich den Pessimismus mancher namhafter Historiker und Geschichtsphilosophen, welche meinen, man könne aus der Geschichte überhaupt nichts lernen. Von den neuen Machthabern wurde unmittelbar nach dem 30. Januar 1933 eine grundlegende, »völkisch-rassische Rechtserneuerung« für alle Lebensbereichen gefordert.

2 *Eckart Conze/Norbert Frei/Peter Hayes/Moshe Zimmermann*, Das Amt und die Vergangenheit – Deutsche Diplomaten im Dritten Reich und in der Bundesrepublik, München 2010.

3 *Bernd Rüthers*, Die Wende-Experten. Zur Ideologieanfälligkeit geistiger Berufe am Beispiel der Juristen, München 1995.

Hypothese 2: An der Umdeutung, ja Perversion der überkommenen Rechtsordnung während der NS-Zeit waren alle staatlichen Institutionen und alle Sparten von Juristen beteiligt. Gesetzgebung, Rechtsprechung, Verwaltung und Rechtswissenschaft haben bemerkenswerte Beiträge geleistet. Sie haben teilweise weit mehr getan, als die Machthaber – insbesondere in der Phase unmittelbar nach der Machtübernahme – von Richtern, Staatsanwälten, Verwaltungsbeamten und Professoren, aber auch von Lehrern, Journalisten, Verlegern u. v. a. erwarten konnten.

Zunächst ist zu fragen: Wer waren der oder die »Gesetzgeber« im Nationalsozialismus? Welche Rolle spielten Gesetze bei der Durchsetzung des totalitären Regimes?[4]

Hypothese 3: Das Wort »Gesetzgebung« ist kein überzeitlich definierbarer Allgemeinbegriff. Seine Inhalte sind variabel und werden maßgeblich vom jeweiligen politischen System mitbestimmt.

Das zeigt sich deutlich an der einschneidend veränderten Normsetzungspraxis in der NS-Zeit gegenüber der Weimarer Republik. Der NS-Gesetzgeber war unmittelbar nach der Machtübernahme zu der geforderten, *schnellen* und *grundlegenden »völkisch-rassischen Rechtserneuerung«* nicht in der Lage. Auf vielen Gebieten blieben die überkommenen Kodifikationen (BGB, HGB, GewO, StGB, StPO etc.) erhalten, wurden allenfalls durch kurzfristige Maßnahme- und Sondergesetze oder Novellierungen ergänzt oder abgeändert.

Hypothese 4: Den Regelungsbedürfnissen des NS-Staates entsprach vor allem ein schwunghaft aufgeblähtes Gemisch von kurzfristig einsetzbaren Regierungsgesetzen, Verordnungen und Erlassen auf der Basis neuer gesetzlicher Rahmenermächtigungen.

Formell galten nach 1933 jene Reste der Weimarer Verfassung fort, die nach der »*Verordnung des Reichspräsidenten zum Schutz von Volk und Staat*« (vom 28. Februar 1933) und dem »*Gesetz zur Behebung der Not von Volk und Reich*« (»Ermächtigungsgesetz«, vom 24. März 1933)[5] noch übrig geblieben waren.

4 Für die Jahre 1933–1940 gibt es zur Rolle der Justiz und des Reichsjustizministeriums das grundlegende Werk von *Lothar Gruchmann*, Justiz im Dritten Reich von 1933–1940: Anpassung und Unterwerfung in der Ära Gürtner, München 1988.

5 Der knappe Wortlaut des Gesetzes: »Der Reichstag hat das folgende Gesetz beschlossen, das mit Zustimmung des Reichsrats hiermit verkündet wird, nachdem festgestellt ist, daß die Erfordernisse verfassungsändernder Gesetzgebung erfüllt sind:

An die Seite des Reichstages war eine ganze Reihe konkurrierender Normsetzer getreten, nämlich:
- die *Reichsregierung*,
- der *Ministerrat für die Reichsverteidigung*,
- ein *»Dreier-Kollegium«*,
- der *Beauftragte für den Vierjahresplan* sowie
- weitere *Blankettermächtigungen* an einzelne Minister und Beauftragte.[6]

Hypothese 5: Die Vielzahl der genannten Normsetzungsinstanzen führte zu einer für das NS-Regime typische »Normsetzungspolykratie«[7]. Die obige Reihung bedeutet keine Rangfolge. Die verschiedenen Normsetzer mit unterschiedlichen und konkurrierenden Kompetenzen führten zu Reibungen und Verzögerungen, die nach einer Koordinierungsinstanz verlangten.

Daraus ergibt sich die Frage: Wie sah die Gesetzgebung/Rechtsetzung im Nationalsozialismus bei dieser Vielzahl von Normsetzern real aus?

Hypothese 6: Die zentrale Normsetzungsinstanz war Adolf Hitler.[8] Der geäußerte, bisweilen sogar der nur vermutete »Führerwille« war für alle staatlichen Instanzen das oberste Gebot. Jenseits der formalen »Polykratie« der ge-

Artikel 1: Reichsgesetze können außer in dem in der Reichsverfassung vorgesehenen Verfahren auch durch die Reichsregierung beschlossen werden. Dies gilt auch für die in den Artikeln 85 Abs. 2 und 87 der Reichsverfassung bezeichneten Gesetze.
Artikel 2: Die von der Reichsregierung beschlossenen Reichsgesetze können von der Reichsverfassung abweichen, soweit sie nicht die Einrichtung des Reichstags und des Reichsrats als solche zum Gegenstand haben. Die Rechte des Reichspräsidenten bleiben unberührt.
Artikel 3: Die von der Reichsregierung beschlossenen Reichsgesetze werden vom Reichskanzler ausgefertigt und im Reichsgesetzblatt verkündet. Sie treten, soweit sie nichts anderes bestimmen, mit dem auf die Verkündung folgenden Tage in Kraft. Die Artikel 68 bis 77 der Reichsverfassung finden auf die von der Reichsregierung beschlossenen Gesetze keine Anwendung.
Artikel 4: Verträge des Reiches mit fremden Staaten, die sich auf Gegenstände der Reichsgesetzgebung beziehen, bedürfen nicht der Zustimmung der an der Gesetzgebung beteiligten Körperschaften. Die Reichsregierung erläßt die zur Durchführung dieser Verträge erforderlichen Vorschriften.
Artikel 5: Dieses Gesetz tritt mit dem Tage seiner Verkündung in Kraft.«

6 Ich folge der Aufzählung von *Bernd Mertens*, Rechtsetzung im Nationalsozialismus, Tübingen 2009; vgl. die Rezension von *Horst Dreier*, in: Göttingische Gelehrte Anzeigen 263 (2011), S. 73.

7 *Peter Hüttenberger*, Nationalsozialistische Polykratie, Geschichte und Gesellschaft 2 (1976), S. 417 ff.

8 *Horst Dreier*, in: Göttingische Gelehrte Anzeigen 263 (2011), S. 73, 77; ders., Die deutsche Staatsrechtslehre in der Zeit des Nationalsozialismus, VVDStrRL 60 (2001), S. 9, 48 ff.

nannten Normsetzungsinstanzen war die gesamte Staatsgewalt nicht nur in der Theorie der ergebenen Staatsrechtslehre, sondern im realen Vollzug des NS-Regimes in der Person Hitlers und der kleinen Gruppe seiner engsten Vasallen gebündelt.

In dem maßgeblichen Lehrbuch der Zeit (1939) von Ernst R. Huber ist zu lesen: »Der Führer vereinigt in sich alle hoheitliche Gewalt des Reiches; alle öffentliche Gewalt im Staat wie in der Bewegung leitet sich von der Führergewalt ab.« Es folgt der Satz: *»In Wahrheit gibt es nur einen Gesetzgeber im deutschen Reich, das ist der Führer selbst.«*[9] Sein Kollege Werner Weber ging 1942 (!) noch weiter: *»Das Reichstagsgesetz ist im Grunde ein dem Reichstag zur Akklamation vorgelegter unmittelbarer Führerentscheid und stellt insofern nur eine Abart des Führererlasses dar.«*[10]

Die Feststellung zweier damals führender Staatsrechtslehrer umreißt zutreffend den Kern der nationalsozialistischen Staats- und Verfassungslehre auch zur Gesetzgebung. Der von Hitler befohlene und theatergleich inszenierte Auftritt des Reichstages auf dem »Reichsparteitag der Freiheit« in Nürnberg 1935 (Reichsflaggengesetz, Reichsbürgergesetz, Blutschutzgesetz) bestätigt diese Marionettenfunktion. Carl Schmitt, einer der »Kronjuristen des Dritten Reiches«, feierte diese offenkundigen Pogromgesetze als die neue *»Verfassung der Freiheit«*.[11] Die Staatsrechtslehre war an diesem Verfassungswandel mit führenden Köpfen beteiligt.

Der große »Verlierer« war – typisch für alle totalitären Systeme – das Parlament, der Reichstag. Sein Einfluss sank spätestens nach dem kommandierten Erlass des »Gesetzes zum Schutz des deutschen Blutes und der deutschen Ehre« zur Bedeutungslosigkeit herab. Hitler hatte ihn zu dessen Verabschiedung auf dem »Reichsparteitag der Freiheit« am 15. September 1935 nach Nürnberg befohlen. Er kam in den zwölf Jahren der NS-Herrschaft insgesamt zu 19 Sitzungen zusammen. Wegen des gemeinsamen Singens der Nationalhymnen am Sitzungsende galt er als »Deutschlands teuerster Gesangsverein«.[12]

9 *Ernst Rudolf Huber*, Verfassungsrecht des Großdeutschen Reiches, 2. Aufl., Hamburg 1939, S. 230, 237 (Hervorhebung von Bernd Rüthers).

10 *Werner Weber*, Führererlaß und Führerverordnung, ZStW 102 (1942), S. 101, 134.

11 *Carl Schmitt*, Die Verfassung der Freiheit, DJZ 1935, Sp. 1133; *Carl Schmitt*, Die nationalsozialistische Gesetzgebung und der Vorbehalt des ›ordre public‹ im Internationalen Privatrecht, ZAkDR 1936, S. 204.

12 *Michael Stolleis*, Geschichte des öffentlichen Rechts in Deutschland, Dritter Band, München 1999, S. 317.

Der Reichstag wurde nur selten, letztmalig am 26. April 1942, zur Verabschiedung eines ›Blankettbeschlusses‹ zusammengerufen, mit dem Hitler ermächtigt wurde, *»alles zu tun, was zur Erringung des Sieges dient oder dazu beiträgt ... ohne an bestehende Rechtsvorschriften gebunden zu sein...«*[13] Damit waren der permanente Ausnahmezustand und die Allmacht des obersten Gesetzgebers, Befehlshabers der Wehrmacht, des Inhabers der vollziehenden Gewalt und des obersten Gerichtsherrn gesetzlich installiert.

II. Die Regierungsgesetze

Eine aktive Rolle bei der Normsetzung hatte, besonders in den Anfangsjahren des Regimes, die *Reichsregierung*. Sie erließ bis 1945 insgesamt 985 Regierungsgesetze.[14] Waren es bis 1936 jährlich zwischen 150 und 220, so sank diese Zahl nach 1936 und mehr noch mit Kriegsbeginn 1939 erheblich ab. Die Regierung trat als Kollegialorgan immer seltener zusammen, zuletzt im Februar 1938, sieben Jahre vor dem Zusammenbruch des Regimes. Danach wurde nur noch das Umlaufverfahren praktiziert. In den seltenen formellen Kabinettssitzungen wurden Regierungsgesetze allenfalls noch beratend behandelt, aber nicht mehr formell beschlossen. Bestanden unter den Ressorts noch Meinungsverschiedenheiten, so entschied darüber Hitler allein. Das führte zu einem Verfall der Verfahrensformen und dazu, dass auch nach der Behandlung im Kabinett Vorlagen ohne erneute Befassung mit den übrigen Ressorts geändert wurden.

III. Die übrigen Normsetzer

Drei weitere von Hitler geschaffene Instrumente der Durchsetzung seiner rechtspolitischen Absichten waren der per *Führererlass* eingerichtete *»Ministerrat für die Reichsverteidigung«* (sechs Mitglieder), das »Dreierkollegium« (bestehend aus Frick, Funk und Keitel, Chef des Oberkommandos der Wehrmacht) und der »Beauftragte für den Vierjahresplan«. Das Dreierkollegium wurde im September 1938 aufgrund eines Regierungsgesetzes geschaffen,

13 RGBl. I S. 247.
14 *Mertens*, Rechtsetzung, S. 14.

das nicht veröffentlicht wurde. Diese Instanzen konnten mit ihren Verordnungen auch von formellen Gesetzen abweichen.[15]

Insgesamt wurde so bis 1938 eine umfassende und effiziente Rechtsetzungsbefugnis besonders in wirtschaftsrechtlichen Fragen geschaffen, die auch rüstungspolitische und kriegswirtschaftliche Aufgaben erfüllen konnte. Zu erwähnen sind noch Änderungen in der Verkündungspraxis von Rechtsnormen im Nationalsozialismus. Die von den erwähnten Instanzen erlassenen Vorschriften wurden in ganz verschiedenen Publikationsorganen verkündet.[16] Neben der schon dadurch verursachten Rechtsunsicherheit gab es zahlreiche »*Geheimgesetze*«, vor allem »*Führererlasse*«, ohne jede Publikation.[17] Dazu gehörte etwa der »Euthanasie-Befehl«, datiert vom 1. September 1939. Soviel zu den Normsetzungsinstanzen, ihren Produktionen und Praktiken im Nationalsozialismus.

Im Ergebnis zeigt sich die totale Auflösung, ja die Zerstörung eines »Stufenbaus« der Rechtsordnung im traditionellen Sinne. Das oberste Prinzip war die jederzeit wirksame »normative Allgewalt Hitlers«[18]. Sie schloss eine erkennbare und zuverlässige Hierarchie der unterschiedlichen Normarten von vornherein bewusst aus. Die Ausbildung eines erkennbaren und praktikablen Normensystems durch die Staatsrechtslehre scheiterte an der »Formindifferenz« des von der Führungsspitze gewollten und befohlenen Normenchaos.[19]

Die Staatsrechtslehre der NS-Zeit (E.R. Huber/W. Weber) kam, wie erwähnt[20], zu der Vorstellung, die gesamte Staatsgewalt sei in der Person des Führers gebündelt. Die Führergewalt sei umfassend und total, vereinige alle Mittel der staatlichen Gestaltung, erstrecke sich auf alle Sachgebiete des völkischen Lebens. Der Führer stand nicht *unter*, sondern über dem Recht. Selbst für seine Mordbefehle, wie etwa bei der ersten, von ihm befohlenen Massentötung, am 30. Juni 1934 fanden sich staatsrechtliche Verteidiger und Rechtfertigungen. Das im Nachhinein vom Reichstag verabschiedete Gesetz zur Legalisierung der Tötungen wurde von C. Schmitt mit dem Slogan gefeiert »Der Führer schützt das Recht«.[21]

15 Ebd., S. 25.
16 Dazu und zum Folgenden ebd., S. 64ff.
17 Vgl. *Martin Moll* (Hg.), Führer-Erlasse 1939–1945, Stuttgart 1997.
18 *Dreier*, in: Göttingische Gelehrte Anzeigen 263 (2011), S. 73, 86.
19 Ebd., S. 73, 86f.
20 Siehe oben zu den Fußnoten 10 und 11.
21 *Carl Schmitt*, »Der Führer schützt das Recht«, Zur Reichstagsrede Adolf Hitlers vom 13. Juli 1934, DJZ 39 (1934), Sp. 945.

IV. Die Perversion der Rechtsordnung durch Gesetzgebung

Aufmerksamkeit verdient gleichwohl das *quantitative Ausmaß der Normsetzung* in der NS-Zeit. Es wird belegt durch den wachsenden Umfang des Reichsgesetzblattes nachdem das NS-Regime – etwa ab 1935 – fest etabliert war. 1939 umfasste es erstmalig mehr als 2500 Seiten.[22] Dabei spielten zwei Regelungskomplexe eine wichtige Rolle, nämlich die organisatorischen Maßnahmen der Kriegsvorbereitung und das umfangreiche ›*Sonderrecht zur Entjudung der deutschen Volksgemeinschaft*‹.

Hypothese 7: Von Anfang an war die Normsetzung nach 1933 in wesentlichen Teilen auf die Verwirklichung der programmatischen Ziele der NSDAP gerichtet, also auf die Legitimation und Festigung der Hitlerdiktatur, die Durchsetzung der totalitären Weltanschauung und die Ausschaltung aller denkbaren »Feinde«, vor allem der Juden[23].

Das spiegelt sich bereits im verlogen betitelten »Gesetz zur Wiederherstellung (lies: Beseitigung; B.R) des Berufsbeamtentums« vom April 1933, im Arbeitsordnungsgesetz (Verbot der Gewerkschaften) von 1934 sowie in den bereits erwähnten Parteitagsgesetzen von 1935 (Reichsbürgergesetz und Blutschutzgesetz). Der totalitäre Terror mittels immer drückender werdender Ausgrenzungsnormen und brutaler Verschärfung des politischen Strafrechts wurde dann zielstrebig fortgesetzt. Es begann die Zeit des »motorisierten Gesetzgebers«.[24]

22 Nachweise bei *Mertens*, Rechtsetzung, S. 4, 153 f.

23 Über »Das Sonderrecht für die Juden im NS-Staat« liegt neben anderen wertvollen Arbeiten eine von Josef Walk herausgegebene umfassende Quellensammlung der während des Dritten Reiches gegen die Juden erlassenen Gesetze, Verordnungen, Erlasse, Anordnungen, Allgemeinverfügungen, Dienstanweisungen, Bekanntmachungen, Befehle vor (*Josef Walk* (Hg.), Das Sonderrecht für die Juden im NS-Staat, 2. Aufl., Heidelberg 1996). Die Sammlung umfasst insgesamt 1.973 die Rechtsstellung der Juden betreffende Regelungen. Diese beinahe »mikroskopisch« wirkende Dokumentation antijüdischer Gesetze, Verordnungen, Erlasse und anderer Maßnahmen zeigt, mit welchem fanatischen Eifer das NS-Regime von Anfang bis Ende seine Rassenpolitik mit dem Ziel der »Ausmerzung« auch der letzten möglichen Reste jüdischen Einflusses in der deutschen Volksgemeinschaft betrieben hat. Die vielfach gebrüllte SA-Parole »Jude verrecke!« tritt dem Leser hier in der Form generell-abstrakter Formulierungen von Rechtsnormen und verbindlichen administrativen Weisungen zu allen Lebensgebieten entgegen.

24 So hat Carl Schmitt, einer der Aktivisten dieser Motorisierung der Legislative, diese Normsetzungsflut in der Rückschau benannt. *Carl Schmitt*, Die Lage der europäischen Rechtswissenschaft, Tübingen 1950, S. 18 ff.

Allein das gegen die Juden und zu ihrer »Ausmerzung aus der deutschen Volksgemeinschaft« (»Entjudung«) gerichtete Sonderrecht umfasste insgesamt 1.793 Regelungen.[25] Die Vorbereitung und Anwendung dieser Normsetzungen geschah in der Regel mit eifriger Hilfe führender Rechtswissenschaftler sowie staatlicher und universitärer Institutionen.[26] Auf diesem für die NS-Weltanschauung zentralen Kerngebiet der Rechtspolitik hat der nationalsozialistische Gesetz- und Verordnungsgeber »ganze Arbeit« geleistet.

Als markante Beispiele seien erwähnt

- die »Verordnung des Reichspräsidenten zur Abwehr heimtückischer Angriffe gegen die Regierung der nationalen Erhebung« vom 21. März 1933[27],
- das »Heimtückegesetz« vom 20. Dezember 1934[28],
- das »Reichsschriftleitergesetz« vom 4. Oktober 1933; es schloss Juden, »Halbjuden« und mit Juden Verheiratete vom Schriftleiterberuf aus (§ 5).[29],
- das »Reichsbürgergesetz« und das »Blutschutzgesetz« vom September 1935.

Exkurs: Die Normsetzungshektik bei den Aktionen nach dem 9. November 1938

Mit der »Verordnung zur *Ausschaltung* der Juden aus dem deutschen Wirtschaftsleben«[30] wurde allen Juden ab 1. Januar 1939 der Betrieb von Einzelhandels-, Versandgeschäften und Handwerksunternehmen untersagt. Mit der »Sühne-Verordnung«[31] wurde den deutschen Juden in ihrer Gesamtheit

25 Nachweise bei *Walk* (Hg.), Sonderrecht.

26 Für die Entrechtung der Juden über die Differenzierung der Rechtsfähigkeit und des Staatsbürgerrechts nach rassischen Kriterien, vgl. die Nachweise bei *Bernd Rüthers*, Die unbegrenzte Auslegung – Zum Wandel der Privatrechtsordnung im Nationalsozialismus, 7. Aufl., Tübingen 2012, S. 323 ff.; ders., Entartetes Recht – Rechtslehren und Kronjuristen im Dritten Reich, 3. Aufl., München 1994, S. 18 ff., 42 ff., 66 ff., 76 ff., 88 ff., 125 ff. Vgl. dazu die Kontroverse ders., Personenbilder und Geschichtsbilder – Wege zur Umdeutung der Geschichte, JZ 2011, S. 593 ff.; *Claus-Wilhelm Canaris*, »Falsches Geschichtsbild von der Rechtsperversion im Nationalsozialismus« durch ein Porträt von Karl Larenz?, JZ 2011, S. 879 ff.; *Bernd Rüthers*, Die Risiken selektiven Erinnerns – Antwort an C.-W. Canaris, JZ 2011, S. 1149 ff.

27 RGBl. I S. 135.

28 RGBl. I S. 1269.

29 Vgl. dazu die Dissertation des später Senatspräsident am BGH und Richter des BVerfG *Willi Geiger*, Die Rechtsstellung des Schriftleiters nach dem Gesetz vom 4. Oktober 1933, Darmstadt 1941.

30 Vom 12.11.1938, RGBl. I S. 1580.

31 Vom 21.11.1938, RGBl. I S. 1579.

die Zahlung einer »Kontribution« von einer Milliarde RM an das Deutsche Reich auferlegt[32]. Ein besonderer Schandfleck in der rassistischen Gesetzgebung des NS-Staates war das »Sonderarbeitsrecht für Polen«[33], »Ostarbeiter«[34], Juden[35] und »Zigeuner«[36]. Es bewirkte eine weitestgehende Entrechtung und Versklavung dieser Personengruppen aus rassischen Gründen.[37]

Am 31. Juli 1941 beauftragte der »Bevollmächtigte für den Vierjahresplan« (Göring) den SS-Gruppenführer Heydrich unter Berufung auf einen Erlass des Führers vom 24. Januar 1941, alle erforderlichen Vorbereitungen für eine »Gesamtlösung der Judenfrage im deutschen Einflussgebiet in Europa« zu treffen.[38] Die massenhaften Deportationen der Juden begannen. Ein weiteres Dokument gesetzesförmigen Rassenhasses ist die »Verordnung über die Strafrechtspflege gegen Polen und Juden in den eingegliederten Ostgebieten« vom 4. Dezember 1941.[39] Sie schuf ein Sonderstrafrecht mit der Möglichkeit, auch für Bagatelltaten in allen aus der Sicht der Machthaber wünschenswerten Fällen die schärfsten Strafen, vor allem die Todesstrafe, zu verhängen.

Die Normsetzungsmaschinerie des Dritten Reiches in allen ihren oligarchischen Teilbereichen und konkurrierenden Machtzentren (Reichskanzleramt, Reichsinnen- und Reichsjustizministerium, SA, SS, Gestapo) brachte es auf dem Gebiet der durch Rechtsvorschriften organisierten Judenverfolgung zu schauerlichen Höchstleistungen. Damals und später führende Köpfe der deutschen Rechtswissenschaft (ich nenne nur C. Schmitt im öffentlichen Recht, K. Larenz in der Rechtsphilosophie, der Methodenlehre und im Zivilrecht, sowie E. Mezger im Strafrecht) haben dabei als engagierte »Vorarbeiter« mitgewirkt. Dieses Kapitel der deutschen Unrechtsgeschichte gibt bis heute Diskussionsstoff.[40]

32 Vgl. dazu die DurchfVO vom 21.11.1938, RGBl. I S. 1638 und den Runderlaß vom 23.11.1938, RGBl. I S. 1073.

33 Anordnung vom 05.10.1941 (RGBl. I S. 448).

34 Verordnungen vom 20.1.1942 (RGBl. I S. 41), vom 30.6.1942 (RGBl. I S. 419) und vom 05.04.1943 (RGBl. I S. 181).

35 Verordnungen vom 03.10.1941 (RGBl. I S. 675).

36 Anordnung vom 13.03.1942 (RGBl. I S. 138).

37 Die genannten Vorschriften sind mit anonymer, auf technische Hinweise beschränkter Kommentierung teilweise abgedruckt bei *Alfred Hueck/Hans Carl Nipperdey/Rudolf Dietz*, Gesetz zur Ordnung der nationalen Arbeit und Gesetz zur Ordnung der Arbeit in öffentlichen Verwaltungen und Betrieben mit der Verordnung über die Lohngestaltung und der Kriegswirtschaftsverordnung, 4. Aufl., München 1943, S. 949–969.

38 *Walk*, Sonderrecht, S. 345 (IV 217).

39 RGBl. I S. 759.

40 Vgl. dazu die Kontroverse *Rüthers*, Personenbilder, S. 593 ff.; *Claus-Wilhelm Canaris*, JZ 2011, S. 879 ff.; *Rüthers*, Risiken, S. 1149 ff.

Tatsache ist: Die deutsche Rechtswissenschaft (repräsentiert durch führende Köpfe wie C. Schmitt, K. Larenz, Th. Maunz, W. Siebert, K. Michaelis, W. Weber, F. Wieacker, G. Dahm, H. Stoll u. a.) und Justiz haben mit erheblichem Engagement eine maßgebliche Anleitungsfunktion bei der rassisch ausgerichteten »Rechtserneuerung« und Rechtsperversion nach 1933 ausgeübt. Ihr Einfluss auf die Gesetzgebung und die rechtsfortbildende, oft *»gesetzesübersteigende«* Rechtsprechung jener Jahre war beträchtlich. Dazu liegen inzwischen so zahlreiche Einzeluntersuchungen vor, dass ihre Dokumentation hier überflüssig ist.[41]

Fazit: Die Gesetzgebung wurde nach 1933 als Waffe der Willkür und des offenkundigen Unrechts eingesetzt.[42] C. Schmitt, der für das Staatsrecht und die Methodenlehre der NS-Zeit maßgebliche Beiträge zur rassischen Perversion des Rechts geleistet hatte, kommentierte das noch 1950 so: »In einer Zeit, in der die Legalität zu einer vergifteten Waffe geworden ist, die eine Partei der anderen in den Rücken stößt, wird die Rechtswissenschaft zum letzten Asyl des Rechtsbewusstseins.«[43] Sieht sich hier – um im Bilde zu bleiben – einer der Giftmischer als Giftopfer?

Bald nach der Machtübernahme stellte Hitler umfangreiche gesetzgeberische Aufgaben, nämlich die Vorbereitung des geplanten Krieges, den Aufbau einer starken Armee und die Organisation der Rüstungswirtschaft. In der historischen Rückschau auf diese Epoche verbreitete sich nach 1945 angesichts der großen Mengen der in der NS-Zeit erlassenen Gesetze und (Sonder-)Verordnungen die Ansicht, die Perversion der Rechtsordnung in den Unrechtsstaat durch das NS-Regime sei in erster Linie eines Folge des *»Gesetzespositivismus«* gewesen.

41 Nur beispielhaft in chronologischer Folge seien genannt: *Rüthers*, Die unbegrenzte Auslegung; *Peter Thoss*, Das subjektive Recht in der gliedschaftlichen Bindung. Zum Verhältnis von Nationalsozialismus und Privatrecht, Frankfurt am Main 1968; *Michael Stolleis*, Gemeinwohlformeln im nationalsozialistischen Recht, Berlin 1974; *Klaus Anderbrügge*, Völkisches Rechtsdenken. Zur Rechtslehre in der Zeit des Nationalsozialismus, Berlin 1978; *Thilo Ramm*, Das nationalsozialistische Familien- und Jugendrecht, Heidelberg 1984; *Diemut Majer*, Grundlagen des nationalsozialistischen Rechtssystems, Führerprinzip, Sonderrecht, Einheitspartei, Stuttgart 1987; *Rüthers*, Entartetes Recht; vgl. ferner Redaktion Kritische Justiz (Hg.), Der Unrechtsstaat, Recht und Justiz im Nationalsozialismus, Bd. I, 2. Aufl., Baden-Baden 1983; Bd. II, Baden-Baden 1984; *Peter Salje* (Hg.), Recht und Unrecht im Nationalsozialismus, Münster 1985.

42 *Bernd Rüthers*, Recht als Waffe des Unrechts – Juristische Instrumente im Dienst des NS-Rassenwahns, NJW 1988, S. 2825ff.

43 *Schmitt*, Die Lage der Europäischen Rechtswissenschaft, S. 32. Der Vortrag wurde in den Jahren 1943/1944 an mehreren ungarischen und spanischen Rechtsfakultäten gehalten. Die ungarische Version, die bereits 1944 publiziert wurde, weist bemerkenswerte Lücken und Abweichungen gegenüber dem deutschen Text von 1950 auf; dazu *Bernd Rüthers*, Carl Schmitt im Dritten Reich, 2. Aufl., München 1990, S. 116ff. mit Nachweisen.

Das war in der Tat die in Justiz und Rechtswissenschaft vor 1922 herrschende Lehre. Gustav Radbruch, vor 1933 ein dezidierter Anhänger des unbedingten Gesetzesgehorsams[44], schrieb 1946: »Der Positivismus hat in der Tat mit seiner Überzeugung ›Gesetz ist Gesetz‹ den deutschen Juristenstand wehrlos gemacht gegen Gesetze willkürlichen und verbrecherischen Inhalts.«[45] Angesichts der Autorität des politisch unverdächtigen Autors und in der nach 1945 aufkommenden »Wiederkehr des Naturrechts«[46] fand diese die NS-Juristen entlastende These zunächst breite Zustimmung.

Hypothese 8: Die These von der primären »Schuld« des Gesetzespositivismus an der Rechtsperversion im Nationalsozialismus ist unzutreffend. Sie wurde, zuerst von Radbruch formuliert, vor allem von den system-verstrickten Funktionseliten der NS-Zeit in Justiz, Exekutive und Rechtswissenschaft bereitwillig aufgenommen. Sie hält jedoch einer realistischen Analyse des Verlaufs der »völkisch-rassischen Rechtserneuerung« nicht stand.[47]

Sie war geeignet, die persönliche Verantwortung der Mittäter aller Schattierungen in dem untergegangenen Unrechtssystem zu verdecken. So hat etwa Hermann Weinkauff, der erste Präsident des BGH, vorher Richter am Reichsgericht von 1937–1945, sie in das Zentrum seiner Rückschau auf die NS-Zeit gestellt.[48] Das erklärte Ziel der Rechtserneuerer war im Gegenteil der *»Kampf gegen den Normativismus«*. Das bedeutete eine klare, vielfach wiederholte Absage an Gesetzespositivismus. Die strenge Bindung des Interpreten an das geltende Gesetz wurde von den Akteuren nach 1933 als eine lästige Fessel bei der Umdeutung der gesamten Rechtsordnung empfunden. Sie musste besei-

44 *Gustav Radbruch*, Grundzüge der Rechtsphilosophie, Leipzig 1914, S. 40; dazu *Rüthers*, Die unbegrenzte Auslegung, S. 97 f.

45 *Gustav Radbruch*, Gesetzliches Recht und übergesetzliches Unrecht, SJZ 1946, S. 105, 107.

46 *Heinrich Rommen*, Die ewige Wiederkehr des Naturrechts, 2. Aufl., München 1947.

47 Zweifel schon bei *Werner Flume*, Richter und Recht, München 1967, Teil K, S. 13.

48 *Heinrich Weinkauff*, Die deutsche Justiz und der Nationalsozialismus, Stuttgart 1968, S. 19, 23 ff. Weinkauff sah die deutschen Juristen überwiegend als *Opfer* des Regimes. Sie seien von den Nationalsozialisten als wehrlose Werkzeuge missbraucht worden. Vor diesem Hintergrund wird verständlich, dass der BGH noch 1956 die Justizmorde eines SS-Standgerichts im April 1945 als Ergebnisse eines ordentlichen Gerichtsverfahrens in schwerer Zeit einschätzte. Der Strafsenat folgte der Defensivstrategie des BGH-Präsidenten (Urteil vom 19.06.1956, JuNS Bd. 8, S. 344). Die Mordopfer des Standgerichts waren Dietrich Bonhoeffer, Admiral Wilhelm Canaris, Hans von Dohnanyi, Hauptmann Ludwig Gehre, General Hans Oster und der Heereschefrichter Dr. Karl Sack. Näher dazu *Bernd Rüthers*, Verräter, Zufallshelden oder Gewissen der Nation? Facetten des Widerstandes in Deutschland, Tübingen 2008, S. 117 ff.

tigt werden. Darin waren sich die führenden Köpfe und Federn jener Zeit auf allen Rechtsgebieten und in allen Institutionen von Rechtwissenschaft, Justiz und Administration einig.[49]

Hypothese 9: Die Realität war anders: Nicht das geltende Gesetz war nach der im NS-Staat herrschenden Lehre und Justizpraxis maßgebend, sondern die nationalsozialistische Weltanschauung. Die Parole der Rechtserneuerung lautete: Das gesamte deutsche Recht und seine Anwendung wird vom »Geist des Nationalsozialismus« bestimmt.[50]

Dieser »Geist« wurde in der auf »Artgleichheit (lies: »Rassezugehörigkeit«: B.R.) gegründeten Ordnung des Volkes« gefunden. Aus der siegreichen *nationalsozialistischen Weltanschauung* wurden eine *neue Rechtsidee*, neue, *»übergesetzliche« Rechtsquellen, neukonstruierte Grundbegriffe* und neue, *»artgemäße« Auslegungsmethoden* abgeleitet, nicht zuletzt ein neues, übergesetzliches *»Naturrecht aus Blut und Boden«*. Das alles waren wirksame *Kampfklauseln gegen die Bindung an das geltende Gesetz*. Eine beispielhafte Formulierung dazu: »Jede kämpfende Revolution muss, um den ihr *feindlichen Staats- und Gesetzesapparat zu erschüttern, sich auf das ungeschriebene Recht*[51] *berufen.*«[52]

Das Gesetz wurde in seinem bis dahin unbestrittenen Geltungsanspruch zurückgedrängt. Es war »Recht« nur noch, wenn es als »nähere Ausgestaltung der völkischen Ordnung« angesehen werden konnte. Daraus wurde gefolgert, *»daß es nicht mehr rechtsverbindlich sein kann, wo es mit seinen eigenen Grundlagen, mit der völkischen Rechtsidee* [!] *schlechthin unvereinbar geworden ist.*«[53] Die von begeisterter Aufbruchsstimmung zeugende, teils schwülstige, teils perfide Sprache der akademischen Rechtserneuerer, die fast alle auf den Lehrstühlen vertriebener Kollegen saßen, ist ein eigenes Kapitel und verdiente besondere Aufmerksamkeit, beispielhaft dafür sind etwa K.

49 *Rüthers*, Die unbegrenzte Auslegung, S. 98 ff., 111 ff. und passim; ders., Entartetes Recht, S. 25 ff. mit Nachweisen.

50 *Carl Schmitt*, Nationalsozialistischer Rechtsstaat, JW 1934, S. 713, 717); *Erik Wolf*, Das Rechtsideal des nationalsozialistischen Staates, ARSP Bd. 28 (1934/35), S. 348; *Ernst Forsthoff*, Der totale Staat, Hamburg 1933, S. 42 ff.; *Ulrich Scheuner*, Die nationale Revolution: eine staatliche Untersuchung, AÖR 63 (1934), S. 261, 298; *Karl Larenz*, Rechts- und Staatsphilosophie der Gegenwart, 2. Aufl., Berlin 1935, S. 1 ff., 150 ff.; *ders.*, Über Gegenstand und Methode völkischen Rechtsdenkens, Berlin 1938, S. 9, 39, 42 ff., 52.; *Heinrich Stoll*, Die nationale Revolution und das bürgerliche Recht, DJZ 1933, Sp. 1229, 1231.

51 Lies: die neue Rechtsidee (Anmerkung des Autors).

52 *Heinrich Lange*, Vom alten zum neuen Schuldrecht, Hamburg 1934, S. 36.

53 *Larenz*, Gegenstand und Methode, Berlin 1938, S. 26 (Anmerkung des Autors).

Larenz[54], W. Schönfeld[55] und anfangs auch Erik Wolf[56]. Die Gesetzesbindung der Rechtsanwender wurde aufgehoben, wenn der »Geist des Nationalsozialismus« es erforderte. Der isolierte Blick auf die *Legislative* der NS-Zeit gibt also *kein reales Bild* vom Ablauf der Rechtsperversion nach dem Systemwechsel. Erhebliche Teile der Rechtsperversion wurden vom vorauseilenden, beflissenen Gehorsam der deutschen Rechtswissenschaft, Justiz und Verwaltung betrieben oder beflügelt.

Für die zutreffende Einschätzung der Rolle von Gesetzgebung, Justiz und Rechtswissenschaft in der NS-Zeit ist es wichtig, sich die Situation nach dem Systemwechsel 1933 zu vergegenwärtigen. Die Forderung nach der sofortigen, umfassenden Rechtserneuerung im Sinne der NS-Weltanschauung richtete sich *an alle* für die Rechtsetzung, Rechtsanwendung und Neugestaltung zuständigen Institutionen, also neben der Legislative, vor allem an die Justiz, die Exekutive und die Rechtswissenschaft, die dem in Forschung und Lehre nachkommen sollte. Das war angesichts der zum Umbruchszeitpunkt 1933 bestehenden Rechtslage schwierig. Die Legislative war dazu, wie betont, kurzfristig außerstande.

Aus den Erfahrungen mehrfacher Systemwechsel wissen wir, dass die legislative Umgestaltung ganzer Gesetzesordnungen auf gewandelte weltanschauliche Wertvorstellungen Jahre, ja Jahrzehnte in Anspruch nehmen kann. Daraus ergeben sich, wie aus den deutschen Nachwendezeiten nach 1919, 1933, 1945/49 und 1989/90 zu sehen ist, erhebliche Funktions- und Machtverschiebungen, vor allem zwischen Legislative und Justiz.

Da die Gesetzgebung nach der jeweiligen Wende nur begrenzt und auf Teilgebieten kurzfristig tätig werden kann, ist sie auf die Unterstützung der übrigen an der Rechtsentwicklung beteiligten Institutionen angewiesen. Qualitativ befriedigende umfassende Neuregelungen ganzer Lebensbereiche sind im Schnellverfahren selten möglich. Der »nachrevolutionäre« Gesetz-

54 »Blut muß Geist, Geist muß Blut werden… Weil der Geist verfallen kann, darum muß Blut den Geist *wagen*. Der Geist aber wird gewinnen, wo er sich aus dem Blute erneuert.« *Karl Larenz*, Volksgeist und Recht. Zeitschrift für deutsche Kulturphilosophie, Bd. 1 (1934/35), S. 40, 42; *ders.*, Rechts- und Staatsphilosophie, S. 163ff.

55 »In jedem Worte was wir sprechen, denkt das Blut des Volkes, dessen Sprache es entstammt.« *Walter Schönfeld*, Der Kampf wider das subjektive Recht, ZakDR 1937, S. 107, 110. Vgl. auch *Günther Küchenhoff*, Nationaler Gemeinschaftsstaat, Volksrecht und Volksrechtsprechung, Berlin 1934; ders., Das staatsrechtliche Wesen des Dritten Reiches, JR 1934, S. 17.

56 Das volle Bürgerrecht sollten nach Wolf u. a. nur »Artgleiche« behalten. Seine Folgerung: »Dann braucht der alte Stamm des deutschen Rechts die Stürme nicht zu fürchten, die noch kommen mögen und wird in urwüchsiger Kraft auch dem Geziefer [!] trotzen, das wohl in seiner Rinde nisten, aber das Mark nicht schädigen kann.« *Erik Wolf*, Das Rechtsideal des nationalsozialistischen Staates, ARSP Bd. 28 (1934/35), S. 348, 363.

geber beschränkt sich in der Regel eher auf Grundsatznormen und »Maßnahme-Gesetze«. Im Übrigen gibt er den rechtsanwendenden Instanzen oft nur allgemeine rechtspolitische Zielvorstellungen an die Hand, etwa in Präambeln und Auslegungsgrundsätzen, die einzelnen Gesetzen vorangestellt, dann aber auf die gesamte Rechtsordnung angewendet werden.

Beispiele für in sich konsistente, umfassende Gesetze aus der NS-Zeit im Sinne der neuen weltanschaulichen Grundvorstellungen sind eher selten. Ich nenne als Beispiele aus zivilrechtlicher Sicht etwa das »Gesetz zur Ordnung der nationalen Arbeit« von 1934, sowie das Aktiengesetz 1937 und ein neues Ehegesetz von 1938. Ein über Jahre hin geplantes »Volksgesetzbuch der Deutschen«[57] kam über einen Rumpfentwurf nie hinaus. Ähnliche Verzögerungen gab es in der DDR für das dortige Familiengesetzbuch von 1965 und das Zivilgesetzbuch, das erst 1975, also 26 Jahre nach der Staatsgründung, verabschiedet wurde.

Politische Systemwechsel lösen wegen der Widersprüche ihrer der aufeinander treffenden, gegensätzlichen Basisideologien regelmäßig umfassende Umdeutungsstrategien in Justiz und Rechtwissenschaft aus. Die Differenzen zwischen der alten, aber noch geltenden Gesetzesordnung und den neu etablierten politisch-weltanschaulichen Grundwerten müssen »interpretativ« beseitigt werden. Das ist eine historische Regelerscheinung. Auf diesen Erfahrungen beruht die Qualifikation der deutschen Juristen als »Wende-Experten«.

Weil die jeweils neuen »Sieger der Geschichte«, gerade wenn sie »Ewigkeitswerte« zu vertreten glauben, die geforderte schnelle und umfassende »Rechtserneuerung« mit ihrer Legislative nicht bewirken können. Sie sind auf die vorauseilende Unterstützung von Justiz und Jurisprudenz angewiesen.

Hypothese 10: Systemwechsel produzieren regelmäßig Hochkonjunkturen von »Richterrecht«. Die Gerichte werden überall dort, wo sie vom geltenden Gesetzesrecht abweichen, dieses umdeuten oder ergänzen, von ***Rechtsanwendern zu Gesetzgebern****, von Dienern der Gesetze zu »Herren der Rechtsordnung«. Die Rechtswissenschaft leistete dazu wirksame Vorarbeit.*

Dazu werden nach Verfassungsumbrüchen regelmäßig – nicht nur nach 1933 – heftige Methodendiskurse geführt.[58] Gefragt sind dann methodische

57 *Justus Wilhelm Hedemann/Heinrich Lehmann/Wolfgang Siebert*, Das Volksgesetzbuch, Grundregeln und Buch I, Entwurf und Erläuterungen, München 1942.

58 *Heinz Mohnhaupt*, Das Verhältnis zwischen Gesetzgebung, Rechtsprechung und Rechtswissenschaft als Rechtsquellenproblem, Quaderni fiorentini per la storia del pensiero giuridico moderno 40 (2011) Giudici e giuristi. Il problema del diritto giurisprudenziale fra Otto e Novecento, Tomo I (a cura di Pietro Costa), Milano 2011, S. 19, 20.

Instrumente und Argumentationsmuster, welche die *richterliche* Normsetzung gegen das »geltende Gesetz« entweder als »Auslegung« erscheinen lassen oder die offene Gesetzesverweigerung unter Rückgriff auf »übergesetzliches Recht« legitimieren. Systemwechsel und Methodenwechsel sind historisch belegbare Parallelen. Daraus folgt:

Hypothese 11: Die Rechtsordnung des jeweiligen Staates ist kein Monopolprodukt der Gesetzgebung. Es kommt darauf an, wer in der jeweiligen Staatsordnung bei der Definition des »geltenden Rechts« das letzte Wort hat.

Der berühmte amerikanische Richter am Supreme Court Oliver W. Holmes hat das 1887 in die vielzitierte Formel gekleidet: *Recht ist das, was die letzten Instanzen für Recht erklären.*[59] Im NS-Regime war das, wie gezeigt, letzten Endes Hitler selbst. Im Regelfall entschied allerdings auch dort die Justiz, nicht selten zum Missfallen des Führers, der die Juristen und das Recht zutiefst verachtete.

V. Zum Funktionswandel der Gesetzgebung in der Bundesrepublik

Rechtswissenschaft, Gesetzgebung und Justiz und auch das allgemeine Rechtsbewusstsein der frühen Bundesrepublik waren geprägt von der Einsicht in das Ausmaß der Verbrechen des NS-Staates, in den Holocaust und die Vernichtungsstrategien in den besetzten Gebieten (»Oradour«, »Lidice«) und Konzentrationslagern. Abermals wurde eine neue Rechtsordnung gesucht und proklamiert.

Der Weg in den Unrechtsstaat hatte zwei Fahrbahnen. Die eine war die *Gesetzgebung* in ihren geschilderten konkurrierenden Instanzen. Die andere waren *neue Rechtsanwendungsstrategien*. Beide waren *normsetzend* tätig. Das gilt in einem bis dahin unbekanntem Umfang gerade für die letzten Instanzen der Justiz. Sie ersetzte die Gesetzgebung überall dort, wo die Gesetz-

59 *Oliver Wendell Holmes*, The Path of Law, Harvard Law Review Vol. X (1887), S. 460: »The prophecies of what the court will do in fact, and nothing more pretentious, are what I mean by the law.« Die Aussage hat übrigens deutsche Vorläufer. Gustav Hugo (1764–1844), Begründer der historischen Schule der Jurisprudenz, war schon 1815 überzeugt: »Die Gesetze sind nicht die einzige Quelle der juristischen Wahrheiten.« Es komme nicht darauf an, ob und für was Gesetze vorhanden seien. Maßgeblich sei vielmehr, »was die Richter, die Sachwalter und die mündlichen oder schriftlichen Lehrer von diesen für jetzt geltendes Recht halten.« *Gustav Hugo*, Civilistisches Magazin 4, Berlin 1815, S. 89, 126; zit. nach: *Mohnhaupt*, Verhältnis, S. 19, 35.

gebung dem Auftrag der geforderten »völkischen Rechtserneuerung« nicht schnell genug nachkam. Die bei der »unbegrenzten Auslegung« im Nationalsozialismus verwendeten methodischen Instrumente sind eingehend nachgewiesen und untersucht worden.[60] Verkündet wurden

- eine neue, spezifisch nationalsozialistische Rechtsidee,
- neue Rechtsquellen wie der Führerwille, die »artgleiche Volksgemeinschaft«, das Parteiprogramm der NSDAP,
- der »Geist des Nationalsozialismus«,
- neue Grundbegriffe des Rechts,
- ein »Naturrecht aus Blut und Boden«,
- neue der völkischen Gemeinschaftsordnung gemäße Auslegungsmethoden.

Zu diesen Themen erschien in den Jahren nach 1933 eine Flut literarischer Beiträge. Manche Autoren, wie etwa C. Schmitt und K. Larenz, gerieten geradezu in einen ›Publikationsrausch‹.[61] Die besondere Bedeutung dieser literarischen Beiträge zur NS-Rechtsumdeutung (»völkische Rechtserneuerung«) liegt in ihrem dialektischen Wechselspiel mit Gesetzgebung und Rechtsprechung. In vielen Rechtsbereichen kam das Schrifttum dem NS-Gesetzgeber zuvor und gab den Gerichten Ratschläge und Faustregeln an die Hand, wie sie neuen nationalsozialistischen Wein in die alten Schläuche der überkommenen Gesetzesordnung gießen können. Die Rechtsordnung wurde von der juristischen Literatur, wo es not tat, völlig ohne Eingreifen der Gesetzgebung auf die Ziele der neuen Machthaber ausgerichtet. Der NS-Gesetzgeber konnte sich dann für notwendige Neuregelungen Zeit lassen. In anderen Gebieten, in denen – wie etwa beim Ermächtigungsgesetz (24. März 1933), Reichsschriftleitergesetz[62] (4. Oktober 1934) und Blutschutzgesetz (15. September 1935) – neue Regelungen verabschiedet wurden, war die juristische Fachpresse und Literatur nach ihrer schnell und wirksam betriebenen »Gleichschaltung«[63]

60 Zur Übersicht über das reichlich vorhandene Material *Bernd Rüthers*, Die unbegrenzte Auslegung – Zum Wandel der Privatrechtsordnung im Nationalsozialismus, 7. Aufl., Tübingen 2012, S. 91 ff.; ders., Entartetes Recht; ders., Wir denken die Rechtsbegriffe um… – Weltanschauung als Auslegungsprinzip. Texte & Thesen, Zürich 1987.

61 Vgl. ebd.

62 Bemerkenswert dazu die Dissertation von *Willi Geiger*, Die Rechtsstellung des Schriftleiters nach dem Gesetz vom 4. Oktober 1933, Darmstadt 1941. Geiger (1909–1994), später Senatspräsident am BGH und gleichzeitig Richter des BVerfG, rechtfertigte darin u. a. die antisemitischen Berufsverbote für jüdische Journalisten. In diesem Beruf sei untragbar, wer »sich in seiner beruflichen oder politischen Betätigung als Schädling an Volk und Staat erwiesen« habe. Dass der Schriftführer »grundsätzlich arischer Abstammung sein« müsse, wurde von Geiger direkt aus dem Parteiprogramm der NSDAP abgeleitet.

63 Vgl. dazu *Bernd Rüthers/Martin Schmitt*, Die juristische Fachpresse nach der Machtergreifung der Nationalsozialisten, JZ 1988, S. 369.

ausschließlich von regimetreuen, überwiegend unkritisch huldigenden Beiträgen geprägt.

Hypothese 12: Die hier behandelten Bereiche Gesetzgebung, Rechtswissenschaft und Rechtsprechung haben den Aufgaben der »völkischen Rechtserneuerung« im Nationalsozialismus gemeinsam und mit vielfältigen Wechselwirkungen untereinander gedient. Jede Sparte hat ihren Anteil an der völligen Umgestaltung der Rechtsordnung bis hin zur Perversion des Rechts im Dienste des Unrechtssystems erbracht. Der Rassenwahn triumphierte mit den Mitteln des Rechts.

Die interpretative Umgestaltung der Rechtsordnung nach 1933 gelang so erfolgreich, dass die Machthaber sich mit den erforderlichen Kodifikationen Zeit lassen konnten. Der Erfolg führte gleichzeitig zu einem beträchtlichen methodischen Erfahrungsgewinn in der deutschen Justiz und Rechtswissenschaft. Dieses *methodische Know-how* wurde nach der Gründung der Bundesrepublik in Wissenschaft und Praxis erneut, teils auch von seinen »Erfindern«, eingesetzt. Das hatte mehrere Gründe: die weitgehende personelle Kontinuität der Funktionseliten und die strukturelle Parallelität der Aufgaben nach 1949.

1. Die weitgehende personelle Kontinuität der Funktionseliten

Die Funktionseliten in Justiz, Verwaltung, und Rechtswissenschaft aus der Zeit vor 1945 *behielten* oder *erhielten* nach »*Warteschleifen*« überwiegend ihre früheren Stellen und Einflussmöglichkeiten. Als ich im Sommersemester 1950 mein juristisches Studium in Münster begann, lehrten dort mehr als 80% von Professoren, die bereits vor 1945 das Recht, allerdings ein *ganz anderes* Recht gelehrt hatten. Anders als an den anderen juristischen Fakultäten in Westdeutschland waren darunter nur wenige, die zu den Aktivisten und führenden Köpfen der »völkischen Rechtserneuerung« gehört hatten. Aber auch diese waren anderswo (etwa in Bonn, Göttingen, Hamburg, Kiel, Köln, Mainz, München, Würzburg) wieder auf Lehrstühle gelangt und gehörten bald zu den führenden Köpfen und Federn der Rechtswissenschaft in der Bundesrepublik.[64] Das bedeutete regelmäßig, dass das Thema »Rechtswissenschaft im Nationalsozialismus« in ihren Fakultäten für die Dauer ihrer Anwesenheit zum Tabuthema wurde.

64 Deutlich anders verlief die Personalauswahl nach 1945/49 und nach dem Ende der DDR 1989/90. Dazu *Rüthers*, Geschönte Geschichten, S. 33ff., 58ff., 90ff., 107ff.

Nicht anders war es bei Richtern, Staatsanwälten, in der Ministerialbürokratie, im Auswärtigen Dienst, in den Kommunalverwaltungen, im Bildungswesen und in den meisten Gesellschaftsbereichen, nicht zuletzt in den Großunternehmen der Bundesrepublik. Das konzentrierte sich dort, wo die Unternehmen als »nationalsozialistische Musterbetriebe« eine besondere Nähe zum NS-Regime gefunden hatten. Nach 1949 waren diese Bereiche häufig bevorzugte Refugien für belastete Funktionseliten des zusammengebrochenen Regimes. Dadurch wurde eine umfassende methodische Analyse und Reflexion der Rechtsumdeutung im Nationalsozialismus lange be-, wenn nicht verhindert.

Das hatte zwei Folgen:

a) Die Justiz, Verwaltung und Rechtswissenschaft folgte zwar in den Aufbaujahren der Bundesrepublik den im Grundgesetz vorgegebenen Grundwerten. Die übernommenen Führungskader wendeten aber bei der Ausübung ihrer Funktionen die methodischen Techniken und Instrumente an, die sie auch nach 1933 bei der damaligen »Rechtserneuerung« erfolgreich eingesetzt hatten. Das geschah umso unauffälliger, als die Entwicklung des Rechts im Nationalsozialismus überall dort mit Schweigen übergangen wurde, wo die jetzigen Funktionsträger vor 1945 an diesen Vorgängen selbst aktiv in der Rechtsprechung und Verwaltung oder in der Literatur mitgewirkt hatten.[65]

b) Das gilt auch für die Lehre in den juristischen Fakultäten Westdeutschlands. In den Lehr- und Handbüchern für Rechtsphilosophie, Methodenlehre, Verfassungs- und Verwaltungsrecht, Zivil- und Strafrecht wurden die entsprechenden Vorgänge, wenn lebende Aktivisten dieser Zeit beteiligt waren, nicht erwähnt. Generationen von jungen Juristinnen und Juristen erfuhren von den Techniken, mit denen die Perversion der Rechtsordnung bewirkt worden waren, überall dort nichts, wo die Beteiligten in den Jahrzehnten zwischen 1950 und 1980 oder auch später in Festschriften, Feierstunden und Nachrufen ohne Erwähnung ihrer Rollen im Nationalsozialismus geehrt wurden.

Die methodischen Kontinuitäten verschärften sich bald durch die unbefangene Übernahme und Verbreitung der in der NS-Zeit bewährten Argumentationsmuster in Lehre, Literatur und Rechtsprechung der frühen Bundesrepublik. Eine kritische Reflexion ihrer Wirkungen in der zurückliegenden

65 Musterbeispiele sind die »Methodenlehre der Rechtwissenschaft« von *Karl Larenz* (1. Aufl., Berlin 1961; 6. Aufl., Berlin 1991; ebenso die »Studienausgabe« dazu von *Karl Larenz/Claus-Wilhelm Canaris*, 3. Aufl., Berlin 1995) sowie die »Privatrechtsgeschichte der Neuzeit. Unter besonderer Berücksichtigung der deutschen Entwicklung« von *Franz Wieacker* (1. Aufl., Göttingen 1952; 2. Aufl., Göttingen 1967).

Verfassungsepoche fand lange nicht statt und stößt bis heute auf Hemmungen. Sie fehlt verständlicher Weise bei vielen der fachlich überwiegend anerkannten Schüler von führenden NS-Juristen des Zivilrechts, Strafrechts und öffentlichen Rechts. Auch die obersten Bundesgerichte, zunächst überwiegend besetzt mit Richtern aus der Zeit vor 1945, neigten lange dazu, wenn sie überhaupt methodische Argumente formulierten, sich auf Larenz' Methodenlehre zu berufen. Ihre Spitzenrepräsentanten neigten, sofern sie bereits vor 1945 an Obergerichten tätig waren, zu ähnlichen Wendestrategien. Die Verschweigungs- und Verdrängungstechniken der NS-verstrickten juristischen Funktionseliten erweisen sich so bis in die Gegenwart hinein als ungewöhnlich wirksam und »erfolgreich«.

Hypothese 13: Die in der NS-Zeit erprobten und bewährten Instrumente der Umdeutung des Rechts wurden nach 1949 in der Bundesrepublik in Lehre, Schrifttum und Rechtsprechung weiterhin verwendet. Ihre Anwendung und ihre »Erfolge« in der NS-Zeit wurden wegen der nach dem Zusammenbruch einsetzenden Schweige- und Verdrängungsspirale lange nicht erwähnt und analysiert. Das gilt ebenso für die Lehre, das Schrifttum und die Justizpraxis. Die Verantwortung wurde, wie schon erwähnt, allein der NS-Gesetzgebung, dem »bösen Positivismus«, angelastet.

2. Die strukturelle Parallelität der Aufgaben nach 1949

Nach der Gründung der Bundesrepublik mussten abermals die aus mehreren Verfassungsepochen überkommenen Gesetze und gegensätzliche »Systemphilosophien« nunmehr mit der freiheitlich-demokratischen Grundordnung des Grundgesetzes in Übereinstimmung gebracht werden. Es ging also erneut um einer »grundlegende Rechtserneuerung«. Die Kontinuität der Funktionseliten brachte es – wie erwähnt – mit sich, dass viele Autoren mitwirkten, die bei der völkischen Rechtserneuerung nach 1933 aktiv gewesen und die dazu geeigneten Instrumente und Argumentationsmuster bereitgestellt hatten.

Die rasanten Veränderungsgeschwindigkeiten in den hochentwickelten Wissensgesellschaften der Gegenwart stellen uns heute und künftig vor strukturell vergleichbare Anpassungsprobleme der Rechtsordnung wie nach den hier behandelten Systemwechseln und Umbrüchen. Abermals werden die Gerichte zu *Ersatzgesetzgebern* überall dort, wo anwendbare gesetzliche Regelungen für neue Interessenkonstellationen fehlen. Das gilt etwa für die Suche nach neuen Rechtsquellen, speziell für die Ableitung von Rechtsfolgen aus dem wie auch immer begründeten »Naturrecht« (»übergesetzlichem

Recht«) sowie für den Einsatz der übrigen, bereits genannten Auslegungsinstrumente, etwa für das Denken in »konkreten Ordnungen«, in »konkretallgemeinen« Begriffen, die angeblich »objektive Auslegungsmethode« die »typologische Rechtsfindung«. Diese und ähnliche Kunstgriffe, lassen die Schaffung von neuem Richterrecht, also die reale »*Einlegung*«, als wissenschaftlich begründete *Auslegung* erscheinen.

Die Brisanz der Aufgabenverschiebung und des schleichenden Verfassungswandels wurde besonders in *den* Lebensbereichen deutlich, welche starken und tiefgreifenden Strukturveränderungen ausgesetzt waren. Beispielhaft dafür sind etwa das Verfassungsrecht, das Ehe- und Familienrecht, das Arbeitsrecht, sowie das Gesellschafts- und Wirtschaftsrecht. Für das Arbeitsrecht hat der Nestor dieser Disziplin Franz Gamillscheg schon angesichts des immer nachhinkenden Gesetzgebers bereits 1964 festgestellt: »Das Richterrecht bleibt unser Schicksal.«[66]

In Rechtsprechung und Literatur zu dieser Disziplin wird die Vielfalt der Methoden und Instrumente zur Umdeutung überkommener Gesetze und Rechtsgrundsätze besonders deutlich.[67] Die unstreitig gewachsene Normsetzungsmacht der Gerichte führt neuerdings zu einer Wiederbelebung überholt geglaubter freirechtlicher Theorien in der Rechtswissenschaft und bisweilen auch bei Vertretern oberster Bundesgerichte. Sie meinen, die von der Verfassung gebotene Gesetzesbindung sei ein »unerfüllbarer Traum«. Die Gerichte seien in der Wahl der von ihnen praktizierten Auslegungsmethoden von Fall zu Fall frei. Der Richter könne sie je nach dem von ihm für angemessen gehaltenen Ergebnis wählen.[68] Das würde bedeuten: Das vorher vom Gericht als »richtig« festgelegte Ergebnis bestimmt die Methode, nicht um-

66 *Franz Gamillscheg*, Die Grundrechte im Arbeitsrecht, AcP 164 (1964), S. 385, 445; *Franz Gamillscheg*, 50 Jahre deutsches Arbeitsrecht im Spiegel einer Festschrift, RdA 2005, S. 79 ff.

67 Eine Übersicht bei *Bernd Rüthers*, Methoden im Arbeitsrecht 2010 – Rückblick auf ein halbes Jahrhundert, Arbeitsrecht und Methode, NZA Beilage 3/2011, S. 100.

68 Vgl. *Günter Hirsch*, Der Richter im Spannungsverhältnis von Erster und Dritter Gewalt, DIE ZEIT Nr. 41/2003; ders., Rechtsanwendung, Rechtsfindung, Rechtsschöpfung – Der Richter im Spannungsverhältnis zwischen Erster und Dritter Gewalt, Juristische Studiengesellschaft Karlsruhe, Heidelberg 2003; ders., Der Richter wird's schon richten, ZRP 2006, S. 161; ders., Rechtsstaat oder Richterstaat, FAZ vom 29.4.2007, S. 8; ders., Auf dem Weg zum Richterstaat?, JZ 2007, S. 853; ferner *Winfried Hassemer*, Gesetzesbindung und Methodenlehre, ZRP 2007, S. 213; zum Teil wortgleich ders., Juristischen Methodenlehre und richterliche Pragmatik, Rechtstheorie 39 (2008), S. 1; zum gleichen Thema, erneut überwiegend wortgleich ders., in: Erscheinungsformen des Rechts, Frankfurt/M 2007, S. 119; ferner *Dieter Simon*, Vom Rechtsstaat in den Richterstaat?, Vortrag beim Berliner Arbeitskreis Rechtswirklichkeit am 03.11.2008, http://www.rechtswirklichkeit.de; ferner *Regina Ogorek*, Gefährliche Nähe? Richterliche Rechtsfortbildung und Nationalsozialismus, Festschrift für Winfried Hassemer, Heidelberg 2010, S. 159, 160 f.

gekehrt. Die methodische Beliebigkeit wird zum Prinzip erklärt, ein »Grundsatz der methodischen Grundsatzlosigkeit«.[69]

Namhafte Vertreter der Justiz und des Gesellschaftsrechts sind der Ansicht, die Gesetze seien, jedenfalls im Zivilrecht, keine für die Gerichte verbindlichen Rechtssätze, sondern lediglich »*Inspirationsquellen*«.[70] Damit wird in der Sache eine neue Verfassungslage proklamiert. Die parlamentarische Demokratie würde, wenn das Schule machte, für das Zivilrecht durch eine Priesterherrschaft von Gesetz und Verfassung unabhängiger, durch ihren Beruf gesalbter Richterkönige und Professoren ersetzt.[71]

Mit zwei Entscheidungen hat das Bundesverfassungsgericht im Jahre 2011 diese Auffassung verworfen.[72] In einem Beschluss vom 25. Januar 2011 hat der 1. Senat den verfassungswidrigen Vorstellungen, die Gesetzesbindung nach Art. 20 III, 97 I GG sei eine reine »Chimäre«, ein »unerfüllbarer Traum«[73] für die deutsche Gerichtspraxis eine Absage erteilt. Nunmehr ist auch der 2. Senat in einem Kammerbeschluss von 26. September 2011 den Grundsätzen des 1. Senats gefolgt: »*Der Grundsatz der Gewaltenteilung schließt es aus, dass die Gerichte sich aus der Rolle des Normanwenders in die einer normsetzenden Instanz begeben und der Bindung an Recht und Gesetz entziehen.*« Die richterliche Gesetzesbindung sei aus Gründen der Rechtsstaatlichkeit unverzichtbar: »*Richterliche Rechtsfortbildung darf nicht dazu führen, dass der Richter seine eigene materielle Gerechtigkeitsvorstellung an die Stelle derjenigen des Gesetzgebers setzt.*«[74]

69 Vgl. auch *Christian Fischer*, Topoi verdeckter Rechtsfortbildungen im Zivilrecht, Tübingen 2007, S. 446 ff.

70 Karsten Schmidt in einem Vortrag an der Kölner Universität 2009, hier zit. nach: *Martin Henssler/Clemens Höpfner*, Skizzenhafte Impressionen zu einem eindrucksvollen Werk, in: Stefan Grundmann/Karl Riesenhuber (Hg.), Deutschsprachige Zivilrechtslehrer des 20. Jahrhunderts in Berichten ihrer Schüler: eine Ideengeschichte in Einzeldarstellungen, Bd. 2, Berlin 2010, S. 437, 446 mit weiteren Nachweisen. K. Schmidt hat dieselbe Ansicht auf der Zivilrechtslehrertagung in Wien 2011 in der Diskussion bekräftigt.

71 Schon Wolfgang Zeidler hat die Richterschaft davor gewarnt, »*langfristig eine Art ›Adelsregime‹ anstreben*« zu wollen: Die Justiz sei »*dem Demokratieprinzip verpflichtet… Zuviel richterliche Unabhängigkeit kann auch gefährlich werden.*« (*Wolfgang Zeidler*, »… der Rechtsstaat ist sehr teuer«, DRiZ 1984, S. 251).

72 BVerfG NJW 2011, 836; dazu *Bernd Rüthers*, Klartext zu den Grenzen des Richterrechts, NJW 2011, 1856–1858.

73 So aber *Hassemer*, Gesetzesbindung und Methodenlehre, 213 ff.; ders., Juristische Methodenlehre, S. 10 ff.; *Ogorek*, Gefährliche Nähe?, S. 159 ff., 168; *Dieter Simon*, Vom Rechtsstaat in den Richterstaat?, Vortrag beim Berliner Arbeitskreis Rechtswirklichkeit am 03.11.2008, http://www.rechtswirklichkeit.de (zuletzt eingesehen am 30.01.2013); dazu *Rüthers*, Methodenfragen als Verfassungsfragen, S. 253 ff.; ders., Rechtswissenschaft ohne Recht?, NJW 2011, S. 434–436.

74 BVerfG NJW 2012, 669.

Es geht bei unserem Thema also nicht um eine »Bewältigung von Vergangenheit«, sondern um Probleme der Gegenwart und Zukunft unserer Disziplin. Nur eine zutreffende Kenntnis und Einschätzung der realen Vorgänge der beiden deutschen Rechtsperversionen ermöglicht die notwendigen Lernprozesse und geeignete Vorkehrungen gegen Wiederholungen. Hier zeigt sich ein für das Verständnis der Funktionsweise der Rechtsordnung kennzeichnender Zusammenhang, der nicht nur in den Ausnahmelagen von Systemwechseln wirksam ist.

Hypothese 14: Kennzeichnend für die Funktionsweisen einer Rechtsordnung ist das jeweils systemspezifische Zusammenspiel von juristischer Literatur, akademischer Lehre, Gesetzgebung und Rechtsprechung. Sie wirken wechselseitig auf die Schaffung des konkret geltenden Rechts ein. Die Analysen der »Ausnahmelagen« in und nach den Systemwechseln von 1933, nach 1945/49 und nach belegen diese generelle Erfahrung.

Eine vorbehaltlose Wahrnehmung der historischen Fakten und ein geschärftes Methodenbewusstsein kann dazu beitragen, den Verfassungswandel vom Gesetzesstaat zum Richterstaat in allen Auswirkungen und Risiken stärker als bisher bewusst werden zu lassen und seinen Risiken vorzubeugen. Gerade diese Studienfächer (Rechtsgeschichte, Rechtsphilosophie und Methodenlehre) sind in den Ausbildungsordnungen der meisten Bundesländer zu Wahlfächern degradiert. Die einschlägigen Lehr- und Handbücher, etwa zur Methodenlehre und zur Rechtsgeschichte sparen die einschlägigen Erfahrungen aus den »Rechtserneuerungen« in zwei deutschen totalitären Systemen manchmal bis heute aus.[75] Geschichtslose Jurisprudenz und Justiz sind gefährlich.

75 Musterbeispiele sind *Franz Wieacker*, Privatrechtsgeschichte der Neuzeit, unter besonderer Berücksichtigung der deutschen Entwicklung, 2. Aufl., Göttingen 1967; *Karl Larenz/Claus-Wilhelm Canaris*, Methodenlehre der Rechtswissenschaft, 3. Aufl., Berlin 1995 (!).

Thomas Vormbaum

Die »strafrechtliche Aufarbeitung« der nationalsozialistischen Justizverbrechen in der Nachkriegszeit*

I. Einleitung

Zu Beginn seien Standort und Umfang des Themas erläutert. »Strafrechtliche Aufarbeitung der Vergangenheit« in einem weiteren Sinne – und damit auch deren Kritik – besteht aus zwei Komplexen:

- der Erneuerung des durch ein vorheriges rechtsstaatswidriges Regime »verderbten« bzw. »pervertierten« Strafrechts[1],
- der strafrechtlichen Auseinandersetzung mit den Verbrechen dieses rechtsstaatswidrigen Regimes, die man als »strafrechtliche Aufarbeitung der Vergangenheit im engeren Sinne« bezeichnen kann.

Mein Thema berührt nur diesen zweiten Bereich. Dieser teilt sich seinerseits im Wesentlichen in zwei Teilbereiche:

* Mit Fußnoten versehene Fassung meines auf dem Berliner Symposium gehaltenen Referates. Aus organisatorischen Gründen (Ausfall eines Referenten) wurde der Vortrag über das vorgesehene Thema hinaus in zweierlei Hinsicht erweitert: Neben den nationalsozialistischen Justizverbrechen fanden auch die Gewaltverbrechen (im engeren Sinne) (im Schaubild Feld 6) kurz Erwähnung, und es wurde der »Allgemeine Teil« des Komplexes »Bestrafung der Täter« (Feld 5) mitbehandelt. Beide Komplexe bleiben auch in der vorliegenden Fassung einbezogen. Mit Rücksicht auf nichtjuristische (bzw. nichtstrafrechtliche) Leser sind einige Aspekte etwas ausführlicher formuliert als in der aus Zeitgründen komprimierteren Vortragsfassung. – Teils im Text, teils in den Fußnoten ergänzt sind die Hinweise auf einige mögliche Forschungsdesiderate, die ich während der Aussprache nach dem Vortrag gegeben habe.

1 Dazu *Matthias Etzel*, Die Aufhebung von nationalsozialistischen Gesetzen durch den Alliierten Kontrollrat (1945–1948), Tübingen 1992; *Jürgen Welp*, Die Strafgesetzgebung der Nachkriegszeit (1945–1953), in: Thomas Vormbaum/Jürgen Welp (Hg.), Das Strafgesetzbuch, Sammlung der Änderungsgesetze und Neubekanntmachungen, Supplementband 1: 130 Jahre Strafgesetzgebung – Eine Bilanz, (Schriftenreihe Juristische Zeitgeschichte. Abt. 3, Bd. 1, S. 1) Berlin 2004, S. 139–173.

- die Rehabilitierung und Entschädigung der Opfer[2],
- die Bestrafung der Täter.[3]

Mein Thema berührt nur diesen zweiten Bereich. Dieser schließlich umfasst abermals vor allem zwei Teilbereiche:
- die Gewaltverbrechen (zu diesem, die Thematik erweiternden[4] Komplex werde ich nur einige kurze Ausführungen machen);
- mein eigentliches Thema, wie im Titel dieses Beitrags formuliert, die strafrechtliche Auseinandersetzung mit den nationalsozialistischen Justizverbrechen.

Standort der Problematik

<table>
<tr><td colspan="4">Strafrechtliche Aufarbeitung der NS-Vergangenheit i. w. S.
(1)</td></tr>
<tr><td>Bereinigung bzw. Erneuerung des Strafrechts
(2)</td><td colspan="3">Strafrechtliche Auseinandersetzung mit der NS-Vergangenheit (Strafrechtliche Aufarbeitung der NS-Vergangenheit i. e. S.)
(3)</td></tr>
<tr><td></td><td>Rehabilitierung und Entschädigung der Opfer der NS- Strafjustiz
(4)</td><td colspan="2">Bestrafung der Täter
(5)</td></tr>
<tr><td colspan="2"></td><td>Gewalt-verbrechen
(6)</td><td>Justiz-verbrechen
(7)</td></tr>
</table>

Ist somit mein Thema auf der dritten (bzw. vierten) Ebene der »strafrechtlichen Aufarbeitung der Vergangenheit« angesiedelt, so ist schon aus logischen Gründen zu erwarten, dass manches Problem, das auf den beiden höheren Ebenen oder auf dem benachbarten Terrain angesiedelt ist, auch in mein Thema hineinspielt. Und so ist es denn auch: Vieles, was in den Bereich »Aufarbeitung der Justizverbrechen« hineinspielt, wäre Gegenstand

2 Dazu zusammenfassend *Ralf Vogel*, Die Wiedergutmachung von nationalsozialistischem Unrecht durch die Bundesrepublik Deutschland und die DDR, in: Klaus Marxen/Koichi Miazawa/Gerhard Werle (Hg.), Der Umgang mit Kriegs- und Besatzungsunrecht in Japan und Deutschland, Berlin 2001, S. 190ff.

3 Beste Übersicht immer noch in dem klassischen Werk von *Adalbert Rückerl*, NS-Verbrechen vor Gericht. Versuch einer Vergangenheitsbewältigung, Heidelberg 1982.

4 Siehe den Hinweis in Fn. 1.

von weiter oder anders gefassten Themenstellungen und ist teilweise auch durch andere Referate des Symposiums abgedeckt. Natürlich gelten auch für *mein* Thema Elemente des *genus proximum*; die wichtigsten Stichworte sind: »Rückwirkungsverbot«, »Radbruchsche Formel«, »Gehilfenrechtsprechung«, »Amnestie«, »Begnadigung«, »Verjährung«[5]. Andererseits weist das Thema »Justizverbrechen« – sonst wäre es ja kein Spezialthema – auch die eine und andere *differentia specifica* gegenüber den anderen Themen auf; hierher gehören vor allem die Stichworte »Richterprivileg« und »Vorsatzschwelle«.

Das Bundesjustizministerium ist freilich vom Thema »Aufarbeitung der Justizverbrechen« als solchem nur am Rande berührt, denn es wird im Folgenden vor allem um die Aufarbeitung des Unrechts der NS-Strafjustiz durch die westdeutsche Strafjustiz gehen. Zwar umfasste »Justizunrecht« zunächst neben richterlichem Unrecht durchaus auch dasjenige anderer Juristen, namentlich solcher, die in der Gesetzgebung tätig waren; schon nach kurzer Zeit engte die Problematik sich dann aber auf die Justiz im engeren Sinne ein. Ich will im Wesentlichen versuchen, die Etappen der Entwicklung von 1946 bis in die 90er Jahre nachzuzeichnen.

5 Die Verjährungsproblematik habe ich in die Erweiterung des Themas (siehe Fn. 1) nicht einbezogen. Dazu eingehend *Marc von Miquel*, Ahnden oder amnestieren? Westdeutsche Justiz und Vergangenheitspolitik in den sechziger Jahren, Göttingen 2004, S. 224ff. Zu der in diesem Zusammenhang besonders bedeutsamen Rolle der Gesetzesänderung durch das EGOWiG von 1968 und die (mögliche) Rolle, welche Eduard Dreher dabei gespielt hat, siehe vor allem *Michael Greve*, Amnestierung von NS-Gehilfen – eine Panne? Die Novellierung des § 50 Abs. 2 alte Fassung und dessen Auswirkungen auf die NS-Strafverfolgung, KJ 2000, S. 412–424 (erneut in: Jahrbuch der juristischen Zeitgeschichte 4 (2002/2003), S. 295–311); *Hubert Rottleuthner*, Hat Dreher gedreht? Über Unverständlichkeit, Unverständnis und Nichtverstehen in Gesetzgebung und Forschung, Rechtshistorisches Journal 2002, S. 307–320; *Miquel*, Ahnden oder amnestieren?, S. 327ff.; *Monika Frommel*, Taktische Jurisprudenz – die verdeckte Amnestie von NS-Schreibtischtätern 1969 und die Nachwirkung der damaligen Rechtsprechung bis heute, in: Matthias Mahlmann (Hg.), Gesellschaft und Gerechtigkeit. Festschrift für Hubert Rottleuthner. Baden-Baden 2011, S. 458ff., jetzt in leicht aktualisierter Form auch http://www.uni-kiel.de/isk/cgi-bin/files/frommel_rottleuthner_fs.pdf.

II. Der Nürnberger Hauptkriegsverbrecherprozess

Nur kurz zu erwähnen ist im Rahmen meiner Thematik der Nürnberger Hauptkriegsverbrecherprozess von 1946, denn das Thema »Justizunrecht« war dort als solches nicht Gegenstand der Verhandlung. *Hans Frank*[6] war zwar angeklagt und wurde zum Tode verurteilt, aber nicht in seiner Eigenschaft als Leiter des Reichsrechtsamtes der NSDAP und als Präsident der Akademie für Deutsches Recht oder wegen anderer von ihm bekleideter juristischer Funktionen, sondern als Generalgouverneur des besetzten Polen. Andere Juristen wie *Franz Gürtner*[7], *Roland Freisler*[8] und *Otto Thierack*[9], die möglicherweise ebenfalls die Schwelle des Kreises der Hauptkriegsverbrecher erreicht hätten, waren als Folge natürlichen Todes, als Opfer eines alliierten Bombenangriffs bzw. aufgrund von Selbstmord für die irdische Gerechtigkeit nicht mehr erreichbar.

III. Der Nürnberger Juristenprozess

Im Jahr darauf fand der Nürnberger Juristenprozess als der dritte von 12 sog. Nürnberger Nachfolgeprozessen statt[10] – nicht mehr vor einem internationalen Tribunal, sondern vor einem amerikanischen Militärgericht und nach amerikanischem Strafverfahrensrecht.

6 Zu Frank siehe *Christian Schudnagies*, Hans Frank: Aufstieg und Fall des NS-Juristen und Generalgouverneurs, Frankfurt am Main 1989; *Dieter Schenk*, Hans Frank: Hitlers Kronjurist und Generalgouverneur, Frankfurt am Main 2006; *Christoph Kleßmann*, Die braune Elite 1, Hans Frank – Parteijurist und Generalgouverneur in Polen, 4. Aufl., Darmstadt 1999; *Robert Wistrich*, Wer war wer im Dritten Reich. Anhänger, Mitläufer, Gegner aus Wirtschaft, Militär, Kunst und Wissenschaft, München 1983, S. 73 f.

7 Zu Gürtner siehe *Ekkehard Reitter*, Franz Gürtner, politische Biographie eines deutschen Juristen, Berlin 1976; *Robert Wistrich*, Wer war wer im Dritten Reich, S. 104–106; *Lothar Gruchmann*, Justiz im Dritten Reich 1933–1940: Anpassung und Unterwerfung in der Ära Gürtner, München 1988, insbesondere S. 9–83.

8 Zu Freisler siehe z. B. *Robert Wistrich*, Wer war wer im Dritten Reich, S. 75 f.

9 Zu Thierack siehe z. B. ebd., S. 272 f.

10 Zum Nürnberger Juristenprozess siehe neben den in den folgenden Fußnoten gegebenen Nachweisen *Ralf Oberndörfer*, Feindstrafrecht, Terror durch Normen, geduldete Devianz. Zur Rolle der Juristen im NS-System. Einige Anmerkungen zum Nürnberger Juristenprozess 1947, in: Justizministerium des Landes Nordrhein-Westfalen (Hg.), Leipzig – Nürnberg – Den Haag: Neue Fragestellungen und Forschungen zum Verhältnis von Menschenrechtsverbrechen, justizieller Säuberung und Völkerstrafrecht. (Juristische Zeitgeschichte NRW Bd. 16), S. 40–47. – Da der Schwerpunkt dieses Beitrages auf

Grundlage des Verfahrens war das KRG 10, das im Wesentlichen die sog. Nürnberger Prinzipien, welche dem Hauptkriegsverbrecherprozess als normative Grundlage gedient hatten, kodifizierte.[11] Gegenständlich waren demnach die Tatbestände
- Verbrechen gegen den Frieden;
- Kriegsverbrechen;
- Verbrechen gegen die Menschlichkeit;
- Zugehörigkeit zu verbrecherischen Organisationen.[12]

Der erste Punkt – Verbrechen gegen den Frieden – wurde allerdings vom Gericht nicht zugelassen[13], so dass die Haftung der Angeklagten für Taten, die andere begangen hatten, entfiel.[14]

der bundesdeutschen Rechtsprechung liegen soll, beschränkt sich die Darstellung des Nürnberger Juristenprozesses auf die formelle Seite bzw. den »Allgemeinen Teil«, zumal über diesen Prozess einige auch die einzelnen Angeklagten betreffende Darstellungen vorliegen. Der vollständige Text ist greifbar bei Lore Maria Peschel-Gutzeit (Hg.), Das Nürnberger Juristen-Urteil von 1947. Historischer Zusammenhang und aktuelle Bezüge, Baden-Baden 1996. – Entgegen einer beim Symposium gegebenen Information hat es seinerzeit eine *vollständige*, nicht nur den Allgemeinen Teil des Urteils wiedergebende Ausgabe des Nürnberger Juristenurteils gegeben (freilich wohl nur als justizinterne Ausgabe): *Das Nürnberger Juristenurteil* (Rechts- und Staatswissenschaftlicher Verlag GmbH, vormals Gesetz und Recht Verlag GmbH), Hamburg 1948 (Sonderveröffentlichungen des Zentral-Justizamtes für die Britische Zone. 3). Ein Exemplar liegt dem Verfasser vor; auf dem Titelblatt ist ein bedruckter Zettel mit dem Zusatz »(Vollständige Ausgabe)« eingeklebt. Ein weiterer Zettel ist eingeklebt über der (kurzen) »Vorbemerkung« auf S. 5; sein Text lautet: »Der vorliegende Band enthält den vollen Wortlaut des Nürnberger Juristenurteils nebst Anlagen. Im Buchhandel erhältlich ist lediglich der Allgemeine Teil (S. 1–64) nebst der abweichenden Stellungnahme des Richters Blair und den Beilagen A, B und C – versehen mit nachstehender Vorbemerkung«. – In der Vorbemerkung heißt es in der Tat u. a. »Mit Rücksicht auf den Umfang des Urteils und die Papierknappheit muß der Abdruck auf diesen Teil der Urteilsgründe [scil.: den Allgemeinen Teil und die *dissenting opinion* des Richters Blair] beschränkt bleiben«. Die Ausführungen zu den einzelnen Angeklagten finden sich auf S. 139–245 dieser vollständigen Ausgabe.

11 Die folgenden Angaben nach: Amtsblatt des Kontrollrats Nr. 3 vom 31. Januar 1946, S. 50; Auszug aus dem KRG 10 mit den hier interessierenden Artikeln bei *Thomas Vormbaum*, Einführung in die moderne Strafrechtsgeschichte, 2. Aufl., Heidelberg 2011, S. 236 f.

12 Art. II Ziff. 1 KRG 10.

13 *Heribert Ostendorf/Heino ter Veen*, Das »Nürnberger Juristenurteil«: Eine kommentierte Dokumentation, Frankfurt am Main 1985, S. 40 f.; *Klaus Kastner*, »Der Dolch des Mörders war unter der Robe des Juristen verborgen«. Der Nürnberger Juristenprozess des Jahres 1947, JoJZG 2007, S. 82 r. Sp.; *Hubert Rottleuthner*, Das Nürnberger Juristenurteil und seine Rezeption in Deutschland – Ost und West, NJ 1997, S. 617.

14 *Rudolf Wassermann*, Fall 3: Der Nürnberger Juristenprozess, in: Gerd R. Ueberschär (Hg.), Der Nationalsozialismus vor Gericht. Die alliierten Prozesse gegen Kriegsverbrecher und Soldaten 1943–1952, 2. Aufl., Frankfurt am Main 2000, S. 103.

Dieser Verbrechen schuldig sein sollten, neben Tätern und Gehilfen, diejenigen, welche »durch Zustimmung« teilgenommen oder mit der »Planung oder Ausführung in Zusammenhang gestanden« hatten, oder »einer Organisation oder Vereinigung angehört« hat[ten]«, die mit der Ausführung »in Zusammenhang stand«.[15] Angedroht war die Strafe, »die das Gericht für angemessen bestimmt«. In Betracht kamen Todesstrafe, lebenslange oder zeitige Freiheitsstrafe mit oder ohne Zwangsarbeit, Geldstrafe, Vermögenseinziehung, Rückgabe unrechtmäßig erworbenen Vermögens und völlige oder teilweise Aberkennung der bürgerlichen Ehrenrechte.[16]

Angeklagt waren 16 Justizjuristen: neun Mitglieder des Reichsjustizministeriums, drei Vorsitzende von Sondergerichten, zwei richterliche Mitglieder des Volksgerichtshofs und zwei Angehörige der Reichsanwaltschaft.[17] Die vorgeworfenen *Gesetzgebungs*akte[18] bezogen sich zwar nur auf die Zeit von 1939 bis 1945.[19] Bei den *Rechtsprechungs*akten konnte jedoch über die Erörterung der Gesetzes*anwendung* auch auf frühere Gesetze, vor allem auf die sog. Blutschutzgesetze, zurückgegangen werden. Nach fast neunmonatiger Hauptverhandlung ergingen Anfang Dezember 1947 die Urteile:

15 Art. II Ziff. 2 lit. a – e KRG 10; lit. f bezog sich auf Art. II 1a und wurde daher im Juristenprozess nicht aktuell.

16 Art. II Ziff. 3 KRG 10.

17 Transparente Darstellung des Verfahrens, des Urteils und seiner Hintergründe bei *Heribert Ostendorf*, Der »Nürnberger Juristenprozess« und seine Auswirkungen auf eine internationale Strafgerichtsbarkeit, in: Heribert Ostendorf/Uwe Danker (Hg.), Die NS-Strafjustiz und ihre Nachwirkungen, Baden-Baden 2003, S. 125 ff.; und *Klaus Kastner*, »Dolch des Mörders, JoJZG 2007, S. 81 ff., auf die sich die folgende Darstellung in erster Linie stützt; ausführliche »kommentierte Dokumentation« des Urteils bei *Ostendorf/Veen*, Das »Nürnberger Juristenurteil«; zu den einzelnen Personen der Angeklagten siehe *Kastner*, Dolch des Mörders, S. 82.

18 Die NS-Strafgesetzgebung ist mittlerweile mehrfach und unter verschiedenen Gesichtspunkten dokumentiert und im Einzelnen kommentiert. Zur Gesetzgebung insgesamt: *Arno Buschmann*, Nationalsozialistische Weltanschauung und Gesetzgebung 1933–1945, Bd. II Dokumentation einer Entwicklung, Wien 2000; zur NS-Strafgesetzgebung: *Ostendorf/Veen*, Das »Nürnberger Juristenurteil«; Änderungen des Strafgesetzbuches bei *Thomas Vormbaum/Jürgen Welp* (Hg.), Das Strafgesetzbuch, Sammlung der Änderungsgesetze und Neubekanntmachungen (Schriftenreihe Juristische Zeitgeschichte. Abt. 3, Bd. 1.1, S. 1, 1870–1953), Baden-Baden 1999; Einzelbesprechungen bei *Gerhard Werle*, Justiz-Strafrecht und polizeiliche Verbrechensbekämpfung im Dritten Reich, Berlin 1989, passim; *Stefan Werner*, Wirtschaftsordnung und Wirtschaftsstrafrecht im Nationalsozialismus, Frankfurt am Main 1991; zum Nebenstrafrecht *Johanna Gertrude Schmitzberger*, Das nationalsozialistische Nebenstrafrecht 1933 bis 1945, Frankfurt am Main 2008; Besprechung der hier besonders interessierenden Gesetzgebungsakte bei *Thomas Vormbaum*, Einführung in die moderne Strafrechtsgeschichte, 2. Aufl., Heidelberg 2011, S. 194 ff., 205 ff.

19 Gegenstand des Verfahrens waren vor allem die Volksschädlingsverordnung, die Polen- und Judenstrafrechtsverordnung und der so genannte Nacht- und Nebelerlass.

zwei Freisprüche sowie vier Verurteilungen zu lebenslangem Zuchthaus (darunter der zeitweilige kommissarische Reichsjustizminister Franz Schlegelberger und der Vorsitzende des Sondergerichts Nürnberg Oswald Rothaug, dessen Kammer das berüchtigte Urteil im Fall Katzenberger gefällt hatte[20]). Im Übrigen gab es Verurteilungen zu Zuchthaus zwischen fünf und zehn Jahren.

Der Gesetzestext des KRG 10 und die Urteilsbegründung im Juristenprozess machen deutlich, dass versucht wurde, den Besonderheiten einer staatlich organisierten Systemkriminalität, die sich häufig der Subsumtion unter herkömmliche konkrete Straftatbestände entzog, gerecht zu werden, ohne dabei den strafrechtlichen Grundsatz der individuellen Verantwortlichkeit außer Acht zu lassen. In den Urteilsgründen heißt es denn auch, es gehe nicht um »einfachen Mord oder um Einzelfälle von Greueltaten«, vielmehr seien die Angeklagten »solch unermesslicher Verbrechen beschuldigt, dass bloße Einzelfälle von Verbrechenstatbeständen im Vergleich dazu unbedeutend erscheinen. Die Beschuldigung, kurz gesagt, ist die der bewussten Teilnahme an einem über das ganze Land verbreiteten und von der Regierung organisierten System der Grausamkeit und Ungerechtigkeit unter Verletzung der Kriegsgesetze und der Gesetze der Menschlichkeit, begangen im Namen des Rechts unter der Autorität des Justizministeriums und mit Hilfe der Gerichte«.[21]

Bei der Strafzumessung bemühte sich das Gericht jedoch sehr sorgfältig, mitunter sogar mit Empathie, die persönlichen Umstände der Angeklagten zu berücksichtigen. Bis auf den Angeklagten Rothaug waren bereits 1951 alle Verurteilten wieder auf freiem Fuß; Rothaug folgte 1956. Wie auch viele NS-Gewaltverbrecher profitierten sie alle von dem in dieser Zeit bis in die höchsten Kreise der Republik[22] grassierenden »Gnaden-

20 Dazu die Dokumentation von *Christiane Kohl*, Der Jude und das Mädchen: Eine verbotene Freundschaft in Nazideutschland, Hamburg 1997.

21 *Das Nürnberger Juristenurteil.* Hamburg 1948 (Sonderveröffentlichungen des Zentral-Justizamtes für die Britische Zone. 3), S. 43, bzw. *Peschel-Gutzeit* (Hg.), Das Nürnberger Juristen-Urteil von 1947, S. 65 f. Es folgt der vielzitierte Satz: »Der Dolch des Mörders war unter der Robe des Juristen verborgen«.

22 Ralph Giordano weist darauf hin, dass Bundespräsident Theodor Heuss in die Grüße seiner Silvesteransprache 1950/51 auch die »Landsberger« (also die im Zuchthaus Landsberg einsitzenden Kriegsverbrecher) einschloss und dass er Hitlers Minister Konstantin von Neurath (der im Nürnberger Hauptkriegsverbrecherprozess zu 15 Jahren Zuchthaus verurteilt worden war) bei seiner vorzeitigen Entlassung persönlich als »schwäbischen Landsmann« begrüßte: *Ralph Giordano*, Die zweite Schuld oder Von der Last Deutscher zu sein, Hamburg 1987, S. 121. Ebd. auch der Hinweis auf die Delegation der Bundestagsabgeordneten Hermann Ehlers (Bundestagspräsident), Heinrich Höfler, Peter Altmeier,

fieber«[23], das Teil der einsetzenden, durch die weltpolitische Entwicklung begünstigten »Vergangenheitspolitik«[24] der frühen Bundesrepublik und wohl auch eine der Voraussetzungen für das »Beschweigen«[25] der NS-Vergangenheit in dieser Zeit war. Die Begnadigungen mögen auch ihren Teil dazu beigetragen haben, dass der Nürnberger Juristenprozess, wie sich zeigen sollte, folgenlos blieb[26], und sie dienten vielfach – so Heribert Ostendorf – »als justizielle Rechtfertigung für späteres Nichtstun«.[27]

IV. Der Oberste Gerichtshof für die britische Zone

Bevor ich auf die Rechtsprechung der Bundesrepublik über das Justizunrecht der NS-Zeit eingehe, möchte ich noch einen kurzen Blick auf die Rechtsprechung des Obersten Gerichtshofs für die Britische Zone, d.h. für die Länder Schleswig-Holstein, Hamburg, Niedersachsen und Nordrhein-Westfalen werfen.[28] Das Gericht mit Sitz in Köln war von Frühjahr 1948 bis zum 1. Ok-

Hans-Joachim von Merkatz und Carlo Schmid, die zusammen mit Justizstaatssekretär Walter Strauß den amerikanischen Hohen Kommissar John J. McCloy besuchte, um die Freilassung der »Landsberger« zu erreichen. Zu Heuss' Neujahrsansprache siehe auch *Norbert Frei*, Vergangenheitspolitik. Die Anfänge der Bundesrepublik und die NS-Vergangenheit, München 1999, S. 77.

23 *Werle*, Bestrafung, S. 144.

24 Dieser inzwischen zentrale Begriff der zeitgeschichtlichen Forschung geht zurück auf das gleichnamige Buch von *Frei*, Vergangenheitspolitik.

25 Die umstrittene These vom »integrativen Sinn des Beschweigens biographischer Vergangenheitslasten im bundesrepublikanischen Alltag« wurde 1983 von Hermann Lübbe aufgestellt. Seine Ausführungen sind jetzt am besten greifbar in *Hermann Lübbe*, Vom Parteigenossen zum Bundesbürger. Über beschwiegene und historisierte Vergangenheit, München 2007.

26 *Ostendorf/Veen*, Das »Nürnberger Juristenurteil«, S. 51ff.; *Heribert Ostendorf*, Der »Nürnberger Juristenprozess« und seine Auswirkungen auf eine internationale Strafgerichtsbarkeit, in: Ostendorf/Danker (Hg.), Die NS-Strafjustiz und ihre Nachwirkungen, Baden-Baden 2003, S. 125; *Klaus Kastner*, »Der Dolch des Mörders war unter der Robe des Juristen verborgen«. Der Nürnberger Juristenprozess des Jahres 1947, JoJZG 2007, S. 86.

27 *Ostendorf*, Der »Nürnberger Juristenprozess«, S. 129, mit dem Hinweis auf eine entsprechende Äußerung des hessischen Generalstaatsanwalts Fritz Bauer.

28 Seine Rechtsprechung zu den Verbrechen gegen die Menschlichkeit ist kürzlich Gegenstand einer Veröffentlichung in der vom Justizministerium Nordrhein-Westfalen herausgegebenen Schriftenreihe »Juristische Zeitgeschichte NRW« geworden: Justizministerium NRW/Internationales Forschungs- und Dokumentationszentrum Kriegsverbrecherprozesse der Philipps-Universität Marburg (Hg.), Verbrechen gegen die Menschlichkeit – Der Oberste Gerichtshof der Britischen Zone, (Juristische Zeitgeschichte Nordrhein-Westfalen, Bd. 19), o.O., o.J (Düsseldorf 2012).

tober 1950 (als seine Zuständigkeiten auf den BGH übergingen) tätig.[29] Sachlich zuständig war der OGH u. a. für Revisionen in Schwurgerichtssachen[30] und damit vor allem für Verbrechen gegen die Menschlichkeit nach dem KRG 10, deren Aburteilung kurz zuvor von der britischen Besatzungsmacht auf die deutschen Gerichte übertragen worden war.[31] Ehemalige NSDAP-Mitglieder waren vom Richteramt ausgeschlossen.

Unter den Fällen von Verbrechen gegen die Menschlichkeit, mit denen der Gerichtshof befasst war, waren vor allem zwei, die das Justizunrecht der NS-Zeit betrafen. In beiden Fällen hob der OGH die erstinstanzlichen Freisprüche auf und bejahte ein Verbrechen gegen die Menschlichkeit[32] – im Fall der Richter eines Marinekriegsgerichts, die einen Deserteur noch nach der Kapitulation der Wehrmacht zum Tode verurteilt hatten[33], stellte das Gericht überdies klar, dass die vom Landgericht angenommene Sperrwirkung des Rechtsbeugungstatbestandes nicht existiere.[34] Im zweiten Fall wurde der erstinstanzliche Freispruch des Kölner Landgerichtspräsidenten Walter Müller vom Vorwurf der Verleitung von Untergebenen zur Rechtsbeugung nach

29 Zur Erschließung der Rechtsprechung des Gerichts dient neuerdings Werner Schubert (Hg.), Oberster Gerichtshof für die Britische Zone (1948–1950), Nachschlagewerk Strafsachen – Nachschlagewerk Zivilsachen, Präjudizienbuch der Zivilsenate, Frankfurt am Main 2010.

30 Der OGH war zuständig für die Revision gegen Schwurgerichtsurteile; für die Revision gegen Strafkammerurteile war er (wohl aus Ressourcengründen) nur zuständig in Sachen, in denen der Senat eines OLG von einem anderen Strafsenat oder vom OGH abwich: *Hinrich Rüping*, »Hüter des Rechts und der Rechtseinheit« – Zur Bedeutung des Obersten Gerichtshofs in der Britischen Zone für die Strafrechtspflege, Jahrbuch der Juristischen Zeitgeschichte 1 (1999/2000), S. 96.

31 *Wolfgang Form*, Der Oberste Gerichtshof für die Britische Zone: Gründung, Besetzung und Rechtsprechung in Strafsachen wegen Verbrechen gegen die Menschlichkeit, in: Justizministerium NRW/Internationales Forschungs- und Dokumentationszentrum Kriegsverbrecherprozesse der Philipps-Universität Marburg (Hg.), Verbrechen gegen die Menschlichkeit, S. 24 ff.

32 Zu beiden Fällen ausführlich *Gerhard Pauli*, Der Konflikt zwischen dem Obersten Gerichtshof für die Britische Zone und seinen Untergerichten bei der Anwendung des Kontrollratsgesetzes Nr. 10, in: Justizministerium NRW/Internationales Forschungs- und Dokumentationszentrum Kriegsverbrecherprozesse der Philipps-Universität Marburg (Hg.), Verbrechen gegen die Menschlichkeit, S. 69 ff.

33 OGHSt 1, 217; *Pauli*, Konflikt, S. 69 ff.

34 Interessant ist, dass das Gericht mit dem Landgericht akzeptierte, dass der Rechtsbeugungsvorsatz fehlte; mithin wurde die (weitere) Hürde der Vorsatzschwelle (dazu weiter unten) nicht aktuell; zumindest für Verbrechen gegen die Menschlichkeit sprach daher das Gericht dem Rechtsbeugungstatbestand jegliche Relevanz ab und griff sogleich auf das KRG 10 zurück, während es sonst die Position vertrat, dass das KRG 10 nur solche Handlungen unter Strafe stelle, die auch schon zur Tatzeit strafbar gewesen seien (siehe den Nachweis bei *Pauli*, Konflikt, S. 71 [OGHSt 2, 269, 275, 280]).

§ 357 StGB und des Verbrechens gegen die Menschlichkeit aufgehoben – freilich in recht weiter Auslegung beider Tatbestände.[35]

V. Die Rechtsprechung der bundesdeutschen Gerichte

Mit der Rechtsprechung der bundesdeutschen Gerichte über das Justizunrecht der NS-Zeit[36] komme ich zum Kern der Thematik. Die im Nürnberger Juristenprozess und in der Rechtsprechung des OGH vorgezeichnete Linie wurde von der bundesdeutschen Justiz nicht weiter ausgezogen. Der Bundesgerichtshof behandelte die auf ihn übergegangenen Verfahren nach KRG 10 dilatorisch[37], bis 1951 die britische Militärregierung die Ermächtigung zur Anwendung dieses Gesetzes durch deutsche Gerichte aufhob; 1956 wurde auch das Gesetz selbst vom bundesdeutschen Gesetzgeber förmlich aufgehoben.[38] Der BGH lehnte es 1957 ab, sich mit den einschlägigen Urteilen des OGH auseinanderzusetzen, weil diese »zum KRG Nr. 10, also zu außerdeutschem Strafrecht, ergangen« seien.[39]

Bei der Strafverfolgung der nationalsozialistischen Verbrechen war die Frage nach der *Rechtsgrundlage* zu beantworten. War nicht das, was man heute als Verbrechen ansah, damals Recht gewesen? Konnte, was damals Recht war, heute Unrecht genannt werden? Das Stichwort lautete – unter Hinweis auf Artikel 103 Abs. 2 des Grundgesetzes – »Rückwirkungsverbot«.

35 OGHSt 2, 23; *Gerhard Pauli*, Ein hohes Gericht – der Oberste Gerichtshof für die Britische Zone und seine Rechtsprechung zu Straftaten im Dritten Reich, in: Justizministerium NRW/Internationales Forschungs- und Dokumentationszentrum Kriegsverbrecherprozesse der Philipps-Universität Marburg (Hg.), Verbrechen gegen die Menschlichkeit, S. 24.

36 Zum Umgang der DDR-Justiz mit dem NS-Justizunrecht siehe *Hubert Rottleuthner*, Das Nürnberger Juristenurteil und seine Rezeption in Deutschland – Ost und West, NJ 1997, S. 622; *Erardo Cristoforo Rautenberg*, In Memoriam Nürnberger Juristenprozess: Die Auseinandersetzung mit dem NS-Justizunrecht in den beiden deutschen Teilstaaten, GA 2012, S. 32 ff., 37 ff.

37 Siehe die Nachweise bei *Rüping*, »Hüter des Rechts und der Rechtseinheit«, S. 121, Fn. 165.

38 BGBl. 1956 I, S. 437 ff., 445.

39 BGHSt 10, S. 294, 299.

1. Mögliche Ansätze

Als die bundesdeutsche Strafrechtswissenschaft und Strafjustiz sich dieser Frage stellten, boten sich ihnen drei Möglichkeiten an, das Rückwirkungsverbot zu überwinden:

(a) Man konnte sich auf ein immer geltendes Naturrecht berufen, also auf die ewig gültige Strafbarkeit jener Handlungen, die bis ins 17. und 18. Jahrhundert als *delicta in se* bezeichnet worden waren und die man in heutiger Terminologie einem »Kernstrafrecht« zuordnen würde. Von diesem Ausgangspunkt aus konnte sich kein Rückwirkungsproblem stellen. Das, was damals Unrecht war, ist auch heute noch Unrecht. – So argumentierte das Nürnberger Hauptkriegsverbrecher-Tribunal, und dies war auch der Ausgangspunkt des KRG Nr. 10, das den bereits erwähnten Nürnberger Nachfolgeprozessen gegen Mediziner, Juristen, Wirtschaftsführer und Diplomaten zugrunde lag, denn im Grund enthielt dieses Gesetz kodifiziertes Naturrecht.[40]

(b) Die extrem entgegengesetzte Position ist ein Rechtsbegriff, den man als »soziologischen« bezeichnen könnte. Stark vereinfacht: Jeder, der es geschafft hat, seinen Anordnungen in einem Staat oder einer Gesellschaft Gehorsam zu verschaffen, schafft mit seinen Anordnungen auch »Recht«. In einer bekannten Arie aus der Oper *Die Kluge* von Carl Orff heißt es:

> »Und wer die Macht, und wer die Macht hat,
> hat das Recht.
> Und wer das Recht, und wer das Recht hat,
> beugt es auch.
> Denn über allem herrscht Gewalt«.

Das unlogische Glied dieses Textes ist das mittlere: dass, wer das Recht habe, es auch beuge; denn nach diesem Verständnis von Recht kann derjenige, der das Recht setzt, es gar nicht beugen; indem er es »beugt«, setzt er schon wieder neues Recht. Für die Vertreter dieser Auffassung besitzen die vom NS-Regime erlassenen Normen Rechtscharakter, umgekehrt hat aber auch der Strafrichter der Bundesrepublik Deutschland nur das Strafrecht der Bundesrepublik Deutschland anzuwenden. Und wenn das, was nach *damaligem* Zustand »Recht« war, nach heutigem Recht »Unrecht« ist, so wird – bei Vorliegen der Schuld – nach *heutigem* Recht, also nach dem Recht der Bundes-

40 So auch *Friedrich Dencker*, Die strafrechtliche Beurteilung von NS-Rechtsprechungsakten, in: Peter Salje (Hg.), Recht und Unrecht im Nationalsozialismus, Münster 1985, S. 306.

republik Deutschland, verurteilt. Von hier aus konnte man entweder argumentieren, dass das Rückwirkungsverbot nur innerhalb des Rechtssystems der Bundesrepublik Deutschland gelte; oder man konnte sich zur Rückwirkung bekennen und das Rückwirkungsverbot durch Verfassungsänderung einschränken.

(c) In der Praxis der strafrechtlichen Auseinandersetzung mit den nationalsozialistischen Verbrechen ist keiner dieser beiden Ansätze in reiner Form zugrunde gelegt worden. Vielmehr bediente man sich einer gemischten Argumentation. Man knüpfte an eine Äußerlichkeit an, nämlich daran, dass die einschlägigen Straftatbestände – Mord, Totschlag, Körperverletzung, Rechtsbeugung usw. – damals schon bestanden hatten. Damit – so hieß es – stelle sich gar kein Problem der Rückwirkung. Aber Horaz hat uns gelehrt:

> Naturam expellas /
> furca, tamen usque recurret!

Das durch die Vordertür des Tatbestandes vertriebene Problem kehrte durch die Hintertür der Rechtswidrigkeit zurück. Konnten die Angeklagten sich darauf berufen, dass ihr (zweifellos tatbestandsmäßiges!) Verhalten damals *gerechtfertigt* gewesen sei? Nachdem man bis an diesen Punkt (kryptisch) den zweiten – den »soziologischen« – Ansatz befolgt hatte, kam nun der »naturrechtliche« Ansatz wieder ins Spiel, und zwar in Form der sogenannten *Radbruchschen Formel*. Diese Formel[41] ist so bekannt, dass ich hier nicht in aller Breite auf sie einzugehen brauche. Sie gilt als Ausweis dafür, dass Radbruch, in der Weimarer Zeit einer der Protagonisten des Rechtspositivismus, aufgrund der Erfahrungen der Nazi-Herrschaft das Naturrecht wieder entdeckt hatte. Dies halte ich für zweifelhaft. Liest man die Formel nämlich genauer, so beginnt sie mit dem Satz:

»Der Konflikt zwischen der Rechtssicherheit und der Gerechtigkeit dürfte dahin zu lösen sein, dass das positive, durch Satzung und Macht gesicherte Recht auch dann den Vorrang hat, wenn es inhaltlich ungerecht und unzweckmäßig ist«; danach erst folgt die Einschränkung für den Fall, dass »der Widerspruch des positiven Gesetzes zur Gerechtigkeit ein so unerträgliches

41 Aus der kaum übersehbaren Literatur zur Radbruchschen Formel siehe z. B. *Walter Ott*, Die Radbruchsche Formel. Pro und Contra, Zeitschrift für schweizerisches Recht 107 (1988), S. 335 ff.; *Frank Saliger*, Radbruchsche Formel und Rechtsstaat, Heidelberg 1995; Die gründlichste Darstellung der *Entstehungs- und Nachgeschichte* der Radbruchschen Formel findet sich bei *Giuliano Vassalli*, Radbruchsche Formel und Strafrecht. Zur Bestrafung der »Staatsverbrechen« im postnazistischen und postkommunistischen Deutschland, Berlin 2010.

Maß erreicht, dass das Gesetz als ›unrichtiges Recht‹ der Gerechtigkeit zu weichen hat.«[42]

Über diese sog. *Unerträglichkeitsformel* hinaus gibt es nach Radbruch die Fälle, in denen Satzungen nicht nur »unrichtiges Recht«, sondern »Nicht-Recht« sind, nämlich jene Fälle, in denen »Gerechtigkeit nicht einmal angestrebt [und die Gleichheit,] die den Kern der Gerechtigkeit ausmacht, [bei der Setzung positiven Rechts] bewusst verleugnet« wurde [sog. *Verleugnungsformel*][43] – alles in allem keine besonders klare Abgrenzung. Aber immerhin war mit ihr angesichts der Exorbitanz der nationalsozialistischen Verbrechen ein pragmatischer Weg für die Lösung der problematischen Fälle in der Praxis gewiesen. Methodisch, rechtspolitisch und historisch war dieser Weg freilich problematisch. *Methodisch* täuschte er darüber hinweg, dass die geleugnete Rückwirkung eben doch praktiziert wurde. *Rechtspolitisch* war es fatal, dass weder Naturrecht noch das Strafrecht der Bundesrepublik, sondern – zumindest im Ansatz – das Recht des NS-Staates den Entscheidungen zugrunde gelegt wurde. Und *historisch* war es – worauf *Gerhard Werle* zu Recht hingewiesen hat[44] – einfach unangemessen, ausgerechnet das NS-Recht zur Grundlage der Aburteilung von nationalsozialistischen Großverbrechen zu machen. Und gerade im Zusammenhang mit der Aufarbeitung des *Justizunrechts* wurde damit – so *Hubert Rottleuthner* – die Tatsache verhüllt, dass die Verbrechen »gerade nicht in der ›*Beugung*‹ der nationalsozialistischen Morddirektiven, sondern in ihrer *Anwendung* bestanden«.[45]

Ein Beispiel dafür, wie eine solche Argumentation vor sich ging, bietet der Umgang mit den Tätern der sogenannten Euthanasie-Aktion: Hitler hatte

42 *Gustav Radbruch*, Gesetzliches Unrecht und übergesetzliches Recht, Juristische Zeitgeschichte, Kleine Reihe 4, Baden-Baden 2002, S. 11; *Vassalli*, Radbruchsche Formel, S. 265, hat – wohl als erster – darauf hingewiesen, dass der Maßstab der Unerträglichkeit genau in dem hier interessierenden Kontext sich bereits in der 2. Szene des 2. Aktes von *Friedrich Schillers* »Wilhelm Tell« findet (es spricht Stauffacher):
Nein, eine Grenze hat Tyrannenmacht:
Wenn unerträglich wird die Last, greift er
Hinauf getrosten Mutes in den Himmel
Und holt herunter seine ew'gen Rechte,
Die droben hangen unveräußerlich …
Vassalli, Radbruchsche Formel: »In jenen Versen ist bereits alles enthalten: die Unerträglichkeit der Bedrückung angesichts des Fehlens von Recht, die Anrufung des Himmels, wo die ewigen Rechte des Menschen unveräußerlich und unzerbrechlich wie die Sterne hängen, der Urzustand der Natur, d.h. das Naturrecht …«.

43 Ebd.

44 *Werle*, Bestrafung, S. 153.

45 *Rottleuthner*, Das Nürnberger Juristenurteil, S. 622; ähnlich *Boris Burghardt*, Vor 60 Jahren: Fritz Bauer und der Braunschweiger Remer-Prozess. Ein Strafverfahren als Vehikel der Geschichtspolitik, JoJZG 2012, S. 47 ff. (bei Fn. 125).

1939 dem Leiter seiner Kanzlei Bouhler ein Schreiben ausgehändigt, in welchem Bouhler und Hitlers Begleitarzt Dr. Brandt beauftragt wurden, Ärzte zur Tötung von unheilbar Geisteskranken zu ermächtigen. Dieses Schreiben war auf einem Briefbogen der persönlichen Kanzlei Hitlers geschrieben, der oben das Wappen der Nazi-Partei trug, einen Adler, in seinen Krallen das Hakenkreuz-Symbol. Genau so sah damals das Wappen des Deutschen Reiches aus – mit dem einzigen Unterschied, dass der Adler nach rechts schaute, während der Adler des Parteiwappens nach links schaute. Nach 1945 haben im Verfahren gegen Euthanasie-Ärzte die Staatsanwaltschaften, z.B. auch der Frankfurter Generalstaatsanwalt Fritz Bauer in der Anklageschrift gegen den Euthanasie-Arzt Heyde/Sawade[46], argumentiert, der Befehl Hitlers habe das Handeln der Angeklagten nicht rechtfertigen können, da der Brief nicht das Wappen des Deutschen Reiches, sondern das Wappen der Partei getragen habe, also habe Hitler auch nach damaligem Recht nicht als Träger von Hoheitsrechten, sondern als Privatmann bzw. als Parteimann gehandelt. Das nach § 211 StGB tatbestandliche Handeln sei daher nicht gerechtfertigt.[47]

Mir erscheint sehr zweifelhaft, ob diese Argumentation immanent (d.h. innerhalb des NS-Rechtssystems) zutreffend ist, denn die NSDAP war nach damaligem Verständnis eine Körperschaft des öffentlichen Rechts, also Trägerin von Hoheitsrechten. Auch wenn man diesen Einwand mit dem Hinweis begegnet, dass die Partei für die Erlaubnis solcher Aktionen wie der Euthanasieaktion auch damals nicht zuständig gewesen sei, bleibt doch immer noch der Einwand, dass eine Aufspaltung der Person des Führers in eine Staatsperson und eine Partei- oder Privatperson damals nie akzeptiert worden wäre.[48]

Der Vorgang zeigt, dass man sich auch auf der Ebene der Rechtswidrigkeit bemühte, zunächst einmal den Widerspruch des Verhaltens zum Recht des NS-Staates festzustellen; erst wenn dieser Versuch scheiterte, griff man auf die Radbruchsche Formel zurück. Letztlich zielte die Argumentation der Strafverfolgung nach 1945 wohl auf einen speziellen Punkt, der später auch bei der Aufarbeitung der Vergangenheit der DDR eine Rolle spielen sollte:

46 Die Anklageschrift ist dokumentiert in: *Thomas Vormbaum* (Hg.), Euthanasie vor Gericht. Die Anklageschrift des Generalstaatsanwalts beim OLG Frankfurt gegen Dr. Werner Heyde u.a. vom 22.05.1962. Mit Anmerkungen von *Uwe Kaminsky* und *Friedrich Dencker*, Schriftenreihe Juristische Zeitgeschichte. Abt. 1, Bd. 17, Berlin 2005.

47 *Vormbaum*, Euthanasie vor Gericht, S. 401.

48 Siehe auch die kritische Fn. 62 von *Friedrich Dencker*, in: Thomas Vormbaum (Hg.), Institut für juristische Zeitgeschichte Hagen, Euthanasie vor Gericht. Die Anklageschrift des Generalstaatsanwalts beim OLG Frankfurt gegen Dr. Werner Heyde u.a. vom 22.05.1962. Mit Anmerkungen von *Uwe Kaminsky* und *Friedrich Dencker*, Schriftenreihe Juristische Zeitgeschichte. Abt. 1, Bd. 17, Berlin 2005.

Man wollte heimliche Befehle nicht als Rechtfertigungsgründe akzeptieren; vielmehr wollte man die Machthaber an dem festhalten, was sie förmlich als Recht verkündet hatten, letztlich also an dem, was damals im Gesetzblatt stand. Adolf Arndt hat dazu bekanntlich die kritische Frage gestellt: »Gilt etwa der Satz, der Führer hätte alles gekonnt, nur nicht das Reichsgesetzblatt abschaffen?«[49] (Ein Problem, das sich in den Mauerschützen-Prozessen im Hinblick auf den Schießbefehl erneut stellte).

Innerhalb des geschilderten Rahmens baute die bundesdeutsche Strafjustiz freilich weitere Hürden auf, die einen nicht unerheblichen Teil der Täter, wenn er denn vor Gericht gebracht wurde, straflos bleiben ließ. Ich will, wie angekündigt, kurz auf die Gewaltverbrechen und sodann ausführlicher auf meine eigentliche Thematik der Justizverbrechen eingehen.

2. Gewaltverbrechen

Im Bereich der *Gewaltverbrechen* stellte sich die Frage, ob die Angeklagten als Täter oder als Gehilfen zu bestrafen seien. Als Kriterium für diese Zuordnung bieten sich – von vermittelnden Positionen abgesehen – zwei Ansätze an, ein objektiver und ein subjektiver. Der subjektive Ansatz fragt danach, ob der Tatbeteiligte die Tat »als eigene gewollt« habe (dann Täter) oder als »fremde« (dann Gehilfe) – sog. Animus-Theorie, weil die beiden Konstellationen auch mit *animus auctoris* und *animus socii* umschrieben werden. Der objektive Ansatz fragt entweder (als sog. formal-objektiver Ansatz), wer von den Beteiligten alle oder wenigstens wichtige Tatbestandsmerkmale selbst verwirklicht hat, oder (als sog. materiell-objektiver Ansatz) wer die »Tatherrschaft« innegehabt hat. Im Schrifttum ist die Tatherrschaftslehre heute die herrschende Auffassung; früher jedoch war die Frage umstritten. Die Rechtsprechung vertrat jedenfalls spätestens seit den 50er Jahren durchgängig den

49 *Adolf Arndt*, Strafrechtliche Verantwortlichkeit ehemaliger Richter an Sondergerichten, NJW 1960, S. 1140f., 1141, zit. nach: *Dencker*, in: Vormbaum (Hg.), Euthanasie vor Gericht, S. 405, Fn. 63. – Akzeptiert man einmal – was allerdings gerade das Problem darstellt – die Prämisse, dass die strafrechtliche Beurteilung von Systemkriminalität anhand des zur Tatzeit geltenden positiven Rechts möglich sei, so erscheint mir der Satz von Adolf Arndt nicht ohne weiteres als *argumentum ad absurdum*. Eine Testfrage mag dies verdeutlichen: Hätte Hitler sich wirklich erlauben können, seinen Euthanasie-Befehl im Reichsgesetzblatt zu veröffentlichen? Im Hinblick auf den DDR-Schießbefehl habe ich dieses Problem (freilich an einer für deutsche Leser abgelegenen Stelle) angesprochen: *Thomas Vormbaum*, L'elaborazione del passato, in: Massimo Donini/Renzo Orlandi (Hg.), Il penale nella società dei diritti. Cause di giustificazione e mutamenti sociali, Bologna 2010, S. 49, 64f.

subjektiven Ansatz. Seit dem Inkrafttreten des 2. Strafrechtsreformgesetzes am 1. Januar 1975 ist durch § 25 StGB gesetzlich klargestellt, dass derjenige, der alle Tatbestandsmerkmale selbst verwirklicht, stets als Täter anzusehen ist.

Die Rechtsprechung entwickelte nun die These, dass nach der von ihr vertretenen subjektiven Beteiligungslehre nur wenige führende Nationalsozialisten, Hitler allen voran, als Täter anzusehen seien, alle nachgeordneten Beteiligten im Zweifel als bloße Gehilfen. Eine Ausnahme wurde für sog. Exzesstäter gemacht, also vor allem für solche Täter, die mit sadistischen Handlungen oder mit Handlungen, die über einen erteilten Befehl hinausgingen, ihren vom System vorgegebenen Handlungsrahmen überschritten hatten. Weil aber seit 1968[50] von der Beteiligungsform der Strafrahmen und von dem Strafrahmen wiederum die Länge der Verjährungsfrist abhing, machte sich hier das lange Zögern bei der Verfolgung von nationalsozialistischen Verbrechen bemerkbar, denn zahlreiche Verfahren mussten wegen eingetretener Verjährung eingestellt werden.[51]

VI. Die Rechtsprechung zu den Justizverbrechen

Um nun zu meinem eigentlichen Thema der Aufarbeitung der *Justizverbrechen* überzugehen: Das gegenüber den NS-Gewaltverbrechern praktizierte Verfahren wäre ja auch gegenüber den richterlichen Tätern der NS-Zeit anwendbar gewesen – jedenfalls gegenüber den *straf*richterlichen Tätern, um die es bei der Aufarbeitung des NS-Justizunrechts vor allem ging.[52] Denn

50 Zum EGOWiG 1968 siehe *Michael Greve*, Amnestierung von NS-Gehilfen – eine Panne? Die Novellierung des § 50 Abs. 2 a.F. und dessen Auswirkungen auf die NS-Strafverfolgung, KJ 2000, S. 412–424 (erneut JZG 4 (2002/2003), S. 295–311); *Hubert Rottleuthner*, Hat Dreher gedreht? Über Unverständlichkeit, Unverständnis und Nichtverstehen in Gesetzgebung und Forschung, Rechtshistorisches Journal 2002, S. 307–320; *Miquel*, Ahnden oder amnestieren?, S. 327 ff.; *Monika Frommel*, Taktische Jurisprudenz – die verdeckte Amnestie von NS-Schreibtischtätern 1969 und die Nachwirkung der damaligen Rechtsprechung bis heute, in: Festschrift für Hubert Rottleuthner (2011), jetzt in leicht aktualisierter Form auch http://www.uni-kiel.de/isk/cgi-bin/files/frommel_rottleuthner_fs.pdf.

51 Ob diese so genannte Gehilfenrechtsprechung wirklich zwingend aus der subjektiven Teilnahmelehre folgte, ist äußerst fraglich; siehe dazu eingehend *Kerstin Freudiger*, Die juristische Aufarbeitung von NS-Verbrechen, Tübingen 2002, S. 60 ff., 67.

52 Über der Kritik am sogenannten Richterprivileg (dazu der folgende Text) darf nicht übersehen werden, dass jedenfalls dann, wenn man der Auffassung ist, dass § 336 (heute § 339) StGB auf NS-Richter keine Anwendung hätte finden dürfen (und damit seine

Verurteilungen zum Tode oder zu Freiheitsstrafen erfüllten die Tatbestände des Totschlags oder gar des Mordes und der Freiheitsberaubung jeweils in mittelbarer Täterschaft. Während aber bei den Gewaltverbrechen, wie angedeutet, die entscheidende Prüfung auf der Rechtswidrigkeitsebene unter Anwendung der Radbruch-Formel vorgenommen wurde, scheiterte bei den richterlichen Beschuldigten die Strafbarkeit regelmäßig schon auf der Tatbestandsebene – im Grunde genommen sogar noch vor ihr, nämlich bei der Frage des Zugriffs auf die Tötungs- und Körperverletzungstatbestände. Hier wurden die beiden angekündigten Stichworte *Richterprivileg* und *Vorsatzschwelle* aktuell.

Diese beiden Operationen führten, um es vorwegzunehmen, zu einem bemerkenswerten Ergebnis der Auseinandersetzung der bundesdeutschen Strafjustiz mit ihrer nationalsozialistischen Vorgängerin: Nach 1950[53] sind zwar einige Mitglieder von fliegenden Standgerichten verurteilt worden; doch kein einziger Berufsrichter – weder einer der Sondergerichte, noch des Volksgerichtshofes noch der Militärjustiz[54] – ist von der bundesdeutschen Justiz für eines der zigtausenden damals ergangenen Todesurteile strafrechtlich verurteilt worden.[55]

1. Das sogenannte »Richterprivileg«

Zunächst zum sog. *Richterprivileg*. Um dieses zu erläutern, muss auf den bekannten Aufsatz von Gustav Radbruch aus dem Jahre 1946 »Gesetzliches Unrecht und übergesetzliches Recht« zurückgegangen werden. Der Aufsatz

Sperrwirkung hätte entfallen müssen), diejenigen Fälle nicht mehr strafrechtlich erfassbar waren, die *nur* über den Rechtsbeugungstatbestand erfasst werden konnten, etwa ein arbeitsgerichtliches Urteil, das die aus politischen Gründen erfolgte rechtswidrige Kündigung eines Arbeitnehmers bestätigte. Allerdings sind nach 1945 derartige Urteile – soweit ersichtlich – nicht Gegenstand von westdeutschen Strafverfahren geworden (anders später gegenüber Richtern der DDR).

53 Zu deutschen Urteilen vor Gründung der Bundesrepublik siehe *Rottleuthner*, Das Nürnberger Juristenurteil, S. 619.

54 Zum Reichskriegsgericht und zur (verfehlten) Aufarbeitung seiner Justizverbrechen nach 1945 siehe z. B. *Norbert Haase*, Das Reichskriegsgericht und der Widerstand gegen die nationalsozialistische Herrschaft, herausgegeben von der Gedenkstätte Deutscher Widerstand mit Unterstützung der Senatsverwaltung für Justiz, Berlin 1993, insbesondere S. 251.

55 Zu den wenigen Fällen von Verurteilungen bis 1950 siehe *Hubert Rottleuthner*, Kontinuität und Identität. Justizjuristen und Rechtslehrer vor und nach 1945, in: Franz Jürgen Säcker (Hg.), Recht und Rechtslehre im Nationalsozialismus, Baden-Baden 1992, S. 243 f.; *ders.*, Das Nürnberger Juristenurteil, S. 618 Fn. 3; *ders.*, Karrieren und Kontinuitäten deutscher Justizjuristen vor und nach 1945, Berlin 2010, S. 97.

ist vor allem durch die in ihm formulierte »Radbruchsche Formel« bekannt geworden; er enthält aber eine weitere, weniger bekannte, jedoch genauso folgenreiche Passage. Diese betraf ein Urteil des Schwurgerichts Nordhausen in Thüringen aus demselben Jahr 1946 gegen einen Denunzianten, der wegen Beihilfe zum Mord zu lebenslanger Freiheitsstrafe verurteilt worden war. Die damit implizit getroffene Feststellung, die seinerzeit verurteilenden Richter hätten als Haupttäter einen Mord (in mittelbarer Täterschaft) begangen, veranlasste Radbruch zu der Feststellung:

»Die Strafbarkeit der Richter wegen Tötung setzt die gleichzeitige Feststellung einer von ihnen begangenen Rechtsbeugung (§§ 336 [a. F.], 344 StGB) voraus. Denn das Urteil des unabhängigen Richters darf Gegenstand einer Bestrafung nur dann sein, wenn er gerade den Grundsatz, dem jene Unabhängigkeit zu dienen bestimmt war, die Unterworfenheit unter das Gesetz, d. h. unter das Recht, verletzt hätte.«[56]

Diese Auffassung wurde dann, soweit ersichtlich, erstmals 1949 vom OLG Bamberg aufgegriffen[57] und dann auch vom BGH übernommen.

Ich habe in den 80er Jahren im Rahmen meiner Habilitationsschrift[58] alle mir erreichbaren Lehrbücher, Monographien, Kommentare und Gerichtsentscheidungen aus der Zeit bis 1945 durchgesehen und habe keine einzige Stelle gefunden, an der von einem solchen Richterprivileg die Rede war. Mein Doktorand Carsten Thiel, der vor ein paar Jahren die Geschichte des Rechtsbeugungstatbestandes seit dem 19. Jahrhundert untersucht hat, hat einen weiteren, noch breiter angelegten Versuch unternommen und ist zu demselben negativen Ergebnis gelangt.[59] Man wird daher wohl Radbruch wenn schon nicht als den Erfinder, so doch als den ersten literarischen Vertreter dieser Auffassung anzusehen haben. Die bundesdeutsche Rechtsprechung griff diese »Sperrwirkungs«-Lehre bereitwillig auf. Bevor ich mich kritisch zu ihr äußere, sei zunächst auf das zweite Stichwort »Vorsatzschwelle« eingegangen.

56 *Radbruch*, Gesetzliches Unrecht, S. 15.

57 OLG Bamberg, SJZ 1949, S. 491.

58 *Thomas Vormbaum*, Der strafrechtliche Schutz des Strafurteils. Untersuchungen zum Strafrechtsschutz des strafprozessualen Verfahrensziels, Berlin 1987, S. 354 ff.

59 *Carsten Thiel*, Rechtsbeugung – § 339. Reformdiskussion und Gesetzgebung seit 1870 (= Schriftenreihe Juristische Zeitgeschichte. Abt. 3, Bd. 18), Berlin 2005, S. 136 ff.

2. Vorsatzschwelle

Der Rechtsbeugungstatbestand (damals § 336 StGB, seit 1997 inhaltlich unverändert § 339 StGB) kann nur vorsätzlich begangen werden.[60] Zum Verständnis des Folgenden sei für Nichtjuristen bzw. Nichtstrafrechtler vorab bemerkt: Ob Inhalt des Vorsatzes nur die Kenntnis der *Umstände*, die dem (objektiven) gesetzlichen Tatbestand entsprechen, ist oder auch die Kenntnis des *Unrechts* der Tat, war lange Zeit umstritten. Gesetzlich ist dieser Streit seit dem Inkrafttreten des Zweiten Strafrechtsreformgesetzes am 1. Januar 1975 im Sinne der getrennten Regelung der beiden Elemente entschieden. Danach gilt für die *Kenntnis der Umstände* des (objektiven) Tatbestandes (also für den sog. Tatbestandsvorsatz) § 16 StGB: Wer bei Begehung der Tat (nur) einen (einzigen) Umstand, der zum gesetzlichen Tatbestand gehört, nicht kennt, handelt nicht vorsätzlich – und ist damit nach der Regel des § 15 StGB[61] prinzipiell straflos. Hingegen gilt für die Einsicht *in das Unrecht* der Tat (also für das sog. Unrechtsbewusstsein) die weniger täterfreundliche Regelung des § 17 StGB; danach handelt derjenige, dem bei Begehung der Tat die Einsicht fehlt, Unrecht zu tun, (nur) dann ohne Schuld (und ist damit straflos), wenn er diesen Irrtum *nicht vermeiden* konnte. Die Rechtsprechung hat diese seit 1975 gesetzlich geltende Trennung der beiden Elemente bereits seit 1952 zugrunde gelegt.[62]

Nun weist der Rechtsbeugungstatbestand die Besonderheit auf, dass »das Recht«, nämlich dessen »Beugung«, selber Element des Tatbestandes ist und damit als Tatumstand gefordert wird. Dies bedeutet, dass das Unrechtsbewusstsein *insoweit* faktisch mit dem Tatbestandsvorsatz zusammenfällt und damit keine Vermeidbarkeitsprüfung mehr anzuschließen ist[63], also die täterfreundlichere Regelung des heutigen § 16 StGB gilt.

60 Dies folgt seit dem Inkrafttreten des 2. Strafrechtsreformgesetzes am 01.01.1975 aus § 15 StGB (»Strafbar ist nur vorsätzliches Handeln, wenn nicht das Gesetz fahrlässiges Verhalten ausdrücklich mit Strafe bedroht«), vorher war es in § 336 StGB selbst ausdrücklich angeordnet.

61 Siehe vorige Fn.

62 Entscheidung des Großen Senats des BGH vom 18.03.1952, BGHSt 2, 194ff., insbesondere 200ff.

63 So ausdrücklich auch BGHSt 10, 300; zweifelsfrei war dies freilich nicht, wie *Günter Spendel*, Zur Problematik der Rechtsbeugung. Ein Fall vorweggenommenen Gesetzesunrechts, in: Ders., Rechtsbeugung durch Rechtsprechung. Sechs strafrechtliche Studien, Berlin 1984, S. 29ff., zeigt. Die Einzelheiten können hier nicht dargestellt werden; es geht im Wesentlichen um einen Streit um die vorsatzmäßige Behandlung der sog. normativen Tatbestandsmerkmale (unbeachtlicher »Subsumtionsirrtum« oder beachtlicher »Bedeutungsirrtum«?). Juristisch vertretbar sind hier gewiss mehrere Auffassungen. Wie bei manchen anderen Punkten unserer Thematik ist freilich bemerkenswert, dass der BGH gerade die für die NS-Richter günstige Regelung übernahm (anders für einen DDR-Richter; dazu noch bei und in Fn. 92).

Was aber bedeutet »Tatbestandsvorsatz«? Nach ganz überwiegender Auffassung in der Strafrechtswissenschaft besteht er aus einem Wissenselement (oder intellektuellem Moment) und einem Wollenselement (oder voluntativen Element), bezogen auf den tatbestandsmäßigen Erfolg und/oder auf die tatbestandsmäßige Handlung. Beide Elemente können nach einer intensiven und einer weniger intensiven Erscheinungsform abgestuft werden – beim *Wissenselement*: »genau wissen (bzw. kennen)« und »für möglich halten«, beim *Wollenselement*: »als Ziel (zumindest als Zwischenziel) erstreben« (oder auch »darauf ankommen«)« und »in Kauf nehmen«.[64] Daraus ergeben sich zwei »starke« Vorsatzformen und eine »schwächere Vorsatzform«. Die »starken« Formen sind gekennzeichnet durch das Vorliegen der jeweils intensiveren Erscheinungsform des Wollens (sog. Absicht) oder des Wissens (sog. direkter Vorsatz); beide werden mitunter auch unter der Sammelbezeichnung »dolus directus I und II« zusammengefasst. Die verbleibende schwächere Erscheinungsform, die nur die schwächeren Elemente des Wissens und des Wollens aufweist, wird als Eventualvorsatz bezeichnet. Bei der Rechtsbeugung handelt somit der Täter, wenn es ihm auf die Beugung des Rechts ankommt oder wenn er genau weiß, dass er das Recht beugt, mit *dolus directus*, wenn er hingegen die Beugung des Rechts (nur) für möglich hält und sie in Kauf nimmt, mit *Eventualvorsatz*.

In allen Lehrbüchern zum Allgemeinen Teil des Strafrechts ist zu lesen, dass, wenn nicht das Gesetz etwas anderes fordert, für den Tatbestandsvorsatz *Eventualvorsatz* ausreiche. Für die Rechtsbeugung wurde jedoch von der Rechtsprechung – spätestens seit der Grundsatzentscheidung BGHSt 10, 294 aus dem Jahre 1957 – *dolus directus* verlangt[65], ohne dass dies vom Gesetz gefordert worden wäre.

Damit konnten die angeklagten Richter sich erfolgreich darauf berufen, sie hätten damals nicht gewusst, dass ihr Handeln Unrecht sei. Dies wurde ihnen von ihren bundesdeutschen Richtern bereitwillig abgenommen. Je abgebrühter der richterliche Angeklagte erschien, desto glaubhafter war ja auch seine diesbezügliche Einlassung.[66] Radbruchs problematischer Satz – ebenfalls in dem bekannten Aufsatz aus dem Jahre 1946 enthalten –, der Rechts-

64 Das zuletzt genannte Element ist im Hinblick auf seine Erforderlichkeit und vor allem auf seine genaue Ausformulierung umstritten.

65 Der 1. Senat des BGH gab mit dieser Entscheidung seine bisherige Rechtsprechung aus zwei (unveröffentlichten) Urteilen aus den Jahren 1952 und 1954 ausdrücklich auf; BGHSt 19, 294, 299.

66 *Jörg Friedrich*, Freispruch für die Nazi-Justiz. Die Urteile gegen NS-Richter seit 1948. Eine Dokumentation, Hamburg 1983, S. 463, formuliert: »Je größer die Rechtsblindheit, desto kleiner der Rechtsbeugungsvorsatz«.

positivismus mit seiner Lehre »Gesetz ist Gesetz« habe die deutschen Juristen hilflos gegenüber dem gesetzlichen Unrecht gemacht[67], mag derartige Urteilsfeststellungen erleichtert haben.

Seine Rechtsprechung bestätigte der Bundesgerichtshof im Verfahren gegen den Beisitzer beim Volksgerichtshof Hans Joachim Rehse.[68] Das Schwurgericht beim LG Berlin hatte Rehse wegen Beihilfe zum Mord in drei Fällen und wegen Beihilfe zum versuchten Mord in vier Fällen zu fünf Jahren Zuchthaus verurteilt. Der BGH hob das Urteil u. a. unter Berufung auf seine inzwischen gefestigte Rechtsprechung auf. Im erneuten Verfahren vor dem Landgericht Berlin wurde Rehse daraufhin 1968 freigesprochen. Das Rehse-Urteil fand in der Öffentlichkeit große Aufmerksamkeit. Es gab mehrere Protestdemonstrationen.[69] Unter den Studenten, die damals, wie ich, vor dem Staatsexamen standen, wurde es intensiv diskutiert. Der Vorsitzende des Schwurgerichts Ernst-Jürgen Oske wurde kurzfristig zur relativen Person der Zeitgeschichte. Friedrich Christian Delius hat das Urteil später als Hintergrund für seinen Roman »Mein Jahr als Mörder« gewählt.[70]

Bevor der BGH über eine erneute Revision gegen das zweite Urteil des LG Berlin entscheiden konnte, verstarb Rehse. Damit war das Kapitel der Aufarbeitung des NS-Justizunrechts faktisch beendet.

Hinzuweisen ist besonders auf folgende Passage in der aufhebenden Entscheidung des BGH: Auch als Mitglied eines Kollegialgerichts sei Rehse nur dem Gesetz unterworfen gewesen. Sollte er also mit direktem Vorsatz gehandelt haben – was nach Ansicht des BGH von der Vorinstanz nicht mit hinreichender Klarheit festgestellt worden war –, so könne er nur *Täter*, nicht bloß *Gehilfe* eines Tötungsverbrechens sein; als solcher aber könne er nur bestraft werden, wenn er selbst aus niedrigen Beweggründen für die Todesstrafe gestimmt habe.[71] So konnte der BGH freilich nur auf der Grundlage einer *objektiven* Teilnahmelehre argumentieren – was immerhin interessant ist, wenn man bedenkt, dass er bei den NS-Gewalttätern und auch im sog. Staschinskij-Urteil[72] sich noch auf den Standpunkt einer *subjektiven*

67 *Radbruch*, Gesetzliches Unrecht, S. 10; ausführlich zu der Kontroverse, die sich daran anschloss, *Vassalli*, Radbruchsche Formel, S. 26 ff. mit zahlreichen Nachweisen.

68 Zum Fall Rehse siehe z. B. *Bundesminister der Justiz* (Hg.), Im Namen des Deutschen Volkes. Justiz und Nationalsozialismus, Katalog zur Ausstellung des Bundesministers der Justiz, Köln 1989, S. 440 ff.

69 DER SPIEGEL, 52/1968; Hamburger Abendblatt vom 16.12.1968, S. 2 (»5000 protestieren gegen Rehse-Urteil«).

70 *Friedrich Christian Delius*, Mein Jahr als Mörder. Roman. Taschenbuch-Ausgabe, Reinbek bei Hamburg 2006.

71 BGH, zit. nach: *Friedrich*, Freispruch, S. 461.

72 BGHSt 18, 87, Urteil vom 19.10.1962.

Teilnahmelehre gestellt hatte[73], an der er im Übrigen – wenn auch stark abgeschwächt – im Grundsatz bis heute festhält.

Damit war eine weitere Hürde für die Strafbarkeit Rehses aufgebaut, denn nach der im Prinzip bis heute geltenden Rechtsprechung des BGH zum Verhältnis von Mord und Totschlag muss der *Gehilfe* zum Mord aus niedrigen Beweggründen zwar die niedrigen Beweggründe des Haupttäters kennen, er braucht sie selber aber nicht aufzuweisen. Während also die NS-Gewalttäter selbst bei vollständiger eigenhändiger Tätigkeit zu *Gehilfen* gemacht wurden, wurde die Möglichkeit einer Strafbarkeit von Rehse durch den BGH auf den Fall seiner *Täterschaft* reduziert. Gemeinsam war beiden Konstruktionen, dass sie jeweils die günstigste Rechtsauffassung für die Beschuldigten zugrunde legten.

Ohne ausdrückliche Änderung des Gesetzestextes, aber in Befolgung einer einhelligen Äußerung des Sonderausschusses für die Strafrechtsreform[74], wird der subjektive Tatbestand der Rechtsbeugung seit 1975 dahin interpretiert, dass die allgemeine Regel gilt, wonach Eventualvorsatz ausreicht.[75] Zu dieser Zeit war allerdings die Verfolgung von richterlichen Tätern der NS-Zeit aus Gründen der Verjährung oder aus Gründen der Biologie obsolet geworden.

Ein letzter, 1979 begonnener Anlauf zur Strafverfolgung von NS-Richtern endete mit dem Tod oder der Verhandlungsunfähigkeit der meisten Beschuldigten und 1984 mit dem Selbstmord des einzigen Angeschuldigten Paul Reimers.[76]

73 Siehe auch nochmals Fn. 52.

74 Näher mit Nachweisen *Vormbaum*, Der strafrechtliche Schutz, S. 317 ff.

75 Für die Forderung nach dolus directus konnte immerhin – anders als beim Richterprivileg – auf eine weit zurück reichende Kette von Reformentwürfen verwiesen werden, in denen seit dem Kommissionsentwurf von 1913 »wissentliches« Handeln oder Handeln »wider besseres Wissen« oder »absichtliches oder wissentliches« Handeln gefordert worden war; siehe die Dokumentation bei *Carsten Thiel*, Rechtsbeugung – § 339, S. 215 ff. Allerdings war diese Kette während der Zeit der NS-Reformarbeiten unterbrochen, so dass sie durch die bundesdeutschen Reformarbeiten wieder neu begründet worden ist. Da dies zweifellos in Kenntnis der Bedeutung dieser Frage für die Strafbarkeit der NS-Richter geschah, könnte hier ein Forschungsdesiderat für die Kommission liegen: Geben die Akten des BMJ Auskunft über die Motive dieses Regelungsvorschlages?

76 Näher *Bundesminister der Justiz* (Hg.), Im Namen des Deutschen Volkes, S. 450 ff.; *Marc von Miquel*, Juristen: Richter in eigener Sache, in: Norbert Frei (Hg.), Karrieren im Zwielicht. Hitlers Eliten nach 1945, 2. Aufl., Frankfurt am Main 2002, S. 181 ff., 232 ff.

VII. Kritik und weiterführende Überlegungen

Es fällt schwer, die Vermutung zu unterdrücken, dass die frühe Justiz der Bundesrepublik mit Hilfe dieses Richterprivilegs die eigene Profession hat schützen wollen. In Einzelfällen mag der Schutz auch der eigenen Person gegolten haben. Bekanntlich hat der BGH, als es um die Aufarbeitung von Justizunrecht der DDR ging, sich kritisch zu seiner früheren Rechtsprechung geäußert.[77] Allerdings hat er dann die Vorsatzschwelle durch eine eher noch effektivere Schwelle im Bereich des objektiven Tatbestandes ersetzt.[78] Das aber ist nicht mehr mein Thema.[79]

Freilich lassen sich sowohl für das Richterprivileg als auch für die erhöhte Vorsatzschwelle der Rechtsbeugung Argumente ins Feld führen.[80] Sie schützen in der Tat – gerade in ihrer Kumulation – die richterliche Unabhängigkeit[81] und berücksichtigen den Umstand, dass der Richter – anders als Wissenschaftler – unter Entscheidungszwang steht, also eine Entscheidung des ihm vorliegenden Falles treffen muss, und erhöhen daher seine Entscheidungsfreude.

Selbst wenn man aber Richterprivileg und erhöhte Vorsatzschwelle beim Rechtsbeugungstatbestand generell akzeptiert, stellten sich doch bei der Problematik der Aufarbeitung des NS-Justizunrechts einige spezielle Fragen:

1. Konnte man die Tätigkeit der Angeklagten überhaupt als »richterliche« Tätigkeit bzw. als »gerichtliche Tätigkeit« bezeichnen? Diese Frage ließ sich gewiss nicht in allen Fällen verneinen, aber doch beispielsweise für Standgerichte[82] und für den Volksgerichtshof in seiner Endphase unter der

77 BGHSt 41, 317ff., 339f.

78 BGHSt 40, 30ff.

79 Zur Frage der Strafbarkeit von DDR-Richtern wegen Rechtsbeugung siehe z. B. *Thomas Vormbaum*, NJ 1993, S. 212ff.; *Ute Hohoff*, An den Grenzen des Rechtsbeugungstatbestandes. Eine Studie zu den Strafverfahren gegen DDR-Juristen, Berlin 2001 .

80 Jeder Richter hält es immerhin für möglich, dass sein Urteil in der höheren Instanz aufgehoben wird und sich damit als falsche Rechtsanwendung erweist. Die Eingrenzung auf »unvertretbar falsche Entscheidungen« ist mit dem Grundsatz der Gesetzesbestimmtheit kaum zu vereinbaren. Dies dürfte einer der Gründe für die vom BGH neuerdings aufgestellte Hürde im objektiven Tatbestand sein (siehe BGHSt 40, 30ff.)

81 BGHSt 10, 294, 298.

82 Anders ausdrücklich BGHSt 10, 294, 302.

Präsidentschaft Freislers.[83] Verneinte man die Frage, so fehlte es schon deshalb an der Grundlage für ein Richterprivileg.[84]

2. War nicht die richterliche Unabhängigkeit, die es angeblich (nachträglich) zu schützen galt, spätestens seit dem Reichstagsbeschluss vom 26. April 1942[85], der Hitler das Recht gab, jeden Deutschen – also auch jeden Richter – seines Amtes zu entheben, hinfällig geworden?[86]

3. Selbst wenn man die Richtereigenschaft der NS-Richter und deren Unabhängigkeit bejahte, so fragte sich, ob es sich bei ihrer Tätigkeit um »Rechtsanwendung« im Sinne des § 336 StGB handelte. Dies zu bejahen, setzte stillschweigend voraus, dass »Recht« im Sinne dieses Tatbestandes auch das Recht des NS-Staates sein könne; die Entscheidung darüber war freilich implizit mit der Entscheidung, bei der Auseinandersetzung mit dem NS-Unrecht das zur Tatzeit geltende Recht anzuwenden, gefallen.

4. Wie konnte den NS-Richtern – immerhin Volljuristen – abgenommen werden, dass ihnen das Unrecht ihrer exorbitant harten Urteile – in den fraglichen Fällen fast immer Todesurteile – nicht bewusst gewesen sei? Das OLG Bamberg, das 1949 – wohl als erstes Gericht – unter Berufung auf Radbruch das Richterprivileg aufgestellt hat und auch die erhöhte Vorsatzschwelle bejaht hat, hat in seinem zweiten – sehr viel seltener zitierten – Leitsatz ausgesprochen: »Begeht ein Berufsrichter, der jahrelang in der Strafrechtspflege

83 *Hinrich Rüping*, Streng, aber gerecht. Schutz der Staatssicherheit durch den Volksgerichtshof, JZ 1984, S. 820, gelangt (auf Grund der Auswertung von Aktenbeständen des Volksgerichtshofs) jedenfalls für die Tätigkeit des Freisler-Senats zur Verneinung der Gerichts-Qualität; ähnlich auch *Bernd-Rüdeger Sonnen*, Strafgerichtsbarkeit – Unrechtsurteile als Regel oder Ausnahme?, in: Udo Reifner/Bernd-Rüdeger Sonnen (Hg.), Strafjustiz und Polizei im Dritten Reich, Frankfurt am Main 1984, S. 43.

84 Der Bundestag hat am 25.01.1985 einstimmig deklariert, dass der Volksgerichtshof kein Gericht im rechtsstaatlichen Sinne, sondern ein »Terrorinstrument zur Durchsetzung der nationalsozialistischen Willkürherrschaft« gewesen sei; seinen Entscheidungen komme daher »nach Überzeugung des Deutschen Bundestages keine Rechtswirkung zu«; kritisch *Ingo Müller*, Wie der Bundestag den Volksgerichtshof »ächtete«, DuR 1985, S. 253 ff.

85 Dazu eingehend *Günter Gribbohm*, Die dem Richter gebührende Sühne – Zur rechtlichen Stellung des Richters im Dritten Reich nach dem Reichstagsbeschluss vom 26. April 1942, JoJZG 2 (2008), S. 1–6.

86 Gegen diesen Einwand hätte der BGH sich freilich auf seine Entscheidung aus dem Jahre 1960 gegen einen DDR-Richter (dazu unter Punkt 6) berufen können, in deren Leitsatz es heißt: »Täter einer Rechtsbeugung kann auch ein Richter sein, dem es an der verfassungsmäßigen Unabhängigkeit deshalb fehlt, weil die politischen Machthaber die Verfassung nicht achten«.

als Richter oder Staatsanwalt tätig war, bei der Entscheidung über eine Rechtssache zahlreiche grobe und offensichtliche Verstöße gegen das materielle und formelle Recht, so widerspricht es der Lebenserfahrung anzunehmen, er habe nur fahrlässig gehandelt.«[87]

5. Und wenn schon »Rechtsblindheit«: Schließt diese überhaupt den direkten Vorsatz der Rechtsbeugung aus?[88] Das hatte bereits Radbruch, auf den man sich sonst so gern berief, in Frage gestellt.[89] *Ingo Müller* hat mit Recht darauf hingewiesen, dass nicht von »Rechtsblindheit« sondern von »Verblendung« gesprochen werden müsse. Verblendung aber sei letztlich nichts anderes als Überzeugungstäterschaft, welche allenfalls zur Schuldminderung führen könne.[90]

6. Wie verträgt sich die großzügige Verneinung des direkten Vorsatzes der richterlichen Angeklagten mit dem Urteil des BGH vom 16. Februar 1960? Dort wurde einem in den Westen übergewechselten Richter der DDR, der in der DDR Zeugen Jehovas zu sehr hohen Strafen verurteilt hatte, der Vorsatz gleichsam zudiktiert: »Der Angeklagte ist Volljurist, von dem erwartet werden kann (!), dass er ein Gefühl dafür hat, ob eine Strafe in unerträglichem Missverhältnis zur Schwere der Tat und zur Schuld des Täters steht.«[91]

87 OLG Bamberg, SJZ 1949, S. 491.

88 Dazu eingehend *Ingo Müller*, Die Verwendung des Rechtsbeugungstatbestands zu politischen Zwecken, KJ 1984, S. 134 f.

89 *Radbruch*, Gesetzliches Unrecht, S. 634 (anders noch in seinem Aufsatz aus dem Jahre 1946 bzgl. Richtern: ebd., S. 15).

90 *Müller*, Verwendung des Rechtsbeugungstatbestandes, S. 135; der Verfasser weist als Beleg auch noch darauf hin, dass in manchen Urteilen die Kenntnis der falschen Rechtsanwendung sich aus den Urteilsgründen der NS-Richter selbst ergebe, so etwa, wenn der Richter, der sich weigerte, die Eintragung einer »arisch«-jüdischen »Mischehe« anzuordnen, in den Entscheidungsgründen einräumte, dass die »bestehenden gesetzlichen Bestimmungen die Eheschließung nicht verbieten«, sich aber unter Berufung auf das »amtliche und halbamtliche Schrifttum des Staates und der NSDAP« über diesen »formal-gesetzlichen Zustand« hinwegsetzte (*Müller*, Verwendung des Rechtsbeugungstatbestandes, S. 134 f.).

91 BGH NJW 1960, S. 974 (insoweit nicht abgedruckt in BGHSt 14, 147 f.) – Im Vortrag habe ich darauf hingewiesen, dass die Bejahung des Tatbestandsvorsatzes mit dieser Begründung in einer studentischen Übungs- oder Examensarbeit als Fehler angestrichen würde, denn bei der Feststellung des Vorsatzes gehe es nicht um das, was erwartet werden kann (dies ist der Begründungsmaßstab für die Fahrlässigkeit), sondern um das, was gewesen ist. *Ingo Müller* hat mich nach dem Vortrag im Gespräch darauf hingewiesen, dass der BGH in diesem Urteil (kryptisch) das Vorsatzelement »Kenntnis (der Beugung) des Rechts« an dem Maßstab gemessen habe, an dem sonst üblicherweise die Kenntnis des Rechts (bzw. des Unrechts) gemessen werde, nämlich mit der zusätzlichen Prüfung, ob die Unkenntnis des Unrechts der Tat *vermeidbar* gewesen sei. Bei Zugrundelegung

7. Wie verträgt sich des Weiteren die großzügige Annahme der Rechtsblindheit von Berufsrichtern mit der Strenge des Maßstabes gegenüber einer Denunziantin, die 1957 vom Schwurgericht München[92] – vom BGH bestätigt[93] – sogar als Täterin verurteilt wurde und deren Vorsatz vom Schwurgericht folgendermaßen begründet wurde: »Die Angeklagte wusste, dass die Rechtsprechung des Volksgerichtshofes im Jahre 1943 durch eine ungewöhnliche Härte gekennzeichnet war und unter bewusster Außerachtlassung der Prinzipien eines Rechtsstaates vor allem der Vernichtung der Gegner des Dritten Reiches und der Einschüchterung der Bevölkerung diente.«

8. Selbst wenn man alle vorherigen Einwände nicht akzeptierte, gab es eine Möglichkeit, methodisch sauber und ohne präjudizielle Wirkung das Richterprivileg für NS-Richter zu vermeiden. Wie schon erwähnt, knüpfte die bundesdeutsche Justiz bei der Verfolgung von NS-Unrecht an den äußeren Umstand an, dass die einschlägigen bundesdeutschen Straftatbestände bereits vor 1945 im Strafgesetzbuch gestanden hatten. Dieser Umstand lieferte nicht nur den Grund, das Strafrecht des NS-Staates anzuwenden und damit den Verstoß gegen das Rückwirkungsverbot zu kaschieren, sondern er begründete auch – worauf zuerst *Friedrich Dencker* hingewiesen hat[94] – implizit eine Kontinuitätsauffassung zwischen dem NS-Recht und dem Recht der Bundesrepublik. Eine solche Kontinuitäts-Auffassung entsprach zwar, wie man sich erinnern wird, im *Staatsrecht* der herrschenden Meinung; ihre Übertragung auf das *Strafrecht* war jedoch – jedenfalls im Bereich der Rechtsbeugung – keineswegs zwingend.[95] Gab es wirklich einen Grund, den Richtern des NS-Staates im Nachhinein ein Richterprivileg zuzubilligen?

dieses Maßstabes, der im Ergebnis Ähnlichkeit mit der Fahrlässigkeitsprüfung aufweist, konnte man in der Tat zur Bejahung der subjektiven Tatseite gelangen (siehe bereits obige Fn. 64). Auch auf dieser Grundlage bleibt jedoch der Einwand, dass auf Grund der erwähnten besonderen Struktur des Rechtsbeugungstatbestandes die Kenntnis des Rechts Tatumstand und damit (ausnahmsweise) Gegenstand des *Tatbestandsvorsatzes* ist.

92 LG München II – 7 Ks 5/57, Urteil vom 29.11.1957, im Auszug abgedruckt bei *Friedrich*, Freispruch, S. 439 f.

93 BGH – 1 StR 134/58, Urteil vom 13.05.1958; nachgewiesen bei *Friedrich*, Freispruch, S. 499.

94 *Dencker*, Die strafrechtliche Beurteilung, S. 300 ff.; ihm folgend *Vormbaum*, Der strafrechtliche Schutz, S. 351 ff.

95 *Dencker*, Die strafrechtliche Beurteilung, S. 302, weist auf den Widerspruch der Rechtskontinuitäts-Auffassung der BGH-Rechtsprechung zu Art. 123 Abs. 1 GG und zu der bekannten – sehr nachdrücklichen – Entscheidung des Bundesverfassungsgerichts BVerfGE 6, 132 ff. hin. – Auf einer ganz anderen Ebene liegt im Übrigen die Problematik der (materiellen) Kontinuität des Strafrechts im 20. Jahrhundert; siehe dazu *Vormbaum*, Einführung, S. 277 ff.

Welche Unabhängigkeit – oder gar, *horribile dictu*, Entscheidungsfreude(!) – der damaligen Richter wollte man denn damit noch »sichern«?

Hätte man die neu entdeckte Figur der Sperrwirkung des Rechtsbeugungstatbestandes nur auf solche Richter bezogen, die das Recht der Bundesrepublik Deutschland anwenden – also »systemimmanent« –, so hätte man die Richter des NS-Staates nicht anders behandelt, als man Richter eines demokratischen Rechtsstaates – etwa der Schweiz – behandelt, wenn es sich ergeben sollte, dass ein solcher Richter wegen seiner richterlichen Tätigkeit vor einem deutschen Richter steht[96], denn die Wahrung der Unabhängigkeit schweizerischer Richter und der Schutz des schweizerischen Rechts ist nicht Aufgabe des deutschen Strafrechts.

Kurz gesagt: Selbst wenn man den von der bundesdeutschen Justiz gewählten Weg zur Aufarbeitung der NS-Verbrechen ging, bestand für eine Übertragung des Richterprivilegs auf NS-Richter kein Anlass. Richterliche Verbrecher hätten dieselbe strafrechtliche Behandlung verdient wie andere NS-Verbrecher, und sie hätten sie auch erfahren können.

VIII. Schlussbemerkung

So zeigt sich denn – wie schon eingangs erwähnt – dass die Aufarbeitung des Justizunrechts der NS-Zeit Gemeinsamkeiten, aber auch Besonderheiten gegenüber der Auseinandersetzung mit den (anderen) NS-Gewaltverbrechen aufweist. In beiden Bereichen ließ der bis zum Beginn des Kalten Krieges gezeigte Eifer zu Beginn der 50er Jahre nach. In beiden Bereichen gab es juristische Konstruktionen, welche die Verfolgung erschwerten oder verhinderten – dort die Gehilfenrechtsprechung, hier das Richterprivileg. In beiden Bereichen gab es Schlüsselereignisse am Ende der 50er Jahre, welche ein neues Bewusstsein schufen – dort der Ulmer Einsatzgruppenprozess, hier die sog. Blutrichter-Kampagne der DDR. Aber auch der Unterschied liegt auf der Hand: Während es dort zum Auschwitzprozess und immerhin zu einer Reihe von Verurteilungen kam, kam es hier zum Rehse-Prozess und zum endgültigen Ende strafrechtlicher Aufarbeitung der Vergangenheit.

96 So jedenfalls die m. E. zutreffende Auffassung, die den Rechtsbeugungstatbestand für einen Tatbestand mit überindividuellem bzw. institutionellem Rechtsgut (nämlich: Rechtspflege) ansieht (siehe *Vormbaum*, Der strafrechtliche Schutz, S. 326ff.).

Christoph Safferling

»... daß es sich empfiehlt, generell tabula rasa zu machen ...«

Die Anfänge der Abteilung II – Strafrecht im BMJ

»Wir haben so verwirrte Zeitverhältnisse hinter uns, daß es sich empfiehlt, generell tabula rasa zu machen.«[1] Dieser Ausspruch Bundeskanzler Konrad Adenauers stammt aus der Debatte über die Notwendigkeit einer Amnestie zu Beginn der Bundesrepublik Deutschland in der 7. Kabinettssitzung am 26. September 1949. Worauf genau sich die von Adenauer genannten »Zeitverhältnisse« beziehen, bleibt im Dunkeln. Aus staatsrechtlicher Sicht sind gewiss die Besatzungsjahre »verwirrte« Zeiten: mit unklaren Machtverhältnissen, zonalen Kooperationen und Zwistigkeiten. Dass auf der Basis des Grundgesetzes ein Neuanfang gewagt werden musste, bei dem die rechtlichen Unsicherheiten und die wirtschaftlichen Schwierigkeiten beiseitegelassen und eine Demokratie aufgebaut werden sollte, liegt auf der Hand. Inwieweit aber beziehen sich die »verwirrten Zeitverhältnisse« auch auf die Zeit vor dem 8. Mai 1945? Empfiehlt Adenauer auch hier, »tabula rasa« zu machen, einen Schlussstrich zu ziehen, ohne moralische oder gar strafrechtliche Vorhalte der Taten von 1933 bis 1945?

Zwischen Neubeginn und Blick zurück – in dieser Lage befindet sich Ende 1949 auch das Bundesministerium der Justiz mit seinen ersten »Gehversuchen« auf demokratischem Parkett nach zwölf Jahren NS-Diktatur und vier Jahren alliierter Regierungsgewalt. In diesem Geflecht spielt das Strafrecht eine besonders gegenläufige Rolle: Es ist einerseits – seit den Nürnberger Prozessen ist das offensichtlich[2] – das Mittel der Wahl der Aufarbeitung von Kriegsverbrechen und Verbrechen gegen die Menschlichkeit; es ist aber andererseits für die junge Demokratie auch eine wesentliche Stütze der Selbststabilisierung und Wehrhaftigkeit. In der strafrechtlichen Abteilung im Bun-

1 Kabinettsprotokolle online: http://www.bundesarchiv.de/cocoon/barch/0000/k/k1949k/kap1_3/para2_4.html (05.11.2012). Vgl. dazu auch: *Norbert Frei*, Amnestiepolitik in den Bonner Anfangsjahren. Die Westdeutschen und die NS-Vergangenheit, KJ 1996, S. 484, 487.

2 Dazu der Beitrag von Thomas Vormbaum in diesem Band.

desministerium der Justiz muss demnach beides eine Rolle gespielt haben: der strafrechtliche Umgang mit NS-Verbrechen und die Vorbereitung eines demokratischen Strafrechts. Im Folgenden soll diese Situation im BMJ bis in die frühen 1950er Jahre anhand von drei Punkten untersucht werden: Zunächst wird die strafrechtliche Ausgangslage am Ende der Besatzungszeit beschrieben. In einem zweiten Punkt wird sodann die Amnestiegesetzgebung von 1949 und 1954 untersucht. Drittens werden abschließend die verschiedenen Strafrechtsreformen thematisiert.

I. Ausgangslage

Nach der Kapitulation am 8. Mai 1945 ging die Staatsgewalt auf die Besatzungsmächte USA, Vereinigtes Königreich, Frankreich und Sowjetunion über. Die Regierungsgewalt wurde ab dem 30. Juli 1945 vom Alliierten Kontrollrat, der Zusammenkunft der vier alliierten Oberbefehlshaber, ausgeübt, der es sich auch zur Aufgabe gemacht hatte, für die Entnazifizierung des deutschen Rechts zu sorgen.[3] Dies geschah symbolträchtiger Weise vom Gebäude des Kammergerichts in Berlin aus, wo zuvor der Volksgerichtshof unter Vorsitz Roland Freislers seine unsäglichen Unrechtsurteile gefällt hatte.

1. Entnazifizierung – Generelles

Innerhalb des Kontrollrates wurde das Rechtsdirektorat (die so genannte Abteilung »DLEG«) eingerichtet, das sich mit der Reform des deutschen Rechts zu beschäftigen hatte.[4] Dieses Unterfangen ist rechtlich komplizierter als es scheinen mag. Zunächst darf die Besatzungsmacht nach den Bestimmungen des Kriegsvölkerrechts grundsätzlich nicht in die zivilen Gesetze des besetzten Gebietes eingreifen. Besatzung ist völkerrechtlich ein vorübergehender Zustand und gerade keine Annexion. Während der Zeit der Besatzung gilt

3 Details zur Entstehung des Kontrollrates und Vorläuferorganisationen sind zu finden bei *Matthias Etzel*, Die Aufhebung von nationalsozialistischen Gesetzen durch den Alliierten Kontrollrat (1945–1949), Tübingen 1992, S. 3–47.

4 Es bestand aus 86 amerikanischen, 45 britischen, 30 sowjetischen und 35 französischen Teilnehmern, von denen aber weniger als ein Drittel an den Sitzungen teilnahm, vgl. *Friedrich-Christian Schroeder*, Die Entnazifizierung des deutschen Strafrechts, in: Martin Löhnig (Hg.), Zwischenzeit. Rechtsgeschichte der Besatzungsjahre, Regenstauf 2011, S. 201, 208f.

Kriegsrecht.[5] Das zivile Leben soll indes nach den bestehenden Regeln weitergeführt werden. Dies resultiert letztlich aus dem völkerrechtlichen Nichteinmischungsgrundsatz in innere Angelegenheiten. Im Fall des nationalsozialistischen Deutschlands lag die Sache freilich insofern etwas anders, als die nationalsozialistische Ideologie für die Aggression und die menschenverachtende Politik des NS-Regimes verantwortlich war. Insofern wurde bereits in der Moskauer Deklaration von 1943 zwischen den Alliierten vereinbart

»... that for the purpose of maintaining international peace and security pending the re-establishment of law and order and the inauguration of a system of general security they will consult with one another and as occasion requires with other members of the United Nations, with a view to joint action on behalf of the community of nations.«[6]

Auf der Konferenz von Jalta vom 3. bis 11. Februar 1945 wurde dieser Ansatz bestätigt und als Kriegsziel konkretisiert.[7] Bestand also insofern Einigkeit,[8] dass das deutsche Rechtssystem von den Pervertierungen, die es durch den Nationalsozialismus erfahren hatte, »befreit« werden musste, stellte sich doch die Frage, wie das zu erfolgen hatte. Von der Möglichkeit, sämtliche Änderungen, die nach 1933 in Kraft getreten waren, in Form einer Gesamtlösung aufzuheben, wurde vor allem aus zwei Gründen kein Gebrauch gemacht: Zum einen wäre eine solche massive Intervention aus den oben genannten Gründen völkerrechtlich problematisch gewesen; zum anderen schien ein solches Verfahren auch unsachgemäß, da nicht alle Rechtsänderungen spezifisches NS-Unrecht in sich trugen.[9] Eine individuelle Lösung (»individualisation«)[10] war freilich ungleich komplizierter, da letztlich das gesamte Reichsgesetzblatt von 1933 bis 1945 durchforstet werden musste.

Außerdem musste entschieden werden, ob die Aufhebung *ex tunc* oder *ex nunc* erfolgen sollte. Gegen eine generelle Rückwirkung sprach der Umstand,

5 Vgl. etwa Art. 2 Abs. 2 Genfer Abkommen über den Schutz der Zivilpersonen in Kriegszeiten (1949); dazu *Christoph Safferling*, Internationales Strafrecht, Heidelberg 2011, § 6 Rn. 131; *Gerhard Werle*, Völkerstrafrecht, 3. Aufl., Tübingen 2012, Rn. 957 f.

6 Moskauer Deklaration vom 31.10./01.11.1943.

7 *Hans Wrobel*, Verurteilt zur Demokratie. Justiz und Justizpolitik in Deutschland 1945–1949, Heidelberg 1989, S. 101.

8 Zu dem Meinungsstand unter den Alliierten hinsichtlich der völkerrechtlichen Frage, s. *Etzel*, Die Aufhebung von nationalsozialistischen Gesetzen durch den Alliierten Kontrollrat, S. 30 ff.

9 Dazu auch *Schroeder*, Die Entnazifizierung des deutschen Strafrechts, S. 201, 206 f.; auch in der späteren Wissenschaft hat sich diese Ansicht durchgesetzt, vgl. *Joachim Vogel*, Einflüsse des Nationalsozialismus auf das Strafrecht, ZStW 115 (2003), S. 638, 640.

10 *Etzel*, Die Aufhebung von nationalsozialistischen Gesetzen durch den Alliierten Kontrollrat, S. 50.

dass damit automatisch alle auf der unwirksamen Rechtsgrundlage ergangenen Rechtsakte (Verwaltungsakte, Urteile etc.) nichtig gewesen wären.[11] Eine solche allgemeine Folge wollte man im Kontrollrat vermeiden. Umgekehrt führte die generelle Wirksamkeit der NS-Rechtsakte in der Folge zu erheblichen Schwierigkeiten, etwa bei der Aufhebung von Unrechtsurteilen, insbesondere der Militärjustiz, und bei Enteignungen.[12] Auch hier folgte man dem Grundsatz der »individualisation« und entwarf eine groß angelegte, zonenübergreifende Überprüfung des deutschen Rechts. Dies war nicht ohne Hilfe deutscher Juristen möglich, da sich häufig die Ungerechtigkeit der Anordnung erst aus der Anwendung ergab und deshalb intime Kenntnisse des deutschen Rechts und der Funktionalität des Rechtssystems erforderlich waren.[13]

2. Entnazifizierung des Strafrechts

Was das Strafrecht im Speziellen anbelangte, war der Handlungsbedarf dringend. Unzulässige Beschneidungen individueller Grundrechte, das Führerprinzip, Diskriminierung aus rassischen, politischen, nationalen oder religiösen Motiven, übermäßig harte Strafen, demokratie- und rechtsstaatsfeindliche Strukturen – all das ließ sich im Strafrecht finden.[14] Bereits vor dem Kontrollrat hatte das Militärregierungsgesetz Nr. 1 des Supreme Headquarters Allied Expeditionary Forces (SHAEF) unter General Eisenhower deshalb nationalsozialistische Gesetze, darunter etwa die sogenannten Nürnberger Gesetze von 1935, aufgehoben.[15] Aus strafrechtlicher Sicht interessant ist die folgende Regelung:

11 *Etzel*, Die Aufhebung von nationalsozialistischen Gesetzen durch den Alliierten Kontrollrat, S. 50.

12 Dazu ausführlich *Gerd Nettersheim*, Die Aufhebung von Unrechtsurteilen der NS-Strafjustiz. Ein langes Kapitel der Vergangenheitsbewältigung, in: Ernst-Walter Hanack/Hans Hilger/Volkmar Mehle/Gunter Widmaier (Hg.), Festschrift Peter Rieß zum 70. Geburtstag am 4. Juni 2002, Berlin 2002, S. 939.

13 Einzelheiten ebenfalls bei *Etzel*, Die Aufhebung von nationalsozialistischen Gesetzen durch den Alliierten Kontrollrat, S. 52 ff.

14 Die Aufzählung ist angelehnt an die Liste von Max Rheinstein zur Überprüfung deutscher Gesetze, zitiert von *Etzel*, Die Aufhebung von nationalsozialistischen Gesetzen durch den Alliierten Kontrollrat, S. 56. Rheinstein war im Übrigen ein amerikanischer Exildeutscher, der 1932 in München habilitierte, 1933 in die USA emigrierte und 1936 an der Universität Chicago einen Lehrstuhl für Rechtsvergleichung erhielt. Er war amerikanisches Mitglied des Rechtsdirektorats, *Etzel*, Die Aufhebung von nationalsozialistischen Gesetzen durch den Alliierten Kontrollrat, S. 60.

15 Dazu auch *Schroeder*, Die Entnazifizierung des deutschen Strafrechts, S. 201, 207.

Artikel IV – Beschränkung von Strafen
[...]
7. Anklage darf nur erhoben, Urteile dürfen nur verhängt und Strafen vollstreckt werden, falls die Tat zur Zeit ihrer Begehung ausdrücklich gesetzlich für strafbar erklärt war. Ahndung von strafbaren Handlungen unter Anwendung von Analogie oder wegen angeblich »gesunden Volksempfindens« ist verboten.
8. Keine grausame oder übermäßig hohe Strafe darf verhängt werden. Die Todesstrafe ist abgeschafft für alle Verbrechen, die nicht bereits vor dem 30. Januar 1933 gesetzlich mit dem Tode bestraft wurden, es sei denn, daß die Militärregierung die Zustimmung zu deren Verhängung gegeben hat.
9. Die Verhängung der Haft über Personen, die nicht wegen einer bestimmten strafbaren Handlung angeklagt sind und die Bestrafung von Personen ohne gesetzlich vorgeschriebene Strafverhandlung und Verurteilung, sind verboten.
10. Alle Strafen, welche vor dem Inkrafttreten dieses Gesetzes verhängt wurden und im Widerspruche hierzu stehen und noch nicht vollstreckt sind, müssen abgeändert werden, um den Vorschriften dieses Gesetzes zu entsprechen, oder sind aufzuheben.

Die darin enthaltene Limitierung der Strafe und die Wiederherstellung des Akkusationsprinzips, des Rückwirkungsverbots und des Analogieverbots stellten offenbar dringliche rechtsstaatliche Desiderate dar. Deshalb überrascht es, dass sich diese Anordnungen im KRG Nr. 1, das auf der Basis des Militärregierungsgesetzes Nr. 1 in aller Eile vom Rechtsdirektorat zur Beseitigung nationalsozialistischer »Grundgesetze« erarbeitet worden war und am 20. September 1945 vom Kontrollrat verkündet wurde, nicht wiederfinden. Auf sowjetischen Widerstand hin wurde in Art. II KRG Nr. 1 nur ein allgemeines Diskriminierungsverbot aufgenommen. Die Begründung der Sowjetunion, die weitergehenden Vorschriften des Militärregierungsgesetzes seien zu »verwirrend und unklar«,[16] wurde von *Friedrich-Christian Schroeder* als Schutzbehauptung entlarvt, um zu verschleiern, dass diese rechtsstaatlichen Grundprinzipien dem sowjetischen Strafrecht fremd waren.[17] Das KRG Nr. 1 diente ansonsten der Aufhebung der politischen »Reichsgrundgesetze« des nationalsozialistischen Regimes: des Ermächtigungsgesetzes, des Gesetzes gegen die Neubildung von Parteien und des Gesetzes über die Geheime Staatspolizei.[18] Aus strafrechtlicher Sicht wichtig ist

16 *Etzel*, Die Aufhebung von nationalsozialistischen Gesetzen durch den Alliierten Kontrollrat, S. 82.
17 *Schroeder*, Die Entnazifizierung des deutschen Strafrechts, S. 201, 209.
18 Vgl. *Etzel*, Die Aufhebung von nationalsozialistischen Gesetzen durch den Alliierten Kontrollrat, S. 82, 84.

die Zurücksetzung des gesamten Staatsschutzteils des StGB[19] in den Stand vor dem 30. Januar 1933 (Art. I Nr. 1 c) KRG Nr. 1).

Der dann vom Rechtsdirektorat eingerichtete Unterausschuss zur Reform des gesamten Strafrechts (»Criminal Code Committee – CRICO«)[20] befasste sich intensiver mit dem nationalsozialistischen Strafrecht. In KRG Nr. 11 vom 30. Januar 1946 folgte deshalb eine weitergehende Änderung des Strafrechts. Zunächst wurde das Staatsschutzstrafrecht mit KRG Nr. 11 endgültig aufgehoben.[21] Die Alliierten verfolgten mit der Beseitigung des Staatsschutzstrafrechts das Ziel, die Bestrafung von Kollaboration mit den alliierten Besatzungsmächten zu verhindern. Die Aufhebung entsprang also einer tiefgreifenden Skepsis gegenüber der demokratischen Erziehung der Deutschen.[22] Art. II KRG 11 beseitigte außerdem – neben anderen – die Volksschädlingsverordnung[23], die Kriegssonderstrafrechtsverordnung[24], die Verordnung über außerordentliche Rundfunkmaßnahmen[25], das Gesetz über Verhängung und Vollzug der Todesstrafe[26] sowie die sogenannte Polenstrafrechtsverordnung.[27] Dieses Vorgehen spiegelt den Umgang der Nazis mit dem Strafrecht wider. Es war in den zwölf Jahren NS-Regime nicht gelungen, eine umfassende StGB-Reform im Sinne eines originär nationalsozialistischen Strafgesetzes durchzuführen. Ein Großteil des NS-Terrors vollzog sich in mehr als 30 Gesetzen und Verordnungen strafrechtlichen Inhalts.[28] Dem Militärstrafrecht widmete sich KRG Nr. 34 vom 20. August 1946, das auch die Auflösung der Wehrmacht regelte. In Art. III wird neben der Aufhebung der ausdrücklich genannten Militärstrafgerichtsordnung und dem Militärstrafgesetzbuch auch diejenige aller anderen militärstrafrechtlichen Regelungen, wie der Kriegsstrafverfahrensordnung, angeordnet.[29]

19 §§ 80–93 StGB in der Fassung des Gesetzes zur Änderung von Vorschriften des Strafrechts und des Strafverfahrens vom 24. April 1934 (sog. Verratsnovelle), RGBl. I/341.

20 *Schroeder*, Die Entnazifizierung des deutschen Strafrechts, S. 201, 209.

21 Dazu auch *Friedrich-Christian Schroeder*, Der Schutz von Staat und Verfassung im Strafrecht, München 1970, S. 176.

22 *Etzel*, Die Aufhebung von nationalsozialistischen Gesetzen durch den Alliierten Kontrollrat, S. 84 f.

23 Verordnung gegen Volksschädlinge vom 05.09.1939 (RGBl I. 1679).

24 Verordnung über das Sonderstrafrecht im Krieg und bei besonderem Einsatz (Kriegssonderstrafrechtsverordnung) vom 17.08.1938 (RGBl 1939 I. 1455).

25 Verordnung über außerordentliche Rundfunkmaßnahmen vom 01.09.1939 (RGBl I. 1683).

26 Gesetz über Verhängung und Vollzug der Todesstrafe vom 29.03.1933 (RGBl I. 151).

27 Verordnung über die Strafrechtspflege gegen Polen und Juden in den eingegliederten Ostgebieten vom 04.12.1941 (RGBl I. 759).

28 S. dazu *Gerhard Werle*, Justiz-Strafrecht und polizeiliche Verbrechensbekämpfung im Dritten Reich, Berlin 1989, S. 64 ff.

29 Einzelheiten bei *Etzel*, Die Aufhebung von nationalsozialistischen Gesetzen durch den Alliierten Kontrollrat, S. 99–102.

Das Vorhaben der Erarbeitung einer umfassenden Reform des StGB durch CRICO führte indessen zu einer Verzögerung weiterer Aufhebungsmaßnahmen. Erst in KRG Nr. 55 vom 20. Juli 1947 wurden weitere NS-Gesetze und Verordnungen beseitigt, was allerdings eher eine formale Maßnahme darstellte, da die meisten dieser Gesetze nach dem Ende des NS-Regimes ohnedies »totes Recht« waren.[30] Die Maßnahmen des Kontrollrates beschränkten sich demnach im strafrechtlichen Bereich auf punktuelle (negative) Interventionen in der Form der Abschaffung besonders NS-lastiger Vorschriften. Eine umfassende Reform gelang weder im Strafrecht noch im Strafprozessrecht. Auch im Jugendstrafrecht, wo besondere Anstrengungen unternommen wurden und ein Kontrollratsgesetzentwurf zum Jugendgerichtsgesetz aufgelegt wurde, kam es nicht zu einer Gesetzesverkündung.[31] Immerhin wurde aber durch die Bemühungen des Rechtsdirektorats und seines Unterausschusses, der CRICO, ein gewisser Diskussionsprozess in Gang gesetzt, der nicht nur alliierte Wissenschaftler umfasste, sondern auch über die Länderministerien deutsche Strafrechtspraktiker und Strafrechtsprofessoren mit einbezog. Das Bundesministerium der Justiz fand demnach bei seiner Gründung ein marginal von NS-Auswüchsen bereinigtes Strafrecht vor, das insgesamt allerdings als reformbedürftig angesehen wurde.

II. Amnestie

Wenden wir uns nun den strafrechtsbezogenen Sachthemen zu, die in der Abteilung II nach Gründung des Bundesministeriums der Justiz diskutiert wurden. Neben der allgemeinen Strafrechtsreform (siehe hierzu unten Kapitel III) war die Frage der Amnestierung eine politisch besonders drängende und zugleich brisante Aufgabe. »Im Anfang war … die Idee der Amnestie«, bemerkte deshalb Norbert Frei in seinem Band *Vergangenheitspolitik*.[32] Tatsächlich hatte Bundeskanzler Adenauer in seiner Regierungserklärung am 20. September 1949 eine Amnestie angekündigt und führte in der 7. Kabinettssitzung am 26. September 1949 hierzu aus: »Amnestien wurden besonders aus Anlaß besonderer Ereignisse erlassen, so, wenn in der Monar-

30 Vgl. *Etzel*, Die Aufhebung von nationalsozialistischen Gesetzen durch den Alliierten Kontrollrat, S. 130.

31 Der Entwurf ist abgedruckt bei *Etzel*, Die Aufhebung von nationalsozialistischen Gesetzen durch den Alliierten Kontrollrat, S. 208–222.

32 *Norbert Frei*, Vergangenheitspolitik. Die Anfänge der Bundesrepublik Deutschland und die NS-Vergangenheit, 2. Aufl., München 2003, S. 29.

chie ein König den Thron bestieg. Nun ist der Bund ins Leben getreten, der Bundespräsident ist da. Mit Rücksicht auf dieses Ereignis erwarten weiteste Kreise des deutschen Volkes eine Amnestie.«[33]

Neue politische Verhältnisse verlangen demnach eine Apologie bezogen auf die alten politischen Verhältnisse.[34] Denn zum damaligen Zeitpunkt ist Verschweigen und Vergessen die regelmäßige Technik politischer Katharsis.[35] Die Amnestie betrifft niemals nur die Verurteilten oder Strafverfolgten, sondern auch die gesamte Moral des Volkes.[36] Deshalb wurde bereits 1948 – parteiübergreifend[37] – daran gedacht, die Einführung des Grundgesetzes mit einer Amnestie zu verknüpfen.[38] Damit verbunden war indes ein Kompetenzproblem: Sah man in der Amnestie nur eine Sache der Justiz, so waren die wieder eingeführten Länder zuständig.[39] War man, wie Konrad Adenauer, der Meinung, dass dadurch die übergeordnete Staatsgewalt berührt sei, so war der Bund zuständig.[40] Zuvor waren einige Länder auch bereits aktiv geworden und hatten – mit Billigung der alliierten Besatzungsmächte – Straffreiheitsgesetze erlassen. Neben der Kompetenz war selbstverständlich auch die Reichweite der Amnestie eine offene Frage, insbesondere was die Einbeziehung von NS-Verbrechen anbelangte.

1. Amnestie durch die Länder

Vor allem in den neu gegründeten Bundesländern der amerikanischen und französischen Zone waren zu diesem Zeitpunkt bereits Straffreiheitsgesetze verabschiedet worden. Darunter waren etwa in Bayern das Gesetz Nr. 97

33 Kabinettsprotokolle online: http://www.bundesarchiv.de/cocoon/barch/0000/k/k1949k/kap1_3/index.html (07.01.2013).

34 Vgl. auch *Claus Seibert*, Bemerkungen zur Bundesamnestie, DRiZ 1950, S. 25.

35 *Hans-Detlef Horn*, Zum Umgang des Rechtsstaats mit vorangegangenem Unrecht, in: Gilbert H. Gornig/Hans-Detlef Horn/Dietrich Murswiek (Hg.), Eigentumsrecht und Enteignungsunrecht. Analysen und Beiträge zur Vergangenheitsbewältigung Teil 3, Berlin 2012, S. 195, 201.

36 *Frei*, Amnestiepolitik in den Bonner Anfangsjahren, S. 484, 493 f.

37 Vgl. ebd., S. 484, 487.

38 Vgl. *Andreas Eichmüller*, Keine Generalamnestie. Die Strafverfolgung von NS-Verbrechen in der frühen Bundesrepublik, München 2012, S. 37 mit Fn. 72.

39 So etwa auch Justizminister Dehler neben Innenminister Heinemann, vgl. 7. Sitzung des Bundeskabinetts vom 26.09.1949. Kabinettsprotokolle online: http://www.bundesarchiv.de/cocoon/barch/0000/k/k1949k/kap1_3/index.html (07.01.2013).

40 K. Adenauer in der 7. Sitzung des Bundeskabinetts vom 26.09.1949. Kabinettsprotokolle online: http://www.bundesarchiv.de/cocoon/barch/0000/k/k1949k/kap1_3/index.html (07.01.2013).

über die Gewährung von Straffreiheit anlässlich des Jahrestages des Inkrafttretens der Bayerischen Verfassung vom 24. Januar 1948,[41] in Bremen das Gesetz über die Gewährung von Straffreiheit vom 6. Dezember 1948[42], in Hessen das Gesetz über die Gewährung von Straffreiheit vom 19. Juni 1947[43], in Rheinland-Pfalz das Gesetz über die Gewährung von Straffreiheit für Straftaten, die vor dem 18. Mai 1948 begangen wurden[44], und in Württemberg-Baden das Gesetz Nr. 210 über die Gewährung von Straffreiheit vom 8. Mai 1947.[45] In diesen Gesetzen waren Gefängnisstrafen bis zu einem Jahr einbezogen. Das Ziel dieser Gesetze, die unter strenger alliierter Aufsicht erlassen wurden, lag darin, die Folgen der »Hungerjahre« abzumildern.[46] Die Straffreiheit bezog sich demnach auf Notkriminalität (Wirtschaftsdelinquenz). Von der Amnestie ausgenommen waren Taten, die der Aufrechterhaltung der NS-Herrschaft, dem Militarismus oder der Verbreitung der nationalsozialistischen Ideologie gedient hatten.[47]

2. Amnestie durch die Bundesrepublik

Schon 1949 gab es Überlegungen, eine große »Bundesamnestie« zu verkünden. Ein solches Vorhaben war jedoch nicht einfach durchzuführen, denn dabei war die im Grundgesetz niedergelegte Kompetenzverteilung zwischen Bund und Ländern zu beachten.[48]

a) Die Bundeskompetenz

Die Begründung der Zuständigkeit des Bundes für ein Amnestiegesetz steht auf tönernen Füßen. Das Grundgesetz selbst regelt in Art. 60 GG nur das Begnadigungsrecht des Bundespräsidenten und äußert sich im Übrigen zu Amnestien nicht.[49] Der Regierungsentwurf verweist auf die Kompetenznormen

41 BayRS IV, S. 545.
42 GBl. S. 234.
43 GVBl. S. 36.
44 VOBl. S. 283.
45 Regl.Bl. S. 39.
46 Dazu insgesamt *Frei*, Vergangenheitspolitik, S. 29.
47 Ebd., S. 30.
48 Zu den politischen Implikationen des Föderalismus: *Manfred Görtemaker*, Geschichte der Bundesrepublik Deutschland. Von der Gründung bis zur Gegenwart, München 1999, S. 144 ff.
49 Michael Sachs-*Rudolf Streinz*, Grundgesetz Kommentar, 6. Aufl., München 2011, Art. 60 Rn. 13; Bruno Schmidt-Bleibtreu/Franz Klein/Hans Hofmann-*Hermann Butzer*, Kommentar zum Grundgesetz, 12. Aufl., Köln 2011, Art. 60 Rn. 42.

des Art. 74 Nr. 1 und 72 Abs. 2 Nr. 3 GG (Fassung 1949)[50], was aber wenig überzeugt, da die Amnestie weder zum materiellen Strafrecht noch zum Verfahrensrecht oder zum Strafvollzug (Art. 74 Nr. 1) gehört, so dass es auf die Herstellung der Rechtseinheit in den Ländern (Art. 72 Abs. 2 GG) gar nicht mehr ankommt. Amnestie bedeutet materiell den Verzicht auf den Strafverfolgungsanspruch. Dieser steht nach der Kompetenzzuweisung aber den Ländern zu (Art. 30 GG).[51]

»Mag die Gewährung von Straffreiheit durch den Bund auch in die Justizhoheit und die rechtsprechende Gewalt der Länder eingreifen und Strafansprüche der Länder zum Erlöschen bringen, so sind diese Eingriffe jedenfalls nicht verfassungswidrig. Es liegt im Wesen der Zuständigkeit für die Justizgesetzgebung, daß der Bund durch Ausübung der ihm in Art. 74 Ziff. 1 GG eingeräumten Befugnisse den Bereich der Strafbarkeit und den Umfang der Strafverfolgung menschlichen Verhaltens und damit zugleich den Tätigkeitsbereich der Länder beschränken kann.«[52]

Diese bereits stark zentralistisch anmutenden Ausführungen werden gekoppelt mit der Weigerung des Gerichts, über die Notwendigkeit einer bundeseinheitlichen Regelung nach den Kriterien des Art. 72 Abs. 2 GG (1949) überhaupt zu judizieren.[53] Der machtpolitische Instinkt Adenauers hatte demnach Erfolg gegenüber den Skeptikern an der Spitze des Bundesministeriums der Justiz, Minister Thomas Dehler und Staatssekretär Walter Strauß.[54]

50 Vgl. BT-Drucksache I/251 v. 30.11.1949, S. 5.

51 Insoweit überzeugend: *Erich Schmidt-Leichner*, Die Bundesamnestie, NJW 1950, S. 41 f. Schmidt-Leichner votiert ansonsten freilich für eine extensive Auslegung des Gesetzes (»Gnade verträgt weder Engherzigkeit noch Spitzfindigkeit«), was angesichts seiner früheren Tätigkeit als Beamter im Reichsjustizministerium nicht zu überraschen scheint. Vgl. *Joachim Perels*, Amnestien für NS-Täter in der Bundesrepublik, KJ 1995, S. 381, 383. Ablehnend auch *Eduard Kern*, Das Begnadigungsrecht des Bundes, JR 1949, S. 367 ff., der vor Erlass des Gesetzes den einzigen Weg für eine bundeseinheitliche Regelung darin erblickt, dass der Bundestag den Länderparlamenten empfiehlt, eine entsprechende Amnestie auszusprechen.

52 BVerfGE 2, 213, 222. In BVerfGE 1, 418 wurde die Frage der Verfassungsmäßigkeit des Gesetzes vom 31.12.1949 nicht thematisiert. Willi Geiger war an dieser Entscheidung des 1. Senats nicht beteiligt. Zur Person Geigers s. den Beitrag von Horst Dreier in diesem Band.

53 Ebd. Die Entscheidung des Gesetzgebers sei grundsätzlich nicht justiziabel und allenfalls auf Ermessensfehler hin zu überprüfen. Dieser Missstand ist erst mit der Einführung von Art. 93 Abs. 1 Nr. 2a GG im Zuge der Verfassungsreform anlässlich der deutschen Einheit bereinigt worden. Michael Sachs-*Steffen Detterbeck*, Grundgesetz Kommentar, 6. Aufl., München 2011, Art. 93 Rn. 60; Bruno Schmidt-Bleibtreu/Franz Klein/Hans Hofman-*Axel Hopfauf*, Kommentar zum Grundgesetz, 12. Aufl., Köln 2011, Art. 93 Rn. 117; Horst Dreier-*Joachim Wieland*, Grundgesetz. Kommentar, Bd. III, 2. Aufl., Tübingen 2008, Art. 93 Rn. 60 f.

54 Auch der Parlamentarier und Jurist Adolf Arndt (SPD) sah die alleinige Zuständigkeit beim Bund, da er die Amnestie als dem Strafverfahrensrecht zugehörig ansah; s. *Adolf Arndt*, Das Amnestiegesetz, SJZ 1949, S. 108, 110.

b) Reichweite

Hinsichtlich der Frage nach der Reichweite des Gesetzes wurde stets die wirtschaftliche Not der Nachkriegszeit betont. Amnestiert werden sollten von deutschen Gerichten verfolgte Straftaten im Bereich der Wirtschaftskriminalität. Zur Begründung wurde ausgeführt:

»Der Entwurf bezweckt die Jahre der Not, der sittlichen Verwilderung und der Rechtsverwirrung durch eine Maßnahme der Gesetzgebung abzuschließen. Insbesondere auf dem Gebiet der Bewirtschaftung von Waren und Erzeugnissen sowie dem der Marktregelung und der Preisregelung sind in den vergangenen Jahren zahlreiche Personen straffällig geworden, die unter normalen wirtschaftlichen Verhältnissen sich nicht gegen Strafgesetze vergangen hätten.«[55]

Schwarzmarktdelikte sollten also im Mittelpunkt stehen. Das Gesetz nimmt eine solche inhaltliche Beschränkung oder eine zeitliche Einschränkung auf die Besatzungszeit indes nicht vor. Vielmehr wird eine allgemeine Amnestie für alle Straftaten ausgesprochen, die bis zum 15. September 1949[56] begangen worden waren und mit Freiheitsstrafe bis zu sechs Monaten oder Geldstrafe bis 5000 DM (§ 2 Abs. 1 StraffreiheitsG 1949) belegt waren. Unter der Bedingung, dass der Täter in den auf den Stichtag folgenden drei Jahren keine weiteren vorsätzlichen Straftaten beging, konnten auch Haftstrafen bis zur Höhe von einem Jahr erlassen werden. Durch die Einführung der Bedingung sollte gewährleistet sein, dass keine Täter mit »krimineller Neigung« in den Genuss der Amnestie kamen.[57] Ausgeschlossen waren Taten, die aus Grausamkeit, Gewinnsucht oder ehrloser Gesinnung heraus erfolgt waren (§ 2 Abs. 2 StraffreiheitsG 1949).

Die Auswirkungen auf NS-Taten wurden in der Gesetzesbegründung mit keinem Wort erwähnt. Minister Dehler bemerkte dazu in der Kabinettssitzung, dass eine Amnestierung der NS-Täter wegen der Besatzungsgerichte und der föderalen Struktur der Bundesrepublik schwierig sei.[58] Bayerns Justizminister Josef Müller (CSU) wies deutlich auf die Konsequenzen hin. In einem Schreiben an Dehler sprach er davon, dass es »rechtlich und politisch

55 Entwurf eines Gesetzes über die Gewährung von Straffreiheit, BT-Drucksache I/251, S. 5.
56 Der Bundesrat hatte den 14.08.1949 als Stichtag vorgeschlagen; diese Verkürzung wurde als Entwertung der Amnestie von der Bundesregierung abgelehnt. Vgl. BT-Drucksache I/251, S. 9 (Anlage 2) und S. 11 (Anlage 3).
57 Vgl. dazu *Joachim Schölz*, Das Straffreiheitsgesetz von 1949 unter besonderer Berücksichtigung seiner Entstehungsgeschichte, in: Justiz und Verwaltung 1950, S. 2, 5.
58 Kabinettsprotokolle online: http://www.bundesarchiv.de/cocoon/barch/0000/k/k1949k/kap1_3/para2_4.html (05.11.2012).

untragbar« erscheine, dass eine große Zahl »schwerwiegender nazistischer Gewalttaten«, die etwa im Zusammenhang mit der Reichspogromnacht 1938 gegen Juden begangen worden waren, amnestiert würden.[59] Später setzte sich aber bei Dehler eine Schlussstrichmentalität durch.[60] Inwiefern diese Meinungsänderung durch seine Partei, die FDP, befördert wurde, kann nicht abschließend geklärt werden.[61] Tatsache ist, dass die Aktivitäten von Werner Best und Ernst Achenbach auf ein möglichst baldiges Ende der Verfolgung von NS-Taten ausgerichtet waren.[62] Ulrich Herbert geht indessen auch davon aus, dass der Widerwille gegenüber der Strafverfolgung ehemaliger Kollegen auf der Ebene unterhalb von Minister und Staatssekretär im BMJ besonders groß war.[63] Das lässt sich insofern belegen, als der Entwurf des Straffreiheitsgesetzes die Einbeziehung aller NS-Taten mit einer Freiheitsstrafe bis zu einem Jahr Gefängnis vorsah.[64]

Vor der 1. Lesung im Bundestag und nach der Einholung der Stellungnahme des Bundesrates wurde in der Anlage 3 des Gesetzesentwurfs eine wesentliche Ergänzung des Gesetzes vorgenommen, das in der Neufassung nun auch die sogenannten »Illegalen« umfasste.[65] »Aufgrund verschiedener Vorstellungen, die nach Verabschiedung des Entwurfs im Kabinett beim Bundesjustizministerium erhoben wurden«[66], so Udo Wengst in seiner Biographie über Thomas Dehler, wurde daraufhin § 6a (später § 10) in das Gesetz eingeführt, in dem es danach hieß:

»Für Vergehen und Übertretungen, die zwischen dem 10. Mai 1945 und dem Inkrafttreten dieses Gesetzes zur Verschleierung des Personenstandes aus politischen Gründen begangen wurden, wird, auch wenn sie nach dieser Zeit fortdauern, Straffreiheit ohne Rücksicht auf die Höhe der zu erwartenden Strafe gewährt, wenn der Täter bis

59 Zitiert nach *Eichmüller*, Keine Generalamnestie. Die Strafverfolgung von NS-Verbrechen in der frühen Bundesrepublik, S. 39 mit Fn. 78.

60 Vgl. *Udo Wengst*, Thomas Dehler 1897–1967. Eine politische Biographie, München 1997, S. 158.

61 *Wengst*, Thomas Dehler 1897–1967. Eine politische Biographie, S. 162.

62 *Ulrich Herbert*, Best – Biographische Studien über Radikalismus, Weltanschauung und Vernunft, 1903–1989, Bonn 2001, S. 451 ff.; Werner Best war indes im BMJ auf Anweisung von Staatssekretär Strauß wegen seiner Hartnäckigkeit vor allem im Vorfeld der Amnestiegesetzgebung 1954 auf Distanz zu halten, vgl. *Eichmüller*, Keine Generalamnestie. Die Strafverfolgung von NS-Verbrechen in der frühen Bundesrepublik, S. 111, Fn. 318.

63 *Herbert*, Best, S. 455.

64 *Eichmüller*, Keine Generalamnestie. Die Strafverfolgung von NS-Verbrechen in der frühen Bundesrepublik, S. 38 f.

65 *Frei*, Amnestiepolitik in den Bonner Anfangsjahren, S. 484, 488.

66 Vgl. Entwurf eines Gesetzes über die Gewährung von Straffreiheit, BT-Drucksache I/251, 13. Welche »Vorstellungen« dies waren, wird nicht weiter ausgeführt.

spätestens 31. März 1950 bei der Polizeibehörde seines Wohnsitzes oder Aufenthaltsortes freiwillig seine unwahren Angaben widerruft und bisher entgegen gesetzlicher Vorschrift unterlassene Angaben nachholt.«

In der Begründung wurde darauf hingewiesen, dass Personen, die wegen ihrer Verwicklungen in den Nationalsozialismus ihre Identität zu verschleiern versuchten, auch »Braun-Schweiger« genannt[67], nunmehr die Gelegenheit erhalten sollten, wieder ein gesetzmäßiges Leben zu führen.[68] Der auch im Interesse der öffentlichen Sicherheit und Ordnung höchst unerwünschte Zustand der Illegalität sollte damit beseitigt werden.[69] Ein solches Nachschieben von Regelungen nach der Befassung des Bundesrates mit der Angelegenheit ist vor allem ein föderales, weniger ein parlamentarisches Problem.[70] Das Gesetz passierte jedenfalls mit den Ergänzungen am 9. Dezember 1949 ohne Probleme den Bundestag – gerade noch rechtzeitig als »Weihnachtsbescherung« – und, nur Stunden später, auch den Bundesrat, in dem man angesichts der großen Mehrheit im Bundestag das Gesetz nicht weiter verzögern wollte.[71]

Die gesetzgeberische Symbolik hinter diesem § 10 StraffreiheitsG 1949 scheint indes größer als der praktische Nutzen. Nur 241 Illegale machten von dem Angebot Gebrauch.[72] Was die Verfolgung von NS-Verbrechen anbelangt, so hatte das Gesetz hingegen eine erhebliche Wirkung. Nach Andreas Eichmüller sind 2547 gerichtliche Einstellungen gemäß dem Straffreiheitsgesetz 1949 nachweisbar.[73] Die Mehrzahl der Fälle (57 %) behandelt Ausschreitungen gegen Juden in der Reichspogromnacht 1938, Verbrechen an politischen Gegnern (16 %) und Denunziationsfälle (18 %).[74] Zwischen 1000 und 1500 bereits verurteilte NS-Täter kamen aufgrund des Gesetzes frei.[75]

67 *Frei*, Amnestiepolitik in den Bonner Anfangsjahren, S. 484, 488.

68 Ob es sich hierbei vornehmlich um jugendliche Täter handelt, wie Adolf Arndt meint, kann bezweifelt werden; jedenfalls sprach sich auch der SPD-Abgeordnete deutlich für die Einführung dieser Regelung aus. Siehe *Adolf Arndt*, Das Amnestiegesetz, SJZ 1949, S. 108, 112: »Ein wiedergeordnetes Staatswesen kann … es sich auch leisten, die versöhnende Hand zu bieten.«

69 Vgl. Entwurf eines Gesetzes über die Gewährung von Straffreiheit, BT-Drucksache I/ 251, 13.

70 Insofern kam Kritik nur vom Leiter der Bayerischen Staatskanzlei als Vertreter des Bundesrats im Bundestag; vgl. *Frei*, Vergangenheitsbewältigung, S. 37 mit Fn. 30.

71 *Frei*, Vergangenheitsbewältigung, S. 43.

72 Vgl. *Kerstin Freudiger*, Die juristische Aufarbeitung von NS-Verbrechen, Tübingen 2002, S. 18. Auch Frei bescheinigt dem Gesetzgeber, das Problem überschätzt zu haben, vgl. *Frei*, Vergangenheitsbewältigung, S. 36.

73 *Eichmüller*, Keine Generalamnestie. Die Strafverfolgung von NS-Verbrechen in der frühen Bundesrepublik, S. 39.

74 Ebd., S. 39 f.

75 Ebd., S. 39.

Unklar ist, wie viele Verfahren sich im Ermittlungsverfahren befanden und eingestellt wurden. Zehntausende Verfahren muss man nicht vermuten,[76] aber einige Tausend dürften es schon gewesen sein.[77] Zu beobachten ist ferner, dass die Ausnahme des § 2 Abs. 2 S. 2 StraffreiheitsG 1949, wonach Grausamkeit, ehrlose Gesinnung und Gewinnsucht Straffreiheit ausschlossen, von den Gerichten sehr eng ausgelegt wurde. Mitnichten galt ein Verbrechen gegen die Menschlichkeit *per se* als grausam oder ehrlos.[78] Dabei kam es auch zur Amnestierung von Tötungsverbrechen.[79]

Immerhin bewirkte das Gesetz jedoch eine Entlastung der Justiz. Da angesichts der Monstrosität der Verbrechen nur solche Taten in den Genuss der Amnestie kamen, die mit sechs bzw. zwölf Monaten Gefängnis geahndet wurden, könnte angenommen werden, dass nun bei den Staatsanwaltschaften eine Konzentration auf die bedeutenden und besonders schockierenden Fälle stattfinden konnte. Eine solch positive Wirkung kann in Anbetracht der Gesamtbilanz der strafrechtlichen Aufarbeitung[80] dem Straffreiheitsgesetz von 1949 aber nicht nachgesagt werden.[81] Zusammenfassend lässt sich daher mit der Gesetzesbegründung des Straffreiheitsgesetzes 1954 lediglich feststellen: »Das Gesetz über die Gewährung von Straffreiheit vom 31. Dezember 1949 (BGBl. S. 37) hatte den Sinn, auf dem Gebiet der Strafrechtspflege den Schlußstrich unter eine chaotische Zeit zu ziehen, die mit der Bildung der Bundesrepublik Deutschland abgeschlossen war.«[82]

76 So aber *Frei*, Vergangenheitsbewältigung, S. 52.

77 *Eichmüller*, Keine Generalamnestie. Die Strafverfolgung von NS-Verbrechen in der frühen Bundesrepublik, S. 41.

78 Vgl. *Schölz*, Das Straffreiheitsgesetz von 1949 unter besonderer Berücksichtigung seiner Entstehungsgeschichte, S. 2, 3. Ebenso *Claus Seibert*, Weitere Anmerkungen zur Bundesamnestie, DRZ 1950, S. 80, 81. Anders *Adolf Arndt*, Das Amnestiegesetz, SJZ 1949, S. 108, 111. In der Datenbank des Internationalen Forschungs- und Dokumentationszentrums Kriegsverbrecherprozesse der Philipps-Universität Marburg finden sich 120 Fälle aus dem Zuständigkeitsbereich des OGHBz, in denen die Amnestie auf Verurteilungen wegen Verbrechen gegen die Menschlichkeit angewendet wurde.

79 Beispiel bei *Eichmüller*, Keine Generalamnestie. Die Strafverfolgung von NS-Verbrechen in der frühen Bundesrepublik, S. 40.

80 Dazu auch der Beitrag von Thomas Vormbaum in diesem Band.

81 *Eichmüller*, Keine Generalamnestie. Die Strafverfolgung von NS-Verbrechen in der frühen Bundesrepublik, S. 41.

82 Begründung des StraffreiheitsG 1954, BT-Drucksache II/215, S. 8.

c) Das Straffreiheitsgesetz von 1954: »Die größte Amnestie aller Zeiten«[83]

(1) Die Entstehungsgeschichte

Die Diskussion um die Reichweite der Amnestie und das Erfordernis der Strafverfolgung riss mit dem Gesetz von 1949 nicht ab. Vielmehr wurden im 1. Straffreiheitsgesetz nicht nur Lücken hinsichtlich der materiellen Reichweite ausgemacht, sondern es wurde auch der Bedarf gesehen, die Amnestie in zeitlicher Hinsicht über das Jahr 1949 hinaus auszudehnen. Daneben wurde offen eine Amnestierung der NS-Täter gefordert. Mit Verweis auf die völkerrechtliche Übung seit dem Westfälischen Frieden von 1648 wurde auf die Tradition eines »Schlussstriches« nach kriegerischen Auseinandersetzungen hingewiesen.[84] Prominente Vertreter dieser Forderung waren der Heidelberger Juristenkreis um den profilierten Nürnberger Verteidiger Otto Kranzbühler[85] sowie der Essener Anwalt Ernst Achenbach mit seinem Mitarbeiter Werner Best, der versuchte, innerhalb der FDP entsprechende Weichen zu stellen.[86] Ihre Vorstöße im BMJ blieben jedoch bei Dehler und Strauß ohne Erfolg.[87]

In die Amnestiedebatte mischte sich ein Skandal in einer nicht mit Kriegsverbrechen zusammenhängenden Angelegenheit: dem Fall Platow.[88] Der Herausgeber eines politischen Informationsdienstes, Robert Platow, hatte von hochrangigen Bonner Beamten verschiedener Ministerien gegen Bezahlung vertrauliche Informationen erhalten. Diese sollten wegen Bestechlichkeit und Vertrauensbruch verurteilt werden. Der Bundestag verabschiedete

83 »Die Folgen des Amnestiegesetzes«, in: Die Zeit, 24.06.1954. Diese Ansicht übersieht freilich den Umstand, dass es nur zum Teil um »Kriegsverbrechen« im engeren Sinne geht und viele der NS-Verbrechen an der eigenen Bevölkerung verübt wurden.

84 So etwa der Heidelberger Völkerrechtler Friedrich Grimm, vgl. *Eichmüller*, Keine Generalamnestie. Die Strafverfolgung von NS-Verbrechen in der frühen Bundesrepublik, S. 106f. Justizminister Dehler selbst hatte diesen Vergleich mit dem Westfälischen Frieden und der Amnestierung der Gräueltaten des 30-jährigen Krieges auch schon 1950 bemüht; vgl. *Ulrich Brochhagen*, Nach Nürnberg. Vergangenheitsbewältigung und Westintegration in der Ära Adenauer, Hamburg 1994, S. 130f. zur Situation deutscher Soldaten vor französischen Gerichten; vgl. auch *Wengst*, Thomas Dehler 1897–1967. Eine politische Biographie, S. 160f. Dort auch jeweils zu der von Dehler dadurch ausgelösten diplomatischen Krise zwischen Deutschland und Frankreich.

85 Vgl. zu Kranzbühler *Christoph Safferling/Philipp Graebke*, Strafverteidigung im Nürnberger Hauptkriegsverbrecherprozess: Strategien und Wirkung, ZStW 123 (2011), S. 47.

86 *Herbert*, Best, S. 454ff.

87 Vgl. *Eichmüller*, Keine Generalamnestie. Die Strafverfolgung von NS-Verbrechen in der frühen Bundesrepublik, S. 110f. Siehe auch *Frei*, Vergangenheitspolitik, S. 106f., und ders., Amnestiepolitik in den Bonner Anfangsjahren. Die Westdeutschen und die NS-Vergangenheit, KJ 1996, S. 484, 491.

88 Vgl. dazu *Detlef Rilling*, Thomas Dehler. Eine politische Biographie. Ein Leben in Deutschland, Dissertation, Universität Augsburg 1988, S. 150f.

ein Amnestiegesetz. Mit dem Vorwurf, es handle sich um ein verfassungswidriges Einzelfallgesetz[89], lief das BMJ dagegen Sturm und Minister Dehler weigerte sich, das Gesetz als zuständiger Fachminister zu unterzeichnen.[90] Fritz Neumayer, seit 22. Oktober 1953 Nachfolger im Ministeramt, behielt Dehlers Standpunkt bei und unterzeichnete ebenfalls nicht.[91] Als Alternative bot das BMJ dem Bundestag den Entwurf eines allgemeinen Straffreiheitsgesetzes an, welches auch Nachrichtentätigkeiten wie im Fall Platow umfassen sollte.[92]

Noch der 1. Bundestag wollte darüber entscheiden; ein Entwurf wurde aber nicht mehr rechtzeitig fertig, so dass erst in der 2. Legislaturperiode diese Frage erneut aufgegriffen wurde.[93] Freilich ließ sich die Straffreiheit nun nicht in Form einer allgemeinen Amnestie herstellen, denn die Bundesrepublik Deutschland war nicht mehr geprägt von Nachkriegswirren, sondern hatte sich bereits in beachtlicher Weise stabilisiert. Der Bezug der einzelnen Tat zu dem vorherigen Krieg konnte demnach nicht mehr pauschal unterstellt werden. Im Gegensatz zur Entstehung des 1. Straffreiheitsgesetzes von 1949 wurde nun offen über die Einbeziehung von NS-Gewalttaten diskutiert. Schon in der Entstehung des Ministeriumsentwurfs war davon die Rede, Fälle von Befehlsnotstand, Standgerichtsverfahren und Denunziation in die Amnestie mit einzubeziehen. Bundesanwalt Max Güde und der neue Abteilungsleiter in der Abteilung II, Josef Schafheutle, waren hier die maßgeblichen Personen.[94] Auch der Referatsleiter für Strafverfahrensrecht, Dallinger,[95] befürwortete eine Amnestie für NS-Taten bis zu einer Strafhöhe von zwei bis drei Jahren.[96] Indes lehnte der Gesetzesentwurf eine Generalamnestie mit deutlichen und sehr richtigen Worten ab:

89 Zur Verfassungswidrigkeit auch *Klaus Marxen*, Rechtliche Grenzen der Amnestie, Heidelberg 1984, S. 32–35.

90 Vgl. etwa die Stellungnahme Dehlers im Kabinett, Protokoll der 7. Kabinettssitzung vom 10.11.1953; http://www.bundesarchiv.de/cocoon/barch/0000/k/k1953k/kap1_2/kap2_55/para3_2.html. Das Recht eines Fachministers, die Unterzeichnung eines Parlamentsgesetzes zu verweigern, hat zu heftigen verfassungsrechtlichen Diskussionen geführt; vgl. die Diskussion in der 7. Kabinettsitzung ebd.

91 *Frei*, Vergangenheitspolitik, S. 113f.

92 Vorgestellt von Minister Dehler und vom Kabinett gebilligt in der 10. Kabinettssitzung vom 01.12.1953; http://www.bundesarchiv.de/cocoon/barch/0000/k/k1953k/kap1_2/kap2_58/para3_4.html.

93 Begründung des StraffreiheitsG 1954, BT-Drucksache II/215, S. 9.

94 *Eichmüller*, Keine Generalamnestie. Die Strafverfolgung von NS-Verbrechen in der frühen Bundesrepublik, S. 113f.

95 Zu MinRat Dallinger vgl. den Beitrag von Joachim Rückert in diesem Band.

96 *Eichmüller*, Keine Generalamnestie. Die Strafverfolgung von NS-Verbrechen in der frühen Bundesrepublik, S. 114f.

»Die von manchen Seiten geforderte Generalamnestie für Straftaten, die mit der nationalsozialistischen Gewaltherrschaft zusammenhängen, zieht der Entwurf nicht in Erwägung, da das Sühnebedürfnis angesichts der Schwere und des Umfanges dieser Straftaten eine Generalamnestie verbiete…«[97]

Er enthielt letztendlich eine abgemilderte Einbeziehung der NS-Taten als »Zusammenbruchstaten« oder – noch pathetischer – »Endzeitverbrechen«:

»Es sind die Taten, die unter dem Einfluß der außergewöhnlichen Verhältnisse des staatlichen Zusammenbruchs, wie er seit dem Beginn der Besetzung Deutschlands durch alliierte Truppen, etwa seit dem 1. Oktober 1944, immer weiter um sich griff, in einer unheilvollen Verwirrung aller Vorstellungen über Rechtsordnung, Gerechtigkeit und Menschlichkeit begangen worden sind.«[98]

Die Opposition der Länder gegen dieses Gesetz war in der Abstimmungsphase vor Fertigstellung des Entwurfs und danach im Bundesrat groß.[99] Die Länderkammer warb, statt einer bundesgesetzlichen Amnestie Härtefälle lieber den Gerichten bzw. dem Gnadenwege zu überlassen. Auch im Bundestag und im Rechtsausschuss folgten heftige Diskussionen zwischen denen, die NS-Gewaltverbrechen für nicht weiter amnestiefähig hielten[100], den Befürwortern des BMJ-Entwurfs und denjenigen, denen die Amnestie nicht weit genug ging.[101] Die Verabschiedung einer Kompromissfassung erging gegen die Stimmen der SPD.

Aufgrund des bleibenden Widerstandes aus den Ländern im Bundesrat folgte eine Anrufung des Vermittlungsausschusses. In der nach Überarbeitung erfolgten erneuten Abstimmung im Bundestag erreichte das Gesetz dann eine große Mehrheit und auch die Stimmen der meisten SPD-Abgeordneten,[102] so dass am 17. Juli 1954 das »Gesetz über den Erlaß von Strafen und Geldbußen und die Niederschlagung von Strafverfahren und

97 Begründung des StraffreiheitsG 1954, BT-Drucksache II/215, S. 11.

98 Ebd. S. 12. Zur Begründung wurden auch Beweisschwierigkeiten der Gerichte angeführt; vgl. *Elmar Brandstetter*, Das Straffreiheitsgesetz 1954, JZ 1954, S. 477, 481.

99 Vgl. Begründung des StraffreiheitsG 1954, BT-Drucksache II/215, S. 23, Anlage 2: Stellungnahme des Bundesrates.

100 So etwa Minister Franz-Josef Strauß, vgl. Kabinettsprotokolle 01.12.1953, http://www.bundesarchiv.de/cocoon/barch/0000/k/k1953k/kap1_2/kap2_58/para3_4.html, und am 12.01.1954, http://www.bundesarchiv.de/cocoon/barch/0000/k/k1954k/kap1_2/kap2_1/para3_5.html. Die CSU brachte in der Folge einen eigenen Gesetzesentwurf in den Bundestag ein.

101 *Eichmüller*, Keine Generalamnestie. Die Strafverfolgung von NS-Verbrechen in der frühen Bundesrepublik, S. 117 ff.

102 *Eichmüller*, Keine Generalamnestie. Die Strafverfolgung von NS-Verbrechen in der frühen Bundesrepublik, S. 124.

Bußgeldverfahren (Straffreiheitsgesetz 1954) verkündet werden konnte.[103] Der »besondere Anlass«[104] für die Amnestie war diesmal die Neuwahl des Bundespräsidenten.[105]

(2) Die Regelungen im Einzelnen

Im Wesentlichen ging es bis zum 1. Oktober 1953, dem allgemeinen Stichtag für die Amnestierungen nach § 1 StraffreiheitsG 1954, um folgende Taten: In § 2 war eine allgemeine Straffreiheit ausgesprochen für alle Taten, die mit nicht mehr als drei Monaten Freiheitsstrafe sanktioniert waren. Straftaten mit Freiheitsstrafe bis zum einem Jahr wurden amnestiert, soweit sie in einer infolge der Kriegs- oder Nachkriegsereignisse eingetretenen Notlage begangen worden waren (§ 3 StraffreiheitsG 1954). Beide Vorschriften betrafen insbesondere Flüchtlinge und Spätheimkehrer, deren finanziell und sozial angespannte Situation vom Gesetzgeber damit anerkannt wurde.[106] Für Steuer- und Monopolvergehen, die 1949 von der Amnestie vollständig ausgenommen worden waren, sah § 4 StraffreiheitsG 1954 eine Einschränkung der in § 2 vorgesehenen allgemeinen Straffreiheit vor.[107] Eine Ausweitung brachte hingegen § 5 StraffreiheitsG 1954 für sog. Interzonengeschäfte.

Die bereits erwähnten »Zusammenbruchstaten« wurden in § 6 StraffreiheitsG 1954 auf die Zeit zwischen 1. Oktober 1944 und 31. Juli 1945 bezogen und wurden bis zu einer Freiheitsstrafe von drei Jahren amnestiert. Voraussetzung war, dass der Täter in der Annahme einer Amts-, Dienst- oder Rechtspflicht, insbesondere auf Grund eines Befehls handelte und ihm nach seiner Stellung und Einsichtsfähigkeit nicht zuzumuten war, die Tat zu unterlassen.[108] Nach § 9 Abs. 1 StraffreiheitsG 1954 schlossen diese Taten ausdrücklich Totschlag (§ 212 StGB) – nicht jedoch Mord (§ 211) – mit ein.[109] Diese Amnestievorschrift bezieht das »Handeln auf Befehl« ein, das in Art. 8 des IMT-Statuts ebenso wie in Art. II Nr. 4 b) KRG 10 ausdrücklich als Straf-

103 BGBl. I, S. 203.

104 Vgl. hierzu bei Fn. 33 die Ausführungen zum 1. Straffreiheitsgesetz.

105 Vgl. *Walter Becker*, Das Straffreiheitsgesetz 1954, JR 1954, S. 321. Dabei musste auch dem Eindruck vorgebeugt werden, es werde periodisch wiederkehrende Amnestiegesetze geben, etwa immer bei Beginn einer neuen Legislaturperiode, vgl. *Brandstetter*, Das Straffreiheitsgesetz 1954, JZ 1954, S. 477.

106 Begründung des StraffreiheitsG 1954, BT-Drucksache II/215, 10, 11.

107 Vgl. dazu *Brandstetter*, Das Straffreiheitsgesetz 1954, JZ 1954, S. 477, 480 f.

108 *Erich Schmidt-Leichner*, Das Straffreiheitsgesetz 1954, NJW 1954, 1265, 1266 hält diese Vorschrift für sehr zurückhaltend formuliert und bezeichnet es als ersten zaghaften Versuch der gnadenweisen Erledigung dieser Fälle. Er widmet diesem Problem allerdings auffallend wenig Raum.

109 Über krasse Fälle extensiver Auslegung in der Rechtsprechung berichtet: *Perels*, Amnestien für NS-Täter in der Bundesrepublik, KJ 1995, S. 381, 385.

ausschließungsgrund abgelehnt worden war.[110] Dem »Handeln auf Befehl« wurde durch § 9 entgegen den völkerrechtlichen Vorgaben somit eine gewisse Dignität als Entschuldigungsgrund in der Form einer Straffreiheitsklausel zu Teil.[111] Der Stichtag, 1. Oktober 1944, war im Übrigen deshalb gewählt worden, um die Verbrechen in der Folge des Attentats vom 20. Juli 1944 nicht mit einzubeziehen.[112]

Mit der in § 8 StraffreiheitsG 1954 vorgesehenen Amnestie für Nachrichtentätigkeit sollte die Platow-Amnestie überflüssig werden.[113] Stichtag war hier der 1. Januar 1952. Anknüpfend an § 10 StraffreiheitsG 1949 (s. o.) wurde die Straffreiheit für Verschleierung des Personenstandes weitergeführt und die Frist für »Illegale« zur Selbstanzeige bis zum 31. Dezember 1954 verlängert (§ 7 StraffreiheitsG 1954). Als Grund wurde angegeben, dass bislang noch nicht häufig von dieser Amnestiemöglichkeit Gebrauch gemacht worden war, weil die Furcht vor Entnazifizierungsmaßnahmen der Alliierten noch nachgewirkt habe und erst »jetzt« eine gewisse Beruhigung der Verhältnisse eingetreten sei.[114]

In § 10 StraffreiheitsG 1954 folgen eine Reihe von Deliktsgruppen, die nicht von der Amnestie umfasst sein sollten. Dazu gehören einige Staatsschutzdelikte (Hochverrat, Staatsgefährdung, Landesverrat und Beteiligung an verbotenen Vereinigungen), einige Tatbestände der Schwerkriminalität (Mord und Totschlag[115], Verschleppung, Raub und räuberische Erpressung) sowie einige Straßenverkehrsdelikte (Unfallflucht und vorsätzliche Gefährdung des Straßenverkehrs wegen Trunkenheit). Zur Begründung hierfür wird angeführt, dass »andernfalls den vielfachen Bemühungen um Hebung der Verkehrsdisziplin die Durchschlagskraft genommen werden würde.«[116]

110 Zum umstrittenen Rechtsinstitut des »Handelns auf Befehl« und dessen geschichtlicher Entwicklung vgl. auch *Safferling*, Internationales Strafrecht, § 5 Rn. 38–40 m. w. N.

111 Vgl. dazu auch *Frei*, Vergangenheitspolitik, S. 129.

112 Abteilungsleiter Dr. Schafheutle zitiert nach *Eichmüller*, Keine Generalamnestie. Die Strafverfolgung von NS-Verbrechen in der frühen Bundesrepublik, S. 116.

113 Vgl. Begründung des StraffreiheitsG 1954, BT-Drucksache II/215, S. 11 sowie Kabinettsprotokoll vom 22.01.1954, http://www.bundesarchiv.de/cocoon/barch/0000/k/k1954k/kap1_2/kap2_2/para3_7.html. Das BVerfG hielt dieses Vorgehen für verfassungsgemäß, da es sich um ein formelles allgemeines Gesetz handelte und kein verbotenes Einzelfallgesetz, BVerfGE 10, 234; kritisch dazu: *Marxen*, Rechtliche Grenzen der Amnestie, S. 32–35.

114 Begründung des StraffreiheitsG 1954, BT-Drucksache II/215, S. 12.

115 Mit der genannten Ausnahme für die »Zusammenbruchsdelikte«, s. o.

116 Vgl. Kabinettssitzung 01.12.1953, http://www.bundesarchiv.de/cocoon/barch/0000/k/k1953k/kap1_2/kap2_58/para3_4.html.

3. Zusammenfassung

Das Bundesjustizministerium hatte in den ersten fünf Jahren seines Bestehens intensiv mit Amnestiegesetzgebung zu tun. Während das 1. Amnestiegesetz von 1949 sich nicht ausdrücklich auf NS-Taten bezog, wurde im Zusammenhang mit dem 2. Amnestiegesetz 1954 im Bundestag offen und mitunter heftig um die Straffreiheit für NS-Taten gestritten. Trotz intensiver Lobby-Arbeit des Heidelberger Kreises und Ernst Achenbachs im BMJ, trotz einer sich in der Bevölkerung mehr und mehr durchsetzenden Kritik an der alliierten Kriegsverbrecherpolitik und trotz einiger Amnestiebefürworter in den Reihen der BMJ-Mitarbeiter wurde keine generelle Amnestie für NS-Gewalttaten vorgesehen. Dass de facto die Verfolgungsintensität der Justiz abnahm, mag man gleichwohl, wie Norbert Frei, als psychologische Folge der Straffreiheitsgesetze ansehen[117] oder auch nicht, wie Andreas Eichmüller.[118]

Die Diskussion um den Umgang mit den NS-Kriegsverbrechern konnte daher noch nicht verstummen.[119] Die Verjährungsdebatten und das Wiederaufflammen der Verfolgungsintensität in einigen spektakulären Prozessen wie dem Ulmer Einsatzgruppenprozess oder dem Auschwitzprozess standen der Bundesrepublik Deutschland und auch dem BMJ noch bevor. Dass nach den offenen Auseinandersetzungen um Amnestie und Verjährung das EGOWiG 1968 eine verdeckte Lösung in Form einer »kalten Amnestie« für alle NS-Gewaltverbrechen – bis auf den höchst selten zur Anwendung gebrachten Mordparagraphen (§ 211 StGB) – brachte,[120] liegt jedenfalls zu einem Großteil auch in der Verantwortung des BMJ und der Abteilung II. Ohne die Mitwirkung des BGH, die gegen den heftigen Widerstand des GBA erfolgte, wäre diese Rechtsfolge indes nicht eingetreten.[121] Ob und inwieweit hier konzertiert vorgegangen wurde, wird noch zu klären sein.

117 So *Frei*, Vergangenheitsbewältigung, S. 127 f.

118 Eher skeptisch in der Bewertung *Eichmüller*, Keine Generalamnestie. Die Strafverfolgung von NS-Verbrechen in der frühen Bundesrepublik, S. 127 f., der Bayern als Negativbeispiel für diese Folge anführt.

119 Auch wenn – wie Norbert Frei behauptet – kaum jemand mehr mit Strafverfolgung wegen NS-Taten rechnen musste, gab es offenbar noch genügend Anlass, über das weitere Schicksal der Strafverfolgung zu streiten; s. *Frei*, Amnestiepolitik in den Bonner Anfangsjahren, KJ 1996, S. 484, 491.

120 Vgl. dazu auch den Beitrag von Thomas Vormbaum in diesem Band.

121 Vgl. dazu *Perels*, Amnestien für NS-Täter in der Bundesrepublik, KJ 1995, S. 381, 387 f.

III. Strafrechtsreform

1. Allgemeines

Zum Ende der Besatzungszeit stellte sich die Situation im Strafrecht wie folgt dar: Es galt das StGB in der Fassung, die es durch die Entnazifizierung seitens des alliierten Kontrollrates erhalten hatte. Das bedeutet, dass Normen zum Schutz des Staates gänzlich fehlten und außerdem eine umfassende Reform für erforderlich gehalten wurde (s. o.). Dabei sollte nicht nur eine weitergehende Bereinigung des vom Nationalsozialismus veränderten Strafrechts erfolgen, sondern das Strafrecht musste an die modernen Anforderungen eines rechts- und sozialstaatlichen Normensystems angepasst werden.

Mit dem Bonner Grundgesetz vom 23. Mai 1949 wurden bereits einige Maßstäbe aufgestellt: Die Todesstrafe wurde abgeschafft (Art. 102 GG), der Richtervorbehalt wurde normiert (Art. 104 GG), das Doppelbestrafungsverbot festgeschrieben (Art. 103 Abs. 3 GG), sowie dem Gesetzlichkeitsprinzip durch Art. 103 Abs. 2 GG eine besondere Bedeutung verschafft.[122] Damit war dem Rückwirkungsverbot, dem Bestimmtheitsgebot und dem Analogieverbot eine herausragende verfassungsrechtliche Dignität verliehen worden, die gerade in Ansehung des NS-Terrors durch Strafrecht dringend geboten war.[123]

Vor dem Hintergrund dieser verfassungsrechtlichen Vorgaben mussten nun im Bundesministerium der Justiz die beiden identifizierten dringenden Aufgaben angegangen werden: 1. Wiedereinführung eines Staatsschutzstrafrechts (unten 2.) und 2. Reform des gesamten StGB (unten 3.).

2. Staatsschutzstrafrecht

Die Alliierten hatten – wie oben ausgeführt – das Staatsschutzstrafrecht nicht nur partiell aufgehoben oder ausgesetzt, sondern durch KRG Nr. 2 vollständig beseitigt. Die vom NS-Regime erfolgte Ausweitung dieses Teils des StGB und der Missbrauch zur Verfolgung politisch unliebsamer Personen lassen diese harsche Reaktion der Besatzungsmächte als verständ-

122 Vgl. *Claus Roxin*, Strafrecht. Allgemeiner Teil, Bd. I. Grundlagen – Der Aufbau der Verbrechenslehre, 4. Aufl., München 2006, § 4 Rn. 15.

123 Horst Dreier-*Helmuth Schulze-Fielitz*, Grundgesetz. Kommentar, Bd. III, 2. Aufl., Tübingen 2008, Art. 103 I Rn. 5; Michael Sachs-*Christoph Degenhart*, Grundgesetz Kommentar, 6. Aufl., München 2011, Art. 103 Rn. 74.

lich erscheinen. Immerhin waren ja kurz vorher die Konzentrationslager befreit worden, die voll von politischen Gefangenen waren. Trotz dieser Vorgeschichte muss sich auch der liberale und demokratische Rechtsstaat nach innen und außen zur Wehr setzen können, so dass ein »Staatsschutzrecht« unerlässlich erscheint.

Das zeigt sich nicht zuletzt auch am Verhalten der Alliierten selbst. Unmittelbar nach der Übernahme der Verwaltung in Deutschland hatten diese ein Strafrecht zum Schutz der Besatzungsmacht in Kraft gesetzt. Im Militärgesetz Nr. 1 findet sich ein umfangreicher Katalog entsprechender Straftaten. Im Gesetzgebungsverfahren nach 1949 wurde seitens der Ministerialbürokratie die Legitimität eines Staatsschutzstrafrechts immer wieder aus rechtsvergleichenden Überlegungen heraus abgeleitet.[124]

a) Allgemeine Definition der Materie

Eine Differenzierung zwischen politisch motivierter und allgemeiner Kriminalität ist in bestimmten Fällen nur schwer möglich.[125] Politische Kriminalität gilt oft als Kehrseite des politischen Systems und der staatlichen Ordnung.[126] Die Bedingung für die Entstehung politischer Delikte ist somit die Existenz staatlicher Organisationen, welche ihre Macht und ihr Fortbestehen durch Kriminalisierung der sie störenden Verhaltensweisen sichern will.[127] Dieser Dynamik wohnt die Gefahr des »Über«-Schutzes und des Rechtsmissbrauchs inne, wie nicht zuletzt die historischen Erfahrungen in Deutschland zeigen.[128] Das politische Strafrecht des Dritten Reiches ist wegen seiner Fülle an generalklauselartigen Sondergesetzen gekennzeichnet von Willkür und Härte. Diese Pervertierung strafrechtlicher Maßnahmen führte letztlich auch zur radikalen Aufhebung der Normen durch die Besatzungsmächte.

124 Vgl. BT-Drucksache I/13, S. 27, v. 04.09.1950. Mit Verweis auf *Adolf Schönke*, Strafrechtlicher Staatsschutz im Ausländischen Recht, NJW 1950, S. 281. Auf die sehr einflussreiche Rolle Schönkes, der NSDAP- und SA-Mitglied war und während des Krieges an der Universität Freiburg Karriere machte, wird im Rahmen der Kommissionsarbeit noch zurückzukommen sein.

125 Eine allgemeine Definition gibt es nicht: *Ulrich Eisenberg/Günther M. Sander*, »Politische Delikte« in Wandelbarkeit und Wandel, JZ 1987, S. 111.

126 *Helmut Ridder*, GG, Notstand und politisches Strafrecht, Bemerkungen über die Eliminierung des Ausnahmezustands und die Limitierung der politischen Strafjustiz durch das Grundgesetz der Bundesrepublik Deutschland, Frankfurt am Main 1965, S. 8ff.

127 *Schroeder*, Der Schutz von Staat und Verfassung im Strafrecht, S. 7 ff. zur geschichtlichen Entwicklung.

128 Beispiele dafür bei *Günther Kaiser*, Kriminologie, 3. Aufl., Heidelberg 1996, § 36, Rn. 41 f.

Vor diesem historischen Hintergrund war es kein einfaches Unterfangen, die Staatsschutzgesetzgebung der Bundesrepublik zu reformieren. Schließlich war die Frage zu beantworten, inwiefern sich das Staatsschutzstrafrecht eines demokratischen Rechtsstaats von den Methoden eines auf Staatsterror bauenden Unrechtsstaats unterscheidet. Um die demokratische Herkunft der zu schaffenden Regelungen zu unterstreichen, wurde als ausländisches Vorbild vor allem das Schweizer Strafgesetzbuch herangezogen.[129]

b) Die politische Bedeutung

Das neu zu schaffende, politische Strafrecht musste die Wehrhaftigkeit der Demokratie unter Beweis stellen, darauf weisen die Materialien der ersten Strafrechtsänderungsgesetze immer wieder hin. Der Aufbau des Rechtsstaats muss vor »Feinden« der freiheitlich-demokratischen Grundordnung geschützt werden. Insofern seien auch »Lehren aus Weimar« zu ziehen, denn die Weimarer Republik – so der unterschwellige Tenor – war offenbar nicht in der Lage, ihren eigenen Bestand zu sichern.

»Denen, die sich der sachlichen Einsicht verschließen und anschicken, die freiheitliche, demokratische Grundordnung unter Mißbrauch der demokratischen Freiheitsrechte zu bekämpfen (vergl. Art. 18 des Grundgesetzes), muß wirksam entgegengetreten werden, nötigenfalls mit den Mitteln eines schlagkräftigen Strafrechts. (…) Die demokratischen Freiheiten dürfen nicht zur Selbstaufgabe der Demokratie führen.«[130]

In der Gesetzesbegründung des Strafrechtsänderungsgesetzes 1950 wird auch auf die Unerfahrenheit des deutschen Volkes in Sachen Demokratie hingewiesen.[131] Das Strafrecht erfüllt – nach dieser Begründung – auch einen gewissen pädagogischen Zweck: »Erziehung zur Demokratie«:

»Ein Volk, das wie das deutsche Volk noch nicht lange wieder in den Genuß politischer Freiheit gelangt ist, muß sich selbst politische Erziehungsmaßregeln auferlegen, um sich so auf dem Wege der Selbstzucht zu politischen Lebensformen heranzubilden, die von der Achtung des politischen Gegners und von der Idee der Toleranz getragen sind.«[132]

129 S. BT-Drucksache I/13, S. 27, v. 13.09.1950.

130 BT-Drucksache I/13 v. 13.09.1950, 28 (l. Sp.).

131 Ähnlich argumentiert auch Minister Dehler in der 1. Lesung des 1. StrafÄndG im Bundestag, Stenographische Berichte, 83. Sitzung am 12.09.1950, S. 3105.

132 BT-Drucksache I/13 v. 13.09.1950, S. 28 (r. Sp.). Diese Äußerung bezieht sich v. a. auf die Einführung des § 130 (Volksverhetzung) und des § 131 StGB, der Strafbarkeit der »politischen Lüge«.

Dass man sich zum Schutze des Staates nun derselben Mittel bedient wie der NS-Staat zur Unterdrückung politischer Gegner, wird von der besonderen Notwendigkeit überdeckt: »Wir müssen ein Freiheitsopfer bringen, um die Freiheit zu bewahren.«[133] Strafrecht wird – parteiübergreifend – als alternativlos angesehen.[134] Das geht so weit, dass man trotz des generellen Willens, die Vorbilder vor 1933 zu suchen, auch auf Gesetzesentwürfe aus dem Jahr 1936 zurückgreift[135] und manchen Anklang an das nationalsozialistische Recht einfügte, teilweise auf dem Umweg über die Schweiz.[136] Zu einem Bruch mit der generellen Expansion des Strafrechts kam es nicht.[137]

Ohne Einverständnis der Alliierten ging es zu dieser Zeit vor allem in einer derart sensiblen Materie nicht. Als Unterhändler des Ministeriums fungierte zumeist Staatssekretär Walter Strauß, der offenbar über das meiste Ansehen und die meiste Erfahrung im Umgang mit den Besatzungsmächten verfügte.[138]

c) Der Rahmen des Grundgesetzes

Das Grundgesetz als ursprüngliche Quelle jedes staatlichen Handelns wird als Legitimation für einige strafrechtserweiternde Planungen herangezogen; das Bundesjustizministerium entnimmt dem Grundgesetz sogar konkrete Handlungsanweisungen für den Strafgesetzgeber in Staatsschutzsachen.[139]

So wird etwa aus dem Diskriminierungsverbot in Art. 3 Abs. 3 GG die Formulierung von § 130 StGB-E 1950, der Volksverhetzung, abgeleitet.[140] Die besondere Notwendigkeit der Einführung einer solchen Vorschrift wird dabei wie folgt begründet:

133 Minister Dehler in der 1. Lesung des 1. StrafÄndG im Bundestag, Stenographische Berichte, 83. Sitzung am 12.09.1950, S. 3105.

134 So hat sich etwa auch der SPD-Rechtspolitiker Adolf Arndt für ein »hartes Strafrecht« zum Schutze des Staates stark gemacht. Seine Initiative eines »Gesetzes gegen die Feinde der Demokratie« ist hierfür beredtes Beispiel; vgl. Entwurf vom 15.02.1950; s. auch *Friedemann Utz*, Preuße, Protestant, Pragmatiker. Der Staatssekretär Walter Strauß und sein Staat, Tübingen 2003, S. 372. Der RegE ging aber entgegen den Äußerungen Dehlers deutlich über den SPD-Entwurf hinaus; vgl. *Schroeder*, Der Schutz von Staat und Verfassung im Strafrecht, S. 180.

135 Konkret bei der Strafbarkeit von »Staatsfeindlichen Verbindungen« nach § 129 StGB; vgl. BT-Drucksache I/13, S. 43, v. 13.09.1950.

136 *Schroeder*, Die Entnazifizierung des deutschen Strafrechts, S. 201, 211.

137 Vgl. *Vogel*, Einflüsse des Nationalsozialismus auf das Strafrecht, ZStW 115 (2003), S. 638, 649.

138 Vgl. *Utz*, Preuße, Protestant, Pragmatiker. Der Staatssekretär Walter Strauß und sein Staat, S. 373.

139 BT-Drucksache I/13, S. 28, v. 13.09.1950.

140 BT-Drucksache I/13, S. 43 f., v. 13.09.1950.

»Infolge der Aufwühlung der Leidenschaften durch die Rasselehre des Nationalsozialismus muß leider damit gerechnet werden, daß auch in Zukunft gelegentlich volksverhetzende Äußerungen gemacht werden. Von diesen Spätfolgen des Nationalsozialismus abgesehen, bestehen heute in Deutschland mancherlei sonstige Spannungen, so insbesondere zwischen Einheimischen und Vertriebenen.«[141]

Damit die Gesellschaft der Bundesrepublik Deutschland nicht durch solche Auseinandersetzungen schwer erschüttert wird, soll § 130 StGB-E 1950 bereits im Vorfeld solchen Spannungen Einhalt gebieten.[142] Rechtsvergleichend wird hier im Übrigen – mit Verweis auf den genannten Beitrag von Adolf Schönke[143] – auf eine ähnliche schwedische Regelung hingewiesen.[144] Realisiert wird die Strafbarkeit der »Volksverhetzung« allerdings erst im 6. Strafrechtsänderungsgesetz vom 30. Juni 1960.[145]

Aus Art. 4 Abs. 3 GG wird der Gesetzgebungsauftrag entnommen, die Kriegsdienstverweigerung speziell zu schützen. Das geschieht durch § 84 StGB-E 1950.[146] Zwar gibt es 1950 noch gar keinen Wehrdienst und demnach auch keine entsprechende Verweigerung. Aber der Auftrag des Grundgesetzes wird hier sehr ernst genommen.[147] Bereits in der 1. Lesung im Bundestag wird diese Vorschrift heftig kritisiert und kann sich letztlich dort nicht durchsetzen.[148]

Schließlich verfolgt das Grundgesetz in Art. 9 Abs. 2 und Art. 26 GG einen spezifischen völkerrechtlichen Ansatz, der auch nach neuen Strafrechtsnormen ruft. Verboten sind Vereinigungen, die der Völkerverständigung zuwiderlaufen. Darüber hinaus ist in dem Entwurf eines Verbrechens der Aggression eine Friedenssicherung mit strafrechtlichen Mitteln vorgesehen, die nach der Gesetzesbegründung weitgehend mit KRG Nr. 10 übereinstimmt.[149] Angesichts der Kritik, die gerade im Kontext des Nürnberger Hauptkriegsverbrecherprozesses an den Verbrechen gegen den Frieden (»crimes against peace«) in Art. VI a) IMT-Statut und dem daran angelehnten Art. II Nr. 1 a)

141 BT-Drucksache I/13, S. 43, v. 13.09.1950.
142 Ebenso Minister Dehler in der 1. Lesung des 1. StrafÄndG im Bundestag, Stenographische Berichte, 83. Sitzung am 12.09.1950, S. 3105.
143 *Schönke*, Strafrechtlicher Staatsschutz im Ausländischen Recht, NJW 1950, S. 281.
144 Minister Dehler in der 1. Lesung des 1. StrafÄndG im Bundestag, Stenographische Berichte, 83. Sitzung am 12.09.1950, S. 3105.
145 BGBl. I 1960, S. 478; vgl. auch RegE BT-Drucksache III/918.
146 BT-Drucksache I/13, S. 32, v. 13.09.1950.
147 Ebd.
148 Etwa von Euler (FDP) in der 1. Lesung des 1. StrafÄndG im Bundestag, Stenographische Berichte, 83. Sitzung am 12.09.1950, S. 3112 C.
149 BT-Drucksache I/13, S. 30 v. 13.09.1950.

KRG Nr. 10 geübt wurde und wird,[150] mag diese in der Gesetzesbegründung des BMJ geäußerte Einsicht durchaus überraschen. Dem Auftrag des Grundgesetzes gemäß wird im StGB-E 1950 jedenfalls an den Anfang der Staatsschutzdelikte der sog. Friedensverrat als neue Form des politischen Deliktes platziert (§§ 80–86 StGB-E 1950). Diese Vorlage wird indes, da sie im Parlament zunächst keine Mehrheit fand, erst im 8. Strafrechtsänderungsgesetz vom 25. Juni 1968 partiell umgesetzt.[151]

d) Die Strafrechtsänderungsgesetze

(1) Gesetz zum Schutz der persönlichen Freiheit 1951
Eine als vordringlich eingestufte Maßnahme, die in einem knappen Gesetzgebungsverfahren durchgesetzt wurde, verbarg sich im Gesetz zum Schutz der persönlichen Freiheit vom 15. Juli 1951.[152] Durch die Schaffung des heute noch existenten § 234a StGB wurde die Verschleppung in ein Gebiet außerhalb des Geltungsbereichs des StGB kriminalisiert.[153] Ebenso wurde die politische Verdächtigung in § 241a StGB unter Strafe gestellt. Beides wurde als politische Straftat eingeordnet.[154] Anlass des Gesetzes waren die zahlreichen Verschleppungen aus der Bundesrepublik auf das Gebiet der ehemaligen DDR[155] und Fälle von Denunziation.[156] Interessant an der Gesetzesbegründung aus dem BMJ ist die Einordnung der Verschleppungsfälle als Verbrechen gegen die Menschlichkeit[157] und die Ableitung dieser Menschlichkeitskriterien aus den Grundrechten des Grundgesetzes.[158] Ausdrücklich wird auf Art. II Nr. 1 c) KRG Nr. 10 hingewiesen und festgestellt, dass das StGB nicht alle

150 Vgl. dazu *Safferling*, Internationales Strafrecht, § 6 Rn. 165 ff. zur historischen Entwicklung.
151 BGBl. I 1968, S. 741.
152 BGBl. I 1951, S. 448; vgl. auch BT-Drucksache I/2344.
153 Münchener Kommentar zum StGB-*Wieck-Noodt*, § 234a Rn. 4–6.
154 Im Entwurf zum 3. Strafrechtsänderungsgesetz wird die Zusammengehörigkeit dieses Gesetzes zum Schutz der persönlichen Freiheit mit dem Staatsschutzstrafrecht deutlich; vgl. BT-Drucksache I/3713, S. 17 v. 29.09.1952.
155 Vgl. dazu BGHSt 30, 1, 2; *Thomas Fischer*, Strafgesetzbuch. Kommentar, 59. Aufl., München 2012, § 234a Rn. 1.
156 Vgl. Leipziger Kommentar-*Ernst Träger/Wilhelm Schluckebier*, Bd. 6, 11. Aufl., Berlin 2005, § 241 a – Entstehungsgeschichte.
157 Hierin verbirgt sich ein sehr moderner Ansatz, denn die »Verschleppung« als Menschlichkeitsverbrechen ist vor allem durch Verschleppungsfälle in Lateinamerika bekannt geworden und findet sich deshalb etwa explizit als »Verschwindenlassen« in Art. 7 Abs. 1 lit. f) des Römischen Statuts für den Internationalen Strafgerichtshof, vgl. *Safferling*, Internationales Strafrecht, § 6 Rn. 88 f, S. 104.
158 Das BMJ veröffentlicht unter dem Begriff »Denkschrift« zum Gesetz in DRiZ 1950, S. 162 die Gesetzesbegründung.

Fälle der Verbrechen gegen die Menschlichkeit, wie sie sich aus der Rechtsprechung der letzten Jahre ergeben[159], umfasst. Deshalb seien die entsprechenden Ergänzungen des Gesetzes zum Schutz der persönlichen Freiheit erforderlich. Zur Begründung, dass »politische Gründe« auch Diskriminierungen umfassen, wird auf die Rechtsprechung zu KRG Nr. 10 verwiesen.[160] Die fehlende Berührungsangst mit Besatzungsrecht seitens deutscher Ministerialbeamter im BMJ erstaunt schon in Anbetracht der späteren Ablehnung.[161]

(2) Strafrechtsänderungsgesetz 1951

Der Deutsche Bundestag verabschiedete am 30. August 1951 ein Strafrechtsänderungsgesetz[162], das eine ganz neue Kategorie von Deliktstatbeständen unter dem Namen »Staatsgefährdung« einführte (= Staatsschutzstrafrecht)[163]. Es wurde ein extensives politisches Strafrecht eingeführt, das in seinen wesentlichen Zügen unverändert bis ins Jahr 1968 in Kraft blieb.[164] Diese Gesetzesneuerung zielte darauf ab, den Schutz des Staates durch Strafrecht möglichst weit vorzuverlagern und war gleichzeitig ein wichtiger Bestandteil antikommunistischer Gesellschaftspolitik. Konkret waren von der Gesetzesnovelle folgende Arten gewaltlosen politischen Verhaltens umfasst: Äußerungsdelikte, Organisationsdelikte und Kontaktdelikte. Dies führte zu einer schlagartigen Vermehrung der politischen Deliktstatbestände im deutschen StGB.

Teile dieser Deliktstatbestände kollidierten jedoch mit der freiheitlich-demokratischen Grundordnung und umgingen teilweise die durch das Grundgesetz normierte Entscheidungszuständigkeit des BVerfG. Während also das Grundgesetz als Quelle zur Erweiterung von Strafrecht herangezogen wurde (s. o.), wurde dessen freiheitserweiternde und damit strafrechtsbeschränkende Funktion nicht konsequent beachtet. Dies lässt sich anhand von zwei Beispielen darstellen:

- Durch **§ 93 StGB a. F.** werden beispielsweise Personen bestraft, die Schriftwerke herstellen, verbreiten oder beziehen, welche sich in ihrem Inhalt gegen die freiheitlich-demokratische Grundordnung der Bundesrepublik richten. Diese Norm richtet sich folglich zentral gegen die in Art. 5 Abs. 1

159 Hierbei wird nicht differenziert, ob es sich um Besatzungsgerichte oder deutsche Gerichte (etwa den OGH) handelt.

160 Vgl. DRiZ 1950, S. 162, 163.

161 Das KRG Nr. 10 wurde durch das Erste Gesetz zur Aufhebung des Besatzungsrechts vom 30.05.1956 endgültig abgeschafft, vgl. BGBl. I, S. 437.

162 BGBl. I, S. 739.

163 *Thomas Vormbaum*, Einführung in die moderne Strafrechtsgeschichte, 2. Aufl., Berlin 2011, S. 238, m. w. N.

164 Ebd.

GG verbürgte Äußerungs- und Informationsfreiheit, in welche grundsätzlich nur durch einen Verwirkungsausspruch des BVerfG nach Art. 18 GG eingegriffen werden darf.
- **§ 90a StGB a. F.** stellt bestimmte führende Tätigkeiten in Vereinigungen, die sich gegen die freiheitlich-demokratische Grundordnung richten, unter Strafe. Dies kann unabhängig davon passieren, ob die Vereinigung bereits verboten ist oder nicht. Diese Vorschrift lässt sich mit Art. 21 GG nicht vereinbaren, da sie u. a. auch auf führende Mitglieder einer verbotenen politischen Partei angewendet werden sollte; auch für eine vor dem Verbot liegende Tätigkeit und wenn die Strafverfolgung erst nach dem Verbot der Partei einsetzen sollte. Diese Norm wurde erst 1961 durch das BVerfG für nichtig erklärt.[165]

(3) 2. Strafrechtsänderungsgesetz 1953

Im Zweiten Strafrechtsänderungsgesetz vom 6. März 1953 wird lediglich eine Korrektur vorgenommen. Als § 141 StGB wird das Verbot des Anwerbens von Personen zur Ableistung von Wehrdienst in einer militärischen und militärähnlichen Einrichtung eingeführt.[166] Die Vorschrift geht zurück auf § 83 StGB-E 1950,[167] der wiederum im Wesentlichen dem durch den Kontrollrat abgeschafften § 141a StGB in der Fassung des Gesetzes vom 26. Juni 1935 entspricht,[168] und findet sich heute in § 109 h StGB.

(4) 4. Strafrechtsänderungsgesetz 1957

Das 4. Strafrechtsänderungsgesetz vom 11. Juni 1957[169] betrifft den Schutz der Landesverteidigung bei Einführung der Bundeswehr und den Schutz der in Deutschland stationierten NATO-Truppen.[170] Deshalb wird ein Abschnitt 5a »Vergehen gegen die Landesverteidigung« in den Besonderen Teil des StGB eingefügt. Aus dem ursprünglichen liberalen Schutz der Wehrdienstverweigerer sind Vorschriften zum Schutz der Landesverteidigung geworden.[171] Neben den »Bürgerpflichten« zur Wehrpflicht wird im Vorgriff auf ein Wehrstrafgesetzbuch bereits die Verleitung zum Ungehorsam und die Be-

165 BVerfGE 12, 296 ff.
166 BGBl. I 1953, S. 42.
167 BT-Drucksache I/13, S. 32 v. 13.09.1950.
168 RGBl. I 1935, S. 839.
169 BGBl. I 1957, S. 597.
170 BT-Drucksache II/3036 v. 18.12.1956.
171 Zur Einführung einer Vorschrift zum Schutz des Ersatzdienstes war man 1956 anders als 1950 mangels einfachgesetzlicher Regelung nicht bereit; vgl. Begründung 4. StrafÄndG, BT-Drucksache II/3039, S. 10.

teiligung an der Fahnenflucht unter Strafe gestellt, wobei immer wieder darauf hingewiesen wird, dass jeweils auf vor 1933 gültige Fassungen zurückgegriffen wird.[172]

3. Sonstiges Strafrecht

a) Grundsätzliche Überlegungen

Wie bereits dargestellt, wurde das StGB als generell reformbedürftig angesehen. Die SPD beantragte deshalb bereits 1949, einen Arbeitsstab aus Richtern, Staatsanwälten, Rechtsanwälten und Hochschullehrern zu bilden und diesen mit der Ausarbeitung eines StGB-Entwurfes zu beauftragen.[173] Justizminister Dehler nimmt diese Anregung auf.[174] Später nimmt Staatssekretär Strauß für sich in Anspruch, die Reformbemühungen angestoßen zu haben.[175] Einen wesentlichen Teil wird er in jedem Fall dazu beigetragen haben, denn nach der Berufung des Abteilungsleiters II Dr. Hans Eberhard Rotberg, zum Richter am BGH übernahm Strauß selbst die Leitung der Strafrechtsabteilung, bis 1954 Dr. Josef Schafheutle seinen Posten als Generalstaatsanwalt in Freiburg aufgab und nach Bonn ins BMJ zurückkehrte, diesmal als Abteilungsleiter II.

Vorbereitet wurde die Strafrechtsreform durch die im Jahr 1953 erfolgte Beauftragung von 18 »führenden deutschen Strafrechtslehrern« mit der Erstellung eines Gutachtens zu den Grundfragen der Strafrechtsreform.[176] Einer bereits aus der Reform der Staatsschutzdelikte bekannten Strategie folgend wurden außerdem im »Schönke Institut«, dem Freiburger Seminar für Internationales Strafrecht, dem späteren Max-Planck-Institut für Ausländisches und Internationales Strafrecht, zu dem insbesondere Staatssekretär Strauß Beziehungen unterhielt,[177] im Auftrag des Ministeriums rechtsvergleichende Arbeiten über die wichtigsten Themen des AT und BT erstellt.[178] Welche

172 BT-Drucksache II/3036 v. 18.12.1956, S. 10 bzw. 11.

173 *Reiner Anselm*, Jüngstes Gericht und irdische Gerechtigkeit. Protestantische Ethik und die deutsche Strafrechtsreform, Stuttgart 1994, S. 42 f.

174 Vgl. Verhandlungen des Deutschen Bundestages, Stenographische Berichte. 1. Wahlperiode, 133. Sitzung v. 11.04.1951, S. 5129 D.

175 S. *Utz*, Preuße, Protestant, Pragmatiker. Der Staatssekretär Walter Strauß und sein Staat, S. 473 f.

176 *Vormbaum*, Einführung in die moderne Strafrechtsgeschichte, S. 239. Materialien zur Strafrechtsreform, 1. Band. Gutachten der Strafrechtslehrer, Bonn 1954.

177 S. *Utz*, Preuße, Protestant, Pragmatiker. Der Staatssekretär Walter Strauß und sein Staat, S. 474.

178 S. Materialien zur Strafrechtsreform, 2. Band. Rechtsvergleichende Arbeiten – Allgemeiner Teil, Bonn 1954, sowie – Besonderer Teil, Bonn 1955.

Kriterien für die Auswahl leitend waren, ist bislang nicht ersichtlich. Eine NS-Belastung kann jedenfalls nicht als Ausschlusskriterium gegolten haben, da die Mehrzahl der beauftragten Gutachter keine »weiße Weste« hatte.

b) Einzelmaßnahmen

Bevor eine große Reform des StGB angegangen wurde, sind einige Partikularreformen in Angriff genommen worden, die teilweise in Anbetracht der Gesamtreformbemühungen nur einen gleichsam provisorischen Charakter haben sollten.

(1) Ordnungswidrigkeiten
Die Unterscheidung zwischen Strafrecht und Verwaltungsstrafrecht bzw. Ordnungswidrigkeit wurde als bewusste Abkehr von dem bisherigen System durchgeführt. Die frühere polizeiliche Strafverfügung wurde fallengelassen.[179] Diese im bizonalen Wirtschaftsstrafrecht[180] bereits zugrunde gelegte Unterscheidung wurde am 25. März 1952 durch das Ordnungswidrigkeitengesetz[181] fortgeführt und auf andere Materien jenseits des Wirtschaftsrechts übertragen.[182] In der Gesetzesbegründung findet man erneut eine durchaus als liberal zu bezeichnende Formulierung, wenn der Unterschied zwischen Straftat und Ordnungswidrigkeit wie folgt erläutert wird:

> »Dem im wesentlichen sittlich unbedeutsamen Unrechtsgehalt, der in einem Ungehorsam gegen Verwaltungsvorschriften enthalten ist, steht das ethisch vorwerfbare Unrecht einer Kriminaltat gegenüber. Diese wesensmäßige Unterschiedlichkeit des Unrechtsgehaltes erfordert, daß nur als Ordnungsunrecht in Erscheinung tretende Verstöße, wenn sie auch als strafbar im weiteren Sinne zu bezeichnen sind, von der typischen, meistens entehrenden Folgen eines Kriminaldeliktes freigestellt werden.«[183]

179 *Michael Lemke/Andreas Mosbacher*, Ordnungswidrigkeitengesetz. Kommentar, 2. Aufl., Heidelberg 2005, Einl. Rn. 8.

180 Gesetz der Verwaltung des Vereinigten Wirtschaftsgebietes zur Vereinfachung des Wirtschaftsstrafrechts (Wirtschaftsstrafgesetz) v. 26.07.1949, WiGBl., 193. Dieses wurde vom Bundestag bis 31.03.1951 auf das gesamte Bundesgebiet erstreckt; s. Gesetz zur Erstreckung und zur Verlängerung der Geltungsdauer des Wirtschaftsstrafgesetzes vom 29.03.1950, BGBl. I 1950, S. 78.

181 BGBl. I, S. 177.

182 BT-Drucksache I/210 v. 28.03.1951, S. 15.

183 BT-Drucksache I/210 v. 28.03.1951, S. 14. Der Entwurf beruft sich auf die Arbeit von *James Goldschmidt*, Das Verwaltungsstrafrecht. Eine Untersuchung der Grenzgebiete zwischen Strafrecht und Verwaltungsrecht auf rechtshistorischer und rechtsvergleichender Grundlage, Berlin 1902.

Dabei wurde der grundgesetzliche Auftrag des Art. 92 HS 1 GG umgesetzt, dass Bestrafungen allein durch das Gericht verhängt werden können und Verwaltungsbehörden keine solche Kompetenz zukommt.[184] 1968 wurde das OWiG neu gefasst und ausgebaut.[185]

(2) Das Jugendstrafrecht

Im Jugendstrafrecht zeigte sich auch erheblicher Handlungebedarf. Das 1923 von Gustav Radbruch entworfene erste deutsche Jugendgerichtsgesetz[186] war in einigen Punkten durch das Reichsjugendgerichtsgesetz vom 6. November 1943[187] nationalsozialistisch umgeformt und erheblich verschärft worden.[188] Die negativen Aspekte des nationalsozialistischen Jugendstrafrechts sollten bereinigt werden, was mit dem JGG vom 4. August 1953 im Wesentlichen auch erfolgte.[189]

In der Regierungsvorlage zur Änderung des Reichsjugendgerichtsgesetzes[190] wird sehr genau unterschieden zwischen den fortschrittlichen Aspekten der Kodifikation von 1943 und den typisch nationalsozialistischen Gedanken.[191] Insofern müsse das Gesetz vom »nationalsozialistischen Beiwerk befreit« und den »gegenwärtigen Verhältnissen« angepasst werden.[192] Die Anpassungen sollten rasch und provisorisch sein, denn eine umfassende Reform würde deutlich mehr Zeit in Anspruch nehmen. Als dringlich wurde die Schaffung der Möglichkeit, Heranwachsende wie Jugendliche zu behandeln, angesehen, ebenso wie die Integration des Laienelements in die Gerichtsverfassung und die Wiedereinführung der Möglichkeit der Aussetzung der Jugendstrafe zur Bewährung.[193] Auf den Entwurf des Kontrollrates eines Jugendgerichtsgesetzes geht das BMJ in seiner Gesetzesbegründung nicht ein.[194]

184 Vgl. dazu auch BVerfGE 22, 49, 73.

185 BGBl. I 1968, S. 481.

186 Jugendgerichtsgesetz vom 16.02.1923, RGBl. I, S. 135.

187 RGBl. I 1943, S. 637.

188 Vgl. *Franz Streng*, Jugendstrafrecht, 3. Aufl., Heidelberg 2012, Rn. 38; *Heribert Ostendorf*, Jugendstrafrecht, 6. Aufl., Baden-Baden 2011, S. 63 Rn. 16; *Bernd-Dieter Meier/Dieter Rössner/Heinz Schöch*, Jugendstrafrecht, 3. Aufl., München 2013, S. 38 Rn. 10 f.

189 BGBl. I 1953, S. 751.

190 BT-Drucksache I/3264.

191 Nicht anders lautete die Empfehlung von Dr. Hermann Mannheim, einem emigrierten jüdischen Hochschullehrer und Kammergerichtsrat, Kriminologe an der London School of Economics and Political Science, der ein entsprechendes Gutachten für den Kontrollrat erarbeitet hatte; vgl. *Etzel*, Die Aufhebung von nationalsozialistischen Gesetzen durch den Alliierten Kontrollrat, S. 138.

192 BT-Drucksache I/3264, S. 35.

193 Ebd.

194 Abgedruckt bei *Etzel*, Die Aufhebung von nationalsozialistischen Gesetzen durch den Alliierten Kontrollrat, S. 208 ff.

(3) Vereinheitlichung des Strafverfahrensrechts
Mit der Kapitulation, der Einteilung Deutschlands in Besatzungszonen und der Gründung der Bundesländer ging eine Partikularisierung des Prozessrechts einher. Diese wurde nach Gründung der Bundesrepublik als Gefahr angesehen, da im Bundesgebiet bereits seit der Reichsgründung 1871 die Rechtseinheit ständige Übung war. Diese Rechtseinheit im Bereich des Verfahrensrechts war nach den Vorgaben von Minister Dehler eines der vorrangigen Ziele im Bundesjustizministerium[195]:

»Es handelt sich dabei [bei der Wiederherstellung der 1945 verloren gegangenen Rechtseinheit, d. Autor] um eine besonders dringliche Arbeit, die mit größter Beschleunigung durchgeführt werden muß.«[196]

Die Konsequenz dieser Beschleunigung war eine weitgehende Übernahme des vor 1945 geltenden Strafverfahrensrechts, bei dem nur solche Vorschriften beseitigt werden sollten, die

»entweder nationalsozialistisches Gedankengut enthielten oder aus dem Zwang der Kriegsverhältnisse entstanden waren und mit einer geordneten, zuverlässig arbeitenden Rechtspflege unvereinbar sind.«[197]

Deshalb erfolgte am 12. September 1950 die Wiedervereinheitlichung und Neufassung der StPO.[198] Als reformbedürftig wurden dabei erkannt: die Einführung eines Zeugnisverweigerungsrechtes für Redakteure (§ 41 Abs. 1 Nr. 4 StPO), das Gebiet der Untersuchungshaft (§§ 112 ff. StPO) und der vorläufigen Festnahme, das Folterverbot (§ 136a StPO), die notwendige Verteidigung (§ 140 StPO), die Wiedereinführung des Eröffnungsbeschlusses (§§ 198 ff. StPO) und die Rückkehr zur Emminger-Verordnung von 1924 hinsichtlich der Rechtsmittel.[199]

(4) 3. Strafrechtsänderungsgesetz 1953
Ähnlich wie mit der StPO wurde auch mit dem StGB verfahren. Unter dem Arbeitstitel »Strafrechtsbereinigungsgesetz«[200] wurde das StGB darauf hin durchgesehen, ob dringender Bereinigungsbedarf besteht, der nicht bis zur

195 *Eichmüller*, Keine Generalamnestie. Die Strafverfolgung von NS-Verbrechen in der frühen Bundesrepublik, S. 47 mit Fn. 101.
196 BT-Drucksache I/530, S. 33, v. 09.02.1950.
197 Ebd.
198 BGBl. I, 455, S. 631.
199 BT-Drucksache I/530, S. 34, v. 09.02.1950.
200 *Schroeder*, Die Entnazifizierung des deutschen Strafrechts, S. 201, 211.

geplanten, großen Reform aufgeschoben werden kann.[201] Trotz des Eingreifens der Besatzungsmächte (s.o.) wurde ein weiterer Bereinigungsbedarf des materiellen Strafrechts gesehen.[202] Im 3. Strafrechtsänderungsgesetz vom 4. August 1953 wurde dieses Vorhaben umgesetzt.[203] Mit diesem Gesetz wurde das StGB für Westdeutschland auf eine formell sichere Grundlage gestellt.[204] Etliche nationalsozialistische Veränderungen wurden aber beibehalten, darunter etwa auch die verschärfte Strafbarkeit der Homosexualität durch die Ausdehnung auf jede »unzüchtige Handlung«.[205] Die Vorschrift wurde später auch vom BVerfG für mit Art. 3 Abs. 2 und 3 GG vereinbar gehalten[206] und erst 1969 in ihren schlimmsten Auswüchsen reformiert,[207] hingegen erst 1994 gänzlich abgeschafft.[208]

c) Fortgang der großen Strafrechtsreform

Eine umfassende Strafrechtsreform wurde 1954 nach Abschluss der gutachterlichen Vorarbeiten in Angriff genommen. Dehlers Nachfolger, Fritz Neumayer, setzte die Große Strafrechtskommission ein, die am 6. April 1954 zum ersten Mal zusammentrat und in 2 Lesungen insgesamt 237 Sitzungen abhielt.[209] Die Auswahl der 24 Mitglieder, darunter Professoren, Richter, Bundestagsabgeordnete, Vertreter der Landesjustizverwaltungen und des Strafrechtsausschusses der Bundesrechtsanwaltskammer geht wesentlich auf Staatssekretär Strauß zurück.[210] Für das BMJ waren in der Kommission neben Minister und Staatssekretär der Leiter der Strafrechtsabteilung Josef Schafheutle sowie die Referenten Dallinger, Dreher, Goßrau, Kanter, Lackner und Wahl vertreten, die zwar kräftig mitdiskutierten, aber nicht mit abstimmten.[211] Das BMJ setzte die Beratungen dieser Großen Strafrechts-

201 BT-Drucksache I/3713 v. 29.09.1952.
202 BT-Drucksache I/3713, 18 v. 29.09.1952.
203 BGBl. I 1953, S. 735.
204 Vgl. *Vormbaum*, Einführung in die moderne Strafrechtsgeschichte, S. 238.
205 Im Rahmen der Reformüberlegungen des Kontrollrates empfiehl CRICO immerhin die Wiederherstellung der vornationalsozialistischen Fassung von § 175 StGB; vgl. *Etzel*, Die Aufhebung von nationalsozialistischen Gesetzen durch den Alliierten Kontrollrat, S. 183.
206 BVerfG, Urteil vom 10. Mai 1957, BVerfGE 6, 389.
207 Durch das 1. Strafrechtsreformgesetz v. 25.06.1969, BGBl. I 1969, S. 645.
208 Durch das 29. Strafrechtsänderungsgesetz v. 21.05.1994, BGBl. I 1994, S. 1168.
209 *Tim Busch*, Die deutsche Strafrechtsreform. Ein Rückblick auf die sechs Reformen des deutschen Strafrechts (1969–1998), Baden-Baden 2005, S. 40.
210 *Utz*, Preuße, Protestant, Pragmatiker. Der Staatssekretär Walter Strauß und sein Staat, S. 476 mit Fn. 19.
211 Ebd., S. 477.

kommission in einem Entwurf 1959 I um.[212] Die Ergebnisse der Stellungnahmen anderer Bundesressorts und Landesjustizverwaltungen sowie die Änderungswünsche der Sachbearbeiter in der Strafrechtsabteilung im BMJ selbst wurden im Entwurf 1959 II gebündelt. Zu diesem Zeitpunkt ging man wohl auch im Ministerium davon aus, dass der parlamentarische Prozess nun zügig vorangebracht werden konnte. Das erwies sich indes als trügerische Hoffnung. Nach Ende der Legislaturperiode wurde ein neuer Entwurf 1962 vorgelegt. Nicht zuletzt die Kritik aus verschiedenen Ländern, die sich übergangen fühlten, und seitens einiger kritischer Hochschullehrer, die einen sog. Alternativentwurf vorlegten, verzögerte die Reform weiter, so dass erst mehr als 15 Jahre nach Einrichtung der Kommission die Gesetzesvorhaben umgesetzt werden konnten durch das Erste Gesetz zur Reform des Strafrechts vom 25. Juni 1969 zur Reform des Sanktionensystems und das Zweite Gesetz zur Reform des Strafrechts vom 4. Juli 1969 zur Reform des Allgemeinen Teils. Im Zeitpunkt der folgenden Reformen war die Abteilung II bereits vollständig neu besetzt. Von den ministeriellen Mitarbeitern der ersten Stunde hat niemand die Große Reform bis zum Abschluss im aktiven Dienst miterlebt.

IV. Schlussbemerkungen

Die Abteilung II – Strafrecht – im BMJ war in den Anfangsjahren des Ministeriums zentral. Die ersten Gesetzesvorlagen zur Amnestiegesetzgebung und zur Strafrechtsreform waren Gegenstand heftiger Debatten. Gerade im Bereich des Staatsschutzes waren die Reformbemühungen im Haus geprägt von einer liberalen Handschrift und von der Intention, die demokratischen Forderungen des Grundgesetzes durch Strafgesetze umzusetzen. Insofern wird die »historische Stoßrichtung des Grundgesetzes gegen den Nationalsozialismus«[213] in der Anfangszeit sehr ernst genommen. Immerhin sind sowohl Minister Dehler als auch Staatssekretär Strauß als Mitglieder des Parlamentarischen Rates zu den »Vätern« des Grundgesetzes zu zählen. Dabei zeigt sich auch eine überraschende Offenheit gegenüber den Nürnberger Prozessen und der strafrechtlichen Verfolgung nationalsozialistischer Verbrechen durch deutsche Gerichte. Diese Offenheit überlebte den parlamentarischen Prozess nicht und nahm ausweislich der kommenden Gesetzesvor-

212 Zum Folgenden: *Vormbaum*, Einführung in die moderne Strafrechtsgeschichte, S. 239 ff.
213 *Vogel*, Einflüsse des Nationalsozialismus auf das Strafrecht, ZStW 115 (2003), S. 638, 665.

schläge auch im Haus selbst rapide ab. Das Staatsschutzstrafrecht fiel in der Folge deutlich restriktiver aus als ursprünglich vorgeschlagen und geriet somit auch in einen negativen Konflikt mit dem Grundgesetz. Inwiefern sich hier die personellen Kontinuitäten in sachlicher Hinsicht durchsetzten, wird noch zu untersuchen sein. Eine zunächst zu spürende demokratische Aufbruchstimmung wich jedenfalls einer gesetzgeberischen Routine, die sich an der Rechtsprechung des Reichsgerichts und der Tätigkeit des Reichsjustizministeriums orientierte. Mit dem 2. Amnestiegesetz 1954 schienen auch die Weichen hin zu einem möglichst endgültigen Schlussstrich unter die NS-Vergangenheit gestellt. Es wird auch zu untersuchen sein, welche Folgen das Scheitern dieses Schlussstrichs und das Wiederaufleben der Strafverfolgung von NS-Taten Ende der 1950er Jahre im Ministerium nach sich zog und ob tatsächlich die »kalte Verjährung«, versteckt im EGOWiG von 1968, von den Beamten des BMJ in die Wege geleitet wurde.

Jan Thiessen

Wirtschaftsrecht und Wirtschaftsrechtler im Schatten der NS-Vergangenheit

I. De mortuis

Als die Juristische Fakultät der Bonner Universität im Jahre 1988 ihres verstorbenen Mitglieds Ernst Geßler gedachte, erinnerte Werner Flume an den beruflichen Aufstieg Ernst Geßlers zum Referatsleiter insbesondere für Aktienrecht im Reichsjustizministerium: »Das Odium nationalsozialistischer Gesetzgebung trifft sein Referat nicht.«[1] Der so Freigesprochene war nicht irgendwer, und sein Verteidiger und Richter war es erst recht nicht. Der Bonner Honorarprofessor Ernst Geßler war bis zu seinem Ruhestand im Jahre 1970 Abteilungsleiter für Handels- und Wirtschaftsrecht im Bundesministerium der Justiz; zwischen ihm und dem Minister stand nur noch der Staatssekretär.[2] Der Bonner Ordinarius Werner Flume, schon damals Nestor seiner Fakultät[3], beherrschte sein ungewöhnliches Fächerspektrum, das vom Römischen Recht über das Zivilrecht bis zum Gesellschafts- und Steuerrecht reichte, nicht zuletzt deshalb, weil er als junger Berliner Habilitand des Jahres 1933 und Schüler des Romanisten Fritz Schulz[4] dem »Dozentenschafts-

1 *Werner Flume*, Ernst Geßler zum Gedächtnis. Gedenkrede, Die Aktiengesellschaft 33 (1988), S. 88–93, 88. Vgl. den Geschäftsverteilungsplan des Reichsjustizministeriums vom Frühjahr 1941 bei *Lothar Gruchmann*, Justiz im Dritten Reich 1933–1940. Anpassung und Unterwerfung in der Ära Gürtner, 3. Aufl., München 2001, S. 1198f.

2 Umfassende Biographie bei *Dirk Bahrenfuss*, Die Entstehung des Aktiengesetzes von 1965. Unter besonderer Berücksichtigung der Bestimmungen über die Kapitalgrundlagen und die Unternehmensverfassung (Schriften zur Rechtsgeschichte Nr. 86), Berlin 2001, S. 883.

3 Sofern man nicht die Honorarprofessoren einbezieht, Rheinische Friedrich Wilhelms-Universität Bonn, Vorlesungsverzeichnis für das Wintersemester 1987/88, Bonn 1987, S. 137–142.

4 *Wolfgang Ernst*, Fritz Schulz (1879–1957), in: Jack Beatson/Reinhard Zimmermann (Hg.), Jurists Uprooted. German-speaking Émigré Lawyers in Twentieth-century Britain, Oxford 2004, S. 105–203, 122ff.; *Leonie Breunung/Manfred Walther*, Die Emigration deutschsprachiger Rechtswissenschaftler ab 1933. Ein bio-bibliographisches Handbuch, Bd. 1: Westeuropäische Staaten, Türkei, Palästina/Israel, lateinamerikanische Staaten, Südafrikanische Union, Berlin 2012, S. 432–456, 436ff.

führer« der Fakultät Gerd Voss öffentlich entgegenschleudert hatte, Voss sei ein »Schwein«, wenn er zum Boykott jüdischer Professoren aufrufe und hierdurch seinen Lehrer Martin Wolff verleugne.[5] Flume, der zu seinem Lehrer hielt, wurde nicht habilitiert, sondern ging als Unternehmensjurist in die Wirtschaft und setzte seine akademische Karriere erst nach dem Krieg fort.[6]

Wenn Flume, der die Dinge beim Namen nannte, Geßler bescheinigte, dass dieser sein Referat leitete, ohne dem NS-Recht zu dienen, dann hatte das Gewicht. Dass Flume einen solchen Persilschein einem Toten ausstellte, über den doch ohnehin *nil nisi bene* zu berichten war, ließ es immerhin als möglich erscheinen, dass es einen *malus* aus der Welt zu schaffen gab. Aber was konnte man Geßler vorwerfen? »Professor Geßler [verfasste] als Oberregierungsrat [...] im Dritten Reich mit seinem Vorgesetzten, dem NS-Staatssekretär Schlegelberger, einen Kommentar zum Aktiengesetz und hält seit acht Jahren auch den Bonner Studenten an der Universität Vorlesungen«.[7] Mehr wusste der *Führer durch das braune Bonn* neben Geßlers Godesberger Adresse und Telefonnummer, der letzten Amtsbezeichnung »Ministerialdirektor« und dem unspezifischen Eintrag »Veröffentlichungen« nicht vorzubringen.[8] Der *Führer durch das braune Bonn* war eine kleine Broschüre, verfasst unter anderem von dem Karlsruher SDS-Funktionär Wolfgang Koppel, den die SPD wegen seiner undurchsichtigen Kontakte nach Osten ausschloss.[9] Weniger noch gab das *Braunbuch* her, das die von der SED dominierte »Nationale Front« der DDR herausgab und das erst in seiner dritten, ein Jahr vor dem *Führer durch das braune Bonn* erschienenen Auflage mitteilte, dass Geßler »früher: Oberregierungsrat beim Reichsjustizministerium« und »heute: Ministerialdirigent beim Bundesministerium der Justiz«

5 *Anna-Maria Gräfin von Lösch*, Der nackte Geist. Die Juristische Fakultät der Berliner Universität im Umbruch von 1933 (Beiträge zur Rechtsgeschichte des 20. Jahrhunderts Nr. 26), Tübingen 1999, S. 177 mit Fn. 246, S. 226f., 232ff.

6 *Thomas Lobinger*, Der Jahrhundertjurist: Werner Flume, in: Stefan Grundmann/Karl Riesenhuber (Hg.), Deutschsprachige Zivilrechtslehrer des 20. Jahrhunderts in den Berichten ihrer Schüler. Eine Ideengeschichte in Einzeldarstellungen, Bd. 2, Berlin 2010, S. 323–336, 325f.; vgl. auch *Jan Thiessen*, Statt eines Diskussionsberichts, in: Ebd., S. 407–429, 422f.

7 *Wolfgang Koppel/Karl Sauer*, Führer durch das braune Bonn. Ein unentbehrlicher Leitfaden für alle Besucher der Bundeshauptstadt, Frankfurt/Main 1969, S. 53. Vgl. *Michael Förster*, Jurist im Dienst des Unrechts. Leben und Werk des ehemaligen Staatssekretärs im Reichsjustizministerium, Franz Schlegelberger (1876–1970), Baden-Baden 1995, S. 36ff.

8 *Koppel/Sauer*, Führer durch das braune Bonn, S. 97.

9 *Marc von Miquel*, Ahnden oder amnestieren? Westdeutsche Justiz und Vergangenheitspolitik in den sechziger Jahren (Beiträge zur Geschichte des 20. Jahrhunderts Nr. 1), Göttingen 2004, S. 51ff.

sei, in einem Kapitel über »Nazi-Juristen – Stützen der Justiz«.[10] Hält man einen Moment lang für möglich, dass Flume solche Literatur kannte, hätte er vermutlich gefragt: Und? Was dort zu lesen war, hielt Flume nicht für anstößig, sondern für verdienstvoll.

II. Wirtschaftsrecht – unpolitisch, zeitlos, unbelastet?

Wer urteilt über wen und über was? Was Flume über Geßler zu sagen hatte, kennzeichnet ein Thema, das nur auf den zweiten Blick eines ist: Wirtschaftsrecht[11] erscheint im Gegensatz etwa zum Strafrecht als eine auch in politischen Umbrüchen vergleichsweise unpolitische Materie, sofern nur die Wirtschaftsverfassung weitgehend gleich bleibt. Nicht ohne Grund betonten viele zeitgenössische Autoren, dass der Nationalsozialismus Unternehmerinitiative und Privateigentum nicht antasten wolle.[12] Hatten die Nazis

10 Nationalrat der Nationalen Front des demokratischen Deutschland/Dokumentationszentrum der Staatlichen Archivverwaltung der DDR (Hg.), Braunbuch. Kriegs- und Naziverbrecher in der Bundesrepublik und in Westberlin. Staat, Wirtschaft, Armee, Verwaltung, Justiz, Wissenschaft, 3. Aufl., Berlin 1968, S. 380; ebenso die englische Ausgabe des »Brown Book«, Dresden 1968, S. 368. Keine Erwähnung bei *Ingo Müller*, Furchtbare Juristen. Die unbewältigte Vergangenheit unserer Justiz, München 1987, S. 210 ff.

11 Um einen möglichst weitreichenden, wenngleich bis heute schillernden Begriff zu wählen, dazu *Knut Wolfgang Nörr*, Zwischen den Mühlsteinen. Eine Privatrechtsgeschichte der Weimarer Republik (Beiträge zur Rechtsgeschichte des 20. Jahrhunderts Nr. 1), Tübingen 1988, S. 166 ff.; *Clemens Zacher*, Die Entstehung des Wirtschaftsrechts in Deutschland. Wirtschaftsrecht, Wirtschaftsverwaltungsrecht und Wirtschaftsverfassung in der Rechtswissenschaft der Weimarer Republik (Beiträge zum Wirtschaftsrecht Nr. 153), Berlin 2002, S. 13 ff.; zur Fortentwicklung in den dreißiger Jahren *Johannes Bähr*, »Recht der staatlich organisierten Wirtschaft«. Ordnungsvorstellungen und Wandel der deutschen Wirtschaftsrechtslehre im »Dritten Reich«, in: Ders./Ralf Banken (Hg.), Wirtschaftssteuerung durch Recht im Nationalsozialismus. Studien zur Entwicklung des Wirtschaftsrechts im Interventionsstaat des »Dritten Reichs« (Das Europa der Diktatur Nr. 9), Frankfurt/Main 2006, S. 445–472, 451 ff. Der scheinbare ›Erfinder‹ des Begriffs (vgl. *Justus Wilhelm Hedemann*, Grundzüge des Wirtschaftsrechts, Mannheim 1922, S. 7 ff.) meinte gerade in der Zeit, um die es hier geht, es müsse »heute unter Verzicht auf eine schulmäßige Begriffsabgrenzung mit einer gewissen Kühnheit und Freiheit an den Stoff herangetreten werden«, *Justus Wilhelm Hedemann*, Deutsches Wirtschaftsrecht. Ein Grundriss, Berlin 1939, S. 15, dazu und zu den Ursprüngen in der Nationalökonomie des späten 19. Jahrhunderts insbesondere bei Gustav Schmoller *Heinz Mohnhaupt*, Justus Wilhelm Hedemann und die Entwicklung der Disziplin »Wirtschaftsrecht«, Zeitschrift für Neuere Rechtsgeschichte 25 (2003), S. 238–268, 243 ff., 251 f.

12 Jeweils mit zeitgenössischen Nachweisen Johannes Zahn, in: Werner Schubert (Hg.), Ausschuß für Aktienrecht (Akademie für Deutsches Recht 1933–1945. Protokolle der

nur diffuse wirtschaftspolitische Vorstellungen[13], konnte das Wirtschaftsrecht dann nicht 1933 wie 1945 weitermachen wie bisher?[14] Konnten die Wirtschaftsrechtler in der NS-Zeit nicht einfach in der Akademie für Deutsches Recht die Reformen vollenden, die in Weimar erdacht waren, und mussten sich dabei nur hier und dort verbal vor dem Zeitgeist verneigen[15], »so peinlich manchmal bald taktische, bald naive Anpassungen an die nationalsozialistische Terminologie den heutigen Leser berühren mögen«[16]? Haben sie »unmittelbarem politischen Druck [...] oft nur unter Widerstand, vielfach gar nicht, nachgegeben – [...] oft um den Preis terminologischer Zugeständnisse, die für den heutigen Leser unschmackhaft sind«? Mussten sie nach dem Krieg also auch nur verbal kapitulieren, um die frei gebliebene Wirtschaft mit der nun wieder freien Politik zu versöhnen? Konnte das Personal bleiben, weil das Recht blieb?

Ausschüsse Nr. 1), Berlin 1986, S. 62; *Hans Großmann-Doerth*, Zur Reform der Kommanditgesellschaft. Eine wirtschaftsverfassungsrechtliche Betrachtung, Archiv für die civilistische Praxis 147 (1941), S. 1–25, 15.

13 Hierzu Einleitung und Dokumentation von *Ralf Banken*, »An der Spitze aller Künste steht die Staatskunst«. Das Protokoll der NSDAP-Wirtschaftsbesprechungen Februar/März 1931, in: Bähr/Banken (Hg.) Wirtschaftssteuerung durch Recht im Nationalsozialismus, S. 511–557; *Daniela Kahn*, Die Steuerung der Wirtschaft durch Recht im nationalsozialistischen Deutschland. Das Beispiel der Reichsgruppe Industrie (Das Europa der Diktatur Nr. 12), Frankfurt/Main 2006, S. 9ff., 17ff., 71ff.; vgl. auch *Karl Häuser*, Deutsche Nationalökonomie in der Diaspora: Die dreißiger und vierziger Jahre bis Kriegsende, in: Karl Acham/Knut Wolfgang Nörr/Bertram Schefold (Hg.), Erkenntnisgewinne, Erkenntnisverluste. Kontinuitäten und Diskontinuitäten in den Wirtschafts-, Rechts- und Sozialwissenschaften zwischen den 20er und 50er Jahren, Stuttgart 1998, S. 173–209, 205 (»dilettantisch und [...] primitiv«); *Jan-Otmar Hesse*, Zur Semantik von Wirtschaftsordnung und Wettbewerb in nationalökonomischen Lehrbüchern der Zeit des Nationalsozialimus, in: Bähr/Banken (Hg.), Wirtschaftssteuerung durch Recht im Nationalsozialismus, S. 473–508, 483ff.

14 Zur tatsächlichen Situation *Julius v. Gierke*, Bericht über Deutschland. Die nationalsozialistische Gesetzgebung für Handel und Gewerbe: 1933, 1934, 1935, Zeitschrift für das gesamte Handelsrecht und Konkursrecht 103 (1936), S. 66–137; Gesetz über die Aufhebung von Vorschriften auf dem Gebiet des Handelsrechts, des Genossenschaftsrechts und des Wechsel- und Scheckrechts (Handelsrechtliches Bereinigungsgesetz) vom 18.04.1950, BGBl. I S. 90–93.

15 Vgl. *Peter Ulmer*, Das Recht der GmbH und GmbH & Co. KG nach 50 Jahren BGH-Rechtsprechung. Schwerpunkte – Desiderate – Rechtsgestaltung, in: Claus Wilhelm-Canaris u.a. (Hg.), 50 Jahre Bundesgerichtshof. Festgabe aus der Wissenschaft, Bd. 2: Handels- und Wirtschaftsrecht. Europäisches und Internationales Recht. Herausgegeben von Andreas Heldrich und Klaus J. Hopt, München 2000, S. 273–320, 277: »Konzessionen an den Zeitgeist – von verbalen Entgleisungen abgesehen [...] nur vereinzelt«.

16 Auch für das folgende Zitat *Franz Wieacker*, Privatrechtsgeschichte der Neuzeit unter besonderer Berücksichtigung der deutschen Entwicklung, 2. Aufl., Göttingen 1967, S. 515 Fn. 2, mit Blick auf die »Zivilrechtsdogmatik in den Jahren zwischen 1933 bis 1945«.

1. Kodifikationen für die Ewigkeit?

Ein erster Blick allein auf die bundes- bzw. reichseinheitlichen Kodifikationen einiger Rechtsgebiete scheint diesen Eindruck zu bestätigen. Man nehme zunächst das Beispiel Gesellschaftsrecht, für das Ernst Geßler selbst stand und das im Mittelpunkt dieses Beitrags steht. Für die Personenhandelsgesellschaften galt, was wörtlich bereits ebenso seit 1897[17] oder 1861[18] gegolten hatte.[19] Eingetragene Genossenschaften richteten sich nach einem allerdings mehrfach geänderten Gesetzestext aus dem Jahre 1889[20], Gesellschaften mit beschränkter Haftung nach einem nahezu unberührten Text von 1892.[21] Nur

17 HGB vom 10.05.1897, RGBl. 219–436.

18 Allgemeines Deutsches Handelsgesetzbuch, von der Bundesversammlung beschlossen am 31.05.1861, Protokolle der Deutschen Bundesversammlung vom Jahre 1861, Protokoll der 18. Sitzung vom 31.05.1861, § 151, S. 400–406, gesondert in den einzelnen Bundesstaaten eingeführt, zum Beispiel in Preußen durch Einführungsgesetz zum Allgemeinen Deutschen Handelsgesetzbuch vom 24.06.1861, Gesetz-Sammlung für die Königlich-Preußischen Staaten S. 449–479, 480–688.

19 Zu den Kontinuitäten und Abweichungen im Vergleich zum ADHGB *Werner Schubert*, Zur Entstehung des Zweiten Buches: Handelsgesellschaften und stille Gesellschaft, in: Ders./Burkhard Schmiedel/Christoph Krampe (Hg.), Quellen zum Handelsgesetzbuch von 1897, Bd. 1: Gesetze und Entwürfe, Frankfurt/Main 1986, S. 51–76.

20 Gesetz, betreffend die Erwerbs- und Wirthschaftsgenossenschaften vom 01.05.1889, RGBl. S. 55–93; dazu *Werner Schubert*, Die Entstehung des Genossenschaftsgesetzes von 1889, in: Institut für Genossenschaftswesen der Westfälischen Wilhelms-Universität/ Schubert (Hg.), 100 Jahre Genossenschaftsgesetz. Quellen zur Entstehung und jetziger Stand, Tübingen 1989, S. 21–56. Zu den Veränderungen bis in die 1930er Jahre, den Reformüberlegungen der NS-Zeit und den Fortwirkungen bis in die 1970er Jahre *Werner Schubert*, Einleitung, in: Ders. (Hg.), Ausschuß für Genossenschaftsrecht (Akademie für Deutsches Recht 1933–1945. Protokolle der Ausschüsse Nr. 4), Berlin 1989, S. 1–47, 6 ff.; *Christoph Alexander von Wilcken*, Die Reformbestrebungen zum Genossenschaftsgesetz in der Frühzeit der Bundesrepublik. Die Beratungen der Sachverständigenkommission zur Überprüfung des Genossenschaftsrechts 1954 bis 1958 und der Referentenentwurf von 1962 (Rechtshistorische Reihe Nr. 219), Frankfurt/Main 2000, zusf. S. 203 ff.

21 Gesetz, betreffend die Gesellschaften mit beschränkter Haftung vom 20.04.1892, RGBl. S. 477–499. Zur Entstehung *Werner Schubert*, Die Gesellschaft mit beschränkter Haftung – Eine neue juristische Person, Quaderni fiorentini per la storia del pensiero giuridico moderno 11/12 (1982/83), S. 589–629, 594 ff.; *Werner Schubert*, Das GmbH-Gesetz von 1892 – »eine Zierde unserer Reichsgesetzsammlung«. Das historische Geschehen um die GmbH von 1888 bis 1902, in: Marcus Lutter/Peter Ulmer/Wolfgang Zöllner (Hg.), Festschrift 100 Jahre GmbH-Gesetz, Köln 1992, S. 1–47, 4 ff. Zu den Reformüberlegungen vor und nach 1933 sowie nach 1945 bis zur Gegenwart *Werner Schubert*, Entwurf des Reichsjustizministeriums zu einem Gesetz über Gesellschaften mit beschränkter Haftung von 1939 (Beihefte der Zeitschrift für das gesamte Handelsrecht und Wirtschaftsrecht Nr. 58), Heidelberg 1985, S. 17–93, 19 ff.; *Werner Schubert*, Einleitung, in: Ders. (Hg.), Ausschuß für G.m.b.H.-Recht (Akademie für Deutsches Recht 1933–1945. Protokolle der Ausschüsse Nr. 2), Berlin 1986, S. VII–XIV; *Werner Schubert*, Quellen zur GmbH-Reform von 1958 bis zum GmbH-Änderungsgesetz von 1980 (Rechtshistorische

die Aktiengesellschaften hatten erst seit 1937 ihr eigenes Gesetz[22], mit eindeutigen NS-Neuerungen zwar[23], doch in vielen Grundzügen seit 1884 konstant[24], als Reform seit 1924 vorbereitet[25] und vom alten wie nach 1945 neuen, jedenfalls unverdächtigen Vorbild Amerika inspiriert.[26]

Ähnliche Kontinuitäten und Wiederentdeckungen lassen sich gewiss auch für andere – nicht durchweg federführend vom BMJ betreute – Rechts-

Reihe Nr. 417), Frankfurt Main 2011, S. XIII–XXXVIII, XVIff.; *Holger Fleischer*, Einleitung, in: Ders./Wulf Goette (Hg.), Münchener Kommentar zum Gesetz betreffend die Gesellschaften mit beschränkter Haftung – GmbHG, Bd. 1, München 2010, Rdnr. 50ff.; speziell zur NS-Zeit *Matthias Stupp*, GmbH-Recht im Nationalsozialismus. Anschauungen des Nationalsozialismus zur Haftungsbeschränkung, Juristischen Person, Kapitalgesellschaft und Treupflicht. Untersuchungen zum Referentenentwurf 1939 zu einem neuen GmbH-Gesetz (Schriften zur Rechtsgeschichte Nr. 93), Berlin 2002, S. 33ff., 103ff.

22 Gesetz über Aktiengesellschaften und Kommanditgesellschaften auf Aktien vom 30.01.1937, RGBl. I S. 107–165. Zur Entstehung Schubert (Hg.), Ausschuß für Aktienrecht (Protokolle Nr. 1), S. XX–L.

23 Nachdrücklich *Bernd Mertens*, Das Aktiengesetz von 1937 – unpolitischer Schlussstein oder ideologischer Neuanfang?, ZNR 29 (2007), S. 88–117, 91ff.; unmissverständlich auch Schubert (Hg.), Ausschuß für Aktienrecht (Protokolle Nr. 1), S. XLVIf.; gleichsam die Perspektive der Gesetzesverfasser einnehmend dagegen *Walter Bayer/Sylvia Engelke*, Die Revision des Aktienrechts durch das Aktiengesetz von 1937, in: Walter Bayer/Mathias Habersack (Hg.), Aktienrecht im Wandel, Bd. 1: Entwicklung des Aktienrechts, Tübingen 2007, 15. Kapitel Rdnr. 120ff.

24 Dazu *Werner Schubert*, Die Entstehung des Aktiengesetzes vom 18. Juli 1884, in: Ders./Peter Hommelhoff (Hg.), Hundert Jahre modernes Aktienrecht. Eine Sammlung von Texten und Quellen zur Aktienrechtsreform 1884 mit zwei Einführungen (Zeitschrift für Unternehmens- und Gesellschaftsrecht Sonderheft Nr. 4), Berlin 1985, S. 1–52; *Peter Hommelhoff*, Eigenkontrolle statt Staatskontrolle – rechtsdogmatischer Überblick zur Aktienrechtsreform 1884, in: Schubert/Hommelhoff (Hg.) Hundert Jahre modernes Aktienrecht., S. 53–105; *Sibylle Hofer*, Das Aktiengesetz von 1884 – ein Lehrstück für prinzipielle Schutzkonzeptionen, in: Bayer/Habersack (Hg.), Aktienrecht im Wandel, Bd. 1, 11. Kapitel.

25 Dazu *Nörr*, Zwischen den Mühlsteinen, S. 107ff.; *Werner Schubert*, Der Vorläufige Reichswirtschaftsrat und die Aktienrechtsreform in der Weimarer Zeit, in: Ders./Peter Hommelhoff (Hg.), Die Aktienrechtsreform am Ende der Weimarer Republik. Die Protokolle der Verhandlungen im Aktienrechtsausschuß des Vorläufigen Reichswirtschaftsrats unter dem Vorsitz von Max Hachenburg, Berlin 1987, S. 9–69, 25ff.; *Peter Hommelhoff*, Machtbalancen im Aktienrecht – rechtsdogmatische Einführung in die Verhandlungen des Aktienrechtsausschusses, in: Schubert/Hommelhoff (Hg.), Die Aktienrechtsreform am Ende der Weimarer Republik, S. 71–100; *Werner Schubert*, Einleitung, in: Ders. (Hg), Quellen zur Aktienrechtsreform der Weimarer Republik (1926–1931), Frankfurt/Main 1999, S. 1–31; *Stefan Ellenberg*, Herrschaft und Reform. Zur Diskussion um die Aktienrechtsreform und den Konzern in der Weimarer Zeit (Rechtshistorische Reihe Nr. 435), Frankfurt/Main 2012, S. 39ff.

26 *Jan von Hein*, Die Rezeption US-amerikanischen Gesellschaftsrechts in Deutschland (Beiträge zum ausländischen und internationalen Privatrecht Nr. 87), Tübingen 2008, S. 170ff.

gebiete reklamieren, für welche die von Geßler geleitete Abteilung III des BMJ zuständig war und ist. So datierte das erste reichseinheitliche Patentgesetz bereits von 1877, das 1936 ähnlich wie das Aktienrecht auf der Basis von älteren Debatten reformiert wurde.[27] Das Urheberrecht war seit 1901/07 durch zwei Gesetze geprägt, die Werke der Literatur, der Tonkunst, der bildenden Künste und der Fotographie schützten und eine bereits 1870 im Norddeutschen Bund begonnene Kodifikationstätigkeit vorläufig abschlossen.[28] Das Gesetz gegen den unlauteren Wettbewerb hatte nach einer ersten Fassung von 1896 seit 1909 fast ein Jahrhundert lang Bestand.[29] Ähnliches

27 Patentgesetz vom 25.05.1877, RGBl. S. 501–510. Zu Entstehung und Reform(überlegung) en *Werner Schubert*, Einleitung, in: Ders. (Hg.), Ausschüsse für den gewerblichen Rechtsschutz (Patent-, Warenzeichen-, Geschmacksmusterrecht, Wettbewerbsrecht), für Urheber- und Verlagsrecht sowie für Kartellrecht (1934–1943) (Akademie für Deutsches Recht 1933–1945. Protokolle der Ausschüsse Nr. 9), Frankfurt/Main 1999, S. XI-XLVII, XIII ff.; *Margrit Seckelmann*, Industrialisierung, Internationalisierung und Patentrecht im Deutschen Reich, 1871–1914 (Recht der Industriellen Revolution Nr. 2), Frankfurt/Main 2006, S. 107 ff., 283 f., 392 ff.; *Alexander K. Schmidt*, Erfinderprinzip und Erfinderpersönlichkeitsrecht im deutschen Patentrecht von 1877 bis 1936 (Geistiges Eigentum und Wettbewerbsrecht Nr. 31), Tübingen 2009, S. 9 ff., 44 ff., 57 ff., 98 ff., 147 ff., 198 ff.; zur Nachkriegszeit *Florian Mächtel*, Das Patentrecht im Krieg (Geistiges Eigentum und Wettbewerbsrecht Nr. 25), Tübingen 1999, S. 365 ff.; *Martin Otto*, Die Geschichte des Patentrechts in der Bundesrepublik Deutschland, in: Diethelm Klippel (Hg.), Geschichte des deutschen Patentrechts (erscheint demnächst). Martin Otto sei für sein vorab überlassenes Manuskript sehr herzlich gedankt.

28 Gesetz, betreffend das Urheberrecht an Werken der Literatur und der Tonkunst vom 19.06.1901, RGBl. S. 227–239; Gesetz, betreffend das Urheberrecht an Werken der bildenden Künste und der Photographie vom 09.01.1907, RGBl. S. 7–18; zuvor Gesetz, betreffend das Urheberrecht an Werken der bildenden Künste vom 09.01.1876, RGBl. S. 4–8; Gesetz, betreffend das Urheberrecht an Schriftwerken, Abbildungen, musikalischen Kompositionen und dramatischen Werken vom 11.06.1870, BGBl. S. 339–353; daneben Gesetz, betreffend den Schutz der Photographieen gegen unbefugte Nachbildung vom 10.01.1976, RGBl. 8–10. Zum Kontext *Martin Vogel*, Urheberpersönlichkeitsrecht und Verlagsrecht im letzten Drittel des 19. Jahrhunderts, in: Elmar Wadle (Hg.), Historische Studien zum Urheberrecht in Europa. Entwicklungslinien und Grundfragen (Schriften zur Europäischen Rechts- und Verfassungsgeschichte Nr. 10), Berlin 1993, S. 192–206, 194 ff., 204 ff.; monographisch *Kai Bandilla*, Urheberrecht im Kaiserreich. Der Weg zum Gesetz betreffend das Urheberrecht an Werken der Literatur und Tonkunst vom 19. Juni 1901 (Rechtshistorische Reihe Nr. 308), Frankfurt/Main 2005; zum Fortgang in der NS-Zeit und danach *Schubert*, Einleitung, in: Ders. (Hg.), Ausschüsse für den gewerblichen Rechtschutz (Protokolle Nr. 9), S. XXXI ff., XXXVIII ff.

29 Gesetz zur Bekämpfung des unlauteren Wettbewerbes vom 27.05.1896, RGBl. S. 145–149; Gesetz gegen den unlauteren Wettbewerb vom 27.05.1896, RGBl. S. 145–149; dazu *Henning von Stechow*, Das Gesetz zur Bekämpfung des unlauteren Wettbewerbs vom 27. Mai 1896. Entstehungsgeschichte und Wirkung (Schriften zur Rechtsgeschichte Nr. 96), Berlin 2002, S. 154 ff.; zu den Änderungen bis in die 1930er Jahre *Schubert*, Einleitung, in: Ders. (Hg.), Ausschüsse für den gewerblichen Rechtschutz (Protokolle Nr. 9), S. XX ff.

gilt für das Börsengesetz von 1896[30] und das Versicherungsvertragsgesetz von 1908.[31]

Zählt man zuletzt den Allgemeinen Teil, das Schuld- und das Sachenrecht des Bürgerlichen Gesetzbuchs zum Wirtschaftsrecht, weil hierdurch Verpflichtungen zum Güteraustausch begründet und vollzogen werden, so fasste das BGB seit 1896 zusammen, was dessen Verfasser aus der römisch-gemeinrechtlichen oder partikularrechtlichen Tradition für bewahrenswert hielten[32] bzw. was sie aus dem Allgemeinen Deutschen Handelsgesetzbuch von 1861 übernommen hatten.[33]

2. Kodifikationen für »Tausend Jahre«?

a) Gesellschaftsrecht

Diesem Idyll steht jedoch ein weniger schmeichelhaftes Bild gegenüber. Das Personengesellschaftsrecht mit seinem seit 1934 zeitweise steuerbegünstigten Konzept der persönlichen Haftung erschien darin als Sinnbild deutschtümelnder Kaufmannsehre, die in den anonymen Kapitalgesellschaften nicht zu finden sei, weshalb die Geldanlage in Kapitalgesellschaften möglichst unattraktiv sein sollte.[34] Das Aktiengesetz von 1937 war nicht nur ver-

30 Börsengesetz vom 22.06.1896, RGBl. S. 157–176, dazu *Wolfgang Schulz*, Das deutsche Börsengesetz. Die Entstehungsgeschichte und wirtschaftlichen Auswirkungen des Börsengesetzes von 1896 (Rechtshistorische Reihe Nr. 124), Frankfurt/Main 1994.

31 Gesetz über den Versicherungsvertrag vom 30.05.1908, RGBl. S. 263–305; dazu *Angela Duvinage*, Die Vorgeschichte und die Entstehung des Gesetzes über den Versicherungsvertrag (Hamburger Reihe, Reihe A Rechtswissenschaft Nr. 67), Karlsruhe 1987; *Ralph Neugebauer*, Versicherungsrecht vor dem Versicherungsvertrag. Zur Entwicklung des modernen Binnenversicherungsrechts im 19. Jahrhundert (Studien zur Europäischen Rechtsgeschichte Nr. 51), Frankfurt/Main 1990, S. 88 ff.

32 Dazu nur *Reinhard Zimmermann*, vor § 1: Das Bürgerliche Gesetzbuch und die Entwicklung des Bürgerlichen Rechts, in: Mathias Schmoeckel/Joachim Rückert/Reinhard Zimmermann (Hg.), Historisch-kritischer Kommentar zum BGB, Bd. 1, Tübingen 2003, Rdnr. 20.

33 Vgl. *Hermann Staub*, Supplement zu Staub's Kommentar zum Allgemeinen Deutschen Handelsgesetzbuch, enthaltend: 1. eine Erläuterung der Bestimmungen des neuen H. G. B. über die Handlungsgehilfen, 2. eine vergleichende Darstellung des alten und des neuen H. G. B., Berlin 1897, S. 137–166.

34 *Hans Würdinger*, Grundfragen zur Reform der Einzelunternehmung und der Personalgesellschaften, in: Hans Frank (Hg.), Nationalsozialistisches Handbuch für Recht und Gesetzgebung, München 1935, S. 1105–1135, 1128 ff.; *Hans Würdinger*, Das Recht der Personalgesellschaften, 1. Teil: Die Kommanditgesellschaft. 1. Arbeitsbericht des Ausschusses für das Recht der Personalgesellschaften der Akademie für Deutsches Recht (Arbeitsberichte der Akademie für Deutsches Recht Nr. 12), München 1939, S. 9 ff.; *Großmann-Doerth*, Zur Reform der Kommanditgesellschaft, Archiv für die civilistische

bal von Führerprinzip und Volksgemeinschaft geprägt, sondern entmachtete die Demokratie der Aktionäre, abgesehen davon, dass es die Gründung neuer Gesellschaften für weite Teile des Wirtschaftsverkehrs nahezu unbezahlbar machte.[35] Die Gesellschaft mit beschränkter Haftung war im Reformentwurf von 1939 nicht mehr eine liberale Spielwiese für Unternehmer- und Erfindergeist, sondern eine Rechtsform, die nur erträglich war, wenn sie in vielem der streng regulierten Aktiengesellschaft nacheiferte. Wenngleich »sich der Entwurf in den Abschnitten, die sich mit den Rechtsverhältnissen der Ge-

Praxis 147 (1941), S. 4ff., 10ff.; *Wilhelm Kißkalt*, Die Aktiengesellschaft im nationalsozialistischen Staat, in: Frank (Hg.), Nationalsozialistisches Handbuch für Recht und Gesetzgebung, S. 1136–1154; *Karl-August Crisolli*, Das Recht der G.m.b.H., in: Frank (Hg.), Nationalsozialistisches Handbuch für Recht und Gesetzgebung, S. 1155–1174; Gesetz über die Umwandlung von Kapitalgesellschaften vom 05.07.1934, RGBl. I S. 569–571; Gesetz über Steuererleichterungen bei der Umwandlung und Auflösung von Kapitalgesellschaften vom 05.07.1934, RGBl. I S. 572; für beide Gesetze wurden die amtlichen Begründungen abgedruckt bei *Karl-August Crisolli/Hans Groschuff/Ernst Kaemmel*, Umwandlung und Löschung von Kapitalgesellschaften auf Grund der Gesetze vom 5. Juil 1934 und 9. Oktober 1934 nebst den dazu ergangenen Durchführungsverordnungen, Leipzig 1935, S. 34–37, 165–169, dort kommentiert von Crisolli und Groschuff, Vorspruch Anm. 5; zuvor bereits *Karl-August Crisolli*, Entwurf eines Gesetzes zur Vereinheitlichung, Bereinigung und Reinhaltung des Handelsregisters, Berlin 1934, S. 7, 24ff., dazu *Stupp*, GmbH-Recht im Nationalsozialismus, S. 50ff., 60ff.; *Jan Thiessen*, Karl-August Crisolli und sein »Entwurf eines Gesetzes zur Vereinheitlichung, Bereinigung und Reinhaltung des Handelsregisters« von 1934 im Lichte aktueller Reformprojekte, in: Ulrich Battis (Hg.), Privatrecht gestern, heute und morgen. Festkolloquium für Rainer Schröder zum 60. Geburtstag, Bonn 2008, S. 35–65, 46ff.; Gesetz über die Gewinnverteilung von Kapitalgesellschaften (Anleihestockgesetz) vom 04.12.1934, RGBl. I, S. 1222–1223; hierzu und zu den vorausgegangenen und folgenden Normen *Bähr*, Unternehmens- und Kapitalmarktrecht im »Dritten Reich«: Die Aktienrechtsreform und das Anleihestockgesetz, in: Ders./Banken (Hg.), Wirtschaftssteuerung durch Recht im Nationalsozialismus, S. 35–69, 56ff. Näher unten II.5.b).

35 Vgl. §7 AktG 1937: Mindestgrundkapital 500.000 RM; §70 AktG 1937: gemeinwohlgebundene Eigenverantwortung des Vorstands, Entscheidung des Vorstandsvorsitzenden bei Meinungsverschiedenheiten; §75 AktG 1937: Bestellung und Abberufung des Vorstands allein durch den Aufsichtsrat; §103 Abs. 2 AktG 1937: keine Geschäftsführungskompetenz der Hauptversammlung außer bei Verlangen des Vorstands; dazu die jeweilige Amtliche Begründung und die kommentierende Einleitung bei *Friedrich Klausing*, Gesetz über Aktiengesellschaften und Kommanditgesellschaften auf Aktien (Aktien-Gesetz) nebst Einführungsgesetz und »Amtlicher Begründung«, Berlin 1937, S. 1*-104*, 40* ff., 59* ff., 8f., 56f., 61f., 88; näher dazu *Michael Stolleis*, Gemeinwohlformeln im nationalsozialistischen Recht (Münchener Universitätsschriften, Juristische Fakultät, Abhandlungen zur rechtswissenschaftlichen Grundlagenforschung, Nr. 15), Berlin 1974, S. 151ff.; *Mertens*, Das Aktiengesetz von 1937 – unpolitischer Schlussstein oder ideologischer Neuanfang?, ZNR 29 (2007), S. 90ff.; *Bähr*, Unternehmens- und Kapitalmarktrecht im »Dritten Reich«: Die Aktienrechtsreform und das Anleihestockgesetz, in: Ders./Banken (Hg.), Wirtschaftssteuerung durch Recht im Nationalsozialismus, S. 45ff., S. 50ff. Eingehend hierzu unten II.3.

sellschafter und dem verfassungsmäßigen Aufbau der Gesellschaft befassen, bewußt von dem Vorbild des Aktiengesetzes frei« machte und »an der größeren Beweglichkeit und der Einfachheit des organisatorischen Aufbaues« festhielt, wurden »vor allem die Forderungen, die das Aktiengesetz in wirtschaftspolitischer und sozialpolitischer Hinsicht an die Leitung der Aktiengesellschaft stellt, [...] in vollem Umfang [...] übernommen«[36]: »Die Gesellschaft ist so zu leiten, wie das Wohl des Betriebs und seiner Gefolgschaft und der gemeine Nutzen von Volk und Reich es erfordern.«[37]

Bei einem Blick über 1945 hinaus fällt dann auch auf, dass man es bis 1965[38] zwanglos aushielt mit den Gemeinwohlformeln des Aktiengesetzes von 1937[39] und dass wir es ohne »das Wohl des Betriebs und seiner Gefolgschaft und de[n] gemeine[n] Nutzen von Volk und Reich« bis heute mit einem weisungsfreien (in der Regel nun aber kollegial entscheidenden) Vorstand und einer im operativen Geschäft machtlosen Hauptversammlung aushalten.[40] Es fällt auf, dass bis 1973 immer wieder stark regulierte GmbHG-Entwürfe à la mode des Jahres 1939 aufgelegt wurden[41] und dass man in der zusammengestrichenen Variante des Jahres 1980 zum Gesetz machte, was die

36 *Schubert*, Entwurf des Reichsjustizministeriums zu einem Gesetz über Gesellschaften mit beschränkter Haftung von 1939, S. 148. Diesen Teil der Begründung referierte auch *Ernst Geßler*, Die GmbH in der gesellschaftsrechtlichen Gesetzgebung, in: Hans Martin Schmidt (Hg.), Pro GmbH. Analysen und Perspektiven des Gesellschafts- und Steuerrechts der GmbH aus Anlaß des 75jährigen Jubiläums der Centrale für GmbH Dr. Otto Schmidt, Köln 1980, S. 91–114, 96.

37 § 2 des GmbHG-Entwurfs von 1939, der mit Ausnahme der Eigenverantwortung des Vorstands § 70 AktG 1937 entsprach, mit Begründung abgedruckt bei *Schubert*, Entwurf des Reichsjustizministeriums zu einem Gesetz über Gesellschaften mit beschränkter Haftung von 1939, S. 94, 153.

38 Das Aktiengesetz 1937 blieb bis 1965 in Kraft, § 29 EGAktG 1965.

39 Aufzählung bei *Stolleis*, Gemeinwohlformeln im nationalsozialistischen Recht, S. 151 ff.; ausführlicher zeitgenössisch *Klausing*, Gesetz über Aktiengesellschaften und Kommanditgesellschaften auf Aktien, S. 74 f.

40 Zu den Änderungen durch das Aktiengesetz von 1965 (Vorstand als Kollegialorgan, fakultativer Stichentscheid des Vorstandsvorsitzenden, geringfügig erweiterte Befugnisse der anderen Organe, §§ 76, 77 Abs. 1, 83, 90 AktG) *Bruno Kropff*, Aktiengesetz. Textausgabe des Aktiengesetzes vom 6.9.1965 (Bundesgesetzbl. I S. 1089) und des Einführungsgesetzes zum Aktiengesetz vom 6.9.1965 (Bundesgesetzbl. I S. 1185) mit Begründung des Regierungsentwurfs, Bericht des Rechtsausschusses des Deutschen Bundestages, Verweisungen und Sachverzeichnis, im Anhang: Aktiengesetz von 1937, Düsseldorf 1965, S. 95 ff.

41 Vgl. die Gliederung des Ersten Entwurfs eines Gesetzes über Gesellschaften mit beschränkter Haftung des BMJ vom 22.12.1964, abgedruckt bei *Schubert*, Quellen zur GmbH-Reform von 1958 bis zum GmbH-Änderungsgesetz von 1980, S. 59–61 (mit 183 statt ursprünglich 84 Paragraphen zur GmbH als solcher sowie umfangreichem Konzern- und Umwandlungsrecht), des Referentenentwurfs vom April 1969, ebd., S. 71 ff. (233 Paragraphen zur GmbH, zu den Gründen der Ausweitung ebd., S. 167 ff.) sowie des Regierungsentwurfs vom 03.11.1971 bzw. 09.02.1973 (229 Paragraphen, ebd., S. 214 ff.).

Gerichte der NS-Zeit vorgeurteilt hatten.[42] Im Genossenschaftsrecht, dessen Reform in der NS-Zeit gleichfalls nicht abgeschlossen wurde, erhielt der Vorstand gegenüber der Generalversammlung bemerkenswerterweise erst 1973 jene unabhängige Stellung, die er im Aktienrecht seit 1937 und 1965 besaß, die ihm aber für die Genossenschaft das Reichsjustizministerium ebenso wie der Genossenschaftsrechtsausschuss der Akademie für Deutsches Recht versagt hatten.[43] War es erst (zu dieser Zeit noch Unter-)Abteilungsleiter Geßler, der zusammenführte, was seiner Ansicht nach zusammengehörte?[44] Geßler selbst meinte, die Vorschrift beschreibe schlicht die Funktion des Vorstands; ob sie auch dessen Verhalten steuern solle, brauche anders als im Aktienrecht nicht diskutiert zu werden, da das Genossenschaftsrecht keine entsprechende Vorläufervorschrift kenne.[45]

42 Dies betrifft die Haftung und Nichteintragung wegen Überbewertung von Sacheinlagen (§§ 9, 9a Abs. 2 und 3, 9c Satz 2 GmbHG) sowie die Behandlung von Gesellschafterdarlehen als Eigenkapital (§§ 32a, b GmbHG 1980, heute §§ 39 Abs. 1 Nr. 5, Abs. 4 und 5, 44a, 135 InsO bzw. §§ 6, 6a AnfG), zu den rechtstechnisch teilweise abweichenden Ursprüngen in der Rechtsprechung des Reichsgerichts *Jan Thiessen*, Transfer von GmbH-Recht im 20. Jahrhundert – Export, Import, Binnenhandel, in: Vanessa Duss u. a. (Hg.), Rechtstransfer in der Geschichte (Jahrbuch Junge Rechtsgeschichte Nr. 1), München 2006, S. 446–497, 470 ff., 475 ff.; näher unten II.4.b).

43 § 27 GenG, zu dessen Entstehung und Abweichung vom Entwurf 1938/39 *Wilcken*, Die Reformbestrebungen zum Genossenschaftsgesetz in der Frühzeit der Bundesrepublik, S. 150–165; zu den Ausschussberatungen in der Akademie für Deutsches Recht *Schubert*, Einleitung, in: Ders. (Hg.), Ausschuß für Genossenschaftsrecht (Protokolle Nr. 4),S. 42; die §§ 43 ff. des Entwurfs von 1938/39 mit Begründung sowie die Denkschrift des Ausschussvorsitzenden Walter Granzow von 1940 sind jeweils abgedruckt bei *Schubert* (Hg.), Ausschuß für Genossenschaftsrecht (Protokolle Nr. 4), S. 969, 991 ff., 1106 ff., 1171 ff.

44 *Wilcken*, Die Reformbestrebungen zum Genossenschaftsgesetz in der Frühzeit der Bundesrepublik, S. 153 ff., suggeriert dies nicht, weist vielmehr darauf hin, dass der vorausgehende Referentenentwurf von 1962 primär durch den zuständigen Referatsleiter Hans-Friedrich Caspers erarbeitet wurde (ebd., S. 27 mit biographischen Angaben zu Caspers) und dass Rudolf Reinhardt die Debatte in der vom BMJ eingesetzten Sachverständigenkomission (ebd., S. 24 ff.) angestoßen hatte, dessen Referat vom 09.07.1956 abgedruckt bei *Rudolf Reinhardt*, Die Verfassung der Genossenschaft, in: Bundesjustizministerium (Hg.), Zur Reform des Genossenschaftsrechts. Referate und Materialien, Bd. 2, Bonn 1958, S. 57–82.

45 *Ernst Geßler*, Zur künftigen Verfassung der Genossenschaft, in: Klemens Pleyer u. a. (Hg.), Festschrift für Rudolf Reinhardt zum 70. Geburtstag, 7. Juni 1972, Köln 1972, S. 237–248, 242, im Anschluss an *Fritz Rittner*, Zur Verantwortung des Vorstandes nach § 76 Abs. 1 AktG 1965, in: Kurt Ballerstedt/Wolfgang Hefermehl (Hg.), Festschrift für Ernst Geßler. Zum 65. Geburtstag am 5. März 1970, München 1971, S. 139–158, 142 ff.; ähnlich mit Darstellung der Unterschiede im Detail, insbesondere zur aktienrechtlichen Satzungsstrenge *Harry Westermann*, Die unternehmerische Leitungsmacht des Vorstandes der Genossenschaft nach geltendem und zukünftigem Genossenschaftsrecht im Vergleich zur Leitungsmacht des Vorstandes der AG, in: Pleyer u. a. (Hg.), Festschrift für Rudolf Reinhardt zum 70. Geburtstag, S. 359–373, 364 ff.

b) Patentrecht

Die Patentrechtsreformer der NS-Zeit beriefen sich auf Hitler selbst[46], der in »Mein Kampf« die einzelnen Erfinder als »mehr oder minder große Wohltäter aller Menschen« gepriesen hatte und daraus folgerte:

»Eine menschliche Gemeinschaft erscheint nur dann als gut organisiert, wenn sie [den] schöpferischen Kräften in möglichst entgegenkommender Weise ihre Arbeiten erleichtert und nutzbringend für die Gesamtheit anwendet. Das Wertvollste an der Erfindung selbst, mag sie nun im Materiellen oder in der Welt der Gedanken liegen, ist zunächst der Erfinder als Person. Ihn also für die Gesamtheit nutzbringend anzusetzen, ist erste und höchste Aufgabe der Organisation einer Volksgemeinschaft.«[47]

Wenn daraufhin das Patentgesetz ab 1936 den tatsächlichen Erfinder und nicht mehr den bloßen Anmelder eines Patents schützte, der sich die Erfindung möglicherweise nur angeeignet hatte,[48] so hatten diesen Wechsel vom Anmelder- zum Erfinderprinzip zwar zuvor schon andere gefordert.[49] Wie im Aktienrecht ging hier selbst in der NS-Zeit der rechtsvergleichende Blick in das US-amerikanische Recht als »deutliches Widerspiel der deutschrechtlichen Gedankengänge, die die deutschen Auswanderer hatten«.[50] Den Erfinder mit Hitler »für die Gesamtheit nutzbringend anzusetzen«, bedeutete nach dem neuen Patentrecht allerdings auch, dass das Patent nichts wert war, wenn die Reichsregierung die Erfindung benötigte, »um die Belange der

46 Vgl. *Kurt Waldmann*, Grundzüge eines nationalsozialistischen Patentrechts, in: Frank (Hg.), Nationalsozialistisches Handbuch für Recht und Gesetzgebung, S. 1036–1063, 1036; zur Rezeption nach 1933 *Othmar Plöckinger*, Geschichte eines Buches. Adolf Hitlers »Mein Kampf« 1922–1945. Eine Veröffentlichung des Instituts für Zeitgeschichte, 2. Aufl., München 2011, S. 405 ff.

47 *Adolf Hitler*, Mein Kampf. Zwei Bände in einem Band, hier zitiert nach der 395.–399. Aufl., München 1939, S. 496 f.; dazu *Schmidt*, Erfinderprinzip und Erfinderpersönlichkeitsrecht im deutschen Patentrecht von 1877 bis 1936, S. 201 ff.

48 §§ 3 f. PatG 1936 (heute §§ 6 f. PatG), dazu *Margrit Seckelmann*, Der »Dienst am schöpferischen Ingenium der Nation«, in: Bähr/Banken (Hg.), Wirtschaftssteuerung durch Recht im Nationalsozialismus, S. 237–279, 265 ff.; *Schmidt*, Erfinderprinzip und Erfinderpersönlichkeitsrecht im deutschen Patentrecht von 1877 bis 1936, S. 225 f.

49 *Schmidt*, Erfinderprinzip und Erfinderpersönlichkeitsrecht im deutschen Patentrecht von 1877 bis 1936, S. 57 ff., 149 ff.

50 *Waldmann*, Grundzüge eines nationalsozialistischen Patentrechts, in: Frank (Hg.), Nationalsozialistisches Handbuch für Recht und Gesetzgebung, S. 1038 ff.; zum Kontext *Seckelmann*, Der »Dienst am schöpferischen Ingenium der Nation«, in: Bähr/Banken (Hg.), Wirtschaftssteuerung durch Recht im Nationalsozialismus, S. 271 f.

Volksgemeinschaft zu wahren«.[51] Dass die Reichsregierung von dieser Möglichkeit nur selten Gebrauch machte[52], änderte nichts daran, dass der Erfinder nicht um seiner selbst willen geschützt wurde.[53] Eine Brücke in die Bundesrepublik bildete vor allem das Arbeitnehmererfindungsrecht – mit der üblichen Ungewissheit, wieviel davon aus Weimar, der NS-Zeit oder der Bundesrepublik selbst stammte.[54]

c) Urheberrecht

Auch dort, wo die Reformen weniger weit voranschritten, begleiteten NS-Phrasen zumindest den Anfang der Arbeit. Ganz ähnlich wie im Patentrecht sollte der einzelne Urheber mit dem Allgemeininteresse ›gleichgeschaltet‹ werden, um ein Urheberrecht zu schaffen, »das sowohl die Interessen der unmittelbar Beteiligten wie auch die Rechte der Volksgemeinschaft befriedigt«.[55] Allerdings wollte der Akademieausschuss dem Urheber gerade

51 § 15 Abs. 1 PatG 1936, zu den Hintergründen *Schmidt*, Erfinderprinzip und Erfinderpersönlichkeitsrecht im deutschen Patentrecht von 1877 bis 1936, S. 221 mit Fn. 101, S. 229 ff. Der heutige § 24 Abs. 1 PatG entspricht wieder § 11 Abs. 1 und 3 PatG in der Fassung des Gesetzes, betreffend den Patentausführungszwang vom 06.06.1911, RGBl. S. 243. Zum Ursprung dieser und anderer Gemeinwohlformeln im Patentrecht *Stolleis*, Gemeinwohlformeln im nationalsozialistischen Recht, S. 192 ff.

52 *Mächtel*, Das Patentrecht im Krieg, S. 345 ff., der im Übrigen die Ähnlichkeit zur Lage im Ersten Weltkrieg betont; hierzu knapp auch *Seckelmann*, Der »Dienst am schöpferischen Ingenium der Nation«, in: Bähr/Banken (Hg.), Wirtschaftssteuerung durch Recht im Nationalsozialismus S. 260 f., die freilich auf die damalige Überprüfbarkeit von Exekutivmaßnahmen durch das Parlament verweist.

53 *Schubert*, Einleitung, in: Ders. (Hg.), Ausschüsse für den gewerblichen Rechtsschutz (Protokolle Nr. 9), S. XVIII f.; *Kees Gispen*, Patentrecht und Schutz des geistigen Eigentums, in: Dieter Gosewinkel (Hg.), Wirtschaftskontrolle und Recht in der nationalsozialistischen Diktatur (Das Europa der Diktatur Nr. 4), Frankfurt/Main 2005, S. 267–279, 274 f.; *Seckelmann*, Der »Dienst am schöpferischen Ingenium der Nation«, in: Bähr/Banken (Hg.), Wirtschaftssteuerung durch Recht im Nationalsozialismus, S. 248 ff., 259 ff.; *Schmidt*, Erfinderprinzip und Erfinderpersönlichkeitsrecht im deutschen Patentrecht von 1877 bis 1936, S. 231 f., 241 ff.

54 *Seckelmann*, Der »Dienst am schöpferischen Ingenium der Nation«, in: Bähr/Banken (Hg.), Wirtschaftssteuerung durch Recht im Nationalsozialismus, S. 274 ff.; *Otto*, Die Geschichte des Patentrechts in der Bundesrepublik Deutschland, in: Klippel (Hg.), Geschichte des deutschen Patentrechts (erscheint demnächst); zur unmittelbaren Nachkriegszeit *Mächtel*, Das Patentrecht im Krieg, S. 365 ff.

55 So das Schlusswort des Ausschussvorsitzenden in der Sitzung vom 16./17.2.1934, in: Schubert (Hg.), Ausschüsse für den gewerblichen Rechtsschutz (Protokolle Nr. 9), S. 580. Zu den Reformvorschlägen der NS-Zeit und den bereits zu Ende der Weimarer Republik mit ähnlichen Vorschlägen hervorgetretenen Protagonisten *Ernst Hefti*, Das Urheberrecht im Nationalsozialismus, in: Robert Dittrich (Hg.), Woher kommt das Urheberrecht und wohin geht es? Wurzeln, geschichtlicher Ursprung, geistesgeschichtlicher Hinter-

dort eine Vergütung zubilligen, wo es die »Volksgemeinschaft« am ehesten traf, nämlich bei Schulbüchern, was prompt das Reichserziehungsministerium auf den Plan rief.[56]

Der in eigener Sache als Urheber betroffene und seit langem engagierte Richard Strauss[57], der als Präsident der Reichsmusikkammer[58] eine Ansprache vor dem Ausschuss für Urheber- und Verlagsrecht der Akademie für Deutsches Recht hielt, leugnete »selbstsüchtige[...] Absicht« und formulierte für die Urheber ganz ähnlich wie Hitler für die Erfinder: »Der nationalsozialistische Grundgedanke, der das Wesen unseres neuen Staates bestimmt, stellt die *Synthese zwischen dem edelsten Individualismus*, dem Führertum, *und dem Gedanken der Volksgemeinschaft* her. Aus diesem Grundgedanken heraus sollte sich auch eine *einheitliche Rechtstheorie* entwickeln lassen, die die Grundrichtung des Urheberschutzes eindeutig bestimmt.«[59] Diese Grundrichtung lautete für Strauss: Weg von den Gerichten, hin zu den Standes- und Berufsorganisationen unter dem Dach der Reichskulturkammer, die über die Ansprüche der Urheber befinden sollten.[60]

grund und Zukunft des Urheberrechts (Österreichische Schriftenreihe zum gewerblichen Rechtsschutz, Urheber- und Medienrecht Nr. 7), Wien 1988, S. 165–180; demgegenüber für eine Differenzierung zwischen Programmsätzen und Normvorschlägen *Schubert*, Einleitung, in: Ders. (Hg.), Ausschüsse für den gewerblichen Rechtsschutz (Protokolle Nr. 9), S. XXXVIII ff. mit Fn. 114, vgl. aber zu Rechtsprechung und Reformentwürfen *Hefti*, Das Urheberrecht im Nationalsozialismus, in: Dittrich (Hg.), Woher kommt das Urheberrecht und wohin geht es?, S. 175 ff.

56 § 36 Abs. 2 des vom Akademieausschuss 1939 vorgelegten Entwurfs zu einem Urheberrechtsgesetz, bei Schubert (Hg.), Ausschüsse für den gewerblichen Rechtsschutz (Protokolle Nr. 9), S. 597, dort S. 610 f. auch zu den Einwänden des Reichserziehungsministeriums, die das pro Vergütung eingestellte Reichspropagandaministerium prüfen wollte.

57 Vgl. *Manuela Maria Schmidt*, Die Anfänge der musikalischen Tantiemenbewegung in Deutschland. Eine Studie über den langen Weg bis zur Errichtung der Genossenschaft Deutscher Tonsetzer (GDT) im Jahre 1903 und zum Wirken des Komponisten Richard Strauss (1864–1949) für Verbesserungen des Urheberrechts (Schriften zur Rechtsgeschichte Nr. 125), Berlin 2005, S. 186 ff.

58 Dazu *Gerhard Splitt*, Richard Strauss 1933–1935. Ästhetik u. Musikpolitik zu Beginn der nationalsozialistischen Herrschaft (Reihe Musikwissenschaft Nr. 1), Pfaffenweiler 1987, S. 71 ff., 78 ff.; *Michael Kennedy*, Richard Strauss. Man, Musician, Enigma, Cambridge 1999, S. 280 ff.; *Matthew Boyden*, Richard Strauss. Die Biographie, Wien 1999, S. 506 ff.

59 Auch zum Folgenden siehe Ansprache von Richard Strauss in der Sitzung vom 23.04.1934, bei Schubert (Hg.), Ausschüsse für den gewerblichen Rechtsschutz (Protokolle Nr. 9), S. 581 f. Strauss berief sich hier mehrfach auf seinen »Mitarbeiter« Dr. Julius Kopsch, den Justitiar der von Strauss mitinitiierten Genossenschaft Deutscher Tonsetzer. Dazu und zu Kopsch *Splitt*, Richard Strauss 1933–1935, S. 44 f.; *Hefti*, Das Urheberrecht im Nationalsozialismus, in: Dittrich (Hg.), Woher kommt das Urheberrecht und wohin geht es?, S. 165 ff.

60 Dazu *Splitt*, Richard Strauss 1933–1935, S. 191 f.

Wenngleich diese Vorschläge in der korporatistischen Tendenz der frühen NS-Wirtschaftspolitik lagen[61], sollte die Reichskulturkammer zuletzt nur noch durch Gutachten beratenden Einfluss auf die ordentlichen Gerichte nehmen.[62] Dem Interesse des Urhebers kam die tatsächlich beschlossene Verlängerung der Schutzfrist von dreißig auf fünfzig Jahre entgegen.[63] Die allgemeinen Interessen wurden auf Betreiben »des größten lebenden Komponisten«[64] nur dadurch besonders berücksichtigt, dass »Werke, die eine allgemeine Bedeutung für die Kunst, die Bildung oder die Erbauung haben«, kurz »Werke von allgemeiner Bedeutung für die nationale Kultur«, »nach dem Tode des Urhebers nicht derart bearbeitet oder sonst verwertet werden, daß dies offenbar ihr Ansehen oder ihren Wert beeinträchtigen würde«.[65] Als Beispiel für »Mißbrauch und Verunstaltung«[66], für »Verschandelungen berühmter Tonwerke durch rein gewerbliche Nutznießer« nannte

61 Dazu *Banken*, »An der Spitze aller Künste steht die Staatskunst«. Das Protokoll der NSDAP-Wirtschaftsbesprechungen Februar/März 1931, in: Bähr/Banken (Hg.) Wirtschaftssteuerung durch Recht im Nationalsozialismus, S. 523 ff.; *Kahn*, Die Steuerung der Wirtschaft durch Recht im nationalsozialistischen Deutschland, S. 71 ff.; *Michael Stolleis*, »Corporativismo« und ständestaatliche Ideen. Kommentar zum Referat von Michele Luminati, in: Gerd Bender/Rainer Maria Kiesow/Dieter Simon (Hg.), Die andere Seite des Wirtschaftsrechts. Steuerung in den Diktaturen des 20. Jahrhunderts (Das Europa der Diktatur Nr. 10), Frankfurt/Main 2006, S. 49–57, 50 f., 53 ff.

62 § 81 des Entwurfs des Reichsjustizministeriums zu einem Urheberrechtsgesetz vom 22.01. 1934 bzw. § 81a des Ausschussentwurfs von 1939, jeweils bei Schubert (Hg.), Ausschüsse für den gewerblichen Rechtsschutz (Protokolle Nr. 9), S. 552, 606.

63 Gesetz zur Verlängerung der Schutzfristen im Urheberrecht vom 13.12.1934, RGBl. II S. 1395, dazu *Splitt*, Richard Strauss 1933–1935, S. 192; *Nils Beier*, Die urheberrechtliche Schutzfrist. Eine historische, rechtsvergleichende und dogmatische Untersuchung der zeitlichen Begrenzung, ihrer Länge und ihrer Harmonisierung in der Europäischen Gemeinschaft (Urheberrechtliche Abhandlungen des Max-Planck-Instituts für ausländisches und internationales Patent-, Urheber- und Wettbewerbsrecht München Nr. 37), München 2001, S. 27 ff.

64 So der zuständige Referent im Reichsjustizministerium und spätere Präsident des Reichspatentamts Georg Klauer in einer Ressortbesprechung vom 28.07.1933, aus den unveröffentlichten Beständen des Reichsjustizministeriums (heute im Bundesarchiv Berlin-Lichterfelde) zitiert bei *Schubert*, Einleitung, in: Ders. (Hg.), Ausschüsse für den gewerblichen Rechtsschutz (Protokolle Nr. 9), S. XL. Zu Klauer *Otto*, Die Geschichte des Patentrechts in der Bundesrepublik Deutschland, in: Klippel (Hg.), Geschichte des deutschen Patentrechts (erscheint demnächst).

65 § 53 des Entwurfs des Reichsjustizministeriums zu einem Urheberrechtsgesetz vom 22.01.1934 bzw. §§ 53, 53a des Ausschussentwurfs von 1939, jeweils bei Schubert (Hg.), Ausschüsse für den gewerblichen Rechtsschutz (Protokolle Nr. 9), S. 545, 600. Zum Hintergrund der diesbezüglichen Forderungen von Strauss *Splitt*, Richard Strauss 1933–1935, S. 189 ff. Vgl. zeitgenössisch auch *Norbert Sohn*, Der Schutz des musikalischen Kunstwerks gegen Verschandelung nach Ablauf der urheberrechtlichen Schutzfrist. Ein Beitrag zur Urheberrechtsreform, Berlin 1934.

66 Schubert (Hg.), Ausschüsse für den gewerblichen Rechtsschutz (Protokolle Nr. 9), S. 581 f.

Strauss ebenso wie Hans Pfitzner das »Dreimäderlhaus«[67], eine Operette aus dem Jahre 1916, in welcher Heinrich Berté Melodien von Franz Schubert zu einem Potpourri zusammengesetzt, also im Wortsinne ›komponiert‹ hatte.[68] Soweit die zum Urheberrechtsgesetz von 1965 führende Reform nach Kriegsende auf die Vorarbeiten der dreißiger Jahre zurückgriff[69], sah sie freilich die »nationale Kultur« nicht mehr durch eine Operette bedroht.[70]

67 Laut Georg Klauer (Fn. 64), offenbar bezogen auf einen vielzitierten Brief Strauss' an den Allgemeinen Deutschen Musikverein: »Bevor die Komposition eines Dreimäderlhauses nicht mit Zuchthaus bestraft werden kann, bleibt jedes Urheberrecht ein Torso.« Seine Ansprache hielt Strauss, ohne ausdrücklich auf das »Dreimäderlhaus« einzugehen, am 23.04.1934, siehe Schubert (Hg.), Ausschüsse für den gewerblichen Rechtsschutz (Protokolle Nr. 9), S. 581 f. Zu Strauss' Ablehnung von Operette und Potpourri *Splitt*, Richard Strauss 1933–1935, S. 121 f., 139 ff. Das Strauss-Zitat wurde mitgeteilt von *Hans Pfitzner*, Werk und Wiedergabe, in: Gesammelte Schriften, Bd. 3, Augsburg 1929, S. 335, und aufgegriffen bei *Walter Becker-Bender*, Das Urheberpersönlichkeitsrecht im musikalischen Urheberrecht (Heidelberger rechtswissenschaftliche Abhandlungen Nr. 25), Heidelberg 1940, S. 60, dort auch unter Hinweis auf *Hans Pfitzner*, Die neue Ästhetik der musikalischen Impotenz. Ein Verwesungssymptom?, in: Gesammelte Schriften, Bd. 2, Augsburg 1926, S. 99–252, 246: »So erklärte Pfitzner im Jahre 1919, als sich die von jüdischem Geist getragenen Zersetzungserscheinungen auch in der deutschen Musik bemerkbar machten, erbittert, es sei eine Schande, daß z. B. ein Ding wie das ›Dreimäderlhaus‹ nicht verboten sei.« Pfitzner selbst schrieb an dieser Stelle: »Nicht, daß freche und schamlose Spekulation ein Ding wie das ›Dreimäderlhaus‹ entstehen ließ, ist das Verfalls- und Verwesungssymptom – das kommt immer mal vor –, aber daß es *solchen Boden* in Deutschland finden konnte. Deswegen hat es auch gar keinen Sinn, gegen dergleichen zu agitieren; zwar ist es dennoch eine Schande, daß es nicht von Staatswegen verboten ist; aber das Symptom der tiefsten Gemeinheit bleibt, zu der eine Nation herabgesunken ist, die einen der edelsten Söhne, den sie erst hat an seinen Melodien verhungern lassen, in einer eklen Pastete gebacken, verzehrt. Ja, das Dreimäderlhaus hat unbestreitbar enorm gesellschaftsbildende Kraft!« Der letzte Satz spielt an auf den Musikkritiker *Paul Bekker*, Die Sinfonie von Beethoven bis Mahler, hier zitiert nach der Ausgabe Berlin 1922, S. 17: »Die Kraft des Gesellschaftsbildens also bezeichne ich als die höchste Eigenschaft des sinfonischen Kunstwerkes.« *Pfitzner*, Die neue Ästhetik der musikalischen Impotenz. Ein Verwesungssymptom?, in: Gesammelte Schriften, Bd. 2, Augsburg 1926, S. 244, warf Bekker vor, »daß er die international-jüdische Bewegung in der Kunst leitet«, statt »deutsch, national und ehrenhaft [zu] empfinden«. Dazu *Sabine Busch*, Hans Pfitzner und der Nationalsozialismus, Stuttgart 2001, S. 70 ff.; *Andreas Eichhorn*, Paul Bekker. Facetten eines kritischen Geistes (Studien und Materialien zur Musikwissenschaft Nr. 29), Hildesheim 2003, S. 62 ff, 307 f., 367 f.

68 Dazu *Sabine Giesbrecht-Schutte*, »Klagen eines Troubadours«. Zur Popularisierung Schuberts im Dreimäderlhaus, in: Ares Rolf/Ulrich Tadday (Hg.), Martin Geck. Festschrift zum 65. Geburtstag, Dortmund 2001, S. 109–133, 127 f. Zur heftigen zeitgenössischen Kritik ebd., S. 109 f., sowie *Ernst Hilmar*, Das Dreimäderlhaus, in: Ders./Margret Jestremsky (Hg.), Schubert-Lexikon, 2. Aufl., Graz 1997, S. 69–70, 69.

69 So das Fazit von *Schubert*, Einleitung, in: Ders. (Hg.), Ausschüsse für den gewerblichen Rechtsschutz (Protokolle Nr. 9), S. XLI.

70 Vgl. §§ 14, 23 UrhG.

d) Wettbewerbsrecht

Das Wettbewerbsrecht diente dem Freiburger Wirtschaftsrechtler Hans Großmann-Doerth dazu, »jüdische Unternehmer in besonderem Maße« für die »Verwilderung des Wettbewerbs« verantwortlich zu machen: »[N]eben besonderer Aktivität, neben seiner Fähigkeit, Erfolgsmöglichkeiten auf weite Sicht zu berechnen, neben schließlich seiner Anpassungsfähigkeit verdankt der jüdische Unternehmer einen großen Teil seiner Erfolge der besonderen Skrupellosigkeit in der Wahl seiner Mittel.« Daher habe die »völlige Ausschaltung des jüdischen Unternehmers« als »rassepolitisches Problem«, abgesehen davon, »daß man überhaupt keine Teilnahme dieser Rasse am deutschen Leben wünscht«, »auch vom Standpunkt der Wirtschaftsordnung aus Bedeutung«.[71]

Zuvor hatte der von Großmann-Doerth zitierte Berliner Anwaltsnotar Otto Rilk auf Carl Schmitts Tagung über »Das Judentum in der Rechtswissenschaft« den angeblich überwiegend jüdischen Autoren von Gesetzentwürfen, Kommentaren und Aufsätzen vorgeworfen, sie hätten die »deutschrechtliche« Auffassung vom »Leistungswettbewerb«[72] durch die »liberalistische[…]

71 *Hans Großmann-Doerth*, Recht der deutschen Wirtschaftsordnung, in: Hans-Heinrich Lammers/Hans Pfundtner (Hg.), Die Verwaltungs-Akademie. Ein Handbuch für den Beamten im nationalsozialistischen Staat, Grundlagen, Aufbau und Wirtschaftsordnung des nationalsozialistischen Staates, Bd. 2: Der Aufbau des nationalsozialistischen Staates, Gruppe 2: Die einzelnen Rechtsgebiete, Beitrag 48, Berlin o. J. (1941), S. 30 f. Dieser Text führte zum Bruch Walter Euckens mit Großmann-Doerth; beide hatten gemeinsam mit Franz Böhm die Freiburger Schule begründet. Zum ganzen *Walter Oswalt*, Liberale Opposition gegen den NS-Staat. Zur Entwicklung von Walter Euckens Sozialtheorie, in: Nils Goldschmidt (Hg.), Wirtschaft, Politik und Freiheit. Freiburger Wirtschaftswissenschaftler und der Widerstand (Untersuchungen zur Ordnungstheorie und Ordnungspolitik Nr. 48), Tübingen 2005, S. 315–353, 317 f.; *Walter Oswalt*, Offene Fragen zur Rezeption der Freiburger Schule, in: Nils Goldschmidt/Michael Wohlgemuth (Hg.), Grundtexte zur Freiburger Tradition der Ordnungsökonomik (Untersuchungen zur Ordnungstheorie und Ordnungspolitik Nr. 50), Tübingen 2008, S. 127–132, 127 f.; *Alexander Hollerbach*, Hans Großmann-Doerth im Kontext der Freiburger Rechts- und Staatswissenschaftlichen Fakultät, in: Uwe Blaurock/Nils Goldschmidt/Alexander Hollerbach (Hg.), Das selbstgeschaffene Recht der Wirtschaft. Zum Gedenken an Hans Großmann-Doerth (1894–1944) (Beiträge zur Ordnungstheorie und Ordnungspolitik Nr. 171), Tübingen 2005, S. 19–43, 35 f. mit Fn. 65, S. 106 (Brief Großmann-Doerths vom 20.03.1943).

72 Das Konzept geht offenbar zurück auf den bei Rilk an anderer Stelle genannten späteren Reichsgerichtsrat *Adolf Lobe*, Ueber den Entwurf eines Gesetzes zur Bekämpfung des unlautern [sic] Wettbewerbs. Eine Kritik und ein Gegenentwurf, Sächsisches Archiv für Bürgerliches Recht und Prozeß 5 (1895), S. 59–76, 62 f.; dazu *Fritz Rittner/Meinrad Dreher*, Europäisches und deutsches Wirtschaftsrecht, 3. Aufl., Heidelberg 2008, S. 396 mit

Form des ›Kundenfangs‹« verdrängt, in der Gesetzgebung lange die notwendige Generalklausel blockiert, den dann endlich kodifizierten Tatbestand der »guten Sitten« von Rasse, Nationalität und Religion gelöst und so zu einem rein theoretischen, für die Rechtsprechung unbrauchbaren Begriff gemacht.[73] Demgegenüber sei eine »organische Begriffsbestimmung« doch »so einfach«: »ein Handeln ist dann unsittlich, wenn es die Lebensinteressen der Gesamtheit gefährdet«. Degradierte Adolf Baumbach in seinem Kommentar den »Schutz der Allgemeinheit« noch 1936 zu einer bloßen »Nebenwirkung« des den Gewerbetreibenden dienenden Wettbewerbsrechts[74], ging es Rilk im gleichen Jahr darum, den unbestimmten Rechtsbegriff der »guten Sitten« in § 1 des Gesetzes gegen den unlauteren Wettbewerb von 1909 mit politischen Inhalten zu füllen, um »ein Wettbewerbsrecht zu schaffen, das den Bedürfnis-

Fn. 112. Lobe verwendet nicht den Begriff, sondern definiert: »Jeder Wettbewerb enthält [...] eine *Vergleichung*, ein Abwägen, ein Abmessen von Kräften in Bezug auf ihre Fähigkeit, das gestreckte Ziel zu erreichen. [...] Ein solches im Wettbewerb begrifflich liegendes Abmessen und Vergleichen zweier Thätigkeiten findet aber naturgemäß nur statt, *wenn auch nur die in Vergleichung gesetzte Thätigkeit von jedem der Wettstrebenden angewendet wird.* Mit Anwendung jeder *nicht* in Vergleichung gesetzten Thätigkeit wird der beabsichtigte Wettbewerb thatsächlich sofort zu einem Wettbewerb *andrer Art*, der *ursprüngliche* Wettbewerb geht unter.« Zur Karriere des Begriffs »Leistungswettbewerb« in Konzepten zur sozialen Marktwirtschaft nach 1945 *Martin Wengeler*, Vom *Jedermann-Programm* bis zur *Vollbeschäftigung*. Wirtschaftspolitische Leitvokabeln, in: Karin Böke/Frank Liedtke/Martin Wengeler (Hg.), Politische Leitvokabeln in der Adenauer-Ära (Sprache, Politik, Öffentlichkeit 8), Berlin 1996, S. 379–434, 422; zu dem dieser Verbreitung zugrunde liegenden Konzept der Freiburger Schule *Viktor J. Vanberg*, Wettbewerb und Regelordnung (Untersuchungen zur Ordnungstheorie und Ordnungspolitik Nr. 55), Tübingen 2008, S. 37 ff., 61 ff., 82 ff.; exemplarisch *Großmann-Doerth*, Zur Reform der Kommanditgesellschaft, Archiv für die civilistische Praxis 147 (1941), S. 5, 7: Leistungswettbewerb als enttäuschte Erwartung der Einführung von Gewerbefreiheit.

73 Auch zum Folgenden *Otto Rilk*, Judentum und Wettbewerb (Das Judentum in der Rechtswissenschaft Nr. 9), Berlin 1936, S. 6, 9 ff., 13 ff., 27 f. Zu der von Carl Schmitt initiierten Tagung der Reichsgruppe Hochschullehrer im Nationalsozialistischen Rechtswahrerbund am 03. und 04.10.1936 *Reinhard Mehring*, Carl Schmitt. Aufstieg und Fall. Eine Biographie, München 2009, S. 374 ff. Zu ähnlichen Argumenten bei der Sittenwidrigkeit im bürgerlichen Recht (§ 138 BGB) [?] *Henning*, [ohne Titel], Deutsches Recht 5 (1935), S. 261; zum Kontext *Jan Thiessen*, Gute Sitten und »gesundes Volksempfinden«. Vor-, Miss- und Nachklänge in und um RGZ 150, 1, in: Arndt Kiehnle/Bernd Mertens/Gottfried Schiemann (Hg.), Festschrift für Jan Schröder zum 70. Geburtstag, Tübingen 2013, S. 187–219.

74 *Adolf Baumbach*, Wettbewerbsgesetz und Warenzeichengesetz vom 5. Mai 1936 mit Zugabeverordnung, Rabattgesetz, Wirtschaftswerberecht und zwischenstaatlichem Wettbewerbsrecht (Beck'sche Kurz-Kommentare 13), 3. Aufl., München 1936, S. 16, ähnlich noch 5. Aufl., München 1943, S. 14 f.; kritisch zur 3. Aufl. *Rilk*, Judentum und Wettbewerb, S. 23 f.

sen des deutschen Kaufmanns, dem Schutz des lauteren Handels und der Sicherung der Volksgenossen vor unlauteren Händlern dient«[75].

Wie schon beim Urheberrecht sollte auch hier eine berufsständische Organisation, der »Werberat der deutschen Wirtschaft«[76], den ordentlichen Gerichten Konkurrenz machen.[77] Da dies im Ausschuss für Wettbewerbs- und Warenzeichenrecht nicht willkommen war[78], zog sich der Werberat indiginiert aus dem Ausschuss zurück, so dass es an einer gemeinsamen Basis von Juristen und regulierter Werbewirtschaft für ein reformiertes Wettbewerbsgesetz fehlte.[79] Bereits am Ende der Weimarer Republik bzw. zu Beginn des »Dritten Reichs« erlassen worden waren jedoch Zugabeverordnung und Rabattgesetz, die es den Einzelhändlern verwehren wollten, zum Nachteil ihrer Wettbewerber Kunden zu ›fangen‹ und zum Kauf

75 *Rilk*, Judentum und Wettbewerb, S. 28. Zur Entstehung des § 1 UWG 1909 *Stechow*, Das Gesetz zur Bekämpfung des unlauteren Wettbewerbs vom 27. Mai 1896, S. 304 ff., dort S. 104 f., 171 ff. auch zum bereits zeitgenössisch diskutierten Schutz der Allgemeinheit, vgl. etwa *Lobe*, Sächsisches Archiv für Bürgerliches Recht und Prozeß (1895), S. 60: »Dem unlautern [sic] Wettbewerb muß […] entgegengetreten werden, nicht nur weil er dem ehrlichen Geschäftsmanne Schaden zufügt, der schließlich durch eine erfolgreiche Schädenklage wieder ausgeglichen werden kann, sondern weil er *das ganze Geschäftstreiben entsittlicht*, Treu und Glauben im Verkehr zum Nachteil aller, sowohl der Kunden als der Gewerbetreibenden, gefährdet, daher in demselben Maße gemeingefährlich wirkt, wie Betrug oder Diebstahl. Es ist deshalb nur in der Ordnung, wenn gegen solches gemeingefährliche Treiben auch die Gemeinschaft, d. i. der Staat, auftritt und den von den Volksgenossen bereits sittlich gemißbilligten unlautern Wettbewerb auch von seiner Machtfülle aus verbietet.«

76 Gesetz über Wirtschaftswerbung vom 12.09.1933, RGBl. I S. 625–626, dessen § 1 lautete: »Zwecks einheitlicher und wirksamer Gestaltung unterliegt das gesamte öffentliche und private Werbungs-, Anzeigen-, Ausstellungs-, Messe- und Reklamewesen der Aufsicht des Reichs. Die Aufsicht wird ausgeübt durch den Werberat der deutschen Wirtschaft.« Der Werberat wurde errichtet durch die Zweite Verordnung zur Durchführung des Gesetzes über Wirtschaftswerbung vom 27.10.1933, RGBl. I S. 791–792; angekündigt in der Ersten Verordnung zur Durchführung des Gesetzes über Wirtschaftswerbung vom 14.09.1933, RGBl. I S. 628. Zu den Aufgaben zeitgenössisch kurz *Rolf Fritzsche*, Die gesetzgeberischen Maßnahmen zur Förderung und zum Schutze der Wirtschaft, in: Frank (Hg.), Nationalsozialistisches Handbuch für Recht und Gesetzgebung, S. 572–601, 576 ff.; zu den Hintergründen *Schubert*, Einleitung, in: Ders. (Hg.), Ausschüsse für den gewerblichen Rechtsschutz (Protokolle Nr. 9), S. XXII ff.

77 Insoweit moderat *Rilk*, Judentum und Wettbewerb, S. 27 f. Anlass zu Zweifeln gaben die sehr vage formulierten Befugnisse in § 5 Abs. 1 der Zweiten Durchführungsverordnung (Fn. 76): »Der Werberat hat Maßnahmen zu ergreifen, um die Mißstände, die sich auf dem Gebiete des wirtschaftlichen Werbens entwickelt haben, zu beseitigen.«

78 Protokoll der Ausschussitzung vom 18.02.1937, bei Schubert (Hg.), Ausschüsse für den gewerblichen Rechtsschutz (Protokolle Nr. 9), S. 242–248.

79 *Schubert*, Einleitung, in: Ders. (Hg.), Ausschüsse für den gewerblichen Rechtsschutz (Protokolle Nr. 9), S. XXVI.

eigentlich unerwünschter, in ihrem Wert nicht mehr kalkulierbarer Waren zu animieren.[80]

Die ausufernde große Generalklausel, das Leitbild des ›entmündigten‹ Verbrauchers[81], Rabattgesetz und Zugabeverordnung[82], auch eine restriktive Praxis eines 1972, nun von der Werbewirtschaft neugegründeten »Deutschen Werberats«[83] blieben dem Wettbewerbsrecht bis zum Beginn des 21. Jahrhunderts erhalten. Unbekümmert blickte der jahrzehntelang einflussreichste Kommentator des Wettbewerbsrechts, Wolfgang Hefermehl, im Jahre 1991 zurück:

»Der geschäftliche Wettbewerb berührt nicht nur die Interessen der [...] konkurrierenden Unternehmen, [...] sondern auch die Interessen der *übrigen Marktbeteiligten* sowie der *Allgemeinheit.* Diese Erkenntnis hat im Zuge der Entwicklung des Privatrechts in den dreißiger Jahren auch im Wettbewerbsrecht zu einer allmählich vollzogenen Abkehr von einer betont individualrechtlichen zu seiner *sozialrechtlichen* Beurteilung geführt.«[84]

Was war da noch gleich »in den dreißiger Jahren«?

80 Verordnung des Reichspräsidenten zum Schutze der Wirtschaft vom 09.03.1932, Erster Teil: Zugabewesen, RGBl. I S. 121–122; die dort zugelassene Barauszahlung der Zugabe wurde verboten durch Gesetz über das Zugabewesen vom 12.05.1933, RGBl. I S. 264; Gesetz über Preisnachlässe (Rabattgesetz) vom 25.11.1933, RGBl. I S. 1011–1013. Dazu kurz *Fritzsche,* Die gesetzgeberischen Maßnahmen zur Förderung und zum Schutze der Wirtschaft, in: Frank (Hg.), Nationalsozialistisches Handbuch für Recht und Gesetzgebung, S. 581.

81 Zur Abkehr von beidem *Volker Emmerich,* Unlauterer Wettbewerb, 8. Aufl., München 2009, § 5 Rdnr. 6 ff., § 14 Rdnr. 15 ff.

82 Vgl. Gesetz zur Aufhebung der Zugabeverordnung und zur Anpassung weiterer Rechtsvorschriften vom 23.07.2001, BGBl. I S. 1661–1662; Gesetz zur Aufhebung des Rabattgesetzes und zur Anpassung anderer Rechtsvorschriften vom 23.07.2001, BGBl. I S. 1663.

83 Vgl. http://www.werberat.de/spruchpraxis (zuletzt eingesehen am 10.03.2013).

84 *Wolfgang Hefermehl,* Die Konkretisierung der wettbewerbsrechtlichen Generalklausel durch Rechtsprechung und Lehre, in: Friedrich-Karl Beier/Alfons Kraft/Gerhard Schricker/Elmar Wadle (Hg.), Gewerblicher Rechtsschutz und Urheberrecht in Deutschland. Festschrift zum hundertjährigen Bestehen der Deutschen Vereinigung für gewerblichen Rechtsschutz und Urheberrecht und ihrer Zeitschrift, Weinheim 1991, Bd. 2, S. 897–937, 901. Weniger deutlich noch *Wolfgang Hefermehl,* Rechtsfortbildung im Wettbewerbsrecht, in: Richterliche Rechtsfortbildung. Erscheinungsformen, Auftrag und Grenzen. Festschrift der Juristischen Fakultät zur 600-Jahr-Feier der Ruprecht-Karls-Universität Heidelberg. Herausgegeben von den Hochschullehrern der Juristischen Fakultät der Universität Heidelberg, Heidelberg 1986, S. 331–351, 332 mit vielen Rechtsprechungsnachweisen: »Schon in der Rechtsprechung des Reichsgerichts bahnte sich im Einklang mit der Entwicklung im Privatrecht eine Wandlung des Wettbewerbsrechts von einem rein individualrechtlich ausgerichteten Konfliktsrecht für Streitigkeiten zwischen einzelnen Wettbewerbern zu einem die Lauterkeit des Wettbewerbs im *Allgemeininteresse* sichernden Verhaltensrecht an, das in seiner sozialen Spannweite nicht nur den einzelnen Wettbewerber gegen unlautere Wettbewerbshandlungen seiner Mitbewerber schützt, sondern auch dem Schutz der Gesamheit der Wettbewerber, der Abnehmer, insbesondere der Endabnehmer, und der übrigen Marktbeteiligten dient.«

e) Bank- und Börsenrecht

Das Börsenrecht war an sich bestens geeignet, das nationalsozialistische Programmfeindbild eines »arbeits- und mühelosen Einkommens« rhetorisch zu pflegen:

»Nirgends war in der Vergangenheit der Einfluß liberalistisch-individualistischen Denkens und Handelns größer als im Banken- und Börsenwesen und es sind auch hier die Auswüchse am deutlichsten in die Erscheinung getreten. Deshalb liegt hier die große Aufgabe vor, von den Grundlagen aus anzufangen und das Gebäude zu untermauern. Einem grenzenlosen egoistischen Streben stellen wir den fundamentalen Grundsatz der nationalsozialistischen Weltanschauung entgegen, daß Sinn und Zweck der Tätigkeit des Einzelnen nur das Gesamtwohl ist und daß nur in diesem Gesamtwohl der Einzelne seine Ziele erreichen kann und darf. Gegenüber den oft nur rein formalistischen Auffassungen, gegenüber den überspitzten und gekünstelten Konstruktionen müssen wir dem Grundsatz von Treu und Glauben weit mehr als in der Vergangenheit zum Durchbruch verhelfen und es müssen die Begriffe des ordentlichen Geschäftsmannes und des ehrbaren Kaufmannes wieder Blut und Leben im Deutschen Recht gewinnen.«[85]

Gemessen daran blieben die Änderungen eher unspektakulär. Zwar wurde (auch)[86] in das Börsengesetz ein besonderer Untreuetatbestand aufgenommen, der in »besonders schweren Fällen« eine Strafe im »Zuchthaus bis zu zehn Jahren« androhte, unter anderem, »wenn die Tat das Wohl des Volkes geschädigt« hatte.[87] Zur ständischen Wirtschaft und zur »Gleichschaltung« passten die kammermäßige Aufsicht über die Kursmakler sowie die Zentralisierung von Börsen und Börsenaufsicht.[88] Im Übrigen konzentrierten sich

85 Vgl. den Eröffnungsbeitrag des Bankiers August von Finck als Vorsitzender des Ausschusses für Bank- und Börsenrecht am 16.4.1934, in: Werner Schubert (Hg.), Ausschuß für das Recht des Handelsstandes und der Handelsgeschäfte (1937–1942), Ausschuß für Bank- und Börsenrecht, Unterausschuß für Depotrecht (1934/1935) (Akademie für Deutsches Recht 1933–1945. Protokolle der Ausschüsse Nr. 5), Frankfurt/Main 1997, S. 494; biographische Angaben zu Finck bei Schubert (Hg.), Ausschuß für Aktienrecht (Protokolle Nr. 1), S. LIII. Vgl. daneben das Zitat von Johannes Zahn unten Fn. 215.

86 Vgl. unten bei Fn. 318.

87 § 95 Abs. 2 BörsG in der Fassung des Art. IV des Gesetzes zur Abänderung strafrechtlicher Vorschriften vom 26.05.1933, RGBl. I S. 295–298, 298, geändert durch Art. 50 Nr. 6 des Ersten Gesetzes zur Reform des Strafrechts (1. StrRG) vom 25.06.1969, BGBl. I S. 645–682, 670. Dazu und zum Zusammenhang mit § 266 StGB *Stolleis*, Gemeinwohlformeln im nationalsozialistischen Recht, S. 274 ff.; BVerfG, Beschluss vom 23.06.2010 – 2 BvR 2559/08, 2 BvR 105/09, 2 BvR 491/09, BVerfGE 126 (2011), 170, 173 ff., 201.

88 Gesetz zur Änderung des Börsengesetzes vom 05.03.1934, RGBl. I S. 169–170; Verordnung über die Börsen-, Hypothekenbank- und Schiffspfandbriefbankaufsicht vom

die Reformüberlegungen auf das neue Depotgesetz.[89] Hinzu kam als Reaktion auf die Bankenkrise von 1931 eine neue Bankaufsicht nach dem Kreditwesengesetz.[90] Dessen Entstehung und Inhalt ist im Ganzen typisch für die hier behandelte Materie: politischer Aktionismus von Parteifunktionären wie Gottfried Feder oder Wilhelm Keppler[91] sowie staatliche Einflussnahme durch nüchtern-funktionale Normen, die in der Bundesrepublik – maßvoll reduziert und angewandt – bestehen blieben.[92] Das Börsenrecht ab den siebziger Jahren wurde hingegen von Stichworten wie Deregulierung, Transparenz und Anlegerschutz bestimmt sowie durch ein wachsendes Kapitalmarktrecht überlagert;[93] eine Entwicklung, in der sich veränderte wirtschaftspolitische Einflüsse niederschlagen.[94]

f) Versicherungsvertragsrecht

Das Versicherungsvertragsrecht[95] wurde durch eine Pflichtversicherung für Autos ergänzt; andererseits nahm sich der Akademieausschuss der privat Krankenversicherten und der ›Arbeitnehmer‹, d.h. der Versicherungsagen-

28.09.1934, RGBl. I S. 863; Gesetz über den Wertpapierhandel vom 04.12.1934, RGBl. I S. 1202–1203; dazu *Schubert*, Einleitung, in: Ders. (Hg.), Ausschuß für das Recht des Handelsstandes und der Handelsgeschäfte (Protokolle Nr. 5), S. IX–XLIX, XLVIII.

89 Gesetz über die Verwahrung und Anschaffung von Wertpapieren vom 04.02.1937, RGBl. I S. 171–178; zuvor Gesetz, betreffend die Pflichten der Kaufleute bei Aufbewahrung fremder Werthpapiere vom 05.07.1896, RGBl. S. 183–187, 194, dazu *Schubert*, Einleitung, in: Ders. (Hg.), Ausschuß für das Recht des Handelsstandes und der Handelsgeschäfte (Protokolle Nr. 5), S. XXXVII ff.

90 Reichsgesetz über das Kreditwesen vom 05.12.1934, RGBl. I S. 1203–1214.

91 Näher zu ihm unten II.3.d).

92 Umfassend dogmengeschichtlich über den zurückhaltenden Titel hinaus bis in die Gegenwart hineinreichend *Christoph Müller*, Die Entstehung des Reichsgesetzes über das Kreditwesen vom 5. Dezember 1934 (Schriften zur Rechtsgeschichte Nr. 97), Berlin 2003, S. 104 ff., 113 ff., 121 ff., 129 ff., 443 ff., 453 ff., 456 ff.; stärker kontextbezogen *Johannes Bähr*, Modernes Bankrecht und dirigistische Kapitallenkung, in: Gosewinkel (Hg.), Wirtschaftskontrolle und Recht in der nationalsozialistischen Diktatur, S. 199–223.

93 Überblick über die Änderungen bei *Eberhard Schwark/Daniel Zimmer*, Kapitalmarktrechts-Kommentar, 4. Aufl., München 2010, Einleitung Rdnr. 4 ff.; zur Rechtsprechung in der Bundesrepublik *Eberhard Schwark*, Börsenrecht, in: Canaris u.a. (Hg.), 50 Jahre Bundesgerichtshof, S. 455–495, 474 ff.

94 *Anselm Doering-Manteuffel/Lutz Raphael*, Nach dem Boom. Perspektiven auf die Zeitgeschichte seit 1970, 2. Aufl., Göttingen 2010, S. 49 f., 63 ff.

95 Zum Versicherungsaufsichtsrecht *Gerald D. Feldman*, Insurance Industry Regulation and the Protection of Property and Sanctity of Contract in the Insurance Business, in: Gosewinkel (Hg.), Wirtschaftskontrolle und Recht in der nationalsozialistischen Diktatur, S. 225–241, 225 ff.

ten und Versicherungsmakler, an.[96] Die Pflichtversicherung für Kraftfahrzeuge dürfte einer der seltenen Fälle sein, in denen nach dem »Anschluss« Österreichs das dort geltende Recht in Deutschland eingeführt wurde.[97] Hitler persönlich machte freilich die Ausfertigung des Gesetzes davon abhängig, dass der von ihm den Deutschen versprochene »Volkswagen« bezahlbar versichert werden könne.[98] Der heute bestehende Direktanspruch des Geschädigten gegen den Versicherer wurde bemerkenswerterweise 1939 noch mit dem ›individualistischen‹ Grundsatz abgelehnt, dass schuldrechtliche Beziehungen nur *inter partes* wirkten.[99]

In der privaten Krankenversicherung wollte der Akademieausschuss »nationalsozialistisches Recht schaffen«. Der vorgelegte Entwurf erklärte »deshalb eine Reihe wichtiger Bestimmungen zugunsten der Versicherten für unabdingbar«. Nach »*dem Treuegedanken der Versicherung* und der im nationalsozialistischen Staate in besonderem Maße geltenden Forderung nach einem *ausreichenden* und *gerechten Versicherungsschutz*« sollte der Versicherte nach einer gewissen Dauer seinen Versicherungsschutz praktisch nicht mehr verlieren können.[100] Diese Vorschläge wurden erst in den neunziger Jahren gesetzlich umgesetzt, nachdem die bereits in den Allgemeinen Versicherungsbedingungen nach 1945 bestehende Praxis keinem versicherungsaufsichtsrechtlichen Genehmigungsvorbehalt mehr unterlag.[101] Diese Kontinuität illustriert indes weniger den »Treuegedanken« als viel-

96 Detailliert zum Folgenden *Werner Schubert*, Einleitung, in: Ders. (Hg.), Ausschüsse für Versicherungswesen/-recht und für Versicherungsagenten- und Versicherungsmaklerrecht (1934–1943) (Akademie für Deutsches Recht 1933–1945. Protokolle der Ausschüsse Nr. 13), Frankfurt/Main 2002, S. XIV ff., XX ff.

97 § 2 Abs. 5 des Bundesgesetzes vom 20.12.1929 über das Kraftfahrwesen (Kraftfahrgesetz), Bundesgesetzblatt für die Republik Österreich S. 1791–1795, 1729; Art. I des Gesetzes über die Einführung der Pflichtversicherung für Kraftfahrzeughalter und zur Änderung des Gesetzes über den Verkehr mit Kraftfahrzeugen sowie des Gesetzes über den Versicherungsvertrag vom 07.11.1939, RGBl. I S. 2223–2228, 2223 f.

98 *Frank Barner*, Die Einführung der Pflichtversicherung für Kraftfahrzeughalter. Die Entstehung des Pflichtversicherungsgesetzes vom 07.11.1939 (Europäische Hochschulschriften Reihe 2 Rechtswissenschaft Nr. 1109), Frankfurt/Main 1991, S. 103 ff., 113 f., 116, 122 ff.

99 *Schubert*, Einleitung, in: Ders. (Hg.), Ausschüsse für Versicherungswesen/-recht und für Versicherungsagenten- und Versicherungsmaklerrecht (Protokolle Nr. 13), S. XVII, 197.

100 *Schubert*, Einleitung, in: Ders. (Hg.), Ausschüsse für Versicherungswesen/-recht und für Versicherungsagenten- und Versicherungsmaklerrecht (Protokolle Nr. 13), S. 274 ff.

101 Art. 2 Nr. 16 des Dritten Gesetzes zur Durchführung versicherungsrechtlicher Richtlinien des Rates der Europäischen Gemeinschaften vom 21.07.1994, BGBl. I S. 1630–1669, 1660 ff., vor allem § 178k VVG a. F., heute § 194 Abs. 1 Satz 3 VVG; BT-Drucksache 12/6959, S. 45, 103 ff.

mehr das schwierige Verhältnis von privater und gesetzlicher Krankenversicherung.[102]

Beim Versicherungsagenten- und -maklerrecht ging es unter anderem darum, das schlechte Image der Branche durch erhöhte Zuverlässigkeitsanforderungen zu verbessern. Ziel der erwogenen Vorschriften war es, »die Versicherungswerbung von fachlich und charakterlich ungeeigneten Elementen zu säubern und reinzuhalten«.[103] Maßstab sollte sein, ob der Bewerber »weltanschaulich und charakterlich zuverlässig ist«.[104] Die Ausschussentwürfe machten die Zulassung zum Versicherungsvertreter oder -makler von traditionellen Kategorien wie Zuverlässigkeit und Sachkunde, 1942 auch von »persönliche[r] Eignung« abhängig. Jeweils im Anschluss war freilich ausgesprochen, dass Juden im Sinne der Nürnberger Gesetze nicht zugelassen werden konnten.[105] Auch diese Vorschläge wurden nicht umgesetzt, so dass es bei der allgemeinen gewerberechtlichen Zuverlässigkeitsprüfung blieb.[106] Diese wurde erst 2006 auf europarechtlicher Grundlage durch einen Negativkatalog von Vermögensdelikten und durch eine besondere Sachkundeprüfung ergänzt.[107]

102 *Reinhard Renger*, Die Lebens- und Krankenversicherung im Spannungsfeld zwischen Versicherungsvertragsrecht und Versicherungsaufsichtsrecht, Versicherungsrecht 46 (1995), S. 866–875, 872.

103 Bericht zum Ausschussentwurf 1935, Schubert (Hg.), Ausschüsse für Versicherungswesen/-recht und für Versicherungsagenten- und Versicherungsmaklerrecht (Protokolle Nr. 13), S. 478. Vgl. zur typischen Terminologie den Titel von *Crisolli*, Entwurf eines Gesetzes zur Vereinheitlichung, Bereinigung und Reinhaltung des Handelsregisters.

104 Vorwort zu einem Entwurf von Mitgliedern des Ausschusses von 1936, *Schubert*, Einleitung, in: Ders. (Hg.), Ausschüsse für Versicherungswesen/-recht und für Versicherungsagenten- und Versicherungsmaklerrecht (Protokolle Nr. 13), S. XXI.

105 Ausschussentwürfe von 1939 und 1942, Schubert (Hg.), Ausschüsse für Versicherungswesen/-recht und für Versicherungsagenten- und Versicherungsmaklerrecht (Protokolle Nr. 13), S. 509, 614. Zum Vorgehen des Regimes, um Juden die Verfolgung ihrer Versicherungsansprüche zu verwehren, *André Botur*, Privatversicherung im Dritten Reich. Zur Schadensabwicklung nach der Reichskristallnacht unter dem Einfluß nationalsozialistischer Rassen- und Versicherungspolitik (Berliner Juristische Universitätsschriften Nr. 6), Berlin 1995; *Feldman*, Insurance Industry Regulation, in: Gosewinkel (Hg.), Wirtschaftskontrolle und Recht in der nationalsozialistischen Diktatur, S. 228 ff.

106 *Schubert*, Einleitung, in: Ders. (Hg.), Ausschüsse für Versicherungswesen/-recht und für Versicherungsagenten- und Versicherungsmaklerrecht (Protokolle Nr. 13), S. XXII.

107 Art. 1 Nr. 7 des Gesetzes zur Neuregelung des Versicherungsvermittlerrechts vom 19.12.2006, BGBl. I S. 3232–3240, 3233 ff.

g) Kartellrecht

Unter den bisher dargestellten Rechtsgebieten fällt das Kartellrecht aus dem Rahmen. Es kannte keine Kodifikation aus der Kaiserzeit.[108] Stattdessen hatte das Reichsgericht den Meinungsstreit der Ökonomen für sich dahingehend entschieden, dass jeder Marktteilnehmer die Vertragsfreiheit habe, durch Kartellabsprachen seine eigene Gewerbefreiheit einzuschränken.[109] Die schon zuvor verbreiteten Kartelle waren nun als »Kinder der Not« geadelt.[110] In der frühen Weimarer Republik mehrten sich Zweifel, ob die Kartelle nicht zur wirtschaftlichen Not beitrugen, statt sie zu lindern.[111] Die Kartellverordnung von 1923 änderte daran wenig, weil sie kein striktes Kartellverbot, sondern nur eine Missbrauchskontrolle vorsah.[112]

Paradoxerweise wurde in der NS-Zeit über Verschärfungen des Kartellrechts diskutiert, während der neue Staat sich die Kartelle für seine Wirtschaftspolitik zunutze machte.[113] Zugleich entstanden die ordo-liberalen Vor-

108 Zum Folgenden *Rainer Schröder*, Die Entwicklung des Kartellrechts und des kollektiven Arbeitsrechts durch die Rechtsprechung des Reichsgerichts vor 1914 (Münchener Universitätsschriften – Juristische Fakultät, Abhandlungen zur rechtswissenschaftlichen Grundlagenforschung Nr. 69), Ebelsbach 1988.

109 Reichsgericht, Urteil vom 04.02.1897 – VI 307/96 – RGZ 38 (1897), 155, 156ff.

110 So der vom Reichsgericht, Urteil vom 04.02.1897 – VI 307/96 – RGZ 38, 157, zitierte *Friedrich Kleinwächter*, Die Kartelle. Ein Beitrag zur Frage der Organisation der Volkswirthschaft, Innsbruck 1883, S. 143. *Großmann-Doerth*, Recht der deutschen Wirtschaftsordnung, in: Lammers/Pfundtner (Hg.), Die Verwaltungs-Akademie, Bd. 2, Gruppe 2, Beitrag 48, S. 32, nannte die Formulierung »Kinder der Not« von »Unternehmerseite« aufgebracht. Das Reichsgericht, Urteil vom 04.02.1897 – VI 307/96 – RGZ 38, 157, zitierte daneben u.a. *Lujo Brentano*, Über die Ursachen der heutigen sozialen Noth. Ein Beitrag zur Morphologie der Volkswirthschaft. Vortrag gehalten beim Antritt des Lehramts an der Universität Leipzig am 27. April 1889, Leipzig 1889, S. 23ff.

111 Dazu *Knut Wolfgang Nörr*, Die Leiden des Privatrechts. Kartelle in Deutschland von der Holzstoffkartellentscheidung zum Gesetz gegen Wettbewerbsbeschränkungen (Beiträge zur Rechtsgeschichte des 20. Jahrhunderts Nr. 11), Tübingen 1994, S. 53ff.; *Nörr*, Zwischen den Mühlsteinen, S. 146ff.

112 Verordnung gegen Mißbrauch wirtschaftlicher Machtstellungen vom 02.11.1923, RGBl. I S. 1067–1070.

113 Gesetz über die Änderung der Kartellverordnung vom 15.07.1933, RGBl. I S. 487; Verordnung zur Durchführung der Marktaufsicht in der gewerblichen Wirtschaft und zur Vereinfachung des Organisationswesens auf dem Gebiete der Marktregelung (Marktaufsichtsverordnung) vom 20.10.1942, RGBl. I S. 619–620; zu den Folgen im Kontext der staatlichen Preispolitik *Nörr*, Die Leiden des Privatrechts, S. 127ff.; *Harald Freise*, Wettbewerbs- und Kartellrecht im Nationalsozialismus. Die Sperrpräventivzensur des Kartellgerichts, in: Gosewinkel (Hg.), Wirtschaftskontrolle und Recht in der nationalsozialistischen Diktatur, S. 243–265, 246ff.; *Seckelmann*, Der »Dienst am schöpferischen Ingenium der Nation«, in: Bähr/Banken (Hg.), Wirtschaftssteuerung durch Recht im Nationalsozialismus, S. 262ff.; *Schubert*, Einleitung, in: Ders. (Hg.), Ausschüsse für den gewerblichen Rechtschutz (Protokolle Nr. 9), S. XLVff.

stellungen der Freiburger Schule, an welche die Wirtschaftspolitik der frühen Bundesrepublik anknüpfen konnte.[114] Mit den Nationalsozialisten teilte sie zu einem gewissen Grad das Vorurteil über den vermeintlich ungeordneten Liberalismus von Weimar und die Verachtung der Rechtswissenschaft des 19. Jahrhunderts, soweit sie in der Tradition der historischen Rechtsschule stand.[115] Ursprung, Kontext und Wirkung zeigen, dass sich in der Freiburger Schule sehr heterogene Gedanken versammelten. Hans Großmann-Doerth entpuppte sich wie gesehen während des Krieges als wütender Antisemit und wurde deshalb von Walter Eucken verstoßen.[116] Auf der anderen Seite stand Franz Böhm, der mit dem Regime in Konflikt geriet, hierbei aber von Großmann-Doerth verteidigt wurde.[117] Überwiegend rechnete man die Freiburger Schule dem Widerstand zu.[118] Böhm hatte überdies schon Ende der zwanziger Jahre den damaligen Assessor und späteren Staatssekretär Walter Strauß beeindruckt, der freilich dem Reichsgericht zubilligte, dass es eine strengere

114 *Nörr*, Die Leiden des Privatrechts, S. 101 ff., 139 ff.

115 Vgl. nur *Großmann-Doerth*, Zur Reform der Kommanditgesellschaft, Archiv für die civilistische Praxis 147 (1941), S. 4 ff.; *Franz Böhm/Walter Eucken/Hans Großmann-Doerth*, Unsere Aufgabe, in: Franz Böhm (Hg.), Die Ordnung der Wirtschaft als geschichtliche Aufgabe und rechtsschöpferische Leistung (Ordnung der Wirtschaft Nr. 1), Stuttgart 1937, S. VII–XXI, IX ff. Klärend *Helge Peukert*, Die wirtschafts- und sozialpolitischen Zielsetzungen des Freiburger Kreises, in: Goldschmidt (Hg.), Wirtschaft, Politik und Freiheit, S. 267–287, 269 ff., 273 ff.; *Oswalt*, Liberale Opposition gegen den NS-Staat, in: Goldschmidt (Hg.), Wirtschaft, Politik und Freiheit, S. 316 f. mit Fn. 1; *Hollerbach*, Hans Großmann-Doerth im Kontext der Freiburger Rechts- und Staatswissenschaftlichen Fakultät, in: Blaurock/Goldschmidt/Hollerbach (Hg.), Das selbstgeschaffene Recht der Wirtschaft, S. 36. Parallelen zwischen Ordoliberalismus und nationalsozialistischem Rechtedenken betont dezidiert *Caroline Harth*, Der »richtige Vertrag« im Nationalsozialismus. »Wettbewerb als Instrument staatlicher Wirtschaftslenkung«, in: Gosewinkel (Hg.), Wirtschaftskontrolle und Recht in der nationalsozialistischen Diktatur, S. 107–132, 128 ff. Zum Kontext in Rechtswissenschaft und Volkswirtschaftslehre *Bähr*, »Recht der staatlich organisierten Wirtschaft«, in: Ders./Banken (Hg.), Wirtschaftssteuerung durch Recht im Nationalsozialismus, S. 451 ff., besonders S. 462 ff.; *Hesse*, Zur Semantik von Wirtschaftsordnung und Wettbewerb in nationalökonomischen Lehrbüchern der Zeit des Nationalsozialimus, in: Bähr/Banken (Hg.), Wirtschaftssteuerung durch Recht im Nationalsozialismus, S. 479 ff.

116 Siehe Fn. 71.

117 Dazu *Hollerbach*, Hans Großmann-Doerth im Kontext der Freiburger Rechts- und Staatswissenschaftlichen Fakultät, in: Blaurock/Goldschmidt/Hollerbach (Hg.), Das selbstgeschaffene Recht der Wirtschaft, S. 19, 28.

118 *Peukert*, Die wirtschafts- und sozialpolitischen Zielsetzungen des Freiburger Kreises, in: Goldschmidt (Hg.), Wirtschaft, Politik und Freiheit, S. 282 ff.; *Goldschmidt*, Die Rolle Walter Euckens im Widerstand, in: Ders. (Hg.), Wirtschaft, Politik und Freiheit, S. 289–314. Zweifelnd meint *Harth*, Der »richtige Vertrag« im Nationalsozialismus, in: Gosewinkel (Hg.), Wirtschaftskontrolle und Recht in der nationalsozialistischen Diktatur, S. 12, erst »im Nachhinein« sei Böhm, Eucken und Leonhard Miksch »eine oppositionelle Aura« verliehen worden, weil einige ihrer Mitstreiter emigriert seien.

Linie gegenüber den Kartellen immerhin erwogen hatte.[119] Das vom Reichsgericht verschmähte Amerika[120] stand Pate für ein neues Kartellrecht.[121] Dieses prominente Gegenbeispiel zum Gesellschaftsrecht – ein prinzipieller Bruch gegenüber einer nahtlosen Fortsetzung – zeigte, dass das Wirtschaftsrecht dort, wo es besonders gut zu einem totalitären System passte, nämlich beim Recht für eine zwangskartellierte Wirtschaft, mit der Dekartellierung auch besonders klar den politischen Wandel nachvollzog.

h) Bürgerliches Recht

Für das bürgerliche Recht forderte das NS-Parteiprogramm: »Wir fordern Ersatz für das der materialistischen Weltordnung dienende römische Recht durch ein deutsches Gemein-Recht.« Dies richtete sich gegen das BGB und hier vor allem gegen das Immobilienrecht.[122] Das BGB sollte durch ein »neues Volksrecht« verdrängt werden[123], es galt als »liberalistisch« und »individualistisch«[124], neue Lehrbücher über »Vertrag und Unrecht«[125], »Boden, Ware und Geld«[126] oder »Bodenrecht«[127] erschienen nach dem Konzept der Studienreform, die Karl August Eckhardt, seinerzeit in Berlin Professor für »Germanisches Recht und Familienrecht« im Rang eines SS-Unter-

119 *Friedemann Utz*, Preuße, Protestant, Pragmatiker. Der Staatssekretär Walter Strauß und sein Staat (Beiträge zur Rechtsgeschichte des 20. Jahrhunderts Nr. 40), Tübingen 2003, S. 22 ff., 27 f.

120 Vgl. die vom Reichsgericht, Urteil vom 04.02.1897 – VI 307/96 – RGZ 38 (1897), 156 f., zitierten kartellkritischen Stimmen.

121 Gesetz gegen Wettbewerbsbeschränkungen vom 27.07.1957, BGBl. I S. 1081–1103; zur Entstehung *Nörr*, Die Leiden des Privatrechts, S. 159 ff., 185 ff.; *Lisa Murach-Brand*, Antitrust auf deutsch. Der Einfluß der amerikanischen Alliierten auf das Gesetz gegen Wettbewerbsbeschränkungen (GWB) nach 1945 (Beiträge zur Rechtsgeschichte des 20. Jahrhunderts Nr. 43), Tübingen 2004, S. 140 ff., 171 ff., 203 ff.

122 Dazu *Peter Landau*, Römisches Recht und deutsches Gemeinrecht. Zur rechtspolitischen Zielsetzung im nationalsozialistischen Parteiprogramm, in: Michael Stolleis/Dieter Simon (Hg.), Rechtsgeschichte im Nationalsozialismus (Beiträge zur Rechtsgeschichte des 20. Jahrhunderts Nr. 2), Tübingen 1989, S. 11–24, 12 ff., 16 ff.

123 Vgl. den Titel des Kommentars von Franz Schlegelberger/Werner Vogels (Hg.), Erläuterungswerk zum Bürgerlichen Gesetzbuch und zum neuen Volksrecht, Berlin 1939–1942.

124 Vgl. nur *Heinrich Lange*, Liberalismus, Nationalsozialismus und Bürgerliches Recht (Recht und Staat in Geschichte und Gegenwart Nr. 102), Tübingen 1933, S. 4.

125 *Karl Larenz*, Vertrag und Unrecht, Erster Teil: Vertrag und Vertragsbruch, Zweiter Teil: Die Haftung für Schaden und Bereicherung, Hamburg 1936/37; *Heinrich Stoll*, Vertrag und Unrecht, 2 Halbbände, Tübingen 1936.

126 *Heinrich Lange*, Boden, Ware und Geld, 1. Teil: Grundfragen, 2. Teil: Boden, 3. Teil: Ware und Geld, 1. Aufl., Tübingen 1937–42.

127 *Franz Wieacker*, Bodenrecht, Hamburg 1938.

sturmführers[128], für das Reichserziehungsministerium entworfen hatte.[129] Zwar wurde das »Volksgesetzbuch« wie die meisten anderen Gesetzesinitiativen und -beratungen des Reichsjustizministeriums bzw. der Akademie für Deutsches Recht im Krieg nicht weiterverfolgt.[130] Doch besorgten die Gerichte durch die »unbegrenzte Auslegung« der vorhandenen Normen, was der Gesetzgeber nicht durch neue Normen verordnete[131], oder wie der damalige Reichsjustizminister Otto Georg Thierack[132] prophezeite: »Ausstrahlungen der Entwürfe mögen [...] die Rechtspraxis befruchten.«[133]

Folgenlos blieb dies alles nicht. Wenn die im Jahre 2001 abgeschlossene Schuldrechtsreform die »Pflichten aus dem Schuldverhältnis« hervorhob, obwohl der so überschriebene[134] § 241 BGB im Normtext nach wie vor das der Pflicht korrespondierende Recht des Gläubigers zum Ausgangspunkt nimmt, wenn die Pflichtverletzung wie in der ungenannten Denkschrift Heinrich Stolls für die Akademie für Deutsches Recht aus dem Jahre 1936[135] zur zen-

128 Dazu *Hermann Nehlsen*, Karl August Eckhardt †, Zeitschrift der Savigny-Stiftung für Rechtsgeschichte Germanistische Abteilung 104 (1987), S. 497–536, 502 ff., 512.

129 *Karl August Eckhardt*, Das Studium der Rechtswissenschaft (Der deutsche Staat der Gegenwart Nr. 11), 1. Aufl., Hamburg 1935, S. 9 ff., 12 ff.

130 Dazu *Hans Hattenhauer*, Das NS-Volksgesetzbuch, in: Arno Buschmann u. a. (Hg.), Festschrift für Rudolf Gmür zum 70. Geburtstag 28. Juli 1983, Bielefeld 1983, S. 255–275, 278 f.; *Werner Schubert*, Einleitung, in: Ders. (Hg.), Volksgesetzbuch. Teilentwürfe, Arbeitsberichte und sonstige Materialien, Berlin 1988, S. 1–33, 14, dort S. 393 auch das Schreiben von Justus Wilhelm Hedemann vom 25.8.1944 an die »leitenden Herren Mitarbeiter am Volksgesetzbuch« über die Einstellung der Arbeiten.

131 *Bernd Rüthers*, Die unbegrenzte Auslegung. Zum Wandel der Privatrechtsordnung im Nationalsozialismus, 7. Aufl., Tübingen 2012, S. 175 ff. Zu den gleichwohl zahlreichen Änderungen des Bürgerlichen Gesetzbuchs *Gerhard Otte*, Die zivilrechtliche Gesetzgebung im »Dritten Reich«, Neue Juristische Wochenschrift 41 (1988), S. 2836–2842; *Tilman Repgen/Hans Schulte-Nölke/Hans-Wolfgang Strätz*, BGB-Synopse 1896–2005. Gesamtausgabe des Bürgerlichen Gesetzbuches von seiner Verkündung 1896 bis 2005 mit sämtlichen Änderungen im vollen Wortlaut in synoptischer Darstellung, in: J. von Staudingers Kommentar zum Bürgerlichen Gesetzbuch mit Einführungsgesetz und Nebengesetzen, Berlin 2005.

132 Vgl. *Konstanze Braun*, Dr. Otto Georg Thierack (1889–1946) (Rechtshistorische Reihe Nr. 325), Frankfurt/Main 2005, S. 145 ff.; *Sarah Schädler*, ›Justizkrise‹ und ›Justizreform‹ im Nationalsozialismus. Das Reichsjustizministerium unter Reichsjustizminister Thierack (1942–1945), Tübingen 2009, S. 121 ff., 269 ff., dort S. 69 Fn. 1 auch zu den nicht einheitlich gebrauchten Vornamen Thieracks.

133 *Otto Georg Thierack*, Die Kriegsaufgaben der Akademie für Deutsches Recht für die Gesetzgebung, Zeitschrift der Akademie für Deutsches Recht 10 (1943), S. 1–3, 2.

134 Zu anderen Beispielen *Thomas Rüfner*, Amtliche Überschriften für das BGB, Zeitschrift für Rechtspolitik 34 (2001), S. 12–14.

135 *Heinrich Stoll*, Die Lehre von den Leistungsstörungen. Denkschrift des Ausschusses für Personen-, Vereins- und Schuldrecht, Tübingen 1936, S. 31 ff., 35. Stolls Gesetzesvorschlag (ebd., S. 59 f.) apostrophierte bereits in der Überschrift »Schuldverhältnis und Leistungspflicht« und statuierte ausdrücklich die selbstverständliche Pflicht, »die Leis-

tralen Kategorie des Leistungsstörungsrechts erhoben wurde[136], wenn zuletzt die von Karl Larenz gleichfalls 1936 nach den »Grundsätzen der völkischen Ordnung« kreierte »objektive« Geschäftsgrundlage[137] in den Gesetzestext Einzug hielt[138], so blieb dies nicht unbemerkt[139], was wiederum von den Gesetzesverfassern zum Teil mit hörbarem Unwillen zur Kenntnis genommen wurde.

So hatte Werner Flume bereits auf dem Deutschen Juristentag 1994 moniert, dass die Kommission zur Überarbeitung des Schuldrechts in ihrem 1992 vorgelegten Abschlussbericht[140] »auf die Pflichtverletzung als Kardinalbegriff des Leistungsstörungsrechts« abstelle, ohne das Vorbild von 1936 zu zitieren.[141] Flumes Ausruf: »Vestigia terrent!« bedeutete nicht nur, dass ihn die Spuren erschreckten, die er zurückverfolgt hatte; er meinte auch, dass die Gesetzesverfasser die verstörenden Spuren verwischt hätten. Gewiss nicht ohne Hintersinn wählte Flume eine von seinem durch die Nazis vertriebenen Lehrer Fritz Schulz[142] »geprägte, im Englischen gar nicht vorkommende Wortbildung [...] – undiscussible«, um den Begriff »Pflichtverletzung« his-

tung rechtzeitig und vollständig zu erfüllen«. *Ulrich Huber*, Leistungsstörungen, Bd. 1: Die allgemeinen Grundlagen – Der Tatbestand des Schuldnerverzugs – Die vom Schuldner zu vertretenden Umstände (Handbuch des Schuldrechts in Einzeldarstellungen Nr. 9/1), Tübingen 1999, S. 5 ff., führte den Begriff »Verletzung der Vertragspflicht« zurück auf *Ernst Zitelmann*, Nichterfüllung und Schlechterfüllung, in: Festgabe der Bonner Juristischen Fakultät für Paul Krüger zum Doktor-Jubiläum, Berlin 1911, S. 265–281, 279. Nach *Horst Ehmann/Holger Sutschet*, Modernisiertes Schuldrecht. Lehrbuch der Grundsätze des neuen Rechts und seiner Besonderheiten, München 2002, S. 1, hat Stoll die »Pflichtverletzung« entlehnt von *Hugo Kreß*, Lehrbuch des allgemeinen Schuldrechts, München 1929, dort S. 589 ff.: »Verletzung der unentwickelten Verpflichtung«.

136 § 280 Abs. 1 Satz 1 BGB.

137 *Larenz*, Vertrag und Unrecht, Erster Teil, S. 164, abschließend S. 165: »Das Lebensgesetz der Gemeinschaft bindet und löst wiederum die Bindung, wo sie ihren Sinn verlieren würde; es beherrscht den Vertrag in seiner Entstehung wie in seinem Fortbestand und bestimmt auch seine Auflösung.« Zum Kontext, zur objektiven Geschäftsgrundlage und zur ideologischen Instrumentalisierung der Geschäftsgrundlage in den Ausschüssen der Akademie für Deutsches Recht *Rudolf Meyer-Pritzl*, §§ 313–314. Störung der Geschäftsgrundlage, in: Schmoeckel/Rückert/Zimmermann (Hg.), Historisch-kritischer Kommentar zum BGB, Bd. 2/2), Rdnr. 25 ff.; eingehend *Matthias Zirker*, Vertrag und Geschäftsgrundlage in der Zeit des Nationalsozialismus (Würzburger rechtswissenschaftliche Schriften Nr. 6), Würzburg 1996, S. 112 ff., 132 ff., 137 ff.

138 § 313 Abs. 1 BGB.

139 Für die Geschäftsgrundlage *Ehmann/Sutschet*, Modernisiertes Schuldrecht, S. 167 ff.; zur Pflichtverletzung sogleich im Text.

140 BMJ (Hg.), Abschlußbericht der Kommission zur Überarbeitung des Schuldrechts, Köln 1992, S. 29 f., 128 ff.

141 Auch für die folgenden Zitate *Werner Flume*, Zu dem Vorhaben der Neuregelung des Schuldrechts, Zeitschrift für Wirtschaftsrecht 15 (1994), S. 1497–1501, 1497, 1500.

142 Siehe Fn. 4.

torisch wie dogmatisch zu diskreditieren. Der Hamburger Anwalt Dieter Rabe setzte sich als Mitglied der gescholtenen Schuldrechtsreformkommission eingehend kritisch mit Stoll, seinem Kontext und seiner Rezeption in der NS-Zeit auseinander, um dann jeglichen Konnex zwischen Stolls Akademiedenkschrift und dem Abschlussbericht der Schuldrechtsreformkommission zu bestreiten – da »sich die Kommission nicht mit der Arbeit der Akademie für Deutsches Recht befasst hat« – und um Flume in die Gesellschaft ausgerechnet von Karl Larenz und dessen Einfluss auf die Akademie für Deutsches Recht zu stellen.[143] Die von Flume wie Rabe nachgezeichnete Debatte um die dogmatische Tauglichkeit eines Rechtsbegriffs mag hier auf sich beruhen. Flume fragte aber darüber hinaus, wer einen Begriff wann mit welchem Inhalt besetzt habe. Stolls Denkschrift wimmelte von »Gemeinschaftsgedanken« und »Treupflichten« und forderte auf dieser Grundlage eine »sozialistische Gestaltung des schuldrechtlichen Vertrages«: »Die Gemeinschaftsethik fordert von jedem Volksgenossen sozialistische Lebenshaltung [...]. Der Gedanke der Pflichterfüllung gegenüber dem Volk gilt [...] auch im rechtsgeschäftlichen Verkehr.«[144]

Es ist diese »sozialrechtliche Beurteilung«[145], die bewusst oder unbewusst in den Köpfen blieb aus einer Zeit, die etwa mit Friedrich Schaffstein das Ver-

143 *Dieter Rabe*, Pflichtverletzung als Grundtatbestand des Leistungsstörungsrechts, Zeitschrift für Wirtschaftsrecht 17 (1996), S. 1652–1657, 1652 ff., 1655. Zu Larenz' Konzept *Werner Schubert*, Einleitung, in: Ders. (Hg.), Ausschuß für Schadensersatzrecht (Leistungsstörungen, Umfang und Art des Schadensersatzes, Deliktsrecht), Ausschuß für das Recht der Betätigungsverträge (Allgemeine Bestimmungen. Geschäftsbesorgung. Werkvertrag), Ausschuß für landwirtschaftliches Pachtrecht (Akademie für Deutsches Recht 1933–1945. Protokolle der Ausschüsse Nr. 3,5), Berlin 1993, S. X ff.; *Wolfgang Schur*, Leistung und Sorgfalt. Zugleich ein Beitrag zur Lehre von der Pflicht im Bürgerlichen Recht (Jus privatum Nr. 61), Tübingen 2001, S. 57 ff. *Helmut Heinrichs*, Abschied vom BGB oder sinnvolle Weiterentwicklung des bürgerlichen Rechts? Die Vorschläge der Kommission zur Reform des Schuldrechts. Vortrag gehalten vor der Juristischen Gesellschaft Mittelfranken zu Nürnberg e. V. am 21. November 1994, Regensburg 1995, S. 10, wies Flumes Kritik gleichfalls zurück und stellte den Pflichtverletzungstatbestand in die »Tradition der Lehre von der positiven Vertragsverletzung und damit des ganz gewiß unverdächtigen *Hermann Samuel Staub*.« Vgl. *Thomas Henne*, Diskriminierungen gegen »jüdische Juristen« und jüdische Abwehrreaktionen im Kaiserreich – von Samuel zu Hermann Staub, in: Ders./Rainer Schröder/Jan Thiessen (Hg.), Anwalt – Kommentator – ›Entdecker‹. Festschrift für Hermann Staub zum 150. Geburtstag am 21. März 2006, Berlin 2006, S. 9–22; *Hans-Georg Hermann*, Mehr Lotse als Entdecker. Ein zivilistischer Rückblick auf Hermann Staub nach 100 Jahren, in: Henne/Schröder/Thiessen (Hg.), Anwalt – Kommentator – ›Entdecker‹, S. 25–41, 28 ff., 35 ff.

144 *Stoll*, Die Lehre von den Leistungsstörungen, S. 5 ff., 23. Dies sieht auch *Rabe*, Pflichtverletzung als Grundtatbestand des Leistungsstörungsrechts, Zeitschrift für Wirtschaftsrecht 17 (1996), S. 1653 f.

145 Oben bei Fn. 84.

brechen nicht mehr als Rechtsgutsverletzung, sondern als Pflichtverletzung gegenüber der Allgemeinheit auffasste.[146] Schaffstein selbst bekannte, dass er sich am zeitgenössischen Zivilrecht orientierte, dessen Vertreter forderten, was ein Otto Gierke (»kein Recht ohne Pflicht«[147]) im späten 19. Jahrhundert nicht hatte durchsetzen können:

»In den jüngsten Arbeiten von *Lange, Siebert, Larenz, Eckhardt* und *Wieacker* gewinnt auch für die Inhaltsbestimmung der privatrechtlichen ›Rechte‹ und ›Rechtsverhältnisse‹ das Pflichtmoment eine bisher unbekannte Bedeutung und verschmilzt mit der subjektiven Berechtigung zu untrennbarer Einheit. So entsteht aus dieser Auflösung des ›subjektiven Rechts‹ (im Sinne der Dogmatik des 19. Jahrhunderts) und durch das Vordringen des Pflichtgedankens selbst im Zivilrecht erst recht die Frage, ob und inwieweit der Pflichtverletzungsgedanke für die Wesensbestimmung

146 Auch für die folgenden Zitate *Friedrich Schaffstein*, Das Verbrechen als Pflichtverletzung, in: Karl Larenz (Hg.), Grundfragen der neuen Rechtswissenschaft, Berlin 1935, S. 108–142, 111 ff., 124. Zu Schaffstein *Jörn Eckert*, Was war die Kieler Schule?, in: Franz Jürgen Säcker (Hg.), Recht und Rechtslehre im Nationalsozialismus. Ringvorlesung der Rechtswissenschaftlichen Fakultät der Christian-Albrechts-Universität zu Kiel, Baden-Baden 1992, S. 37–70, 53 f., 70; *Heinz Wagner*, Das Strafrecht im Nationalsozialismus, in: Säcker (Hg.), Recht und Rechtslehre im Nationalsozialismus, S. 141–184, 162 ff.; *Rudolf Meyer-Pritzl*, Die Kieler Rechts- und Staatswissenschaften. Eine »Stoßtruppfakultät«, in: Christoph Cornelißen/Carsten Mish (Hg.), Wissenschaft an der Grenze. Die Universität Kiel im Nationalsozialismus, Essen 2009, S. 151–173, 165 ff., 169.

147 *Otto Gierke*, Die soziale Aufgabe des Privatrechts. Vortrag gehalten am 5. April 1889 in der juristischen Gesellschaft zu Wien, Berlin 1889, S. 20: »Mit dem Satze ›kein Recht ohne Pflicht‹ hängt innig unsere germanische Anschauung zusammen, daß jedes Recht eine ihm *immanente* Schranke hat. Das romanistische System an sich schrankenloser Befugnisse, welche nur von außen her durch entgegenstehende Befugnisse eingeschränkt werden, widerspricht jedem sozialen Rechtsbegriff. Uns reicht schon an sich keine rechtliche Herrschaft weiter, als das in ihr geschützte vernünftige Interesse es fordert und die Lebensbedingungen der Gesellschaft es zulassen.« Ähnlich äußerte sich Gierke in den Verhandlungen des Königlichen Landes-Oekonomie-Kollegiums über den Entwurf eines bürgerlichen Gesetzbuches für das Deutsche Reich und andere Gegenstände. III. Session der IV. Sitzungsperiode vom 11. bis 22.11.1889, in: Landwirthschaftliche Jahrbücher. Zeitschrift für wissenschaftliche Landwirthschaft und Archiv des Königlich Preußischen Landes-Oekonomie-Kollegiums, Bd. 8, Ergänzungsband 2 (1890), S. 253, S. 494 f. Vgl. auch *Otto Gierke*, Die Genossenschaftstheorie und die Deutsche Rechtsprechung, Berlin 1887, S. 9 ff., sowie die Anklänge bei *Stoll*, Die Lehre von der Leistungsstörung, S. 11. Zu den Wurzeln *Klaus Luig*, Römische und germanische Rechtsanschauung, individualistische und soziale Ordnung, in: Joachim Rückert/Dietmar Willoweit (Hg.), Die Deutsche Rechtsgeschichte in der NS-Zeit. Ihre Vorgeschichte und ihre Nachwirkungen (Beiträge zur Rechtsgeschichte des 20. Jahrhunderts Nr. 12), Tübingen 1995, S. 95–137, 114 ff.; zu Gierkes Position *Hans-Peter Haferkamp*, Die heutige Rechtsmißbrauchslehre – Ergebnis nationalsozialistischen Rechtsdenkens? (Berliner Juristische Universitätsschriften Zivilrecht Nr. 1), Berlin 1995, S. 56 ff., 93 ff.; *Tilman Repgen*, Die soziale Aufgabe des Privatrechts. Eine Grundfrage in Wissenschaft und Kodifikation am Ende des 19. Jahrhunderts (Jus privatum Nr. 60), Tübingen 2001, S. 55 ff.

des Verbrechens und seinen konstruktiven Aufbau bedeutungsvoll ist und welches sein Verhältnis zu der Rechtsgutsverletzungslehre ist.«

Rechtsgutsverletzung und Pflichtverletzung seien (neben Gesinnung und Verrat) »nicht etwa sich gegenseitig ausschließende Inhaltsbestimmungen des Verbrechens, sondern sie bezeichnen nur verschiedene Standpunkte, von denen aus man zu einer Wesenserfassung des Verbrechens vorstoßen kann. [...] Auf welchen von diesen [Standpunkten] aber der Akzent liegt, das zu entscheiden setzt eine letztlich weltanschauliche und politische Entscheidung voraus.«

Wenn Schaffstein betonte, »daß es sich bei dem in diesem Aufsatz behandelten Problem um die Hervorhebung einer *Akzentverlagerung* handelt«, so gilt dies gleichermaßen für den hier vorgelegten Beitrag. Rechtswissenschaftler und Richter, Gesetzesverfasser in Akademie und Ministerien verschoben während der NS-Zeit die Akzente nach »weltanschaulichen« Maßstäben, vom Individuum zur Gemeinschaft, vom Recht zur Pflicht. Derartige Synkopen verändern die ›Musik‹ des Rechts, selbst wenn die alten Melodien gleichbleiben. Und es ist eine Frage des Taktgefühls der Beteiligten, ob sie solche Veränderungen noch spüren, wenn sich alle an den neuen Rhythmus gewöhnt haben.

3. Zum Beispiel das Aktienrecht

Natürlich ist es keine neue Erkenntnis, dass ein Großteil gerade des Wirtschaftsrechts die Zeitenwenden überdauerte. Uneins ist man aber, wie die Beharrungskräfte des geschriebenen und geurteilten, aber auch des wissenschaftlich gedachten Rechts zu bewerten sind. Häufig dominiert im Wirtschaftsrecht die »technische Seite des Rechts«, die »höhere politische Zwecke« zweitrangig erscheinen lässt.[148] Umso aufmerksamer sind letztere zu betrachten, wenn sie ausnahmsweise in den Vordergrund treten.

148 In Anlehnung an die Unterscheidung bei *Friedrich Carl von Savigny*, Vom Beruf unsrer Zeit für Gesetzgebung und Rechtswissenschaft, Heidelberg 1814, S. 16, das bekanntere Zitat dort S. 12: »Der Kürze wegen nennen wir künftig den Zusammenhang des Rechts mit allgemeinem Volksleben das *politische* Element, das abgesonderte wissenschaftliche Leben des Rechts aber das *technische* Element desselben.« Zur kontroversen Interpretation dieser Stelle *Jan Schröder*, Das Verhältnis von Rechtsdogmatik und Gesetzgebung in der neuzeitlichen Rechtsgeschichte (am Beispiel des Privatrechts), in: Jan Schröder, Rechtswissenschaft in der Neuzeit. Geschichte, Theorie, Methode. Ausgewählte Aufsätze 1976–2009. Herausgegeben von Thomas Finkenauer, Claes Peterson und Michael Stolleis, Tübingen 2010, S. 477–504, 493 f.

Kehren wir zunächst zum Aktiengesetz als wohl bekanntestem Beispiel wirtschaftsrechtlicher Gesetzgebung der 1930er Jahre zurück, so gibt es zumindest zwei Aspekte, die im Gesetzestext und in den rechtspolitischen Debatten bis heute ihren Platz haben: die Souveränität des Vorstands und dessen Vergütung.

a) »Führerprinzip« und Gemeinwohl

Der Vorstand leitet die Aktiengesellschaft in eigener Verantwortung.[149] Dies gilt der Sache nach seit 1937; damals nannte man dies »Führerprinzip«.[150] Besondere Maßstäbe für diese Verantwortung kennt das Gesetz seit 1965 nicht mehr; es verlangt lediglich die »Sorgfalt eines ordentlichen und gewissenhaften Geschäftsleiters«.[151] Soweit der Vorstand diesem Anspruch genügt, ist er für die Dauer seiner Bestellung praktisch nicht abrufbar.[152] Ignoriert der Vorstand das Gemeinwohl, ist dies heute eine Frage an die Rechtspolitik, aber keine Rechtsfrage.[153]

Der maßgeblich von Ernst Geßler beeinflusste[154] Referentenentwurf zur Aktienrechtsreform von 1958[155] wollte den Vorstand bei »eigener Verantwortung« an »das Wohl des Unternehmens, seiner Arbeitnehmer und der Aktionäre sowie das Wohl der Allgemeinheit« binden.[156] Staatssekretär Walter

149 § 76 Abs. 1 AktG, vgl. auch die oben in Fn. 40 genannten Normen.

150 § 70 Abs. 1 und 2 Satz 2 AktG 1937, dazu die Nachweise oben in Fn. 35. Der Begriff ist in einem weiteren Sinn für die (unter Umständen kollegiale) Leitung durch den Vorstand und einem engeren Sinn für die Entscheidungsgewalt des Vorstandsvorsitzenden verwendet worden, betont bei *Julius von Gierke*, Die Einheit des Rechts, Zeitschrift für das gesamte Handelsrecht und Konkursrecht 111 (1946–48), S. 39–74, 45, 47 ff., unter Hinweis auf *Julius von Gierke*, Handelsrecht und Schiffahrtsrecht. Zugleich Grundlage der Vorlesungen »Handel und Gewerbe«, »Gesellschaften«, »Unternehmer«, Zweiter Teil: Gesellschaften und Vereine des Handels- und Gewerberechts. Die Handelsgeschäfte. Das Schiffahrtsrecht, 5. Aufl., Berlin 1941, S. 90.

151 § 93 Abs. 1 Satz 1 AktG, ebenso bereits § 84 Abs. 1 Satz 1 AktG 1937, § 241 Abs. 1 HGB 1897; Art. 241 Abs. 2 ADHGB 1884, dazu die Begründung in: Schubert/Hommelhoff (Hg.), Hundert Jahre modernes Aktienrecht, S. 508.

152 § 84 Abs. 1 und 3 AktG, ebenso bereits § 75 Abs. 1 und 3 AktG 1937.

153 Zum aktuellen Spektrum *Michael Kort*, Gemeinwohlbelange beim Vorstandshandeln, Neue Zeitschrift für Gesellschaftsrecht 15 (2012), S. 926–930, dort S. 928 mit Blick auf § 70 Abs. 1 AktG 1937.

154 Dazu *Utz*, Preuße, Protestant, Pragmatiker, S. 419, der dort in Fn. 42 die wichtigsten weiteren Mitarbeiter nennt; aus eigener Anschauung *Bruno Kropff*, Reformbestrebungen im Nachkriegsdeutschland und die Aktienrechtsreform von 1965, in: Bayer/Habersack (Hg.), Aktienrecht im Wandel, Bd. 1, 16. Kapitel Rdnr. 126 ff., 147 ff.

155 Referentenentwurf eines Aktiengesetzes veröffentlicht durch das Bundesjustizministerium, Köln 1958.

156 § 71 Abs. 1 Referentenentwurf (Fn. 155), S. 30.

Strauß hielt dies für überflüssig, zumal die Vorschrift, die ihr Vorbild von 1937 nicht verleugnen konnte, nationalsozialistisches Gedankengut enthalte und nicht in die soziale Marktwirtschaft passe.[157] Strauß, der die Aktienreform auch im Übrigen nicht mit wirtschaftspolitischen Zielen überfrachten wollte[158], setzte sich durch. Lediglich die Eigenverantwortung des Vorstands blieb im Gesetzestext erhalten, nachdem Geßler zu bedenken gegeben hatte, dass sich der Vorstand einer konzernabhängigen Gesellschaft nicht gegenüber der Konzernmutter binden dürfe.[159] Die Aufzählung, wessen Wohl der Vorstand verpflichtet sei, wurde im Regierungsentwurf und im Gesetz als selbstverständlich gestrichen, obwohl (offenbar) die (SPD-)Minderheit in den Ausschussberatungen es für »notwendig« hielt, an der Regel von 1937 »wenn auch in abgewandelter Form« festzuhalten.[160] Wie Flume in seiner Geßler-Gedenkrede bemerkte, kehrte der Gesetzgeber mit der Streichung zur nüchternen Technik des späten 19. Jahrhunderts zurück, indem er Überflüssiges wegließ.[161]

Aber war es denn so selbstverständlich, was 1958 geregelt werden sollte, also offenbar auch, was 1937 geregelt worden war? Hinzukommen sollte nach dem Referentenentwurf von 1958 das Wohl der Aktionäre.[162] Dies war keine ›Präminiszenz‹ an Rappaports *shareholder value*.[163] Vielmehr war

157 Aus dem Nachlass von Strauß dessen Vermerk vom 10.11.1958 zur Chefbesprechung am 19.10.1959, wiedergegeben bei *Utz*, Preuße, Protestant, Pragmatiker, S. 433 f.

158 *Utz*, Preuße, Protestant, Pragmatiker, S. 416 ff., dort S. 415 auch zu Strauß' Eintreten für die Entscheidung des Vorstandsvorsitzenden bei Meinungsverschiedenheiten (vgl. Fn. 35). Zu den Reformzielen *Knut Wolfgang Nörr*, Die Republik der Wirtschaft. Recht, Wirtschaft und Staat in der Geschichte Westdeutschlands, Teil I: Von der Besatzungszeit bis zur Großen Koalition, Tübingen 1999, S. 236 ff.

159 *Utz*, Preuße, Protestant, Pragmatiker, S. 434 Fn. 111. Eine Ausnahme gilt bei abgeschlossenem Beherrschungsvertrag (§§ 291, 308 AktG); zu den Ursprüngen *Heinz-Uwe Dettling*, Die Entstehungsgeschichte des Konzernrechts im Aktiengesetz von 1965 (Beiträge zur Rechtsgeschichte des 20. Jahrhunderts Nr. 19), Tübingen 1997, S. 215 ff., 276 ff.

160 Begründung zum Regierungsentwurf und Ausschussbericht, abgedruckt bei *Kropff*, Aktiengesetz, S. 97 f.

161 *Flume*, Ernst Geßler zum Gedächtnis. Gedenkrede, Die Aktiengesellschaft 33 (1988), S. 88–93, 89. Zur Gesetzgebungstechnik des BGB *Horst Heinrich Jakobs*, Wissenschaft und Gesetzgebung im bürgerlichen Recht nach der Rechtsquellenlehre des 19. Jahrhunderts, Paderborn 1983, S. 134 ff.; *Joachim Rückert*, vor § 1: Das BGB und seine Prinzipien, in: Schmoeckel/Rückert/Zimmermann (Hg.), Historisch-kritischer Kommentar zum BGB, Bd. 1,Rn. 16 ff.

162 Begründung zu § 71 Abs. 1 Referentenentwurf eines Aktiengesetzes veröffentlicht durch das Bundesjustizministerium, Köln 1958, S. 221: »Der Entwurf betont, daß der Vorstand bei der Leitung der Gesellschaft auch die Belange der Aktionäre zu berücksichtigen hat […].«

163 Vgl. *Alfred Rappaport*, Creating shareholder value. A guide for managers and investors, 1. Aufl., New York 1986, 2. Aufl., New York 1998.

bereits die Debatte vor und bis zum Aktiengesetz 1937 von der Annahme bestimmt, dass die Mehrheitsaktionäre und die Banken, welche in Weimar die (damals noch so genannten) Generalversammlungen, den Aufsichtsrat und somit auch den Vorstand dominierten, die Interessen der Kleinaktionäre aus den Augen verloren hatten und nicht so sehr das »Unternehmen an sich« als vielmehr ihre eigenen Interessen stärken wollten.[164] Der aufgewertete Vorstand sollte dem abhelfen, paradoxerweise gerade dadurch, dass die (nunmehrige) Hauptversammlung weitgehend entmachtet wurde.[165] Das »Wohl der Aktionäre« war demnach etwas, an das man nicht nur die geschäftsführenden Organe der Aktiengesellschaften besonders erinnern musste.

Das Gemeinwohl zu fördern war durchaus traditionelle Aufgabe der Aktiengesellschaften oder Korporationen seit dem preußischen Landrecht.[166] Die

164 *Nörr*, Zwischen den Mühlsteinen, S. 107 ff., 110 ff., 114 ff.; *Hommelhoff*, Machtbalancen im Aktienrecht, in: Schubert/Hommelhoff (Hg.), Die Aktienrechtsreform am Ende der Weimarer Republik, S. 88 ff.; *Schubert*, Einleitung in: Ders. (Hg), Quellen zur Aktienrechtsreform der Weimarer Republik (1926–1931), S. 17 ff, 25 ff., 935 ff.; *Ellenberg*, Herrschaft und Reform, S. 40 ff. Zum »Unternehmen an sich« in der Aktienrechtsreformdebatte *Arndt Riechers*, Das ›Unternehmen an sich‹. Die Entwicklung eines Begriffes in der Aktienrechtsdiskussion des 20. Jahrhunderts (Beiträge zur Rechtsgeschichte des 20. Jahrhunderts Nr. 17), Tübingen 1996, S. 65 ff.; *Frank Laux*, Die Lehre vom Unternehmen an sich. Walther Rathenau und die aktienrechtliche Diskussion in der Weimarer Republik (Schriften zur Rechtsgeschichte Nr. 74), Berlin 1998, S. 157 ff.

165 *Schubert*, in: Schubert (Hg.), Ausschuß für Aktienrecht (Protokolle Nr. 1), S. XXXIII ff. *Alfred Hueck*, Gedanken zur Reform des Aktienrechts und des GmbH-Rechts. Vortrag gehalten vor der Berliner Juristischen Gesellschaft vom 9. November 1962, Berlin 1963, S. 17 f., verwies allerdings darauf, dass die Hauptversammlung den Aufsichtsrat wählt, der den Vorstand bestellt und abberuft, weshalb bei einem Machtkampf die Aktionärsmehrheit in der Hauptversammlung über die Stellung von Vorstand und Aufsichtsrat entscheide, da ein Misstrauensvotum der Aktionärsminderheit die Abberufung des Vorstandes rechtfertige. So in der Tat die Begründung zu § 75 AktG 1937 bei *Klausing*, Gesetz über Aktiengesellschaften und Kommanditgesellschaften auf Aktien, S. 62 (vgl. bereits Klausing bei Schubert (Hg.), Ausschuß für Aktienrecht [Protokolle Nr. 1], S. 88), relativiert aber durch den von Hueck zitierten BGH, Urteil vom 28.4.1954 – II ZR 211/53 – BGHZ 13 (1954), 188, 192 f. Hierzu noch unten nach Fn. 273.

166 Vgl. Allgemeines Landrecht für die preußischen Staaten (1794), II. Theil 6. Titel § 25: »Die Rechte der Corporationen und Gemeinen kommen nur solchen vom Staate genehmigten Gesellschaften zu, die sich zu einem fortdauernden gemeinnützigen Zwecke verbunden haben.« § 6 Abs. 1 des preußischen Gesetzes über Aktiengesellschaften vom 09.11.1843, Gesetz-Sammlung für die Königlichen Preußischen Staaten, S. 341–346, 342: »Die Konzession einer Aktiengesellschaft kann vom Landesherrn aus überwiegenden Gründen des Gemeinwohls gegen Entschädigung zurückgenommen werden.« Vgl. hierzu *Stolleis*, Gemeinwohlformeln im nationalsozialistischen Recht, S. 155; Theodor Baums (Hg.), Gesetz über die Aktiengesellschaften für die Königlich Preußischen Staaten vom 9. November 1843. Text und Materialien (Neudrucke privatrechtlicher Kodi-

Weimarer Verfassung verpflichtete den Eigentümer ebenso auf den Dienst am Gemeinwohl wie später das Bonner Grundgesetz[167] – warum also nicht auch das Aktieneigentum und den das Aktieneigentum repräsentierenden Vorstand? Aber die Frage war erstens, was man in der jeweiligen Zeit unter dem Gemeinwohl verstand – etwa: allgemeinen Wohlstand oder militärische Stärke –, und zweitens, ob diese Gemeinwohlbindung praktische Folgen hatte. Die unspezifische Gemeinwohlbindung in der Verfassung wirkte sich jedoch nicht aus, weil sie den Spielraum der Gesellschaften nicht spürbar einschränkte und in der Praxis auch nicht zu einer entschädigungspflichtigen Enteignung gesteigert wurde.[168] Das alltägliche Geschäft des Vorstands blieb von der Verfassung unbeeinflusst.

Nach liberaler Vorstellung war dem Gemeinwohl im Sinne ökonomischer Prosperität hinreichend dadurch gedient, dass jeder seinen Eigennutz verfolgte.[169] Den Vorstand auf das Gemeinwohl und die Aktionärsinteressen zu verpflichten war folglich nur dann nötig, wenn man das Gemeinwohl in einer Weise definierte, dass es allein durch den Betrieb des von der Gesellschaft getragenenen Unternehmens nicht von selbst gefördert wurde, und wenn die Aktionäre keine Macht mehr hatten, ihre Interessen selbst zu verfolgen, auch wenn sie es wollten: »In *Deutschland* wird und darf es *keine Aktiengesellschaft* mehr geben, in der das *privatwirtschaftliche Erwerbsziel lediglich um seiner selbst willen* verfolgt werden könnte!«[170] Oder kurz: Die Vorstandsbindung an das Gemeinwohl ist die Kehrseite des »Führerprinzips«, weil eine Demokratie fehlte, die ihre Interessen mehrheitlich selbst definieren durfte, in der Gesamtgesellschaft wie in der Aktiengesellschaft.[171] Das »Führerprinzip« war nur stimmig, weil die entmachtete Hauptversammlung durch eine andere Macht, das Gemeinwohl, ersetzt wurde; andernfalls

fikationen und Entwürfe 5), Aalen 1981, S. 65 f., 129 f., 137 ff., 174, 180 ff.; *Erik Kießling*, Das preußische Aktiengesetz von 1843, in: Bayer/Habersack (Hg.), Aktienrecht im Wandel, Bd. 1, 7. Kapitel Rdnr. 24, 31, 35; *Erik Kießling*, Das preußische Eisenbahngesetz von 1838, in: Bayer/Habersack (Hg.), Aktienrecht im Wandel, Bd. 1, 5. Kapitel Rn. 57 f.; *Carsten Schäfer/Katharina Jahntz*, Gründungsverfahren und Gründungsmängel, in: Bayer/Habersack (Hg.), Aktienrecht im Wandel, Bd. 1, Bd. 2, 5. Kapitel Rdnr. 12, 30.

167 Art. 153 Abs. 2; Art. 14 Abs. 2 GG.

168 Entsprechende Befugnisse enthielten bzw. enthalten Art. 155 Abs. 2, 156 Abs. 1 und 2 WRV, Art. 14 Abs. 3, 15 GG; zur Praxis in Weimar *Nörr*, Zwischen den Mühlensteinen, S. 77 ff.

169 Zeitgenössisch rückblickend *Friedrich August Hayek*, Der Weg zur Knechtschaft, hier zitiert nach der Ausgabe Erlenbach-Zürich 1945, S. 33 ff.

170 *Klausing*, Gesetz über Aktiengesellschaften und Kommanditgesellschaften auf Aktien, S. 73*.

171 Dazu noch unten bei Fn. 297.

wäre der Vorstand zwar nicht *legibus* aber ›*sociis et salute publica solutus*‹ gewesen.[172]

Diese Gemeinwohlbindung war, anders als die der Weimarer Verfassung, für die Aktiengesellschaften relevant. Vor allem hatte sie eine präventive Wirkung, »denn sollte irgend ein deutscher Unternehmer wirklich die Absicht gehabt haben, sich unsozial zu verhalten, dann [...] wird er dieses Beginnen jetzt zurückstellen«.[173] Dies war aufgrund möglicher Sanktionen nicht zu unterschätzen: »Die Organe der Staats- und wirtschaftlichen Selbstverwaltung können [...] heute ganz allgemein, d.h. auch ohne ein im Aktiengesetz förmlich festgelegtes Mitbestimmungsrecht, jede wirtschafts- oder sozialpolitisch im Einzelfall erwünschte Einflußnahme auf die Zusammensetzung von Vorstand und Aufsichtsrat ausüben.«[174] Daher beschäftigte die Gemeinwohlbindung das Reichsgericht auch nur im Einzelfall.[175]

b) »Führerprinzip« und Amerika

Es lag nahe, dass die Souveränität des Vorstandes und besonders des Vorsitzenden angesichts der Formulierung des Aktiengesetzes von 1937 in den Reformdebatten Anstoß erregte.[176] Das Ministerium beeilte sich daher, ent-

172 Vgl. zeitgenössisch *Hjalmar Schacht*, Die deutsche Aktienrechtsreform. Ausführungen des Reichsbankpräsidenten und beauftragten Reichswirtschaftsministers Dr. Hjalmar Schacht auf der 9. Vollsitzung der Akademie für Deutsches Recht im Rathaus zu Berlin. Berlin, am 30. November 1935, Berlin 1935, S. 14: »Aber auch ein Führer braucht *Schranken*.« Sehr deutlich zuvor der Bankier Herbert von Breska im Aktienrechtsausschuss, Schubert (Hg.), Ausschuß für Aktienrecht (Protokolle Nr. 1), S. LI, S. 92: »jeder Führer muß jemand über sich haben«; ebd., S. 124: »Auch bei Diktaturen ist es so, sie können gut gehen; aber anders ist es, wenn die betreffenden Persönlichkeiten schlecht sind oder schlecht werden.«

173 Zeitgenössisch unveröffentlichte Rede von Staatssekretär Franz Schlegelberger vor dem erweiterten Rechtsausschuss der »Reichsgruppe Industrie«, zitiert nach *Schubert*, in: Schubert (Hg.), Ausschuß für Aktienrecht (Protokolle Nr. 1), S. XLVIII Fn. 160. Zur »Reichsgruppe Industrie« *Kahn*, Die Steuerung der Wirtschaft durch Recht im nationalsozialistischen Deutschland, S. 218ff.

174 *Klausing*, Gesetz über Aktiengesellschaften und Kommanditgesellschaften auf Aktien, S. 40*.

175 Reichsgericht, Urteil vom 11.6.1940 – VII 214/39 – RGZ 164 (1940), 220, 223 (zu § 195 Abs. 1 AktG 1937); Reichsgericht, Urteil vom 12.6.1941 – II 122/40 – RGZ 167 (1942), 151, 154, 156, 159ff. (zu § 112 Abs. 3 AktG 1937); Reichsgericht, Urteil vom 10. März 1944 – II 147/1943 – RGZ 173 (2008), S. 107–117, 112, 117 (zu § 70 Abs. 1 1937).

176 Frühzeitig *Gierke*, Die Einheit des Rechts, Zeitschrift für das gesamte Handelsrecht und Konkursrecht 111 (1946–48), S. 45, 47ff., der gleichzeitig forderte, das Privatrecht »weitergehend *sozialrechtlich* auszugestalten«, insbesondere die Arbeitnehmer zwingend am Unternehmensgewinn zu beteiligen, beides unter Hinweis auf *Gierke*, Handelsrecht und Schiffahrtsrecht, S. 90, 228f. Zu Julius von Gierke *Hans-Martin Müller-*

sprechende Bedenken zu zerstreuen. Staatssekretär Strauß schrieb 1959, »die Ausschaltung der Hauptversammlung aus der Geschäftsführung ist nicht in erster Linie auf das nationalsozialistische Führerprinzip, sondern auf das Studium der tatsächlichen Verhältnisse in Deutschland und des ausländischen, insbesondere des angelsächsischen Rechts zurückzuführen, wenn es auch sein mag, daß diese Konzentration der Geschäftsführung in den Händen des Vorstands der nationalsozialistischen Befehlswirtschaft sehr gelegen kam«.[177] Unklar ist, ob Strauß aus eigener Anschauung wissen konnte, dass die Norm weniger der NS-Ideologie als vielmehr angelsächsischen Vorbildern verpflichtet sei. Zwar hatte er im Reichswirtschaftsministerium an der Aktienreform zu Ende der Weimarer Republik mitgewirkt, war jedoch im

Laube, Julius von Gierke (1875–1960). Fortbildung des Handelsrechts im Geist der germanistischen Tradition, in: Fritz Loos (Hg.), Rechtswissenschaft in Göttingen. Göttinger Juristen aus 250 Jahren (Göttinger Universitätsschriften Serie A: Schriften Nr. 6), Göttingen 1987, S. 471–485, 482 ff.; *Anikó Szabó*, Vertreibung, Rückkehr, Wiedergutmachung. Göttinger Hochschullehrer im Schatten des Nationalsozialismus (Veröffentlichungen des Arbeitskreises Geschichte des Landes Niedersachen [nach 1945] Nr. 15), Göttingen 2000, S. 147 ff. Wie der Referentenentwurf ohne Nachweise (vgl. das Zitat in Fn. 184) meinten *Hans Hengeler/Max Kreifels*, Absicht und Wirklichkeit im Referentenentwurf eines Aktiengesetzes, in: Hans Hengeler (Hg.), Beiträge zur Aktienrechtsreform, Heidelberg 1959, S. 11–41, 11 f.: »Natürlich fehlte es in der unglücklichen Zeit unmittelbar nach dem Kriege nicht an Stimmen, die auch das Aktiengesetz von 1937 als ein auf typisch *nationalsozialistischem Gedankengut* aufbauendes Gesetzgebungswerk glaubten kennzeichnen zu können. Das Schlagwort des angeblich in § 70 des Aktiengesetzes verwirklichten ›Führer-Prinzips‹ und der hierdurch herbeigeführten ›Entrechtung‹ der Aktionäre war öfter zu hören. Mit Recht ist diese Argumentation, die in der Stärkung des Vorstandes fälschlich die Auswirkung eines politischen Prinzips sah, ziemlich bald in den Hintergrund getreten, auch wenn sie nie ganz verschwunden ist.« Ähnlich mit Zitat aus »einer Schweizer Zeitung« *Hueck*, Gedanken zur Reform des Aktienrechts und des GmbH-Rechts, S. 16 ff. Vgl. die das bereits in Weimar vorhandene »Generaldirektorenprinzip« betonenden Nachweise bei *Jan von Hein*, Vom Vorstandsvorsitzenden zum CEO?, Zeitschrift für das gesamte Handelsrecht und Wirtschaftsrecht 166 (2002), S. 464–502, 478 ff., sowie die verhalten kritische Bewertung von *Andreas M. Fleckner*, Aktiengesetzliche Gesetzgebung (1807–2007), in: Bayer/Habersack (Hg.), Aktienrecht im Wandel, Bd. 1, 19. Kapitel Rdnr. 23.

177 *Walter Strauß*, Aktienrecht und Wirtschaftspolitik, in: Benvenuto Samson (Hg.), Aktuelle Probleme aus dem Gesellschaftsrecht und anderen Rechtsgebieten. Festschrift für Walter Schmidt zum 70. Geburtstag am 18. Dezember 1959 überreicht von seinen Freunden, Berlin 1959, S. 3–22, 20 f., unter Hinweis auf *Joachim Kahl*, Macht und Markt. Vom Ausbau unserer Wirtschaftsordnung, Berlin 1956, S. 146. Ähnlich *Schubert*, in: Schubert (Hg.), Ausschuß für Aktienrecht (Protokolle Nr. 1), S. XLVII. Zweifelnd *Fleckner*, Aktiengesetzliche Gesetzgebung (1807–2007), in: Bayer/Habersack (Hg.), Aktienrecht im Wandel, Bd. 1, 19. Kapitel Rdnr. 23, der die Vorschrift als mögliche Antwort auf die Frage sieht, »wie das Aktiengesetz von 1937 den 1884 eingeschlagenen deutschen Sonderweg fortentwickelt und vollendet hat«. Vgl. auch *Andreas M. Fleckner*, Antike Kapitalvereinigungen. Ein Beitrag zu den konzeptionellen und historischen Grundlagen der Aktiengesellschaft (Forschungen zum Römischen Recht Nr. 55), Köln 2010, S. 652 ff.

November 1934 aufgrund seiner jüdischen Herkunft entlassen worden.[178] Allerdings hatte der einflussreiche Aktienrechtsausschuss[179] der Akademie für Deutsches Recht schon im Februar 1934 das »Führerprinzip« auf die Tagesordnung gesetzt, mehrere Befürworter eines starken Vorstands angehört und sich deren Forderung im April 1934 öffentlich zu eigen gemacht,[180] bevor Justizstaatssekretär Schlegelberger im August 1935 dazu aufrief, den »König« Generalversammlung abzusetzen.[181]

Strauß' Zeuge war aber möglicherweise Ernst Geßler. Dieser beklagte bei Inkrafttreten des neuen Aktiengesetzes 1965, die »Allmacht des Vorstands« als »Ausdruck des Führerprinzips« sei eine »anscheinend unausrottbare[...] Behauptung«; dabei sei sie doch »schon einmal deutsches Recht« gewesen, »nämlich in den Anfängen des Aktienrechts [...], noch heute im anglo-amerikanischen Rechtskreis selbstverständlich [...] und von dort 1937 in unser Aktienrecht übernommen«.[182] Entsprechend dürfte er[183] das Vorwort des 1958 veröffentlichten Referentenentwurfs in dem von Strauß verbreiteten

178 Dazu *Utz*, Preuße, Protestant, Pragmatiker, S. 22 ff., 35, 408 f.

179 Schlegelberger bei Schubert (Hg.), Ausschuß für Aktienrecht (Protokolle Nr. 1), S. 85: »Wir [d. h. die Referenten des Reichsjustizministeriums] haben die Aufgabe, das hier [im Ausschuss] gewonnene Material zu verarbeiten, und es wird uns eine sehr große Erleichterung sein, wenn wir schon jetzt alles in juristische Gedanken ordnen können.«

180 Berichte über die Ausschusssitzungen vom 9. und 10. Februar 1934, Berichte des Vorsitzenden Wilhelm Kißkalt vom April 1934 und April 1935, in: Schubert (Hg.), Ausschuß für Aktienrecht (Protokolle Nr. 1), S. 19–78, 20 ff.; 79–149, 83 ff.; 473–496, 484 ff.; 497–518, 503 ff. Einen Überblick über die Beratungen gibt neben *Schubert*, in: Schubert (Hg.), Ausschuß für Aktienrecht (Protokolle Nr. 1), S. XXV ff., auch *Bahrenfuss*, Die Entstehung des Aktiengesetzes von 1965, S. 701 ff., 832 ff.

181 *Franz Schlegelberger*, Die Erneuerung des deutschen Aktienrechts. Vortrag, gehalten am 15. August 1935 vor der Industrie- und Handelskammer in Hamburg, Berlin 1935, S. 23 ff., 28; einschränkend *Schacht*, Die deutsche Aktienrechtsreform, S. 13 ff.; in dessen Sinn nach Abschluss der Reform auch *Klausing*, Gesetz über Aktiengesellschaften und Kommanditgesellschaften auf Aktien, S. 61* f. Zu den Auswirkungen im Gesetzestext *Schubert*, in: Schubert (Hg.), Ausschuß für Aktienrecht (Protokolle Nr. 1), S. XL ff.

182 *Ernst Geßler*, Vollendete oder nur begonnene Aktienrechtsreform?, Die Aktiengesellschaft 10 (1965), S. 343–348, 344 f. Eine ähnliche Kontinuität von »mehr als einem halben Jahrhundert« hatte bereits der Ausschussvorsitzende Wilhelm Kißkalt in der Akademie für deutsches Recht am 22.10.1936 behauptet, bei Schubert (Hg.), Ausschuß für Aktienrecht (Protokolle Nr. 1), S. 428. Nach Art. 227, 231 ADHGB war der Vorstand nach außen hin unbeschränkt bevollmächtigtes Vertretungsorgan, musste jedoch im Innenverhältnis die Beschränkungen der Satzung und der »Beschlüsse der Generalversammlung« einhalten, vgl. heute §§ 76, 82 AktG. Die Befugnisse der Generalversammlung (Art. 224 ADHGB) waren bis 1884 disponibel und ihr häufig durch Satzung entzogen. Gleichwohl war der Vorstand jederzeit abberufbar (Art. 227 Abs. 3 ADHGB, § 231 Abs. 3 HGB 1897). Näher *Hommelhoff*, Eigenkontrolle statt Staatskontrolle, in: Schubert/Hommelhoff (Hg.) Hundert Jahre modernes Aktienrecht, S. 86 ff.

183 Siehe Fn. 154.

Sinne formuliert haben. Freilich erschienen hier die Vereinigten Staaten nicht als unmittelbares Vorbild, sondern als eine Rechtsordnung mit Regeln, die den 1937 für Deutschland verabschiedeten mehr oder weniger zufällig entsprachen.[184]

c) »Wirtschaftsführertum und Vertragsethik im neuen Aktienrecht«

Aber wie kam Amerika ins deutsche Aktiengesetz? Ernst Geßler berichtete später, das Reichsjustizministerium habe sich von einem jungen Rechtsreferendar beeindrucken lassen.[185] Der 1907 geborene Johannes Carl Dethloff Zahn[186] hatte nach Studien in Tübingen, München und Bonn 1930 in Bonn bei Fritz Schulz promoviert, jenem später emigrierten Lehrer des mit Zahn fast gleich alten Werner Flume.[187] In Harvard hatte er 1931 am Seminar für »International Finance« von Ernst H. Feilchenfeld teilgenommen[188] und

184 Referentenentwurf eines Aktiengesetzes veröffentlicht durch das Bundesjustizministerium, Köln 1958, S. VII: »Das geltende Aktiengesetz stammt aus dem Jahre 1937. Während das Aktienrecht des Handelsgesetzbuchs von der Hauptversammlung als dem obersten Organ der Gesellschaft ausging und dem Aufsichtsrat Eingriffe in die Geschäftsführung gestattete, hat das Aktiengesetz von 1937 die Stellung des Vorstands verstärkt und die Rechte der Hauptversammlung hinsichtlich der Geschäftsführung und der Bilanzfeststellung eingeschränkt. Das Aktiengesetz wird deshalb von vielen als ein nationalsozialistisches, vom Führerprinzip beherrschtes Gesetz angesehen, obwohl uns die auf wenige Funktionen beschränkte Hauptversammlung ohne Bilanzfeststellungsrecht auch und gerade in den anglo-amerikanischen Rechten begegnet.« Ähnlich *Walter Schmidt*, Die Verfassung der Aktiengesellschaft, in: Hengeler (Hg.), Beiträge zur Aktienrechtsreform, S. 42–60, 43: »Der richtige Gedanke dieser Gesetzesneuerung [d.h. der Kompetenzverteilung nach dem Aktiengesetz 1937], dem im anglo-amerikanischen System längst Rechnung getragen war, ist dem [...] Wesen der Aktiengesellschaft entnommen, das eine sachkundige Leitung des Unternehmens in Selbständigkeit und Eigenverantwortung zu gewährleisten erfordert.« Zu Walter Schmidt *Torsten Oppelland*, Gerhard Schröder (1910–1989). Politik zwischen Staat, Partei und Konfession, Düsseldorf 2002, S. 97 ff.; *Utz*, Preuße, Protestant, Pragmatiker, S. 36.

185 *Schubert*, in: Schubert (Hg.), Ausschuß für Aktienrecht (Protokolle Nr. 1), S. XL Fn. 124, XLVII Fn. 155a.

186 Biographische Angaben bei Schubert (Hg.), Ausschuß für Aktienrecht (Protokolle Nr. 1), S. LXV; Artikel Johannes Zahn, Internationales Biographisches Archiv Personen aktuell. Munzinger-Archiv 01/2001; *Johannes C.D. Zahn*, Die treuhänderische Übertragung und Verwaltung von Körperschaftsrechten; insbesondere von Aktien, Kuxen und G.m.b.H.-Anteilen, Dissertation Bonn 1931; *Johannes C.D. Zahn*, The Trustee in German-American industrial loans, Boston University Law Review 12 (1932), S. 187–231, 428–470, dort genannt auch *Johannes C.D. Zahn*, Rechtsstudium und Studienreform in Nordamerika, JW 60 (1931), S. 121 f. Vgl. noch unten bei Fn. 251.

187 Wie Fn. 4.

188 Vgl. den Dank von *Zahn*, The Trustee in German-American Industrial Loans, Boston University Law Review 12 (1932), S. 470 Fn. *.

einen *Doctor of Juridical Science* erworben. Anfang 1934 legte er eine weitere rechtsvergleichende Arbeit vor: »Wirtschaftsführertum und Vertragsethik im neuen Aktienrecht. Anregungen zum Neubau des deutschen Aktienrechts auf Grund einer vergleichenden Darstellung des deutschen und nordamerikanischen Aktienrechts«.[189] Zahn hatte hierzu in Harvard und im Berliner Kaiser-Wilhelm-Institut für ausländisches und internationales Privatrecht gearbeitet.[190] Möglicherweise hatte ihm dies den Kontakt zu einem der im Institut forschenden Ausschussmitglieder verschafft, etwa zu dem seit seiner Gründung 1926 dem Institut verbundenen Ernst Heymann[191], oder zum Reichsjustizministerium, das gemeinsam mit dem Institut Walter Hallsteins »Aktienrechte der Gegenwart«[192] ediert hatte und dessen Staatssekretär Schlegelberger zu den Herausgebern der Institutszeitschrift[193] und wichtiger Publikationen wie des »Rechtsvergleichenden Handwörterbuchs«[194] und der Reihe »Zivilgesetze der Gegenwart«[195] gehörte.[196]

Eine Parallelpublikation Zahns aus dem Jahre 1933 dürfte zu spät erschienen sein, um den Ausschussvorsitzenden auf Zahn aufmerksam zu machen. Am 15. Dezember 1933 versammelte Heft 7 der damals noch recht dünnen Zeitschrift »Deutsches Recht. Zeitschrift des Bundes Nat.-Soz. Deutscher Juristen«, herausgegeben von Hans Frank, neben wenigen dogmatischen Aufsätzen eine Reihe von Texten zur »Rechtserneuerung«: Carl Schmitts »Fünf Leitsätze für die Rechtspraxis«, eine Mitteilung, dass die »Deutsche Rechtsfront« den »Deutschen Rechtsstand« proklamiert habe, eine »Gliederung der Akademie für Deutsches Recht«, eine Abhandlung über »Sittliche Begriffe im deutschen bürgerlichen Recht«, eine Rede des Hamburger Justizsenators,

189 Berlin/Leipzig 1934.

190 *Zahn*, Wirtschaftsführertum und Vertragsethik im neuen Aktienrecht, S. 2.

191 Zu ihm Schubert (Hg.), Ausschuß für Aktienrecht (Protokolle Nr. 1), S. LV f.; *Lösch*, Der nackte Geist, S. 156 ff. und passim; *Rolf-Ulrich Kunze*, Ernst Rabel und das Kaiser-Wilhelm-Institut für ausländisches und internationales Privatrecht 1926–1945, Göttingen 2004, S. 164 ff.

192 *Walter Hallstein*, Die Aktienrechte der Gegenwart. Gesetze und Entwürfe in rechtsvergleichender Darstellung herausgegeben vom Reichsjustizministerium und vom Institut für ausländisches und internationales Privatrecht, bearbeitet im Institut unter Benutzung amtlichen Materials, Berlin 1931.

193 Zeitschrift für internationales und ausländisches Privatrecht.

194 Franz Schlegelberger u. a. (Hg.), Rechtsvergleichendes Handwörterbuch für das Zivil- und Handelsrecht des In- und Auslandes, Berlin 1929–1939.

195 Die Zivilgesetze der Gegenwart. Sammlung europäischer und außereuropäischer Privatrechtsquellen, Berlin 1927–1933/39. Schlegelberger gab Bd. 10 (»Das Zivilrecht der nordischen Länder«) mit heraus.

196 Zum ganzen *Kunze*, Ernst Rabel und das Kaiser-Wilhelm-Institut für ausländisches und internationales Privatrecht 1926–1945, S. 50, 92, 147, 153.

späteren OLG-Präsidenten und Reichsjustizsstaatssekretärs Curt Rothenberger, einen Aufruf »Auch in Gesetz und Rechtsprechung muß Gemeinnutz vor Eigennutz gehen«, einen kurzen Beitrag über »Wandlungen im Gebiete des Eigentumsrechts« und zuletzt einen Aufsatz von Johannes Zahn über »Kapitalgesellschaften, Wirtschaftsführertum und Staat. Nach einem Referat vor der Fachzelle ›Handels- und Wirtschaftsrecht‹ der Gruppe Referendare im Bund Nationalsozialistischer Deutscher Juristen«.[197] Zahn sah darin die Kapitalgesellschaften als »Hauptpfeiler des bisherigen kapitalistisch-individualistischen Wirtschaftsgebäudes« in »direktem Widerstreit« mit den »Grundsätzen des neuen Staates auf nationaler und sozialer Grundlage«. Ein wesentlicher Einwand richtete sich gegen die »Demokratie des Kapitals und die damit zusammenhängende Regelung von Führung und Verantwortung. [...] Genau so wenig wie im demokratischen Staat der Besitz vieler Stimmen den politischen Führer hervorbringt, erzeugt die Verfügungsgewalt über ein großes Unternehmerkapital einen Unternehmer, d.h. einen Wirtschaftsführer. Wie der demokratische Staatsmechanismus keine wahren politischen Führer erzeugt hat, kann auch die reine Wirtschaftsdemokratie keine wahren Wirtschaftsführer herausstellen«, da das System »bei seiner rein individualistisch-materialistischen Auffassung nicht imstande war, die in ihm arbeitenden Menschen zu sittlichen Persönlichkeiten zu gestalten.« Vorbild für eine Reform »auf sittlich-psychologischem Gebiet« sei das Reichserbhofgesetz, denn »ist nicht die Verfügungsgewalt über die Arbeitskraft deutscher Männer und Frauen, über einen ganzen Stand unserer Volksgemeinschaft, ein ebenso heiliges Gut, wie der Grund und Boden unserer Heimaterde?« Diese Verfügungsgewalt sei auszuüben als

»freie selbstverantwortliche Betätigung des Unternehmers als Führer seines Wirtschaftsorganismusses [...] Dazu müssen die Leiter eines Werkes unabhängig gemacht werden von der Willkür schwankender Aktionärsmehrheiten, die aus betriebsfremden Gründen diese und jene Wünsche haben. Die Leiter sollen nicht länger die Funktionäre einer Demokratie des Kapitals sein, sondern echte Wirtschaftsführer. Der Gedanke des politischen Führertums, den wir im Staat bereits verwirklicht haben, muß auf die Wirtschaft in einer für diese passenden Form übertragen werden. Praktisch ließe sich das vielleicht so durchführen, daß den Leitern einer Gesellschaft, wenn sie einmal eingesetzt sind, genauso wie es in Amerika ist, allein die Leitung des Unternehmens obliegt, ohne daß sich die Aktionäre im einzelnen einzumischen hätten.«

197 *Johannes C. D. Zahn*, Kapitalgesellschaften, Wirtschaftsführertum und Staat, Deutsches Recht 3 (1933), S. 228–231, daraus die folgenden Zitate; die anderen genannten Texte, ebd., S. 201–202, 202–203, 205–206, 206–208, 209–212, 216–220, 224.

Im Ganzen verlangte Zahn eine »Neugestaltung«, die »von unserer alten Aktiengesellschaft nur wenig übrig« lassen sollte.

Im Februar 1934, zeitgleich mit Drucklegung seiner etwas moderateren Arbeit über »Wirtschaftsführertum und Vertragsethik«, durfte Zahn dem Ausschuss seine bereits im »Deutschen Recht« publizierten Ansichten vortragen.[198] Eine von Zahns Kernthesen (»Wirtschaftsführertum«) lautete, dass im amerikanischen Recht die *executive members of the board* als eigentliche Unternehmer ihr Unternehmen weitgehend ohne Rücksicht auf *stockholder meetings* regieren könnten, dass dies zum Erfolg der amerikanischen Aktienunternehmen maßgeblich beitrage, dass das amerikanische Recht auf »germanischem« Recht beruhe und dass deshalb der deutsche Reformgesetzgeber dieses Strukturmerkmal des amerikanischen Rechts übernehmen solle und könne, ohne der deutschen Mentalität zu widersprechen.[199] Daneben betonte er die »Vertragsethik«, dass nämlich die Aktiengesellschaft nicht wie in Deutschland eine juristische Person in Gestalt der Korporation, sondern ein Vertragsverhältnis sei, das die Gesellschafter zu einer stärkeren Rücksicht untereinander verpflichte als in Deutschland, wo ein Gesellschafter lediglich für sittenwidrige vorsätzliche Schädigungen hafte.[200]

War es realistisch, dass ein so junger Jurist einem von Ernst Heymann in Weimar halbherzig empfohlenen Vorbild[201] zur Mehrheit verhalf? Ungewöhnlich war weder das Alter des Experten noch seine Methode. So hatte der

198 *Zahn*, Wirtschaftsführertum und Vertragsethik im neuen Aktienrecht, S. 2; Schubert (Hg.), Ausschuß für Aktienrecht (Protokolle Nr. 1), S. 19 f., 60–65.

199 *Zahn*, Wirtschaftsführertum und Vertragsethik im neuen Aktienrecht, S. 1, 13, 15, 17. 82 ff., 93 ff.

200 Ebd., S. 18 f., 34 ff., 133 ff., 144 ff., 147 ff. Vgl. dann *Johannes C. D. Zahn*, Gegen den körperschaftlichen Aufbau der Aktiengesellschaft, Deutsche Justiz 97 (1935), S. 27–29, mit der redaktionellen »Vorbemerkung: Wir geben den Ausführungen des Verfassers Raum, da sie interessante Anregungen enthalten, wenngleich der Aktienrechtsausschuß der Akademie für Deutsches Recht sich ihnen im Gesamtergebnis nicht angeschlossen hat.«

201 *Ernst Heymann*, Soll bei einer künftigen Reform des Aktienrechts eine Annäherung an das englisch-amerikanische Recht in grundlegenden Fragen stattfinden?, in: Schriftführer-Amt der ständigen Deputation des Deutschen Juristentags (Hg.), Verhandlungen des Vierunddreißigsten Deutschen Juristentags zu Köln vom 12. bis 15. September 1926, Berlin 1927, Bd. 2, S. 614–615, 742–753, 743 ff.; dazu mit weiteren zeitgenössischen Stimmen *Hein*, Vom Vorstandsvorsitzenden zum CEO?, Zeitschrift für das gesamte Handelsrecht und Wirtschaftsrecht 166 (2002), S. 474; *Hein*, Die Rezeption US-amerikanischen Gesellschaftsrechts in Deutschland, S. 164 f. Heymann legte seine Auffassung auch im Ausschuss eingehend dar, Schubert (Hg.), Ausschuß für Aktienrecht (Protokolle Nr. 1), S. 99 ff., 125.

Ausschussvorsitzende Wilhelm Kißkalt, Vorstandsvorsitzender der Münchener Rückversicherung, bewusst »eine Reihe von Herren der jüngeren Generation eingeladen«, weil die »Mischung von neuen Ideen einerseits und von alten Erfahrungen andererseits zu einem guten Ergebnisse führen kann. [...] Ich glaube, daß wir auf diese Weise das Ziel erreichen und eine Form finden werden, die der Tendenz des [...] Leitsatzes ›Förderung der Betriebszwecke und gemeiner Nutzen von Volk und Staat‹ voll und ganz entspricht.«[202] Rechtsvergleichung bestimmte die Gesetzgebungsvorhaben im deutschen Gesellschaftsrecht mindestens seit dem gescheiterten Versuch der Frankfurter Paulskirche für ein Allgemeines Handelsgesetzbuch[203] und hatte die Aktiennovelle von 1884[204] ebenso begleitet wie die Debatten in Weimar.[205] Schlegelberger, der mit dem »abgesetzten König« der Entmachtung der Generalversammlung ein plakatives Stichwort gab[206], war vom Nutzen der Rechtsvergleichung ebenso überzeugt[207] wie die Akademie für Deutsches Recht. Diese ließ etwa Walter Hallstein noch 1937 im GmbH-Rechtsausschuss zur GmbH »in den Auslandsrechten« vortragen[208] und sorgte sich – in Gestalt des erwähnten Heinrich Stoll – schon 1934 in einem Zivilrechtsausschuss, wie man sich der dringend benötigten Hilfe des Kaiser-Wilhelm-Instituts versichern konnte, wenn doch dessen Leiter Ernst Rabel ein Jude sei. Ging der dortige Ausschussvorsitzende Justus Wilhelm Hedemann darüber

202 Kißkalt, bei Schubert (Hg.), Ausschuß für Aktienrecht (Protokolle Nr. 1), S. LVI f., 20 f., in Anlehnung an den von Kißkalt eingangs der Beratungen (ebd., S. 20) verlesenen § 1 des Gesetzes zur Ordnung der nationalen Arbeit vom 20.01.1934, RGBl. I, S. 45–56, 45: »Im Betriebe arbeiten der Unternehmer als Führer des Betriebes, die Angestellten und Arbeiter als Gefolgschaft gemeinsam zur Förderung der Betriebszwecke und zum gemeinsamen Nutzen von Volk und Staat.«

203 *Theodor Baums*, Einleitung, in: Ders. (Hg.), Entwurf eines allgemeinen Handelsgesetzbuches für Deutschland (1848/49) (Abhandlungen aus dem gesamten Bürgerlichen Recht, Handelsrecht und Wirtschaftsrecht Nr. 54/Beihefte der Zeitschrift für das gesamte Handelsrecht und Wirtschaftsrecht), Heidelberg 1982, S. 10 ff., 39. So wurden in den Motiven zu den einzelnen Normen stets etwa das französische, holländische und spanische Recht herangezogen.

204 Beilage A. »Ausländisches Aktienrecht« zum Entwurf eines Gesetzes, betreffend die Kommanditgesellschaften auf Aktien und die Aktiengesellschaften vom 7. März 1884, Schubert/Hommelhoff (Hg.), Hundert Jahre modernes Aktienrecht, S. 522–559.

205 *Hein*, Die Rezeption US-amerikanischen Gesellschaftsrechts in Deutschland, S. 133 ff.

206 Wie Fn. 181.

207 Vgl. bereits oben bei Fn. 193.

208 *Walter Hallstein*, Die Gesellschaft mit beschränkter Haftung in den Auslandsrechten, Zeitschrift für internationales und ausländisches Privatrecht 12 (1938/39), S. 341–451; Vortragsfassung vom 28. Oktober 1937 bei Schubert (Hg.), Ausschuß für G.m.b.H.-Recht (Protokolle Nr. 2), S. 163–184.

hinweg,[209] warum sollte der Aktienrechtsausschuss nicht im selben Jahr auf Zahn hören, der in jenem Institut ja nur gearbeitet hatte? Zahns Expertise war gewiss willkommen, hielt es doch der spätere Rabel-Nachfolger Ernst Heymann[210] bereits in seinem ersten Statement in der ersten Ausschusssitzung »für unmöglich, ohne Zusammenhang mit dem Ausland zu arbeiten«, unter anderem, »weil ein überaus großes geistiges Gut in dem ausländischen Recht vorhanden sei, das man keinesfalls übersehen dürfe. Es sei z.B. die Frage der Führerstellung in großem Umfang durch das englisch-amerikanische Recht geklärt«.[211]

Dennoch sind Zweifel angebracht, zumindest was die Rolle Zahns angeht.[212] Diese Zweifel folgen aus der Arbeit selbst, aber auch aus dem (fehlenden) Echo, das Zahn im Ausschuss und darüber hinaus hatte.[213] Wer Zahns Arbeit las, musste sich wundern, was darin – genau wie in der NS-Wirtschaftspolitik[214] – alles zusammenpassen sollte: aus Amerika kapitalistisches Gewinnstreben bei möglichster Freiheit des Individuums einerseits, was Zahn eigentlich vehement

209 Vgl. die Redebeiträge von Heinrich Stoll und Justus Wilhelm Hedemann in der Sitzung vom 19.12.1934, in: Werner Schubert (Hg.), Ausschuß für Personen-, Vereins- und Schuldrecht. 1934–1936 (Mietrecht, Recht der Leistungsstörungen. Sicherungsübereignung, Eigentumsvorbehalt, Sicherungszession. Luftverschollenheit) (Akademie für Deutsches Recht 1933–1945. Protokolle der Ausschüsse Nr. 3,3), Berlin 1990, S. 151 f.; aufgegriffen bereits bei *Rabe*, Pflichtverletzung als Grundtatbestand des Leistungsstörungsrechts, Zeitschrift für Wirtschaftsrecht 17 (1996), S. 1653 Fn. 33. Vgl. außerdem *Lösch*, Der nackte Geist, S. 171 ff., zu Rabel ebd., S. 174.

210 Zum erzwungenen Rücktritt Rabels und zur Nachfolge durch Heymann *Kunze*, Rabel und das Kaiser-Wilhelm-Institut für ausländisches und internationales Privatrecht 1926–1945; *Lösch*, Der nackte Geist, S. 362 f., 367 ff.

211 Schubert (Hg.), Ausschuß für Aktienrecht (Protokolle Nr. 1), S. 12.

212 *Mertens*, Das Aktiengesetz von 1937 – unpolitischer Schlussstein oder ideologischer Neuanfang?, ZNR 29 (2007), S. 98 Fn. 54; dagegen *Hein*, Die Rezeption US-amerikanischen Gesellschaftsrechts in Deutschland, S. 184 Fn. 891; dem zustimmend *Martin Gelter*, Taming or protecting the modern corporation? Shareholder-stakeholder debates in a comparative light, NYU Journal of Law & Business 7 (2011), S. 643–730, 692 f.

213 Soweit ersichtlich wurde Zahn zeitgenössisch jeweils knapp zitiert bei *Paul Fischer*, Die Aktiengesellschaft in der nationalsozialistischen Wirtschaft. Ein Beitrag zur Reform des Gesellschaftsrechts, München 1936, S. 37, 86 f.; *Fritz Meinshausen*, Die Stellung des Aktionärs in der Aktiengesellschaft (Dissertation Heidelberg 1936), Bottrop 1936, S. 108 (nur Literaturverzeichnis); *Rodo von Salis*, Das autorisierte Kapital. Rechtsvergleichende Behandlung von Gründungsfinanzierung und Kapitalerhöhung der Aktiengesellschaft (Dissertation Zürich 1937), Berlin 1937, S. 7, 13, 19, 150 ff., 229; *Heinrich Triepel*, Die Hegemonie. Ein Buch von führenden Staaten, Stuttgart 1938, S. 75, 116; *Klaus Voswinckel*, Das Strukturbild der deutschen Aktiengesellschaften unter besonderer Berücksichtigung ihres gesellschaftlichen Aufbaus (Dissertation Hamburg 1936), Hamburg 1938, S. 85.

214 Siehe Fn. 13.

ablehnte[215], aus Deutschland nationalsozialistisches Führerprinzip in einer staatlich gelenkten Wirtschaft anderseits.[216] Vielleicht hatte Zahn Vorboten des *new deal* gespürt und sah gewisse Parallelen?[217] Mochten die tatsächlichen Herrschaftsverhältnisse den Vorstand wie den *director* begünstigen – Zahn stellte das traditionelle, auf beiden Seiten des Atlantiks anerkannte rechtliche Verhältnis von Aktionären und Geschäftsführung auf den Kopf.[218]

Die Zeitschrift »Europäische Revue« brachte im Juliheft 1934, das mit einem Vortrag von Joseph Goebbels aufmachte und Texte etwa von Sir Arnold Wilson über »Charakter und Lebensauffassung des englischen Volkes« oder Paul Valéry »Über die Idee der Diktatur« enthielt, eine kurze zustimmende Rezension, die Zahns Arbeit als beispielhaft lobte: »Auf dem Gebiete des Rechtes liegen die ersten wissenschaftlichen Abhandlungen vor, die schon ganz vom Führergedanken ausgehen.« Einem Referat der Arbeit folgte

215 *Zahn*, Kapitalgesellschaften, Wirtschaftsführertum und Staat, Deutsches Recht 3 (1933), S. 229 f.: »Das nackte Streben nach hohen Dividenden um jeden Preis ist schon verderblich genug […]. Über diese ›Dividendenlüsternheit‹ der Aktionäre hinaus hat sich in den letzten Jahrzehnten eine noch schlimmere Form des Gewinnstrebens entwickelt, das Streben nach Börsengewinn durch Kursschwankungen. Diese Gewinne […] haben als Selbstzweck überhaupt keine Berechtigung« und müssten nach den Vorgaben des Parteiprogramms beseitigt werden; ähnlich *Zahn*, Wirtschaftsführertum und Vertragsethik im neuen Aktienrecht, S. 150.

216 Ebd., S. 14, 17, 41, 48, 96, 200 ff., ebd., S. 17, sah diesen Widerspruch durchaus: »Im amerikanischen Gesellschaftsrecht [beruht] das Führerprinzip, das letzten Endes eine der wesentlichsten Grundlagen des Erfolges der amerikanischen Wirtschaftskönige gewesen ist, […] auf gänzlich anderen Grundlagen, als der vom deutschen Nationalsozialismus herausgearbeitete Führergedanke. Immerhin ist daran festzuhalten, daß es in seiner praktischen Ausgestaltung in vielen Punkten auf dasselbe herauskommt.«

217 Vgl. *Wolfgang Schivelbusch*, Entfernte Verwandtschaft. Faschismus, Nationalsozialismus, New Deal 1933–1939, München 2005, S. 23 ff. Freilich wurde Zahn vorgeworfen, neue, ›sozialere‹ Ansätze in der Betrachtung der Aktiengesellschaften in Amerika übersehen zu haben, siehe unten Fn. 242.

218 Kritisch zu Zahns These, dass der Vorstand die Aktionäre führe (*Zahn*, Wirtschaftsführertum und Vertragsethik im neuen Aktienrecht, S. 95), mit Blick auf das in Deutschland wie Amerika traditionell umgekehrte Prinzipal-Agenten-Verhältnis *Markus Roth*, Besondere Regeln für geschlossene und börsennotierte Gesellschaften, in: Stefan Grundmann u. a. (Hg.), Festschrift für Klaus J. Hopt zum 70. Geburtstag am 24. August 2010. Unternehmen, Markt und Verantwortung, Berlin 2010, S. 1261–1278, 1269; ähnlich zuvor *Frederick Alexander Mann*, The New German Company Law and Its Background, Journal of Comparative Legislation and International Law 19 (1937), S. 220–238, 227: »the gentlemen of the Board are not masters, but servants. – L'État, çe sont nous«. Bemerkenswert ist, dass der Berliner Ordinarius *Triepel*, Die Hegemonie, S. 75 diesen Punkt hervorhob. Zu Triepel *Lösch*, Der nackte Geist, S. 151 f., 376 ff. und passim; *Christian Tomuschat*, Heinrich Triepel (1868–1946), in: Stefan Grundmann u. a. (Hg.), Festschrift 200 Jahre Juristische Fakultät der Humboldt-Universität zu Berlin: Geschichte, Gegenwart und Zukunft, Berlin 2010, S. 497–521, 507 ff.

die Hoffnung: »Wenn der Nationalsozialismus auf seinem Wege zu germanistischen Grundlagen zu Regelungen schreitet, die angelsächsischen parallel laufen, wird dies das Verständnis für den Nationalsozialismus in diesen Ländern wesentlich erleichtern.«[219]

Die Reaktionen in der Fachliteratur waren hingegen verhalten bis äußerst kritisch. Erhard Drechsler, Sohn eines Vorstandes der Hannoverschen Landeskreditanstalt und Mitgliedes in einem immobilienrechtlichen Akademieausschuss, hatte in Göttingen bei Julius von Gierke über ein ähnliches Thema promoviert und die Arbeit in der führenden wirtschaftsrechtlichen Archivzeitschrift publiziert.[220] Er zitierte Zahn mit der Aussage, dass das anglo-amerikanische Aktienrecht auf deutsch-rechtlicher Grundlage beruhe und daher mit der Anlehnung beim Führerprinzip nur auf eigenes Kulturgut zurückgegriffen werde, hielt dem aber die einflussreiche Berliner Rede von Hjalmar Schacht entgegen.[221] Schacht hatte dort schlicht gefragt, woher denn die vom Prinzip geforderten Führer kommen sollten;[222] ein Aspekt, der auch im Ausschuss die Gemüter bewegt[223], den Zahn aber nur gestreift hatte.[224]

219 Die Rezension ist gezeichnet mit »A. M.« in der Rubrik »Neue Bücher« enthalten, Europäische Revue 10 (1934), S. 472; der genannte Goebbels-Vortrag (»Das nationalsozialistische Deutschland als Faktor des europäischen Friedens«) vom 13.06.1934 im Polnischen Kulturbund in Warschau, ebd., S. 401–417. Weitere nach Manuskriptschluss aufgefundene positive Kurzbesprechungen konnten hier nicht mehr berücksichtigt werden.

220 *Erhard Drechsler*, Die rechtliche Stellung des Aktionärs in den Vereinigten Staaten von Nordamerika, Zeitschrift für das gesamte Handelsrecht und Konkursrecht 103 (1936), S. 222–270, 268 f. Drechsler war verheiratet mit der Tochter des Pfarrers der St. Peter's Episcopal Church in Albany, die er offenbar während einer gemeinsamen Studienzeit in München und Berlin kennen gelernt hatte; außerdem hatte er in Lausanne und Göttingen sowie »durch Vermittlung des Deutschen Akademischen Austauschdienstes« in Springfield, Missouri, studiert, Angaben nach dem Lebenslauf im Seperatdruck der Dissertation (Stuttgart 1936) und nach der Albany Evening News vom 22.01.1934, S. 8. Biographische Angaben zu Wolfgang Drechsler bei *Werner Schubert*, Einleitung, in: Ders. (Hg.), Ausschüsse für Immobiliarkredit, Bodenrecht (allgemeines Grundstücksrecht), Hypothekenrecht und Enteignungsrecht (1934–1942) (Akademie für Deutsches Recht 1933–1945. Protokolle der Ausschüsse Nr. 3,7), Berlin 1995, S. XLIV.

221 *Schacht*, Die deutsche Aktienrechtsreform. *Drechsler*, Die rechtliche Stellung des Aktionärs in den Vereinigten Staaten von Nordamerika, Zeitschrift für das gesamte Handelsrecht und Konkursrecht 103 (1936), S. 269, zitierte Zahn mit falscher Seitenzahl (S. 206) und Schacht nach einem Zeitungsbericht im Berliner Börsen-Kurier vom 30.11.1935.

222 *Schacht*, Die deutsche Aktienrechtsreform, S. 13 f.

223 Z. B. Reichsgerichtsrat Eugen Kolb, aber auch Wilhelm Keppler und Carl-Friedrich von Siemens, bei Schubert (Hg.), Ausschuß für Aktienrecht (Protokolle Nr. 1), S. 69 f., S. 83 f., 96, 108, dort S. LVII zu Kolb; zu Keppler und Siemens unten II.3.d).

224 *Zahn*, Kapitalgesellschaften, Wirtschaftsführertum und Staat, Deutsches Recht 3 (1933), S. 231; *Zahn*, Wirtschaftsführertum und Vertragsethik im neuen Aktienrecht, S. 95 f.

Paul Gieseke, damals Ordinarius in Marburg und Mitglied im Akademieausschuss für Bodenrecht[225], rezensierte Zahns Arbeit in der Zeitschrift von Rabels Institut, an dem die Arbeit zum Teil entstanden war.[226] Gieseke konzedierte, dass Zahn eine »selbständige, aber verantwortliche Stellung des Vorstandes« bereits »in manchen Beziehungen so, wie sie jetzt im Aktiengesetz verwirklicht ist«, frühzeitig gefordert hatte. Er meinte aber, dass Zahn, indem er die in Deutschland überkommene »Abhängigkeit des Vorstandes von anderen Instanzen« und die in Amerika vorhandene »feste Herrschaft der Direktoren über das Unternehmen« gegenüberstellte, »manches überspitzt« habe.[227] Zudem habe er den Zweck der Aktiengesellschaft darauf reduziert, die Erträge für Aktionäre zu optimieren, ohne hier oder zumindest bei der Verantwortung des Vorstands auf die »Belange der Gefolgschaft« einzugehen; stattdessen habe er die Lehre vom »Unternehmen an sich«[228] als »marxistisch-sozialistisch« diffamiert.[229] Zahns von der deutschen Aktienreform verworfene Bedenken gegen stimmrechtslose Aktien, die dem Ak-

225 *Schubert*, Einleitung, in: Ders. (Hg.), Ausschüsse für Immobiliarkredit, Bodenrecht (allgemeines Grundstücksrecht), Hypothekenrecht und Enteignungsrecht (Protokolle Nr. 3,7), S. XLIV, 51 ff.; *Bähr*, »Recht der staatlich organisierten Wirtschaft«, in: Ders./Banken (Hg.), Wirtschaftssteuerung durch Recht im Nationalsozialismus, S. 469.

226 *Paul Gieseke*, Rezension zu *Zahn*, Wirtschaftsführertum und Vertragsethik im neuen Aktienrecht, in: Zeitschrift für internationales und ausländisches Privatrecht 11 (1937), S. 737–739.

227 *Gieseke*, Rezension, Zeitschrift für internationales und ausländisches Privatrecht 11 (1937), S. 738, unter Hinweis auf den Ernst Heymann gewidmeten Festschriftenbeitrag von *Paul Gieseke*, Grundsätzliches zur Reform des Aktienrechts. Probleme und Schlagworte, in: Friedrich Klausing/Hans Carl Nipperdey/Arthur Nußbaum (Hg.), Beiträge zum Wirtschaftsrecht, Marburg 1931, Bd. 2: Einzelfragen, S. 744–764, bes. S. 750 ff.

228 Siehe Fn. 164.

229 *Gieseke*, Rezension, Zeitschrift für internationales und ausländisches Privatrecht 11 (1937), S. 738 f. zu *Zahn*, Wirtschaftsführertum und Vertragsethik im neuen Aktienrecht, S. 39, 41, 95 f. Mit dieser Aussage wurde Zahn offenbar am meisten zitiert, vgl. *Karl-Heinz Mertens*, Gegenstand und Zielsetzung einer Reform des Aktiengesetzes (Dissertation), Köln 1959, S. 60; *Wolfgang Zöllner*, Die Schranken mitgliedschaftlicher Stimmrechtsmacht bei den privatrechtlichen Personenverbänden (Schriften des Instituts für Wirtschaftsrecht an der Universität Köln Nr. 15), München 1963, S. 70 (kritisch); *Dirk.-J. Steinhoff*, Die Diskussion um die Umgestaltung der Unternehmungsverfassung. Von der kapitalbestimmten zur arbeitsmitbestimmten Unternehmensverfassung (Dissertation), Bochum 1969, S. 32. Dagegen brachte der aus Deutschland emigrierte *Mann*, The New German Company Law and Its Background, Journal of Comparative Legislation and International Law 19 (1937), S. 227, die »Fascist tyranny of the Board« in Verbindung mit der »theory of the ›enterprise as such‹«, aufgegriffen von *Markus Roth*, Private Altersvorsorge als Aspekt der Corporate Governance, Zeitschrift für Unternehmens- und Gesellschaftsrecht 41 (2011), S. 516–557, 541. Vgl. *Horst Heinrich Jakobs*, Frederick Alexander Mann (1907–1991), in: *Jakobs*, Gedenkreden auf Frederick Alexander Mann, Brigitte Knobbe-Keuk und Werner Flume (Bonner rechtswissenschaftliche Abhandlungen N. F. Nr. 8), Göttingen 2011, S. 11–29, bes. S. 12 ff.

tionär Gewinne gewähren, aber ihm jeden Einfluss nehmen, seien bei »einer Aktiengesellschaft und einem Vorstand, die nicht von der Mentalität eines rücksichtslosen Liberalismus beherrscht sind, und bei geeigneter gesetzlicher Regelung […] offenbar nicht aufrechtzuerhalten«.[230]

Der Breslauer Ordinarius Hans Würdinger, zu jener Zeit Vorsitzender des Akademieausschusses für Personengesellschaftsrecht[231] und Redner auf Carl Schmitts Tagung über das »Judentum in der Rechtswissenschaft«[232], nach dem Krieg gewiss ohne Zusammenhang damit Ernst Geßlers Doktorvater[233], wies alle Vorschläge Zahns zurück.[234] So habe Zahn die von ihm selbst herausgearbeitete »psychologische Gegensätzlichkeit stark übertrieben«, nach welcher »das amerikanische Publikum sein Geld einem bestimmten Unternehmer zur Verfügung stelle, während der Deutsche sein Geld in ein Unternehmen stecke«. »Ist es nicht so, daß sowohl bei uns viele Namen von Unternehmern mindestens ebenbürtig amerikanischen Größen gegenüberstehen, wie es auch andererseits in Amerika Tausende von Unternehmungen gibt, deren Leiter beim Publikum ebenso wenig bekannt sind, wie das bei uns der

230 *Gieseke*, Rezension, Zeitschrift für internationales und ausländisches Privatrecht 11 (1937), S. 739. Verkürzt ist jedoch die Annahme von *Kunze*, Ernst Rabel und das Kaiser-Wilhelm-Institut für ausländisches und internationales Privatrecht 1926–1945, S. 129 Fn. 355, *Gieseke* habe bei Zahn eine »Tendenz zum ›Wirtschaftsliberalismus‹« kritisiert.

231 Ab 1937, *Schubert*, Einleitung, in: Ders. (Hg.), Ausschüsse für den gewerblichen Rechtsschutz (Protokolle Nr. 9), S. XXIX, LVI; biographische Angaben bei Schubert (Hg.), Ausschuß für Personen-, Vereins- und Schuldrecht (Protokolle Nr. 3,3), S. 87 f.

232 Dazu bereits oben Fn. 73. Würdingers Vortrag über »Das Judentum im Handels- und Rechtsverkehrsrecht« wurde aus unbekannten Gründen nicht gedruckt und ist nur durch einen anonymen Tagungsbericht (Das Judentum in der Rechts- und Wirtschaftswissenschaft. Bericht über die Tagung der Reichsgruppe Hochschullehrer des NSRB am 3. und 4. Oktober in Berlin, Deutsche Juristen-Zeitung 41 [1936], Sp. 1228–1232, 1230, mit den Thesen, »daß der jüdische Einfluß sich im *Handelsrecht* vor allem in der Praxis gezeigt hat. Kennzeichnend für jüdisches Wirken ist etwa der Satz, daß der Impuls zur Rechtsentwicklung aus der Rechtsumgehung komme! Kennzeichnend ist weiter die jüdische Auffassung des Konkurses als eines normalen Mittels finanzieller Sanierung.«), und durch bloße Namensnennung bei *Otto Zeller*, Befreiung vom Judentum. Tagung der Reichsgruppe Hochschullehrer des NS-Rechtswahrer-Bundes am 3. und 4. Oktober 1936 in Berlin, JW 65 (1936), S. 2907–2909, als tatsächlich gehalten belegt. Vgl. *Jan Thiessen*, »Ein ungeahnter Erfolg« – zur (Rezeptions-)Geschichte von Hermann Staubs Kommentaren, in: Henne/Schröder/Thiessen (Hg.), Anwalt – Kommentator – ›Entdecker‹, S. 55–108, 107 f. Fn. 282.

233 *Ernst Geßler*, Der Ausgleichsanspruch der Handels- und Versicherungsvertreter. Entstehungsgeschichte und Auslegung des § 89b HGB (Dissertation Hamburg 1953). Dazu *Flume*, Ernst Geßler zum Gedächtnis, Die Aktiengesellschaft 33 (1988), S. 89: »Auch die Dissertation ist als Referentenkommentierung dem Gesetzgeber Geßler zuzurechnen.«

234 Zum Folgenden *Hans Würdinger*, Rezension zu *Zahn*, Wirtschaftsführertum und Vertragsethik im neuen Aktienrecht, Jahrbücher für Nationalökonomie und Statistik 143 (1936), S. 625–628.

Fall ist, die aber als unbekannte Pioniere im Wirtschaftskampf nicht weniger vertrauenswürdig erscheinen?« Würdinger bezweifelte, dass aus dem nur scheinbaren Gegensatz zwischen Deutschland und den Vereinigten Staaten gesetzgeberische Konsequenzen gezogen werden könnten, insbesondere für das Führerprinzip: »Vom ideellen rechtspolitischen Standpunkt aus ist es sicher richtig, [...] daß bei der Neugestaltung der gewerblichen Unternehmungsformen die verantwortungsbewußte Einzelpersönlichkeit des Wirtschaftsführers vorangestellt werden müsse. Aber in der Praxis läßt sich das schwer verwirklichen.« Folgerichtig rügte Würdinger, dass der Leser »über die praktische Bewährung« der von Zahn favorisierten größeren Unabhängigkeit des Vorstands nichts erfahre, zumal die deutsche Reform »nicht mit Unrecht von der allzu großen Verselbständigung der Unternehmensleitung, wie sie ursprünglich vorgeschlagen war«, wieder abgerückt sei.[235] Unklar bleibe, wie sich die von Zahn vorgeschlagenen Komponenten der Vorstandshaftung zueinander verhielten, die nach Zahn eine zivilrechtliche Verantwortung gegenüber den Aktionären, eine »ständische Verantwortlichkeit« und eine »besondere Verantwortlichkeit gegenüber dem Staate« miteinander verbinde. Bei der These, dass die Aktionäre in Amerika in einem unmittelbaren, zur Treue verpflichtenden Vertragsverhältnis zueinander stünden, sei Zahn »an der eigentlichen Kernfrage vorbeigegangen. [...] Was ist der Inhalt der Treuepflicht? Was ist die Folge der Verletzung? Es kann doch nicht eine Klage jedes einzelnen Aktionärs gegen jedes einzelne Mitglied auf Vertragserfüllung stattfinden. [...] Nichts wäre einfacher, als daß der Gesetzgeber bestimmte, die Aktionäre seien einander zur Treue verpflichtet«. Praktisch sei das Verhältnis der Mehrheit zur Minderheit hiermit aber nicht zu lösen. Würdinger verteidigte deshalb das Recht der deutschen Aktionäre, »unredliche und unfaire Beschlüsse« der Aktionärsmehrheit vor Gericht anzufechten.

Einen veritablen Verriss schrieb Friedrich Kessler im University of Pennsylvania Law Journal.[236] Kessler, der sich an der Handelshochschule Berlin habilitiert und an Rabels Institut als Referent gearbeitet hatte[237], war bereits Mitte 1934 aus politischer Überzeugung und mit Rücksicht auf seine jüdische Ehefrau in die Vereinigten Staaten emigriert und hatte zunächst eine

235 Hier spielte Würdinger offenbar auf die nach der Rede von *Schacht*, Die deutsche Aktienrechtsreform, gemäßigte Richtung der Reform an.

236 Zum Folgenden *Friedrich Kessler*, Rezension zu *Zahn*, Wirtschaftsführertum und Vertragsethik im neuen Aktienrecht, University of Pennsylvania Law Review 83 (1934–35), S. 393–396.

237 Die †-Fußnote bei *Kessler*, Rezension, University of Pennsylvania Law Review 83 (1934–35), S. 396, nennt Kessler im Präsens »Privatdozent in the Handelshochschule, Berlin; Referent of the Institut für ausländisches und internationales Privatrecht«.

Stelle als »Instructor« an der Yale University gefunden.[238] Nun mochte man ihm einen etwaigen Groll gegenüber denjenigen, die in seiner Heimat munter Rechtspolitik betrieben, während er sich im Exil durchschlagen musste, nicht verübeln.[239] Viel wichtiger war jedoch, dass Kessler – anders als Gieseke und Würdinger – keine Rücksicht auf einen Autor nehmen musste, der vorgab, im Sinne der nationalsozialistischen Rechtserneuerung zu schreiben. Und so nahm Kessler Zahns Text Schritt für Schritt auseinander, warf ihm vor, dass er durch seine oberflächliche Philosophie[240] emotional vorgeprägt gewesen sei und deshalb gefunden, was er gesucht habe[241], dass er unter an-

238 Kessler lehrte später in Chicago, Yale und Berkeley; dazu und zu Kesslers Werk *Ernst C. Stiefel/Frank Mecklenburg*, Deutsche Juristen im amerikanischen Exil (1933–1950), Tübingen 1991, S. 59f.; *Herbert Bernstein*, Friedrich Kessler's American Contract Scholarship and its Political Subtext, in: Marcus Lutter/Ernst C. Stiefel/Michael H. Hoeflich (Hg.), Der Einfluß deutscher Emigranten auf die Rechtsentwicklung in den USA und in Deutschland. Vorträge und Referate des Bonner Symposions im September 1991, Tübingen 1993, S. 85–93, 86; *Christian Joerges*, Geschichte als Nicht-Geschichte: Unterschiede und Ungleichzeitigkeiten zwischen Friedrich Kessler und der deutschen Rechtswissenschaft, in: Lutter/Stiefel/Hoeflich (Hg.), Der Einfluß deutscher Emigranten auf die Rechtsentwicklung in den USA und in Deutschland, S. 221–253, 224ff.; *Johannes Köndgen*, Friedrich Kessler – Ein Grenzgänger zwischen den Disziplinen, in: Lutter/Stiefel/Hoeflich (Hg.), Der Einfluß deutscher Emigranten auf die Rechtsentwicklung in den USA und in Deutschland, S. 287–299, 287; *Otto Sandrock*, Friedrich Kessler und das anglo-amerikanische Vertragsrecht. Lehren für das internationale Vertragsrecht, in: Lutter/Stiefel/Hoeflich (Hg.), Der Einfluß deutscher Emigranten auf die Rechtsentwicklung in den USA und in Deutschland, S. 475–486, 475f.

239 Zum Verhältnis von Kesslers Theorien zu den in Deutschland entwickelten Lehren differenzierend *Joerges*, Geschichte als Nicht-Geschichte, in: Lutter/Stiefel/Hoeflich (Hg.), Der Einfluß deutscher Emigranten auf die Rechtsentwicklung in den USA und in Deutschland, S. 232ff., 247ff.

240 *Kessler*, Rezension, S. 393f.: »Dr. Zahn has developed a philosophic explanation of these contrasts, and sees them as arising from different views of life itself. The American outlook is liberal, individualistic, and materialistic, and recognizes as the highest value the greatest economic success. […] As a consequence the American investor invests not in the enterprise but in the management, and thus the directors are given the freest rein to be as successful as possible. But Dr. Zahn failed to complete his picture by presenting his views of the economic philosophy of the German people. Presumably he regards it as more idealistic. […] It is not the object of this review minutely to investigate the soundness of his contradictory and seemingly superficial philosophy«.

241 *Kessler*, Rezension, S. 393: »The ambitious author has not confined himself to a simple comparison of the two systems of law, but has written his book with a distinct objective: he wishes it to be his contribution to the planned reconstruction of the German corporation law according to the fundamental principles of the Third Reich, *i. e.*, the legal concepts developed by the genuine Germanic law. To accomplish his purpose he seeks to discover the leading principles of the corporation law of the United States, whose law belongs to the great family of Germanic law. Perhaps it would be a fair criticism to say that like many scholars who have sought underlying principles he has allowed his objective to color his deductions. In short, he has discovered what he wished to discover.« Siehe noch das Zitat in Fn. 243.

derem das grundlegende neue Werk zum amerikanischen Recht von Berle und Means nicht rezipiert habe, »which would have been most helpful«[242], dass er deshalb auch übersehen habe, dass seine Analyse des amerikanischen Rechts nicht nur an den Lehrmeinungen, sondern auch an den Tatsachen vorbeigehe[243], und vor allem, dass er widersprüchlich argumentiere, wenn er

242 *Kessler*, Rezension, S. 394 unter Hinweis auf *Adolf A. Berle/Gardiner C. Means*, The Modern Corporation and Private Property, New York 1932. *Kessler*, ebd., S. 395, hielt Zahn insbesondere entgegen, dass die von Zahn favorisierte Vertragsthese (oben bei Fn. 200) aufgrund gravierender ökonomischer Veränderungen in der neueren amerikanischen Literatur in Frage gestellt werde: »Furthermore every foreign lawyer who would draw inspiration from the American corporation law must bear in mind that this law in its present stage of development is not a homogeneous body of thougt, but is composed, roughly speaking, of two strata of legal concepts which are, in the last analysis, antagonistic, and each an outgrowth of its own economical background. Because of the changing economy, there is evidence that the contractual concept is gradually being replaced by the newer thought which conceives the corporation as an institution. Therefore, more valuable suggestions might have been gathered for his purpose had he focused his attention upon the utterances of such noteworthy critics of corporate management as Mr. Justice Louis D. Brandeis, Thorstein Veblen, William Z. Ripley, and more especially upon the proposal of Adolph A. Berle and Gard[i]ner C. Means to build a new concept of the business corporation which would take into account the separation of ownership and management in corporate structures. Possibly it would have disconcerted Dr. Zahn to have discovered in the last chapter of the work by Berle and Means the contention that a corporation not only has a profit-making function but is an economic institution with a social function [unter Hinweis auf *E. Merrick Dodd, Jr.*, For Whom are Corporate Managers Trustees?, Harvard Law Review 45 (1932), S. 1145–1163]. On the other hand one might inquire, in the light of his conclusions, how he would explain the fact that the German corporate legal system, of which he gives so unfriendly a picture, appeared to offer so little obstacle to the business careers of such outstanding personalities as Siemens, Emil Rathenau, Krupp, Borsig and others.«

243 *Kessler*, Rezension, S. 395: »His studies would have rendered a more valuable service had he avoided the emotional approach and pursued his inquiry by the more cautious and realistic institutional method so highly developed by numerous scholars of both countries. Thus he might have come to the realization that ›the‹ American shareholder (investor) and his counterpart, ›the‹ German shareholder, upon whom he erects his superstructure are, for his study, no proper ›ideal types‹ (Max Weber) to work with. At least, it would seem, he should have differentiated between the large and the small shareholder and the large and the small corporation; for their situations differ materially. And one cannot feel that his conclusion that in the American corporation law system the fundamental power of control is exercised by the board of directors bears a stamp of a hasty generalization. The situation, in reality, is more complex and, as Berle and Means have pointed out, there are five distinct types of control in operation. Only with regard to the so-called type of management control would Dr. Zahn's statement seem to be correct. And in this case the power of control has its source not in the economic philosophy of the small investor who hopes that the quotation of his stock shall increase, but is the result of a simple economic fact, namely, the wide dispersion of stock ownership. Furthermore, with reference to the supposedly contrasting situation in Germany, Richard Passow's monograph *Die Aktiengesellschaft*, which in fact Dr. Zahn has cited, discloses

die von ihm zur Adaption vorgeschlagene amerikanische Rechtslage auf Liberalismus und Individualismus und damit auf Werte zurückführe, die das »Dritte Reich« verhöhnt habe.[244]

Zwar ist nicht bekannt, ob das University of Pennsylvania Law Journal – außer in Rabels Institut – zu jener Zeit in Deutschland viel gelesen wurde.[245] Aber ähnliche Zweifel hatten – weniger deutlich – auch Gieseke und Würdinger ausgesprochen, und sie mussten sich jedem einigermaßen offenen Leser aufdrängen. So stimmte das neue Aktiengesetz von 1937 nur in einem Punkt mit Zahn überein: Der Vorstand hatte endgültig die Macht übernommen[246], aber ohne dass dies durch den Schutz des einzelnen Aktionärs kompensiert wurde, wie ihn das amerikanische Recht zumindest in der Theorie durch die ultra vires-Lehre und durch ein sehr weitreichendes Auskunftsrecht gewährleistete.[247] Stattdessen wurde der Vorstand zum ›Wohltäter‹

that the preponderance of the shareholders' meeting exists only in contemplation of statutory provisions of the German Code of Commerce, while in practise the situation is as complex as it is in the American corporation system.« Die Vielfalt der »verschiedensten Typen« von Aktiengesellschaften betonte im Akademieausschuss auch Breska, bei Schubert (Hg.), Ausschuß für Aktienrecht (Protokolle Nr. 1), S. 91. Vgl. *Richard Passow*, Die Aktiengesellschaft. Eine wirtschaftswissenschaftliche Studie, 2. Aufl., Jena 1922, S. 3 ff., 470 ff., 479 ff.; zu Passow *Szabó*, Vertreibung, Rückkehr, Wiedergutmachung, S. 149 ff. Zum »Idealtypus« *Richard Swedberg*, The Max Weber Dictionary. Key Words and Central Concepts, Stanford 2005, S. 119 ff. Zur management control *Ernst-Joachim Mestmäcker*, Verwaltung, Konzerngewalt und Rechte der Aktionäre. Eine rechtsvergleichende Untersuchung nach deutschem Aktienrecht und dem Recht der corporations in den Vereinigten Staaten, Karlsruhe 1958, S. 59 ff. Für heute rechtsvergleichend *Hein*, Die Rezeption US-amerikanischen Gesellschaftsrechts in Deutschland, S. 376 ff.

244 *Kessler*, Rezension, S. 394 f.: »Admitting – in fact asserting – that the so-called leadership principle of the American corporate system springs from a different ideology than that proclaimed by German national socialism, Dr. Zahn does not hesitate to propose to draw inspiration from the American pattern. [...] But it is startling that he would import the supposed results of ideas which he himself labels individualistic and liberal, two qualities so much scorned by national socialism; for if his premises were correct there would be no escape from the conclusion that the idea as a whole is unsuited to transplantation.«

245 Die Zeitschrift wurde von den wichtigsten deutschen Universitätsbibliotheken bezogen.

246 *Monia Manaa*, Machtübernahme in der Führungszentrale. Der Vorstand in Recht und Rechtswirklichkeit bis zum Aktiengesetz von 1937, in: Duss u. a. (Hg.), Rechtstransfer in der Geschichte, S. 498–519, 503 ff.

247 *Zahn*, Wirtschaftsführertum und Vertragsethik im neuen Aktienrecht, S. 54 ff., 127 ff. Das Fragerecht in der Hauptversammlung (§ 112 AktG 1937, heute §§ 131 f. AktG) blieb hinter dem von Zahn beschriebenen Zustand zurück, restriktiver als das Gesetz aber Breska im Aktienrechtsausschuss, Schubert (Hg.), Ausschuß für Aktienrecht (Protokolle Nr. 1), S. 272 ff. Zum Ursprung des § 112 AktG 1937 in den rechtsvergleichend motivierten Weimarer Vorschlägen *Hein*, Die Rezeption US-amerikanischen Gesellschaftsrechts in Deutschland, S. 167, 187.

diverser Interessen[248], und zwar kraft Gesetzes, nicht etwa aus vorausschauender Einsicht wie im Fall von Henry Ford, den die Brüder Dodge verklagt hatten, weil er Unternehmensgewinne nicht an die Aktionäre ausschütten, sondern investieren, Preise senken und Löhne erhöhen wollte.[249]

Die Widersprüche in Zahns Arbeit kamen nicht von ungefähr. Er hatte manche Gegensätze überhöht und andere nivelliert, um seine Ergebnisse in die rechtspolitische Debatte einbringen zu können. Eine für damalige Verhältnisse umfangreiche rechtsvergleichende Arbeit[250], deren Vorwort auf den 1. Januar 1934 datiert war und bereits Zahns kommende Anhörung im Akademieausschuss stolz erwähnte[251], konnte neben der beruflichen Tätigkeit kaum erst seit dem 30. Januar 1933 entstanden sein.[252] Zunächst war Zahn offenbar rein rechtsvergleichend und nicht ideologisch motiviert[253], was *prima facie* für Zahn und diejenigen spricht, die sich später auf ihn als ›trojanisches Pferd‹ der Rechtsvergleichung bei der Aktienreform 1937 berufen sollten.[254]

248 Siehe oben II.2.a), II.3.a). Zahn hatte hierzu vertreten, dass der Vorstand bei unmoralischem Verhalten durch ständische Organe für amtsunfähig erklärt werden könne, seine soziale Verantwortung gegenüber den Arbeitnehmern durch das Gesetz zur Ordnung der nationalen Arbeit (Fn. 202) abschließend geregelt sei und seine Verantwortung gegenüber der Allgemeinheit durch eine Rückkehr zum Konzessionssystem (vgl. Art. 280 Abs. 1 ADHGB 1861) gewährleistet werden solle, *Zahn*, Wirtschaftsführertum und Vertragsethik im neuen Aktienrecht, S. 199 ff.; *Zahn*, Kapitalgesellschaften, Wirtschaftsführertum und Staat, Deutsches Recht 3 (1933), S. 231; Schubert (Hg.), Ausschuß für Aktienrecht (Protokolle Nr. 1), S. 62 ff.

249 *Zahn*, Wirtschaftsführertum und Vertragsethik im neuen Aktienrecht, S. 41 ff.

250 Inklusive Quellenanhang 227 Seiten. Vgl. allerdings die mehr als 800 Seiten von *Fritz Ernst Schmey*, Aktie und Aktionär im Recht der Vereinigten Staaten mit besonderer Berücksichtigung der Trustbildung, Marburg 1930; vgl. daneben *Fritz Ernst Schmey*, Aktuelle Probleme des amerikanischen Aktienrechts, Zeitschrift für das gesamte Handelsrecht und Konkursrecht 96 (1931), S. 129–194.

251 *Zahn*, Wirtschaftsführertum und Vertragsethik im neuen Aktienrecht, S. 2. Demnach musste der Ausschussvorsitzende Kißkalt Zahn bereits eingeladen haben, bevor die am 9. Februar 1934 stattfindende Enquete am 9. Januar 1934 beschlossen wurde, Schubert (Hg.), Ausschuß für Aktienrecht (Protokolle Nr. 1), S. 13 f., 19 ff.

252 Vgl. oben Fn. 186. In Harvard hatte Zahn bereits 1931 gearbeitet. Deshalb ist es auch unwahrscheinlich, dass die Arbeit maßgeblich während Zahns Tätigkeit als Sachbearbeiter beim Centralverband des deutschen Bank- und Bankiergewerbes entstand, die Zahn erst 1933 antrat, so aber *Roth*, Private Altersvorsorge als Aspekt der Corporate Governance, Zeitschrift für Unternehmens- und Gesellschaftsrecht 41 (2011), S. 531; ähnlich *Riechers*, Das ›Unternehmen an sich‹, S. 159, der Zahn »als Funktionär im Bankgewerbe und Vertreter industrieller Interessen gleichzeitig« als »Gegner der Aktiendemokratie« ansieht. Denkbar ist allerdings, dass Zahn bestimmte Akzente im Sinne seines neuen Arbeitgebers setzte.

253 Auch die Rezensionen von Gieseke, Würdinger und Kessler erkannten an, dass der Rechtsvergleich als solcher mehr oder weniger gründlich ausgearbeitet war.

254 Geßler gegenüber *Schubert*, in: Schubert (Hg.), Ausschuß für Aktienrecht (Protokolle Nr. 1), S. XLVII Fn. 155a; *Hein*, Die Rezeption US-amerikanischen Gesellschaftsrechts in Deutschland, S. 183 f.; *Hein*, Vom Vorstandsvorsitzenden zum CEO?, Zeitschrift für das

Noch im Oktober 1933 sollte das Werk schlicht heißen: »Die Rechte des Aktionärs nach deutschem und amerikanischem Recht«.[255] Anscheinend sah Zahn nun aber – mit der Einladung der Akademie für Deutsches Recht in der Hand – seine Zeit gekommen, Rechtsgeschichte zu schreiben, indem er auf den Zug der neuen Zeit aufsprang, den Bruch mit Weimar betonte[256] und der Arbeit ihren pathetisch-prätentiösen Titel verpasste. Unglaubwürdig ist angesichts dieser Vorgeschichte, dass Zahn das amerikanische Recht wegen dessen angeblich germanischer Wurzeln ausgewählt habe.[257]

Die zeitgenössischen Protokolle lassen Zahn in dem Punkt, für den Geßler ihn in Anspruch nahm[258], kaum zu Wort kommen. Zahn selbst hob rückblickend die Vertragsthese und nicht das Führerprinzip hervor[259], was dem Verhältnis seiner Ausführungen im Ausschuss entsprach: »Ich glaube, ich kann mir hier Ausführungen darüber ersparen, daß wir im neuen Aktienrecht den Führergedanken zur Durchführung bringen wollen.«[260] Allerdings skizzierte Zahn anschließend in der Tat weitgehend die Rechtslage, wie sie dann 1937 angeordnet wurde: Der Vorstand solle vom Aufsichtsrat (oder sogar von der Generalversammlung) bestellt werden. Sei er aber einmal bestellt, solle er von der Generalversammlung unabhängiger sein als bisher, nämlich rechtlich unabhängig von Weisungen der Generalversammlung in Fragen der Geschäftsführung, nicht hingegen bei Strukturfragen, die weiterhin durch die Aktionäre zu entscheiden seien. Der Ausschussvorsitzende Kißkalt entließ Zahn allerdings mit Zweifeln, wie bei »Hunderttausenden

gesamte Handelsrecht und Wirtschaftsrecht 166 (2002), S. 476; *Roth*, Besondere Regeln für geschlossene und börsennotierte Gesellschaften, in: Grundmann u.a. (Hg.), Festschrift für Klaus J. Hopt zum 70. Geburtstag am 24. August 2010, S. 1268; *Roth*, Private Altersvorsorge als Aspekt der Corporate Governance, Zeitschrift für Unternehmens- und Gesellschaftsrecht 41 (2011), S. 531; *Susanne Kalss/Christina Burger/Georg Eckert*, Die Entwicklung des österreichischen Aktienrechts. Geschichte und Materialien, Wien 2003, S. 323.

255 Staatsbibiliothek Preußischer Kulturbesitz Berlin, Handschriftenabteilung, Dep. 42 (de Gruyter-Archiv), Nr. 627 (Konferenzberichte 1931–1944), Bl. 371. In ihrer Konferenz vom 31.10.1933 entschieden die Verlagslektoren, dass ein Druck von Zahns Werk, »etwa 15 Bogen«, »nur mit Zuschuss möglich« sei. Das Protokoll nennt als Autor »Dr. Johannes Zahn (Neviges, Berlin)«. Die Druckbögen der Arbeit von *Zahn*, Wirtschaftsführertum und Vertragsethik im neuen Aktienrecht sind auf jeder sechzehnten Seite (beginnend S. 1) noch mit »Zahn Rechte der Aktionäre« und der laufenden Nummer des Bogens gekennzeichnet.

256 *Zahn*, Wirtschaftsführertum und Vertragsethik im neuen Aktienrecht, S. 12.

257 Ebd., S. 1. Das Argumentationsmuster war freilich nicht unüblich, vgl. *Crisolli*, Entwurf eines Gesetzes zur Vereinheitlichung, S. 16, 25.

258 Siehe Fn. 185.

259 *Schubert*, in: Schubert (Hg.), Ausschuß für Aktienrecht (Protokolle Nr. 1), S. LXV.

260 Auch zum Folgenden Schubert (Hg.), Ausschuß für Aktienrecht (Protokolle Nr. 1), S. 61.

von Aktionären, wie z. B. bei der I. G.-Farbenindustrie A-G.« vertragliche Treuepflichten unter den Aktionären zu begründen seien und ob die Generalversammlung wohl jemals durch Beschlüsse in die Geschäftsführung einer Gesellschaft eingegriffen habe.[261] Zahn, dem in der zweiten Frage immerhin ein Bankier und ein Industrieller beisprangen, setzte gegenüber derlei praktischen Bedenken darauf, »daß die vorgeschlagenen Aenderungen auf psychologischem Gebiet eine starke Umwälzung hervorrufen« würden.[262]

d) Der »Beauftragte des Reichskanzlers für Wirtschaftsfragen« und die »Denkweise des Führers«

Das »Führerprinzip« nach amerikanischem Vorbild zog zwar schon am folgenden Tag, aber erst fünfunddreißig Protokollseiten später wieder in die Ausschussberatungen ein. Die Parallele zu Amerika zog zunächst – wie schon in Weimar – Ernst Heymann: »[M]an muß die Kompetenz der Generalversammlung zugunsten der Verwaltung beschneiden, wie das in England und Amerika geschehen ist«; »man muß freilich zunächst sehen, wie die Sache sich gestaltet.«[263] Die »Sache« zu gestalten war eigentlich Aufgabe des Ausschusses[264], der sich jedoch wie wahrscheinlich jedes Gremium im NS-Staat schwer tat, dem »Führer entgegen [zu] arbeiten«.[265] Denn der »Beauftragte des Reichskanzlers für Wirtschaftsfragen, Ingenieur Wilhelm Keppler«[266], auf dessen Direktive manche Ausschussmitglieder hofften, hatte sich »mit dem Führer über diese Frage […] *nicht* besprochen«.[267] Wenig später gestand Keppler »in seinem in der Kommission für Wirtschaftspolitik der NSDAP am 10. Juni 1934 gehaltenen Vortrag« ein, »daß es ein festumrissenes Wirtschaftsprogramm der Partei im landläufigen Sinne heute noch nicht gibt«.[268]

261 Auch zum Folgenden Schubert (Hg.), Ausschuß für Aktienrecht (Protokolle Nr. 1), S. 65 f.

262 Ebd., S. 62; ähnlich zuvor *Zahn*, Wirtschaftsführertum und Vertragsethik im neuen Aktienrecht, S. 202 f.

263 Schubert (Hg.), Ausschuß für Aktienrecht (Protokolle Nr. 1), S. 99, vgl. die weiteren Nachweise in Fn. 201.

264 Siehe Fn. 179.

265 Nach *Ian Kershaw*, Hitler 1889–1936, Stuttgart 1998, S. 963.

266 Biographische Angaben und Anwesenheitsliste der Sitzung vom 10.02.1934 bei Schubert (Hg.), Ausschuß für Aktienrecht (Protokolle Nr. 1), S. LVI, 79.

267 Keppler in der Sitzung vom 10.02.1934, Schubert (Hg.), Ausschuß für Aktienrecht (Protokolle Nr. 1), S. 119.

268 Zitiert nach *Harry Köhler*, Die Umwandlung von Kapitalgesellschaften durch Mehrheitsbeschluß nach der dritten und vierten Durchführungsverordnung zum Umwandlungsgesetz vom 2.XII.36 (RGBl. I S. 1003) und vom 24.VI.37 (RGBl. I S. 661) (Dissertation Leipzig 1938), S. 13. Vgl. bereits oben bei Fn. 13.

Folgerichtig rankten sich die Beiträge aller Redner um die juristisch diffusen, aber politisch eindeutigen Bemerkungen, die Keppler machte, »um der Diskussion eine gewisse Richtung zu geben«.[269]

Die Richtung war klar, denn Keppler hatte sich »selten über die Denkweise des Führers und seine Anschauung in diesen Fragen geirrt«.[270] Keppler verlangte nicht mehr und nicht weniger, als die Aktionäre kurzerhand zu entrechten, und rief hierdurch, wie er selbst sah, »[g]roßes Schweigen« hervor.[271] Kepplers Ideal war das zuvor von Kißkalt – wohl eher für den ›Geist‹ als für die praktischen Folgen – beschworene »Gesetz zur Ordnung der nationalen Arbeit«.[272] Danach sollte der Vorstand, lediglich beraten durch einen von ihm selbst aus dem Kreis der Aktionäre zusammengestellten, von den Aktionären nicht abgelehnten »Vertrauensrat«, allein herrschen.[273] Bis zu diesem »Idealzustand« wurde »als Zwischenlösung für die Schaffung des Ueberganges« die Generalversammlung der Aktionäre noch gebraucht. Jedoch durfte sie nach Kepplers Vorstellung »nicht in die Betriebsführung eingreifen, sie kann nicht irgendwie etwas bestimmend beschließen, sie kann nur dem Vorstand das Vertrauen aussprechen oder entziehen«. Genau so praktizierte es dann 1954 der Bundesgerichtshof im Anschluss an die Begründung und Literatur zum Aktiengesetz 1937.[274] Keppler gestand allenfalls zu, dass der Vorstand den Aktionären eine Frage zur Entscheidung vorlegen dürfe.[275] Auch dies ist seit 1937 und bis heute geltendes Recht.[276] Fast wörtlich wie Zahn es als amerikanische Volksmentalität beschrieben hatte, sah Keppler »im Aktienbesitz einen reinen Vertrauenskredit, einen persönlichen Kredit an den eigentlichen Unternehmer und Führer«.[277]

269 Schubert (Hg.), Ausschuß für Aktienrecht (Protokolle Nr. 1), S. 90. Den Einfluss Kepplers betont *Bahrenfuss*, Die Entstehung des Aktiengesetzes von 1965, S. 832.

270 Schubert (Hg.), Ausschuß für Aktienrecht (Protokolle Nr. 1), S. 119.

271 Schubert (Hg.), Ausschuß für Aktienrecht (Protokolle Nr. 1), S. 109 f. Das Schweigen folgte der Frage von Ministerialrat Karl Schmölder (vgl. Schubert [Hg.], Ausschuß für Aktienrecht [Protokolle Nr. 1], S. LXI), ob der einzelne Aktionär kein Anfechtungsrecht gegenüber der Generalversammlung mehr habe, einen Punkt, den *Würdinger*, Rezension zu *Zahn*, Wirtschaftsführertum und Vertragsethik im neuen Aktienrecht, Jahrbücher für Nationalökonomie und Statistik 143 (1936), S. 628, Zahn als Vorteil des deutschen Rechts entgegenhielt.

272 Siehe Fn. 202.

273 Zum Folgenden Schubert (Hg.), Ausschuß für Aktienrecht (Protokolle Nr. 1), S. 107–111.

274 Siehe Fn. 165.

275 Keppler bei Schubert (Hg.), Ausschuß für Aktienrecht (Protokolle Nr. 1), S. 110.

276 § 103 Abs. 2 AktG 1937; § 119 Abs. 2 AktG.

277 Schubert (Hg.), Ausschuß für Aktienrecht (Protokolle Nr. 1), S. 84, ähnlich S. 85, 90, dort S. 62 zu Zahn; näher *Zahn*, Wirtschaftsführertum und Vertragsethik im neuen Aktienrecht, S. 16: »Unternehmertum heißt Wirtschaftsführertum. Dieses ist, ebenso wie jedes andere Führertum, aufgebaut auf dem Vertrauen der Geführten.«

Kepplers Vorbild war freilich nicht Amerika, nicht Zahn und wohl auch nicht Max Weber[278], sondern Kepplers »Führer« und dessen Aufstieg: »[U]nser Kanzler Adolf Hitler, der Führer, zieht bei allen diesen Organisationsfragen die Parallele mit der Partei und mit der Politik und bildet hier vieles nach, weil er weiß, was sich dort bewährt hat. Letzten Endes kann man das auch fast immer auf die Wirtschaft übertragen. Bei jeder Sache dieser Art sagt der Führer: Was ist da in der Partei gemacht worden, welches war der Gang der Dinge?« Und wie war der Gang der Dinge? »Uebrigens hat der Führer gewissermaßen dieselbe Stellung und hat denselben Weg genommen wie ein Werner von Siemens. Er hat sich selbst durch Leistung hochgearbeitet. Er ist dann durch das Volk bestätigt worden, er fühlt sich dem Volke verantwortlich, er hat sich im November das Vertrauen des Volkes wieder bestätigen lassen und wird sich nach vier Jahren dem Volke wieder zur Wahl stellen.«[279]

Der mit diesen Worten angesprochene Aufsichtsratsvorsitzende Carl-Friedrich von Siemens entgegnete lakonisch: »Es ist heute schon Krupp erwähnt worden. Bei mir ist es genauso wie dort, wir sind beide nicht im Vorstand.«[280] Keppler und Siemens waren sich schnell einig, dass dies ein Fehler sei, der aber dadurch korrigiert werden könne, dass man einen Unternehmensführer brauche, der »chairman« des Vorstands und »Präsident« des Aufsichtsrats in einer Person sei. Hiermit konnten sich die meisten Teilnehmer der Ausschusssitzung arrangieren, wenngleich das damit apostrophierte, durch den IG-Farben-Vorstandsvorsitzenden Hermann Schmitz näher vorgestellte *board*-System in der Debatte unter anderem deshalb durchfiel[281], weil viele amerikanische Aktiengesellschaften sich in der Krise befanden und Schlegelberger das »mit Mühe und Fleiß« studierte Vorbild nicht in dem Moment übernehmen wollte, wo es im Ursprungsland möglicherweise »am Absterben« war.[282] So blieben Vorstands- und Aufsichtsratstätigkeit unvereinbar.[283]

278 *Max Weber*, Wirtschaft und Gesellschaft (Grundriß der Sozialökonomik 3), Tübingen 1922, S. 140 ff.

279 Schubert (Hg.), Ausschuß für Aktienrecht (Protokolle Nr. 1), S. 111 f.

280 Auch zum Folgenden Schubert (Hg.), Ausschuß für Aktienrecht (Protokolle Nr. 1), S. 112.

281 Dazu *Hein*, Die Rezeption US-amerikanischen Gesellschaftsrechts in Deutschland, S. 178 ff.

282 Vgl. insbesondere die Beiträge von Schmitz und Schlegelberger bei Schubert (Hg.), Ausschuß für Aktienrecht (Protokolle Nr. 1), S. 119 f., 122 f., dort S. LXI biographische Angaben zu Schmitz. Zum generellen methodischen Problem der »transplantation of a principle which has outlived its usefulness [in its native land]« auch *Kessler*, Rezension zu *Zahn*, Wirtschaftsführertum und Vertragsethik im neuen Aktienrecht, University of Pennsylvania Law Review 83 (1934–35), S. 396.

283 § 90 AktG 1937, § 105 AktG, zuvor Art. 225a ADHGB 1884, Begründung bei Schubert/Hommelhoff (Hg.), Hundert Jahre modernes Aktienrecht, S. 461.

Gab es bei diesem technischen Problem auch Kontroversen, so fragten doch Justizsstaatssekretär Schlegelberger und der Vorstandsvorsitzende des Reifenherstellers Continental Willy Tischbein von ihrem je unterschiedlichen Standpunkt aus stets bei Keppler – und natürlich nicht bei Zahn – nach, »wie sich unsere Führung die weitere Entwicklung denkt« und ob ein bestimmtes »Vorgehen in der Linie liegt, die die Regierung nun einmal zu gehen gewillt ist«,[284] und der Ausschussvorsitzende Kißkalt bedauerte in einer späteren, spärlich besuchten Sitzung, dass »die Herren, die abgesagt haben«, darunter Keppler und der NS-Wirtschaftstheoretiker Hans Buchner, »zu einem großen Teil alte Parteigenossen sind, auf deren Meinung wir ganz besonderen Wert gelegt hätten«.[285]

e) »Da die Demokratie dem Leben fremd ist«

Mit einem halben Jahrhundert Abstand war es für Geßler dennoch ein 27jähriger Referendar und nicht der Beauftragte des »Führers«, der die Richtung der Reform bestimmte.[286] Gewiss konnte Geßler mehr mit einem begabten Aktienrechtler als mit einem Parteifunktionär anfangen, auch wenn beide nahezu dasselbe mit nahezu denselben Worten forderten. Geßler, der Zahn weder in den dreißiger Jahren noch später persönlich kennengelernt haben mochte[287], war aber möglicherweise nachträglich von Zahns Bedeutung in der Bundesrepublik beeinflusst. Denn der junge Referendar war nun Privatbankier, zeitweise executive director der Weltbank[288] und vierzehnfaches Aufsichtsratsmitglied geworden,[289] in der Diktion des legendären Deutsche Bank-Chefs Hermann Josef Abs der »Weisheitszahn« im »Gebiß« einer vierköpfigen Bruderschaft von erfolg- und einflussreichen Unternehmern.[290] Zahn gehörte einer Sachverständigenkommission des Deut-

284 Tischbein, bei Schubert (Hg.), Ausschuß für Aktienrecht (Protokolle Nr. 1), S. 118ff., weitere Beiträge von Schlegelberger und Tischbein ebd., S. 108ff., 110ff., 122f., 128f.; biographische Angaben zu Tischbein ebd., S. LXIII.

285 Protokoll der Sitzung vom 25.10.1934, Schubert (Hg.), Ausschuß für Aktienrecht (Protokolle Nr. 1), S. 231f., dort S. LII, 15–18 zu Buchner.

286 Siehe Fn. 185.

287 Geßler war zu jener Zeit Assistent an der Berliner Universität bei Ernst Heymann, als Zahn seine Arbeit am Kaiser-Wilhelm-Institut für ausländisches und internationales Privatrecht verfasste, zu möglichen Überschneidungen oben bei Fn. 191, biographische Angaben zu Geßler bei *Bahrenfuss*, Die Entstehung des Aktiengesetzes von 1965, S. 883.

288 Dazu *Astrid von Pufendorf*, Otto Klepper (1888–1957). Deutscher Patriot und Weltbürger (Studien zur Zeitgeschichte 54), München 1997, S. 291.

289 Siehe Fn. 186.

290 DER SPIEGEL 43/1965 vom 20.10.1965, S. 60f.; vgl. *Lutz Hachmeister*, Schleyer. Eine deutsche Geschichte, München 2004, S. 266ff., 277.

schen Industrie- und Handelstags an, die eine Denkschrift »Zur Reform des Aktienrechts« vorlegte.[291] Auch Zahns Studie von 1934 wurde wieder zitiert[292], maßgeblich von Curt Eduard Fischer[293], einem Autor, der sich auch vor 1945 schon zu diesen Fragen hochpolitisch geäußert hatte[294] und nun die Arbeiten am neuen Aktienrecht kommentierte.[295]

»Wir können diese Ausführungen über Amerika, die viel Zeit gekostet haben, schließen.«[296] Geßlers Kronzeuge Zahn wurde hier deshalb mit allem

291 Deutscher Industrie- und Handelstag (Hg.), Zur Reform des Aktienrechts (Schriftenreihe des Deutschen Industrie- und Handelstages 30), Bonn 1954, S. 7.

292 *Mertens*, Gegenstand und Zielsetzung einer Reform des Aktiengesetzes, S. 60, 208; *Horst Wolf*, Die Aktie und die wirtschaftliche Wirklichkeit (Dissertation Köln 1963), S. 17, 91, 96, 177; *Zöllner*, Die Schranken mitgliedschaftlicher Stimmrechtsmacht bei den privatrechtlichen Personenverbänden, S. 70; *Steinhoff*, Die Diskussion um die Umgestaltung der Unternehmungsverfassung, S. 32.

293 *Curt Eduard Fischer*, Rechtsschein und Wirklichkeit im Aktienrecht. Rechtspolitische Betrachtungen zu einer Reform des Aktiengesetzes, Archiv für die civilistische Praxis 154 (1955), S. 85–120, 90; *Curt Eduard Fischer*, Die Reform des Aktiengesetzes. Grundsätzliche Gesichtspunkte und einige Vorschläge für die Neufassung, Archiv für die civilistische Praxis 154 (1955), S. 181–243, 194 Fn. 41; *Curt Eduard Fischer*, Wie kann die Aktie volkstümlich gemacht werden? Das gefährliche »Irrlicht« der Volksaktie. »Teil«-Privatisierung ist keine Privatsierung, DIE ZEIT vom 27.02.1959, S. 12: »Es gilt noch heute weitgehend, was der nüchterne Bankier Dr. Johannes C.D. Zahn, Mitinhaber des Bankhauses C.G. Trinkaus, Düsseldorf, vor 25 Jahren in seinem zwischen den Aktienrechten in Deutschland und in den USA rechtsvergleichenden Buch (Wirtschaftsführertum und Vertragsethik im neuen Aktienrecht auf Grund vergleichender Darstellung des deutschen und nordamerikanischen Aktienrechts) besonders treffend formulierte: ›Das Geld des Arbeiters, des Angestellten, des Beamten und des Mannes der freien Berufe gehört nicht auf die Effektenbörse und soll[te] grundsätzlich nicht in Aktien angelegt werden[. E]s gehört vielmehr auf die Sparkasse, die von sich aus im Sinne der nationalen Wirtschaftspolitik für die Verwendung und Anlage des Sparkapitals in der Wirtschaft sachverständig Sorge tragen kann.‹« Originalzitat bei *Zahn*, Wirtschaftsführertum und Vertragsethik im neuen Aktienrecht, S. 106 (die marginalen Änderungen von Fischer in eckigen Klammern); kürzer zuvor *Johannes C.D. Zahn*, Kapitalgesellschaften, Wirtschaftsführertum und Staat, Deutsches Recht 3 (1933), S. 230: »Die Spargroschen des Arbeiters und des Mannes der freien Berufe gehören nicht auf die Börse, sondern auf die Sparkasse, deren Aufgabe es dann ist, sie in einer das Gemeinwohl fördernden Weise der Verwendung im gewerblichen Leben zuzuführen.«

294 Eingehende Darstellung mit umfangreicher Bibliographie und biographischen Angaben bei *Schubert*, in: Schubert (Hg.), Ausschuß für Aktienrecht (Protokolle Nr. 1), S. XXXf. mit Fn. 70, LXVIff., vgl. dort S. 346 auch den auf Fischer bezogenen Redebeitrag von Klausing; entsprechend zum GmbH-Recht bei *Schubert*, Entwurf des Reichsjustizministeriums zu einem Gesetz über Gesellschaften mit beschränkter Haftung von 1939, S. 69f. mit Fn. 284, 89 mit Fn. 387, 388.

295 *Dettling*, Die Entstehungsgeschichte des Konzernrechts im Aktiengesetz von 1965, S. 146ff., 161ff. und passim, der Fischer zur Freiburger Schule um Walter Eucken zählte (S. 133 Fn. 6), vgl. hierzu oben bei und in Fn. 115.

296 Kißkalt, in: Schubert (Hg.), Ausschuß für Aktienrecht (Protokolle Nr. 1), S. 126.

Für und Wider so erschöpfend behandelt, weil er nicht nur für die enge Verflechtung, um nicht zu sagen ›Verzahnung‹ der juristischen Eliten in Ministerien, Wirtschaft, Praxis und Universitäten in Deutschland nach 1933 und nach 1945 steht, sondern auch für eine geschickte Argumentation: Recht, das im »Dritten Reich« gesetzt und danach bewahrt wurde, ist nicht NS-Recht, sondern rezipiertes amerikanisches Recht. Natürlich eignete sich das Vorbild Amerika nach 1945 besser als das Vorbild Hitler.

Als das Aktiengesetz von 1937 neu war, hatte Geßler noch eine andere Erklärung dafür, dass der Vorstand (und hier besonders sein Vorsitzender) zum »Führer« erhoben wurde, eine Erklärung, die mit Amerika nichts zu tun hatte, aber sehr viel mit der damaligen Überzeugung vieler Deutscher: »Da die Demokratie dem Leben fremd ist, konnte es nicht ausbleiben, daß sich die tatsächliche Handhabung des Gesetzes durch die Wirtschaft von der Auffassung des Gesetzgebers entfernte«, der die Leitung der Aktiengesellschaft »entsprechend der liberalistischen Grundeinstellung der Zeit auf dem Prinzip der Demokratie aufgebaut« hatte. »Die Erneuerung des Aktienrechts konnte an dieser tatsächlichen Gestaltung nicht vorübergehen und es bei der früheren Regelung lassen. Das wirtschaftliche Leben muß mit der rechtlichen Gestaltung harmonieren. Das Aktiengesetz bricht daher mit dem demokratischen Aufbau der Verfassung der Aktiengesellschaft.«[297] Hier traf Geßler sich wirklich mit Zahn: »Die Demokratie des Kapitals wird ebenso verschwinden wie die politische.«[298]

f) Vorstandsvergütung

Neben dem »Führerprinzip« war die Vergütung des Vorstands ein weiteres Thema von eminenter politischer Bedeutung; so wichtig, dass der Ausschussvorsitzende Kißkalt sie nur in Anwesenheit der Politik, insbesondere der genannten »alte[n] Parteigenossen« beraten wollte.[299]

Aus privatrechtlicher Sicht versteht es sich eigentlich von selbst, dass eine Person, die fremde Dienste in Anspruch nimmt, mit dem Dienstleister dessen Vergütung frei vereinbaren darf. Für die Aktiengesellschaft gilt dies nicht. Hier stellt der heutige § 87 Abs. 1 AktG einen Katalog von Kriterien

297 *Ernst Geßler*, Vorstand und Aufsichtsrat im neuen Aktiengesetz, JW 66 (1937), S. 497–503, 497.

298 *Zahn*, Wirtschaftsführertum und Vertragsethik im neuen Aktienrecht, S. 17, 93, 202. Ähnlich äußerten sich im Aktienrechtsausschuss Klausing und Heymann, in: Schubert (Hg.), Ausschuß für Aktienrecht (Protokolle Nr. 1), S. 88 f., 99.

299 Protokoll der Sitzung vom 25.10.1934, Schubert (Hg.), Ausschuß für Aktienrecht (Protokolle Nr. 1), S. 231 f.

auf, nach denen sich der Aufsichtsrat richten muss, wenn er die Vergütung des Vorstandsmitglieds einschließlich der Altersversorgung absegnet. Die Gesamtbezüge jedes einzelnen Vorstandsmitglieds müssen »in einem angemessenen Verhältnis zu den Aufgaben und Leistungen des Vorstandsmitglieds sowie zur Lage der Gesellschaft stehen« und dürfen »die übliche Vergütung nicht ohne besondere Gründe übersteigen«.

Die Norm geht unmittelbar zurück auf das Aktiengesetz von 1937, mittelbar auf die »3. Verordnung des Reichspräsidenten zur Sicherung von Wirtschaft und Finanzen und zur Bekämpfung politischer Ausschreitungen« vom 6. Oktober 1931.[300] Bereits der Zusammenhang von politischen Ausschreitungen und Wirtschaft illustriert die Zeiten, in denen solche Normen entstehen und Beifall finden konnten.[301] Die Notverordnung zog zwar der Vereinbarung von Vorstandsbezügen keine Grenzen, gestattete es aber allgemein jedem Dienstberechtigten, vereinbarte Vergütungen abzusenken, die sich »mit Rücksicht auf seine Geschäfts- oder Vermögenslage oder die veränderte allgemeine Wirtschaftslage als übermäßig hoch« erwiesen hatten »und deren Weiterzahlung ihm deshalb nach Treu und Glauben nicht zugemutet werden« konnte.[302] Sie erlaubte es also, eine vertragliche Bindung einseitig zu lockern. Das Aktiengesetz von 1937 zog diese Angemessenheitskontrolle auf den Zeitpunkt vor, da die Vergütung erstmals vereinbart wurde.[303] Die 1965 fortgeschriebene Norm wurde 2009 im Angesicht der Wirtschafts- und Finanzkrise verschärft.[304]

Es geht hier nicht um ein international übliches *say on pay* der Aktionäre, die als Geldgeber und wirtschaftliche Eigentümer der dienstberechtigten Gesellschaft darüber mitentscheiden möchten, wie viel von ›ihrem‹ Geld

300 RGBl. I, S. 537, 557.

301 Vgl. *Hommelhoff*, Machtbalancen im Aktienrecht, in: Schubert/Hommelhoff (Hg.), Die Aktienrechtsreform am Ende der Weimarer Republik, S. 78f.

302 Fünfter Teil, Kapitel III, §1 Abs. 1 der 3. Notverordnung (RGBl. I, S. 537, 557); zur Rechtsprechung des Reichsgerichts *Hüffer*, Der Vorstand als Leitungsorgan und die Mandats- sowie Haftungsbeziehungen seiner Mitglieder, in: Bayer/Habersack (Hg.), Aktienrecht im Wandel, Bd. 2, Kapitel 7 Rdnr. 56.

303 §78 AktG 1937.

304 §87 AktG in der Fassung des Gesetzes zur Angemessenheit der Vorstandsvergütung (VorstAG) vom 31.07.2009, BGBl. I S. 2509–2511, 2509. Zur Entstehung *Ulrich Seibert*, Die Koalitionsarbeitsgruppe »Managervergütungen«. Rechtspolitische Überlegungen zur Beschränkung der Vorstandsvergütung (Ende 2007 bis März 2009), in: Peter Kindler/Jens Koch/Peter Ulmer/Martin Winter (Hg.), Festschrift für Uwe Hüffer zum 70. Geburtstag, München 2010, S. 955–972, 958ff.; *Ulrich Seibert*, Das Gesetzgebungsverfahren und die politischen Verhandlungen zum Gesetz zur Angemessenheit der Vorstandsvergütung (VorstAG) vom Kabinettbeschluss bis zu seinem Inkrafttreten (März bis August 2009), in: Mathias Habersack/Peter Hommelhoff (Hg.), Festschrift für Wulf Goette zum 65. Geburtstag, München 2011, S. 487–497.

der Vorstand einsteckt.[305] Es geht vielmehr um eine gesetzliche Beschränkung, die an den Aufsichtsrat adressiert ist und an der Hauptversammlung im Wesentlichen vorbeigeht.[306] Für diesen »deutschen Sonderweg«[307] lautete die amtliche Begründung von 1937: »Der Entwurf stellt [...] für die Bezüge der Vorstandsmitglieder [...] der heutigen Volksauffassung entsprechende Grundsätze auf.«[308]

Zuvor hatte Kißkalt die Herabsetzung der Vorstandsbezüge wegen veränderter Umstände ins Gespräch gebracht und hierzu auf die erwähnte »Brüning-Gesetzgebung« von 1931 verwiesen.[309] Der Frankfurter Ordinarius Friedrich Klausing[310], der die hinzukommende Vorschrift zur erstmaligen Festsetzung der Bezüge anregte, appellierte nachdrücklich, sich bei den Vorstandsbezügen an den Arbeitnehmerbezügen zu orientieren.[311] Der Vorstand der Berliner »Elektrische Licht- und Kraftanlagen AG« Max Ebbecke warnte davor, dass die gleiche Frage im GmbH-Recht und im Dienstvertragsrecht des Bürgerlichen Gesetzbuchs aufkommen werde, und forderte eine möglichst allgemeingültige Formulierung.[312] Staatssekretär Schlegelberger hielt ein flammendes Plädoyer für die »Etablierung oder Retablierung der Rechtssicherheit«, um die er »auf allen Gebieten immer wieder ohne Er-

305 Dazu rechtsvergleichend *Roth*, Private Altersvorsorge als Aspekt der Corporate Governance, Zeitschrift für Unternehmens- und Gesellschaftsrecht 41 (2011), S. 516–557, 542.

306 Vgl. § 120 Abs. 4 AktG, welcher der Hauptversammlung bei börsennotierten Gesellschaften erlaubt, ein unverbindliches Votum zum Vorstandsvergütungssystem abzugeben, für das allein der Aufsichtsrat zuständig bleibt. In der Regel kann ein Aktionär auch nicht wegen übermäßiger Vergütungen den Beschluss der Hauptversammlung anfechten, durch welchen der Aufsichtsrat entlastet wurde (§ 120 Abs. 1 bis 3 AktG), dazu die Nachweise bei *Jan Thiessen*, Der unkündbare Geschäftsführer – Kündigungsschutz durch anstellungsvertragliche Verweisung auf arbeitsrechtliche Vorschriften, Zeitschrift für Wirtschaftsrecht 32 (2011), S. 1029–1039, 1034 Fn. 75.

307 Vgl. das Zitat von *Fleckner* in Fn. 177.

308 Begründung bei *Klausing*, Gesetz über Aktiengesellschaften und Kommanditgesellschaften auf Aktien, S. 64; näher ebd., S. 75* ff.

309 Kißkalt, in: Schubert (Hg.), Ausschuß für Aktienrecht (Protokolle Nr. 1), S. 223 ff., vgl. dort auch die Beiträge von Breska und Schlegelberger.

310 Schubert (Hg.), Ausschuß für Aktienrecht (Protokolle Nr. 1), S. LVII; *Schubert*, Entwurf des Reichsjustizministeriums zu einem Gesetz über Gesellschaften mit beschränkter Haftung von 1939, S. 39 f. Fn. 113; *Bernhard Diestelkamp*, Drei Professoren der Rechtswissenschaft in bewegter Zeit. Heinrich Mitteis (1889–1952), Franz Beyerle (1885–1977), Friedrich Klausing (1887–1944) (Akademie der Wissenschaften und der Literatur. Abhandlungen der Geistes- und sozialwissenschaftlichen Klasse Jahrgang 2000 Nr. 4), Stuttgart 2000, S. 21 ff.; *Bernd Rüthers*, Spiegelbild einer Verschwörung? Zwei Abschiedsbriefe zum 20. Juli 1944, JZ 60 (2005), S. 689–698.

311 Klausing, in: Schubert (Hg.), Ausschuß für Aktienrecht (Protokolle Nr. 1), S. 334 ff.

312 Ebbecke, in: Schubert (Hg.), Ausschuß für Aktienrecht (Protokolle Nr. 1), S. 342, zustimmend Schlegelberger, ebd., S. 344, biographische Angaben zu Ebbecke ebd., S. LII, vgl. zu Ebbecke noch unten bei Fn. 459.

müdung« kämpfe, und forderte ein »Bekenntnis, daß Verträge an sich im Grundsatz gehalten werden müssen«.[313] Für die gewinnabhängige Tantieme hatte der Ausschuss lediglich eine Regelung vorgeschlagen, die vermeiden sollte, dass der Vorstand um jeden Preis einen hohen Bilanzgewinn auswei-se.[314] Das Ministerium Hess bestand dann auf Einführung der sogenannten Sozialklausel, nach welcher Gewinnbeteiligungen des Vorstandes »in einem angemessenen Verhältnis [...] zu den Aufwendungen zugunsten der Gefolgschaft oder von Einrichtungen, die dem gemeinen Wohle dienen«, zu stehen hatten.[315] Die Sozialklausel wurde 1965 abgeschafft, ohne dass deshalb »Gewinnbeteiligungen in beliebiger Höhe gezahlt werden« durften – der oben zitierte §87 Abs. 1 AktG galt ja fort.[316]

4. Zum Beispiel das GmbH-Recht

Im Vergleich zum Aktienrecht scheint das GmbH-Recht nicht zeittypisch befangen zu sein. Dies gilt aber nur, wenn man im Gesetzestext nach Spuren der NS-Phraseologie sucht und nicht findet und auch nicht finden kann, weil der NS-Gesetzgeber das GmbH-Gesetz kaum bleibend geändert hat.[317] Ins Auge fällt heute etwa nicht mehr der schon 1933 eingefügte, 1969 gestrichene Untreuetatbestand, der in »besonders schweren Fällen« eine Strafe im »Zuchthaus bis zu zehn Jahren« androhte, unter anderem, »wenn die Tat das Wohl des Volkes geschädigt« hatte.[318]

313 Schlegelberger, in: Schubert (Hg.), Ausschuß für Aktienrecht (Protokolle Nr. 1), S. 344.

314 Schubert (Hg.), Ausschuß für Aktienrecht (Protokolle Nr. 1), S. 225ff., 431, 509f.

315 Die Auseinandersetzung zwischen den Ressorts für Justiz und Wirtschaft einerseits und dem Ministerium Hess sind dokumentiert bei *Schubert*, in: Schubert (Hg.), Ausschuß für Aktienrecht (Protokolle Nr. 1), S. XLIII ff., dort S. LI, LXI, 444–446 auch die Forderungen des Ministeriums Hess, die dessen Mitarbeiter Hans Bärmann vortrug, und die Replik des Reichswirtschaftsministers Kurt Schmitt.

316 *Kropff*, Aktiengesetz, S. 110.

317 Die Änderungen, die zum Teil nach dem Krieg sogleich rückgängig gemacht wurden, sind detailliert nachgewiesen bei Franz Scholz (Hg.), Kommentar zum GmbH-Gesetz, 2. Aufl., Köln 1950, S. 1–22, und im Überblick erläutert ebd., S. 23–26.

318 §81a GmbHG in der Fassung des Art. III des Gesetzes zur Abänderung strafrechtlicher Vorschriften vom 26. Mai 1933, RGBl. I S. 295–298, 298, aufgehoben durch Art. 51 Nr. 1 des Ersten Gesetzes zur Reform des Strafrechts (1. StrRG) vom 25.06.1969, BGBl. I S. 645–682, 670. Dazu die weiteren Nachweise in Fn. 87.

a) Bilanzen und Konkurse

Eher technische Normen, die nicht nur die GmbH betrafen, zeigten aber gerade im GmbH-Recht eine Tendenz zu staatlicher Regulierung und Aufsicht, die dem Gesetz ursprünglich fremd war. Mehr Kontrolle im Bilanzrecht nach dem Vorbild des – diesmal zweifellos von England geprägten – Aktienrechts[319] konnten seit 1937 die Minister für Justiz und Wirtschaft anordnen, was für Bankgesellschaften auch geschah.[320] Freilich litt bei der Abschlussprüfung wie bei anderen bilanzrechtlichen Vorgaben die angestrebte Transparenz durch den Krieg, der darüber hinaus vielfach Anlass gab, zwingende Vorschriften »vorerst« zu suspendieren. Jahresabschlüsse mussten (auch bei Aktiengesellschaften) nur noch alle zwei Jahre geprüft werden[321] und durften später bzw. mussten gar nicht erst aufgestellt werden.[322] Der Krieg ersparte es den GmbH-Geschäftsführern (wie dem Vorstand einer Aktiengesellschaft) zudem, bei Konkursreife einen Antrag auf Eröffnung des Konkursverfahrens

319 §§ 262a-g HGB in der Fassung von Art. VI der Verordnung des Reichspräsidenten über Aktienrecht, Bankenaufsicht und über eine Steueramnestie vom 19.09.1931, RGBl. I S. 493–509, 498 f., dazu Franz Schlegelberger/Leo Quassowski/Karl Schmölder (Hg.), Verordnung über Aktienrecht vom 19. September 1931 nebst den Durchführungsbestimmungen, Berlin 1932, S. 270, unter Hinweis auf den Entwurf eines Gesetzes über Aktiengesellschaften und Kommanditgesellschaften auf Aktien. Aufgestellt im Reichsjustizministerium (1930), hier zitiert nach Schubert (Hg.), Quellen zur Aktienrechtsreform der Weimarer Republik, S. 937, näher zur Begründung ebd., S. 957: »Die regelmäßige Rechnungsprüfung, die eine Reihe ausländischer Rechte vorschreibt, kann, wie namentlich die in England gemachten Erfahrungen beweisen, zur Gesundung des Aktienwesens und zu seiner Sicherung in erheblichem Maße beitragen.« Vgl. dann §§ 135–142 AktG 1937, dazu die amtliche Begründung bei *Klausing*, Gesetz über Aktiengesellschaften und Kommanditgesellschaften auf Aktien, S. 126 ff.; §§ 162–171 AktG 1965, dazu die Gesetzgebungsmaterialien bei *Kropff*, Aktiengesetz, S. 264; vgl. heute §§ 316–324a HGB; zum Ganzen *Schön/Osterloh-Konrad*, Rechnungslegung in der Aktiengesellschaft, in: Bayer/Habersack (Hg.), Aktienrecht im Wandel, Bd. 2, 20. Kapitel, Rdnr. 49, 56, 91 f.

320 § 42a GmbHG in der Fassung des Gesetzes über die Prüfung von Jahresabschlüssen vom 03.06.1937, RGBl. I S. 607; Verordnung über die Prüfung der Jahresabschlüsse von Kreditinstituten vom 07.07.1937, RGBl. I S. 763–764. Die heutige Fassung beruht maßgeblich auf Art. 3 Nr. 5 des Gesetzes zur Durchführung der Vierten, Siebenten und Achten Richtlinie des Rates der Europäischen Gemeinschaften zur Koordinierung des Gesellschaftsrechts (Bilanzrichtlinien-Gesetz – BiRiLiG) vom 19.12.1985, BGBl. I S. 2355–2433, 2399.

321 §§ 1, 3 der Fünften Verordnung über weitere Maßnahmen auf dem Gebiet des Handelsrechts während des Krieges vom 24.02.1943, RGBl. I S. 117–118, 117.

322 §§ 3, 10 der Verordnung über Maßnahmen auf dem Gebiete des Rechts der Handelsgesellschaften und der Erwerbs- und Wirtschaftsgenossenschaften vom 04.09.1939, RGBl. I S. 1694–1697, 1694 f.; § 1 der Verordnung über weitere Maßnahmen auf dem Gebiet des Handelsrechts während des Krieges vom 04.10.1940, RGBl. I S. 1337; § 32 der Verordnung zur Vereinfachung der Verwaltung von Personenvereinigungen vom 08.01.1945, RGBl. I S. 5–10, 9.

zu stellen[323], was in gleicher Situation schon 1914[324], aber auch in der Bundesrepublik nach der Hochwasserkatastrophe im August 2002 vorübergehend praktiziert wurde.[325]

Hatten jene kriegsbedingten Änderungen keinen Bestand[326], können jedoch bis heute vermögenslose Gesellschaften aus dem Handelsregister gelöscht werden.[327] Dies wäre an dieser Stelle nicht bemerkenswert, hätten nicht die Inflation der zwanziger Jahre und die Vorbehalte der Nationalsozialisten gegen anonyme Kapitalgesellschaften hierzu beigetragen. Auch diese Regelung war nicht auf GmbH beschränkt, wirkte sich aber hier besonders aus.

Vermögenslose Gesellschaften ohne Geschäftsbetrieb bestehen als leere ›Mäntel‹, die bei Bedarf einem neuen Unternehmen ›übergezogen‹ werden können, ohne dass die Gesellschaft wie bei der Gründung mit neuem Kapital ausgestattet werden müsste. Gegen diese »wirtschaftliche Neugründung« ging die Rechtsprechung schon in den zwanziger Jahren vor.[328] Der Gesetzgeber ordnete 1926 speziell die Löschung solcher vermögensloser Gesellschaften an, die ihre Bilanzen nicht im Zuge der Konsolidierung der inflationsgeschüttelten deutschen Währung auf Goldmarkbilanzierung umgestellt hatten.[329] In der NS-Zeit sprach der Gesetzgeber ganz allgemein vermögenslosen Gesellschaften ihre »wirtschaftliche Daseinsberechtigung« ab; sie konnten »deshalb im Rechtsleben nicht weiter geduldet, geschweige denn vom Staat als selbständige Rechtspersönlichkeiten anerkannt werden«.

323 §§ 8, 13 der Verordnung über Maßnahmen auf dem Gebiete des Rechts der Handelsgesellschaften und der Erwerbs- und Wirtschaftsgenossenschaften vom 04.09.1939, RGBl. I S. 1694–1697, 1695.

324 § 1 der Bekanntmachung betreffend die zeitweilige Außerkraftsetzung einzelner Vorschriften des Handelsgesetzbuchs usw. vom 08.08.1914, RGBl. S. 365–366.

325 Art. 6 des Gesetzes zur Änderung steuerrechtlicher Vorschriften und zur Errichtung eines Fonds »Aufbauhilfe« (Flutopfersolidaritätsgesetz) vom 19.09.2002, BGBl. I S. 3651–3653, 3652 f.

326 Art. 1 § 1 des Gesetzes über die Aufhebung von Vorschriften auf dem Gebiet des Handelsrechts, des Genossenschaftsrechts und des Wechsel- und Scheckrechts (Handelsrechtliches Bereinigungsgesetz) vom 18.04.1950, BGBl. I S. 90–93, 90.

327 § 2 des Gesetzes über die Auflösung und Löschung von Gesellschaften und Genossenschaften vom 09.10.1934, RGBl. I S. 914–915, 914 (zu diesem Gesetz *Stupp*, GmbH-Recht im Nationalsozialismus, S. 83 f.); heute § 60 Abs. 1 Nr. 7 GmbHG bzw. § 262 Abs. 1 Nr. 6 AktG; nach durchgeführtem Insolvenzverfahren gilt der dort in Bezug genommene § 394 FamFG unmittelbar.

328 Eingehend *Thiessen*, Transfer von GmbH-Recht im 20. Jahrhundert, S. 458 ff.

329 § 2 der Verordnung über die Eintragung der Nichtigkeit und die Löschung von Gesellschaften und Genossenschaften wegen Unterlassung der Umstellung vom 21.05.1926, RGBl. I S. 248. Die folgenden Zitate nach Crisolli/Groschuff/Kaemmel, Umwandlung und Löschung von Kapitalgesellschaften, S. 141 (Amtliche Begründung zum Löschungsgesetz).

Noch heute akzeptiert der Bundesgerichthof nicht, dass eine korrekt gegründete Gesellschaft, die zulässigerweise ihr Vermögen verwirtschaftet hat, ohne weiteres einen neuen Zweck verfolgt. Zwar gilt die wirtschaftliche Neugründung nicht mehr als gesetz- oder sittenwidrig und deshalb als nichtig. Der Bundesgerichtshof verlangt jedoch von den Gesellschaftern, die bereits ihre Einlagen geleistet haben, die Gesellschaft ein weiteres Mal mit dem durch Gesetz oder Satzung vorgeschriebenen Kapital auszustatten und die bis zur Neugründung aufgelaufenen Verluste zu decken.[330] Gesellschaften, die zwar noch Vermögen haben, aber davon keinen Insolvenzverwalter bezahlen können, wurden und werden aufgelöst.[331] Sie werden aber nicht notwendig korrekt abgewickelt, wenn sich hierbei als Liquidatoren gerade diejenigen selbst verfolgen müssten, welche die Gesellschaft in die Insolvenz geführt haben.[332] Der Gesetzgeber fühlt sich demgegenüber weitgehend machtlos[333] und beklagt: »Es zehrt an der Rechts- und Wirtschaftsmoral, daß gerade diejenigen Schuldner von den Folgen illoyalen Verhaltens verschont bleiben, deren Vermögen die Kosten eines Verfahrens nicht mehr deckt«. Diese Formulierung stammt nicht von 1934, sondern von 1992.[334]

330 Zuletzt Bundesgerichtshof, Urteil vom 06.03.2012 – II ZR 56/10 – BGHZ 192, 341, 344f., 347ff.

331 §1 des Gesetzes über die Auflösung und Löschung von Gesellschaften und Genossenschaften vom 09.10.1934, RGBl. I S. 914–915; heute §60 Abs. 1 Nr. 5 GmbHG bzw. §262 Abs. 1 Nr. 4 AktG.

332 Vgl. nur *Ulrich Haas*, in: Adolf Baumbach (Begr.)/Alfred Hueck (Fortf.), Baumbach/Hueck. GmbHG. Gesetz betreffend die Gesellschaften mit beschränkter Haftung, 20. Aufl., München 2013, §60 Rdnr. 64f., dort Rdnr. 66f. zum vorgeschriebenen Liquidationsverfahren.

333 Seit 01.03.2012 müssen allerdings die zum Insolvenzantrag verpflichteten Personen (§15a InsO) einen Vorschuss leisten, um die Verfahrenskosten zu decken, wenn sie ihre Antragspflicht schuldhaft nicht rechtzeitig erfüllt haben (§26 Abs. 4 InsO).

334 Gesetzentwurf der Bundesregierung. Entwurf einer Insolvenzordnung (InsO) vom 15.04.1992, BT-Drucksache 12/2443, S. 72f.; zum Kontext *Stephan Madaus*, Der Insolvenzplan. Von seiner dogmatischen Deutung als Vertrag und seiner Fortentwicklung in eine Bestätigungsinsolvenz (Jus privatum Nr. 157), Tübingen 2011, S. 83ff., 93. Vgl. 1934 *Crisolli*, Entwurf eines Gesetzes zur Vereinheitlichung, S. 15: »[D]erjenige, der sein ganzes Vermögen den Gläubigern entzieht, so daß sich ein Konkurs nicht mehr lohnt, bleibt unbehelligt im Handelsregister stehen und benutzt diese Gesetzeslücke zum Schaden der Wirtschaft.« Die von Crisolli benannte spezielle Gesetzeslücke wurde geschlossen durch §1 Abs. 2 des Gesetzes über die Auflösung und Löschung von Gesellschaften und Genossenschaften vom 09.10.1934, RGBl. I S. 914–915, heute §65 Abs. 1 Satz 2 und 3 GmbHG bzw. §263 Satz 2 und 3 AktG; begrüßt bei *Crisolli/Groschuff/Kaemmel*, Umwandlung und Löschung von Kapitalgesellschaften, §1 LöschungsG A. 1; *Crisolli*, Das Recht der G.m.b.H., in: Frank (Hg.), Nationalsozialistisches Handbuch für Recht und Gesetzgebung, S. 1173.

b) Vom Referententwurf 1939 zum »Streichtrio« 1980

Eine umfassende Reform des GmbH-Gesetzes nach dem Muster des Aktiengesetzes 1937 hatte das Reichsjustizministerium bis 1939 gemeinsam mit der Akademie für Deutsches Recht vorbereitet und anschließend einen eingehend begründeten Referentenentwurf erstellt.[335] Ernst Geßler, der selbst hieran nicht beteiligt war[336], griff als (Unter-)Abteilungsleiter im BMJ ab 1958 bzw. 1969 auf diese Vorlage zurück, sah allerdings »gewisse Änderungen« vor.[337]

Äußere und inhaltliche Kontinuitäten wurden bereits erwähnt.[338] Die hier für das Aktienrecht dargestellten Normen wurden jedoch nicht in das GmbH-Gesetz übertragen. Eine »Leitmaxime«, die den Geschäftsführer an bestimmte Interessen binde, hatte schon die seit 1958 tagende Sachverständigenkommission abgelehnt.[339] Entfallen[340] war auch die Kontrolle der Vergütung der Geschäftsführer nach aktienrechtlichem Vorbild, die »der neuen Rechtsauffassung Ausdruck« verleihen sollte, »nach der sich der einzelne den Belangen der Gesamtheit unterzuordnen hat«.[341] Mit wenigen, allerdings gravierenden Ausnahmen[342] hätte der bundesdeutsche Gesetzgeber sogar die Begründung des Entwurfs von 1939 übernehmen können, ohne dem »nationalsozialistischen Zeitgeist« und »nationalsozialistischen Schlagworten« zu verfallen, denen gegenüber Geßler später durchaus sensibel war.[343]

335 *Schubert*, Entwurf des Reichsjustizministeriums zu einem Gesetz über Gesellschaften mit beschränkter Haftung von 1939.

336 Die Verfasser von Entwurf und Begründung sind vorgestellt bei *Schubert*, Entwurf des Reichsjustizministeriums zu einem Gesetz über Gesellschaften mit beschränkter Haftung von 1939, S. 84ff.

337 Rückblickend *Geßler*, Die GmbH in der gesellschaftsrechtlichen Gesetzgebung, in: Schmidt (Hg.), Pro GmbH, S. 99f. Nach *Schubert*, Quellen zur GmbH-Reform von 1958 bis zum GmbH-Änderungsgesetz von 1980, S. XIII, XIX, war bereits den ab 1958 tagenden Sachverständigen der Entwurf von 1939 bekannt.

338 Oben nach Fn. 35 und 41.

339 *Schubert*, Quellen zur GmbH-Reform von 1958 bis zum GmbH-Änderungsgesetz von 1980, S. 23.

340 Vgl. BT-Drucksache VI/3088, S. 18ff., 81; BT-Drucksache 7/253, S. 18ff., 81ff.

341 *Schubert*, Entwurf des Reichsjustizministeriums zu einem Gesetz über Gesellschaften mit beschränkter Haftung von 1939, S. 90, 111f., 173f.; zweifelnd bereits einige Teilnehmer im Ausschuss für GmbH-Recht, Schubert (Hg.), Ausschuß für G.m.b.H.-Recht (Protokolle Nr. 2), S. 340, 349ff. Bei den Reformüberlegungen ab 1958 scheint die Frage keine Rolle gespielt zu haben. Zur heutigen Debatte die Nachweise bei *Thiessen*, Der unkündbare Geschäftsführer – Kündigungsschutz durch anstellungsvertragliche Verweisung auf arbeitsrechtliche Vorschriften, Zeitschrift für Wirtschaftsrecht 32 (2011), S. 1033 Fn. 65.

342 Dazu unten bei Fn. 459.

343 *Geßler*, Die GmbH in der gesellschaftsrechtlichen Gesetzgebung, in: Schmidt (Hg.), Pro GmbH, S. 94 gegenüber den von Klausing verfassten Berichten über den GmbH-Rechts-

Letztlich fielen Text und Begründung des letzten Regierungsentwurfs[344] und noch mehr des verabschiedeten Gesetzes deutlich knapper aus.[345] Dies beruhte neben Abstimmungsfragen mit weiteren Gesetzgebungsvorhaben[346] wohl auch auf einem gewandelten Verständnis von staatlichen Regulierungsaufgaben[347], ausgedrückt im Bedenken der Bundesratsausschüsse, ob nicht durch die ursprünglich geplante Fassung »die GmbH zu einer Aktiengesellschaft minderen Rechts umgestaltet« und es hierdurch »der meist mittelständischen Geschäftswelt« erschwert werde, »für ihre geschäftlichen Aufgaben und die verschiedenen Formen ihrer Unternehmungen den geeigneten rechtlichen Rahmen zu finden«.[348] Mit Blick auf den Missbrauch von unbestimmten Rechtsbegriffen und Generalklauseln in der NS-Zeit mutmaßte der Referatsleiter Karl-Friedrich Deutler, dass bei der kritisierten »Normenflut« »auch historische Momente eine Rolle gespielt haben«.[349] Andererseits hatte die Rechtsprechung dem Gesetzgeber vorgearbeitet und manches etabliert, was nun nicht mehr regelungsbedürftig erschien.[350]

Geßler war enttäuscht, für seine modifizierten Entwürfe keine Mehrheit zu finden, und bedauerte, dass »bei den Lesern« der Eindruck entstanden

ausschuss der Akademie für Deutsches Recht, dazu *Schubert*, Entwurf des Reichsjustizministeriums zu einem Gesetz über Gesellschaften mit beschränkter Haftung von 1939, S. 71 f.

344 BT-Drucksache 8/1347.

345 Zum Folgenden *Knut Wolfgang Nörr*, Die Republik der Wirtschaft. Recht, Wirtschaft und Staat in der Geschichte Westdeutschlands, Teil II: Von der sozial-liberalen Koalition bis zur Wiedervereinigung (Beiträge zur Rechtsgeschichte des 20. Jahrhunderts 53), Tübingen 2007, S. 250 ff.

346 Zu den Hintergründen des gekürzten Entwurfs Geßlers Nachfolger als Abteilungsleiter III im BMJ, Albrecht Krieger, in der Sitzung des Bundestagsrechtsausschusses vom 28.04.1978, bei *Schubert*, Quellen zur GmbH-Reform von 1958 bis zum GmbH-Änderungsgesetz von 1980, S. 429 f.; BT-Drucksache 8/1347, S. 27.

347 Dazu *Doering-Manteuffel/Raphael*, Nach dem Boom, S. 49 f., 63 ff.

348 *Schubert*, Quellen zur GmbH-Reform von 1958 bis zum GmbH-Änderungsgesetz von 1980, S. XXX f., 402, 407, dort S. 389 der zugrunde liegende Einwand des bayerischen Vertreters im Wirtschaftsausschuss des Bundesrats, ähnliche Kritik im Finanzausschuss des Bundestags ebd., S. 440; dagegen Justizstaatssekretär Günther Erkel im Bundesrat, ebd., S. 400.

349 *Karl-F. Deutler*, Die GmbH-Gesetz-Novelle im Überblick, in: Centrale für GmbH Dr. Otto Schmidt (Hg.), Das neue GmbH-Recht in der Diskussion. Zugleich Bericht über die Centrale-Arbeitstagung in Köln am 8.9.1980 (Rechtsfragen der Handelsgesellschaften 40), Köln 1981, S. 3–20, 10.

350 Dazu gehörte auch der unten II.5.a) behandelte Ausschluss aus der Gesellschaft. Ein anderes, vom Rechtsausschuss für nicht regelungsbedürftig gehaltenes Beispiel betrifft Sondervorteile zugunsten einiger Gesellschafter, dazu die Sitzung der Arbeitsgruppe GmbH-Reform vom 10.04.1979, *Schubert*, Quellen zur GmbH-Reform von 1958 bis zum GmbH-Änderungsgesetz von 1980, S. 488 f., kritisch der Vermerk des zuständigen Referats im BMJ, Schubert, ebd., S. 499.

sei, »GmbH-Recht und Aktienrecht sollten gleichgeschaltet [!] werden«.[351] Aber selbst ein wohlmeinender Leser wie Marcus Lutter meinte, »Geßlers Denken war geprägt von der (großen) AG«.[352] In Erinnerung blieb vor allem das stilistische Konzept des »Streichtrios«, jener drei Abgeordneten des Rechtsausschusses im Bundestag, welche die Devise ausgaben, kein Paragraph solle mehr als drei Absätze, kein Absatz mehr als drei Sätze, kein Satz mehr als drei Zeilen umfassen.[353] Wenn Geßler sich gerade hieran störte[354] – vielleicht weil auch sein Nachfolger Albrecht Krieger verbreitete, »[ü]ber die umständliche und lange Gesetzessprache dieser Novelle sei die Bundesregierung selbst unglücklich«[355] –, so kritisierte Geßler, was Flume als spezifisch Geßlersches Verdienst gerühmt hatte: die Rückkehr zur schlanken Gesetzgebungstechnik des BGB.[356]

Was dann 1980 verabschiedet wurde, war sehr heterogen und zeigt, wie schwierig sich bei wirtschaftsrechtlichen Gesetzen Kontinuitäten und Brüche festmachen lassen. Das neue, nominell höhere Mindeststammkapital glich keineswegs die Inflation eines knappen Jahrhunderts aus und hatte nichts mit den exorbitanten Werten von 1892 oder 1937 zu tun, sondern bezifferte das Eintrittsgeld für eine GmbH auf ein Drittel des ursprünglichen Werts.[357] Einpersonengesellschaften konnten nun von vornherein als solche gegründet werden, mussten nicht erst nachträglich durch Wegfall

351 *Geßler*, Die GmbH in der gesellschaftsrechtlichen Gesetzgebung, in: Schmidt (Hg.), Pro GmbH, S. 101. Zu »gleichgeschaltet« *Cornelia Schmitz-Berning*, Vokabular des Nationalsozialismus, 2. Aufl., Berlin 2007, S. 277 ff., dort S. 280 auch zur abwertenden Bedeutung nach 1945.

352 *Marcus Lutter*, Ernst Geßler †, NJW 40 (1987), S. 1535–1536, 1536.

353 *Schubert*, Quellen zur GmbH-Reform von 1958 bis zum GmbH-Änderungsgesetz von 1980, S. XVI ff., XXXI ff., vgl. die Berichte der Abgeordneten Kleinert und Helmrich im Rechtsausschuss des Bundestags vom 27.02.1980, *Schubert*, Quellen zur GmbH-Reform von 1958 bis zum GmbH-Änderungsgesetz von 1980, S. 535 f.

354 *Geßler*, Die GmbH in der gesellschaftsrechtlichen Gesetzgebung, in: Schmidt (Hg.), Pro GmbH, S. 104 f.

355 Protokoll der Sitzung des Bundestagsausschusses für Wirtschaft vom 07.06.1978, in: *Schubert*, Quellen zur GmbH-Reform von 1958 bis zum GmbH-Änderungsgesetz von 1980, S. 437, dort S. XLI auch biographische Angaben zu Krieger.

356 *Flume*, Ernst Geßler zum Gedächtnis, Die Aktiengesellschaft 33 (1988), S. 89.

357 Vgl. die Berechnung von Heinz Rowedder im Rechtsausschuss des Bundestags, *Schubert*, Quellen zur GmbH-Reform von 1958 bis zum GmbH-Änderungsgesetz von 1980, S. 458; plastisch für heute *Hans-Joachim Priester*, Die deutsche GmbH nach »Inspire Art« – brauchen wir eine neue? Bemerkungen zur »Entrümpelungs«-Debatte, Der Betrieb 58 (2005), S. 1315–1320, 1317: »Von den 20.000 Mark des Jahres 1892 konnte man dem Vernehmen nach zehn Lehrer ein ganzes Jahr lang besolden. Von unseren 25 000 € lässt sich gerade einmal ein Lehrer ein halbes Jahr bezahlen.«

des vorletzten Mitgesellschafters (häufig eines Strohmannes) entstehen.[358] Mit diesem Widerspruch in sich – eine einzelne Person gesellt sich zu sich selbst?[359] – war de facto der Einzelkaufmann mit beschränkter Haftung anerkannt.[360]

War die bundesdeutsche Reform in diesen beiden Punkten liberaler als das Original des Kaiserreichs, galt das Gegenteil für zwei wichtige Fragen der Unternehmensfinanzierung.[361] Brachten die Gesellschafter andere Gegenstände als Geld in die Gesellschaft ein, konnten sie diese Sacheinlagen nicht mehr selbst frei bewerten bzw. hafteten für Fehlbewertungen. Gaben sie der Gesellschaft ein Darlehen, statt die Gesellschaft mit Eigenkapital zu versorgen, mussten sie sich wegen der Rückzahlung dieser Darlehen hinter allen anderen Gläubigern anstellen, wenn die Gesellschaft insolvent war. Beides sollte schon 1939 geregelt werden, und als dies nicht geschah, fand das Reichsgericht auch ohne den Reformgesetzgeber Mittel und Wege, gleichwertige Lösungen aus dem alten Text abzuleiten. Beide Regelungsprobleme – überbewertete Sacheinlagen und eigenkapitalersetzende Gesellschafterdarlehen – wurden bereits vor und nach dem Ersten Weltkrieg diskutiert und bedurften nach verbreiteter Meinung einer Lösung. Beide Formen der Unternehmensfinanzierung sind jedoch Krisenphänomene, da erst rezessionsbedingte Kapitalnot die herkömmliche Finanzierung durch werthaltiges Eigenkapital in immer mehr Gesellschaften verdrängte und so ein volkswirtschaftlich relevant gewordenes Problem als regelungsbedürftig sichtbar machte.

358 § 1 GmbHG. Zur vorausgegangenen Rechtslage *Peter Ulmer*, in: Max Hachenburg, Gesetz betreffend die Gesellschaften mit beschränkter Haftung (GmbHG). Großkommentar, 7. Aufl., Berlin 1975, § 2 Rdnr. 3, 47.

359 Kritisch zu § 2 GmbHG (»Gesellschafts*vertrag*« bei nur einer Person) *Ernst Geßler*, Die GmbH-Novelle, Betriebs-Berater 35 (1980), S. 1385–1391, 1388; zustimmend *Flume*, Ernst Geßler zum Gedächtnis, Die Aktiengesellschaft 33 (1988), S. 91. Der Regierungsentwurf von 1977 hatte »die Erklärung über die Errichtung der Gesellschaft« durch den einzigen Gesellschafter dem Gesellschaftsvertrag gleichgestellt, *Schubert*, Quellen zur GmbH-Reform von 1958 bis zum GmbH-Änderungsgesetz von 1980, S. 346, mit Begründung BT-Drucksache 8/1347, S. 4, 29; abweichend der Rechtsausschuss BT-Drucksache 8/3908, S. 68, vorausgegangen die Beratungen der Arbeitsgruppe GmbH-Reform am 10.04.1979, Schubert, Quellen zur GmbH-Reform von 1958 bis zum GmbH-Änderungsgesetz von 1980, S. 488.

360 Vgl. Deutler im Finanzausschuss des Bundestags, *Schubert*, Quellen zur GmbH-Reform von 1958 bis zum GmbH-Änderungsgesetz von 1980, S. 441; kritisch der Vertreter Schleswig-Holsteins im Rechtsausschuss des Bundesrats, *Schubert*, Quellen zur GmbH-Reform von 1958 bis zum GmbH-Änderungsgesetz von 1980, S. 542.

361 Zum Folgenden wie Fn. 42.

5. Ausschluss aus der Gesellschaft im doppelten Sinn

a) »Der Bauunternehmer M., ein aus Deutschland ausgewanderter Jude«

Zu den Vorschlägen, die 1980 nicht aufgegriffen wurden, gehörte das Recht, Gesellschafter aus der Gesellschaft auszuschließen.[362] In den Personengesellschaften ist seit jeher anerkannt, dass ein Gesellschafter »aus wichtigem Grund« ausgeschlossen werden kann, insbesondere dann, wenn er seine Pflichten als Gesellschafter erheblich verletzt.[363] Dahinter steht die Annahme, dass Gesellschafter einer Personengesellschaft einander persönlich eng verbunden und deshalb auf gegenseitiges Vertrauen angewiesen sind.[364] Dies erklärt zugleich, warum der Gesetzgeber ein entsprechendes allgemeines Ausschlussrecht bei Kapitalgesellschaften bis heute nicht anerkennt: Es ist gleichgültig, von wem das Kapital kommt, mit dem sich ein Gesellschafter an der Kapitalgesellschaft beteiligt, sofern es überhaupt kommt[365] – Kapitalaufbringung ist die Hauptpflicht des Gesellschafters bei Aktiengesellschaft und GmbH[366]. Sind diese Pflichten des Gesellschafters nicht personenbezogen, stehen persönliche Gründe einer weiteren Zusammenarbeit in der Gesellschaft also grundsätzlich nicht entgegen. Gleichwohl wird dieses Ideal in der Praxis häufig verfehlt, und ein Gesellschafter kann sich für die anderen Gesellschafter als untragbar erweisen.[367]

Wiederum in den Weimarer Krisen von Wirtschaft und Recht bereits eingehend debattiert, aber weder vom Gesetzgeber noch von den Richtern vor 1933 gelöst,[368] nahmen sich die Beamten des Reichsjustizministeriums und

362 Anders noch in den Referenten- bzw. Regierungsentwürfen von 1969 und 1971/73, *Schubert*, Quellen zur GmbH-Reform von 1958 bis zum GmbH-Änderungsgesetz von 1980, S. 16f., 35, 69, 586ff.; BT-Drucksache VI/3088, Vorblatt, S. 57f., 83, 196ff.

363 §§ 737 BGB, 140 HGB.

364 Zum Folgenden siehe Entwurf eines Gesetzes, betreffend die Gesellschaften mit beschränkter Haftung. Amtliche Ausgabe, Berlin 1891, S. 28, 31, 35ff., 39f., 45, 60ff., 71ff., 81ff., 85ff., 109.

365 Deshalb kann ein Gesellschaftsanteil (Geschäftsanteil, Aktie) außer bei gesellschaftsvertraglicher Vorkehrung nur eingezogen (kaduziert) werden, wenn der Gesellschafter seine Einlage nicht leistet; das geschuldete Kapital wird dann durch Verwertung des Anteils ›aufgebracht‹, §§ 21–24 GmbHG, oder zumindest der ausgeschlossene Aktionär und seine Vorgänger haften weiter, §§ 64 Abs. 4, 65 AktG. Die Einziehung gefährdet nach der Vorstellung des Gesetzgebers die Kapitalerhaltung, § 34 Abs. 3 GmbHG bzw. §§ 225 Abs. 2, 237 AktG.

366 §§ 54, 66 AktG, §§ 14, 19 GmbHG.

367 Überblick über die relevanten Fälle bei *Jan Thiessen*, in: Reinhard Bork/Carsten Schäfer (Hg.), GmbH-Gesetz. Kommentar zum GmbHG, 2. Aufl., Köln 2012, § 34 Rdnr. 11ff., 57ff.

368 Zeitgenössischer Überblick über die vom Kartellrecht ausgehende Rechtsprechung und Diskussion bei *Erich Brodmann*, Gesetz, betreffend die Gesellschaften mit beschränkter Haftung. Kommentar (Gewerbe- und Industrie-Kommentar Nr. 1), 2. Aufl., Berlin 1930, § 3 Anm. 8c, § 34 Anm. 5b.

die Richter des Reichsgerichts des ›Problems‹ an, eines Problems in Anführungszeichen.[369] Denn die Gesellschafter, um die es nun ging und die man mit möglichst geringem rechtlichem und finanziellem Aufwand aus den Gesellschaften vertreiben wollte, hatten keinerlei Pflichten aus dem Gesellschaftsvertrag verletzt. Erst die antisemitischen Ideologen des NS-Regimes kennzeichneten sie nach der Nürnberger Definition von 1935 als Juden, mit denen nach den einschlägigen Verordnungen ein gedeihliches gemeinsames Wirtschaften nicht mehr möglich sei, da das Unternehmen sonst als »jüdisch« gelte.[370]

Da der Ministerialentwurf von 1939, der einen Ausschluss vorsah[371], im Krieg nicht umgesetzt wurde[372], lag es an der Rechtsprechung, den Grundsatz auszusprechen, dass ein GmbH-Gesellschafter »aus wichtigem Grund« ausgeschlossen werden könne. »Der Bauunternehmer M., ein aus Deutschland ausgewanderter Jude«[373] wurde zum zitierfähigen, lediglich aus rechtsmethodischen Gründen nicht adaptierten Präzedenzfall für den Bundesgerichtshof nach 1950[374] und für die ihm folgende juristische Literatur.[375] Und es waren, wie unten zu zeigen sein wird, drei spätere Beamte des Bundesministeriums der Justiz, die in ganz unterschiedlicher Funktion zu jenem Reichsgerichtsurteil von 1942 beitrugen.[376]

369 Eingehend zum Folgenden demnächst *Jan Thiessen*, Der Ausschluss aus der GmbH als »praktische Durchführung einer verbrecherischen Irrlehre« – eine Rechtsfortbildungsgeschichte.

370 Näher unten bei Fn. 448 ff.

371 *Schubert*, Entwurf des Reichsjustizministeriums zu einem Gesetz über Gesellschaften mit beschränkter Haftung von 1939, S. 133 (§ 136), 191 f. (Begründung).

372 *Schubert*, Entwurf des Reichsjustizministeriums zu einem Gesetz über Gesellschaften mit beschränkter Haftung von 1939, S. 90.

373 Reichsgericht, Urteil vom 13.08.1942 – II 67/41 – RGZ 169 (1942), 330, 333 f.

374 Bundesgerichtshof, Urteil vom 01.04.1953 – II ZR 235/52 – BGHZ 9 (1953), 157–179, 161, der einen allgemeinen »Rechtsgedanken« der vom Reichsgericht (Urteil vom 13.08. 1942 – II 67/41 – RGZ 169 [1942], 330) vorgenommenen Vertragsauslegung vorzog.

375 Eingehende Kritik mit noch immer aktuellen Nachweisen bei *Wolfgang Löwer*, Cessante ratione legis cessat ipsa lex. Wandlung einer gemeinrechtlichen Auslegungsregel zum Verfassungsgebot? Vortrag gehalten vor der Juristischen Gesellschaft zu Berlin am 23. November 1988, Berlin 1989, S. 17 f. mit Fn. 53, 57.

376 Unten bei Fn. 446.

b) Squeeze out, Sanieren oder Ausscheiden, Kapitalschnitt auf Null

Den Ausschluss eines Aktionärs »aus wichtigem Grund« lehnte der Bundesgerichtshof zwar ab.[377] Doch schuf der Gesetzgeber mehrere spezielle Tatbestände, um einen Aktionär aus der Gesellschaft hinauszudrängen (squeeze out). Wer der übergroßen Mehrheit im Weg ist, muss weichen.[378] Bestätigt vom Bundesverfassungsgericht[379], lässt es der Gesetzgeber zu, dass einem Privatrechtssubjekt eine wohlerworbene Rechtsposition gegen Entschädigung genommen wird. Der Gesetzgeber macht es der Bundesrepublik Deutschland – nota bene in einer dramatischen Wirtschafts- und Finanzkrise – leichter als anderen, einen Minderheitsaktionär loszuwerden. Denn der Finanzmarktstabilisierungfonds SoFFin darf bereits bei einem Anteilsbesitz von 90 Prozent – statt wie regulär 95 Prozent – dem Minderheitsaktionär die entgeltliche Übertragung von dessen Aktien abverlangen.[380] Den gleichen niedrigeren Schwellenwert gibt freilich das europäische Recht für be-

377 Bundesgerichtshof, Urteil vom 01.04.1953 – II ZR 235/52 – BGHZ 9 (1953), S. 157–179, 163; Bundesgerichtshof, Urteil vom 27.10.1955 – II ZR 310/53 – BGHZ 18 (1956), 350, 356; nur scheinbar anders Bundesgerichtshof, Urteil vom 20.09.1982 – II ZR 67/81 – Zeitschrift für Wirtschaftsrecht 3 (1982), S. 1322–1325, 1324 f.

378 §§ 327a-f AktG; §§ 39a-c WpÜG; § 62 Abs. 5 UmwG.

379 Zuletzt Bundesverfassungsgericht, Nichtannahmebeschluss vom 05.12.2012 – 1 BvR 1577/11 – Zeitschrift für Wirtschaftsrecht 34 (2013), S. 260–263, 261 f.; wichtig zuvor zur »übertragenden Umwandlung« (§ 15 UmwG 1956) Bundesverfassungsgericht, Urteil vom 07.08.1962 – 1 BvL 16/60 – BVerfGE 14 (1963), 263, 273 ff.; zur Eingliederung (§§ 320 ff. AktG) Bundesverfassungsgericht, Beschluss vom 27.04.1999 – 1 BvR 1613/94 – BVerfGE 100 (1999), 289, 301 ff., zur »übertragenden Auflösung« (vgl. § 179a AktG) Bundesverfassungsgericht, Nichtannahmebeschluss vom 23.08.2000 – 1 BvR 68/95, 1 BvR 147/97 – Zeitschrift für Wirtschaftsrecht 21 (2000), S. 1670–1674, 1671 ff.

380 § 12 Abs. 4 des Gesetzes zur Beschleunigung und Vereinfachung des Erwerbs von Anteilen an sowie Risikopositionen von Unternehmen des Finanzsektors durch den Fonds »Finanzmarktstabilisierungsfonds – FMS« (Finanzmarktstabilisierungsbeschleunigungsgesetz – FMStBG), eingeführt durch Art. 2 Nr. 7 des Gesetzes zur weiteren Stabilisierung des Finanzmarktes (Finanzmarktstabilisierungsergänzungsgesetz – FMStErgG) vom 07.04.2009, BGBl. I S. 725–733, 728. Die Norm gilt als verfassungsgemäß laut OLG München, Urteil vom 28.09.2011 – 7 U 711/11 – Zeitschrift für Wirtschaftsrecht 32 (2011), S. 1955–1959, 1956 ff.; anders *Gregor Bachmann*, Der beschleunigte Anteilserwerb nach dem Finanzmarktstabilisierungsergänzungsgesetz vor dem Hintergrund des Verfassungs- und Europarechts, Zeitschrift für Wirtschaftsrecht 30 (2009), S. 1249–1256, 1255 f. Zur vorausgegangenen Gesetzgebung *Ulrich Seibert*, Deutschland im Herbst. Erinnerungen an die Entstehung des Finanzmarktstabilisierungsgesetzes im Oktober 2008, in: Stefan Grundmann u. a. (Hg.), Festschrift für Klaus J. Hopt zum 70. Geburtstag am 24. August 2010. Unternehmen, Markt und Verantwortung, Berlin 2010, Bd. 2, S. 2525–2547, 2532 ff.

stimmte Verschmelzungen[381] und optional für Übernahmen[382] vor. Im Übrigen bleibt es im deutschen Recht bei der Grenze von 95 Prozent: »Denn es geht hier um Eigentumspositionen von Aktionären. Das ist nicht nur angesichts von Art. 14 GG ein hohes Gut. Damit spielt man nicht.«[383] Außer vielleicht in einer Wirtschafts- und Finanzkrise?[384]

Bei diesen speziellen Tatbeständen bleibt es nicht. Der Bundesgerichtshof lässt es im Personengesellschaftsrecht zu, dass ein Gesellschafter, der von seinem gesetzlich verbrieften Recht Gebrauch macht, nicht mehr zahlen zu müssen, als er der ›lebenden‹ Gesellschaft versprochen hat,[385] seinen Anteil verliert. Er muss »sanieren oder ausscheiden«.[386] Bei einem »Kapitalschnitt auf Null« verliert der Gesellschafter einer Kapitalgesellschaft, der nicht für die Sanierung der Gesellschaft zahlen will, entgegen der juristischen Logik seinen Anteil, obwohl dieser kraft Gesetzes nur auf mindestens einen

381 Art. 28 der Dritten Richtlinie 78/855/EWG des Rates vom 09.10.1978 gemäß Artikel 54 Absatz 3 Buchstabe g) des Vertrages betreffend die Verschmelzung von Aktiengesellschaften, ABl. EG Nr. L 295, S. 36–43, 42; Richtlinie 2009/109/EG des Europäischen Parlaments und des Rates vom 16.09.2009 zur Änderung der Richtlinien 77/91/EWG, 78/855/EWG und 82/891/EWG des Rates sowie der Richtlinie 2005/56/EG hinsichtlich der Berichts- und Dokumentationspflicht bei Verschmelzungen und Spaltungen, ABl. EU Nr. L 259, S. 14–21, 15 (Erwägungsgrund 10), 18 (Art. 2 Nr. 10 und 11), 21 (Art. 4 Nr. 2). Zu den Auswirkungen auf §62 Abs. 5 UmwG *Hans-Werner Neye/Julia Kraft*, Neuigkeiten beim Umwandlungsrecht, Neue Zeitschrift für Gesellschaftsrecht 14 (2011), S. 681–684, 682 f.

382 Art. 15 Abs. 2 Satz 2 und 3 der Richtlinie 2004/25/EG des Europäischen Parlaments und des Rates v. 21.4.2004 betreffend Übernahmeangebote, Abl. EU Nr. L 142, S. 12–23, 21. Dies betonen *Walter Bayer/Jessica Schmidt*, Der Referentenentwurf zum 3. UmwÄndG: Vereinfachungen bei Verschmelzungen und Spaltungen und ein neuer verschmelzungsspezifischer Squeeze out, Zeitschrift für Wirtschaftsrecht 31 (2010), S. 953–963, 960.

383 So der Berichterstatter der FDP im Bundestagsrechtsausschuss Marco Buschmann im Protokoll der Plenarsitzung vom 26.05.2011, Deutscher Bundestag, Stenographischer Bericht, 111. Sitzung, S. 17256 D.

384 Vgl. den Gesetzentwurf der Bundesregierung zum Dritten Gesetz zur Änderung des Umwandlungsgesetzes, BT-Drucksache 17/3122, S. 13, zu §62 Abs. 5 UmwG, angefügt durch Art. 1 des Dritten Gesetz zur Änderung des Umwandlungsgesetzes vom 11.07.2011, BGBl. I S. 1338–1340, 1338 f.

385 §707 BGB.

386 BGH, Urteil vom 19.10.2009 – II ZR 240/08 – BGHZ 183 (2010), 1, 7 ff.; einschränkend BGH, Urteil vom 25.01.2011 – II ZR 122/09 – Zeitschrift für Wirtschaftsrecht 32 (2011), S. 768–772, 770 ff. Freilich muss der Gesellschafter nicht mehr zahlen, als er bei Liquidation der Gesellschaft zahlen müsste (§735 BGB) und als ihm der Gesellschaftsvertrag auferlegt. Zur GmbH *Hans-Joachim Priester*, »Sanieren oder Ausscheiden« im Recht der GmbH, Zeitschrift für Wirtschaftsrecht 31 (2010), S. 497–503, 499 ff.; zur AG *Marco Brand*, »Sanieren oder Ausscheiden« in der Aktiengesellschaft, in: Konkurs-, Treuhand- und Schiedsgerichtswesen 72 (2011), S. 481–503, 492.

»vollen« und nicht einen ›leeren‹ Euro lauten darf, der Gesellschafter also zumindest formal Gesellschafter bleiben müsste.[387]

c) Friedrich Flick und der ›arisierungsrechtliche squeeze-out‹

Natürlich ist es eine spekulative Frage, ob dies alles ohne die NS-Zeit denkbar wäre; ganz einfach, weil niemand bei den genannten Ausschlussgründen an die NS-Zeit denkt. Was etwa mit dem Amerikanismus »squeeze out« bezeichnet wird, scheint mit der NS-Zeit nichts zu tun zu haben.[388]

Einen ersten Vorschlag für eine squeeze out-Regel unterbreitete Johannes Zahn im aktienrechtlichen Akademieausschuss:

»Fragen, die die Struktur der Gesellschaft betreffen, bleiben der Generalversammlung vorbehalten. Die Minderheiten werden dadurch geschützt, daß man ihnen bei Auflösung, Aenderung des Gegenstandes des Unternehmens, Fusion usw. das Recht gibt, ohne Rücksicht auf den Börsenkurs oder den Buchwert der Aktien zum Schätzwert ausgekauft zu werden. Der Schätzungswert wird von einer unabhängigen Stelle festgesetzt.«[389]

Grundlage hierfür war wiederum Zahns Rechtsvergleich mit den Vereinigten Staaten.[390] Hier hatte er den Grundsatz ermittelt, »daß die Mehrheit nicht berechtigt ist, gegen den Willen einer Minderheit den Verkauf des Unternehmens, die Auflösung oder eine Fusion herbeizuführen«. Dies führe in der

387 Vgl. §§ 5 Abs. 2 Satz 1, 58 Abs. 2, 58a Abs. 4 Satz 1 GmbHG; §§ 8 Abs. 2 und 3, 222 Abs. 4 Satz 2, 228 Abs. 1 AktG. In diesem Sinne kritisch für den Parallelfall der Einziehung aller Aktien bereits *Herbert Wiedemann*, in: Carl Hans Barz u. a., Aktiengesetz. Großkommentar, 3. Aufl., Berlin 1973, § 262 Rdnr. 49. Gegen die dort gezogene Konsequenz mit den nachfolgend genannten Gerichtsentscheidungen *Jürgen Oechsler*, in: Wulf Goette/Mathias Habersack (Hg.), Münchener Kommentar zum Aktiengesetz, 3. Aufl., München 2011, § 228 Rdnr. 3, der ebd., Rdnr. 1, einräumt, dass die »Kombination aus Kapitalherabsetzung und Kapitalerhöhung […] gezielt zu einem Herausdrängen von Aktionären eingesetzt werden« kann; ebenso *Rolf Sethe*, in: Klaus J. Hopt/Herbert Wiedemann (Hg.), Aktiengesetz. Großkommentar, 4. Aufl., Berlin 2012, § 228 Rdnr. 7. Aus der Rechtsprechung BGH, Urteil vom 05.10.1992 – II ZR 172/91 – BGHZ 119 (1993), 305, 319 f.; BGH, Urteil vom 05.07.1999 – II ZR 126/98 – BGHZ 142 (2000), 167, 169; dazu zuletzt *Christian Decher/Thomas Voland*, Kapitalschnitt und Bezugsrechtsausschluss im Insolvenzplan – Kalte Enteignung oder Konsequenz des ESUG?, Zeitschrift für Wirtschaftsrecht 34 (2013), 103–114, 104 f., die insbesondere den Bezugsrechtsausschluss bei der anschließenden Kapitalerhöhung rechtfertigen.

388 Zur Rezeption des *appraisal right* beim *freeze out/squeeze out* in Deutschland *Hein*, Die Rezeption US-amerikanischen Gesellschaftsrechts in Deutschland, S. 427 ff.

389 Zahn, in: Schubert (Hg.), Ausschuß für Aktienrecht (Protokolle Nr. 1), S. 65.

390 Zum Folgenden *Zahn*, Wirtschaftsführertum und Vertragsethik im neuen Aktienrecht, S. 145 f., 181 ff., 186 f.

Praxis freilich »zu einer unerträglichen Behinderung der wirtschaftlichen Entwicklung [...]. Querköpfige Kleinaktionäre stemmen sich oft nur aus Eigennutz gegen jede Veränderung. Noch gefährlicher sind solche Aktionäre, die sich nicht aus Überzeugung gegen eine Veränderung wehren, sondern die nur die Absicht haben, die Mehrheit in Bedrängnis zu bringen und dann eine Abfindung von ihr herauszuschlagen.« Deshalb hätten die meisten Bundesstaaten »die Durchführung von Auflösungen, Veräußerungen und Veränderungen dadurch« erleichtert, »daß sie nicht mehr Einstimmigkeit, sondern nur noch eine qualifizierte Mehrheit für den Beschluß der Aktionäre verlangen«. Jedoch müsse »die Minderheit, die aus berechtigten oder unberechtigten Gründen sich den von der Mehrheit geplanten Änderungen widersetzt, sich nicht mit dem abspeisen lassen [...], was ihr die [Mehr]heit zuweist, sondern [kann] sich aus dem Geschäft zurückziehen und verlangen [...], daß ihr [...] der Wert ihrer Aktien ausgezahlt wird«. Der Wert werde »von einem unabhängigen, vom Gericht bestimmten Schätzer (appraiser)« oder aber nach Anhörung eines Sachverständigen durch das Gericht selbst festgesetzt:

»Die Mehrheit soll die Minderheit nicht vergewaltigen, aber die Minderheit soll auch kein Klotz am Bein der Mehrheit oder der Gesellschaft sein. Wenn daher eine Meinungsverschiedenheit ausbricht, die eine gedeihliche Zusammenarbeit unmöglich macht, so soll die Mehrheit verpflichtet bzw. berechtigt sein, die Minderheit zu einem durch unabhängige Sachverständigenschätzung festzustellenden Preise auszukaufen. Entweder muß die Mehrheit die Rechte der Minderheit achten, oder sie muß sie mit dem wahren Werte ihrer Beteiligung abfinden.«

Da das deutsche Recht nach dem letzten Weimarer Entwurf die Umwandlungsmöglichkeiten erweitern, aber wie jede Strukturänderung einer qualifizierten Mehrheit überlassen wollte, schlug Zahn vor, »die Einführung einer besonderen Sicherung der Minderheit zu erwägen«, damit die Minderheit nicht »unter unbilligen Bedingungen aus der Gesellschaft« verdrängt werde. Zahn dachte hier an die sogenannten »Spruchstellen«[391], die Handelskammern oder »die neu zu schaffenden ständischen Organe des Handelsstandes«, aber natürlich auch an »den amerikanischen Weg der Abfindung zum Schätzungswert«.

391 §§ 87 Abs. 2 und 3, 88–91 des Entwurfs eines Gesetzes über Aktiengesellschaften und Kommanditgesellschaften auf Aktien. Aufgestellt im Reichsjustizministerium (1930), hier zitiert nach Schubert (Hg.), Quellen zur Aktienrechtsreform der Weimarer Republik, S. 872 f.; §§ 89 Abs. 2 bis 4, 90–93 des sogenannten Entwurfs II, hier zitiert nach Schlegelberger/Quassowski/Schmölder (Hg.), Verordnung über Aktienrecht vom 19. September 1931, S. 456 f.

Zunächst ging im Akademieausschuss niemand darauf ein. Genau vier Monate später beriet der Ausschuss jedoch »über die Frage des Übergangs juristischer Personen ineinander«, d.h. die von Zahn angesprochenen Umwandlungen.[392] Auch der Minderheitenschutz stand sogleich auf der Tagesordnung, der aber vor dem Problem stand, dass die Gesellschaften eine Barabfindung der Minderheitsgesellschafter zumeist nicht bezahlen könnten.[393] Der Ausschussvorsitzende Kißkalt betonte, der Ausschuss müsse »alles tun, um die Umwandlung von Aktiengesellschaften in G.m.b.H.'s oder sogar in Personalgesellschaften zu erleichtern«. Er nahm hin, »daß da über kleine Ungerechtigkeiten gegenüber einigen Aktionären hinweggegangen werden muß im Interesse – und das ist die Hauptsache – der Erhaltung des Betriebs als solchen«, da er »glaube, daß man sich hier von alten Vorstellungen, wonach in erster Linie der Schutz des Minderheitenaktionärs in Frage kommt, etwas freimachen muß«.[394]

Nun zog Kißkalt einen Vorschlag des Industriellen Friedrich Flick aus der Tasche, der sich ersichtlich auf die von Flick dominierte Mitteldeutsche Stahlwerke AG bezog[395]:

»Herr Flick führt folgenden Fall an: Von einer Gesellschaft hat ein Großaktionär 95 Prozent der Aktien und er möchte sehr gerne auch noch den Rest erwerben. Hier machen nun die Kleinaktionäre Schwierigkeiten und verlangen Phantasiepreise. Er ist der Meinung, daß man hier eine Stelle schaffen sollte, die dem Großaktionär, worunter er einen versteht, der 90 oder 95 Prozent der Aktien hat, die Möglichkeit einer gewissen Expropriation gibt, wobei er daran denkt, daß die Gesellschaft dann als Einmanngesellschaft weiter bestehen soll.«[396]

Kißkalt, der »zuerst wenig Sympathie dafür« hatte, fand dann doch, dass Flicks Anregung »vom Standpunkt der ganzen Tendenz der Verpersönlichung aus etwas für sich« habe und, wenngleich »man gewiß auch die Minderheitsaktionäre schützen« solle, »der Gedanke von Flick diskutabel« erscheine, »wenn die Minderheit so klein ist, daß ein großes eigenes In-

392 Bericht über die Ausschusssitzung vom 09.06.1934, in: Schubert (Hg.), Ausschuß für Aktienrecht (Protokolle Nr. 1), S. 211 ff., Zitat von Heymann, ebd., S. 211.

393 Heymann, Quassowski und Kolb, in: Schubert (Hg.), Ausschuß für Aktienrecht (Protokolle Nr. 1), S. 212, 215 f. (dort S. LX zu Leo Quassowski), jeweils unter Hinweis auf Reichsgericht, Urteil vom 27.06.1930 – II 70/30 – RGZ 129 (1930), 260, 270 f.

394 Schubert (Hg.), Ausschuß für Aktienrecht (Protokolle Nr. 1), S. 216.

395 Zum Folgenden eingehend *Johannes Bähr*, Erweiterung und strategische Ausrichtung des Flick-Konzerns nach 1933, in: *Ders./Axel Drecoll/Bernhard Gotto/Kim C. Priemel/Harald Wixforth*, Der Flick-Konzern im Dritten Reich, München 2008, S. 63–163, 108 ff., 111 ff.

396 Auch für die folgenden Zitate Kißkalt, in: Schubert (Hg.), Ausschuß für Aktienrecht (Protokolle Nr. 1), S. 216 f.

teresse an der Gesellschaft nicht zu bestehen scheint«. Justizstaatssekretär Schlegelberger, der offenbar erst jetzt erfuhr, dass der auch dem Ministerium übersandte Vorschlag von Flick stammte[397], hatte gleichfalls »ein gewisses Verständnis« für Flicks Anliegen, wenn »es sich darum handelt, die Umwandlung einer solchen Aktiengesellschaft in ein Einzelgeschäft oder in eine offene Handelsgesellschaft zu vollenden [...]. Aber keineswegs darf man etwas Derartiges machen, bloß um unbequeme Mitaktionäre zu beseitigen.«[398] Kißkalt und Schlegelberger unterstellten wohlmeinend, dass Flick dies nicht im Sinn habe.

Wiederum vier Monate später kam der Ausschuss auf den Fall zurück und Kißkalt wiederholte: »Die Tendenz geht doch auf Hervorhebung der Persönlichkeit und infolgedessen sollen kleine Aktiengesellschaften umgewandelt werden in Personalgesellschaften. Nun ist aber der Fall möglich, daß jemand 95 Prozent der Aktien in der Hand hat, aber einige sind da, die machen nicht mit, d.h. nimm uns die Aktien ab zu einem horrenden Preis. Hier ist die Umwandlung in nicht gerechtfertigter Weise unmöglich gemacht. Ich glaube, man sollte auch diese Fälle treffen, aber die Majorität sehr hoch setzen, etwa 90 oder 95 Prozent. Die Minderheit soll dann gezwungen werden, den objektiven Wert entgegenzunehmen, wenn sie sich nicht beteiligen will.«[399] Schlegelberger war »[g]anz einverstanden«, wollte »nur festhalten an der Zahl 95 Prozent, darunter möchte ich nicht gehen«.

In seinem nächsten Bericht an den Akademiepräsidenten und »Reichsrechtsführer« Hans Frank stellte Kißkalt befriedigt fest, dass der Vorschlag Flicks auf Anregung des Ausschusses bereits im Reichsgesetzblatt stand.[400] Schlegelberger hatte im Ausschuss vorsorglich angekündigt, »daß diese Dinge jetzt so dringlich sind, daß ich nicht zusagen kann, daß eine gesetzliche Regelung in diesem Punkte bis zur Verabschiedung des Aktiengesetzes zuzuwarten vermag. Es ist durchaus möglich, daß die Verhältnisse sich so zuspitzen, daß wir diese Punkte vorher gesetzlich festlegen müssen.«[401] Die

397 So der Einwurf von Kißkalts Vorstandskollegen bei der Münchener Rückversicherung Alois Alzheimer, in: Schubert (Hg.), Ausschuß für Aktienrecht (Protokolle Nr. 1), S. LI, 217.

398 Schubert (Hg.), Ausschuß für Aktienrecht (Protokolle Nr. 1), S. 218.

399 Bericht über die Sitzung des Ausschusses vom 25.10.1934, in: Schubert (Hg.), Ausschuß für Aktienrecht (Protokolle Nr. 1), S. 281 ff., das Kißkalt- und auch das folgende Schlegelberger-Zitat S. 283.

400 Zweiter Bericht des Vorsitzenden des Ausschusses für Aktienrecht vom April 1935, in: Schubert (Hg.), Ausschuß für Aktienrecht (Protokolle Nr. 1), S. 500.

401 Schubert (Hg.), Ausschuß für Aktienrecht (Protokolle Nr. 1), S. 215, dort S. 216 auch der Hinweis von Kißkalt auf ein »Gesuch des Rechtsanwalts Groß«, der »eine Beschleunigung dieser Umwandlungsmöglichkeiten durch ein Zwischengesetz« verlangte.

Dinge hatten sich offenbar so sehr zugespitzt, dass statt der Mehrheit von 95 Prozent, die Schlegelberger so hochgehalten hatte, in der von seinem Ministerium verantworteten Verordnung jetzt »neun Zehntel des gesamten Grundkapitals« genügten.[402] Ab 1936 war eine Umwandlung durch Vermögensübertragung sogar schon möglich, wenn der ›Empfänger‹ des zu übertragenden Vermögens bereits mehr als drei Viertel des Grundkapitals der übertragenden Aktiengesellschaft hielt.[403] Die Höhe der Abfindung stellten nun die bereits in der Weimarer Republik erwogenen »Spruchstellen« fest.[404]

Flicks Wunsch betraf keine kleinen Aktiengesellschaften, sondern »Mittelstahl« als eines der Herzstücke seines Konzerns, das dann übrigens nicht umgewandelt wurde.[405] Mochte sich Flicks Einflussnahme auf den Gesetzgeber hier noch im Rahmen eines üblichen unternehmerischen Expansionsdrangs halten, galt dies nicht mehr wenige Jahre später für Flicks Zugriff auf die Kohlegruben der Familie Petschek als »Höhepunkt« von »Rechtsbrüchen gegenüber jüdischen Unternehmern und Unternehmen«, die »Teil eines wirtschaftspolitischen Erfahrungsschatzes« darstellten, »aus dem Flick und seine Spitzenmanager ihre Handlungsspielräume und Regeln ableiteten«.[406]

402 §§ 4 Abs. 2, 6 Abs. 2 der (ersten) Durchführungsverordnung zum Gesetz über die Umwandlung von Kapitalgesellschaften vom 14.12.1934, RGBl. I S. 1262–1264, 1263.

403 § 8 Abs. 2 der Dritten Durchführungsverordnung zum Gesetz über die Umwandlung von Kapitalgesellschaften vom 02.12.1936, RGBl. I S. 1003–1005, 1004. Entgegen *Bähr*, Erweiterung und strategische Ausrichtung des Flick-Konzerns nach 1933, in: *Ders./Drecoll/Gotto/Priemel/Wixforth*, Der Flick-Konzern im Dritten Reich, S. 112, genügte eine Dreiviertelmehrheit des beim Beschluss präsenten Kapitals (§ 4 Abs. 1 der ersten Durchführungsverordnung zum Gesetz über die Umwandlung von Kapitalgesellschaften vom 14.12.1934, RGBl. I S. 1262–1264, § 5 Abs. 2 der Dritten Durchführungsverordnung) für sich genommen nicht. Vgl. *Rüdiger Veil*, Umwandlungen, in: Bayer/Habersack (Hg.), Aktienrecht im Wandel, Bd. 2, 24. Kapitel Rdnr. 33; *Johannes W. Flume*, Einleitung B: Dogmengeschichte des Umwandlungsrechts, in: Barbara Dauner-Lieb/Stefan Simon (Hg.), Kölner Kommentar zum UmwG, Köln 2009, Rdnr. 71; zeitgenössisch *Köhler*, Die Umwandlung von Kapitalgesellschaften durch Mehrheitsbeschluß, S. 34 f.

404 §§ 9–19 der Dritten Durchführungsverordnung zum Gesetz über die Umwandlung von Kapitalgesellschaften vom 02.12.1936, RGBl. I S. 1003–1005, zu den Weimarer Entwürfen oben Fn. 391.

405 Zum Fortgang und zu einer ähnlichen Transaktion *Bähr*, Erweiterung und strategische Ausrichtung des Flick-Konzerns nach 1933, in: *Ders./Drecoll/Gotto/Priemel/Wixforth*, Der Flick-Konzern im Dritten Reich, S. 114 ff.

406 *Bernhard Gotto*, Adaption und Kooperation: Neue Geschäftspraktiken im Dritten Reich, in: *Bähr/Drecoll/Gotto/Priemel/Wixforth*, Der Flick-Konzern im Dritten Reich, S. 295–378, 322 ff., Zitate S. 323. Zur Restitution nach dem Krieg *Priemel*, Unternehmensgeschichte *reloaded*: Der Umgang der Friedrich Flick KG mit der NS-Vergangenheit in Öffentlichkeitsarbeit, Entflechtung und Restitution nach 1945, in: *Bähr/Drecoll/Gotto/Priemel/Wixforth*, Der Flick-Konzern im Dritten Reich, S. 647–719, 692 ff.

Hier interessiert nur ein juristischer Aspekt:[407] Flick oder dessen Generalbevollmächtigter Otto Steinbrinck ließ den Berliner Rechtsanwalt Hugo Dietrich[408] im Juni 1938 die zu diesem Zeitpunkt gegebenen Möglichkeiten einer »Arisierung« prüfen. Dietrich entwarf eine Verordnung, aufgrund derer ein »jüdischer Unternehmer« durch einen staatlichen Treuhänder entmachtet und zum Verkauf »gegen einen angemessenen Gegenwert« gezwungen werden können sollte, mit dem Zusatz: »Die betroffenen Vermoegensinhaber koennen die Angemessenheit des Gegenwertes in einem Spruchverfahren feststellen lassen.«[409] Hier verwies Dietrich auf die beschriebene Umwandlungsgesetzgebung. Diesen Entwurf lancierte Steinbrinck im Reichswirtschaftsministerium und in der Vierjahresplanbehörde[410], Dietrich selbst nahm Kontakt mit dem Reichsjustizministerium auf. Die Anklage in Nürnberg[411] sah die Ähnlichkeit[412] von Dietrichs Entwurf mit der am 3. Dezember 1938 verabschiedeten »Verordnung über den Einsatz des jüdischen Vermögens«[413], die aber möglicherweise auf anderen Vorlagen beruhte.[414] Als Dietrich in Nürnberg Flick[415] und Steinbrinck[416] ein Entlastungszeugnis ausstellte, betonte er die Unterschiede zwischen seinem Entwurf und der Verordnung und erklärte, die von ihm entworfene

407 Auch zum Folgenden *Gotto*, Adaption und Kooperation, in: *Bähr/Drecoll/Gotto/Priemel/Wixforth*, Der Flick-Konzern im Dritten Reich, S. 343 ff.

408 Eine eigene Studie über Hugo Dietrich ist in Vorbereitung. Vgl. einstweilen *Jan Thiessen*, Unternehmenskauf und Bürgerliches Gesetzbuch. Die Haftung des Verkäufers von Unternehmen und Unternehmensbeteiligungen (Berliner Juristische Universitätsschriften 45), Berlin 2005, S. 165 f. Fn. 371.

409 Staatsarchiv Nürnberg, KV Ankl. Dok. Fotokop., NI 898; KV-Prozesse Fall 5, Nr. A2, Bl. 127–128; Nr. A22, Bl. 1751–1760; Nr. A23, Bl. 1848–1851; Nr. A61, Bl. 4821, 4863.

410 Staatsarchiv Nürnberg, KV-Ankl. Dok. Fotokop., NI 896–897.

411 Dazu *Susanne Jung*, Die Rechtsprobleme der Nürnberger Prozesse dargestellt am Verfahren gegen Friedrich Flick (Beiträge zur Rechtsgeschichte des 20. Jahrhunderts Nr. 8), Tübingen 1992, S. 58 ff., 70 ff.; *Axel Drecoll*, Flick vor Gericht: Die Verhandlungen vor dem alliierten Militärtribunal 1947, in: *Bähr/Drecoll/Gotto/Priemel/Wixforth*, Der Flick-Konzern im Dritten Reich, S. 559–645.

412 Staatsarchiv Nürnberg, KV-Prozesse Fall 5, Nr. A22, Bl. 1756–1758.

413 RGBl. I S. 1709–1712.

414 *Gotto*, Adaption und Kooperation, in: *Bähr/Drecoll/Gotto/Priemel/Wixforth*, Der Flick-Konzern im Dritten Reich, S. 344. Zum Kontext der »Arisierungs«-Verordnungen *Cornelia Essner*, »Die Nürnberger Gesetze« oder Die Verwaltung des Rassenwahns 1933–1945, Paderborn 2002, S. 155, 246 ff., 257 ff.

415 Dieser gab vor, Dietrich weder beauftragt zu haben noch dessen Ausarbeitung gekannt zu haben, Staatsarchiv Nürnberg, KV-Prozesse Fall 5, Nr. A42, Bl. 3333–3338; A49, Bl. 3802–3817.

416 Dessen Vernehmungen: Staatsarchiv Nürnberg, KV-Prozesse Fall 5, Nr. A61, Bl. 4819–4823, 4860–4863; Nr. A67, Bl. 5297–5298; Nr. A68, Bl. 5347–5352.

»Regelung entspricht voellig jedem auf der Grundlage des Privateigentums aufgebauten Kulturrecht, u. a. dem englischen, amerikanischen und franzoesischen Recht, die m.W. saemtlich eine Enteignung von Privateigentum nur gegen Entschädigung kennen […]. Ich uebernahm diese Regelung aus dem wohl seit 1934 bestehenden Kapitalumwandlungsgesetz[417], das jedem Hauptgesellschafter, gleichgueltig welcher Nationalitaet und Rasse das Recht gab, die Gesellschaft auch gegen den Willen der uebrigen Beteiligten auf sich zu ueberfuehren unter angemessener Abfindung der ausscheidenden Anteilseigner.«[418]

Ob der einmal mehr beschworene Rechtsvergleich Flick und Steinbrinck geholfen hätte, ist nicht belegt, weil sich das Nürnberger Gericht insoweit nicht zuständig fühlte – Flicks »Arisierungen« waren vor dem Krieg abgeschlossen und deshalb keine Kriegsverbrechen.[419] Sicher wäre es aber den Richtern darauf angekommen, wer etwas zu welchem Zweck tut, nicht auf die Vorbilder, auf die er sich dafür beruft. Dies gilt freilich auch umgekehrt zugunsten derjenigen, die sich auf NS-Lehren beriefen oder Normen der NS-Zeit fortschrieben.

Das Bundesverfassungsgericht rekonstruierte in seinem Feldmühle-Urteil von 1962 die Herkunft der vom Gericht zu prüfenden Norm der »übertragenden Umwandlung« aus der NS-Gesetzgebung, wie es zuvor der bundesdeutsche Gesetzgeber bereits im Jahre 1956 getan hatte.[420] Gesetzgeber und Gericht identifizierten weder Flick als Stichwortgeber des Jahres 1934 noch den von Flicks Anwalt beabsichtigten ›Anwendungsfall‹ von 1938. Dies hätte auch nichts geändert:

»Ganz unabhängig von [nationalsozialistischen Auffassungen] besteht […], wie die Erfahrungen der Praxis beweisen, immer wieder das Bedürfnis, eine Kapitalgesellschaft […] in eine Personengesellschaft oder Einzelfirma umzuwandeln. Für solche Umwandlungen können wirtschaftliche und steuerliche Gründe, aber auch die persönlichen Verhältnisse der Gesellschafter maßgebend sein. Es besteht kein Grund, die Beteiligten, wenn sie eine Umwandlung für erforderlich halten, dazu zu zwingen, den ohnehin immer möglichen Weg zu beschreiten, das Unternehmen aufzulösen

417 §§ 4 Abs. 2, 6 Abs. 2 der (ersten) Durchführungsverordnung zum Gesetz über die Umwandlung von Kapitalgesellschaften vom 14.12.1934, RGBl. I S. 1262–1264, 1263. § 8 Abs. 2 der Dritten Durchführungsverordnung zum Gesetz über die Umwandlung von Kapitalgesellschaften vom 02.12.1936, RGBl. I S. 1003–1005, 1004.

418 Eidesstattliche Versicherung Dietrichs vom 15.07.1947, Staatsarchiv Nürnberg, KV-Prozesse Fall 5, Nr. G-4; dazu Steinbrincks Verteidiger Hans Flaechsner, Nr. A121, Bl. 9954–9955.

419 Dazu *Jung*, Die Rechtsprobleme der Nürnberger Prozesse, S. 203 f.

420 Bundesverfassungsgericht, Urteil vom 07.08.1962 – 1 BvL 16/60 – BVerfGE 14 (1963), 263, 266 f.

und abzuwickeln und seine Vermögensgegenstände einzeln auf eine Personengesellschaft oder einen Gesellschafter zu übertragen. Es erscheint vielmehr angebracht, die durch das Umwandlungsgesetz und seine Durchführungsverordnungen geschaffene Möglichkeit, für solche Umwandlungen den einfacheren Weg einer Gesamtrechtsnachfolge zu wählen, auch in Zukunft aufrechtzuerhalten und in den dauernden Bestand des deutschen Handelsrechts zu überführen.«[421]

Dass dies zu Lasten der Minderheit gehen dürfe, war damit zwar nicht gesagt. Die Norm wurde jedoch als verfassungsgemäß beurteilt.[422] Sie gehört nach einer Pause von anderthalb Jahrzehnten[423] wieder zum »dauernden Bestand des deutschen Handelsrechts«.[424] Die Feldmühle wurde übrigens im Jahr des nach ihr benannten Urteils endgültig Teil des Flick-Konzerns; Flicks Gesetzgebungsvorschlag von 1934[425] hatte sich ausgezahlt.[426]

III. Wirtschaftsrechtler – unpolitisch, zeitlos, unbelastet?

Die Geschichte von Friedrich Flick und seinem Anwalt Hugo Dietrich ist seit langem bekannt. Dies liegt unter anderem daran, dass Flick in Nürnberg der Prozess gemacht wurde, dessen wesentliche Dokumente zeitgleich

421 Entwurf eines Gesetzes über die Umwandlung von Kapitalgesellschaften und bergrechtlichen Gewerkschaften, BT-Drucksache II/2402, S. 11; umfassend zitiert in Bundesverfassungsgericht, Urteil vom 07.08.1962 – 1 BvL 16/60 – BVerfGE 14 (1963), 263, 267.

422 Kritisch zuvor *Erich Fechner/Peter Schneider*, Verfassungswidrigkeit und Rechtsmissbrauch im Aktienrecht. Paragraphen 9 und 15 des Umwandlungsgesetzes von 1956. Zwei Gutachten zum Fall Feldmühle AG erstattet für Hermann Krages, Bremen, Tübingen 1960, S. 13 ff., 88 ff.; *Erich Fechner/Peter Schneider*, Nochmals Verfassungswidrigkeit und Rechtsmissbrauch im Aktienrecht. Zwei Stellungnahmen zur öffentlichen Verhandlung im Normenkontrollverfahren betr. §§ 9 und 15 des Umwandlungsgesetzes von 1956 und zum »Fall Feldmühle« (Recht und Staat in Geschichte und Gegenwart 253/254), Tübingen 1962, S. 13 ff., 35 ff.

423 Zur Rechtslage seit dem Feldmühle-Urteil (Bundesverfassungsgericht, Urteil vom 07.08.1962 – 1 BvL 16/60 – BVerfGE 14 [1963], 263) *Flume*, Einleitung B, in: Dauner-Lieb/Simon (Hg.), Kölner Kommentar zum UmwG, Rdnr. 73. Der Gesetzgeber von 1994 verzichtete auf die Norm, die schon bei ihrer Einführung 1934 »keinem praktischen Bedürfnis entsprach, sondern damals mehr der Forderung nach einer ›Abkehr von anonymen Kapitalformen‹ (so der Vorspruch zum Gesetz über die Umwandlung von Kapitalgesellschaften vom 5. Juli 1934, RGBl. I S. 569) diente«, Koalitionsentwurf zum Gesetz zur Bereinigung des Umwandlungsgesetzes, BT-Drucksache 12/6699, S. 144.

424 § 62 Abs. 5 UmwG, dazu bereits oben bei Fn. 391.

425 Oben bei Fn. 395.

426 Zu Flicks seit 1955 andauernden Bemühungen *Norbert Frei/Ralf Ahrens/Jörg Osterloh/Tim Schanetzky*, Flick. Der Konzern, die Familie, die Macht, München 2009, S. 543 ff., dort S. 546 auch zum Nutzen Flicks aus der Umwandlungsgesetzgebung.

mit der »Braunbuch«-Kampagne[427] durch die DDR publiziert wurden.[428] Zwar standen in Nürnberg auch viele Juristen vor Gericht, nicht nur im »Juristenprozess«.[429] Die Masse der Juristen, die in der NS-Zeit tätig waren, blieb jedoch unbekannt. Heutige Juristen kennen bestenfalls die Vergangenheit von Karl Larenz oder Carl Schmitt; alle anderen bleiben dem Interesse der Rechtshistoriker vorbehalten. Es ist gewiss kein Zufall, wenn gerade bedeutende Wirtschaftsrechtler als im Herzen unpolitisch beschrieben werden,[430] so dass sich die Frage nach der Vergangenheit – wie bei ihrem Fach – nicht zu stellen scheint.[431] Wenn man etwa noch heute darauf hinweisen muss, dass der Heidelberger Ordinarius Wolfgang Hefermehl identisch war mit dem früheren Referenten für Judengesetzgebung im Reichsjustizministerum Wolfgang Hefermehl[432], wie mag es dann erst um jene weniger bekannten Juristen bestellt sein, die nach dem Krieg Ministerialbeamte wurden oder blieben und ihrer Stellung gemäß weniger das Licht der Fachöffentlichkeit suchten als ein Universitätsprofessor?

Damit ist zu klären, welche Personen für den hier abzusteckenden Untersuchungsauftrag relevant sind. Die in diesem Beitrag behandelten Sachgebiete folgen dem Organigramm des Bundesministeriums und bilden die

427 Nationalrat der Nationalen Front (Hg.), Braunbuch.

428 Karl Thielecke (Hg.), Fall 5. Anklageplädoyer, ausgewählte Dokumente, Urteil des Flick-Prozesses mit einer Studie über die »Arisierungen« des Flick-Konzerns, Berlin 1965.

429 Dazu *Joachim Rückert*, Einige Bemerkungen über Mitläufer, Weiterläufer und andere Läufer im Bundesministerium der Justiz nach 1949, in diesem Band.

430 Exemplarisch die Schülerberichte über »Deutschsprachige Zivilrechtslehrer« von *Wolfgang Zöllner*, Alfred Hueck. Rechtslehrer in der Weimarer Republik, Nazidiktatur und Bundesrepublik, in: Grundmann/Riesenhuber (Hg.), Deutschsprachige Zivilrechtslehrer des 20. Jahrhunderts in den Berichten ihrer Schüler, Bd. 1, S. 131–147, 131; *Peter Ulmer*, Wolfgang Hefermehl (1906–2001), in: Grundmann/Riesenhuber (Hg.), Deutschsprachige Zivilrechtslehrer des 20. Jahrhunderts in den Berichten ihrer Schüler, Bd. 1, S. 239–259, 243; *Fritz Rittner*, Walter Schmidt-Rimpler (1885–1975), in: Grundmann/Riesenhuber (Hg.), Deutschsprachige Zivilrechtslehrer des 20. Jahrhunderts in den Berichten ihrer Schüler, Bd. 1, S. 261–284, 266. Freilich dokumentiert derselbe Band auch prominente Gegenbeispiele, etwa *Ernst-Joachim Mestmäcker*, Franz Böhm, in: Grundmann/Riesenhuber (Hg.), Deutschsprachige Zivilrechtslehrer des 20. Jahrhunderts in den Berichten ihrer Schüler, Bd. 1, S. 31–54, 35f., 41ff.; oder *Klaus Adomeit*, Hans Carl Nipperdey als Anreger für eine Neubegründung des juristischen Denkens, in: Grundmann/Riesenhuber (Hg.), Deutschsprachige Zivilrechtslehrer des 20. Jahrhunderts in den Berichten ihrer Schüler, Bd. 1, S. 149–165, 151, 154.

431 Oben II.

432 *Thiessen*, Statt eines Diskussionsberichts, in: Grundmann/Riesenhuber (Hg.), Deutschsprachige Zivilrechtslehrer des 20. Jahrhunderts in den Berichten ihrer Schüler, Bd. 1, S. 423ff., zu *Ulmer*, Wolfgang Hefermehl, in: Grundmann/Riesenhuber (Hg.), Deutschsprachige Zivilrechtslehrer des 20. Jahrhunderts in den Berichten ihrer Schüler, Bd. 1, S. 245.

Zuständigkeiten der »Abteilung III: Handels- und Wirtschaftsrecht« ab, wobei stets ein Seitenblick auf verwandte Materien der »Abteilung I: Bürgerliches Recht und Verfahren« zu werfen ist. Der Kreis der zu betrachtenden Personen ist also danach zu ziehen, ob diese Personen vor oder nach 1945 mit einem dieser Gebiete befasst und nach 1949 im Bundesministerium der Justiz tätig waren. Von vornherein kommen nur solche Personen in Betracht, die vor 1945 alt genug waren, um eine maßgebliche Position im NS-Staat ausüben zu können. Das hat nichts mit einem – in Umkehrung von Helmut Kohl – Fluch der frühen Geburt zu tun, sondern mit der Frage, wer im Rechtssinne für sein Verhalten verantwortlich war, was wiederum einschließt, dass nur Personen in Betracht kommen, die Verantwortung trugen.

Aus der Perspektive des Wirtschaftsrechts sind dies rein altersmäßig folgende Personen:[433] der Staatssekretär Walter Strauß (1900–1976), die Abteilungsleiter Ernst Geßler (1905–1986), Günther Joël (1899–1986), Albrecht Krieger (1925–2007)[434] und Georg Petersen (1899–1971), der Unterabteilungsleiter Heinrich von Spreckelsen (1905–1997), die Referatsleiter Hans-Friedrich Caspers (1905–1975)[435], Manfred Deiters (geboren 1920), Heinrich Ebersberg (1911–1976), Ulrich Eckardt (geboren 1922), Rudolf Fleischmann (1903–1975), Rudolf Franta (1913–1989), Kurt Haertel (1910–2000)[436], Hans Hill (geboren 1913), Günter Kelbel (1922–2009), Ulrich Kohlbrügge (1899–1968)[437], Robert Krawielicki (1905–1966), Bruno Kropff (geboren 1925), Heribert Mast (1925–1986), Ulrich Meyer-Cording (1911–1998), Gerd Rinck (1910–2007), Gerhard Schneider (1906–1987) und Arno Schulz (1913–1969).

Ein zweiter Blick zeigt, dass die genannten Personen nicht durchweg zusammenpassen. So sind mehr oder weniger detaillierte Vorwürfe gegen Ebersberg, Fleischmann, Geßler und Spreckelsen aus den »Blutrichter«- und »Braunbuch«-Kampagnen der DDR seit den 1950er Jahren bekannt[438] und

433 Die folgenden Angaben beruhen soweit nicht anders angegeben auf Organigrammen und einer Tabelle mit den juristischen Bediensteten des Bundesministeriums der Justiz, beides dankenswerterweise zur Verfügung gestellt vom Ministerium, sowie der Online-Edition »Die Kabinettsprotokolle der Bundesregierung« (http://www.bundesarchiv.de/kabinettsprotokolle, zuletzt eingesehen am 13.03.2013).

434 *Schubert*, Quellen zur GmbH-Reform von 1958 bis zum GmbH-Änderungsgesetz von 1980, S. XLI.

435 *Wilcken*, Die Reformbestrebungen zum Genossenschaftsgesetz in der Frühzeit der Bundesrepublik, S. 27.

436 *Martin Otto*, Kurt Haertel, in: Louis Pahlow/Simon Apel/Mathias Wießner (Hg.), Biographisches Handbuch des Geistigen Eigentums, erscheint demnächst. Martin Otto sei für sein vorab überlassenes Manuskript wiederum sehr herzlich gedankt.

437 Schubert (Hg.), Ausschuß für Genossenschaftsrecht (Protokolle Nr. 4), S. 56.

438 *Miquel*, Ahnden oder amnestieren?, S. 27 ff., 385 f.

im Fall von Ebersberg sogar in Wikipedia nachzulesen.[439] Meyer-Cording und Spreckelsen wurden bald nach Kriegsbeginn eingezogen, konnten also nur kurze Zeit ihren Schreibtisch im Reichsjustizministerium einnehmen.[440] Strauß wurde wie erwähnt 1934 aufgrund des »Gesetzes zur Wiederherstellung des Berufsbeamtentums« als Gerichtsassessor entlassen.[441] Joël, Sohn des Weimarer Justizstaatssekretärs und -ministers Curt Joël, arbeitete als Rechtsanwalt und hätte aufgrund der jüdischen Herkunft seines Vaters gleichfalls kaum in der Justiz Karriere machen können.[442] Krawielicki wurde die Habilitation an der Berliner Universität verweigert, weil er sich spöttisch über das »Wehrsportlager der preußischen Studentenschaft« geäußert hatte.[443] Petersen scheint aus allen Kategorien herauszufallen, weil er weder im Reichsjustizministerium arbeitete noch der Abteilung III des Bundesministeriums der Justiz angehörte. Petersen war aber seit 1929 Rechtsanwalt beim Reichsgericht, nahm damit von einer anderen Seite aus Einfluss auf das Recht der NS-Zeit und betreute dann als Leiter der Abteilung I mit dem Zivilrecht ein dem Wirtschaftsrecht eng verbundenes Rechtsgebiet. Den neu eröffneten Bundesgerichtshof stellte er als Vertreter des Ministeriums in die Tradition des Reichsgerichts.[444]

Wenn die genannten Personen so unterschiedlich sind, wonach ist hier überhaupt zu suchen? Für den hier beschriebenen Bereich ist nicht so sehr die Frage zu stellen, wieviel die betreffenden Personen im NS-Staat erreicht haben. Denn eine ähnliche (zumal eine Ministerial-)Karriere hätten sie aufgrund ihrer Fähigkeiten auch in einer demokratischen Republik machen können, wie ihr Werdegang nach 1949 beweist, den sie ja nicht gerade wegen, sondern trotz ihrer früheren Tätigkeiten genommen haben mögen. Vielmehr ist hier schlicht zu fragen, wie der NS-Staat mit seinen tatsächlichen Gegnern oder von ihm selbst erst dazu deklarierten »Feinden« umging. Zu diesen gehörte ein Teil der genannten Personen, was die Frage aufwirft, wie die bis 1945 Verfolgten im BMJ mit den ehemaligen Verfolgern umgingen.

Ein an anderer Stelle näher darzustellendes Beispiel[445] zeigt, dass die Wege der einzelnen Personen einander durchaus überschneiden konnten. Geßler

439 Zuletzt geprüft am 13.03.2013.

440 *Gruchmann*, Justiz im Dritten Reich 1933–1940, S. 1197 f.

441 Siehe Fn. 178.

442 Vgl. *Peter Dieners*, Curt Joël (1865–1945). Administrator der Reichsjustiz, in: Helmut Heinrichs/Harald Franzki/Klaus Schmalz/Michael Stolleis (Hg.), Deutsche Juristen jüdischer Herkunft, München 1993, S. 485–494, 493.

443 *Lösch*, Der nackte Geist, S. 226 ff., 231 f.

444 *Georg Petersen*, Die Tradition des Reichsgerichts, in: Festschrift zur Eröffnung des Bundesgerichtshofes in Karlsruhe. 8. Oktober 1950, Karlsruhe 1950, S. 25–38.

445 Wie Fn. 369.

nannte die ursprüngliche Haltung des Reichsgerichts, das sich mehrfach gegen den Ausschluss jüdischer Gesellschafter ausgesprochen hatte, in seinem Ministerialrätekommentar »zu eng«. Denn die »Zugehörigkeit eines Gesellschafters zur *jüdischen Rasse* ist immer ein Auflösungsgrund«, damit gleichzeitig ein Ausschlussgrund. Beim Ausschluss war Eile geboten: »Der arische Gesellschafter kann seinen Anspruch verwirken, wenn er trotz der Gesetzgebung des Jahres 1938 [...] mit der Erhebung der Klage abwartet.«[446] Geßler schrieb zwar: »Gesellschafter einer OHG kann grundsätzlich auch ein Jude sein. Juden ist der Eintritt in eine deutsche OHG oder die Errichtung einer solchen nicht grundsätzlich untersagt. Ihre Mitgliedschaft in einer OHG hat aber die Wirkung, daß der Gewerbebetrieb als jüdischer gilt.«[447] Gerade in diesem Fall durfte man es nicht »zu eng« sehen mit dem Ausschluss der Juden, weil die Kennzeichnung des Gewerbebetriebs als »jüdisch«[448] den anderen Gesellschaftern wirtschaftliche Schwierigkeiten bereiten konnte. Geßler verwies hier auf die »Dritte Verordnung zum Reichsbürgergesetz vom 14. Juni 1938«[449] und auf einen Aufsatz seines Ministerialkollegen Wolfgang Hefermehl – dem er später »zum 80. Geburtstag eine glänzende Festrede hielt«[450] – in der von Geßler redigierten Zeitschrift »Soziale Praxis«[451].

Geßler war auch in der Gesetzgebungsarbeit mit dem Thema befasst. Im Akademieausschuß für Personen-, Vereins- und Schuldrecht hatte der Ausschussvorsitzende Hedemann die Frage aufgeworfen, »ob der Ariergedanke

446 *Ernst Geßler*, in: Franz Schlegelberger (Hg.), Handelsgesetzbuch in der ab 1. Oktober 1937 geltenden Fassung (ohne Seerecht), Berlin 1939, § 140 Anm. 2, mit Blick auf Reichsgericht, Urteil vom 11.12.1934 – II 148/34 – RGZ 146 (1935), S. 169–182, 176 ff.; Reichsgericht, Urteil vom 30.03.1938 – II 204/37 – JW 67 (1938), S. 1825–1826, 1826; Geßlers Kommentierung ist bereits aufgegriffen bei *Löwer*, Cessante ratione legis cessat ipsa lex, S. 18 Fn. 55.

447 *Geßler*, in: Schlegelberger (Hg.), Handelsgesetzbuch, § 105 Anm. 24, § 133 Anm. 14. Ganz ähnlich der frühere Reichsgerichtsrat *Otto Weipert*, in: Kommentar zum Handelsgesetzbuch von Mitgliedern des Reichsgerichts, Berlin 1942, § 105 Anm. 23. An gleicher Stelle schrieb Weipert in der 2. Aufl. 1950: »*Jede physische Person kann Gesellschafter werden*, ohne Rücksicht auf Staatsangehörigkeit, Rasse, Volkszugehörigkeit oder religiöses Bekenntnis.« Ähnlich der Vergleich beider Auflagen für § 133 Anm. 15, in der ersten Auflage Geßler für die Verwirkung zustimmend. Der Registereintrag lautete in beiden Auflagen gleich: »Ausländer und Juden in [Handelsgesellschaft] § 105[23]«, ebd., S. 734 (1. Aufl.), S. 799 (2. Aufl.).

448 Dazu *Essner*, »Die Nürnberger Gesetze«, S. 246 ff.

449 RGBl. I S. 627–628.

450 *Ulmer*, Wolfgang Hefermehl, in: Grundmann/Riesenhuber (Hg.), Deutschsprachige Zivilrechtslehrer des 20. Jahrhunderts in den Berichten ihrer Schüler, Bd. 1, S. 243.

451 *Wolfgang Hefermehl*, Wann gilt ein Gewerbebetrieb als jüdisch?, Soziale Praxis 47 (1938), Sp. 803–807.

in das Vereinsrecht übernommen werden soll, und zwar insofern, daß Arier nicht mehr zusammen mit Juden Mitglieder eines Vereins sein könnten, daß das also schlechthin durch zwingende Gesetzesvorschrift verboten werden soll«.[452] Nachdem die Meinungen im Ausschuss geteilt waren, sagte Geßler:

»Ich glaube nicht, daß wir eine These aufstellen können, nach der auch Mischlinge ausgeschlossen werden; denn sie werden in vielen Beziehungen eingegliedert und sollen ins Volksganze eingegliedert werden. Wir müßten uns darauf beschränken, zu sagen: Juden und Arier können nicht zusammen in einem Verein sein.«[453]

Gewiss hat Geßler sich zugute gehalten, für die »Mischlinge« einzutreten. Und natürlich wollte Geßler für die »Mischlinge«, die ja gerade ihre Rechte im Verein behalten sollten, keine vergleichbaren Folgen herbeiführen wie Innenstaatssekretär Wilhelm Stuckart, der gemeinsam mit Hans Globke das Reichsbürgergesetz kommentiert hatte und dann in der Wannsee-Konferenz, Reinhard Heydrich übertreffend, dafür eintrat, die »Mischlinge« nicht zu deportieren, sondern ›nur‹ zwangsweise zu sterilisieren.[454] Methodisch war Geßlers Argument aber kein anderes als dasjenige von Stuckart. Auch Geßler argumentierte entlang des »Reichsbürgergesetzes«, erkannte dieses als geltendes Recht an und gab »die Voll- und die Dreivierteljuden«[455] preis, wenn auch nur als Vereinsmitglieder. Er hätte stattdessen wie unmittelbar vor ihm der Reichsgerichtsrat Hermann Arnold empfehlen können, dass der Ausschuss vorerst keine Regel formuliere.[456]

452 Protokoll der Sitzung vom 30.03.1938, Werner Schubert (Hg.), Ausschuß für Personen-, Vereins- und Schuldrecht. 1937–1939 (Unterausschuß für Allgemeines Vertragsrecht) (Akademie für Deutsches Recht 1933–1945. Protokolle der Ausschüsse Nr. 3,4), Berlin 1992, S. 63, im Anschluss an ein Referat des Jenaer OLG-Vizepräsidenten Paul Nitzsche, ebd., S. 55, Biographie bei Schubert (Hg.), Ausschuß für Personen-, Vereins- und Schuldrecht (Protokolle Nr. 3,3), S. 73.

453 Geßler, in: Schubert (Hg.), Ausschuß für Personen-, Vereins- und Schuldrecht (Protokolle Nr. 3,4), S. 69.

454 Dazu *Essner*, »Die Nürnberger Gesetze«, S. 400 ff.; *Hans-Christian Jasch*, Staatssekretär Wilhelm Stuckart und die Judenpolitik. Der Mythos von der sauberen Verwaltung (Studien zur Zeitgeschichte Nr. 84), München 2012, S. 258 ff., 316 ff. 322 ff., 470 f.

455 So konkretisierte der Senatspräsident am Reichsgericht und frühere Ministerialrat im Reichsjustizministerium Ernst Brandis Geßlers Vorschlag, in: Schubert (Hg.), Ausschuß für Personen-, Vereins- und Schuldrecht (Protokolle Nr. 3,4), S. 69, Biographie von Brandis bei Schubert (Hg.), Ausschuß für Personen-, Vereins- und Schuldrecht (Protokolle Nr. 3,3), S. 57 f.

456 Arnold, in: Schubert (Hg.), Ausschuß für Personen-, Vereins- und Schuldrecht (Protokolle Nr. 3,4), S. 68 f., Biographie bei Schubert (Hg.), Ausschuß für Personen-, Vereins- und Schuldrecht (Protokolle Nr. 3,3), S. 56 f. Arnold schlug vor, dass »die Frage ganz in die Hand des Staates gelegt« und nicht im Vereinsrecht geregelt werde.

Zwei von Geßlers damaligen bzw. späteren Ministerialkollegen waren gleichfalls in die Ausschließung jüdischer Gesellschafter involviert. Petersen vertrat vor dem Reichsgericht einen Kläger, der seinen Mitgesellschafter aus einer offenen Handelsgesellschaft ausschließen lassen wollte, weil dessen Frau »Volljüdin« war.[457] Zudem vertrat er mehrfach Gesellschaften, welche ihren jüdischen Vorstandsmitgliedern das Ruhegehalt gekürzt hatten.[458] Meyer-Cording übernahm in den GmbH-Gesetzentwurf von 1939 eine Position des Ausschusses für GmbH-Recht der Akademie für Deutsches Recht:

> »Der Ausschluß ist an keine weiteren Voraussetzungen gebunden, so daß an sich auch ein Mehrheitsgesellschafter von einer Minderheit ausgeschlossen werden kann. Nur wird in solchem Falle die Abfindung des Ausscheidenden häufig Schwierigkeiten bereiten. Daß diese nicht immer unüberwindbar sind, hat sich verschiedentlich bei den Maßnahmen gezeigt, die zur Entjudung der deutschen Wirtschaft durchgeführt worden sind.«[459]

Ob dies Folgen für ihre Tätigkeit im BMJ hatte, wird zu prüfen sein. Meyer-Cordings Urheberschaft wurde freilich erst lange nach dem Krieg überhaupt durch ihn selbst bekannt[460], natürlich ohne Blick auf die konkrete Passage. Petersen erschien vielleicht schon durch seinen Status als Rechtsanwalt als besonderer Nähe zum Regime unverdächtig. Geßlers Ausführungen wurden soweit ersichtlich erst 1989 in einer Fußnote zitiert.[461] Freilich musste Günther Joël schon zuvor die »Person Geßlers gegenüber der Amtsleitung

457 Reichsgericht, Urteil vom 17.01.1940 – II 99/39 – Seufferts Archiv 94 (1940), S. 61–63, dazu die Prozessakte, BArch, R3002 Zivilsenate Nr. 30453.

458 Reichsgericht, Urteil vom 17.07.1939 – II 195/38 – RGZ 161 (1939), 301, dazu die Prozessakte, BArch, R3002 Zivilsenate Nr. 6622; Reichsgericht, Urteil vom 12.06.1939 – II 196/38 – dazu die Prozessakte, BArch, R3002 Zivilsenate Nr. 6622; Reichsgericht, Urteil vom 24.04.1940 – II 1/40, Prozessakte, BArch, R3002 Nr. 30525, Werner Schubert/ Hans Peter Glöckner (Hg.), Nachschlagewerk des Reichsgerichts. Gesetzgebung des deutschen Reichs, Bd. 4, 2006, S. 394; zum letztgenannten Urteil *Thiessen*, Gute Sitten und »gesundes Volksempfinden«, in: Kiehnle/Mertens/Schiemann (Hg.), Festschrift für Jan Schröder zum 70. Geburtstag, S. 187–219.

459 *Schubert*, Entwurf des Reichsjustizministeriums zu einem Gesetz über Gesellschaften mit beschränkter Haftung von 1939, S. 192; dazu *Thiessen*, Statt eines Diskussionsberichts, in: Grundmann/Riesenhuber (Hg.), Deutschsprachige Zivilrechtslehrer des 20. Jahrhunderts in den Berichten ihrer Schüler, Bd. 1, S. 427 f.; zuvor bereits aufgegriffen bei *Michael Becker*, Der Ausschluß aus der Aktiengesellschaft, Zeitschrift für Gesellschafts- und Unternehmensrecht 15 (1986), 383–417, 385 f. Fn. 10. Offenbar folgte Meyer-Cording einer Formulierung von Ebbecke, in: Schubert (Hg.), Ausschuß für Aktienrecht (Protokolle Nr. 1), S. 564.

460 *Schubert*, Entwurf des Reichsjustizministeriums zu einem Gesetz über Gesellschaften mit beschränkter Haftung von 1939, S. 85.

461 Siehe oben Fn. 446 am Ende.

und gegenüber nicht ausbleibenden persönlichen Angriffen, die namentlich auf die Tätigkeit Geßlers im Reichsjustizministerium zurückgingen«, in Schutz nehmen.[462] Der Bezug zum Vereinsrecht wie zu Petersen zeigt, dass hier auch die zivilrechtliche Abteilung des BMJ zu berücksichtigen ist.

Bei alledem geht es nicht allein um solche eindeutig belastetenden Momente. Ausgangspunkt ist der Auftrag der Kommission, den Umgang des BMJ mit der NS-Vergangenheit zu erforschen. Die Perspektive ist daher zunächst diejenige des historischen BMJ. Welche Tatsachen, welche früheren Äußerungen hielt das Ministerium für relevant? Welche Aktivitäten hielt man für unvereinbar mit dem Ansehen der Bundesregierung, als deren Repräsentanten die Ministerialbeamten agierten, welche Äußerungen aus der Zeit vor 1945 konnte man sich ab 1949 nicht mehr als Äußerungen eines Beamten im höheren Staatsdienst vorstellen? Wonach fragte das Haus bei Einstellungen und Beförderungen oder wenn aus anderem Anlass oder von anderer – zumal ostdeutscher – Seite Vorwürfe laut wurden? Wer fragte wen, wer untersuchte was, wer veranlasste Nachforschungen über wen und wer legte welchen Fall zu den Akten? Wer verließ sich auf wessen Urteil, wenn eine Entscheidung anstand? Wer entschied wie und nach welchem Maßstab?

Die so gestellten Fragen betreffen nicht nur die Personen, sondern auch deren Tätigkeiten. Für die Vergangenheit bis 1945 ist das selbstverständlich. Es gilt aber ebenfalls für die Tätigkeit im BMJ selbst – plakativ gesprochen: Welche Spuren hinterließ die betreffende Person im Bundesgesetzblatt? Und hatten diese Spuren in der Gegenwart irgendetwas mit der Vergangenheit zu tun? Diese letzte Frage ist viel schwieriger zu beantworten als alle anderen. Die Antwort ist freilich dadurch erleichtert, dass die Sachakten des BMJ seit längerem zugänglich sind und von der Forschung bereits genutzt wurden. Demgegenüber wurden die Akten der Personalregistratur soweit noch vorhanden nicht an das Bundesarchiv abgegeben und können daher hier erstmals genutzt werden, was auch die Personalakten der BMJ-Bediensteten aus ihrer Zeit an anderen Stellen des Justizdienstes, insbesondere also die RJM-Personalakten, einschließt.[463]

Abhängig von der Quellenlage sind Porträts in ganz unterschiedlicher Tiefenschärfe zu erwarten. Manche Personen werden wenig ergiebig sein, manche andere werden nähere Aussagen über ihre Beziehung zum NS-Staat erlauben und über die Fragen, die sie sich nach 1945 deshalb gefallen lassen

462 *Kropff*, Reformbestrebungen im Nachkriegsdeutschland und die Aktienrechtsreform von 1965, in: Bayer/Habersack (Hg.), Aktienrecht im Wandel, Bd. 1, Rdnr. 128.

463 Hierzu *Rückert*, Einige Bemerkungen über Mitläufer, Weiterläufer und andere Läufer im Bundesministerium der Justiz nach 1949, in diesem Band.

mussten. Jedenfalls zwei der genannten Personen lohnen detaillierte Studien. Von dem einen (Geßler) liegt ein umfängliches Publikationsverzeichnis für dessen Amtszeit vor[464], so dass die vom »Führer durch das braune Bonn« inkriminierten »Veröffentlichungen«[465] in die Sachakten zu spiegeln sind. Von dem anderen (Petersen) ist ab 1929 nahezu jede Gerichtsentscheidung überliefert, die er beeinflusst hat, und ab 1933 nahezu jeder Schriftsatz, den er jemals für das Reichsgericht verfasste.[466]

IV. »Ein Ministerialkommentar löst den anderen ab«

Kein Rechtsgebiet und keine Person blieb von dieser Zeit unberührt, die Rechtspflege stand nicht still, die Rechtsentwicklung war nicht etwa »gehemmt«.[467] Im Gegenteil: Der Nationalsozialismus setzte durch, was die liberale Demokratie aus Gründen, die heute doch gemeinhin als sympathisch gelten – z. B. Freiheit, Rechtssicherheit oder fehlender Konsens –, nicht durchsetzte, sondern lieber den vermuteten Missstand ertrug. Und wo sie ihn nicht ertrug, setzte das NS-Recht eins ›drauf‹.

Dass hochbegabte, gut ausgebildete, erfahrene Juristen auch in einer totalitären Diktatur funktionale Normen entwerfen konnten, die mit leicht verändertem Text und stark veränderter Auslegung für einen demokratischen Rechtsstaat taugten, sollte nicht überraschen. Es geht aber nicht um das technische Niveau von Normen und anderen juristischen Texten, sondern um deren Sprache; die »gebildete Sprache«, die für den Juristen »dichtet und denkt«[468] – und ihn verrät.[469] Dafür genügen zwei Worte und fünf Buchstaben (»zu eng«), die jeder juristische Kommentator verwendet, mit denen

464 Bibliographie Ernst Geßler, in: Ballerstedt/Hefermehl (Hg.), Festschrift für Ernst Geßler, S. 293–307.

465 Siehe Fn. 8.

466 BArch, R3002, Prozesslisten und Prozessakten; Bibliothek des Bundesgerichtshofs, Sammlung sämtlicher Erkenntnisse des Reichsgerichts.

467 *Horst Heinrich Jakobs*, Sehr geehrter Herr Canaris, myops 14 (2012), S. 6–16, 9.

468 *Friedrich Schiller*, Dilettant, hier zitiert nach: Schiller's sämmtliche Werke in Zwei Bänden, Paris 1837, Bd. 1, S. 96: »Weil ein Vers dir gelingt, in einer gebildeten Sprache, Die für dich dichtet und denkt, glaubst Du schon Dichter zu sein?«

469 *Victor Klemperer*, LTI. Notizbuch eines Philologen, Berlin 1947, S. 16, dort S. 21 zu *Schiller*, Dilettant, zuletzt aufgegriffen bei *Walter Pauly*, Sprache, die für uns dichtet und denkt. Rezension zu Florian Meinel, Der Jurist in der industriellen Gesellschaft. Ernst Forsthoff und seine Zeit, Berlin 2011, Rechtsgeschichte – Legal History 20 (2012), S. 451–453; vgl. *Meinel*, ebd., S. 246 ff. zur »Krise des Rechts als Krise der Sprache«.

Geßler aber das Reichsgericht wegen ungerechtfertigter Milde gegenüber jüdischen Gesellschaftern kritisierte.[470]

Gewiss meinte der Rechtsphilosoph Carl August Emge nicht Georg Petersen und Ernst Geßler, als er in einem etwas düsteren Mainzer Akademievortrag von 1956 sagte: »Ein Anwalt verdient nicht nur an den Rassegesetzen unter Hitler, sondern auch an denen der Entnazifizierung. Ein Ministerialkommentar löst den anderen ab.«[471] Zwar standen Emge als einzigem Rechtsphilosophie-Ordinarius des »Dritten Reichs«, »altem Kämpfer« und zeitweiligem Vizepräsidenten der in diesem Beitrag viel zitierten Akademie für Deutsches Recht solche Äußerungen schlecht zu Gesicht.[472] Doch passte sein Diktum gut. Petersen hatte an den Arisierungsverordnungen von 1938 verdient[473] und war nun als Abteilungsleiter etwa zuständig für das »Gesetz über die Anerkennung freier Ehen rassisch und politisch Verfolgter«[474]. Aus »Schlegelberger/Quassowski/Herbig/Geßler/Hefermehl« wurde »Geßler/Hefermehl/Eckardt/Kropff«.[475] Aus »Schlegelberger/Geßler/Hefermehl/Herbig/Hildebrandt/Schröder«[476] wurde »Geßler/Hefermehl/Hildebrandt/Schröder«. Hier war es Geßler dann auch nicht mehr »zu eng«.[477]

470 Siehe Fn. 446.

471 *Carl August Emge*, Über das Verhältnis von »normativem Rechtsdenken« zur »Lebenswirklichkeit«. Dem mutigen und beharrlichen Kämpfer gegen das Unrecht Senator Max Kolmsperger. Vorgelegt in der Gesamtsitzung am 02.03.1956, zum Druck genehmigt am selben Tage, ausgegeben am 28.04.1956 (Akademie der Wissenschaften und der Literatur. Abhandlungen der geistes- und sozialwissenschaftlichen Klasse Jahrgang 1956 Nr. 3), Wiesbaden 1956, S. 102. Zum Widmungsträger *Waltraud Taschner*, »Im Nahkampf san mir Bayern greisli« – Motto eines humorigen Poltergeistes. Historische Persönlichkeiten im Bayerischen Senat: Max Kolmsperger, in: Maximilianeum 8 (1996) S. 48.

472 *Lösch*, Der nackte Geist, S. 159 f., 197 ff., 427 ff.; *Christian Tilitzki*, Die deutsche Universitätsphilosophie in der Weimarer Republik und im Dritten Reich, Teil 1 und 2, Berlin 2002, S. 179 ff., 1023 ff.; *Christian Tilitzki*, Der Rechtsphilosoph Carl August Emge. Vom Schüler Hermann Cohens zum Stellvertreter Hans Franks, Archiv für Rechts- und Sozialphilosophie 89 (2003), S. 459–496; *Braun*, Dr. Otto Georg Thierack, S. 160; *Schädler*, ›Justizkrise‹ und ›Justizreform‹ im Nationalsozialismus, S. 123 f.

473 Siehe Fn. 457 f.

474 Vom 23.06.1950, BGBl. I S. 226.

475 *Franz Schlegelberger/Leo Quassowski/Gustav Herbig/Ernst Geßler/Wolfgang Hefermehl* (Hg.), Aktiengesetz vom 30. Januar 1937, Berlin 1937; 3. Aufl., Berlin 1939; *Ernst Geßler/Wolfgang Hefermehl/Ulrich Eckardt/Bruno Kropff*, Aktiengesetz. Kommentar, München 1973–1994.

476 So die in der Literatur übliche Zitierung von Schlegelberger (Hg.), Handelsgesetzbuch.

477 *Ernst Geßler*, in: Ernst Geßler/Wolfgang Hefermehl/Wolfgang Hildebrandt/Georg Schröder, Handelsgesetzbuch in der ab 1. Oktober 1937 geltenden Fassung (ohne Seerecht), 2. Aufl., Berlin 1950/53, § 140 Anm. 2; vgl. auch § 105 Anm. 24, § 133 Anm. 14.

Dieter Schwab

Entwicklungen im Familienrecht vor und nach 1945

I. Einleitung

Die deutschen Staaten, die sich nach dem Zusammenbruch des Naziregimes bildeten, fanden ein Familienrecht vor, das nach allgemeiner Überzeugung der dringenden und grundlegenden Neugestaltung bedurfte. Diese Überzeugung fand Ausdruck zunächst in den deutschen Länderverfassungen der Jahre 1946/1947[1], dann im Grundgesetz der Bundesrepublik Deutschland vom 23. Mai 1949[2] und in der Verfassung der DDR vom 7. Oktober des gleichen Jahres.[3] Zwei Ziele waren vor allem anzusteuern: Es war die Gleichberechtigung von Mann und Frau auch auf dem Gebiet des Familienrechts durchzusetzen. Weiterhin ging es um eine grundlegende Reform der Rechtslage des nichtehelichen Kindes. Beide Anliegen waren schon – wenngleich vergeblich – in der Weimarer Reichsverfassung enthalten gewesen.[4]

Das deutsche Familienrecht, das in die Zeit nach 1945 überkommen war, stellt sich als ein nicht konsistentes Gemisch aus der Gesetzgebung des Zweiten Kaiserreiches, des nationalsozialistischen Regimes und des korrigierenden Eingriffs der Besatzungsmächte dar. Diese Mixtur soll zunächst dargestellt werden.

II. Das Familienrecht des BGB

Mit dem Bürgerlichen Gesetzbuch vom 18. August 1896[5] wurde das Familienrecht für das Deutsche Reich mit Wirkung zum 1. Januar 1900 einheitlich kodifiziert. Das Gesetzbuch lässt sich aufs Ganze gesehen als konservativ-liberal charakterisieren. Der konservative Zug betraf vor allem das

1 Z. B. Verfassung des Freistaates Bayern vom 02.12.1946, Art. 124, 125.
2 Grundgesetz der Bundesrepublik Deutschland vom 23.05.1949 (BGBl. 1949, S. 1), Art. 3 Abs. 2, 3 und 6.
3 Verfassung der DDR vom 07.10.1949, Art. 30 Abs. 2 und Art. 33.
4 Verfassung des deutschen Reiches vom 11.08.1919 (RGBl. S. 1383), Art. 119 bis 121.
5 RGBl. 1896, S. 195.

Familienrecht. Obwohl die Frau in den allgemeinen Vorschriften des Gesetzbuchs dem Mann durchaus gleichgestellt wurde, war das Familienrecht – trotz Protestaktionen der Frauenbewegung und nach heftigen Auseinandersetzungen im Reichstag[6] – von der herkömmlichen patriarchalischen Struktur bestimmt. Der Mann war nach wie vor das Haupt der Familie, er entschied in allen das gemeinschaftliche Eheleben betreffenden Angelegenheiten[7], sein Name bestimmte den Ehe- und Familiennamen[8], er verwaltete und nutzte im gesetzlichen Güterstand das Vermögen der Frau.[9] Ihm hauptsächlich stand das Sorgerecht über die Kinder zu, Vermögenssorge und gesetzliche Vertretung des Kindes blieben ausschließlich ihm vorbehalten.[10] Der Frau wurde der Platz im Hause angewiesen; sie war vor allem berechtigt, »das gemeinschaftliche Hauswesen zu leiten«[11] und genoss als Ausweis dieser Funktion die Rechtsmacht, »innerhalb ihres häuslichen Wirkungskreises die Geschäfte des Mannes zu besorgen und ihn zu vertreten.«[12] Immerhin hielt man die Mutter für fähig, nach dem Tod des Ehemannes die elterliche Gewalt über die minderjährigen Kinder auszuüben.[13]

Das Scheidungsrecht des BGB entsprach in etwa der protestantischen Konzeption: Ehebruch, Bigamie, widernatürliche Unzucht mit Tieren, Lebensnachstellung und bösliches Verlassen des Partners waren als »absolute Scheidungsgründe« anerkannt[14], sonstige schwere Verfehlungen als »relative«, die nur dann zur Scheidung berechtigten, wenn durch sie eine tiefe Zerrüttung des ehelichen Verhältnisses verschuldet war.[15] Hinzu kam der objektive Scheidungsgrund langjähriger Geisteskrankheit des Partners.[16] Der schuldige Teil war im Urteil zu benennen[17] und trug die negativen Folgen, insbesondere die nacheheliche Unterhaltspflicht.[18]

6 Für die folgende Darstellung siehe *Dieter Schwab*, Gleichberechtigung und Familienrecht im 20. Jahrhundert, in: Ute Gerhard (Hg.), Frauen in der Geschichte des Rechts, München 1997, S. 790, 792 ff. Zu den Auseinandersetzungen um das Güterrecht *Klaus Schmid*, Die Entstehung der güterrechtlichen Vorschriften des Bürgerlichen Gesetzbuchs, Berlin 1990, S. 136 ff.

7 § 1354 BGB in der Fassung von 1896.

8 §§ 1355, 1616 BGB in der Fassung von 1896.

9 § 1363 BGB in der Fassung von 1896.

10 §§ 1627, 1630, 1634 BGB in der Fassung von 1896.

11 § 1356 Abs. 1 BGB in der Fassung von 1896.

12 § 1357 BGB in der Fassung von 1896.

13 § 1684 BGB in der Fassung von 1896.

14 § 1565 BGB in Verbindung mit den §§ 171, 175 des RStGB; §§ 1566, 1567 BGB, jeweils in der Fassung von 1896.

15 § 1568 BGB in der Fassung von 1896.

16 § 1569 BGB in der Fassung von 1896.

17 § 1574 BGB in der Fassung von 1896; gegebenenfalls waren beide für schuldig zu erklären.

18 §§ 1578, 1579 BGB in der Fassung von 1896.

Die Grenzen der elterlichen Gewalt betreffend nahm das Gesetzbuch eine gemäßigt moderne Haltung ein, allerdings weit entfernt von einer Theorie der Kindesrechte, die sich gegen die Eltern richten könnten. Immerhin endete die primär dem Vater zustehende »elterliche Gewalt« automatisch, wenn das Kind das 21. Lebensjahr vollendet hatte.[19] Es bedurfte also nicht mehr, wie in früheren Ordnungen, einer Emanzipation aus der väterlichen Gewalt. Ebenso wichtig ist, dass § 1666 BGB das Wächteramt des Staates stark akzentuierte. Die Vorschrift reagierte auf Kindeswohlgefährdung durch Missbrauch des Sorgerechts und durch Vernachlässigung des Kindes mit Eingriffsbefugnissen des Vormundschaftsgerichts. Auch hielt das BGB die gesetzliche Vertretung der Eltern im *Vermögensbereich* durch vielfältige Verweise auf das Vormundschaftsrecht in engeren Grenzen.[20]

Bei der Rechtsstellung des nichtehelichen Kindes blieb das BGB weitgehend der Tradition verhaftet. Denkmal dieses Geistes ist der berüchtigte Satz »Ein uneheliches Kind und dessen Vater gelten nicht als verwandt.«[21] Der Vater war zwar dem Kind – in der Regel bis zu dessen 16. Lebensjahr – zum Unterhalt verpflichtet.[22] Im Übrigen aber hatte er nichts mit ihm zu tun. Im Verhältnis zur Mutter hatte das Kind immerhin die Stellung eines ehelichen Kindes.[23] Das war, rechtshistorisch gesehen, nicht selbstverständlich.[24] Doch musste sich die Mutter das Sorgerecht mit einem Vormund teilen, zur gesetzlichen Vertretung war sie nicht befugt.[25]

III. Das Ausbleiben von Reformen in der Weimarer Republik

Von der Weimarer Reichsverfassung von 1919 hätte ein starker Reformimpuls ausgehen können. Auf Betreiben konservativer Abgeordneter der Nationalversammlung waren in die Verfassungsurkunde Artikel über Ehe, Familie und Kindschaft aufgenommen worden. Die Mehrheit der Nationalversammlung war allerdings zur Verlautbarung einer bloß bewahrenden Institutsgarantie nicht bereit. Der Kompromiss lag darin, das Bekenntnis zu

19 §§ 2, 1626 BGB in der Fassung von 1896.
20 §§ 1630 Abs. 2, 1643 BGB in der Fassung von 1896.
21 § 1589 Abs. 2 BGB in der Fassung von 1896.
22 § 1708 BGB in der Fassung von 1896.
23 § 1705 BGB in der Fassung von 1896.
24 Nach dem preußischen allgemeinen Landrecht von 1794 gehörte das Kind weder zur Familie des Vaters, noch zu der der Mutter, siehe ALR Teil 2 Titel 2 § 639.
25 § 1707 BGB in der Fassung von 1896.

den tradierten Werten mit der Öffnung für neue Strukturprinzipien zu verbinden.[26] So wurde die Ehe zwar unter den besonderen Schutz der Verfassung gestellt[27], im gleichen Atemzuge aber mit dem Grundsatz der Gleichberechtigung verbunden.[28] Die »Erziehung des Nachwuchses zur leiblichen, seelischen und gesellschaftlichen Tüchtigkeit« wurde zur obersten Pflicht und zum natürlichen Recht der Eltern erklärt, gleichzeitig aber dem Staat das Amt zugesprochen, über die Betätigung dieses Rechts zu wachen.[29] Der Mutterschaft wurde Anspruch auf den Schutz und die Fürsorge des Staates zugesichert.[30] Unehelichen Kindern waren nach der Weimarer Verfassung durch die Gesetzgebung die gleichen Bedingungen für ihre leibliche, seelische und gesellschaftliche Entwicklung zu schaffen wie den ehelichen Kindern.[31] Die Institutsgarantien von Ehe und Familie wurden so durch eine verfassungsrechtliche Reformperspektive aufgebrochen.

Der Atem der Republik reichte freilich nicht zur Erfüllung der verfassungsrechtlichen Verheißungen. Zwar ergingen, das Kindschaftsrecht betreffend, einige wichtige Reformen. Das »Gesetz über die religiöse Kindererziehung« von 1921[32] verwirklichte Vorstellungen zum Eltern-Kind-Verhältnis, die über das BGB weit hinauswiesen: Die vorgezogene Religionsmündigkeit des Kindes ab vollendetem 14. Lebensjahr[33] anerkannte die Selbstbestimmung des jungen Menschen in höchstpersönlichen Angelegenheiten. Einen großen Fortschritt im öffentlichen Jugendrecht bedeutete weiterhin das Reichsjugendwohlfahrtsgesetz von 1922[34], das als Basis der Entwicklung zu einem modernen Jugendhilferecht angesehen werden kann. Diese Gesetze veränderten aber nicht die Grundstrukturen des im BGB geregelten Familienrechts.

26 Darstellung und Quellennachweise für das Folgende: *Dieter Schwab*, Zur Geschichte des verfassungsrechtlichen Schutzes von Ehe und Familie, in: Festschrift F. W. Bosch, Bielefeld 1976, S. 893 ff.

27 Art. 119 Abs. 1 S. 1 Weimarer Reichsverfassung.

28 Art. 119 Abs. 1 S. 2 Weimarer Reichsverfassung.

29 Art. 120 Weimarer Reichsverfassung.

30 Art. 119 Abs. 3 Weimarer Reichsverfassung.

31 Art. 121 Weimarer Reichsverfassung.

32 Vom 15.07.1921, RGBl. 1921, S. 939. Zur Entstehungsgeschichte und rechtshistorischen Einordnung *Stephanie Kammerloher-Lis*, Die Entstehung des Gesetzes über die religiöse Kindererziehung vom 15. Juli 1921, Frankfurt am Main 1999; *Knut Wolfgang Nörr*, Zwischen den Mühlsteinen. Eine Privatrechtsgeschichte der Weimarer Republik, Tübingen 1988, S. 96.

33 § 5 S. 1 Gesetz über die religiöse Kindererziehung.

34 Reichsgesetz für die Jugendwohlfahrt vom 9. Juli 1922 (RGBl. 1922 I, S. 633). Zur Entstehungsgeschichte: *Erwin Jordan*, 65 Jahre (Reichs) Jugendwohlfahrtsgesetz – Ausgangssituation und Entwicklungen, in: Erwin Jordan/Johannes Münder (Hg.), 65 Jahre Reichsjugendwohlfahrtsgesetz – ein Gesetz auf dem Weg in den Ruhestand, Münster 1987, S. 13 ff.

Ansonsten kam es bis zum Ende der Republik nur zu parlamentarischen Diskussionen und zu Entwürfen. Auch hier stand das Kindschaftsrecht im Vordergrund. Nachdem der Reichsjustizminister *Gustav Radbruch* schon 1922 den Ländern den »Entwurf eines Gesetzes über die unehelichen Kinder und die Annahme an Kindesstatt« übersandt hatte, wurde ein darauf beruhender Kabinettsentwurf 1925 dem Reichsrat vorgelegt, sodann der nach weiteren Beratungen vom Reichsrat verabschiedete Entwurf 1929 dem Reichstag übermittelt, wo es indes nicht mehr zu einer Beschlussfassung kam.[35] Auch das Ehescheidungsrecht war Gegenstand parlamentarischer Behandlung, bei der es insbesondere um die Einführung eines Zerrüttungstatbestandes als Scheidungsgrund ging. Die Bestrebungen führten auch in dieser Frage nicht zum Ziel.[36] Das vielfach angefeindete eheliche Güterrecht des BGB wurde zwar – unter anderem auf dem 33. Deutschen Juristentag (Heidelberg 1925)[37] – rechtspolitisch lebhaft diskutiert, wobei die Idee einer mit der »Zugewinngemeinschaft« verbundenen Gütertrennung weite Zustimmung fand.[38] Zu einem amtlichen Gesetzentwurf ist es auf diesem Feld indes nicht gekommen.[39]

IV. Familienrecht im Nationalsozialismus

1. Zur Situation nach 1933

Nach der Machtergreifung wurde das Familienrecht einer bis dahin nicht gekannten Dynamik ausgesetzt. »Von allen Gebieten des bürgerlichen Rechts bedarf das Familienrecht am dringendsten einer Neugestaltung im nationalsozialistischen Geiste«, heißt es in der Begründung zu einem 1938 erlassenen Gesetz.[40] Allerdings war es nicht das Problem der Gleichberechtigung, das

35 Der Hergang ist beschrieben bei *Werner Schubert*, Die Projekte der Weimarer Republik zur Reform des Nichtehelichen-, des Adoptions- und des Ehescheidungsrechts, Paderborn 1986, S. 29 ff.; dort auch die Wiedergabe der Entwürfe S. 122 ff., 153 ff., 364 ff.

36 Dazu *Schubert*, Projekte, S. 82 ff., 455 ff.

37 Verhandlungen des 33. Deutschen Juristentages, Leipzig/Berlin, 1925, Referate S. 325 ff.; Beschlussfassung S. 384. Auch der 36. Deutsche Juristentag (1931 in Lübeck) nahm sich des Familienrechts an und behandelte das Thema. »Inwieweit bedürfen die familienrechtlichen Vorschriften des bürgerlichen Gesetzbuches mit Rücksicht auf den die Gleichberechtigung der Geschlechter aussprechenden Art. 119 Abs. 1 S. 2 der Reichsverfassung einer Änderung?«, dazu *Schwab*, Gleichberechtigung, S. 790, 798.

38 Ebd., S. 790, 797 f.

39 *Schubert*, Projekte, S. 92 ff.

40 Gesetz über die Änderung und Ergänzung familienrechtlicher Vorschriften und über die Rechtsstellung von Staatenlosen vom 12.04.1938 (RGBl. 1938 I, S. 380).

die neuen Machthaber umtrieb. Die Familie rückte vor allem im Hinblick auf den Rassen- und Erbgesundheitswahn und den totalen staatlichen Herrschaftsanspruch ins Visier der »Rechtserneuerer«. Wie alle Lebensbereiche im Sinne des deutschen Volksgeistes und der germanischen Rechtsidee neu gestaltet werden sollten, so besonders die Familie, die viel gepriesene Ur- und Keimzelle von Volk, Staat und Rasse. Das wurde frühzeitig proklamiert, von amtlicher und parteilicher Seite ebenso wie von juristischen Schriftstellern, die mit dem Regime ihre Karriere machen oder sichern wollten.

Gleichwohl hatte der Nationalsozialismus kein geschlossenes rechtspolitisches Konzept für die Familie. Das erklärt unter anderem, warum es zu keiner Gesamtplanung einer Neugestaltung des Familienrechts kam, vielmehr zu einer Abfolge von Gesetzentwürfen, Gesetzen und Maßnahmen, die nur einzelne Fragen oder Bereiche betrafen.[41] Der Wunsch nach einer fundamentalen Neugestaltung des gesamten Familienrechts klang zwar immer wieder an, es wurden auch einzelne gesetzgeberische Maßnahmen unter den Vorbehalt einer »endgültigen« Lösung gestellt.[42] Aber eine Gesamtrevision des Familienrechts gelang vor dem Zusammenbruch des Regimes nicht. Die Entwürfe zu einem Volksgesetzbuch drangen bis zum Familienrecht nicht mehr vor. Das erklärt die enorme Bedeutung der Rechtsprechung, die es, un-

41 Zum Familienrecht unter der Herrschaft des Nationalsozialismus siehe insbesondere die Quellenedition von *Werner Schubert* (Hg.), Das Familien- und Erbrecht unter dem Nationalsozialismus, Ausgewählte Quellen zu den wichtigsten Gesetzen und Projekten aus den Ministerialakten, Paderborn 1993. Aus der Literatur: *Uwe Diederichsen*, Nationalsozialistische Ideologie in der Rechtsprechung des Reichsgerichts zum Ehe- und Familienrecht, in: Ralf Dreier/Wolfgang Sellert (Hg.), Recht und Justiz im »Dritten Reich«, Frankfurt am Main 1989, S. 241 ff.; *Cornelia Essner/Edouard Conte*, »Fernehe«, »Leichentrauung« und »Totenscheidung«, Metamorphosen des Eherechts im Dritten Reich, VfZ 44 (1996), S. 201; *Heinz Holzhauer*, Die Scheidungsgründe in der nationalsozialistischen Familienrechtsgesetzgebung, in: NS-Recht in historischer Perspektive, Kolloquien des Instituts für Zeitgeschichte, München 1981, S. 53; *Martin Löhnig*, Ehelichkeitsanfechtung durch den Staatsanwalt (1938–1961), ZRG (Germ. Abt.) 124 (2007), S. 323 ff.; *Thilo Ramm*, Das nationalsozialistische Familien- und Jugendrecht, Heidelberg 1984; *ders.*, Eherecht und Nationalsozialismus, in: Günther Doeker/Winfried Steffani (Hg.), Klassenjustiz und Pluralismus, Festschrift Ernst Fraenkel, Hamburg 1973, S. 151; *Stefan Chr. Saar*, Familienrecht im NS-Staat – ein Überblick, in: Peter Salje (Hg.), Recht und Unrecht im Nationalsozialismus, Münster 1985, S. 80; *Alfred Wolf*, Das Zerrüttungsprinzip im Ehescheidungsrecht und die Nationalsozialisten, FamRZ 1988, 1217.

42 Besonders bei dem Projekt des Ehegesetzes wurde Wert auf die Feststellung gelegt, dass dieses der Reform des Familienrechts im Ganzen nicht vorgreifen solle, siehe Schreiben des Reichsministers der Justiz vom 31.05.1938 an die beteiligten Ressorts, abgedruckt bei *Schubert*, Familien- und Erbrecht, S. 281. Vgl. auch den Vermerk von Ministerialrat Dr. Hans C. Ficker Februar 1938, abgedruckt bei ebd., S. 248: Der Reichsführer SS stehe auf dem Standpunkt, dass der Entwurf zum Scheidungsrecht »nur eine Übergangslösung« bilde.

terstützt von der Rechtsliteratur, sich besonders seit 1935 angelegen sein ließ, die überkommenen Rechtsvorschriften im neuen Geiste zu handhaben.[43]

Die Lage nach 1933 lässt sich wie folgt beschreiben. Die Machthaber setzten für das Familienrecht einige gleichsam eherne Vorgaben: *Erstens* musste es den rassistischen Forderungen Genüge tun. *Zweitens* musste es den eugenischen Zielsetzungen des Regimes entsprechen. *Drittens* war es Grundlage jeglichen neuen Rechts, dass Ehe und Familie nicht als bloß individuelle oder private Rechtsverhältnisse zu begreifen, sondern den Anforderungen von Volk und Rasse zu unterwerfen seien. Um mit *Franz Wieacker* (1937), seinerzeit Rechtsprofessor in Leipzig, zu sprechen: Die Entscheidungen in Fragen des Familienrechts »sind einem einheitlichen Zweckgedanken untergeordnet: der Sicherung und Erhaltung eines biologisch und seelisch gesunden Volkskörpers.«[44]

Innerhalb dieser Vorgaben öffnete sich ein relativ weites Feld für die Diskussion über die Gestaltung des künftigen Familienrechts im Detail. An dem Reformdiskurs beteiligten sich viele Personen wie auch Institutionen und Machtgruppierungen mit sehr unterschiedlichen Vorschlägen. Es jagten sich offizielle und private Entwürfe zu den verschiedenen Bereichen des Familienrechts, alle möglichen Neuerungen wurden erwogen: die Einführung von Sippenbüchern und Sippenämtern[45], das Verbot der Eheschließung mit Ausländern[46], die Möglichkeit der Zwangsscheidung von unerwünschten Ehen[47], die Einführung der Doppelehe für bewährte Frontkämpfer[48] und anderes mehr. Das Familienrecht erschien als Verfügungsmasse, mit der man vieles machen konnte, wenn nur die rassistischen und erbgesundheitspolitischen Grundforderungen erfüllt waren und anerkannt wurde, dass die Ehe in je-

43 Dazu vor allem *Bernd Rüthers*, Die unbegrenzte Auslegung. Zum Wandel der Privatrechtsordnung im Nationalsozialismus, Tübingen 1968, Taschenbuchausgabe, Frankfurt am Main 1973, zum Eherecht insbesondere § 19 VII (Taschenbuchausgabe S. 400); *Michael Stolleis*, Gemeinwohlformeln im nationalsozialistischen Recht, Berlin 1974, insbesondere S. 96 ff.; *Uwe Diederichsen*, Nationalsozialistische Ideologie in der Rechtsprechung des Reichsgerichts zum Ehe- und Familienrecht, in: Ralf Dreier/Wolfgang Sellert (Hg.), Recht und Justiz im »Dritten Reich«, Frankfurt am Main 1989; *Andre Botur*, Die Urteile des Reichsgerichts vom 12. Juli 1934 zur Anfechtbarkeit der Rassenmischehe, in: Dieter Schwab/Hans-Joachim Dose (Hg.), Familienrecht in Praxis und Theorie, Festschrift Meo-Micaela Hahne, Bielefeld 2012, S. 3.

44 *Franz Wieacker*, Geschichtliche Ausgangspunkte der Ehereform, Deutsches Recht 7 (1937), S. 178 f., 181.

45 Zu den Entwürfen für ein Sippenamtsgesetz siehe *Schubert*, Familien- und Erbrecht, S. 38 ff.

46 Zum Entwurf zu einem Gesetz über die Eheschließung deutscher Staatsangehöriger mit Personen, die die deutsche Staatsangehörigkeit nicht besitzen, *Schubert*, Familien- und Erbrecht, S. 366.

47 Dazu nachfolgend V 2.

48 Dazu nachfolgend IV 6.

der Hinsicht den völkisch-politischen Zwecksetzungen genügen muss. Innerhalb dieses Rahmens trafen, soweit es um die Gestaltungen im Einzelnen ging, »konservativere« Standpunkte (zu finden etwa im Reichsministerium der Justiz) auf radikale Neuerungswünsche, die zum Teil auf angeblich germanische Rechtseinrichtungen wie »einverständliche« Scheidung und »Nebenehe« zurückgriffen.[49]

2. Die ersten familienrechtlichen Gesetze

Der Ablauf der Gesetzgebung soll skizzenhaft in Erinnerung gerufen werden. Das Interesse an raschen Regelungen betraf vor allem Bereiche, welche die Rasse- und Erbgesundheitsvorstellungen tangierten, also den Zugang zu Ehe und Kindschaft. Das Gesetz zur Verhütung erbkranken Nachwuchses vom 14. Juli 1933[50] griff noch nicht unmittelbar in das Familienrecht ein. Die Möglichkeit der Unfruchtbarmachung auch ohne den Willen des Betroffenen[51] betraf aber bereits eminent die Chancen einer Person auf familiäres Leben.

Familienrechtliche Neuregelungen im engeren Sinn brachte sodann das »Gesetz gegen Missbräuche bei der Eheschließung und Annahme an Kindes Statt« vom 23. November 1933.[52] Dieses verbot und annullierte die Namensehe, d.h. eine Ehe, die nur oder vorwiegend zu dem Zweck geschlossen wurde, der Frau die Führung des Mannesnamens zu ermöglichen. Das Gesetz verfolgte darüber hinaus das Ziel, unerwünschte Adoptionen zu erschweren. Dabei kam bereits die Doktrin der Unterordnung der Familie unter die staatlichen Belange zum Tragen: Die gerichtliche Bestätigung eines Adoptionsvertrages sollte auch aus wichtigen Gründen des öffentlichen Interesses versagt werden können.[53]

49 Auf die Rechtsgeschichte und insbesondere germanisches Recht wurde gerne zurückgegriffen, soweit sie zur Unterstützung der Ideologie dienstbar gemacht werden konnten, siehe etwa: *Roland Freisler*, Vom alten zum neuen Ehescheidungsrecht. Kritik – Vorschlag – Begründung, Berlin 1937, S. 19 (Friedelehe). Zum Rückgriff auf »germanisches Recht« vgl. auch *Dieter Schwab*, Zum Selbstverständnis der historischen Rechtswissenschaft im Dritten Reich, KritJ 1969, S. 58; *Alfred Wolf*, Das Zerrüttungsprinzip im Ehescheidungsrecht und die Nationalsozialisten, FamRZ 1988, S. 1225; *Essner/Conte*, »Fernehe«, S. 203.

50 RGBl. 1933 I, S. 529.

51 §§ 3, 12 Gesetz zur Verhütung erbkranken Nachwuchses.

52 RGBl. 1933 I, S. 979; Text mit amtlicher Begründung auch bei *Schubert*, Familien- und Erbrecht, S. 3, 6. Zum ideologischen Charakter dieses Gesetzes *Jens Eisfeld*, Die Scheinehe in Deutschland im 19. und 20. Jahrhundert, Tübingen 2005, S. 117 ff.

53 § 1754 Abs. 2 Nr. 3 BGB in der Fassung vom 25.11.1933.

Im Jahre 1935 folgten die berüchtigten rassistischen und eugenischen Einschränkungen der Eheschließungsfreiheit. Das so genannte Blutschutzgesetz (»Gesetz zum Schutze des deutschen Blutes und der deutschen Ehre«) vom 15. September 1935[54], eines der berüchtigten Nürnberger Rassegesetze, erklärte Eheschließungen »zwischen Juden und Staatsangehörigen deutschen oder artverwandten Blutes« für nichtig und verbot den »außerehelichen Verkehr« zwischen solchen Personen, jeweils flankiert durch Strafdrohungen. Welche Personen betroffen waren und wie weit die Eheverbote konkret reichten, ergab sich aus kasuistisch gehaltenen Verordnungen.[55]

Das eugenische Programm des Regimes fand seinen Niederschlag im so genannten Ehegesundheitsgesetz (»Gesetz zum Schutze der Erbgesundheit des deutschen Volkes«) vom 18. Oktober 1935[56], das die Linie des Gesetzes zur Verhütung erbkranken Nachwuchses fortsetzte und tief in die Eheschließungsfreiheit von kranken und behinderten Personen eingriff. Es wurde ein »Ehetauglichkeitszeugnis« eingeführt, das sich alle Heiratswilligen vom Gesundheitsamt oder einem speziell zugelassenen Arzt[57] ausstellen lassen mussten.

Das Ehegesundheitsgesetz sah Eheverbote für vier Personengruppen vor: a) Personen, die an einer mit Ansteckungsgefahr verbundenen Krankheit litten, welche eine erhebliche Gefährdung der Gesundheit des anderen Teils oder der Nachkommen befürchten ließ; b) Personen, die entmündigt oder unter vorläufige Vormundschaft gestellt waren; c) Personen, die – ohne entmündigt zu sein – an einer geistigen Störung litten, die die Ehe für die Volksgemeinschaft unerwünscht erscheinen ließ; d) Personen, die an einer Erbkrankheit im Sinne des genannten Gesetzes von 1933 litten. Für Rechtsstreitigkeiten war das Erbgesundheitsgericht zuständig, die Nichtigkeitsklage hatte der Staatsanwalt zu erheben.

Diese beiden Gesetze von 1935 erfüllten die dringendsten Anliegen des Regimes. Über weitere Regelungspläne, etwa das Scheidungsrecht betreffend, fanden zwar Diskussionen statt, die Sache wollte aber zunächst nicht zum Ziele kommen. Ein Gesetz vom 12. April 1938 (»Gesetz über die Änderung und Ergänzung familienrechtlicher Vorschriften und über die Rechts-

54 RGBl. 1935 I, S. 1146.

55 Erste Verordnung zum Reichsbürgergesetz vom 14.11.1935 (RGBl. 1935 I, S. 1333); Erste Verordnung zur Ausführung des Gesetzes zum Schutze des deutschen Blutes und der deutschen Ehre vom 14.11.1935 (RGBl. 1935 I, S. 1334).

56 RGBl. 1935 I, S. 1246.

57 Siehe § 2 Abs. 2 der Ersten Verordnung zur Durchführung des Ehegesundheitsgesetzes vom 29.11.1935 (RGBl. 1935 I, S. 1419).

stellung von Staatenlosen«[58]) unterzog ein Konglomerat von Einzelfragen einer Neuregelung im Sinne der herrschenden Ideologie. Das Gesetz betraf insbesondere Fragen des Abstammungsrechts. So wurde die Befugnis der Staatsanwaltschaft geschaffen, die Ehelichkeit eines Kindes von Amts wegen anzufechten, dies auch im öffentlichen Interesse.[59] Der Verlauf der Frist für eine Ehelichkeitsanfechtung wurde im Sinne der Erleichterung flexibilisiert.[60] Einschneidende Veränderungen erfuhr das Adoptionsrecht mit dem Ziel, die Annahme als Kind leichter und auch auf amtliche Initiative hin aufheben zu können, »aus wichtigem Grund«[61] – mit einer eindeutig rassistischen und erbgesundheitspolitischen Zielsetzung.[62] Dazu kamen weitere Regelungsgegenstände, die überwiegend zumindest *auch* einen Bezug zur Nazidoktrin hatten. Darunter sticht die Bestimmung hervor, dass sich Parteien und Zeugen in familienrechtlichen Streitigkeiten erb- und rassekundlichen Untersuchungen zu unterwerfen haben, wenn dies zur Feststellung der Abstammung eines Kindes erforderlich ist.[63]

3. Das Ehegesetz von 1938

Erst und einzig das Ehegesetz vom 8. Juli 1938 ging über die Regelung von engen Problembereichen hinaus und unterzog das Eheschließungs- und Ehescheidungsrecht einer geschlossenen Neuregelung. Den Anlass für eine beschleunigte Befassung mit diesen Feldern bot die Annexion Österreichs im März 1938. Die Tatsache, dass in Österreich noch ein konfessionell bestimmtes und gespaltenes Eherecht galt, ließ die Überzeugung aufkommen, dass für das nunmehr vergrößerte Gesamtreich ein einheitliches Recht zu schaffen war. Ein neues Scheidungsrecht war zu diesem Zeitpunkt schon ausgiebig und kontrovers diskutiert[64], es lagen mehrere Entwürfe vor: der Akademie

58 Vom 12.04.1938 (RGBl. 1938 I, S. 380). Text auch bei *Schubert*, Familien- und Erbrecht, S. 95 ff.

59 § 1595a BGB in der Fassung des Art. 2 § 5 Gesetz über die Änderung und Ergänzung familienrechtlicher Vorschriften und über die Rechtsstellung von Staatenlosen.

60 Art. 2 § 4 Gesetz über die Änderung und Ergänzung familienrechtlicher Vorschriften und über die Rechtsstellung von Staatenlosen; § 1594 BGB.

61 Art. 5 Gesetz über die Änderung und Ergänzung familienrechtlicher Vorschriften und über die Rechtsstellung von Staatenlosen.

62 Siehe die Begründung zum Gesetz vom 12.04.1938, abgedruckt bei *Schubert*, Familien- und Erbrecht, S. 99, S. 106.

63 Art. 3 § 9 Gesetz über die Änderung und Ergänzung familienrechtlicher Vorschriften und über die Rechtsstellung von Staatenlosen.

64 *Ramm*, Familien- und Jugendrecht, Heidelberg 1983, S. 1.

für Deutsches Recht[65], des nationalsozialistischen Rechtswahrerbundes[66] sowie des Reichsministers der Justiz.[67] Doch sollte angesichts der Rechtslage in Österreich auch das *Eheschließungsrecht* einbezogen werden, zu dem trotz einschlägiger Diskussionen noch kein Entwurf vorlag. Schleunig wurde im Reichsjustizministerium der Entwurf eines Gesetzes über die Eheschließung gefertigt[68], und dieser schließlich mit dem Scheidungsrecht zu einem Gesetzentwurf vereinigt.[69] Das Ganze wurde im Umlaufverfahren beschlossen[70] und als »Gesetz zur Vereinheitlichung des Rechts der Eheschließung und der Ehescheidung im Lande Österreich und im übrigen Reichsgebiet« in Geltung gesetzt. Das Gesetz datiert vom 8. Juli 1938[71] und trat zum 1. August dieses Jahres in Kraft.[72] Es blieb mit Rücksicht auf Österreich außerhalb des BGB. Es umfasste beileibe nicht das gesamte Eherecht, wenngleich wichtige Teile davon, und hat über das Ende des »Dritten Reichs« hinaus eine erstaunliche Zählebigkeit bewiesen – in Österreich gilt es, mehrfach reformiert, noch heute.

Sieht man isoliert auf den Norminhalt, so stellt sich das Ehegesetz als eine Kombination von dezidiert nationalsozialistischen Zielsetzungen mit Reformgedanken dar, die ohne diesen Hintergrund denkbar sind. Zur erstgenannten Kategorie gehören die Bestimmungen, welche auf die Vorschriften der genannten Rasse- und Erbgesundheitsgesetze verwiesen und diese in das System des neuen Eheschließungsrechts integrierten.[73] Auch im Scheidungsrecht finden sich Ausprägungen der nationalsozialistischen Ideologie, etwa in der Schaffung eines absoluten Scheidungsgrundes der Ver-

65 Neugestaltung des deutschen Ehescheidungsrechts: Ein Vorschlag, vorgelegt von Rechtsanwalt *Dr. Ferdinand Mößmer*, in: Schriften der Akademie für Deutsches Recht, Berlin 1936.

66 Entwurf eines neuen Ehescheidungsrechts, Deutsches Recht 1937, S. 251 ff.

67 Entwurf des Reichsjustizministeriums vom 25.03.1937 zu einem Gesetz über die Ehescheidung, abgedruckt bei *Schubert*, Familien- und Erbrecht, S. 210 ff. Dieser Entwurf wurde seinerzeit nicht veröffentlicht, doch hatte schon zuvor der Staatssekretär im Reichsjustizministerium Dr. Roland Freisler eine größere Monographie zu diesem Thema veröffentlicht, siehe *Freisler*, Ehescheidungsrecht. Aus privater Feder lag vor: *Otto Rudolf Bovensiepen*, Die Reform des Ehescheidungsrechts, Berlin 1936.

68 Dieser datiert vom 10.05.1938, abgedruckt bei *Schubert*, Familien- und Erbrecht, S. 252 ff.

69 Siehe das Schreiben des Reichsministers der Justiz vom 31.05.1938 an die beteiligten Ressorts, abgedruckt in: ebd., S. 281.

70 *Alfred Wolf*, Das Zerrüttungsprinzip im Ehescheidungsrecht und die Nationalsozialisten, FamRZ 1988, S. 1217, 1228.

71 RGBl. 1938 I, S. 807.

72 § 129 EheG in der Fassung von 1938.

73 Siehe §§ 4, 5, 20, 29 EheG in der Fassung von 1938.

weigerung der Fortpflanzung[74] und des Scheidungsgrundes der »vorzeitigen Unfruchtbarkeit«.[75]

Der überwiegende Teil des Scheidungsrechts blieb demgegenüber in den Bahnen, die auch die rechtspolitischen Diskussionen der Weimarer Zeit gekennzeichnet hatten. Die Scheidung wegen schwerer Eheverfehlungen, also die Verschuldensscheidung bildete wie schon im BGB den Ausgangspunkt des neuen Rechts, aber es wurde darüber hinaus die Scheidung wegen bloßer Zerrüttung des ehelichen Verhältnisses eingeführt, die schon in der Weimarer Zeit diskutiert worden war. Nach § 55 Ehegesetz konnte jeder Ehegatte die Scheidung begehren, wenn die häusliche Gemeinschaft seit drei Jahren aufgehoben und infolge einer tiefgreifenden unheilbaren Zerrüttung des ehelichen Verhältnisses die Herstellung einer dem Wesen der Ehe entsprechenden Lebensgemeinschaft nicht zu erwarten war. Dem anderen Teil wurde freilich für den Fall, dass der Scheidungskläger die Zerrüttung ganz oder überwiegend verschuldet hatte, ein Widerspruchsrecht eingeräumt, das unter dem Vorbehalt sittlicher Rechtfertigung stand.[76]

Von diesen Punkten abgesehen geriet das Scheidungsrecht des Ehegesetzes überwiegend traditionell. Hauptsächlich blieb es bei der Verschuldensscheidung und bei Scheidungsfolgen, bei denen das Zerrüttungsverschulden eine wesentliche Rolle spielte. Ein Unterhaltsanspruch nach der Scheidung richtete sich in erster Linie gegen den allein oder überwiegend für schuldig erklärten Ehegatten[77], in Fällen gleicher Schuld oder einer Scheidung ohne Schuldausspruch konnte Unterhalt »nach Billigkeit« zugesprochen werden.[78] Auch bei der – obligatorischen – Entscheidung über die elterliche Sorge aus Anlass der Scheidung sollte das Verschulden eine Rolle spielen.[79] Das eheliche Güterrecht wurde durch das Ehegesetz nicht berührt.

74 § 48 EheG in der Fassung von 1938.
75 § 53 EheG in der Fassung von 1938.
76 § 55 Abs. 2 S. 2 EheG in der Fassung von 1938: »Der Widerspruch ist nicht zu beachten, wenn die Aufrechterhaltung der Ehe bei richtiger Würdigung des Wesens der Ehe und des gesamten Verhaltens beider Ehegatten sittlich nicht gerechtfertigt ist.«
77 Bei Unterschieden zwischen der Unterhaltspflicht des für schuldig erklärten Mannes und der für schuldig erklärten Frau, § 66 Abs. 1 und 2 EheG in der Fassung von 1938. Siehe auch § 69 Abs. 1 EheG in der Fassung von 1938.
78 §§ 68, 69 Abs. 2 EheG in der Fassung von 1938.
79 § 81 Abs. 3 EheG in der Fassung von 1938. »Einem Ehegatten, der allein oder überwiegend für schuldig erklärt ist, soll die Sorge nur übertragen werden, wenn dies aus besonderen Gründen dem Wohl des Kindes dient.«

4. Weitere eherechtliche Vorschriften

Das Ehegesetz wurde eifrig kommentiert[80] und alsbald durch weitere Regelungen ergänzt, darunter sechs Durchführungsverordnungen von unterschiedlicher Bedeutung. Die erste Durchführungsverordnung vom 27. Juli 1938[81] enthält neben vielem Verfahrensrecht auch erhebliche Eingriffe in das BGB und Richtlinien zur Interpretation des Ehegesetzes, die u. a. das Interesse der Volksgemeinschaft zur Geltung bringen.[82] Als längerfristig bedeutsam erwies sich die 6. Durchführungsverordnung[83], die so genannte Hausratsverordnung, die sich eines Fortlebens in der Bundesrepublik bis zum Jahre 2009[84] erfreuen konnte.

Eine besonders auffällige Regelung enthält die 5. Durchführungsverordnung zum Ehegesetz vom 18. März 1943.[85] Sie führte die Möglichkeit einer *postmortalen Scheidung* ein, und zwar sowohl für den Fall, dass ein Ehegatte die Scheidungsklage bereits erhoben hatte und vor Scheidung gestorben war, als auch bereits für den Fall, dass der verstorbene Ehegatte berechtigt gewesen wäre, auf Scheidung der Ehe wegen Verschuldens zu klagen.[86] Stellte das

80 Eine Art Referenten-Kommentar bietet der vom Ministerialdirektor im Reichsjustizministerium Dr. Erich Volkmar herausgegebene Kommentar: *Erich Volkmar/Hans Antoni/Hans G Ficker/Ernst Ludwig Rexroth/Heinrich Anz*, Großdeutsches Eherecht, München 1939; ferner *Franz Maßfeller*, Das neue Ehegesetz vom 6. Juli 1938 und seine Ausführungsvorschriften sowie die Familienrechtsnovelle vom 12. April 1938, Berlin 1938; *Hermann Auert*, Das neue großdeutsche Eherecht. Gesetzestexte und Kommentar, 2. Aufl., Berlin 1938 (die 1. Auflage erschien unter dem Titel »Die Eheauflösung im neuen deutschen Recht«); *Gustav von Scanzoni*, Das großdeutsche Ehegesetz vom 6. Juli 1938, 2. Aufl., Berlin 1939; 1943 erschien bereits die 3. Auflage. Der überaus erfolgreiche Kurzkommentar, den der Präsident des Reichsjustizprüfungsamts Dr. Otto Palandt im Verlag C. H. Beck herausgab, startete in 1. Auflage Ende 1938 bereits mit der kompletten Kommentierung des Ehegesetzes und der Rasse- und Erbgesundheitsgesetze; das Eherecht kommentierte Richter am Kammergericht Wolfgang Lauterbach.

81 Verordnung zur Durchführung und Ergänzung des Ehegesetzes vom 27.07.1938 (RGBl. 1938 I, S. 923). Weitere Verordnungen: Zweite Verordnung zur Durchführung des Ehegesetzes vom 28.09.1940 (RGBl. 1940 I, S. 1323); Dritte Verordnung zur Durchführung und Ergänzung des Ehegesetzes vom 29.10.1940 (RGBl. 1940 I, S. 1488); Verordnung zur Durchführung und Ergänzung des Ehegesetzes und der Vereinheitlichung des Internationalen Familienrechts (4. DVO zum Ehegesetz) vom 25.10.1941 (RGBl. 1941 I, S. 654); weitere nachfolgend.

82 § 6 Abs. 1 der Verordnung.

83 Verordnung über die Behandlung der Ehewohnung und des Hausrats nach der Scheidung (Sechste DVO zum Ehegesetz) vom 21.10.1944 (RGBl. 1944 I, S. 256).

84 Abgeschafft wurde die HausratsVO durch das Gesetz zur Änderung des Zugewinnausgleichs- und des Vormundschaftsrechts vom 06.07.2009 (BGBl. 2009 I, S. 1696), Art. 2.

85 5. DVO zum EheG vom 18.03.1943 (RGBl. 1943 I, S. 145). Dazu *Essner/Conte*, »Fernehe«, S. 201, 216 ff.

86 § 7 5. DVO zum EheG.

Gericht auf Antrag des Staatsanwalts fest, dass das (mögliche) Scheidungsbegehren gerechtfertigt war, so erhielt der Überlebende die Stellung eines geschiedenen Ehegatten. Das Gleiche galt für die postmortale Aufhebung einer Ehe[87], die – z.B. im Hinblick auf den Irrtum über die rassische Herkunft eines Ehegatten – für das Regime von besonderer Bedeutung war. Bemerkenswert erscheint mir, dass diese Durchführungsverordnung – gleich anderen – förmlich erst 1961 aufgehoben wurde.[88]

Es ergingen weitere Regelungen, die nicht in einen Kontext mit dem Ehegesetz gebracht wurden, so die Einführung der *Ferntrauung* durch die Personenstandsverordnung der Wehrmacht vom 17. Oktober 1942.[89] Die Ermöglichung von *postmortalen Eheschließungen* im Jahre 1941 erreichte nicht einmal die Form einer Verordnung, sondern beruhte auf einem Führererlass.[90] Es ging um die nachträgliche Eheschließung mit gefallenen oder im Felde verstorbenen Wehrmachtsangehörigen, wenn nachweisbar die ernstliche Absicht bestanden hatte, eine Ehe einzugehen und keine Anzeichen dafür vorlagen, dass diese Absicht vor dem Tode aufgegeben wurde. Die auch innerhalb des Regimes umstrittene Regelung wurde praktiziert.[91] Versuche, sie wenigstens in die Form einer Verordnung zu bringen, blieben erfolglos.[92]

5. Die Frau im Familienrecht

Sonstige familienrechtliche Projekte wurden im »Dritten Reich« nicht mehr verwirklicht. Was die großen familienrechtlichen Fragen des 20. Jahrhunderts betrifft – die Gleichberechtigung und die Rechte des nichtehelichen Kindes – war die Haltung des Regimes ohnehin zwiespältig. Dazu noch einige Bemerkungen.

Der Nationalsozialismus versuchte intensiv, auch die Frauen in seinen Bann zu ziehen. Die Frau und Mutter wurde Gegenstand hymnischer Verehrungsformeln, bei Hitler ist von der »gleichberechtigten Lebensgenossin und Lebensgefährtin« die Rede.[93] An die Zuerkennung gleicher Rechte war

87 § 8 5. DVO zum EheG.

88 Art. 9 I Abs. 2 Nr. 18 FamRÄndG vom 11.08.1961 (BGBl. 1961 I, S. 1221).

89 RGBl. I, S. 597. Dazu *Essner/Conte*, »Fernehe«, S. 201, 208 ff.

90 Führererlass vom 06.11.1941 an den Reichsminister des Inneren, abgedruckt bei *Schubert*, Familien- und Erbrecht, S. 917.

91 Siehe *Essner/Conte*, »Fernehe«, S. 201, 213 ff.

92 Entwürfe bei *Schubert*, Familien- und Erbrecht, S. 936 ff., 950 ff.

93 Aus einer Rede, gehalten auf dem Frauenkongress des Reichsparteitages 1935 in Nürnberg, abgedruckt in: Deutsches Recht 8 (1938), S. 90.

indes nicht gedacht. Anfänglich versuchte die Politik des Regimes, die Frauen vom Berufsleben fernzuhalten und mit bevölkerungspolitischer Zielsetzung an die Familie zu binden, vor allem durch die Einrichtung der Ehestandsdarlehen. Mit dem steigenden Bedarf an Arbeitskräften trat dieser Gesichtspunkt indes zurück.[94] In der rechtspolitischen Diskussion spielte die Rechtsstellung der Frau in der Familie keine allzu große Rolle, es wurde im Allgemeinen auch nicht die Geltung des »Führerprinzips« für den Mann reklamiert.[95] Eher mied man das Thema. Von der Vielzahl nationalsozialistischer Gesetze und Gesetzesprojekte blieb das persönliche Rechtsverhältnis der Ehegatten zueinander nahezu unberührt. Der Entwurf eines »Volksgesetzbuches« drang zwar zum Familienrecht nicht mehr vor; doch ist bezeichnend, dass schon im 1. Buch die Regel enthalten ist: »Die Ehefrau teilt den Wohnsitz ihres Mannes.«[96]

Das Geschlechterverhältnis wurde den Fundamentalzielen des Regimes untergeordnet. Das schloss nicht aus, dass auch Forderungen nach einer verbesserten Rechtstellung der Ehefrau erhoben werden konnten, etwa nach der Einführung eines neuen ehelichen Güterrechts[97], doch standen diese Punkte nicht im Zentrum des Interesses. Nicht wenige Stimmen aus dem Führungskreis des Machtapparats hatten einen frauenverachtenden Unterton, man denke an den Zeugungsbefehl Himmlers[98] und die aufkeimenden Polygynie-Phantasien.[99]

94 Dazu *Ramm*, Familien- und Jugendrecht, S. 16f. Die Ehestandsdarlehen wurden durch Gesetz zur Verminderung der Arbeitslosigkeit vom 01.06.1933 (RGBl. 1933 I, S. 323) eingeführt.

95 Dass das Führerprinzip auf die Familie übertragen worden sei, meint *Ramm*, Eherecht und Nationalsozialismus, S. 158. Doch war es im Dritten Reich möglich, eine solche Übertragung offen abzulehnen, siehe *Ilse Eben-Servaes*, Das Kind in der Ehe, Deutsches Recht 5 (1935), S. 91 f.

96 Volksgesetzbuch. Grundregeln und Buch I, Entwurf und Erläuterungen. Vorgelegt von *Justus Wilhelm Hedemann/Heinrich Lehmann/Wolfgang Siebert*, München 1942, S. 31.

97 *Ilse Eben-Servaes*, Die Frau und Mutter im nationalsozialistischen Familienrecht, Deutsches Recht 8 (1938), S. 90f.

98 Vom 28. Oktober 1939, abgedruckt bei: *Annette Kuhn/Valentine Rothe*, Frauenpolitik im NS-Staat (= Frauen im deutschen Faschismus. Eine Quellensammlung mit fachwissenschaftlichen und fachdidaktischen Kommentaren, Bd. 1), Düsseldorf 1982, S. 135f. Dort heißt es unter anderem: »Über die Grenzen vielleicht sonst notwendiger bürgerlicher Gesetze und Gewohnheiten hinaus wird es auch außerhalb der Ehe für deutsche Frauen und Mädel guten Blutes eine hohe Aufgabe sein können, nicht aus Leichtsinn, sondern in tiefstem sittlichem Ernst Mütter der Kinder ins Feld ziehender Soldaten zu werden, von denen das Schicksal allein weiß, ob sie heimkehren oder für Deutschland fallen.« Dazu *Essner/Conte*, »Fernehe«, S. 205.

99 *Ramm*, Familien- und Jugendrecht, S. 15; *Essner/Conte*, »Fernehe«, S. 201, 203, 221.

6. Die Rechtsstellung des nichtehelichen Kindes

Das uneheliche Kind spielte in den Neuerungsplänen des Nationalsozialismus eine erhebliche Rolle. Zwar waren die familienpolitischen Proklamationen des Regimes und seiner intellektuellen Handlanger voller Lobpreisungen der Ehe als Idealbild des Geschlechterverhältnisses, doch konnten auch nichteheliche Kinder der Bevölkerungspolitik dienen, und dem Regime war ein »deutschblütiges« uneheliches Kind allemal lieber als ein eheliches, das rassisch belastet war. Das relativierte die Bedeutung der ehelichen Familie und löste einen Reformimpuls zugunsten der nichtehelichen Kinder aus. Das Denken in den Kategorien der »Blutsverbundenheit« musste den Vater folgerichtig in eine »echte Abstammungsgemeinschaft« mit seinem nichtehelichen Kind bringen, wie *Franz Wieacker* es 1937 ausdrückte.[100]

Gleichwohl war die Rechtspolitik der Machthaber auf diesem Gebiet unentschlossen. Die Rechtsstellung der unehelichen Kinder, die nun »natürliche Kinder« genannt wurden[101], sollte verbessert werden. »Die in der Vergangenheit vorherrschende abfällige Wertung des außer der Ehe geborenen Kindes und seiner Mutter entspricht ... nicht den heutigen Auffassungen, nach denen der Wert eines Volksgenossen nicht von seiner Herkunft, sondern von seiner Leistung und seiner Treue zu dieser Gemeinschaft abhängt.«[102] An eine familienrechtliche Gleichstellung mit den ehelichen Kindern war indes nicht gedacht.

Am Thema waren viele Organisationseinheiten des komplizierten Machtgefüges interessiert. Auch hier gab es eine Reihe von Stellungnahmen.[103] Schließlich gedieh die Sache zu einem beschlussreifen »Entwurf zu einem Gesetz zur Änderung familien- und erbrechtlicher Vorschriften« vom Juli

100 *Wieacker*, Geschichtliche Ausgangspunkte, S. 182.

101 Der Terminus war nicht neu. Das römische Recht hatte unter »liberi naturales« einerseits die leiblichen Kinder im Gegensatz zu den adoptierten, andererseits die aus einem Konkubinat stammenden Kinder verstanden.

102 Begründung zu dem Entwurf zu einem Gesetz zur Änderung familien- und erbrechtlicher Vorschriften (Zweites FamRÄndG) vom Juli 1940, abgedruckt bei *Schubert*, Familien- und Erbrecht, S. 509.

103 Auf amtlicher Ebene: Vorläufiger Entwurf (Referentenentwurf) des Reichsjustizministeriums vom 23.12.1937 zu einem Gesetz über die Feststellung der Abstammung sowie über die Rechtsverhältnisse der unehelichen Kinder, abgedruckt bei *Schubert*, Familien- und Erbrecht, S. 576; Neufassung dieses Entwurfs vom 20.01.1940, abgedruckt ebd., S. 629; Entwurf des Stellvertreters des Führers zu einer Verordnung über die Rechtsverhältnisse der außer der Ehe geborenen Kinder (Anfang Februar 1940), abgedruckt ebd., S. 647; Entwurf vom 06.03.1940 zu einem Gesetz zur Änderung familien- und erbrechtlicher Vorschriften, ebd., S. 672; schließlich der nachfolgend genannte Entwurf vom Juli 1940.

1940.[104] Die Hauptpunkte waren: Das natürliche Kind sollte entgegen dem BGB mit seinem Vater auch rechtlich verwandt sein und als eheliches Kind der Mutter gelten.[105] Die Personensorge sollte bei der Mutter liegen, Vermögenssorge und gesetzliche Vertretung bei einem Vormund.[106] Doch sollte der Mutter auf Antrag die volle elterliche Gewalt übertragen werden können.[107] Andererseits sollte das Vormundschaftsgericht die elterliche Gewalt auch dem Vater »verleihen« können, wenn er das Kind dauernd in seinen Haushalt aufgenommen hat oder es »innerhalb seiner Sippengemeinschaft unterhält« und die Verleihung zum Wohl des Kindes erforderlich ist.[108] Das Kind sollte auch nach dem Vater und den väterlichen Verwandten erbberechtigt, sein gesetzlicher Erbteil gegenüber den ehelichen Kindern aber auf die Hälfte reduziert sein.[109] Selbstredend enthielt auch der Entwurf die einschlägigen rasserechtlichen Beimischungen, und andererseits auch interessante Bestimmungen wie ein – auf Wunsch Hitlers eingefügtes[110] – Aussageverweigerungsrecht der Mutter über die Identität des Vaters, mit dem sie die Suche nach dem Vater sollte verhindern können.[111] Das dem Führer zum Vollzug vorgelegte Gesetz fand indes nicht seine Billigung. Hitler sah in dem Projekt ein Gesetz »zur Entrechtung der unehelichen Mutter«[112], sodass das Projekt in letzter Minute scheiterte.[113]

Auch dieses Gesetz, wäre es verabschiedet worden, wäre nicht die letzte Antwort des Nationalsozialismus auf Kindschaft und Ehe geblieben.[114] Das Projekt »Lebensborn«, der Befehl Himmlers zur außerehelichen Zeugung[115]

104 Entwurf zu einem Gesetz zur Änderung familien- und erbrechtlicher Vorschriften (Zweites Familienrechts-Änderungsgesetz) vom Juli 1940, abgedruckt ebd., S. 509.

105 § 7 Entwurf vom Juli 1940.

106 § 11 Entwurf vom Juli 1940.

107 § 12 Entwurf vom Juli 1940.

108 Entwurf vom Juli 1940 § 13 Abs.1.

109 § 1929a BGB in der Fassung des Entwurfs vom Juli 1940 (§ 46).

110 *Thilo Ramm*, Das nationalsozialistische Familien- und Jugendrecht, Heidelberg 1984, S. 20. Fn. 59a, führt dafür eine Äußerung Hitlers in der Kabinettsitzung vom 09.12.1937 an.

111 § 10 Abs. 2 Entwurf vom Juli 1940.

112 Vermerk des Chefs der Reichskanzlei Lammers über eine Besprechung bei Hitler am 21.09.1940, abgedruckt bei *Schubert*, Familien- und Erbrecht, S. 713.

113 Zum Vorgang *Werner Schubert*, Der Entwurf eines Nichtehelichengesetzes vom Juli 1940 und seine Ablehnung durch Hitler, FamRZ 1984, S. 1.

114 *Ramm*, Familien- und Jugendrecht, S. 12 sieht das Ehegesetz von 1938 zusammen mit der Beibehaltung des patriarchalischen Ehe- und Familienführungsrechts als das »letzte Wort« des Nationalsozialismus an.

115 *Annette Kuhn/Valentine Rothe*, Frauenpolitik im NS-Staat, (Frauen im deutschen Faschismus: eine Quellensammlung mit fachwissenschaftlichen und fachdidaktischen Kommentaren, Bd. 1), Düsseldorf 1982; *Essner/Conte*, »Fernehe«, S. 205; *Ramm*, Familien- und Jugendrecht, S. 15.

oder der Vorschlag, verdienten Frontkämpfern könne auch die Mehrehe gestattet werden[116], lassen ahnen, was bei einem nachhaltigen Erfolg des Regimes noch alles gekommen wäre.

V. Die Entwicklung des Familienrechts nach 1945

Nach dem Zusammenbruch stellten sich auf dem Feld des Familienrechts hauptsächlich vier Aufgaben: 1) Es musste das aus der Zeit des Deutschen Reiches überkommene, weitergeltende Recht (Art. 123 Abs. 1 GG) von den nationalsozialistischen Bestandteilen gesäubert werden. 2) Es war die Gleichberechtigung der Geschlechter durchzuführen. 3) Das Kindschaftsrecht musste reformiert werden. 4) Auch im Übrigen bedurfte das Familienrecht gegenüber dem tradierten Rechtszustand der Modernisierung.

1. Eliminierung der nationalsozialistisch geprägter Regelungen

Zur Eliminierung der durch den Nationalsozialismus geprägten Vorschriften war vieles, wenngleich nicht alles bereits durch die Besatzungsmächte geleistet worden. Das Kontrollratsgesetz Nr. 1[117] hob einen ganzen Katalog von offenkundig nationalsozialistischen Gesetzen auf, das Kontrollratsgesetz Nr. 10 formulierte Strafvorschriften bei Verbrechen gegen den Frieden, Kriegsverbrechen, Verbrechen gegen die Menschlichkeit und Zugehörigkeit zu Vereinigungen und Organisationen, deren verbrecherischer Charakter vom Internationalen Militärgerichtshof festgestellt worden war[118], konnte aber bei weitem nicht alle, über viele Gesetze und Verordnungen verteilte Rechtsbestimmungen erfassen, die für einen demokratischen Rechtsstaat untragbar waren. Als nach dem Zusammenbruch des Naziregimes das Rechtswesen zunächst in den neu gegründeten Ländern wieder erweckt wurde[119], konnte man der Kontrollgesetzgebung entnehmen, dass das überkommene Recht grundsätzlich weitergelten sollte, soweit es nicht aufgehoben wurde oder den neuen Vorschriften widersprach. Den Gerichten blieb

116 Dazu ebd., S. 15; *Essner/Conte*, »Fernehe«, S. 201, 203, 221.

117 Vom 20.09.1945 ABl., S. 6.

118 Kontrollratsgesetz Nr. 10 vom 20.12.1945, ABl., S. 50. Siehe einzelne Strafbestimmungen betreffend auch Kontrollratsgesetz Nr.11 vom 30.01.1946, ABl., S. 55.

119 Siehe die 3. Proklamation des Alliierten Kontrollrats vom 20.10.1945, ABl., S. 22 und das Kontrollratsgesetz Nr. 4 vom 20.10.1945, ABl., S. 26.

die Aufgabe, Geist und Inhalt eines neuen Rechts in der Anwendung überkommener Vorschriften selbst zu finden, wofür gelegentlich auch das Naturrecht zu Hilfe gerufen wurde, das nach dem Krieg eine Renaissance erlebte.[120]

Für das Familienrecht wurde entscheidend, dass sich der Alliierte Kontrollrat entschloss, das Ehegesetz von den gröbsten Verirrungen zu reinigen und in neuer Fassung mit Wirkung zum 1. März 1946 in Kraft zu setzen.[121] Die bisherige Fassung sowie alle Durchführungsbestimmungen und sonstigen Gesetze wurden aufgehoben, soweit sie mit der Neufassung unvereinbar waren.[122] Die meisten Vorschriften des Ehegesetzes blieben indes unverändert, insbesondere blieb es bei dem Nebeneinander von Verschuldens- und Zerrüttungsscheidung und bei den geschilderten Grundstrukturen des Scheidungsfolgenrechts. Die Scheidung wegen Ehezerrüttung, nunmehr in § 48 des Gesetzes zu finden, wurde um ein weiteres Scheidungshindernis erschwert: Dem darauf gestützten Scheidungsbegehren durfte fortan auch dann nicht entsprochen werden, wenn das wohlverstandene Interesse der aus der Ehe hervorgegangen Kinder die Aufrechterhaltung der Ehe erfordert.[123] Aufrechterhalten blieb auch das 1938 anstelle der Eheanfechtung eingeführte Institut der Aufhebung einer Ehe wegen bestimmter Willensmängel[124], – ein Institut, dem noch eine besondere Karriere bevorstehen sollte. Das Ehegesetz galt in dieser Fassung zunächst auch in der DDR.[125]

Trotz der Kontrollratsgesetzgebung blieb nach Gründung der Bundesrepublik noch einiges aufzuarbeiten. Das Familienrechtsänderungsgesetz vom 11. August 1961[126] hob eine Reihe von Vorschriften, die im »Dritten Reich« geschaffen waren, förmlich auf, auch einige Bestimmungen des Ehegesetzes in der Kontrollratsfassung, einen Teil der Durchführungsverordnungen zum Ehegesetz, etwa die fünfte Verordnung, die – wie geschildert – die postmortale Scheidung ermöglicht hatte.

120 Dazu *Thomas Würtenberger*, Wege zum Naturrecht in Deutschland 1946–1948, in: ARSP 1949/1950, 98 ff.; ergänzend ARSP 1952/1953, 576 ff.; ARSP 1954/1955, 59 ff.; *Dieter Schwab*, Naturrecht als Norm nach dem Zusammenbruch des »Dritten Reiches«, in: Martin Löhnig (Hg.), Zwischenzeit. Rechtsgeschichte der Besatzungsjahre, Regenstauf 2011, S. 227 ff.

121 Gesetz Nr. 16 der Alliierten Kontrollbehörde, ausgefertigt in Berlin, 20.02.1946, ABl., S. 77. Das Gesetz trat zum 01.03.1946 in Kraft (§ 80).

122 § 79 Gesetz Nr. 16 der Alliierten Kontrollbehörde, s. Fn. 121.

123 § 48 Abs. 3 EheG in der Fassung von 1946.

124 §§ 28–37 (früher §§ 33–42) EheG in der Fassung von 1946.

125 Nach *Georg Brunner*, Einführung in das Recht der DDR, 2. Aufl., München 1979, S. 17, galt das Kontrollratsgesetz Nr. 16 in der DDR bis Ende 1955.

126 Gesetz zur Vereinheitlichung und Änderung familienrechtlicher Vorschriften (FamRÄndG) vom 11.08.1961 (BGBl. 1961 I, S. 1221).

Besondere Probleme bereiteten die aufgrund des Führerbefehls erfolgten postmortalen Eheschließungen, die auch noch nach dem Kriege stattfanden, deren Gültigkeit aber nun heftig umstritten war.[127] Hierzu erging unter dem 29. März 1951 ein Bundesgesetz[128], das die Gültigkeit im Prinzip verneinte, aber der betroffenen Witwe das Recht zur Führung des Ehenamens, die Versorgungsrechte aus der Kriegsopferversorgung und aus der öffentlich-rechtlichen und betrieblichen Hinterbliebenenversorgung zusicherte und die von dem verstorbenen Mann stammenden Kinder als ehelich behandelte – es handelte sich also um eine teilwirksame Eheschließung, die freilich kein Ehegattenerbrecht begründete.

Umgekehrt war das Unrecht der unangemessenen Einschränkung der Eheschließungsfreiheit, das viele im Dritten Reich erlitten hatten, wieder gut zu machen. Diesem Zweck diente das Gesetz über die Anerkennung freier Ehen rassisch und politisch Verfolgter vom 23. Juni 1950.[129] Wenn Verlobte, denen aus rassischen Gründen die standesamtliche Eheschließung unmöglich gemacht worden war, in bestimmter Weise den Entschluss bekundet hatten, eine dauernde Verbindung einzugehen, so konnten dieser Verbindung nach dem Tode eines Teils auf Antrag die Rechtswirkungen einer gesetzlichen Ehe beigelegt werden, wenn der Tod die Nachholung der standesamtlichen Trauung verhindert hatte. Gleiches galt für Personen, die wegen ihrer politischen Verfolgung an einer standesamtlichen Eheschließung gehindert gewesen waren.[130]

2. Zur Fortgeltung des Ehegesetzes

Von einzelnen Korrekturen abgesehen blieb andererseits das Ehegesetz von 1938 in der Kontrollratsfassung in Geltung – das Scheidungsrecht bis 1977, das Eheschließungsrecht gar bis 1997. Für unser Thema ist daher eine Kontroverse um die Einschätzung des Ehegesetzes von Belang. Es gibt die Auf-

127 Siehe *Hans Dölle*, Die nachträgliche Eheschließung, DRiZ 1947, 42; *Walter Schätzel*, Nochmals die nachträgliche Eheschließung, DRiZ 1947, S. 214 ff.

128 Gesetz über die Rechtswirkungen des Ausspruchs einer nachträglichen Eheschließung vom 29.03.1951 (BGBl. 1951 I, S. 215). Mit der Frage hatten sich schon beschäftigt: Verordnung des Präsidenten des Zentral-Justizamts für die Britische Zone über die Rechtswirkungen des Ausspruchs einer nachträglichen Eheschließung vom 13.08.1947 (VBl. für die Britische Zone, S. 237); Rheinland-Pfälzisches Landesgesetz über die Rechtswirkungen des Ausspruchs einer nachträglichen Eheschließung vom 24.02.1949 (GVBl. für das Land Rheinland-Pfalz 1949, S. 81).

129 BGBl. 1950 I, S. 226.

130 § 4 EheAnerkG.

fassung, das Ehegesetz sei als Ganzes vom Nationalsozialismus geprägt.[131] Daraus ließe sich folgern, dass der Gesetzgeber der Bundesrepublik schleunig hätte die Gesamtmaterie neu regeln müssen. Dass dies nicht geschehen ist, kann nach *Thilo Ramm* entweder dem Nachwirken nationalsozialistischer Ideologie oder der Verdrängung zugeschrieben werden.[132] Was das Scheidungsrecht betrifft, wurde insbesondere die »konsequente Fortentwicklung des Verschuldensprinzips«, aber auch der Zerrüttungstatbestand insofern als nationalsozialistisch verstanden, als dieses Scheidungsrecht den Einbruch des Staates in die Intimsphäre der Ehegatten ermöglicht habe. Scheidungsgrund »konnte ausschließlich sein, dass die Ehe ihre Funktion innerhalb der Volksgemeinschaft nicht mehr erfüllen konnte.«[133]

Dieser Deutung hat *Alfred Wolf* zutreffend widersprochen.[134] Die Kombination von Verschuldens- und Zerrüttungsprinzip im Scheidungsrecht ist im 20. Jahrhundert eine international verbreitete Option bis heute. Zweifellos unterlegte der Nationalsozialismus dem Scheidungsrecht einen fundamental anderen, nämlich nicht individualistischen Ehebegriff, der aber die Formulierung der Scheidungsgründe des Ehegesetzes überwiegend (entgegen manchen Entwürfen) nicht prägte und von dem bei der Rechtsanwendung ohne weiteres abstrahiert werden konnte. Die meisten Einzelregelungen des Gesetzes konnten von ihrem Entstehungshintergrund losgelöst betrachtet werden und waren so auch in den Rechtsordnungen anderer europäischer Länder denkbar. Die Abhängigkeit der Ehescheidung von einem gerichtlichen Ausspruch nach Prüfung des Scheidungsgrundes wurzelt in der Tradition des mittelalterlich-kirchlichen Eheprozesses, die in der Neuzeit auch vom Staat fortgesetzt wurde.

Man muss, um den heterogenen Gehalt des Ehegesetzes einzuschätzen, auch bedenken, welche Forderungen damals nicht erfüllt worden sind, z.B. die Forderung nach einer Scheidung unerwünschter Ehen von Amts wegen, auch gegen den Willen beider Ehegatten[135], die auch der Rechtsprofessor Karl Larenz vorgetragen hatte.[136] Das von den Alliierten gesäuberte Scheidungsrecht des Ehegesetzes war – als Scheidungsrecht in der zweiten Hälfte des 20. Jahrhunderts – veraltet, aber es war nicht nationalsozialistisch. Dass das

131 So *Ramm*, Familien- und Jugendrecht, S. 30ff.

132 Ebd., S. 32.

133 Ebd., S. 31.

134 *Alfred Wolf*, Das Zerrüttungsprinzip im Ehescheidungsrecht und die Nationalsozialisten, in FamRZ 1988, S. 1217.

135 Für die Möglichkeit der Zwangsscheidung z.B. *Roland Freisler*, Vom alten zum neuen Ehescheidungsrecht. Kritik – Vorschlag – Begründung, Berlin 1937, S. 127.

136 *Karl Larenz*, Grundsätzliches zum Ehescheidungsrecht, Deutsches Recht 7 (1937), S. 184, 187.

Scheidungsrecht unter dem Gesichtspunkt der Modernisierung des Familienrechts reformbedürftig war – wie das Scheidungsrecht der meisten europäischen Staaten in den 50er Jahren – steht auf einem anderen Blatt.

3. Rückkehr zu »Erfindungen« des Dritten Reiches?

Auffällig ist eher, dass der Gesetzgeber der Bundesrepublik ein halbes Jahrhundert nach dem Zusammenbruch des NS-Regimes Regelungen wiederbelebt oder ausgebaut hat, die als Erfindungen der Gesetzgebung nach 1933 gelten können. Einige Regelungen seien genannt:

- Die Konzeption des Ehegesetzes von 1938, dass Willensmängel bei Eheschließung nicht zur Ungültigkeit oder wenigstens zur Vernichtbarkeit der Ehe durch Anfechtung, sondern nur zur Aufhebung mit Wirkung für die Zukunft (wie eine Scheidung) führen, wurde zunächst fortgeführt, dann aber im Jahre 1997[137] auf fast alle Begründungsmängel ausgedehnt: Nun sind auch Vater und Tochter, die einander geheiratet haben, zunächst einmal gültig miteinander verheiratet, die Ehe kann nur mit Wirkung für die Zukunft aufgelöst werden[138] – eine Regelung, die rechtsvergleichend schon auf Erstaunen stößt. Die Abschaffung der Nichtigkeit einer unter schweren Begründungsmängeln leidenden Eheschließung zeitigt vor allem bei den Heiraten, die unter Zwang und Drohung zustande kommen (»Zwangsehen«), bedenkliche Auswirkungen und bedarf der Überprüfung.
- Weiteres Beispiel: Die im Dritten Reich eingeführte Unwirksamkeit der Namensehe, d.h. der Ehe, die nur um der Namensführung willen geschlossen wird, ohne dass eine eheliche Lebensgemeinschaft begründet werden soll, wurde vom Bundesgesetzgeber 1976 abgeschafft[139], im Jahre 1998 aber in erweiterter Form als Aufhebungsgrund wieder eingeführt.[140]
- Die Möglichkeit der Anfechtung der Ehelichkeit eines Kindes durch den Staatsanwalt, eingeführt durch das Familienrechtsänderungsgesetz von 1938,[141] abgeschafft durch das Familienrechtsänderungsgesetz von 1961[142], ist wieder eingeführt durch ein Gesetz aus dem Jahre 2008.[143]

137 Gesetz zur Neuordnung des Eheschließungsrechts (EheschlRG) vom 04.05.1998 (BGBl. 1998 I, S. 833), § 1314 I BGB.
138 § 1314 I BGB i. V. m. § 1307 BGB in der Fassung von 1998.
139 1. EheRG, Art. 3 Nr. 1.
140 § 1314 Abs. 2 Nr. 5 BGB in der Fassung von 1998.
141 § 1595a BGB in der Fassung von 1938.
142 BGBl. Art. 1 Nr. 4 FamRÄndG.
143 § 1600 Abs. 1 Nr. 5 BGB in der Fassung des Gesetzes zur Ergänzung des Rechts zur Anfechtung der Vaterschaft vom 13.03.2008 (BGBl. 2008 I, S. 313).

- Schließlich fällt auf, dass die gerichtliche Erzwingung der Abstammungsklärung, die von der Rechtsprechung im Dritten Reich eindeutig mit rassistischem Hintergrund einführt worden war[144], nun im Jahr 2008 in gewandelter Form, gewiss auch zu gewandelten Zwecken wieder auflebt.[145]

Damit ist nicht generell gesagt, dass die neuen Regelungen als Nachwirkungen der Ideologie des »Dritten Reiches« zu verstehen wären. Die Beispiele zeigen vielmehr, dass Regelungen, die sich inhaltlich ähneln, einen unterschiedlichen rechtspolitischen und ideologischen Hintergrund haben können. Doch mahnt der Umstand, dass ähnliche Rechtseinrichtungen unter den Nationalsozialisten eingeführt worden waren, zur Vorsicht. Am ehesten scheint mir heute in der Abstammungsfrage ein schon alter deutscher Mythos nachzuwirken.

4. Die Gleichberechtigung von Mann und Frau im Familienrecht

Die große Aufgabe der Gesetzgebung nach dem Kriege war, wie bemerkt, die Herstellung der Rechtsgleichheit von Frau und Mann in der Familie.[146] Das Ziel war anerkannt, die Wege nahmen indes in der Bundesrepublik und in der DDR einen unterschiedlichen Verlauf. Es kam zu einem – von der ostdeutschen Seite so empfundenen – Wettstreit der Systeme, der, betrachtet man den Normenbefund, von der DDR um viele Längen gewonnen wurde.

Die DDR-Verfassung vom 7. Oktober 1949 erklärte »Gesetze und Bestimmungen, die die Gleichberechtigung von Mann und Frau in der Familie beeinträchtigen«, für aufgehoben.[147] Besonderer staatlicher Schutz wurde der Mutterschaft verheißen.[148] Das Mutterschaftsgesetz, das auf dieser Grund-

144 RG JW 1938, S. 245 (Feststellungsklage nach §256 ZPO); RGZ 169, S. 129.

145 Gesetz zur Klärung der Vaterschaft unabhängig vom Anfechtungsverfahren vom 26.03.2008 (BGBl. 2008 I, S. 441).

146 Dem Folgenden liegt zugrunde: *Schwab*, Gleichberechtigung, S. 790 ff.: ders., Familienrecht, in: Dietmar Willoweit (Hg.), Rechtwissenschaft und Rechtsliteratur im 20. Jahrhundert, München 2007, S. 277 ff.; *Dieter Schwab*, Konfessionelle Denkmuster und Argumentationsstrategien im Familienrecht, in: Pascale Cancik u. a. (Hg.), Konfession im Recht. Auf der Suche nach konfessionell geprägten Denkmustern und Argumentationsstrategien in Recht und Rechtswissenschaft des 19. und 20. Jahrhundert, Für Michael Stolleis zum 65. Geburtstag, Studien zur Europäischen Rechtsgeschichte Bd. 247, Frankfurt am Main 2009, S. 63 ff.

147 Art. 30 Abs. 2 Verfassung der DDR von 1949.

148 Art. 32 Abs. 1 Verfassung der DDR von 1949.

lage schon 1950 erging[149], bekräftigte die Gleichstellung von Mann und Frau in der Familie und maß beiden Ehegatten gemeinschaftlich die elterliche Sorge für ihre Kinder zu. Diese Prinzipien wurden sodann im Familiengesetzbuch von 1965[150], welches wie in sozialistischen Staaten üblich das Familienrecht separat vom Zivilrecht kodifizierte, konkretisiert.[151]

Sehr viel zäher verlief die Rechtsentwicklung in der Bundesrepublik, obwohl das Grundgesetz in Art. 3 Abs. 2 eine klare Vorgabe formulierte. Das Grundgesetz ließ keinen Zweifel, dass das Gleichberechtigungsgebot nicht als bloßer Programmsatz, sondern als geltendes Recht gemeint war: Art. 117 Abs. 1 GG gewährte dem Gesetzgeber eine äußerste Frist bis zum 31. März 1953; nicht länger konnte das dem Gleichberechtigungsgrundsatz widersprechende Recht in Kraft bleiben. Bekanntlich ist dieser Termin fruchtlos verstrichen. Gleiche Rechte für Mann und Frau in der Familie erwies sich als sehr schwieriges Projekt.

Um das Säumen des Gesetzgebers zu verstehen, muss man die politische Stimmungslage der Gründerzeit der Republik in Rechnung stellen, in der ein restaurativer gesellschaftspolitischer Trend wirksam war – »restaurativ« nicht im Sinne des Rückgriffs auf das »Dritte Reich«, sondern auf die Zeit vor 1933, ja eigentlich vor 1919.[152] Das patriarchalische Prinzip, seit archaischer Zeit gelebt, war nicht nur in den Herzen und Köpfen der Menschen, sondern konnte auch auf rationaler Ebene verteidigt werden. Die Kirchen und ihnen nahestehende Theoretiker begründeten den Vorrang des Mannes in der Familie.[153] Dazu dienten vor allem drei gedankliche Operationen:

149 Gesetz über den Mutter- und Kinderschutz und die Rechte der Frau vom 27.09.1950 (GBl. 1950, S. 1037) auf Grundlage von Art. 32 Abs. 2 der Verfassung der DDR von 1949.

150 Familiengesetzbuch der DDR vom 20.12.1965 (GBl. I 1966, Nr. 1 S. 1).

151 Das Gesetzbuch wurde kurz vor Herstellung der deutschen Einheit im Jahre 1990 novelliert (Gesetz zur Änderung des Familiengesetzbuches der DDR – 1. FamRÄndG – vom 20.07.1990, GBl. 1990 I, S.1038), dann aber auch für die Gebiete der ehemaligen DDR durch das Recht der Bundesrepublik Deutschland ersetzt (Art. 234 EGBGB in der Fassung des Einigungsvertrages vom 31.08.1990; Gesetz zu diesem Vertrag vom 23.09.1990 BGBl. 1990 II, S. 885).

152 Zur damaligen Diskussion die Dissertation von *Walter Rolland*, Die Entwicklung des deutschen Eherechts seit 1920 unter besonderer Berücksichtigung der Stellungnahmen der christlichen Kirchen, Marburg 1957 (ungedruckt), S. 81 ff.

153 Quellen bei: *Gabriele Müller-List* (Bearb.), Gleichberechtigung als Verfassungsauftrag. Eine Dokumentation zur Entstehung des Gleichberechtigungsgesetzes vom 18. Juni 1957, Düsseldorf 1996, Dokument Nr. 41 S. 295, 298; ferner *Friedrich Wilhelm Bosch*, Familienrechtsreform. Siegburg 1952, S. 57 ff.; *Albert Ziegler*, Das natürliche Entscheidungsrecht des Mannes in Ehe und Familie, Heidelberg 1958; weitere Nachweise bei *Lukas Rölli-Alkemper*, Familie im Wiederaufbau. Katholizismus und bürgerliches Familienideal in der Bundesrepublik Deutschland 1945–1965, Paderborn 2000, S. 65.

- Zum einen berief man sich auf eine außerpositive Rechtsquelle, der man einen Rang noch über der Verfassung zumaß, nämlich auf das Naturrecht, gelegentlich sogar auf das göttliche Recht, in dem das patriarchalische Prinzip verankert wurde.
- Zum andern machte man die Gleichberechtigungsfrage zu einer Frage der Religionsfreiheit, man spielte also den Art. 4 GG gegen den Art. 3 Abs. 2 GG aus.
- Drittens zähmte man den Grundsatz der Gleichberechtigung durch einen patriarchalischen Familienbegriff, dessen Geltung man in Art. 6 Abs. 1 GG verbürgt sah. Die Gleichberechtigung der Ehefrau wurde nicht im Sinne von Rechten gleichen Inhalts (»formale Gleichberechtigung«), sondern als *Gleichwertigkeit* interpretiert.

Gewiss gab es in den Jahren nach 1949 durchaus auch Kräfte, die sich für eine strikte Verwirklichung der Rechtsgleichheit im Familienrecht einsetzten, sie hatten aber keinen Erfolg. Zum Stichtag des 31. März 1953 war man über Entwürfe nicht hinausgelangt.[154] So musste die Rechtsprechung das Gebot der Gleichberechtigung in den Einzelfällen, die vor Gericht kamen, durchsetzen. Es entstand in den Jahren nach 1953 – bestätigt durch das Bundesverfassungsgericht[155] – *Gleichberechtigung durch Richterrecht*.[156]

Mit einer Verzögerung von über vier Jahren wurde der Gesetzgeber schließlich tätig. Das umfangreiche »Gesetz über die Gleichberechtigung von Mann und Frau auf dem Gebiete des bürgerlichen Rechts (Gleichberechtigungsgesetz)« vom 18. Juni 1957[157], blieb indes hinter den Anforderungen der Verfassung deutlich zurück. Mit dem Prinzip: *»Gleichwertigkeit«* statt *»formaler Gleichheit«* hoffte man das Verfassungsgebot des Art. 3 Abs. 2 GG mit traditionellen Familienauffassungen zu versöhnen.[158] Das Patriarchat wurde gemildert, nicht beseitigt.

154 Entwurf der Bundesregierung, BT-Drs. 1/3802 vom 23.10.1952.

155 Urteil vom 18.12.1953, BVerfGE 3, S. 225 ff.

156 Nachweise bei *Walter Rolland*, Die Entwicklung des deutschen Eherechts seit 1920 unter besonderer Berücksichtigung der Stellungsnahmen der christlichen Kirchen, Marburg 1957 (ungedruckt), S. 89 ff.

157 BGBl. 1957 I, S. 609. Zum Entwurf siehe: *Franz Maßfeller*, Das Neue Familienrecht. Gesetzentwurf über die Gleichberechtigung von Mann und Frau auf dem Gebiete des bürgerlichen Rechts und über die Wiederherstellung der Rechtseinheit auf dem Gebiete des Familienrechts, Frankfurt am Main 1952.

158 Ein besonders eindrucksvoller Vorkämpfer für diese Auffassung war damals der Bonner Rechtsgelehrte Friedrich Wilhelm Bosch. Siehe dessen Schrift: Familienrechtsreform, S. 54 ff., 81 ff.

So blieben die Funktionen in der Familie nach Geschlecht verteilt, die Frau hatte den Haushalt zu führen, allerdings nun »in eigener Verantwortung«[159], Ehename blieb obligatorisch der Familienname des Mannes; als Neuerung erhielt die Frau nur die Befugnis, dem Ehenamen ihren »Mädchennamen« hinzuzufügen.[160] Dem Mann stand zwar kein allgemeines Direktionsrecht in der Ehe zu, aber die Frau war zu einer Erwerbstätigkeit nur berechtigt, soweit dies mit ihren Pflichten in Ehe und Familie vereinbar war.[161] Wenigstens wurde die Befugnis des Mannes beseitigt, ein von der Frau eingegangenes Dienstverhältnis zu kündigen.[162] Haushaltsführung und Kindererziehung auf der einen, Erwerbstätigkeit auf der anderen Seite erhielten allerdings gleichen Rang, indem sie als gleichwertige Beiträge zum Familienunterhalt begriffen wurden.[163]

Einen wirklichen Fortschritt für die Gleichberechtigung brachte auch das neue Güterrecht mit der Zugewinngemeinschaft als gesetzlichem Güterstand, das die ehezeitliche Wertschöpfung beiden Ehegatten in gleicher Weise zuordnet. In diesem Güterstand bleiben zwar die Vermögen von Mann und Frau getrennt; doch bei Aufhebung des Güterstandes wird die Teilhabe realisiert, sei es durch Stärkung der erbrechtlichen Position des überlebenden Ehegatten[164], sei es durch einen Beteiligungsanspruch desjenigen Partners, der in der Ehe den geringeren Zugewinn gemacht hat.[165] Tragende rechtspolitische Begründung ist nicht die Vorstellung, die Tätigkeit des haushaltführenden Partners sei indirekt mitursächlich für das Erwerbseinkommen des anderen, vielmehr der Gedanke der Gleichwertigkeit von Haushaltführung und Erwerbstätigkeit.[166] Damit übersprang der Gleichberechtigungsgrundsatz seine formale Qualität und schlug sich als Prinzip quantitativer Teilhabe nieder. Dieser Gedanke sollte sich in der Folgezeit weiter entfalten, etwa in der Einführung des Rechtsinstituts des Versorgungsausgleichs und in der Rechtsprechung des Bundesverfassungsgerichts zum nachehelichen Unterhalt.[167]

159 § 1356 Abs. 1 S. 1 BGB in der Fassung von 1957.
160 § 1355 BGB in der Fassung von 1957.
161 § 1356 Abs. 1 S. 2 BGB in der Fassung von 1957.
162 Wie noch nach § 1358 BGB in der Fassung von 1896; das Kündigungsrecht setzte die Ermächtigung durch das Vormundschaftsgericht voraus.
163 Siehe §§ 1360 und 1606 Abs. 3 S. 2 BGB in der Fassung von 1957.
164 § 1371 BGB in der Fassung von 1957.
165 §§ 1372 ff. BGB in der Fassung von 1957.
166 Siehe die Begründung zum Entwurf des GleichberG in: Verhandlungen des Deutschen Bundestages, 2. Wahlperiode, Anlagen Bd. 27, BT-Drs. 224 S. 37.
167 Entscheidung vom 05.02.2002, BVerfGE 105, 1.

Wenig fortschrittlich war im Gleichberechtigungsgesetz besonders die Regelung der elterlichen Sorge. Sie wurde zwar *Vater und Mutter* gemeinschaftlich zugesprochen[168], doch blieb die Befugnis der gesetzlichen Vertretung des Kindes in der Regel allein dem Vater vorbehalten.[169] Darüber hinaus kam ihm das Entscheidungsrecht (»Stichentscheid«) zu, wenn sich das Elternpaar in einer Kindesangelegenheit nicht einigen konnte, vorbehaltlich einer Korrektur durch das Vormundschaftsgericht.[170] Alleinige gesetzliche Vertretung des Vaters und Stichentscheid wurden freilich schon durch Entscheidung des Bundesverfassungsgerichts vom 29. Juli 1959 für nichtig erklärt.[171] Der Gesetzgeber reagierte hierauf sehr lange nicht: In diesem Punkte galt nun wiederum für zwei Jahrzehnte Richterrecht anstelle des Gesetzes. Das Bundesverfassungsgericht war auch in anderen Fragen der entscheidende Motor für die Verwirklichung der Gleichberechtigung bis hin zum Familiennamensrecht und dessen letzter Änderung im Jahre 2004.

Die Herstellung gleicher Rechte für Mann und Frau in der Familie erwies sich in der Rückschau als überaus kompliziertes, viele Etappen erforderndes Projekt, das erst mit dem 1. Eherechtsreformgesetz von 1976, in der Namensfrage erst gegen Ende des Jahrhunderts verwirklicht wurde.

5. Die Reform des Kindschaftsrechts

Ganz ähnlich, wenngleich noch zäher verlief in der Bundesrepublik die Entwicklung des Kindschaftsrechts. Auch hier kontrastierte die Gesetzgebung der DDR. Nach deren Verfassung von 1949 durfte außereheliche Geburt weder dem Kind noch seinen Eltern zum Nachteil gereichen; entgegenstehende Gesetze und Bestimmungen wurden für aufgehoben erklärt.[172] Das Mutterschaftsgesetz von 1950 stellte nichteheliche Kinder unter die volle elterliche Verantwortung der Mutter, der Vater spielte hier allerdings noch die Rolle des bloßen Unterhaltsschuldners.[173]

Dass auch in der Bundesrepublik eine Reform des Kindschaftsrechts durch Art. 6 Abs. 5 GG geboten war, unterlag keinem vernünftigen Zwei-

168 § 1626 BGB in der Fassung von 1957.

169 § 1629 Abs. 1 BGB in der Fassung von 1957.

170 § 1628 Abs. 1–3 BGB in der Fassung von 1957.

171 BGBl. 1959 I, S. 633.

172 Art. 33 Verfassung DDR 1949.

173 Die Verfassung der DDR vom 06.04.1968 brachte in den familienbezogenen Aussagen einige Akzentverschiebungen, nun tauchen auch die »alleinerziehende Väter« als Adressaten staatlicher Fürsorgemaßnahmen auf (Art. 38 Abs. 2 S. 2).

fel. Das war auch den Äußerungen des Bundesverfassungsgerichts zu entnehmen.[174] »Bei jeder Regelung, die zwischen ehelichen und nichtehelichen Kindern differenziert«, muss geprüft werden, »ob es für die Ungleichbehandlung überzeugende sachliche Gründe gibt«. Eine danach zulässige Benachteiligung des nichtehelichen Kindes sei möglichst anderweitig auszugleichen.[175]

Der Gesetzgeber, dem anders als beim Gleichberechtigungsgebot hier keine Frist gesetzt war, blieb lange untätig. Erst ein Ultimatum des Bundesverfassungsgerichts vom 29. Januar 1969[176] zwang ihn zu raschem Handeln,[177] Ergebnis der dann eilig aufgenommenen gesetzgeberischen Bemühungen war das Nichtehelichengesetz von 1969.[178] Die Reform ersetzte zunächst den Terminus »unehelich« durch »nichtehelich« (während in der Verfassung nach wie vor »unehelich« steht!) und versuchte, die Diskriminierung nichtehelicher Kinder durch alle Gesetze hindurch zu beseitigen oder doch abzubauen. Der berüchtigte § 1589 Abs. 2 BGB wurde gestrichen, folglich ein Verwandtschaftsverhältnis zwischen Vater und Kind bejaht. Verbessert wurden das Recht der Vaterschaftsfeststellung und -anerkennung[179] und das Unterhaltsrecht des Kindes[180], das den Mindestunterhalt (Regelunterhalt) nun in einem erleichterten Verfahren durchsetzen konnte.[181] Die elterliche Sorge wurde ausnahmslos der Mutter des Kindes zugeordnet; freilich war das Sorgerecht belastet durch eine kraft Gesetzes eintretende Pflegschaft des Jugendamtes für Status- und Namensangelegenheiten, Unterhaltsansprüche und Erb- und Pflichtteilsrechte beim Tod des Vaters oder eines seiner Verwandten.[182] Diese Pflegschaft konnte auf Antrag vom Vormundschaftsgericht eingeschränkt oder aufgehoben werden.[183] Der Vater konnte zur elterlichen Sorge hingegen nur durch Legitimation[184], Ehelicherklärung[185] oder

174 Siehe schon die Entscheidung des BVerfG vom 23.10.1958, BVerfGE 8, 210; ferner BVerfGE 80, 87 f.; BVerfGE 25, 167, 196; BVerfGE 58, 377, 389; BVerfGE 74, 33, 39.
175 Grundsätze zusammengefasst in der Entscheidung vom 05.11.1991, BVerfGE 80, 87 f.
176 BVerfG vom 29.01.1969, BVerfGE 25, 167.
177 Das Gericht setzte Frist bis zum Ende der laufenden Legislaturperiode, also bis Sommer desselben Jahres; geschah bis dahin nichts, so würde das dem Art. 6 Abs. 5 GG entgegenstehende Recht unmittelbar derogiert.
178 Gesetz über die rechtliche Stellung der nichtehelichen Kinder vom 19.08.1969 (BGBl. 1969 I, S. 1243).
179 §§ 1600 a bis o BGB in der Fassung von 1969.
180 §§ 1615 a bis o BGB in der Fassung von 1969.
181 § 1615 f BGB; §§ 642–644 ZPO in der Fassung von 1969.
182 § 1706 BGB in der Fassung von 1969.
183 § 1707 BGB in der Fassung von 1969.
184 Durch nachfolgende Eheschließung mit der Mutter, § 1719 BGB in der Fassung von 1969.
185 §§ 1723 ff. BGB neugefasst durch das NEhelG 1969.

Adoption des Kindes gelangen, äußerstenfalls als dessen Vormund fungieren. Im Übrigen blieb er auf einen Auskunftsanspruch gegen die Mutter über die persönlichen Verhältnisse des Kindes[186] und auf den persönlichen Umgang mit ihm beschränkt, den er gegen den Willen der Mutter aber nur dann durchsetzen konnte, wenn der Umgang »dem Wohle des Kindes dient«.[187] Das nichteheliche Kind wurde nun auch nach dem Vater und den väterlichen Verwandten erbberechtigt, erhielt aber nicht das gleiche gesetzliche Erbrecht wie eheliche Kinder. Konkurrierte das nichteheliche Kind in der Erbfolge nach seinem Vater mit dessen ehelichen Abkömmlingen und dessen Ehegatten, so beschränkte sich sein Erbrecht auf einen schuldrechtlichen Erbersatzanspruch[188], der sich zwar nach dem Wert des Erbteils bemaß, aber keine reale Teilhabe am Nachlass bedeutete.

Diese sehr gezähmten Fortschritte prägten das Recht der nichtehelichen Kinder bis zur großen Kindschaftsrechtsreform des Jahres 1997, hielten also dreißig Jahre. Mit den nationalsozialistischen Neuerungsplänen, die primär auf dem Mythos des Blutes und auf bevölkerungspolitischen Motiven beruhten, hat die zögerliche Entwicklung in der Bundesrepublik nach meiner Einschätzung nichts zu tun, auch nicht im Sinne der Abgrenzung. Es handelt sich auch hier um die Wirksamkeit einer seit dem Mittelalter verwurzelten Tradition: Die mittelalterliche Kirche und im Verbund mit ihr die staatlichen Herrschaftsorganisationen waren erfolgreich bestrebt gewesen, die von theologischen Aussagen geprägte Ehe als die einzige legitime Paarbeziehung durchzusetzen und unter ihre Kontrolle zu stellen. Eines der Mittel dazu war die Entwertung der nichtehelichen Abstammung, die gleichzeitig auch die Kontrolle über die Sukzession von Eigentum und Herrschaft sichern sollte. Es gelang, die »Illegitimität« der außerehelichen Abstammung – vielfach gegen den Protest des Adels, bei dem auch Ausnahmen gemacht wurden – tief im gesellschaftlichen Bewusstsein zu verankern.[189]

186 § 1711 Abs. 3 BGB in der Fassung von 1969.

187 § 1711 Abs. 1 S. 2 BGB in der Fassung von 1969.

188 §§ 1934a ff. BGB in der Fassung von 1969.

189 Zur Geschichte der Illegitimität: *Hermann Conrad*, Die Stellung der unehelichen Kinder in der neuzeitlichen Privatrechtsentwicklung Deutschlands, Frankreichs, Österreichs und der Schweiz, FamRZ 1962, S. 322; *Anke Leineweber*, Die rechtliche Beziehung des nichtehelichen Kindes zu seinem Erzeuger in der Geschichte des Privatrechts, Beiträge zur Neueren Privatrechtsgeschichte Bd. 7, Königstein/Taunus 1978; *Beate Harms-Ziegler*, Illegitimität und Ehe. Illegitimität als Reflex des Ehediskurses in Preußen im 18. und 19. Jahrhundert, Berlin 1991; *Ludwig Schmugge* (Hg.), Illegitimität im Spätmittelalter, Schriften des Historischen Kollegs, Kolloquien 29, München 1994; *Sybille Buske*, Fräulein Mutter und ihr Bastard. Eine Geschichte der Unehelichkeit in Deutschland 1900–1970, Göttingen 2004.

In diesem Bewusstsein befand es sich noch lange, jedenfalls in konservativ-christlich orientierten Kreisen, die von theologisch-naturrechtlichen Vorstellungen von einem engen Sinnbezug von Ehe und Elternschaft beeinflusst waren und mit dem Aufstieg des nichtehelichen Kindes die Entwertung der Ehe fürchteten.[190] In der Argumentation wurde folglich der in Art. 6 Abs. 1 GG garantierte staatliche Schutz der Ehe gegen eine Gleichstellung von nichtehelichen mit ehelichen Kindern mobilisiert.[191] Auch die Psychologie und die Soziologie der Zeit lieferten dienliche Argumente.[192]

VI. Ausblick

Die eigentliche Modernisierung des Familienrechts der Bundesrepublik Deutschland begann in deutlicher zeitlicher Distanz zur Nachkriegszeit und vollzog sich in Schüben, die interessanterweise je etwa ein Jahrzehnt auseinander liegen:

- Den Beginn machte das 1. Eherechtsreformgesetz von 1976, das die Gleichberechtigung herstellte und das Scheidungsrecht auf neue Grundlagen stellte. Etwa zur gleichen Zeit, nämlich 1979, erging das Gesetz zur Neuregelung des Rechts der elterlichen Sorge,[193] das ein neues Verständnis des Eltern-Kind-Verhältnisses und insbesondere das Bedürfnis des Kindes nach Selbstbestimmung im Rahmen des Erziehungsverhältnisses zur Geltung brachte – ein echtes Kind der gesellschaftlichen Grundstimmung der 1968er Jahre.
- Etwa ein Jahrzehnt später erfolgte die grundlegende Reform des Vormundschafts- und Pflegschaftsrechts für Volljährige durch das Betreuungsgesetz von 1990[194], welches den Beistand für Hilfsbedürftige gleichfalls mit dem Prinzip der Wahrung von Selbstbestimmung zu verbinden versuchte.

190 Siehe die Stellungnahme des Zentralrats der Deutschen Katholiken aus dem Jahre 1962, bei ebd., S. 221.

191 Die Quellen zur Entstehung des Gesetzes in: *Werner Schubert* (Hg.), Die Reform des Nichtehelichenrechts (1961–1969), Paderborn 2003.

192 Siehe ebd., S. 89, 109, 182f., 194ff.; *Buske*, Fräulein Mutter, S. 253ff.; *Bosch*, Familienrechtsreform, S. 75.

193 Gesetz zur Neuregelung des Rechts der elterlichen Sorge (SorgeRG) vom 18.07.1979 (BGBl. 1979 I, S. 1061), in Kraft seit 01.01.1980.

194 Gesetz zur Reform des Rechts der Vormundschaft und Pflegschaft für Volljährige (BtG) vom 12.09.1990 (BGBl. 1990 I, S. 2002), in Kraft seit 01.01.1992.

- Wiederum ein knappes Jahrzehnt später ergingen die großen kindschaftsrechtlichen Reformen der Jahre 1997/1998[195], als deren rechtshistorischer Kern die Schaffung eines einheitlichen Kindschaftsrechts für nichteheliche wie eheliche Kinder zu betrachten ist. In diesen Jahren wurde auch das Eheschließungsrecht reformiert[196] und das Ehegesetz von 1938 endgültig aufgehoben.
- Und wiederum etwa ein Jahrzehnt später wurde das Familienverfahrensrecht einer moderneren Gestaltung zugeführt.[197]

Gleichberechtigung der Geschlechter, Gleichbehandlung ehelicher und nichtehelicher Kinder und die Wahrung der Selbstbestimmung bei familiärer Fürsorge sind die roten Fäden, welche die Reform des Familienrechts in der Bundesrepublik seit den 70er Jahren bis zum Ende des Jahrhunderts durchziehen. Außer den genannten großen Reformen gab es viele weitere Gesetze im Familienrecht, welche in speziellen Zusammenhängen die genannten Grundlinien teils verstärkten, teils auch wieder ein Stück zurücknahmen, ohne aber das Bild der geschichtlichen Entwicklung im Ganzen zu verändern. Am ehesten lässt sich heute der Trend notieren, den rechtlichen Schutz für Hausfrauen und Mütter, der einst als Postulat der Gleichberechtigung entfaltet worden war, wieder abzubauen, dies auch im Namen der Gleichberechtigung, die zunehmend für Männerrechte postuliert wird. Das ist aber ein Diskurs *innerhalb* des Gleichberechtigungsproblems, also das gewohnte Feld mit verschobenen Fronten.

Von den Problemen der Umbruchszeit um 1945 ist unser heutiges Familienrecht weit entfernt. Das schließt nicht aus, dass Altes, was verschollen schien, gelegentlich wieder auftaucht – die Geschichte ist nie tot. Sie hat auch kein Ende.

195 Gesetz zur Abschaffung der gesetzlichen Amtspflegschaft und Neuordnung des Rechts der Beistandschaft (Beistandschaftsgesetz) vom 04.12.1997 (BGBl. 1997 I, S. 2846); Gesetz zur Reform des Kindschaftsrechts (KindRG) vom 16.12.1997 (BGBl. 1997 I, S. 2942); Gesetz zur Vereinheitlichung des Unterhaltsrechts minderjähriger Kinder (KindUG) vom 06.04.1998 (BGBl. 1998 I, S. 666).

196 EheschlRG vom 04.05.1998 (BGBl. 1998 I, S. 833), in Kraft seit 01.07.1998.

197 Gesetz zur Reform des Verfahrens in Familiensachen und in den Angelegenheiten der freiwilligen Gerichtsbarkeit (FGG-Reformgesetz) vom 17.12.2008 (BGBl. 2008 I, S. 2586), darin: Gesetz über das Verfahren in Familiensachen und in den Angelegenheiten der freiwilligen Gerichtsbarkeit (FamRG), in Kraft getreten zum 01.09.2009.

Michael Stolleis

Schlussbemerkungen

Am Ende der Berliner Tagung über die »Rosenburg« wurde in einer von mir moderierten Podiumsdiskussion eine Zwischenbilanz gezogen, die zugleich einen Ausblick auf die in den kommenden Jahren notwendige Forschung zur NS-Vergangenheit des Bundesministeriums der Justiz bieten sollte. An dieser Diskussion nahmen Dr. Thomas Darnstädt (DER SPIEGEL), Prof. Dr. Nobert Frei (Universität Jena), Bundesjustizminister a. D. Klaus Kinkel, der ehemalige Präsident des Bundesverfassungsgerichts Prof. Dr. Hans-Jürgen Papier sowie die frühere Justizsenatorin Lore Maria Peschel-Gutzeit teil.

Wenn »Moderation« den Ausgleich von Gegensätzen bedeutet, dann gab es bei dieser Diskussion kaum ernsthafte inhaltliche Gegensätze in der Rückschau auf die 1950er und 1960er Jahre, wohl aber eine Vielzahl von Akzenten. Angesichts der unterschiedlichen beruflichen Rollen und politischen Biographien war das nicht anders zu erwarten. Der scheinbar einheitliche »Gegenstand« der frühen Bundesrepublik erwies sich, je nach Zugriff, als Kaleidoskop möglicher Betrachtungsweisen. Der zeitgeschichtlich aufmerksame Journalist fand andere Schwerpunkte als der Zeithistoriker oder der frühere Bundesjustizminister, der in seiner Amtszeit mit großem Engagement die Ausstellung zur NS-Justiz »Im Namen des Volkes« auf den Weg gebracht hatte. Wieder andere Akzente setzten der Staatsrechtler und hohe Richter oder die frühere Justizsenatorin mit ihrem Einsatz für die berufliche und gesellschaftliche Gleichstellung von Frauen. Es kommt hinzu, dass unvermeidlich auch die unterschiedlichen Lebensalter und die politischen Prägungen den Rückblick auf die fünfziger und sechziger Jahre bestimmen. Aber es gehört auch zu den methodischen Selbstverständlichkeiten, dass solche perspektivischen Einseitigkeiten nicht in die Beliebigkeit historischer Darstellung münden. Zwar gibt es nie eine einzige historische Wahrheit, aber der Variantenreichtum kann doch reflektiert und in gewissem Umfang auch reduziert und korrigiert werden– Offenheit der Diskussion und Selbstkritik vorausgesetzt.

Nicht nur die heute zurückschauenden Betrachter – allesamt in einem weiten Sinn »Historiker« – haben unterschiedliche Perspektiven. Auch die Akteure der ersten beiden Jahrzehnte der Bundesrepublik traten in die Besatzungszeit, in den Zusammenschluss der Westzonen zur Bi- und Trizone, in die Gründung der Bundesrepublik und ihre politische Konsolidierung, in das »Wirtschaftswunder« und vor allem in die so genannte »Vergangenheitsbewältigung« unterschiedlich ein. Nehmen wir nur einige Beispiele in holzschnittartiger Vereinfachung: Die aus den Konzentrationslagern befreiten Opfer, die Emigranten mit ihrem Blick »von außen«, die Flüchtlinge und Heimatvertriebenen, die Millionen Mitglieder der NSDAP mit teils starkem, teils schwachem Engagement für den NS-Staat, die ehemaligen Mitglieder der KPD, der SPD und des Zentrum, die heimkehrenden Soldaten und Kriegsgefangenen, deren Frauen und Mütter, die Beamten, Richter und Staatsanwälte – Säulen der fachlichen und personellen Kontinuität auch im höchst bedenklichen Sinn[1] –, sie alle hatten ihre verlorenen Illusionen, ihr Entsetzen über die gerade hinter ihnen liegende Vergangenheit, ihre Traumata und ihre Verteidigungs- und Entschuldigungsstrategien im Kopf. Vielen wurde erst allmählich deutlich, was geschehen war. Sie alle legten sich die Vergangenheit so zurecht, dass sie damit leben konnten.

Die einen verkapselten ihre Erinnerungen in sich und schwiegen, die Opfer oft erstaunlich lange, vor allem im Zögern, ihre Nachkommen damit zu belasten. Die Täter schwiegen oft ebenso lang, manche in Furcht vor Strafverfolgung, manche aber auch umhüllt von der selbsterzeugten Illusion, sie hätten gar keine Straftat begangen. Andere wieder redeten, legten sich ihr Leben zurecht und übernahmen nun die neuen öffentlichen Leitworte: Rechts- und Sozialstaat, Demokratie, Westorientierung und Antikommunismus. Wieder andere klammerten sich an die »Landserhefte«, buchstabierten den Krieg am heimatlichen Kamin nochmals nach und grübelten über die vermeintlich gemachten »Fehler«. Zahlreiche neue Zeitschriften wurden gegründet – die meisten von ihnen überlebten die Währungsreform von 1948 nicht. Überall war von Besinnung, Sinnstiftung, Rückkehr zu den alten Tugenden und Idealen die Rede.[2] Vor allem die großen Volkskirchen boten sich als halbwegs intakte Institutionen an, sittlich-moralische Orientierung zu geben. In diesem Sinn kann man ohne weiteres von einem Klima der »Restauration« sprechen. Gleichzeitig aber war die Gesellschaft durcheinander gewirbelt und auf Modernität orientiert wie nie zuvor. Die nationalsozialistische »Volksgemeinschaft«, so sehr sie ein ideologisches Produkt war, hatte die Nivellierung der Klassengegensätze fortgesetzt, die schon mit dem Ersten Weltkrieg und mit der Inflation von 1923 begonnen hatte. Nun kamen die Ströme der Flüchtlinge und Vertriebenen hinzu, die in einem ihnen fremden

1 *Hubert Rottleuthner*, Karrieren und Kontinuitäten deutscher Justizjuristen vor und nach 1945, Berlin 2010.

2 *Bernhard Zeller* (Hg.), Als der Krieg zu Ende war. Literarisch-politische Publizistik 1945–1950, Marbach 1973.

Milieu einen Neuanfang machen mussten. Die alten Tugendkataloge, sei es in einem idealisierten Preußentum, in den Kirchen, im Adel oder in der Arbeiterbewegung, boten keine zuverlässige Orientierung mehr. Zunächst drängte alles auf Trümmerbeseitigung, wirtschaftlichen Wiederaufbau, Sicherheit und Rechtsstaat, aber auch auf Schutz vor den noch unkalkulierbar scheinenden Risiken der Demokratie (Parteienverbot, Fünf-Prozent-Klausel, Verwirkung von Grundrechten, Ausschluss fast aller Formen direkter Demokratie, Sicherung der Fundamente des neuen Gemeinwesens gegen verfassungsändernde Mehrheiten in Art. 79 Abs. 3 Grundgesetz).[3]

Schon diese Andeutungen zeigen, dass die justizförmige Aufarbeitung der nationalsozialistischen Vergangenheit durch die relativ rasch wieder aufgebaute Justiz der westlichen Bundesländer und durch die oberste Gerichtsbarkeit des Bundes nach 1949, durch Bundesjustizministerium und Bundestag einem sehr uneinheitlichen gesellschaftlichen Grundmuster folgte. Die Gesellschaft und die sich aus ihr bildenden politischen Parteien sprachen nicht »mit einer Stimme«, auch nicht angesichts der eindeutig kriminellen Seiten des NS-Regimes und der mit ihm untrennbar verbundenen »Makrokriminalität«[4]. Die entstehende »herrschende Meinung«, artikuliert von der Politik und den Massenmedien (die ihrerseits erst ihre postdiktatorische Form finden mussten und sich technisch rasch entwickelten), integrierte nicht nur die deutschen Stimmen, sondern auch die des Auslands mit ihren je nach Betroffenheit durch die deutsche Kriegsführung unterschiedlichen Aversionen und Aggressionen. Vieles, was die deutsche Politik aus Gründen der inneren Stabilisierung gerne rasch getan hätte, etwa die Entlassung von Verurteilten oder die Amnestierung von Straftaten, wurde zunächst mit dem Argument gebremst, im Ausland würde dies nicht oder »falsch« verstanden. Justizpolitik und damit auch in einem weiteren Sinn »Vergangenheitspolitik«[5] war also Teil des Parallelogramms innen- und außenpolitischer Kräfte im Rahmen des Kalten Kriegs.

Eine der wichtigsten Gruppen in diesem politisch-sozialen Geflecht waren die Richter.[6] Sie fanden ihre Wiedereinstellung nach 1945, teils direkt,

3 *Michael Stolleis*, Geschichte des öffentlichen Rechts in Deutschland. Vierter Band: 1945–1990, München 2012, S. 305–317.

4 *Herbert Jäger*, Verbrechen unter totalitärer Herrschaft, Frankfurt am Main 1982 (1. Aufl. 1967); *ders.*, Makrokriminalität. Studien zur Kriminologie kollektiver Gewalt, Frankfurt am Main 1989.

5 *Norbert Frei*, Vergangenheitspolitik. Die Anfänge der Bundesrepublik und die NS-Vergangenheit, überarb. Neuaufl. mit Nachwort, München 2012 (1. Aufl. 1996).

6 *Ralph Angermund*, Deutsche Richterschaft 1919–1945, 3. Aufl., Frankfurt am Main 1999. Als ein zwischen historischem Bericht und Roman stehendes Buch siehe die Schilderung eines Emigrantenschicksals eines Richters von *Ursula Krechel*, Landgericht, Salzburg 2012.

teils nach der Entnazifizierung, teils als Übernahmen im sogenannten Huckepack-Verfahren. Die Richterschaft der obersten Gerichtshöfe des Bundes (Art. 96 GG a. F., heute 95 GG) rekrutierte sich weitgehend aus derjenigen des Reichsgerichts, des Reichsarbeitsgerichts, der Oberverwaltungsgerichte bzw. Verwaltungsgerichtshöfe und des Reichsverwaltungsgerichts (1941–1945), des Reichsfinanzhofs, des Reichsversicherungs- und des Reichsversorgungsamts. Im Gegensatz hierzu bestand die Richterschaft des neuen Bundesverfassungsgerichts fast ausnahmslos aus Personen, die unter dem Nationalsozialismus gelitten hatten. Kein Wunder, dass sich daraus Divergenzen und Spannungen in der Rechtsprechung ergaben.

Dass der Richterschaft, die immerhin mit der damals in ihrem Umfang noch kaum erkennbaren Hypothek ihrer Tätigkeit aus der NS-Zeit belastet war, nach 1945 so viel Vertrauen entgegengebracht wurde, ist immer noch ein historiographisches Rätsel. Es hängt wohl mit einem in Deutschland spezifisch entwickelten Urvertrauen in die Justiz zusammen. Die mittelalterlichen Herrscher wurden primär als oberste Richter wahrgenommen. In der Frühen Neuzeit entwickelte Deutschland keinen modernen Gesamtstaat, hatte aber in Reichskammergericht und Reichshofrat funktionierende oberste Gerichte. Im frühen 19. Jahrhundert richteten sich hoffnungsvolle Blicke stets auf eine liberale und die Grundrechte beschützende Richterschaft. Die im späten 19. Jahrhundert entstehende Verwaltungsgerichtsbarkeit entwickelte sich zum Hort des Rechtsstaats gegen die Bürokratie. Schließlich ist das seit 1800 in Deutschland aufgekommene Wort »Rechtsstaat« immer überwiegend justizbezogen verstanden und praktiziert worden. Das auf diese Weise in der *longue durée* geschaffene Vertrauen in die Justiz war nun nach 1945 die selbstverständliche und auch bald realisierte Rückkehr zum Rechtsstaat, der im Grundgesetz mit großem Nachdruck verankert wurde.

Die Richterschaft wiederum war einerseits Akteur der »Vergangenheitspolitik«, soweit ihre Spielräume der Interpretation des geltenden Rechts reichten, andererseits aber auch gelenkt durch die normativen Vorgaben des Parlaments, vor allem durch das jeweils geltende Strafrecht und Strafprozessrecht. Die entscheidenden Weichenstellungen hinter den parlamentarischen Entscheidungen kamen allerdings aus der Ministerialbürokratie, welche ihre Vorsprünge kraft Kontinuität und Sachkunde nutzte. Dort und in anderen oberen Bundesbehörden saßen weit überwiegend Beamte, die auch während der NS-Zeit entsprechende Funktionen erfüllt hatten. Dass von dort aus über Fragen von Amnestien, Verjährungsfristen, Rechtshilfe für im Ausland angeklagte NS-Täter, Vorschläge für Begnadigungen, Auslieferungsersuchen sowie generell über die Steuerung der Ermittlungs- und Strafverfolgungstätigkeit entschieden oder jedenfalls vorentschieden wurde, ist inzwischen hinlänglich bekannt. Es wird Gegenstand des mit dieser Tagung begonnenen Forschungsprojekts sein, dies alles im Lichtkegel der Verantwortung des Bundesjustizministeriums zu beleuchten. Es wird sein Augenmerk primär auf das Strafrecht richten, muss aber auch die großen anderen Kompetenzfelder des Ministeriums im Blick behalten, etwa das Ehe- und Familienrecht, in dem sich so viel gesellschaftlicher Wandel ausdrückt, aber auch die Materien aus anderen Ministerien, die im Bundesjustizministerium fachlich-juristisch geprüft wurden, etwa das Wirtschaftsrecht und das Verwaltungsrecht im weitesten Sinn, das Bürgerliche Recht mit seinem Veränderungen im Arbeitsrecht, Mietrecht, Verbraucherschutzrecht oder Wettbewerbsrecht. Viel wird für das Gelingen des Projekts davon abhängen, hier das rechte Maß zwischen einer allzu engen und einer allzu weiten Perspektive zu finden. Das Projekt wird auch die Frage der Periodisierung lösen müssen, und zwar wohl nicht einfach nach den Amtszeiten der jeweiligen Minister und Ministerinnen. Gliedert man nach Sachkomplexen, dann kommt man vermutlich zu je unterschiedlich angesetzten Zäsuren. Vielleicht hilft auch eine Mischung von Grundsatzartikeln und detaillierteren Darstellungen einzelner Sachgebiete.

Schließlich ist der gesamte Komplex der neuesten Rechtsgeschichte der Bundesrepublik aus der Perspektive des Bundesjustizministeriums nicht darstellbar ohne den Resonanzraum Europas und der Welt, speziell was die Thematik der NS-Verbrechen angeht. Die öffentliche Meinung des Auslands ist stets beachtet worden, teils explizit, teils ohne großes Aufheben in internen Beratungen. Justizpolitik war in diesem Punkt auch Außenpolitik der Bundesrepublik, untrennbar verbunden mit allen Fragen der »Wiedergutmachung« und mit dem Verhältnis zu Israel. Dass 1960 einer der zentralen Täter, Adolf Eichmann, unter Vermittlung durch Fritz Bauer an der deutschen Gerichtsbarkeit vorbei in Israel verurteilt und hingerichtet wurde, warf nebenbei auch ein Licht auf das Ansehen der deutschen Justiz, was ihren Umgang mit den NS-Straftätern anging. Es war dann 1965 wieder Fritz Bauer, der mit dem Frankfurter Auschwitz-Prozess für eine klarere und offenere Form der justiziellen Verarbeitung des NS-Unrechts sorgte und dadurch auch das innenpolitische Klima der Bundesrepublik spürbar veränderte.[7]

7 *Irmtrud Wojak*, Eichmanns Memoiren. Ein kritischer Essay, Frankfurt am Main 2001; *dies.*, Fritz Bauer 1902–1968. Eine Biographie, München 2009.

Abkürzungen

ABl.	Amtsblatt
AcP	Archiv für civilistische Praxis
ADHGB	Allgemeines Deutsches Handelsgesetzbuch
a. F.	alte Fassung
AG	Aktiengesellschaft
AktG	Aktiengesetz
AnfG	Anfechtungsgesetz
Ankl.	Anklage/Ankläger
AÖR	Archiv für öffentliches Recht
ARL	Allgemeines Landrecht
ARSP	Archiv für Rechts- und Sozialphilosophie
AT	Allgemeiner Teil
BArch	Bundesarchiv
BayJM	Bayerisches Justizministerium
BiRiLiG	Bilanzrichtlinien-Gesetz
BGB	Bürgerliches Gesetzbuch
BGBl.	Bundesgesetzblatt
BGH	Bundesgerichtshof
BGHSt	Entscheidungssammlung des Bundesgerichtshofs in Strafsachen
BMI	Bundesministerium des Innern
BMJ	Bundesministerium der Justiz
BNSDJ	Bund Nationalsozialistischer Deutscher Juristen
BT	Besonderer Teil
BT-Drucksache	Bundestagsdrucksache
BtG	Betreuungsgesetz
BVerfG	Bundesverfassungsgericht
BVerfGE	Bundesverfassungsgerichtsentscheidung
CEO	Chief Executive Officer (Geschäftsführer eines Unternehmens oder Vorsitzender der Geschäftsführung)
CRICO	Criminal Code Committe
CSU	Christlich-Soziale Union
DDR	Deutsche Demokratische Republik
Dep.	Depositum
DJZ	Deutsche Juristenzeitung
DLEG	Legal Directorate
DM	Deutsche Mark
Dok.	Dokumentation
DuR	Demokratie und Recht
DurchVO	Durchführungsverordnung
EG	Europäische Gemeinschaft
EGOWiG	Einführungsgesetz zum Ordnungswidrigkeitengesetz
EheAnerKG	Gesetz über die Anerkennung freier Ehen rassisch und politisch Verfolgter
EheG	Ehegesetz
EheRG	Erstes Gesetz zur Reform des Ehe- und Familienrechts
EU	Europäische Union

EWG	Europäische Wirtschaftsgemeinschaft
FamFG	Gesetz über das Verfahren in Familiensachen und in der Angelegenheiten der freiwilligen Gerichtsbarkeit
FamRÄndG	Familienrechtsänderungsgesetz
FamRG	Gesetz über das Verfahren in Familiensachen und in der Angelegenheiten der freiwilligen Gerichtsbarkeit
FamRZ	Zeitschrift für das gesamte Familienrecht
FDP	Freie Demokratische Partei
FMStBG	Finanzmarktstabilisierungsbeschleunigungsgesetz
FMStErgG	Finanzmarktstabilisierungsergänzungsgesetz
Fotokop.	Fotokopie
GA	Goltdammer's Archiv für Strafrecht
GBA	Generalbundesanwalt
GBl.	Gesetzblatt
GDT	Genossenschaft Deutscher Tonsetzer
GenG	Genossenschaftsgesetz
GG	Grundgesetz
GleichberG	Gleichberechtigungsgesetz
GmbH	Gewerkschaft mit beschränkter Haftung
GmbH-G	Gesetz betreffend die Gesellschaften mit beschränkter Haftung
GVBl.	Gesetz- und Verordnungsblatt
GWB	Gesetz gegen Wettbewerbsbeschränkungen
HausratsVO	Hausratsverordnung
HGB	Handelsgesetzbuch
HS	Halbsatz
IMT	Internationales Militärtribunal
InsO	Insolvenzordnung
i. V. m.	in Verbindung mit
JGG	Jugendgerichtsgesetz
JGZ	Jahrbuch der Juristischen Zeitgeschichte
JoJZG	Journal der Juristischen Zeitgeschichte
JR	Juristische Rundschau
JuNS	Justiz und NS-Verbrechen
JW	Juristische Woche
JZ	Juristenzeitung
KG	Kartellgesetz
KindUG	Kinderunterhaltsgesetz
KindRG	Kindschaftsrechtsreformgesetz
KJ	Kritische Justiz
KPD	Kommunistische Partei Deutschlands
KRG	Kontrollratsgesetz
KV	Kriegsverbrechen/Kriegsverbrecher
LG	Landgericht
NATO	North Atlantic Treaty Organization
NEhelG	Nichtehelichengesetz
NJ	Neue Justiz
NJW	Neue Juristische Wochenschrift
NS	Nationalsozialismus
NSDAP	Nationalsozialistische Deutsche Arbeiterpartei
NSRB	Nationalsozialistischer Rechtswahrerbund
NYU	New York University

NZA	Neue Zeitschrift für Arbeitsrecht
OGHSt	Entscheidungen des Obersten Gerichtshofs für die britische Zone in Strafsachen
OHG	Offene Handelsgesellschaft
OLG	Oberlandesgericht
OMGUS	Office of Military Government for Germany, US
OWiG	Ordnungswidrigkeitengesetz
PatG	Patentgesetz
Rdnr./Rn.	Randnummer
RG	Reichsgericht
RGBl.	Reichsgesetzblatt
RGZ	Entscheidungssammlung der Entscheidungen des Reichsgerichts in Zivilsachen
RM	Reichsmark
RMJ/RJM	Reichsministerium der Justiz
RStGB	Reichsstrafgesetzbuch
SDS	Sozialistischer Deutscher Studentenbund
SED	Sozialistische Einheitspartei Deutschlands
SHAEF	Supreme Headquarters Allied Expeditionary Forces
SJZ	Schweizerische Juristenzeitung
SoFFin	Finanzmarktstabilisierungsfonds
SorgeRG	Gesetz zur Neuregelung des Rechts der elterlichen Sorge
SPD	Sozialdemokratische Partei Deutschlands
SRP	Sozialistische Reichspartei
SS	Schutzstaffel
StGB	Strafgesetzbuch
StGB-E	Entwurf eines Strafgesetzbuchs
StPO	Strafprozessordnung
StR	Strafrecht
StrRG	Strafrechtsreformgesetz
UmwÄndG	Gesetz zur Änderung des Umwandlungsgesetzes
UmwG	Umwandlungsgesetz
UrhG	Urhebergesetz
US	United States
USA	United States of America
UWG	Gesetz gegen den unlauteren Wettbewerb
VBl.	Verordnungsblatt
VjHZ	Vierteljahreshefte für Zeitgeschichte
VolksGH	Volksgerichtshof
VorstAG	Gesetz zur Angemessenheit der Vorstandsvergütung
VVDStRL	Veröffentlichungen der Vereinigung der Deutschen Staatsrechtlehrer
VVG	Gesetz über den Versicherungsvertrag
WRV	Verfassung des Deutschen Reiches (Weimarer Verfassung)
ZR	Zivilrecht
ZRG	Zeitschrift der Savigny-Stiftung für Rechtsgeschichte
ZStW	Zeitschrift für die gesamte Strafrechtswissenschaft

Literaturverzeichnis

Acham, Karl, Geschichte und Sozialtheorie. Zur Komplementarität Kulturwissenschaftlicher Erkenntnisorientierung, Freiburg 1995.

Adomeit, Klaus, Hans Carl Nipperdey als Anreger für eine Neubegründung des juristischen Denkens, in: Stefan Grundmann/Karl Riesenhuber (Hg.), Deutschsprachige Zivilrechtslehrer des 20. Jahrhunderts in den Berichten ihrer Schüler. Eine Ideengeschichte in Einzeldarstellungen, Bd. 1, Berlin 2007, S. 149–165.

Anderbrügge, Klaus, Völkisches Rechtsdenken. Zur Rechtslehre in der Zeit des Nationalsozialismus, Berlin 1978.

Angermund, Ralph, Deutsche Richterschaft 1919–1945. Krisenerfahrung, Illusion, politische Rechtsprechung, Frankfurt a. M. 1990.

Anselm, Reiner, Jüngstes Gericht und irdische Gerechtigkeit. Protestantische Ethik und die deutsche Strafrechtsreform, Stuttgart 1994.

Arendt, Hannah, Über die Menschlichkeit in finsteren Zeiten, München 1969.

Arndt, Adolf, Das Amnestiegesetz, in: Schweizerische Juristen-Zeitung 1949, S. 108.

Assmann, Aleida/Frevert, Ute, Geschichtsvergessenheit, Geschichtsversessenheit. Vom Umgang mit deutschen Vergangenheiten nach 1945, Stuttgart 1999.

Auert, Hermann, Das neue großdeutsche Eherecht. Gesetzestexte und Kommentar unter Berücksichtigung der neuesten Bestimmungen und Entscheidungen, 2. Aufl., Berlin 1938.

Bachmann, Gregor, Der beschleunigte Anteilserwerb nach dem Finanzmarktstabilisierungsergänzungsgesetz vor dem Hintergrund des Verfassungs- und Europarechts, in: Zeitschrift für Wirtschaftsrecht 30 (2009), S. 1249–1256.

Bähr, Johannes, »Recht der staatlich organisierten Wirtschaft«. Ordnungsvorstellungen und Wandel der deutschen Wirtschaftsrechtslehre im »Dritten Reich«, in: Johannes Bähr/Ralf Banken (Hg.), Wirtschaftssteuerung durch Recht im Nationalsozialismus. Studien zur Entwicklung des Wirtschaftsrechts im Interventionsstaat des »Dritten Reichs« (= Das Europa der Diktatur Nr. 9), Frankfurt a. M. 2006, S. 445–472.

–, Erweiterung und strategische Ausrichtung des Flick-Konzerns nach 1933, in: Institut für Zeitgeschichte München-Berlin im Auftrag der Stiftung Preußischer Kulturbesitz (Hg.), Der Flick-Konzern im Dritten Reich, München 2008, S. 63–163.

–, Modernes Bankrecht und dirigistische Kapitallenkung, in: Dieter Gosewinkel (Hg.), Wirtschaftskontrolle und Recht in der nationalsozialistischen Diktatur (= Das Europa der Diktatur Nr. 4), Frankfurt a. M. 2005, S. 199–223.

–, Unternehmens- und Kapitalmarktrecht im »Dritten Reich«: Die Aktienrechtsreform und das Anleihestockgesetz, in: Johannes Bähr/Ralf Banken (Hg.), Wirtschaftssteuerung durch Recht im Nationalsozialismus. Studien zur Entwicklung des Wirtschaftsrechts im Interventionsstaat des »Dritten Reichs« (= Das Europa der Diktatur Nr. 9), Frankfurt a. M. 2006, S. 35–69.

Bahrenfuss, Dirk, Die Entstehung des Aktiengesetzes von 1965. Unter besonderer Berücksichtigung der Bestimmungen über die Kapitalgrundlagen und die Unternehmensverfassung (= Schriften zur Rechtsgeschichte Nr. 86), Berlin 2001.

Bandilla, Kai, Urheberrecht im Kaiserreich. Der Weg zum Gesetz betreffend das Urheberrecht an Werken der Literatur und Tonkunst vom 19. Juni 1901 (= Rechtshistorische Reihe Nr. 308), Frankfurt a. M. 2005.

Banken, Ralf, »An der Spitze aller Künste steht die Staatskunst«. Das Protokoll der NSDAP-

Wirtschaftsbesprechungen Februar/März 1931, in: Johannes Bähr/Ralf Banken (Hg.), Wirtschaftssteuerung durch Recht im Nationalsozialismus, S. 511–557.

Baring, Arnulf, Außenpolitik in Adenauers Kanzlerdemokratie. Bonns Beitrag zur Europäischen Verteidigungsgemeinschaft, München 1969.

Barner, Frank, Die Einführung der Pflichtversicherung für Kraftfahrzeughalter. Die Entstehung des Pflichtversicherungsgesetzes vom 07.11.1939 (= Europäische Hochschulschriften Reihe 2 Rechtswissenschaft Nr. 1109), Frankfurt a. M. 1991.

Barz, Carl Hans, u. a., Aktiengesetz. Großkommentar, 3. Aufl., Berlin 1973.

Baumbach, Adolf, Wettbewerbsgesetz und Warenzeichengesetz vom 5. Mai 1936 mit Zugabeverordnung, Rabattgesetz, Wirtschaftswerberecht und zwischenstaatlichem Wettbewerbsrecht (= Beck'sche Kurz-Kommentare 13), 3. Aufl., München 1936.

Baumbach, Adolf (Begr.)/Alfred Hueck (Fortf.), Baumbach/Hueck. GmbHG. Gesetz betreffend die Gesellschaften mit beschränkter Haftung, 20. Aufl., München 2013.

Baums, Theodor (Hg.), Gesetz über die Aktiengesellschaften für die Königlich Preußischen Staaten vom 9. November 1843. Text und Materialien (Neudrucke privatrechtlicher Kodifikationen und Entwürfe 5), Aalen 1981.

–, Einführung, in: Theodor Baums (Hg.), Entwurf eines allgemeinen Handelsgesetzbuches für Deutschland 1848/49 (= Abhandlungen aus dem gesamten Bürgerlichen Recht, Handelsrecht und Wirtschaftsrecht Nr. 54/Beihefte der Zeitschrift für das gesamte Handelsrecht und Wirtschaftsrecht), Heidelberg 1982, S. 9–51.

Bayer, Walter/Engelke, Sylvia, Die Revision des Aktienrechts durch das Aktiengesetz 1937, in: Walter Bayer/Mathias Habersack (Hg.), Aktienrecht im Wandel, Bd. 1, Tübingen 2007. S. 619–669.

Becker, Michael, Der Ausschluß aus der Aktiengesellschaft, Zeitschrift für Gesellschafts- und Unternehmensrecht 15 (1986), S. 383–417.

Becker, Walter, Das Straffreiheitsgesetz 1954, in: Juristenzeitung 1954.

Becker-Bender, Walter, Das Urheberpersönlichkeitsrecht im musikalischen Urheberrecht (= Heidelberger rechtswissenschaftliche Abhandlungen Nr. 25), Heidelberg 1940.

Beier, Nils, Die urheberrechtliche Schutzfrist. Eine historische, rechtsvergleichende und dogmatische Untersuchung der zeitlichen Begrenzung, ihrer Länge und ihrer Harmonisierung in der Europäischen Gemeinschaft (= Urheberrechtliche Abhandlungen des Max-Planck-Instituts für ausländisches und internationales Patent-, Urheber- und Wettbewerbsrecht München Nr. 37), München 2001.

Bekker, Paul, Die Sinfonie von Beethoven bis Mahler, Berlin 1922.

Berg, Nicolas, Lesarten des Holocaust, in: Ulrich Herbert (Hg.), Wandlungsprozesse in Westdeutschland. Belastung, Integration, Liberalismus 1945–1980, Göttingen 2002, S. 91–140.

Berle, Adolf A./Means, Gardiner C., The Modern Corporation and Private Property, New York 1932.

Bernstein, Herbert, Friedrich Kessler's American Contract Scholarship and ist Political Subtext, in: Marcus Lutter/Ernst C. Stiefel/Michael H. Hoeflich (Hg.), Der Einfluß deutscher Emigranten auf die Rechtsentwicklung in den USA und in Deutschland. Vorträge und Referate des Bonner Symposions im September 1991, Tübingen, S. 85–93.

Böhm, Franz/Eucken, Walter/Großmann-Doerth, Hans, Unsere Aufgabe, in: Franz Böhm (Hg.), Die Ordnung der Wirtschaft als geschichtliche Aufgabe und rechtsschöpferische Leistung (= Ordnung der Wirtschaft Nr. 1), Stuttgart 1937, S. VII–XXI.

Bork, Reinhard/Schäfer, Carsten (Hg.), GmbH-Gesetz, 2. Aufl., Köln 2012.

Bosch, Friedrich Wilhelm, Familienrechtsreform. Eheschließung, Ehescheidung, Gleichberechtigung von Mann u. Frau, Recht d. unehelichen Kindes, Siegburg 1952.

Boss, Sonja, Unverdienter Ruhestand. Die personalpolitische Bereinigung belasteter NS-Juristen, Berlin 2008.

Botur, André Die Urteile des Reichsgerichts vom 12. Juli 1934 zur Anfechtbarkeit der Rassen-

mischehe, in: Dieter Schwab/Hans Joachim Dose (Hg.), Familienrecht in Praxis und Theorie. Festschrift für Meo-Micaela Hahne, Bielefeld 2012, S. 3–20.
–, Privatversicherung im Dritten Reich. Zur Schadensabwicklung nach der Reichskristallnacht unter dem Einfluß nationalsozialistischer Rassen- und Versicherungspolitik (= Berliner Juristische Universitätsschriften Nr. 6), Berlin 1995.
Bovensiepen, Otto Rudolf, Die Reform des Entscheidungsrechts, Berlin 1936.
Boyden, Matthew, Richard Strauss. Die Biographie, Wien 1999.
Brakelmann, Günter, Helmuth James von Moltke 1907–1945. Eine Biographie, München 2007.
Brand, Marco, »Sanieren oder Ausscheiden« in der Aktiengesellschaft, in: Konkurs-, Treuhand- und Schiedsgerichtswesen 72 (2011), S. 481–503.
Brandstetter, Elmar, Das Amnestiegesetz 1954, in: Juristenzeitung 1954, S. 477.
Braun, Konstanze, Dr. Otto Georg Thierack (1889–1946) (= Rechtshistorische Reihe Nr. 325), Frankfurt a. M. 2005.
Brentano, Lujo, Über die Ursachen der heutigen sozialen Noth. Ein Beitrag zur Morphologie der Volkswirthschaft. Vortrag gehalten beim Antritt des Lehramts an der Universität Leipzig am 27. April 1889, Leipzig 1889.
Breunung, Leonie/Walther, Manfred, Die Emigration deutschsprachiger Rechtswissenschaftler ab 1933. Ein bio-bibliographisches Handbuch, Bd. 1: Westeuropäische Staaten, Türkei, Palästina/Israel, lateinamerikanische Staaten, Südafrikanische Union, Berlin 2012.
Brochhagen, Ulrich, Nach Nürnberg. Vergangenheitsbewältigung und Westintegration in der Ära Adenauer, Hamburg 1994.
Brodmann, Erich, Gesetz, betreffend die Gesellschaften mit beschränkter Haftung. Kommentar (= Gewerbe- und Industrie-Kommentar Nr. 1), 2. Aufl., Berlin 1930.
Brünneck, Alexander von, Politische Justiz gegen Kommunisten in der Bundesrepublik Deutschland 1949–1968, Frankfurt a. M. 1978.
Brunner, Georg, Einführung in das Recht der DDR, 2. Aufl., München 1979.
Bundesminister der Justiz (Hg.), Abschlußbericht der Kommission zur Überarbeitung des Schuldrechts, Köln 1992.
– (Hg.), Im Namen des Deutschen Volkes. Justiz und Nationalsozialismus (Katalog zur Ausstellung des Bundesministers der Justiz), Köln 1989.
Burghardt, Boris, Vor 60 Jahren. Fritz Bauer und der Braunschweiger Remer-Prozess. Ein Strafverfahren als Vehikel der Geschichtspolitik, in: Journal der juristischen Zeitgeschichte 2012, S. 47–59.
Busch, Sabine, Hans Pfitzner und der Nationalsozialismus, Stuttgart 2001.
Busch, Tim, Die deutsche Strafrechtsreform. Ein Rückblick auf die sechs Reformen des deutschen Strafrechts (1969–1998), Baden-Baden 2005.
Buschmann, Arno, Nationalsozialistische Weltanschauung und Gesetzgebung 1933–1945, Bd. II: Dokumentation einer Entwicklung, Wien 2000.
Buske, Sybille, Fräulein Mutter und ihr Bastard. Eine Geschichte der Unehelichkeit in Deutschland 1900–1970, Göttingen 2004.
Canaris, Claus-Wilhelm, »Falsches Geschichtsbild von der Rechtsperversion im Nationalsozialismus« durch ein Porträt von Karl Larenz?, in: Juristenzeitung 2011, S. 879–888.
Conrad, Hermann, Die Stellung der unehelichen Kinder in der neuzeitlichen Privatrechtsentwicklung Deutschlands, Frankreichs, Österreichs und der Schweiz, in: Zeitschrift für das gesamte Familienrecht 1962, S. 322.
Conze, Eckart/Frei, Norbert/Hayes, Peter/Zimmermann, Moshe, Das Amt und die Vergangenheit. Deutsche Diplomaten im Dritten Reich und in der Bundesrepublik, München 2010.
Crisolli, Karl-August, Das Recht der G.m.b.H., in: Hans Frank (Hg.), Nationalsozialistisches Handbuch für Recht und Gesetzgebung, München 1935, S. 1155–1174.

–, Entwurf eines Gesetzes zur Vereinheitlichung, Bereinigung und Reinhaltung des Handelsregisters, Berlin 1934.
–/ Groschuff, Hans/Kaemmel, Ernst, Umwandlung und Löschung von Kapitalgesellschaften auf Grund der Gesetze vom 5. Juli 1934 und 9. Oktober 1934 nebst den dazu ergangenen Durchführungsverordnungen, Leipzig 1935, S. 34–37.
Dallinger, Karl, Die Änderung der Strafvollstreckungsordnung vom 21. Januar 1942, in: Deutsche Justiz 1942, S. 125ff. und S. 144ff.
Decher, Christian/Voland, Thomas, Kapitalschnitt und Bezugsrechtsausschluss im Insolvenzplan – Kalte Enteignung oder Konsequenz des ESUG?, Zeitschrift für Wirtschaftsrecht 34 (2013), S. 103–114.
Delius, Friedrich Christian, Mein Jahr als Mörder, 2. Aufl., Hamburg 2006.
Dencker, Friedrich, Die strafrechtliche Beurteilung von NS-Rechtsprechungsakten, in: Peter Salje (Hg.), Recht und Unrecht im Nationalsozialismus, Münster 1985, S. 29–310.
Dettling, Heinz-Uwe, Die Entstehungsgeschichte des Konzernrechts im Aktiengesetz von 1965 (= Beiträge zur Rechtsgeschichte des 20. Jahrhunderts Nr. 19), Tübingen 1997.
Deutler, Karl-F., Die GmbH-Gesetz-Novelle im Überblick, in: Centrale für GmbH Dr. Otto Schmidt (Hg.), Das neue GmbH-Recht in der Diskussion. Zugleich Bericht über die Centrale-Arbeitstagung in Köln am 8.9.1980 (= Rechtsfragen der Handelsgesellschaften 40), Köln 1981, S. 3–20.
Diederichsen, Uwe, Nationalsozialistische Ideologie in der Rechtsprechung des Reichsgerichts zum Ehe- und Familienrecht, in: Ralf Dreier/Wolfgang Sellert (Hg.), Recht und Justiz im »Dritten Reich«, Frankfurt a.M. 1989, S. 241–272.
Dieners, Peter, Curt Joël (1865–1945). Administrator der Reichsjustiz, in: Helmut Heinrichs/Harald Franzki/Klaus Schmalz/Michael Stolleis (Hg.), Deutsche Juristen jüdischer Herkunft, München 1993, S. 485–494.
Diestelkamp, Bernhard, Drei Professoren der Rechtswissenschaft in bewegter Zeit. Heinrich Mitteis (1889–1952), Franz Beyerle (1885–1977), Friedrich Klausing (1887–1944) (= Akademie der Wissenschaften und der Literatur. Abhandlungen der Geistes- und sozialwissenschaftlichen Klasse, Jg. 2000 Nr. 4), Stuttgart 2000.
Diewald-Kerkmann, Gisela/Kunz, Kerstin/Knobelsdorf, Andreas/Stadtarchiv und Landesgeschichtliche Bibliothek Bielefeld (Hg.), Vor braunen Richtern. Die Verfolgung von Widerstandshandlungen, Resistenz und sogenannter Heimtücke in Bielefeld 1933–1945, Bielefeld 1992.
Dodd Jr., E. Merrick, For Whom are Corporate Managers Trustees?, Harvard Law Review 45 (1932), S. 1145–1163.
Doering-Manteuffel, Anselm, Die Bundesregierung Deutschland in der Ära Adenauer. Außenpolitik und innere Entwicklung 1949–1963, Darmstadt 1983.
–/ Raphael, Lutz, Nach dem Boom. Perspektiven auf die Zeitgeschichte seit 1970, 2. Aufl., Göttingen 2010.
Dölle, Hans, Die nachträgliche Eheschließung, in: Deutsche Richterzeitschrift 1947, S. 42.
Drechsler, Erhard, Die rechtliche Stellung des Aktionärs in den Vereinigten Staaten von Nordamerika, Zeitschrift für das gesamte Handelsrecht und Konkursrecht 103 (1936), S. 222–270.
Drecoll, Axel, Flick vor Gericht: Die Verhandlungen vor dem alliierten Militärtribunal 1947, in: Institut für Zeitgeschichte München-Berlin im Auftrag der Stiftung Preußischer Kulturbesitz (Hg.), Der Flick-Konzern im Dritten Reich, München 2008, S. 559–645.
Dreier, Horst, Die deutsche Staatsrechtslehre in der Zeit des Nationalsozialismus, in: Veröffentlichungen der Vereinigung der Deutschen Staatsrechtslehrer 60 (2001), S. 9–147.
–, Grundlagen und Grundzüge staatlichen Verfassungsrechts. Deutschland, in: Leonard F.M. Besselink/Armin von Bogdandy/Peter M. Huber (Hg.), Handbuch Ius Publicum Europaeum, Bd. 1, Heidelberg 2007, S. 3–86.

– (Hg.), Grundgesetz-Kommentar, Bd. III: Art. 83–146, 2. Aufl., Tübingen 2008.
– (Hg.), Grundgesetz-Kommentar, Bd. II: Art. 20–82, 2. Aufl., Tübingen 2006.
–, Rezension von Bernd Mertens: Rechtsetzung im Nationalsozialismus, Tübingen 2009, in: Göttingische Gelehrte Anzeigen 2011, S. 73–92.
–, Verfassungsstaatliche Vergangenheitsbewältigung, in: Peter Badura/Horst Dreier (Hg.), Festschrift 50 Jahre Bundesverfassungsgericht, Bd. 1, Tübingen 2001, S. 159–208.
–/ Wittreck, Fabian (Hg.), Grundgesetz. Textausgabe mit sämtlichen Änderungen und weiteren Texten zum deutschen und europäischen Verfassungsrecht, 6. Aufl., Tübingen 2011.
Duvinage, Angela, Die Vorgeschichte und die Entstehung des Gesetzes über den Versicherungsvertrag (= Hamburger Reihe, Reihe A Rechtswissenschaft Nr. 67), Hamburg 1987.
Eben-Servaes, Ilse, Das Kind in der Ehe, in: Deutsches Recht 1935, S. 91–92.
–, Die Frau und Mutter im nationalsozialistischen Familienrecht, in: Deutsches Recht 1938, S. 90–92.
Eckert, Jörn, Was war die Kieler Schule?, in: Franz Jürgen Säcker (Hg.), Recht und Rechtslehre im Nationalsozialismus. Ringvorlesung der Rechtswissenschaftlichen Fakultät der Christian-Albrechts-Universität zu Kiel, Baden-Baden 1992, S. 37–70.
Eckhardt, Karl August, Das Studium der Rechtswissenschaft (= Der deutsche Staat der Gegenwart Nr. 11), Hamburg 1935.
Ehmann, Horst/Sutschet, Holger, Modernisiertes Schuldrecht. Lehrbuch der Grundsätze des neuen Rechts und seiner Besonderheiten, München 2002.
Eichhorn, Andreas, Paul Bekker. Facetten eines kritischen Geistes (= Studien und Materialien zur Musikwissenschaft Nr. 29), Hildesheim 2003.
Eichmüller, Andreas, Keine Generalamnestie. Die Strafverfolgung von NS-Verbrechen in der frühen Bundesrepublik, München 2012.
Eisenberg, Ulrich/Sander, Günther M., »Politische Delikte« in Wandelbarkeit und Wandel, in: Juristenzeitung 1987.
Eisfeld, Jens, Die Scheinehe in Deutschland im 19. und 20. Jahrhundert, Tübingen 2005.
Ellenberg, Stefan, Herrschaft und Reform. Zur Diskussion um die Aktienrechtsreform und den Konzern in der Weimarer Zeit (= Rechtshistorische Reihe Nr. 435), Frankfurt a.M. 2012.
Emge, Carl August, Über das Verhältnis von »normativem Rechtsdenken« zur »Lebenswirklichkeit« (= Akademie der Wissenschaften und der Literatur. Abhandlungen der geistes- und sozialwissenschaftlichen Klasse Jg. 1956 Nr. 3), Wiesbaden 1956.
Emmerich, Volker, Unlauterer Wettbewerb, 8. Aufl., München 2009.
Entwurf eines neuen Ehescheidungsrechts, in: Deutsches Recht 1937, S. 251.
Ernst, Wolfgang, Fritz Schulz (1879–1957), in: Jack Beatson/Reinhard Zimmermann (Hg.), Jurists Uprooted. German-speaking Émigré Lawyers in Twentieth-century Britain, Oxford 2004, S. 105–203.
Essner, Cornelia, »Die Nürnberger Gesetze« oder: Die Verwaltung des Rassenwahns 1933–1945, Paderborn 2002.
–/ Conte, Edouard, »Fernehe«, »Leichentrauung« und »Totenscheidung«. Metamorphosen des Eherechts im Dritten Reich, in: Vierteljahrshefte für Zeitgeschichte 44 (1996), S. 201–227.
Etzel, Matthias, Die Aufhebung von nationalsozialistische Gesetzen durch den Alliierten Kontrollrat (1945–1948), Tübingen 1992.
Faller, Joachim (Hg.), Verantwortlichkeit und Freiheit. Die Verfassung als wertbestimmte Ordnung. Festschrift für Willi Geiger zum 80. Geburtstag, Tübingen 1989.
Fechner, Erich/Schneider, Peter, Nochmals Verfassungswidrigkeit und Rechtsmissbrauch im Aktienrecht. Zwei Stellungnahmen zur öffentlichen Verhandlung im Normenkontrollverfahren betr. §§ 9 und 15 des Umwandlungsgesetzes von 1956 und zum »Fall Feldmühle« (= Recht und Staat in Geschichte und Gegenwart 253/254), Tübingen 1962.

–/ Schneider, Peter, Verfassungswidrigkeit und Rechtsmissbrauch im Aktienrecht. Paragraphen 9 und 15 des Umwandlungsgesetzes von 1956. Zwei Gutachten zum Fall Feldmühle AG erstattet für Hermann Krages, Bremen, Tübingen 1960.

Feldman, Gerald D., Insurance Industry Regulation and the Protection of Property and Sanctity of Contract in the Insurance Business, in: Dieter Gosewinkel (Hg.), Wirtschaftskontrolle und Recht in der nationalsozialistischen Diktatur (= Das Europa der Diktatur Nr. 4), Frankfurt a. M. 2005, S. 225–241.

Fischer, Christian, Topoi verdeckter Rechtsfortbildung im Zivilrecht, Tübingen 2007.

Fischer, Curt Eduard, Die Reform des Aktiengesetzes. Grundsätzliche Gesichtspunkte und einige Vorschläge für die Neufassung, in: Archiv für die civilistische Praxis 154 (1955), S. 181–243.

–, Rechtsschein und Wirklichkeit im Aktienrecht. Rechtspolitische Betrachtungen zu einer Reform des Aktiengesetzes, in: Archiv für die civilistische Praxis 154 (1955), S. 85–120.

–, Wie kann die Aktie volkstümlich gemacht werden? Das gefährliche »Irrlicht« der Volksakte. »Teil«-Privatisierung ist keine Privatisierung, in: DIE ZEIT vom 27. Februar 1959, S. 12.

Fischer, Paul, Die Aktiengesellschaft in der nationalsozialistischen Wirtschaft. Ein Beitrag zur Reform des Gesellschaftsrechts, München 1936.

Fischer, Thomas, Strafgesetzbuch. Kommentar, 59. Aufl., München 2012.

Fleckner, Andreas M., Aktiengesetzliche Gesetzgebung (1807–2007), in: Walter Bayer/ Mathias Habersack (Hg.), Aktienrecht im Wandel, Bd. 1, Tübingen 2007. S. 999–1137.

–, Antike Kapitalvereinigungen. Ein Beitrag zu den konzeptionellen und historischen Grundlagen der Aktiengesellschaft (= Forschungen zum Römischen Recht Nr. 55), Köln 2010.

Fleischer, Holger, Einleitung, in: Holger Fleischer/Wulf Goette (Hg.), Münchener Kommentar zum Gesetz betreffend die Gesellschaften mit beschränkter Haftung – GmbHG, Bd. 1, München 2010, S. 6–121 (Randnummern 1–313).

Flume, Johannes W., Einleitung B: Dogmengeschichte des Umwandlungsrechts, in: Barbara Dauner-Lieb/Stefan Simon (Hg.), Kölner Kommentar zum UmwG, Köln 2009, S. 19–59.

Flume, Werner, Ernst Geßler zum Gedächtnis. Gedenkrede, in: Die Aktiengesellschaft 33 (1988), S. 88–93.

–, Richter und Recht, München 1947.

–, Zu dem Vorhaben der Neuregelung des Schuldrechts, Zeitschrift für Wirtschaftsrecht 15 (1994), S. 1497–1501.

Form, Wolfgang, Der Oberste Gerichtshof für die Britische Zone: Gründung, Besetzung und Rechtsprechung in Strafsachen wegen Verbrechen gegen die Menschlichkeit, in: Justizministerium Nordrhein-Westfalen (NRW)/Internationales Forschungs- und Dokumentationszentrum Kriegsverbrecherprozesse der Philipps-Universität Marburg (ICWC) (Hg.), Verbrechen gegen die Menschlichkeit – Der Oberste Gerichtshof der Britischen Zone (= Juristische Zeitgeschichte NRW Bd. 19), Düsseldorf 2011.

Förster, Michael, Jurist im Dienst des Unrechts. Leben und Werk des ehemaligen Staatssekretärs im Reichsjustizministerium, Franz Schlegelberger (1876–1970), Baden-Baden 1995.

Forsthoff, Ernst, Der totale Staat, Hamburg 1933.

Frei, Norbert, Amnestiepolitik in den Bonner Anfangsjahren. Die Westdeutschen und die NS-Vergangenheit, in: Kritische Justiz 29 (1996), S. 484.

–, Karrieren im Zwielicht. Hitlers Eliten nach 1945, Frankfurt a. M. 2002.

–, Transformationsprozesse. Das Bundesverfassungsgericht als vergangenheitspolitischer Akteur in den Anfangsjahren der Bundesrepublik, in: Michael Stolleis (Hg.), Herzkammern der Republik. Die Deutschen und das Bundesverfassungsgericht, München 2011, S. 64–81.

–, Vergangenheitspolitik. Die Anfänge der Bundesrepublik und die NS-Vergangenheit, München 1996 (2. Aufl., München 1997, Taschenbuch München 1999, Neuauflage der 2. Aufl., München 2003).

–/ Ahrens, Ralf/Osterloh, Jörg/Schanetzky, Tim, Flick. Der Konzern, die Familie, die Macht, München 2009.

Freise, Harald, Wettbewerbs- und Kartellrecht im Nationalsozialismus. Die Sperrpräventivzensur des Kartellgerichts, in: Dieter Gosewinkel (Hg.), Wirtschaftskontrolle und Recht in der nationalsozialistischen Diktatur (= Das Europa der Diktatur Nr. 4), Frankfurt a. M. 2005, S. 243–265.

Freisler, Roland, Nationalsozialistisches Recht und Rechtsdenken (= Schriften des Reichsverbandes Deutscher Verwaltungsakademien Heft 4), Berlin 1938.

–, Vom alten zum neuen Ehescheidungsrecht, Berlin 1937.

Freudiger, Kerstin, Die juristische Aufarbeitung von NS-Verbrechen (= Beiträge zur Rechtsgeschichte des 20. Jahrhunderts Bd. 33), Tübingen 2002.

Friedrich, Jörg, Freispruch für die Nazi-Justiz. Die Urteile gegen NS-Richter seit 1948. Eine Dokumentation, Hamburg 1983.

Frings, Joseph, Denkschrift vom 2.8.1945, in: Bernard Stasiewski/Ludwig Volk (Hg.), Akten deutscher Bischöfe über die Lage der Kirchen 1933–1945, Bd. 6: 1943–1945, Mainz 1985, S. 625–628.

Fritzsche, Rolf, Die gesetzgeberischen Maßnahmen zur Förderung und zum Schutze der Wirtschaft, in: Hans Frank (Hg.), Nationalsozialistisches Handbuch für Recht und Gesetzgebung, München 1935, S. 572–601.

Fromme, Friedrich Karl, Ein ungewöhnlicher Richter. Das Wirken Willi Geigers am Bundesverfassungsgericht, in: Jahrbuch des öffentlichen Rechts der Gegenwart 1983, S. 63–70.

Frommel, Monika, Taktische Jurisprudenz – die verdeckte Amnestie von NS-Schreibtischtätern 1969 und die Nachwirkungen der damaligen Rechtsprechung bis heute, in: Gesellschaft und Gerechtigkeit. Festschrift für Hubert Rottleuthner zum 65. Geburtstag, Baden-Baden 2011, S. 458–473.

Gamillscheg, Franz, 50 Jahre deutsches Arbeitsrecht im Spiegel einer Festschrift, in: Zeitschrift für die Wissenschaft und Praxis des gesamten Arbeitsrechts 2005, S. 79–88.

–, Die Grundrechte im Arbeitsrecht, in: Archiv für die civilistische Praxis 164 (1964), S. 385–445.

Garner, Curt, Der öffentliche Dienst in den 50er Jahren: Politische Weichenstellungen und ihre sozialgeschichtlichen Folgen, in: Axel Schildt/Arnold Sywottek (Hg.), Modernisierung im Wiederaufbau. Die westdeutsche Gesellschaft der 50er Jahre, Bonn 1993, S. 759–790.

Geiger, Willi, Die Rechtsstellung des Schriftleiters nach dem Gesetz vom 4. Oktober 1933, Darmstadt 1940.

–, Gesetz über das Bundesverfassungsgericht vom 12. März 1951. Kommentar, Berlin 1952.

Gelter, Martin, Taming or protecting the modern corporation? Shareholder-stakeholder debates in a comparative light, in: NYU Journal of Law & Business 7 (2010–2011), S. 643–730.

Geßler, Ernst, Der Ausgleichsanspruch der Handels- und Versicherungsvertreter. Entstehungsgeschichte und Auslegung des § 89b HGB (Dissertation), Hamburg 1953.

–, Die GmbH in der gesellschaftsrechtlichen Gesetzgebung, in: Hans Martin Schmidt (Hg.), Pro GmbH. Analysen und Perspektiven des Gesellschafts- und Steuerrechts der GmbH aus Anlaß des 75jährigen Jubiläums der Centrale für GmbH Dr. Otto Schmidt, Köln 1980, S. 91–114.

–, Die GmbH-Novelle, in: Betriebs-Berater 35 (1980), S. 1385–1391.

–, Vollendete oder nur begonnene Aktienrechtsreform?, in: Die Aktiengesellschaft 10 (1965), S. 343–348.

–, Vorstand und Aufsichtsrat im neuen Aktiengesetz, in: Juristische Wochenschrift 66 (1937), S. 497–503.
–, Zur künftigen Verfassung der Genossenschaft, in: Klemens Pleyer (Hg.), Festschrift für Rudolf Reinhardt zum 70. Geburtstag, 7. Juni 1972, Köln 1972, S. 237–248.
–/ Hefermehl, Wolfgang/Eckardt, Ulrich/Kropff, Bruno, Aktiengesetz. Kommentar, München 1973–1994.
–/ Hefermehl, Wolfgang/Hildebrandt, Wolfgang/Schröder, Georg (Hg.), Handelsgesetzbuch in der ab 1. Oktober 1937 geltenden Fassung (ohne Seerecht), 2 Bde., 2. Aufl., Berlin 1950/53.
Gierke, Julius von, Bericht über Deutschland. Die nationalsozialistische Gesetzgebung für Handel und Gewerbe: 1933, 1934, 1935, in: Zeitschrift für das gesamte Handelsrecht und Konkursrecht 103 (1936), S. 66–137.
–, Die Einheit des Rechts, in: Zeitschrift für das gesamte Handelsrecht und Konkursrecht 111 (1946–48), S. 39–74.
–, Handelsrecht und Schiffahrtsrecht. Zugleich Grundlage der Vorlesungen »Handel und Gewerbe«, »Gesellschaften«, »Unternehmer«, Zweiter Teil: Gesellschaften und Vereine des Handels- und Gewerberechts. Die Handelsgeschäfte. Das Schiffahrtsrecht, 5. Aufl., Berlin 1941.
Gierke, Otto, Die Genossenschaftstheorie und die Deutsche Rechtsprechung, Berlin 1887.
–, Die soziale Aufgabe des Privatrechts. Vortrag gehalten am 5. April 1889 in der Juristischen Gesellschaft zu Wien, Berlin 1889.
Giesbrecht-Schutte, Sabine, »Klagen eines Troubadours«. Zur Popularisierung Schuberts im Dreimäderlhaus, in: Ares Rolf/Ulrich Tadday (Hg.), Martin Geck. Festschrift zum 65. Geburtstag, Dortmund 2001, S. 109–133.
Gieseke, Paul, Grundsätzliches zur Reform des Aktienrechts. Probleme und Schlagworte, in: Friedrich Klausing/Hans Carl Nipperdey/Arthur Nußbaum (Hg.), Beiträge zum Wirtschaftsrecht, Bd. 2: Einzelfragen, Marburg 1931, S. 744–764.
–, Rezension zu Zahn, Wirtschaftsführertum und Vertragsethik im neuen Aktienrecht, Berlin 1934, in: Zeitschrift für internationales und ausländisches Privatrecht 11 (1937), S. 737–739.
Giordano, Ralph, Die zweite Schuld oder Von der Last Deutscher zu sein, Hamburg 1987.
Gispen, Kees, Patentrecht und Schutz des geistigen Eigentums, in: Dieter Gosewinkel (Hg.), Wirtschaftskontrolle und Recht in der nationalsozialistischen Diktatur (= Das Europa der Diktatur Nr. 4), Frankfurt a. M. 2005, S. 267–279.
Godau-Schüttke, Klaus-Detlev, Der Bundesgerichtshof. Justiz in Deutschland, Berlin 2005.
Goette, Wulf/Habersack, Mathias (Hg.), Münchener Kommentar zum Aktiengesetz, 3. Aufl., München 2011.
Goldschmidt, Nils, Die Rolle Walter Euckens im Widerstand: Freiheit, Ordnung und Wahrhaftigkeit als Handlungsmaximen, in: Nils Goldschmidt (Hg.), Wirtschaft, Politik und Freiheit. Freiburger Wirtschaftswissenschaftler und der Widerstand (= Untersuchungen zur Ordnungstheorie und Ordnungspolitik Nr. 48), Tübingen 2005, S. 289–314.
Görtemaker, Manfred, Geschichte der Bundesrepublik Deutschland. Von der Gründung bis zur Gegenwart, München 1999.
–, Kleine Geschichte der Bundesrepublik Deutschland, München 2002.
Gosewinkel, Dieter, Adolf Arndt. Die Wiederbegründung des Rechtsstaats aus dem Geist der Sozialdemokratie (1945–1961), Bonn 1991.
– (Hg.), Wirtschaftskontrolle und Recht in der nationalsozialistischen Diktatur (Das Europa der Diktatur Nr. 4), Frankfurt a. M. 2005.
Gotto, Bernhard, Adaption und Kooperation: Neue Geschäftspraktiken im Dritten Reich, in: Institut für Zeitgeschichte München-Berlin im Auftrag der Stiftung Preußischer Kulturbesitz (Hg.), Der Flick-Konzern im Dritten Reich, München 2008, S.63–163.

Greve, Michael, Amnestierung von NS-Gehilfen – eine Panne? Die Novellierung des § 50 Abs. 2 StGB und dessen Auswirkungen auf die NS-Strafverfolgung, in: Kritische Justiz 33 (2000), S. 412–424.

Gribbohm, Günter, Die dem Richter gebührende Sühne – zur rechtlichen Stellung des Richters im Dritten Reich nach dem Reichstagsbeschluss vom 26. April 1942, in: Journal der Juristischen Zeitgeschichte 2008, S. 1–6.

Großmann-Doerth, Hans, Recht der deutschen Wirtschaftsordnung (= Die Verwaltungs-Akademie, Beitrag 48), Berlin o. J. (1941).

–, Zur Reform der Kommanditgesellschaft. Eine wirtschaftsverfassungsrechtliche Betrachtung, in: Archiv für die civilistische Praxis 147 (1941), S. 1–25.

Gruchmann, Lothar, »Nacht- und Nebel«-Justiz. Die Mitwirkung der Strafgerichte an der Bekämpfung des Widerstands in den besetzten westeuropäischen Ländern 1942–1944, in: Vierteljahrshefte für Zeitgeschichte 29 (1981), S. 342–396.

–, Justiz im Dritten Reich 1933–1940. Anpassung und Unterwerfung in der Ära Gürtner (= Quellen und Darstellungen zur Zeitgeschichte Bd. 28), München 1988.

Grundmann, Stefan/Riesenhuber, Karl, Deutschsprachige Zivilrechtslehrer des 20. Jahrhunderts in Berichten ihrer Schüler. Eine Ideengeschichte in Einzeldarstellungen, Bd. 2, Berlin 2010.

Haase, Norbert, Das Reichskriegsgericht und der Widerstand gegen die nationalsozialistische Herrschaft. Herausgegeben von der Gedenkstätte Deutscher Widerstand mit Unterstützung der Senatsverwaltung für Justiz (Katalog zur Sonderausstellung der Gedenkstätte Deutscher Widerstand in Zusammenarbeit mit der Neuen Richtervereinigung), Berlin 1993.

Hachenburg, Max, Gesetz betreffend die Gesellschaften mit beschränkter Haftung (GmbHG). Großkommentar, 7. Aufl., Berlin 1975.

Hachmeister, Lutz, Schleyer. Eine deutsche Geschichte, München 2004.

Haferkamp, Hans-Peter, Die heutige Rechtsmißbrauchslehre – Ergebnis nationalsozialistischen Rechtsdenkens? (= Berliner Juristische Universitätsschriften Zivilrecht Nr. 1), Berlin 1995.

Hallstein, Walter, Die Aktienrechte der Gegenwart. Gesetze und Entwürfe in rechtsvergleichender Darstellung. Herausgegeben vom Reichsjustizministerium und vom Institut für ausländisches und internationales Privatrecht, Berlin 1931.

–, Die Gesellschaft mit beschränkter Haftung in den Auslandsrechten, in: Zeitschrift für internationales und ausländisches Privatrecht 12 (1938/39), S. 341–451.

Hansen, Henning, Die Sozialistische Reichspartei (SRP). Aufstieg und Scheitern einer rechtsextremen Partei, Düsseldorf 2007.

Harms-Ziegler, Beate, Illegitimität und Ehe. Illegitimität als Reflex des Ehediskurses in Preußen im 18. und 19. Jahrhundert, Berlin 1991.

Harth, Caroline, Der »richtige Vertrag« im Nationalsozialismus. »Wettbewerb als Instrument staatlicher Wirtschaftslenkung«, in: Dieter Gosewinkel (Hg.), Wirtschaftskontrolle und Recht in der nationalsozialistischen Diktatur (= Das Europa der Diktatur Nr. 4), Frankfurt a. M. 2005, S. 107–132.

Hassemer, Winfried, Erscheinungsformen des modernen Rechts, Frankfurt a. M. 2007.

–, Gesetzesbindung und Methodenlehre, in: Zeitschrift für Rechtspolitik 2007, S. 213–219.

–, Juristische Methodenlehre und richterliche Pragmatik, in: Rechtstheorie 39 (2008), S. 1–22.

Hattenhauer, Hans, Das NS-Volksgesetzbuch, in: Arno Buschmann (Hg.), Festschrift für Rudolf Gmür zum 70. Geburtstag, 28. Juli 1983, Bielefeld 1983, S. 255–275.

–, Vom Reichsjustizamt zum Bundesministerium der Justiz. Stellung und Einfluss der obersten deutschen Justizbehörde in ihrer 100jährigen Geschichte, in: Bundesministerium der Justiz (Hg.), Vom Reichsjustizamt zum Bundesministerium der Justiz. Festschrift zum 100jährigen Gründungstag des Reichsjustizamtes am 1. Januar 1877, Köln 1977, S. 9–117.

Häuser, Karl, Deutsche Nationalökonomie in der Diaspora: Die dreißiger und vierziger Jahre bis Kriegsende, in: Karl Acham/Knut Wolfgang Nörr/Bertram Schefold (Hg.), Erkenntnisgewinne, Erkenntnisverluste. Kontinuitäten und Diskontinuitäten in den Wirtschafts-, Rechts- und Sozialwissenschaften zwischen den 20er und 50er Jahren, Stuttgart 1998, S. 173–209.

Hayek, Friedrich August, Der Weg zur Knechtschaft, Erlenbach-Zürich 1945.

Hedemann, Justus Wilhelm, Grundzüge des Wirtschaftsrechts, Mannheim 1922.

–, Deutsches Wirtschaftsrecht. Ein Grundriss, Berlin 1939.

–/ Lehmann, Heinrich/Siebert, Wolfgang, Volksgesetzbuch. Grundregeln und Buch. 1. Entwurf und Erläuterungen, München 1942.

Hefermehl, Wolfgang, Die Konkretisierung der wettbewerbsrechtlichen Generalklausel durch Rechtsprechung und Lehre, in: Friedrich-Karl Beier/Alfons Kraft/Gerhard Schricker/Elmar Wadle (Hg.), Gewerblicher Rechtsschutz und Urheberrecht in Deutschland. Festschrift zum hundertjährigen Bestehen der Deutschen Vereinigung für gewerblichen Rechtsschutz und Urheberrecht und ihrer Zeitschrift, Weinheim 1991, S. 897–937.

–, Rechtsfortbildung im Wettbewerbsrecht, in: Richterliche Rechtsfortbildung. Erscheinungsformen, Auftrag und Grenzen. Festschrift der Juristischen Fakultät zur 600-Jahr-Feier der Ruprecht-Karls-Universität Heidelberg. Herausgegeben von den Hochschullehrern der Juristischen Fakultät der Universität Heidelberg, Heidelberg 1986, S. 331–351.

–, Wann gilt ein Gewerbebetrieb als jüdisch?, in: Soziale Praxis 47 (1938), Sp. 803–807.

Hefti, Ernst, Das Urheberrecht im Nationalsozialismus, in: Robert Dittrich (Hg.), Woher kommt das Urheberrecht und wohin geht es? Wurzeln, geschichtlicher Ursprung, geistesgeschichtlicher Hintergrund und Zukunft des Urheberrechts (= Österreichische Schriftenreihe zum gewerblichen Rechtsschutz, Urheber- und Medienrecht Nr. 7), Wien 1988, S. 165–180.

Hein, Jan von, Die Rezeption US-amerikanischen Gesellschaftsrechts in Deutschland (= Beiträge zum ausländischen und internationalen Privatrecht Nr. 87), Tübingen 2008.

–, Vom Vorstandsvorsitzenden zum CEO?, in: Zeitschrift für das gesamte Handelsrecht und Wirtschaftsrecht 166 (2002), S. 464–502.

Heinrichs, Helmut, Abschied vom BGB oder sinnvolle Weiterentwicklung des bürgerlichen Rechts? Die Vorschläge der Kommission zur Reform des Schuldrechts. Vortrag gehalten vor der Juristischen Gesellschaft Mittelfranken zu Nürnberg e. V. am 21. November 1994, Regensburg 1995.

Hengeler, Hans/Kreifels, Max, Absicht und Wirklichkeit im Referentenentwurf eines Aktiengesetzes, in: Hans Hengeler (Hg.), Beiträge zur Aktienrechtsreform, Heidelberg 1959, S. 11–41.

Henne, Thomas, Diskriminierungen gegen »jüdische Juristen« und jüdische Abwehrreaktionen im Kaiserreich – von Samuel zu Hermann Staub, in: Thomas Henne/Rainer Schröder/Jan Thiessen (Hg.), Anwalt – Kommentator – ›Entdecker‹. Festschrift für Hermann Staub zum 150. Geburtstag am 21. März 2006, Berlin 2006, S. 9–22.

Herbert, Ulrich, Best. Biographische Studien über Radikalismus, Weltanschauung und Vernunft, 1903–1989, Bonn 2001.

Hermann, Hans-Georg, Mehr Lotse als Entdecker. Ein zivilistischer Rückblick auf Hermann Staub nach 100 Jahren, in: Thomas Henne/Rainer Schröder/Jan Thiessen (Hg.), Anwalt – Kommentator – ›Entdecker‹. Festschrift für Hermann Staub zum 150. Geburtstag am 21. März 2006, Berlin 2006, S. 25–41.

Hesse, Hermann, Brief an eine junge Deutsche, Frühjahr 1946, in: Klaus Wagenbach (Hg.), Vaterland, Muttersprache. Deutsche Schriftsteller und ihr Staat seit 1945, Berlin 1994, S. 51 ff.

Hesse, Jan-Otmar, Zur Semantik von Wirtschaftsordnung und Wettbewerb in nationalökonomischen Lehrbüchern der Zeit des Nationalsozialimus, in: Johannes Bähr/Ralf Banken (Hg.), Wirtschaftssteuerung durch Recht im Nationalsozialismus, S. 473–508.

Hilmar, Ernst, Das Dreimäderlhaus, in: Ernst Hilmar/Margret Jestremsky (Hg.), Schubert-Lexikon, 2. Aufl., Graz 1997, S. 69–70.

Hirsch, Günter, Auf dem Weg zum Richterstaat, in: Juristenzeitung 2007, S. 853–857.

–, Der Richter im Spannungsverhältnis von Erster und Dritter Gewalt, in: Die Zeit, 2. Oktober 2003.

–, Der Richter wird's schon richten, in: Zeitschrift für Rechtspolitik 2006, S. 161.

–, Rechtsanwendung, Rechtsfindung, Rechtserschöpfung – Der Richter im Spannungsverhältnis zwischen Erster und Dritter Gewalt, Heidelberg 2003.

–, Rechtsstaat oder Richterstaat, in: Frankfurter Allgemeine Zeitung, 29. April 2007, S. 8.

Hitler, Adolf, Mein Kampf. Zwei Bände in einem Band, 395.–399. Aufl., München 1939.

Hofer, Sibylle, Das Aktiengesetz von 1884 – ein Lehrstück für prinzipielle Schutzkonzeptionen, in: Walter Bayer/Mathias Habersack (Hg.), Aktienrecht im Wandel, Bd. 1, Tübingen 2007. S. 388–414.

Hofmann, Hans/Hopfauf, Axel (Hg.), Schmidt-Bleibtreu/Hofmann/Hopfauf. Kommentar zum Grundgesetz, 12. Aufl., Köln 2011.

Hofmann, Hasso, Die Entwicklung des Grundgesetzes von 1949 bis 1990, in: Josef Isensee/Paul Kirchhof (Hg.), Handbuch des Staatsrechts der Bundesrepublik Deutschland, Bd. 1: Historische Grundlagen, 3. Aufl., Saarbrücken 2003, S. 355–422.

–, Recht – Politik – Verfassung. Studien zur Geschichte der politischen Philosophie, Frankfurt a. M. 1986.

Hohoff, Ute, An den Grenzen des Rechtsbeugungstatbestandes. Eine Studie zu den Strafverfahren gegen DDR-Juristen, Berlin 2001.

Hollerbach, Alexander, Hans Großmann-Doerth im Kontext der Freiburger Rechts- und Staatswissenschaftlichen Fakultät, in: Uwe Blaurock/Nils Goldschmidt/Alexander Hollerbach (Hg.), Das selbstgeschaffene Recht der Wirtschaft. Zum Gedenken an Hans Großmann-Doerth (1894–1944) (= Beiträge zur Ordnungstheorie und Ordnungspolitik Nr. 171), Tübingen 2005, S. 19–43.

Holzhauer, Heinz, Die Scheidungsgründe in der nationalsozialistischen Familienrechtsgesetzgebung, in: NS-Recht in historischer Perspektive. Kolloquien des Instituts für Zeitgeschichte, München 1981, S. 53–70.

Hommelhoff, Peter, Eigenkontrolle statt Staatskontrolle – rechtsdogmatischer Überblick zur Aktienrechtsreform 1884, in: Werner Schubert/Peter Hommelhoff (Hg.), Hundert Jahre modernes Aktienrecht. Eine Sammlung von Texten und Quellen zur Aktienrechtsreform 1884 mit zwei Einführungen, Berlin und New York 1985, S. 53–105.

–, Machtbalancen im Aktienrecht – rechtsdogmatische Einführung in die Verhandlungen des Aktienrechtsausschusses Aktienrecht, in: Werner Schubert/Peter Hommelhoff (Hg.): Die Aktienrechtsreform am Ende der Weimarer Republik. Die Protokolle der Verhandlungen im Aktienrechtsausschuss des Vorläufigen Reichswirtschaftsrats unter dem Vorsitz von Max Hachenburg, Berlin 1987, S. 71–100.

Hopt, Klaus J./Wiedemann, Herbert (Hg.), Aktiengesetz. Großkommentar, 4. Aufl., Berlin 2012.

Horn, Hans-Detlef, Zum Umgang des Rechtsstaats mit vorangegangenem Unrecht, in: Gilbert Gornig/Hans-Detlef Horn/Dietrich Murswiek (Hg.), Eigentumsrecht und Enteignungsunrecht. Analysen und Beiträge zur Vergangenheitsbewältigung, Teil 3, Berlin 2012, S. 195–214.

Horst Heinrich Jakobs, Sehr geehrter Herr Canaris, in: myops 14 (2012), S. 6–16.

Huber, Ernst Rudolf, Verfassungsrecht des Großdeutschen Reiches, 2. Aufl., Hamburg 1939.

Huber, Ulrich, Leistungsstörungen, Bd. 1: Die allgemeinen Grundlagen – Der Tatbestand des Schuldnerverzugs – Die vom Schuldner zu vertretenden Umstände (= Handbuch des Schuldrechts in Einzeldarstellungen Nr. 9/1), Tübingen 1999.

Hueck, Alfred, Gedanken zur Reform des Aktienrechts und des GmbH-Rechts. Vortrag gehalten vor der Berliner Juristischen Gesellschaft vom 9. November 1962, Berlin 1963.

– (Hg.), GmbHG. Gesetz betreffend die Gesellschaften mit beschränkter Haftung, 20. Aufl., München 2013.

–/ Nipperdey, Hans Carl/Dietz, Rudolf, Gesetz zur Ordnung der nationalen Arbeit und Gesetz zur Ordnung der Arbeit in öffentlichen Verwaltungen und Betrieben mit der Verordnung über die Lohngestaltung und der Kriegswirtschaftsverordnung, 4. Aufl., München 1943.

Hüffer, Uwe, Der Vorstand als Leitungsorgan und die Mandats- sowie Haftungsbeziehungen seiner Mitglieder, in: Walter Bayer/Mathias Habersack (Hg.), Aktienrecht im Wandel, Bd. 2, Tübingen 2007. S. 334–388.

Hüttenberger, Peter, Nationalsozialistische Polykratie, in: Geschichte und Gesellschaft 1976 (2), S. 417–442.

Institut für Staatslehre und Politik (Hg.), Der Kampf um den Wehrbeitrag, Halbband 1: Die Feststellungsklage, München 1952.

– (Hg.), Der Kampf um den Wehrbeitrag, Halbband 2: Das Gutachtenverfahren (30.7–15.12.1952), München 1953.

– (Hg.), Der Kampf um den Wehrbeitrag, 3. Ergänzungsband, München 1958.

Ipsen, Jörn, Der Staat der Mitte. Verfassungsgeschichte der Bundesrepublik Deutschland, München 2009.

Irmen, Helmut, Der Oberste Gerichtshof für die Britische Zone und der Umgang mit NS-Juristen, in: Justizministerium NRW/Internationales Forschungs- und Dokumentationszentrum Kriegsverbrecherprozesse der Philipps-Universität Marburg (ICWC) (Hg.), Verbrechen gegen die Menschlichkeit – Der Oberste Gerichtshof der Britischen Zone (= Juristische Zeitgeschichte NRW Bd. 19), Düsseldorf 2011, S. 80–113.

Jäger, Herbert, Makrokriminalität. Studien zur Kriminologie kollektiver Gewalt, Frankfurt a. M. 1989.

Jäger, Herbert, Verbrechen unter totalitärer Herrschaft, Frankfurt a. M. 1982.

Jähnke, Burkhard/Laufhütte, Heinrich Wilhelm/Odersky, Walter (Hg.), Strafgesetzbuch. Leipziger Kommentar, Bd. 6: §§ 223–263a, 11. Aufl., Berlin 2005.

Jakobs, Horst Heinrich, Frederick Alexander Mann (1907–1991), in: Jakobs, Gedenkreden auf Frederick Alexander Mann, Brigitte Knobbe-Keuk und Werner Flume (= Bonner rechtswissenschaftliche Abhandlungen N. F. Nr. 8), Göttingen, 2011, S. 11–29.

–, Wissenschaft und Gesetzgebung im bürgerlichen Recht nach der Rechtsquellenlehre des 19. Jahrhunderts, Paderborn 1983.

Jasch, Hans-Christian, Staatssekretär Wilhelm Stuckart und die Judenpolitik. Der Mythos von der sauberen Verwaltung (= Studien zur Zeitgeschichte Nr. 84), München 2012.

Jellinek, Georg, Allgemeine Staatslehre, 3. Aufl., Berlin 1914.

Joecks, Holger/Miebach, Wulf (Hg.), Münchener Kommentar zum Strafgesetzbuch, Bd. 4, München 2006.

Joerges, Christian, Geschichte als Nicht-Geschichte: Unterschiede und Ungleichzeitigkeiten zwischen Friedrich Kessler und der deutschen Rechtswissenschaft, in: Marcus Lutter/Ernst C. Stiefel/Michael H. Hoeflich (Hg.), Der Einfluß deutscher Emigranten auf die Rechtsentwicklung in den USA und in Deutschland. Vorträge und Referate des Bonner Symposions im September 1991, Tübingen, S. 221–253.

Jordan, Erwin, 65 Jahre (Reichs)Jugendwohlfahrtsgesetz – Ausgangssituation und Entwicklungen, in: Erwin Jordan/Johannes Münder (Hg.), 65 Jahre Reichsjugendwohlfahrtsgesetz – ein Gesetz auf dem Weg in den Ruhestand, Münster 1987, S. 19–36.

Jung, Susanne, Die Rechtsprobleme der Nürnberger Prozesse dargestellt am Verfahren gegen

Friedrich Flick (= Beiträge zur Rechtsgeschichte des 20. Jahrhunderts Nr. 8), Tübingen 1992.

Justizministerium NRW/Internationales Forschungs- und Dokumentationszentrum Kriegsverbrecherprozesse der Philipps-Universität Marburg (ICWC) (Hg.), Verbrechen gegen die Menschlichkeit – Der Oberste Gerichtshof der Britischen Zone (= Juristische Zeitgeschichte NRW Bd. 19), Düsseldorf 2011.

Kahl, Joachim, Macht und Markt. Vom Ausbau unserer Wirtschaftsordnung, Berlin 1956.

Kahn, Daniela, Die Steuerung der Wirtschaft durch Recht im nationalsozialistischen Deutschland. Das Beispiel der Reichsgruppe Industrie (= Das Europa der Diktatur Nr. 12), Frankfurt a.M. 2006.

Kaiser, Günther, Kriminologie, 3. Aufl., Heidelberg 1996.

Kalss, Susanne/Burger, Christina/Eckert, Georg, Die Entwicklung des österreichischen Aktienrechts. Geschichte und Materialien, Wien 2003.

Kammerloher-Lis, Stephanie, Die Entstehung des Gesetzes über die religiöse Kindererziehung vom 15. Juli 1921, Frankfurt a.M. 1999.

Kastner, Klaus, »Der Dolch des Mörders war unter der Robe des Juristen verborgen«. Der Nürnberger Juristenprozess des Jahres 1947, in: Journal der Juristischen Zeitgeschichte 2007, S. 81–86.

Kelsen, Hans, Reine Rechtslehre, 2. Aufl., Wien 1960.

Kennedy, Michael, Richard Strauss. Man, Musician, Enigma, Cambridge 1999.

Kern, Eduard, Das Begnadigungsrecht des Bundes, in: Juristische Rundschau 1949, S. 367–369.

Kershaw, Ian, Hitler 1889–1936, Stuttgart 1998.

Kessler, Friedrich, Rezension zu Zahn, Wirtschaftsführertum und Vertragsethik im neuen Aktienrecht, Berlin 1934, in: University of Pennsylvania Law Review 83 (1934–35), S. 393–396.

Kießling, Erik, Das preußische Aktiengesetz von 1843, in: Walter Bayer/Mathias Habersack (Hg.), Aktienrecht im Wandel, Bd. 1, Tübingen 2007, S. 193–236.

–, Das preußische Eisenbahngesetz von 1838, in: Walter Bayer/Mathias Habersack (Hg.), Aktienrecht im Wandel, Bd. 1, Tübingen 2007, S. 126–167.

Kirchhof, Paul, Objektivität und Willkür, in: Hans-Joachim Faller (Hg.), Verantwortlichkeit und Freiheit. Die Verfassung als wertbestimmte Ordnung. Festschrift für Willi Geiger zum 80. Geburtstag, Tübingen 1989, S. 82–112.

Kißkalt, Wilhelm, Die Aktiengesellschaft im nationalsozialistischen Staat, in: Hans Frank (Hg.), Nationalsozialistisches Handbuch für Recht und Gesetzgebung, München 1935, S. 1136–1154.

Klausing, Friedrich, Gesetz über Aktiengesellschaften und Kommanditgesellschaften auf Aktien (Aktien-Gesetz) nebst Einführungsgesetz und »Amtlicher Begründung«, Berlin 1937.

Kleinwächter, Friedrich, Die Kartelle. Ein Beitrag zur Frage der Organisation der Volkswirthschaft, Innsbruck 1883.

Klemperer, Victor, LTI. Notizbuch eines Philologen, Berlin 1947.

Kleßmann, Christoph, Hans Frank – Parteijurist und Generalgouverneur in Polen, in: Ronald Smelser/Rainer Zitelmann, Die braune Elite, 4. Aufl., Darmstadt 1999, S. 41–51.

Knobelsdorf, Andreas, Politische Strafjustiz in Ostwestfalen-Lippe von 1933 bis 1945 und ihre Verarbeitung nach 1945, in: Gisela Diewald-Kerkmann/Kerstin Kunz/Andreas Knobelsdorf/Stadtarchiv und Landesgeschichtliche Bibliothek Bielefeld (Hg.), Vor braunen Richtern. Die Verfolgung von Widerstandshandlungen, Resistenz und sogenannter Heimtücke durch die Justiz in Bielefeld 1933–1945, Bielefeld 1992, S. 197–251.

Kohl, Christiane, Der Jude und das Mädchen. Eine verbotene Freundschaft in Nazideutschland, Hamburg 1997.

Köhler, Harry, Die Umwandlung von Kapitalgesellschaften durch Mehrheitsbeschluß nach der dritten und vierten Durchführungsverordnung zum Umwandlungsgesetz vom 2.XII.36 (RGBl. I S. 1003) und vom 24.VI.37 (RGBl. I S. 661), Dissertation, Leipzig 1938.

Kommentar zum Handelsgesetzbuch von Mitgliedern des Reichsgerichts, Berlin 1942.
Köndgen, Johannes, Friedrich Kessler – Ein Grenzgänger zwischen den Disziplinen, in: Marcus Lutter/Ernst C. Stiefel/Michael H. Hoeflich (Hg.), Der Einfluß deutscher Emigranten auf die Rechtsentwicklung in den USA und in Deutschland. Vorträge und Referate des Bonner Symposions im September 1991, Tübingen, S. 287–299.
Koppel, Wolfgang/Sauer, Karl, Führer durch das braune Bonn. Ein unentbehrlicher Leitfaden für alle Besucher der Bundeshauptstadt, Frankfurt a. M. 1969.
Kort, Michael, Gemeinwohlbelange beim Vorstandshandeln, in: Neue Zeitschrift für Gesellschaftsrecht 15 (2012), S. 926–930.
Kramer, Helmut, Ein vielseitiger Jurist. Willi Geiger (1909–1994), in: Kritische Justiz (27) 1994, S. 232–239.
Krechel, Ursula, Landgericht, Salzburg 2012.
Kreß, Hugo, Lehrbuch des allgemeinen Schuldrechts, München 1929.
Kroeschell, Karl, Rechtsgeschichte Deutschlands im 20. Jahrhundert, Göttingen 1992.
Kropff, Bruno, Aktiengesetz. Textausgabe des Aktiengesetzes vom 6.9.1965 (Bundesgesetzbl. I S. 1185) und des Einführungsgesetzes zum Aktiengesetz vom 6.9.1965 mit Begründung des Regierungsentwurfs, Bericht des Rechtsausschusses des Deutschen Bundestages, Verweisungen und Sachverzeichnis, im Anhang: Aktiengesetz von 1937, Düsseldorf 1965.
–, Reformbestrebungen im Nachkriegsdeutschland und die Aktienrechtsreform von 1965, in: Walter Bayer/Mathias Habersack (Hg.), Aktienrecht im Wandel, Bd. 1, 16. Kap.: Entwicklung des Aktienrechts, Tübingen 2007, S. 670–888.
Kruwinnus, Thorsten, Das enge und das weite Verständnis der Kriminalsoziologie bei Franz Exner. Eine vergleichend-werkimmanente Vorstudie (= Hamburger Studien zur Kriminologie und Kriminalpolitik, Bd. 45), Münster 2009.
Küchenhoff, Günther, Das staatsrechtliche Wesen des Dritten Reiches, in: Juristische Rundschau 1934, S. 17–20.
–, Nationaler Gemeinschaftsstaat, Volksrecht und Volksrechtsprechung, Berlin 1934.
Kuhn, Annette/Rothe, Valentine, Frauenpolitik im NS-Staat (= Frauen im deutschen Faschismus: eine Quellensammlung mit fachwissenschaftlichen und fachdidaktischen Kommentaren Bd. 1), Düsseldorf 1982.
Kunze, Rolf-Ulrich, Ernst Rabel und das Kaiser-Wilhelm-Institut für ausländisches und internationales Privatrecht 1926–1945, Göttingen 2004.
Küsters, Hanns Jürgen (Hg.), Konrad Adenauer. Teegespräche 1950–1954, Berlin 1984.
Landau, Peter, Römisches Recht und deutsches Gemeinrecht. Zur rechtspolitischen Zielsetzung im nationalsozialistischen Parteiprogramm, in: Michael Stolleis/Dieter Simon (Hg.), Rechtsgeschichte im Nationalsozialismus (= Beiträge zur Rechtsgeschichte des 20. Jahrhunderts Nr. 2), Tübingen 1989, S. 11–24.
Lange, Heinrich, Boden, Ware und Geld, 1. Teil: Grundfragen, Tübingen 1937.
–, Boden, Ware und Geld, 2. Teil: Boden, Tübingen 1937.
–, Boden, Ware und Geld, 3. Teil: Ware und Geld, Tübingen 1942.
–, Liberalismus, Nationalsozialismus und Bürgerliches Recht (= Recht und Staat in Geschichte und Gegenwart Nr. 102), Tübingen 1933.
–, Vom alten zum neuen Schuldrecht, Hamburg 1934.
Larenz, Karl, Grundsätzliches zum Ehescheidungsrecht, in: Deutsches Recht 7 (1937), S. 184–188.
–, Methodenlehre der Rechtswissenschaft, 6. Aufl., Berlin 1991.
–, Rechts- und Staatsphilosophie der Gegenwart, 2. Aufl., Berlin 1935.
–, Über Gegenstand und Methode des völkischen Rechtsdenkens, Berlin 1938.
–, Vertrag und Unrecht, Erster Teil: Vertrag und Vertragsbruch, Hamburg 1936.
–, Vertrag und Unrecht, Zweiter Teil: Die Haftung für Schaden und Bereicherung, Hamburg 1937.

–, Volksgeist und Recht, in: Zeitschrift für deutsche Kulturphilosophie 1 (1935), S. 40–60.
–/ Canaris, Claus-Wilhelm, Methodenlehre der Rechtswissenschaft, 3. Aufl., Berlin 1995.
Laufer, Heinz, Verfassungsgerichtsbarkeit und politischer Prozess. Studien zum Bundesverfassungsgericht der Bundesrepublik Deutschland, Tübingen 1968.
Laux, Frank, Die Lehre vom Unternehmen an sich. Walther Rathenau und die aktienrechtliche Diskussion in der Weimarer Republik (= Schriften zur Rechtsgeschichte Nr. 74), Berlin 1998.
Leibholz, Gerhard (Hg.), Menschenwürde und freiheitliche Rechtsordnung. Festschrift für Willi Geiger zum 65. Geburtstag, Tübingen 1974.
–, Strukturprobleme der modernen Demokratie, 3. Aufl., Frankfurt a. M. 1974.
Leineweber, Anke, Die rechtliche Beziehung des nichtehelichen Kindes zu seinem Erzeuger in der Geschichte des Privatrechts (= Beiträge zur Neueren Privatrechtsgeschichte Bd. 7), Königstein im Taunus 1978.
Lemke, Michael/Mosbacher, Andreas, Ordnungswidrigkeitengesetz. Kommentar, 2. Aufl., Heidelberg 2005.
Ley, Richard, Mitteilung, Willi Geiger (†), in: Neue Juristische Wochenschrift 1994, S. 1050.
Lobe, Adolf, Ueber den Entwurf eines Gesetzes zur Bekämpfung des unlautern Wettbewerbs. Eine Kritik und ein Gegenentwurf, in: Sächsisches Archiv für Bürgerliches Recht und Prozeß 5 (1895), S. 59–76.
Lobinger, Thomas, Der Jahrhundertjurist: Werner Flume, in: Stefan Grundmann/Karl Riesenhuber (Hg.), Deutschsprachige Zivilrechtslehrer des 20. Jahrhunderts in den Berichten ihrer Schüler. Eine Ideengeschichte in Einzeldarstellungen, Bd. 2, Berlin 2010, S. 323–336.
Löhnig, Martin, Ehelichkeitsanfechtung durch den Staatsanwalt (1938–1961), in: Zeitschrift der Savigny-Stiftung für Rechtsgeschichte, Germanistische Abteilung 124 (2007), S. 323–346.
Lösch, Anna-Maria Gräfin von, Der nackte Geist. Die Juristische Fakultät der Berliner Universität im Umbruch von 1933 (= Beiträge zur Rechtsgeschichte des 20. Jahrhunderts Nr. 26), Tübingen 1999.
Löwer, Wolfgang, Cessante ratione legis cessat ipsa lex. Wandlung einer gemeinrechtlichen Auslegungsregel zum Verfassungsgebot? Vortrag gehalten vor der Juristischen Gesellschaft zu Berlin am 23. November 1988, Berlin 1989.
Lojowsky, Michael, Richter und Staatsanwälte der politischen Strafsenate der Oberlandesgerichte Damstadt und Kassel in der Zeit des Nationalsozialismus, in: Wolfgang Form/Theo Schiller (Hg.), Politische NS-Justiz in Hessen. Die Verfahren des Volksgerichtshofs, der politischen Senate der Oberlandesgerichte Damstadt und Kassel 1933–1945 sowie Sondergerichtsprozesse in Darmstadt und Frankfurt/M., Bd. 2, Marburg 2005, S. 1043–1103.
Lübbe, Hermann, Deutschland nach dem Nationalsozialismus 1945–1990. Aus Anlass der Enttarnung eines ehemaligen Hochschulrektors mit falscher Identität, in: Hermann Lübbe, Modernisierung und Folgelasten, Berlin 1997, S. 284–301.
–, Vom Parteigenossen zum Bundesbürger: Über beschwiegene und historisierte Vergangenheiten, Paderborn 2007.
Luig, Klaus, »Römische und germanische Rechtsanschauung, individualistische und soziale Ordnung, in: Joachim Rückert/Dietmar Willoweit (Hg.), Die Deutsche Rechtsgeschichte in der NS-Zeit. Ihre Vorgeschichte und ihre Nachwirkungen (= Beiträge zur Rechtsgeschichte des 20. Jahrhunderts Nr. 12), Tübingen 1995, S. 95–137.
Lutter, Marcus, Ernst Geßler †, in: Neue Juristische Wochenschrift 40 (1987), S. 1535–1536.
Maassen, Hermann/Hucko, Elmar, Thomas Dehler, der erste Bundesminister der Justiz, Köln 1977.
Mächtel, Florian, Das Patentrecht im Krieg (= Geistiges Eigentum und Wettbewerbsrecht Nr. 25), Tübingen 1999.

Madaus, Stephan, Der Insolvenzplan. Von seiner dogmatischen Deutung als Vertrag und seiner Fortentwicklung in eine Bestätigungsinsolvenz (= Jus privatum Nr. 157), Tübingen 2011.

Majer, Diemut, Grundlagen des nationalsozialistischen Rechtssystems. Führerprinzip, Sonderrecht, Einheitspartei, Stuttgart 1987.

Manaa, Monia, Machtübernahme in der Führungszentrale. Der Vorstand in Recht und Rechtswirklichkeit bis zum Aktiengesetz von 1937, in: Vanessa Duss (Hg.), Rechtstransfer in der Geschichte (= Jahrbuch Junge Rechtsgeschichte Nr. 1), München 2006, S. 498–519.

Mann, Frederick Alexander, The New German Company Law and Its Background, in: Journal of Comparative Legislation and International Law 19 (1937), S. 220–238.

Markovits, Inga, Juristen böse Christen/Sozialisten? Die juristische Fakultät der Humboldt-Universität in den DDR-Jahren, in: Zeitschrift der Savigny-Stiftung für Rechtsgeschichte, Germanistische Abteilung 129 (2012), S. 267–314.

Marxen, Klaus, Das Volk und sein Gerichtshof, Frankfurt a. M. 1994.

–, Rechtliche Grenzen der Amnestie, Heidelberg 1984.

–/ Miazawa, Koichi/Werle, Gerhard (Hg.), Der Umgang mit Kriegs- und Besatzungsunrecht in Japan und Deutschland, Berlin 2001.

Maßfeller, Franz, Das neue Ehegesetz vom 6. Juli 1938 und seine Ausführungsvorschriften sowie die Familienrechtsnovelle vom 12. April 1938, Berlin 1938.

–, Das Neue Familienrecht. Gesetzentwurf über die Gleichberechtigung von Mann und Frau auf dem Gebiete des bürgerlichen Rechts und über die Wiederherstellung der Rechtseinheit auf dem Gebiete des Familienrechts, Frankfurt a. M. 1952.

Mehring, Reinhard, Carl Schmitt. Aufstieg und Fall. Eine Biographie, München 2009.

Meier, Bernd-Dieter/Rössner, Dieter/Schöch, Heinz, Jugendstrafrecht, 3. Aufl., München 2013.

Meinshausen, Fritz, Die Stellung des Aktionärs in der Aktiengesellschaft (Dissertation Heidelberg 1936), Bottrop 1936.

Mertens, Bernd, Das Aktiengesetz von 1937 – unpolitischer Schlussstein oder ideologischer Neuanfang?, Zeitschrift für Neuere Rechtsgeschichte 29 (2007), S. 88–117.

–, Rechtsetzung im Nationalsozialismus, Tübingen 2009.

Mertens, Karl-Heinz, Gegenstand und Zielsetzung einer Reform des Aktiengesetzes (Dissertation Köln 1959) Stuttgart 1959.

Mestmäcker, Ernst-Joachim, Franz Böhm, in: Stefan Grundmann/Karl Riesenhuber (Hg.), Deutschsprachige Zivilrechtslehrer des 20. Jahrhunderts in den Berichten ihrer Schüler. Eine Ideengeschichte in Einzeldarstellungen, Berlin, Bd. 1, S. 31–54.

–, Verwaltung, Konzerngewalt und Rechte der Aktionäre. Eine rechtsvergleichende Untersuchung nach deutschem Aktienrecht und dem Recht der corporations in den Vereinigten Staaten, Karlsruhe 1958.

Meyer, Hans, Aufgaben und Stellung des Bundesministeriums der Justiz nach dem Auftrag des Grundgesetzes, in: Bundesministerium der Justiz (Hg.), Vom Reichsjustizamt zum Bundesministerium der Justiz. Festschrift zum 100jährigen Gründungstag des Reichsjustizamtes am 1. Januar 1877, Köln 1977, S. 443–466.

Meyer-Pritzl, Rudolf, Die Kieler Rechts- und Staatswissenschaften. Eine »Stoßtruppfakultät«, in: Christoph Cornelißen/Carsten Mish (Hg.), Wissenschaft an der Grenze. Die Universität Kiel im Nationalsozialismus, Essen 2009, S. 151–173.

–, §§ 313–314. Störung der Geschäftsgrundlage, in: Mathias Schmoeckel/Joachim Rückert/Reinhard Zimmermann (Hg.), Historisch-kritischer Kommentar zum BGB, Bd. 2/2, Tübingen 2007, S. 1708–1759.

Miquel, Marc von, Ahnden oder amnestieren? Westdeutsche Justiz und Vergangenheitspolitik in den sechziger Jahren (= Beiträge zur Geschichte des 20. Jahrhunderts Nr. 1), Göttingen 2004.

Mohnhaupt, Heinz, Das Verhältnis zwischen Gesetzgebung, Rechtsprechung und Rechtswissenschaft als Rechtsquellenproblem (18. bis 20. Jahrhundert), in: Pietro Costa (Hg.), Giudici e giuristi. Il problema del diritto giurisprudenziale fra Otto e Novecento, Bd. I (= Quaderni Fiorentini per la storia del pensiero giuridico moderno, Bd. 40), Milano 2011, S. 19–52.

Mohnhaupt, Heinz, Justus Wilhelm Hedemann und die Entwicklung der Disziplin »Wirtschaftsrecht«, in: Zeitschrift für Neuere Rechtsgeschichte 25 (2003), S. 238–268.

Moll, Martin, »Führer-Erlasse« 1939–1945. Edition sämtlicher überlieferter, nicht im Reichsgesetzblatt abgedruckter, von Hitler während des Zweiten Weltkrieges schriftlich erteilter Direktiven aus den Bereichen Staat, Partei, Wirtschaft, Besatzungspolitik und Militärverwaltung, Stuttgart 1997.

Mößmer, Ferdinand, Neugestaltung des deutschen Ehescheidungsrechts. Vorschlag (= Schriften der Akademie für Deutsches Recht Bd. 1), Berlin 1936.

Müller, Christoph, Die Entstehung des Reichsgesetzes über das Kreditwesen vom 5. Dezember 1934 (Schriften zur Rechtsgeschichte Nr. 97), Berlin 2003.

Müller, Ingo, Die Verwendung des Rechtsbeugungstatbestandes zu politischen Zwecken, in: Kritische Justiz 17 (1984), S. 119–141.

–, Furchtbare Juristen. Die unbewältigte Vergangenheit unserer Justiz, München 1987.

–, Wie der Bundestag den Volksgerichtshof »ächtete«, in: Demokratie und Recht 1985, S. 253–257.

Müller-Laube, Hans-Martin, Julius von Gierke (1875–1960). Fortbildung des Handelsrechts im Geist der germanistischen Tradition, in: Fritz Loos (Hg.), Rechtswissenschaft in Göttingen. Göttinger Juristen aus 250 Jahren (= Göttinger Universitätsschriften Serie A: Schriften Nr. 6), Göttingen 1987, S. 471–485.

Müller-List, Gabriele, Gleichberechtigung als Verfassungsauftrag. Eine Dokumentation zur Entstehung des Gleichberechtigungsgesetzes vom 18. Juni 1957, Düsseldorf 1996.

Murach-Brand, Lisa, Antitrust auf deutsch. Der Einfluß der amerikanischen Alliierten auf das Gesetz gegen Wettbewerbsbeschränkungen (GWB) nach 1945 (= Beiträge zur Rechtsgeschichte des 20. Jahrhunderts Nr. 43), Tübingen 2004.

Nationalrat der Nationalen Front des demokratischen Deutschland/Dokumentationszentrum der Staatlichen Archivverwaltung der DDR (Hg.), Braunbuch. Kriegs- und Naziverbrecher in der Bundesrepublik und in Westberlin. Staat, Wirtschaft, Armee, Verwaltung, Justiz, Wissenschaft, 3. Aufl., Berlin 1968.

Nehlsen, Hermann, Karl August Eckhardt †, in: Zeitschrift der Savigny-Stiftung für Rechtsgeschichte Germanistische Abteilung 104 (1987), S. 497–536.

Nettersheim, Gerd, Die Aufhebung von Unrechtsurteilen der NS-Strafjustiz. Ein langes Kapitel der Vergangenheitsbewältigung, in: Ernst-Walter Hanack/Hans Hilger/Volkmar Mehle/Gunter Widmaier (Hg.), Festschrift für Peter Rieß zum 70. Geburtstag am 4. Juni 2002, Berlin 2002, S. 933–950.

Neugebauer, Ralph, Versicherungsrecht vor dem Versicherungsvertrag. Zur Entwicklung des modernen Binnenversicherungsrechts im 19. Jahrhundert (= Studien zur Europäischen Rechtsgeschichte Nr. 51), Frankfurt a. M. 1990.

Neye, Hans-Werner/Kraft, Julia, Neuigkeiten beim Umwandlungsrecht, in: Neue Zeitschrift für Gesellschaftsrecht 14 (2011), S. 681–684.

Niethammer, Lutz, Die Mitläuferfabrik. Die Entnazifierung am Beispiel Bayerns, 2. Aufl., Berlin 1982.

Nörr, Knut Wolfgang, Die Leiden des Privatrechts. Kartelle in Deutschland von der Holzstoffkartellentscheidung zum Gesetz gegen Wettbewerbsbeschränkungen (= Beiträge zur Rechtsgeschichte des 20. Jahrhunderts Nr. 11), Tübingen 1994.

–, Die Republik der Wirtschaft. Recht, Wirtschaft und Staat in der Geschichte Westdeutschlands, Teil I: Von der Besatzungszeit bis zur Großen Koalition (= Beiträge zur Rechtsgeschichte des 20. Jahrhunderts Nr. 25), Tübingen 1999.

–, Die Republik der Wirtschaft. Recht, Wirtschaft und Staat in der Geschichte Westdeutschlands, Teil II: Von der sozial-liberalen Koalition bis zur Wiedervereinigung (= Beiträge zur Rechtsgeschichte des 20. Jahrhunderts Nr. 53), Tübingen 2007.

–, Zwischen den Mühlsteinen. Eine Privatrechtsgeschichte der Weimarer Republik (= Beiträge zur Rechtsgeschichte des 20. Jahrhunderts Nr. 1), Tübingen 1988.

Ogorek, Regina, Gefährliche Nähe? Richterliche Rechtsfortbildung und Nationalsozialismus, in: Felix Herzog/Ulfried Neumann (Hg.), Festschrift für Winfried Hassemer, Heidelberg 2010, S. 159–172.

Oppelland, Torsten, Gerhard Schröder (1910–1989). Politik zwischen Staat, Partei und Konfession, Düsseldorf 2002.

Ostendorf, Heribert, Der »Nürnberger Juristenprozess« und seine Auswirkungen auf eine internationale Strafgerichtsbarkeit, in: Heribert Ostendorf/Uwe Danker (Hg.), Die NS-Strafjustiz und ihre Nachwirkungen, Baden-Baden 2003, S. 125–136.

–, Jugendstrafrecht, 6. Aufl., Baden-Baden 2011.

–/ Veen, Heino ter, Das »Nürnberger Juristenurteil«. Eine kommentierte Dokumentation, Frankfurt a. M. 1985.

Oswalt, Walter, Liberale Opposition gegen den NS-Staat. Zur Entwicklung von Walter Euckens Sozialtheorie, in: Nils Goldschmidt (Hg.), Wirtschaft, Politik und Freiheit. Freiburger Wirtschaftswissenschaftler und der Widerstand (= Untersuchungen zur Ordnungstheorie und Ordnungspolitik Nr. 48), Tübingen 2005, S. 315–353.

–, Offene Fragen zur Rezeption der Freiburger Schule, in: Nils Goldschmidt/Michael Wohlgemuth (Hg.), Grundtexte zur Freiburger Tradition der Ordnungsökonomik (= Untersuchungen zur Ordnungstheorie und Ordnungspolitik Nr. 50), Tübingen 2008, S. 127–132.

Ott, Walter, Die Radbruchsche Formel. Pro und Contra, in: Zeitschrift für schweizerisches Recht Neue Folge 107 (1988), S. 335 ff.

Otte, Gerhard, Die zivilrechtliche Gesetzgebung im »Dritten Reich«, in: Neue Juristische Wochenschrift 41 (1988), S. 2836–2842.

Otto, Martin, Die Geschichte des Patentrechts in der Bundesrepublik Deutschland, in: Diethelm Klippel (Hg.), Geschichte des deutschen Patentrechts, im Erscheinen.

–, Kurt Haertel, in: Louis Pahlow/Simon Apel/Mathias Wießner (Hg.), Biographisches Handbuch des Geistigen Eigentums, im Erscheinen.

Passow, Richard, Die Aktiengesellschaft. Eine wirtschaftswissenschaftliche Studie, 2. Aufl., Jena 1922.

Pauli, Gerhard, Der Konflikt zwischen dem Obersten Gerichtshof für die Britische Zone und seinen Untergerichten bei der Anwendung des Kontrollratsgesetzes Nr. 10, in: Justizministerium NRW/Internationales Forschungs- und Dokumentationszentrum Kriegsverbrecherprozesse der Philipps-Universität Marburg (ICWC) (Hg.), Verbrechen gegen die Menschlichkeit – Der Oberste Gerichtshof der Britischen Zone (= Juristische Zeitgeschichte NRW Bd. 19), Düsseldorf 2011, S. 64–79.

–, Ein hohes Gericht. Der Oberste Gerichtshof für die Britische Zone und seine Rechtsprechung zu Straftaten im Dritten Reich, in: Justizministerium NRW (Hg.), 50 Jahre Justiz in NRW (= Juristische Zeitgeschichte NRW Bd. 5), Düsseldorf 1996, S. 95–120.

Pauly, Walter, Sprache, die für uns dichtet und denkt. Rezension zu Florian Meinel, Der Jurist in der industriellen Gesellschaft. Ernst Forsthoff und seine Zeit, Berlin 2011, in: Rechtsgeschichte – Legal History 20 (2012), S. 451–453.

Perels, Joachim, Amnestien für NS-Täter in der Bundesrepublik, in: Kritische Justiz 28 (1995), S. 381.

–, Die Ausschaltung des Justizapparats der NS-Diktatur. Voraussetzungen des demokratischen Neubeginns, in: Kritische Justiz 44 (2011), S. 434–447.

Peschel-Gutzeit, Lore Maria (Hg.), Das Nürnberger Juristenurteil von 1947. Historischer Zusammenhang und aktuelle Bezüge, Baden-Baden 1996.

Petersen, Georg, Die Tradition des Reichsgerichts, in: Festschrift zur Eröffnung des Bundesgerichtshofes in Karlsruhe. 8. Oktober 1950, Karlsruhe 1950, S. 25–38.

Peukert, Helge, Die wirtschafts- und sozialpolitischen Zielsetzungen des Freiburger Kreises, in: Nils Goldschmidt (Hg.), Wirtschaft, Politik und Freiheit. Freiburger Wirtschaftswissenschaftler und der Widerstand (= Untersuchungen zur Ordnungstheorie und Ordnungspolitik Nr. 48), Tübingen 2005, S. 267–287.

Pfeiffer, Gerd/Strickert, Hans-Georg (Hg.), KPD-Prozess. Dokumentarwerk zu dem Verfahren über den Antrag der Bundesregierung auf Feststellung der Verfassungswidrigkeit der Kommunistischen Partei Deutschlands vor dem Ersten Senat des Bundesverfassungsgerichts, Bd. I, Karlsruhe 1955.

Pfitzner, Hans, Die neue Ästhetik der musikalischen Impotenz. Ein Verwesungssymptom?, in: Hans Pfitzner, Gesammelte Schriften, Bd. 2, Augsburg 1926, S. 99–252.

–, Werk und Wiedergabe (Gesammelte Schriften Bd. 3), Augsburg 1929.

Pieroth, Bodo, Der Rechtsstaat und die Aufarbeitung der vor-rechtsstaatlichen Vergangenheit. 3. Bericht, in: Christian Starck/Wilfried Berg/Bodo Pieroth, Der Rechtsstaat und die Aufarbeitung der vor-rechtsstaatlichen Vergangenheit (= Veröffentlichungen der Vereinigung der Deutschen Staatsrechtslehrer Bd. 51), Berlin 1992, S. 91–115.

Plöckinger, Othmar, Geschichte eines Buches. Adolf Hitlers »Mein Kampf« 1922–1945. Eine Veröffentlichung des Instituts für Zeitgeschichte, 2. Aufl., München 2011.

Podewin, Norbert (Hg.), Braunbuch. Kriegs- und Naziverbrecher in der Bundesrepublik. Staat, Wirtschaft, Armee, Verwaltung, Justiz, Wissenschaft, Neuausgabe der 3. Aufl., Berlin 2002.

Priemel, Kim Christian, Unternehmensgeschichte reloaded: Der Umgang der Friedrich Flick KG mit der NS-Vergangenheit in Öffentlichkeitsarbeit, Entflechtung und Restitution nach 1945, in: Institut für Zeitgeschichte München-Berlin im Auftrag der Stiftung Preußischer Kulturbesitz (Hg.), Der Flick-Konzern im Dritten Reich, München 2008, S. 647–719.

Priester, Hans-Joachim, »Sanieren oder Ausscheiden« im Recht der GmbH, in: Zeitschrift für Wirtschaftsrecht 31 (2010), S. 497–503.

–, Die deutsche GmbH nach »Inspire Art« – brauchen wir eine neue? Bemerkungen zur »Entrümpelungs«-Debatte, in: Der Betrieb 58 (2005), S. 1315–1320.

Pufendorf, Astrid von, Otto Klepper (1888–1957). Deutscher Patriot und Weltbürger (= Studien zur Zeitgeschichte 54), München 1997.

Rabe, Dieter, Pflichtverletzung als Grundtatbestand des Leistungsstörungsrechts, in: Zeitschrift für Wirtschaftsrecht 17 (1996), S. 1652–1657.

Radbruch, Gustav, Des Reichsjustizministeriums Ruhm und Ende. Zum Nürnberger Juristen-Prozeß, in: Süddeutsche Juristenzeitung 1948, Sp. 57–64 (Nachdruck in: Hans de With [Hg.], Gustav Radbruch. Reichsminister der Justiz. Gedanken und Dokumente zur Rechtspolitik Gustav Radbruchs aus Anlaß der hundertsten Wiederkehr seines Geburtstages, Köln 1978, S. 121–132.)

–, Gesamtausgabe, Bd. 4: Kulturphilosophische und kulturhistorische Schriften (herausgegeben von Arthur Kaufmann), Heidelberg 2002.

–, Gesetzliches Unrecht und übergesetzliches Recht, in: Süddeutsche Juristenzeitung 1946, S. 105–108 (Nachdruck in: Juristische Zeitgeschichte. Kleine Reihe Bd. 4, Baden-Baden 2002.)

–, Grundzüge der Rechtsphilosophie, Leipzig 1914.

Ramm, Thilo, Das nationalsozialistische Familien- und Jugendrecht, Heidelberg 1984.

–, Eherecht und Nationalsozialismus, in: Günther Doeker/Winfried Steffani (Hg.), Klassenjustiz und Pluralismus. Festschrift für Ernst Fraenkel zum 75. Geburtstag am 26. Dezember 1973, S. 151.

Rappaport, Alfred, Creating Shareholder Value. A Guide for Managers and Investors, New York 1986 (2. Aufl., New York 1998).

Rautenberg, Erardo Cristoforo, In Memoriam Nürnberger Juristenprozess. Die Auseinandersetzung mit dem NS-Justizunrecht in den beiden deutschen Teilstaaten, in: Goltdammer's Archiv für Strafrecht 2012, S. 32–43.

Redaktion Kritische Justiz (Hg.), Der Unrechtsstaat. Recht und Justiz im Nationalsozialismus, Bd. I, 2. Aufl., Baden-Baden 1983.

– (Hg.), Der Unrechtsstaat. Recht und Justiz im Nationalsozialismus, Bd. II, 2. Aufl., Baden-Baden 1984.

Redelberger, Oskar, Führung und Verwaltung, in: Deutsche Verwaltung 18 (1941), S. 307 ff.

Reginbogin, Herbert R./Safferling, Christoph, The Nuremberg Trials. International Criminal Law Since 1945/Die Nürnberger Prozesse. Völkerstrafrecht seit 1945, München 2006.

Reicher, Harry, The Jurists' Trial and Lessons for the Rule of Law, in: Herbert R. Reginbogin/Christoph Safferling (Hg.), The Nuremberg Trials. International Criminal Law since 1945/Die Nürnberger Prozesse. Völkerstrafrecht seit 1945, München 2006, S. 175–181.

Reinhardt, Rudolf, Die Verfassung der Genossenschaft, in: Bundesjustizministerium (Hg.), Zur Reform des Genossenschaftsrechts. Referate und Materialien, Bd. 2, Bonn 1958, S. 57–82.

Reitter, Ekkehard, Franz Gürtner. Politische Biographie eines deutschen Juristen, Berlin 1976.

Renger, Reinhard, Die Lebens- und Krankenversicherung im Spannungsfeld zwischen Versicherungsvertragsrecht und Versicherungsaufsichtsrecht, in: Versicherungsrecht 46 (1995), S. 866–875.

Repgen, Tilman, Die soziale Aufgabe des Privatrechts. Eine Grundfrage in Wissenschaft und Kodifikation am Ende des 19. Jahrhunderts (= Jus privatum Nr. 60), Tübingen 2001.

–/ Schulte-Nölke, Hans/Strätz, Hans-Wolfgang, BGB-Synopse 1896–2005. Gesamtausgabe des Bürgerlichen Gesetzbuches von seiner Verkündung 1896 bis 2005 mit sämtlichen Änderungen im vollen Wortlaut in synoptischer Darstellung (J. von Staudingers Kommentar zum Bürgerlichen Gesetzbuch mit Einführungsgesetz und Nebengesetzen, Neubearbeitung 2005), Berlin 2006.

Ridder, Helmut, Grundgesetz, Notstand und politisches Strafrecht. Bemerkungen über die Eliminierung des Ausnahmezustands und die Limitierung der politischen Strafjustiz durch das Grundgesetz der Bundesrepublik Deutschland, Frankfurt a. M. 1965.

Riechers, Arndt, Das ›Unternehmen an sich‹. Die Entwicklung eines Begriffes in der Aktienrechtsdiskussion des 20. Jahrhunderts (= Beiträge zur Rechtsgeschichte des 20. Jahrhunderts Nr. 17), Tübingen 1996.

Rilk, Otto, Judentum und Wettbewerb (= Das Judentum in der Rechtswissenschaft Nr. 9), Berlin o. J. (ca. 1936).

Rilling, Detlef, Thomas Dehler. Eine politische Biographie. Ein Leben in Deutschland, Dissertation, Augsburg 1988.

Rittner, Fritz, Walter Schmidt-Rimpler (1885–1975), in: Stefan Grundmann/Karl Riesenhuber (Hg.), Deutschsprachige Zivilrechtslehrer des 20. Jahrhunderts in den Berichten ihrer Schüler. Eine Ideengeschichte in Einzeldarstellungen, Bd. 1, Berlin 2007, S. 261–284.

–, Zur Verantwortung des Vorstandes nach § 76 Abs. 1 AktG 1965, in: Kurt Ballerstedt/Wolfgang Hefermehl (Hg.), Festschrift für Ernst Geßler. Zum 65. Geburtstag am 5. März 1970, München 1971, S. 139–158.

–/ Dreher, Meinrad, Europäisches und deutsches Wirtschaftsrecht, 3. Aufl., Heidelberg 2008.

Robinsohn, Hans, Justiz als politische Verfolgung. Die Rechtsprechung in »Rassenschandefällen« beim Landgericht Hamburg 1936–1943 (= Schriftenreihe der Vierteljahrshefte für Zeitgeschichte Bd. 35), Stuttgart 1977.

Rolland, Walter, Die Entwicklung des deutschen Eherechts seit 1920 unter besonderer Berücksichtigung der Stellungnahmen der christlichen Kirchen, Dissertation, Marburg 1957.

Rölli-Alkemper, Lukas, Familie im Wiederaufbau. Katholizismus und bürgerliches Familienideal in der Bundesrepublik Deutschland 1945–1965, Paderborn 2000.

Rommen, Hinrich, Die ewige Wiederkehr des Naturrechts, 2. Aufl., München 1947.

Roth, Markus, Besondere Regeln für geschlossene und börsennotierte Gesellschaften, in: Stefan Grundmann (Hg.), Festschrift für Klaus J. Hopt zum 70. Geburtstag am 24. August 2010. Unternehmen, Markt und Verantwortung, Berlin 2010, S. 2161–1278.

–, Private Altersvorsorge als Aspekt der Corporate Governance, in: Zeitschrift für Unternehmens- und Gesellschaftsrecht 41 (2011), S. 516–557.

Rottleuthner, Hubert, Das Nürnberger Juristenurteil und seine Rezeption in Deutschland – Ost und West, in: Neue Justiz 1997, S. 617–623.

–, Hat Dreher gedreht? Über Unverständlichkeit, Unverständnis und Nichtverstehen in Gesetzgebung und Forschung, in: Rechtshistorisches Journal 2001, S. 665–679.

–, Karrieren und Kontinuitäten deutscher Justizjuristen vor und nach 1945. Mit allen Grund- und Karrieredaten auf beiliegender CD-ROM, Berlin 2010.

–, Kontinuität und Identität. Justizjuristen und Rechtslehrer vor und nach 1945, in: Franz Jürgen Säcker (Hg.), Recht und Rechtslehre im Nationalsozialismus, Baden-Baden 1992, S. 241–254.

Roxin, Claus, Strafrecht. Allgemeiner Teil, Bd. I: Grundlagen – Der Aufbau der Verbrechenslehre, 4. Aufl., München 2006.

Rückerl, Adalbert, NS-Verbrechen vor Gericht. Versuch einer Vergangenheitsbewältigung, Heidelberg 1982.

Rückert, Joachim, Vor § 1: Das BGB und seine Prinzipien, in: Mathias Schmoeckel/Joachim Rückert/Reinhard Zimmermann (Hg.), Historisch-kritischer Kommentar zum BGB, Bd. 1, Tübingen 2003, S. 34–122.

Rüfner, Thomas, Amtliche Überschriften für das BGB, in: Zeitschrift für Rechtspolitik 34 (2001), S. 12–14.

Rüping, Hinrich, »Hüter des Rechts und der Rechtseinheit«. Zur Bedeutung des Obersten Gerichtshofs in der Britischen Zone für die Strafrechtspflege, in: Jahrbuch der juristischen Zeitgeschichte 1 (1999), S. 88–122.

–, »Streng, aber gerecht. Schutz der Staatssicherheit durch den Volksgerichtshof«, in: Juristenzeitung 1984, S. 815–821.

–, Bibliographie zum Strafrecht im Nationalsozialismus. Literatur zum Straf-, Strafverfahrens- und Strafvollzugsrecht mit Grundlagen und einem Anhang: Verzeichnis der veröffentlichten Entscheidungen der Sondergerichte, München 1985.

–/ Jerouschek, Günter, Grundriss der Strafrechtsgeschichte, 6. Aufl., München 2011.

Rüthers, Bernd, Arbeitsrecht und politisches System. Rechtsvergleich Bundesrepublik – DDR, Frankfurt a. M. 1973.

–, Carl Schmitt im Dritten Reich, 2. Aufl., München 1990.

–, Das Ungerechte an der Gerechtigkeit. Fehldeutungen eines Begriffs, 3. Aufl., Tübingen 2009.

–, Demokratischer Rechtsstaat oder oligarchischer Richterstaat?, in: Eduard Picker/Bernd Rüthers (Hg.), Recht und Freiheit. Symposion zu Ehren von Reinhard Richardi, München 2003, S. 111–136.

–, Die einsamen Außenseiter. Deutscher Widerstand im Lichte des wechselnden Zeitgeistes, Konstanz 2011.

–, Die Risiken selektiven Erinnerns. Antwort an C.-W. Canaris, in: Juristenzeitung 2011, S. 1149.

–, Die unbegrenzte Auslegung. Zum Wandel der Privatrechtsordnung im Nationalsozialismus, 7. Aufl., Tübingen 2012.

–, Die Wende-Experten. Zur Ideologieanfälligkeit geistiger Berufe am Beispiel der Juristen, München 1995.

–, Entartetes Recht. Rechtslehren und Kronjuristen im Dritten Reich, 3. Aufl., München 1994.
–, Fortgesetzter Blindflug oder Methodendämmerung der Justiz? Zur Auslegungspraxis der obersten Bundesgerichte, in: Juristenzeitung 2008, S. 446–451.
–, Geschönte Geschichten – Geschonte Biographien. Sozialisationskohorten in Wendeliteraturen. Ein Essay, Tübingen 2001.
–, Gesetzesbindung oder freie Methodenwahl?, in: Zeitschrift für Rechtspolitik 2008, S. 48–51.
–, Hatte die Rechtsperversion in den beiden deutschen Diktaturen ein Gesicht?, in: Juristenzeitung 2007, S. 556–564.
–, Klartext zu den Grenzen des Richterrechts, in: Neue Juristische Wochenschrift 2011, S. 1856–1858.
–, Methodenfragen als Verfassungsfragen?, in: Rechtstheorie 40 (2009), S. 253–283.
–, Methodenrealismus in Jurisprudenz und Justiz, in: Juristenzeitung 2006, S. 53–60.
–, Personenbilder und Geschichtsbilder. Wege zur Umdeutung der Geschichte?, in: Juristenzeitung 2011, S. 593–601.
–, Recht als Waffe des Unrechts. Juristische Instrumente im Dienst des NS-Rassenwahns, in: Neue Juristische Wochenschrift 1988, S. 2825.
–, Rechtstheorie. Begriff, Geltung und Anwendung des Rechts, 6. Aufl., München 2011.
–, Rechtswissenschaft ohne Recht?, in: Neue Juristische Wochenschrift 2011, S. 434–436.
–, Rezension von Reinhard Mehring: Carl Schmitt. Aufstieg und Fall, München 2009, in: Zeitschrift der Savigny-Stiftung für Rechtsgeschichte, Germanistische Abteilung 128 (2011), S. 858–864.
–, Spiegelbild einer Verschwörung? Zwei Abschiedsbriefe zum 20. Juli 1944, in: Juristenzeitung 2005, S. 689–698.
–, Überlebende und überlebte Vergangenheiten. Anmerkungen zum Briefwechsel Forsthoff-Schmitt 1924–1974, in: Zeitschrift der Savigny-Stiftung für Rechtsgeschichte, Germanistische Abteilung 126 (2009), S. 269–280.
–, Verräter, Zufallshelden oder Gewissen der Nation? Facetten des Widerstandes in Deutschland, Tübingen 2008.
–, Zwischenruf aus der methodischen Wüste: »Der Richter wird's schon richten?«, in: Juristenzeitung 2006, S. 958–960.
Saar, Stefan Christoph, Familienrecht im NS-Staat. Ein Überblick, in: Peter Salje (Hg.), Recht und Unrecht im Nationalsozialismus, Münster 1985, S. 80–109.
Sachs, Michael (Hg.), Grundgesetz. Kommentar, 6. Aufl., München 2011.
Safferling, Christoph, Internationales Strafrecht, Heidelberg 2011.
–/ Graebke, Philipp, Strafverteidigung im Nürnberger Hauptkriegsverbrecherprozess. Strategien und Wirkung, in: Zeitschrift für die gesamte Strafrechtswissenschaft 123 (2011), S. 47–81.
Salinger, Frank, Radbruchsche Formel und Rechtsstaat, Heidelberg 1995.
Salis, Rodo von, Das autorisierte Kapital. Rechtsvergleichende Behandlung von Gründungsfinanzierung und Kapitalerhöhung der Aktiengesellschaft (Dissertation Zürich 1937), Berlin 1937.
Salje, Peter (Hg.), Recht und Unrecht im Nationalsozialismus, Münster 1985.
Sandrock, Otto, Friedrich Kessler und das anglo-amerikanische Vertragsrecht. Lehren für das internationale Vertragsrecht, in: Marcus Lutter/Ernst C. Stiefel/Michael H. Hoeflich (Hg.), Der Einfluß deutscher Emigranten auf die Rechtsentwicklung in den USA und in Deutschland. Vorträge und Referate des Bonner Symposions im September 1991, Tübingen 1993, S. 475–486.
Savigny, Friedrich Carl von, Vom Beruf unsrer Zeit für Gesetzgebung und Rechtswissenschaft, Heidelberg 1814.
Scanzoni, Gustav von, Das großdeutsche Ehegesetz vom 6. Juli 1938, 2. Aufl., Berlin 1939.

Schacht, Hjalmar, Die deutsche Aktienrechtsreform. Ausführungen des Reichsbankpräsidenten und beauftragten Reichswirtschaftsministers Dr. Hjalmar Schacht auf der 9. Vollsitzung der Akademie für Deutsches Recht im Rathaus zu Berlin am 30. November 1935. Berlin 1935.

Schädler, Sarah, ›Justizkrise‹ und ›Justizreform‹ im Nationalsozialismus. Das Reichsjustizministerium unter Reichsjustizminister Thierack (1942–1945), Tübingen 2009.

Schäfer, Carsten/Jahntz, Katharina, Gründungsverfahren und Gründungsmängel, in: Walter Bayer/Mathias Habersack (Hg.), Aktienrecht im Wandel, Bd. 2, Tübingen 2007, S. 217–285.

Schäfer, Ernst, Die Auflockerung des Verfahrens im künftigen Strafprozeß und der Gedanke der materiellen Gerechtigkeit, in: Deutsches Strafrecht. Strafrecht. Strafrechtspolitik. Strafprozess, n. F. 2 (1935), S. 247–257.

Schaffstein, Friedrich, Das Verbrechen als Pflichtverletzung, in: Karl Larenz (Hg.), Grundfragen der neuen Rechtswissenschaft, Berlin 1935, S. 108–142.

Schätzel, Walter, Nochmals die nachträgliche Eheschließung, in: Deutsche Richterzeitschrift 1947, S. 214.

Schenk, Dieter, Hans Frank. Hitlers Kronjurist und Generalgouverneur, Frankfurt a. M. 2006.

Scheuner, Ulrich, Die nationale Revolution. Eine staatliche Untersuchung, in: Archiv des öffentlichen Rechts 63 (1934), S. 131–165.

Schiller, Friedrich, Dilettant, in: Schiller's sämmtliche Werke in Zwei Bänden, Paris 1837. S. 96.

Schivelbusch, Wolfgang, Entfernte Verwandtschaft. Faschismus, Nationalsozialismus, New Deal 1933–1939, München 2005.

Schlegelberger, Franz (Hg.), Handelsgesetzbuch in der ab 1. Oktober 1937 geltenden Fassung (ohne Seerecht), Berlin 1939.

– (Hg.), Rechtsvergleichendes Handwörterbuch für das Zivil- und Handelsrecht des In- und Auslandes, Berlin 1929–1939.

–, Die Erneuerung des deutschen Aktienrechts. Vortrag, gehalten am 15. August 1935 vor der Industrie- und Handelskammer in Hamburg, Berlin 1935.

–/ Quassowski, Leo/Herbig, Gustav/Geßler, Ernst/Hefermehl, Wolfgang (Hg.), Aktiengesetz vom 30. Januar 1937, Berlin 1937 (3. Aufl., Berlin 1939).

–/ Quassowski, Leo/Schmölder, Karl (Hg.), Verordnung über Aktienrecht vom 19. September 1931 nebst den Durchführungsbestimmungen, Berlin 1932.

–/ Vogels, Werner (Hg.), Erläuterungswerk zum Bürgerlichen Gesetzbuch und zum neuen Volksrecht, Berlin 1939–1942.

Schlink, Bernhard, Die Kultur des Denunziatorischen, in: Merkur 2011, S. 473–486.

Schlüter, Holger, Die Urteilspraxis des Volksgerichtshofes, Berlin 1995.

Schmey, Fritz Ernst, Aktie und Aktionär im Recht der Vereinigten Staaten mit besonderer Berücksichtigung der Trustbildung, Marburg 1930.

Schmey, Fritz Ernst, Aktuelle Probleme des amerikanischen Aktienrechts, in: Zeitschrift für das gesamte Handelsrecht und Konkursrecht 96 (1931), S. 129–194.

Schmid, Klaus, Die Entstehung der güterrechtlichen Vorschriften des Bürgerlichen Gesetzbuchs unter besonderer Berücksichtigung der sozialen Stellung der Frau, Berlin 1990.

Schmidt, Alexander K., Erfinderprinzip und Erfinderpersönlichkeitsrecht im deutschen Patentrecht von 1877 bis 1936 (= Geistiges Eigentum und Wettbewerbsrecht Nr. 31), Tübingen 2009.

Schmidt, Manuela Maria, Die Anfänge der musikalischen Tantiemenbewegung in Deutschland. Eine Studie über den langen Weg bis zur Errichtung der Genossenschaft Deutscher Tonsetzer (GDT) im Jahre 1903 und zum Wirken des Komponisten Richard Strauss (1864–1949) für Verbesserungen des Urheberrechts (= Schriften zur Rechtsgeschichte Nr. 125), Berlin 2005.

Schmidt, Walter, Die Verfassung der Aktiengesellschaft, in: Hans Hengeler (Hg.), Beiträge zur Aktienrechtsreform, Heidelberg 1959, S. 42–60.

Schmidt-Leichner, Erich, Die Bundesamnestie, in: Neue Juristische Wochenschrift 1950, S. 41.

Schmitt, Carl, »Der Führer schützt das Recht«. Zur Reichstagsrede vom 13. Juli 1934, in: Deutsche Juristen-Zeitung 1934, Sp. 945–950.

–, Die Lage der europäischen Rechtswissenschaft, Tübingen 1950.

–, Die nationalsozialistische Gesetzgebung und der Vorbehalt des ›ordre public‹ im Internationalen Privatrecht, in: Zeitschrift der Akademie für Deutsches Recht 1936, S. 204–211.

–, Die Verfassung der Freiheit, in: Deutsche Juristen-Zeitung 1935, Sp. 1133–1135.

–, Nationalsozialismus und Rechtsstaat, in: Juristische Wochenschrift 1934, S. 713–718.

Schmitzberger, Johanna Gertrude, Das nationalsozialistische Nebenstrafrecht 1933 bis 1945 (= Rechtshistorische Reihe Bd. 376), Frankfurt a. M. 2009.

Schmitz-Berning, Cornelia, Vokabular des Nationalsozialismus, 2. Aufl., Berlin 2007.

Schmoeckel, Mathias/Rückert, Joachim/Zimmermann, Reinhard (Hg.), Historisch-kritischer Kommentar zum BGB, Bd. 2/2, Tübingen 2007.

Schmugge, Ludwig, Illegitimität im Spätmittelalter (= Schriften des Historischen Kollegs. Kolloquien 29), München 1994.

Scholz, Franz, Kommentar zum GmbH-Gesetz, 2. Aufl., Köln 1950.

Schölz, Joachim, Das Straffreiheitsgesetz von 1949 unter besonderer Berücksichtigung seiner Entstehungsgeschichte, in: Justiz und Verwaltung 1950, S. 2–7.

Schön, Wolfgang/Osterloh-Konrad, Christine, Rechnungslegung in der Aktiengesellschaft, in: Walter Bayer/Mathias Habersack (Hg.), Aktienrecht im Wandel, Bd. 2, Tübingen 2007. S. 893–954.

Schönberger, Christoph, Anmerkungen zu Karlsruhe, in: Matthias Jestaedt/Oliver Lepsius/ Christoph Möllers/Christoph Schönberger (Hg.), Das entgrenzte Gericht, Berlin 2011, S. 11–78.

Schönfeld, Walter, Der Kampf wider das subjektive Recht, in: Zeitschrift der Akademie für Deutsches Recht 1937, S. 107 ff.

Schönke, Adolf, Strafrechtlicher Staatsschutz im Ausländischen Recht, in: Neue Juristische Wochenschrift 1950, S. 281.

Schriftführer-Amt der ständigen Deputation des Deutschen Juristentags (Hg.), Verhandlungen des Vierunddreißigsten Deutschen Juristentags zu Köln vom 12. bis 15. September 1926, Bd. 2, Berlin 1927.

Schröder, Jan, 40 Jahre Rechtspolitik im freiheitlichen Rechtsstaat. Das Bundesministerium der Justiz und die Justizgesetzgebung 1949–1989, Köln 1989.

–, Das Verhältnis von Rechtsdogmatik und Gesetzgebung in der neuzeitlichen Rechtsgeschichte (am Beispiel des Privatrechts), in: Jan Schröder, Rechtswissenschaft in der Neuzeit. Geschichte, Theorie, Methode. Ausgewählte Aufsätze 1976–2009. Herausgegeben von Thomas Finkenauer, Claes Peterson und Michael Stolleis, Tübingen 2010, S. 477–504.

Schröder, Rainer, Die Entwicklung des Kartellrechts und des kollektiven Arbeitsrechts durch die Rechtsprechung des Reichsgerichts vor 1914 (= Münchener Universitätsschriften – Juristische Fakultät, Abhandlungen zur rechtswissenschaftlichen Grundlagenforschung Nr. 69), Ebelsbach 1988.

Schroeder, Friedrich-Christian, Der Schutz von Staat und Verfassung im Strafrecht, München 1970.

–, Die Entnazifizierung des deutschen Strafrechts, in: Martin Löhnig (Hg.), Zwischenzeit. Rechtsgeschichte der Besatzungsjahre, Regenstauf 2011, S. 201–212.

Werner Schubert (Hg.), Ausschuß für Aktienrecht (= Akademie für Deutsches Recht 1933–1945. Protokolle der Ausschüsse Nr. 1), Berlin 1986.

- (Hg.), Ausschuß für das Recht des Handelsstandes und der Handelsgeschäfte (1937–1942), Ausschuß für Bank- und Börsenrecht, Unterausschuß für Depotrecht (1934/1935) (= Akademie für Deutsches Recht 1933–1945. Protokolle der Ausschüsse Nr. 5), Frankfurt a. M. 1997.
- (Hg.), Ausschuß für Personen-, Vereins- und Schuldrecht. 1937–1939 (Unterausschuß für Allgemeines Vertragsrecht) (= Akademie für Deutsches Recht 1933–1945. Protokolle der Ausschüsse Nr. 3,4), Berlin 1992.
- (Hg.), Ausschuß für Personen-, Vereins- und Schuldrecht. 1934–1936 (Mietrecht, Recht der Leistungsstörungen. Sicherungsübereignung, Eigentumsvorbehalt, Sicherungszession. Luftverschollenheit) (= Akademie für Deutsches Recht 1933–1945. Protokolle der Ausschüsse Nr. 3,3), Berlin/New York 1990.
- (Hg.), Ausschüsse für Versicherungswesen/-recht und für Versicherungsagenten- und Versicherungsmaklerrecht (1934–1943) (= Akademie für Deutsches Recht 1933–1945. Protokolle der Ausschüsse Nr. 13), Frankfurt a. M. 2002.
- (Hg.), Oberster Gerichtshof für die Britische Zone. Nachschlagewerk Strafsachen – Nachschlagewerk Zivilsachen. Präjudizienbuch der Zivilsenate, Frankfurt a. M. 2010.

–, Die Projekte der Weimarer Republik zur Reform des Nichtehelichen-, des Adoptions- und des Ehescheidungsrechts, Paderborn 1986.

–, Das Familien- und Erbrecht unter dem Nationalsozialismus. Ausgewählte Quellen zu den wichtigsten Gesetzen und Projekten aus den Ministerialakten, Paderborn 1993.

–, Das GmbH-Gesetz von 1892 – »eine Zierde unserer Reichsgesetzsammlung«. Das historische Geschehen um die GmbH von 1888 bis 1902, in: Marcus Lutter/Peter Ulmer/Wolfgang Zöllner (Hg.), Festschrift 100 Jahre GmbH-Gesetz, Köln 1992, S. 1–47.

–, Der Entwurf eines Nichtehelichengesetzes vom Juli 1940 und seine Ablehnung durch Hitler, in: Zeitschrift für das gesamte Familienrecht 1984, S. 1.

–, Der Vorläufige Reichswirtschaftsrat und die Aktienrechtsreform in der Weimarer Zeit, in: Werner Schubert/Peter Hommelhoff (Hg.), Die Aktienrechtsreform am Ende der Weimarer Republik. Die Protokolle der Verhandlungen im Aktienrechtsausschuß des Vorläufigen Reichswirtschaftsrats unter dem Vorsitz von Max Hachenburg, Berlin 1987, S. 9–69.

–, Die Entstehung des Genossenschaftsgesetzes von 1889, in: Institut für Genossenschaftswesen der Westfälischen Wilhelms-Universität/Werner Schubert (Hg.), 100 Jahre Genossenschaftsgesetz. Quellen zur Entstehung und jetziger Stand, Tübingen 1989, S. 21–56.

–, Die Entstehung des Aktiengesetzes vom 18. Juli 1884, in: Werner Schubert/Peter Hommelhoff (Hg.), Hundert Jahre modernes Aktienrecht. Eine Sammlung von Texten und Quellen zur Aktienrechtsreform 1884 mit zwei Einführungen (Zeitschrift für Unternehmens- und Gesellschaftsrecht Sonderheft Nr. 4), Berlin 1985, S. 1–52.

–, Die Gesellschaft mit beschränkter Haftung – Eine neue juristische Person, in: Quaderni fiorentini per la storia del pensiero giuridico moderno 11/12 (1982/83), S. 589–629.

–, Die Reform des Nichtehelichenrechts (1961–1969), Paderborn 2003.

–, Einleitung in: Werner Schubert (Hg.), Volksgesetzbuch. Teilentwürfe, Arbeitsberichte und sonstige Materialien, Berlin 1988, S. 1–33.

–, Einleitung, in: Werner Schubert (Hg.), Ausschüsse für den gewerblichen Rechtsschutz (Patent-, Warenzeichen-, Geschmacksmusterrecht, Wettbewerbsrecht), für Urheber- und Verlagsrecht sowie für Kartellrecht (1934–1943) (= Akademie für Deutsches Recht 1933–1945. Protokolle der Ausschüsse Nr. 9), Frankfurt a. M. 1999, S. XI–LIII.

–, Einleitung, in: Werner Schubert (Hg.), Ausschüsse für Immobiliarkredit, Bodenrecht (allgemeines Grundstücksrecht), Hypothekenrecht und Enteignungsrecht (1934–1942) (= Akademie für Deutsches Recht 1933–1945. Protokolle der Ausschüsse Nr. 3,7), Berlin 1995, S. XI–XLVIII.

-, Einleitung, in: Schubert, Werner (Hg.), Ausschuß für das Recht des Handelsstandes und der Handelsgeschäfte (1937–1942), Ausschuß für Bank- und Börsenrecht, Unterausschuß für Depotrecht (1934/1935) (= Akademie für Deutsches Recht 1933–1945. Protokolle der Ausschüsse Nr. 5), Frankfurt a. M. 1997, S. IX–XLIX

–, Einleitung, in: Werner Schubert (Hg.), Ausschuß für Schadensersatzrecht (Leistungsstörungen, Umfang und Art des Schadensersatzes, Deliktsrecht), Ausschuß für das Recht der Betätigungsverträge (Allgemeine Bestimmungen. Geschäftsbesorgung. Werkvertrag), Ausschuß für landwirtschaftliches Pachtrecht (= Akademie für Deutsches Recht 1933–1945. Protokolle der Ausschüsse Nr. 3,5), Berlin 1993, S. VII–XL.

–, Einleitung, in: Werner Schubert (Hg.), Ausschuß für Genossenschaftsrecht (= Akademie für Deutsches Recht 1933–1945. Protokolle der Ausschüsse Nr. 4), Berlin/New York 1989, S. 1–47.

–, Einleitung, in: Werner Schubert (Hg.), Ausschuß für G.m.b.H.-Recht (= Akademie für Deutsches Recht 1933–1945. Protokolle der Ausschüsse Nr. 2), Berlin 1986, S. VII–XIV.

–, Einleitung, in: Werner Schubert (Hg.), Quellen zur Aktienrechtsreform der Weimarer Republik (1926–1931), Frankfurt a. M. 1999, S. 1–31.

–, Entwurf des Reichsjustizministeriums zu einem Gesetz über Gesellschaften mit beschränkter Haftung von 1939 (Beihefte der Zeitschrift für das gesamte Handelsrecht und Wirtschaftsrecht Nr. 58), Heidelberg 1985.

–, Quellen zur GmbH-Reform von 1958 bis zum GmbH-Änderungsgesetz von 1980 (= Rechtshistorische Reihe Nr. 417), Frankfurt a. M. 2011.

–, Zur Entstehung des Zweiten Buches: Handelsgesellschaften und stille Gesellschaft, in: Werner Schubert/Burkhard Schmiedel/Christoph Krampe (Hg.), Quellen zum Handelsgesetzbuch von 1897, Bd. 1: Gesetze und Entwürfe, Frankfurt a. M. 1986, S. 51–76.

Schudnagies, Christian, Hans Frank. Aufstieg und Fall des NS-Juristen und Generalgouverneurs (= Rechtshistorische Reihe Bd. 67), Frankfurt a. M. 1989.

Schulz, Wolfgang, Das deutsche Börsengesetz. Die Entstehungsgeschichte und wirtschaftlichen Auswirkungen des Börsengesetzes von 1896 (Rechtshistorische Reihe Nr. 124), Frankfurt a. M. 1994.

Schur, Wolfgang, Leistung und Sorgfalt. Zugleich ein Beitrag zur Lehre von der Pflicht im Bürgerlichen Recht (= Jus privatum Nr. 61), Tübingen 2001.

Schwab, Dieter, Familienrecht, in: Dietmar Willoweit (Hg.), Rechtswissenschaft und Rechtsliteratur im 20. Jahrhundert, München 2007, S. 277–356.

–, Gleichberechtigung und Familienrecht im 20. Jahrhundert, in: Ute Gerhard (Hg.), Frauen in der Geschichte des Rechts, München 1997.

–, Konfessionelle Denkmuster und Argumentationsstrategien im Familienrecht, in: Pascale Cancik (Hg.), Konfession im Recht. Auf der Suche nach konfessionell geprägten Denkmustern und Argumentationsstrategien in Recht und Rechtswissenschaft des 19. und 20. Jahrhunderts. Für Michael Stolleis zum 65. Geburtstag (= Studien zur Europäischen Rechtsgeschichte Bd. 247), Frankfurt a. M. 2009, S. 163–180.

–, Naturrecht als Norm nach dem Zusammenbruch des »Dritten Reiches«, in: Martin Löhnig (Hg.), Zwischenzeit. Rechtsgeschichte der Besatzungsjahre, Regenstauf 2011, S. 227–239.

–, Zum Selbstverständnis der historischen Rechtswissenschaft im Dritten Reich, in: Kritische Justiz 2 (1969), S. 58–70.

–, Zur Geschichte des verfassungsrechtlichen Schutzes von Ehe und Familie in: Walther J. Habscheid (Hg.), Festschrift für Friedrich Wilhelm Bosch zum 65. Geburtstag, Bielefeld 1976, S. 893–908.

Schwark, Eberhard, Börsenrecht, in: Claus Wilhelm-Canaris (Hg.), 50 Jahre Bundesgerichtshof. Festgabe aus der Wissenschaft, Bd. 2: Handels- und Wirtschaftsrecht. Europäisches und Internationales Recht. Herausgegeben von Andreas Heldrich und Klaus J. Hopt, München 2000, S. 455–495.

–/ Zimmer, Daniel, Kapitalmarktrechts-Kommentar, 4. Aufl., München 2010.

Schwarz, Hans-Peter, Die Ära Adenauer 1949–1957. Gründerjahre der Republik, Stuttgart 1981.

Seckelmann, Margrit, Der »Dienst am schöpferischen Ingenium der Nation«, in: Johannes Bähr/Ralf Banken (Hg.), Wirtschaftssteuerung durch Recht im Nationalsozialismus. Studien zur Entwicklung des Wirtschaftsrechts im Interventionsstaat des »Dritten Reichs« (= Das Europa der Diktatur Nr. 9), Frankfurt a. M. 2006, S. 237–279.

–, Industrialisierung, Internationalisierung und Patentrecht im Deutschen Reich, 1871–1914 (= Recht der Industriellen Revolution Nr. 2), Frankfurt a. M. 2006.

Seibert, Claus, Bemerkungen zur Bundesamnestie, in: Deutsche Richterzeitung 1950, S. 25.

Seibert, Ulrich, Das Gesetzgebungsverfahren und die politischen Verhandlungen zum Gesetz zur Angemessenheit der Vorstandsvergütung (VorstAG) vom Kabinettbeschluss bis zu seinem Inkrafttreten (März bis August 2009), in: Mathias Habersack/Peter Hommelhoff (Hg.), Festschrift für Wulf Goette zum 65. Geburtstag, München 2011, S. 487–497.

–, Deutschland im Herbst. Erinnerungen an die Entstehung des Finanzmarktstabilisierungsgesetzes im Oktober 2008, in: Stefan Grundmann (Hg.), Festschrift für Klaus J. Hopt zum 70. Geburtstag am 24. August 2010. Unternehmen, Markt und Verantwortung, Bd. 2, Berlin 2010, S. 2525–2547.

–, Die Koalitionsarbeitsgruppe »Managervergütungen«. Rechtspolitische Überlegungen zur Beschränkung der Vorstandsvergütung (Ende 2007 bis März 2009), in: Peter Kindler (Hg.), Festschrift für Uwe Hüffer zum 70. Geburtstag, München 2010, S. 955–972.

Simon, Dieter, Vom Rechtsstaat in den Richterstaat. Vortrag beim Berliner Arbeitskreis Rechtswirklichkeit, gehalten am 3.11.2008, Berlin 2010.

Smelser, Ronald/Zitelmann, Rainer, Die braune Elite. 22 Biographische Skizzen, 2. Aufl., Darmstadt 1990.

Sohn, Norbert, Der Schutz des musikalischen Kunstwerks gegen Verschandelung nach Ablauf der urheberrechtlichen Schutzfrist. Ein Beitrag zur Urheberrechtsreform, Berlin 1934.

Sonnen, Bernd-Rüdeger, Strafgerichtsbarkeit. Unrechtsurteile als Regel oder Ausnahme?, in: Udo Reifner/Bernd-Rüdeger Sonnen (Hg.), Strafjustiz und Polizei im Dritten Reich, Frankfurt a. M. 1984, S. 41–58.

Spendel, Günter, Rechtsbeugung durch Rechtsprechung. Sechs strafrechtliche Studien, Berlin 1984.

Splitt, Gerhard, Richard Strauss 1933–1935. Ästhetik und Musikpolitik zu Beginn der nationalsozialistischen Herrschaft (= Reihe Musikwissenschaft Nr. 1), Pfaffenweiler 1987.

Staub, Hermann, Supplement zu Staub's Kommentar zum Allgemeinen Deutschen Handelsgesetzbuch, enthaltend: 1. eine Erläuterung der Bestimmungen des neuen H. G. B. über die Handlungsgehilfen, 2. eine vergleichende Darstellung des alten und den H. G. B., Berlin 1897, S. 137–166.

Stechow, Henning von, Das Gesetz zur Bekämpfung des unlauteren Wettbewerbs vom 27. Mai 1896. Entstehungsgeschichte und Wirkung (= Schriften zur Rechtsgeschichte Nr. 96), Berlin 2002.

Stein, Albert, Luthers Meinung über die Juristen, in: Zeitschrift der Savigny-Stiftung für Rechtsgeschichte, Kanonistische Abteilung 54 (1968), S. 362–375.

Steinhoff, Dirk.-J., Die Diskussion um die Umgestaltung der Unternehmungsverfassung. Von der kapitalbestimmten zur arbeitsmitbestimmten Unternehmensverfassung (Dissertation Bochum 1969), Bochum 1969.

Stein-Stegemann, Hans-Konrad, Das Problem der »Nazi-Juristen« in der Hamburger Nachkriegsjustiz 1945–1965, in: Hubert Rottleuthner, Karrieren und Kontinuitäten deutscher Justizjuristen vor und nach 1945. Mit allen Grund- und Karrieredaten auf beiliegender CD-ROM, Berlin 2010, S. 309–382.

Stiefel, Ernst C./Mecklenburg, Frank, Deutsche Juristen im amerikanischen Exil (1933–1950), Tübingen 1991.

Stoll, Heinrich, Die Lehre von den Leistungsstörungen. Denkschrift des Ausschusses für Personen-, Vereins- und Schuldrecht, Tübingen 1936.
–, Die nationale Revolution und das bürgerliche Recht, in: Deutsche Juristen-Zeitung 1933, Sp. 1229–1231.
–, Vertrag und Unrecht, 2 Halbbde., Tübingen 1936.
Stolleis, Michael, »Corporativismo« und ständestaatliche Ideen. Kommentar zum Referat von Michele Luminati, in: Gerd Bender/Rainer Maria Kiesow/Dieter Simon (Hg.), Die andere Seite des Wirtschaftsrechts. Steuerung in den Diktaturen des 20. Jahrhunderts (= Das Europa der Diktatur Nr. 10), Frankfurt a.M. 2006, S. 49–57.
–, Gemeinwohlformeln im nationalsozialistischen Recht (= Münchener Universitätsschriften, Juristische Fakultät, Abhandlungen zur rechtswissenschaftlichen Grundlagenforschung Nr. 15), Berlin 1974.
–, Geschichte des öffentlichen Rechts in Deutschland, 4 Bde., München 1988–2012.
Strauß, Walter, Aktienrecht und Wirtschaftspolitik, in: Benvenuto Samson (Hg.), Aktuelle Probleme aus dem Gesellschaftsrecht und anderen Rechtsgebieten. Festschrift für Walter Schmidt zum 70. Geburtstag am 18. Dezember 1959 überreicht von seinen Freunden, Berlin 1959, S. 3–22.
Streng, Franz, Jugendstrafrecht, 3. Aufl., Heidelberg 2012.
Stupp, Matthias, GmbH-Recht im Nationalsozialismus. Anschauungen des Nationalsozialismus zur Haftungsbeschränkung, Juristischen Person, Kapitalgesellschaft und Treuepflicht. Untersuchungen zum Referentenentwurf 1939 zu einem neuen GmbH-Gesetz (= Schriften zur Rechtsgeschichte Nr. 93), Berlin 2002.
Swedberg, Richard, The Max Weber Dictionary. Key Words and Central Concepts, Stanford 2005.
Szabó, Anikó, Vertreibung, Rückkehr, Wiedergutmachung. Göttinger Hochschullehrer im Schatten des Nationalsozialismus. Mit einer biographischen Dokumentation der entlassenen und verfolgten Hochschullehrer: Universität Göttingen, TH Braunschweig, TH Hannover, Tierärztliche Hochschule Hannover (= Veröffentlichungen des Arbeitskreises Geschichte des Landes Niedersachsen [nach 1945] Nr. 15), Göttingen 2000.
Taschner, Waltraud, »Im Nahkampf san mir Bayern greisli« – Motto eines humorigen Poltergeistes. Historische Persönlichkeiten im Bayerischen Senat: Max Kolmsperger, in: Maximilianeum 8 (1996). S. 48.
Thiel, Carsten, Rechtsbeugung – § 339. Reformdiskussion und Gesetzgebung seit 1870 (= Juristische Zeitgeschichte. Abt. 3 Bd. 18), Berlin 2005.
Thielecke, Karl (Hg.), Fall 5. Anklageplädoyer, ausgewählte Dokumente, Urteil des Flick-Prozesses mit einer Studie über die »Arisierungen« des Flick-Konzerns, Berlin 1965.
Thierack, Otto Georg, Die Kriegsaufgaben der Akademie für Deutsches Recht für die Gesetzgebung, in: Zeitschrift der Akademie für Deutsches Recht 10 (1943), S. 1–3.
Thiessen, Jan, »Ein ungeahnter Erfolg« – zur (Rezeptions-)Geschichte von Hermann Staubs Kommentaren, in: Thomas Henne/Rainer Schröder/Jan Thiessen (Hg.), Anwalt – Kommentator – ›Entdecker‹. Festschrift für Hermann Staub zum 150. Geburtstag am 21. März 2006, Berlin 2006, S. 55–108.
–, Der Ausschluss aus der GmbH als »praktische Durchführung einer verbrecherischen Irrlehre« – eine Rechtsfortbildungsgeschichte, im Erscheinen.
–, Der unkündbare Geschäftsführer – Kündigungsschutz durch anstellungsvertragliche Verweisung auf arbeitsrechtliche Vorschriften, in: Zeitschrift für Wirtschaftsrecht 32 (2011), S. 1029–1039.
–, Gute Sitten und »gesundes Volksempfinden«. Vor-, Miss- und Nachklänge in und um RGZ 150, 1, in: Arndt Kiehnle/Bernd Mertens/Gottfried Schiemann (Hg.), Festschrift für Jan Schröder zum 70. Geburtstag, Tübingen 2013, S. 187–219.
–, Karl-August Crisolli und sein »Entwurf eines Gesetzes zur Vereinheitlichung, Bereini-

gung und Reinhaltung des Handelsregisters« von 1934 im Lichte aktueller Reformprojekte, in: Ulrich Battis (Hg.), Privatrecht gestern, heute und morgen. Festkolloquium für Rainer Schröder zum 60. Geburtstag, Bonn 2008, S. 35–65.

–, Transfer von GmbH-Recht im 20. Jahrhundert – Export, Import, Binnenhandel, in: Vanessa Duss (Hg.), Rechtstransfer in der Geschichte (= Jahrbuch Junge Rechtsgeschichte Nr. 1), München 2006, S. 446–497.

–, Unternehmenskauf und Bürgerliches Gesetzbuch. Die Haftung des Verkäufers von Unternehmen und Unternehmensbeteiligungen (= Berliner Juristische Universitätsschriften 45), Berlin 2005.

Thoss, Peter, Das subjektive Recht in der gliedschaftlichen Bindung. Zum Verhältnis von Nationalsozialismus und Privatrecht, Frankfurt a. M. 1968.

Tilitzki, Christian, Der Rechtsphilosoph Carl August Emge. Vom Schüler Hermann Cohens zum Stellvertreter Hans Franks, in: Archiv für Rechts- und Sozialphilosophie 89 (2003), S. 459–496.

–, Die deutsche Universitätsphilosophie in der Weimarer Republik und im Dritten Reich, Teil 1 und 2, Berlin 2002.

Tomuschat, Christian, Heinrich Triepel (1868–1946), in: Stefan Grundmann u. a. (Hg.), Festschrift 200 Jahre Juristische Fakultät der Humboldt-Universität zu Berlin. Geschichte, Gegenwart und Zukunft, Berlin 2010, S. 497–521.

Triepel, Heinrich, Die Hegemonie. Ein Buch von führenden Staaten, Stuttgart 1938.

Ulmer, Peter, Das Recht der GmbH und GmbH & Co. KG nach 50 Jahren BGH-Rechtsprechung. Schwerpunkte – Desiderate – Rechtsgestaltung, in: Claus Wilhelm-Canaris (Hg.), 50 Jahre Bundesgerichtshof. Festgabe aus der Wissenschaft, Bd. 2: Handels- und Wirtschaftsrecht. Europäisches und Internationales Recht. Herausgegeben von Andreas Heldrich und Klaus J. Hopt, München 2000, S. 273–320.

–, Wolfgang Hefermehl (1906–2001), in: Stefan Grundmann/Karl Riesenhuber (Hg.), Deutschsprachige Zivilrechtslehrer des 20. Jahrhunderts in den Berichten ihrer Schüler. Eine Ideengeschichte in Einzeldarstellungen, Bd. 1, Berlin 2007, S. 239–259.

Utz, Friedemann, Preuße, Protestant, Pragmatiker. Der Staatssekretär Walter Strauß und sein Staat (= Beiträge zur Rechtsgeschichte des 20. Jahrhunderts Nr. 40), Tübingen 2003.

Vanberg, Viktor J., Wettbewerb und Regelordnung (= Untersuchungen zur Ordnungstheorie und Ordnungspolitik Nr. 55), Tübingen 2008.

Vassalli, Giuliano, Radbruchsche Formel und Strafrecht. Zur Bestrafung der »Staatsverbrechen« im postnazistischen und postkommunistischen Deutschland (= Strafrechtswissenschaft und Strafrechtspolitik Bd. 22), Berlin 2010.

Veil, Rüdiger, Umwandlungen, in: Walter Bayer/Mathias Habersack (Hg.), Aktienrecht im Wandel, Bd. 2, Tübingen 2007, S. 1059–1095.

Verhandlungen des Königlichen Landes-Oekonomie-Kollegiums über den Entwurf eines bürgerlichen Gesetzbuches für das Deutsche Reich und andere Gegenstände. III. Session der IV. Sitzungsperiode vom 11. bis 22. November 1889 (Landwirthschaftliche Jahrbücher. Zeitschrift für wissenschaftliche Landwirthschaft und Archiv des Königlich Preußischen Landes-Oekonomie-Kollegiums, Bd. 18, Ergänzungsband 2), Berlin 1890.

Vogel, Joachim, Einflüsse des Nationalsozialismus auf das Strafrecht, in: Zeitschrift für die gesamte Strafrechtswissenschaft 115 (2003), S. 638–670.

Vogel, Martin, Urheberpersönlichkeitsrecht und Verlagsrecht im letzten Drittel des 19. Jahrhunderts, in: Elmar Wadle (Hg.), Historische Studien zum Urheberrecht in Europa. Entwicklungslinien und Grundfragen (= Schriften zur Europäischen Rechts- und Verfassungsgeschichte Nr. 10), Berlin 1993, S. 192–206.

Vogel, Ralf, Die Wiedergutmachung von nationalsozialistischem Unrecht durch die Bundesrepublik Deutschland und die DDR, in: Klaus Marxen/Koichi Miazawa/Gerhard Werle

(Hg.), Der Umgang mit Kriegs- und Besatzungsunrecht in Japan und Deutschland, Berlin 2011, S. 177–196.

Volkmar, Erich/Antoni, Hans/Ficker, Hans G./Rexroth, Ernst Ludwig/Anz, Heinrich, Großdeutsches Eherecht. Kommentar zum Ehegesetz vom 6. Juli 1938 mit sämtlichen Durchführungsvorschriften, München 1939.

Vormbaum, Thomas, Der strafrechtliche Schutz des Strafurteils. Untersuchungen zum Strafrechtsschutz des strafprozessualen Verfahrensziels, Berlin 1987.

–, Die rechtliche Transformation Deutschlands nach dem Zweiten Weltkrieg, in: Francisco Muñoz Conde/Thomas Vormbaum (Hg.), Transformation von Diktaturen in Demokratien und Aufarbeitung der Vergangenheit (= Juristische Zeitgeschichte. Abt. 2 Bd. 19), Berlin 2010, S. 183–198.

–, Einführung in die moderne Strafrechtsgeschichte, 2. Aufl., Heidelberg 2011.

–, L'elaborazione del passato, in: Massimo Donini/Renzo Orlandi (Hg.), Il penale nella società di diritti. Cause di giustificazione e mutamenti sociali, Bologna 2010, S. 49–68.

–, Strafjustiz im Nationalsozialismus. Ein kritischer Literaturbericht, in: Goltdammer's Archiv 1998, S. 1–31.

–, Zur strafrechtlichen Verantwortlichkeit von DDR-Richtern wegen Rechtsbeugung, in: Neue Justiz 1993, S. 212–215.

–/ Welp, Jürgen, Das Strafgesetzbuch. Sammlung der Änderungsgesetze und Neubekanntmachungen, Bd. 1: 1870 bis 1953, Baden-Baden 2000.

–, Das Strukturbild der deutschen Aktiengesellschaften unter besonderer Berücksichtigung ihres gesellschaftlichen Aufbaus (Dissertation Hamburg 1936), Hamburg 1938.

Wagner, Heinz, Das Strafrecht im Nationalsozialismus, in: Franz Jürgen Säcker (Hg.), Recht und Rechtslehre im Nationalsozialismus. Ringvorlesung der Rechtswissenschaftlichen Fakultät der Christian-Albrechts-Universität zu Kiel, Baden-Baden 1992, S. 141–184.

Waldmann, Kurt, Grundzüge eines nationalsozialistischen Patentrechts, in: Hans Frank (Hg.), Nationalsozialistisches Handbuch für Recht und Gesetzgebung, München 1935, S. 1036–1063.

Walk, Joseph, Das Sonderrecht für die Juden im NS-Staat. Eine Sammlung der gesetzlichen Maßnahmen und Richtlinien – Inhalt und Bedeutung, 2. Aufl., Heidelberg 1996.

Wassermann, Rudolf, Fall 3: Der Nürnberger Juristenprozeß, in: Gerd R. Ueberschär (Hg.), Der Nationalsozialismus vor Gericht. Die alliierten Prozesse gegen Kriegsverbrecher und Soldaten 1943–1952, 2. Aufl., Frankfurt a. M. 2000, S. 99 ff.

Weber, Max, Wirtschaft und Gesellschaft (= Grundriß der Sozialökonomik 3), Tübingen 1922.

Weber, Werner, Führererlaß und Führerverordnung, in: Zeitschrift für die gesamte Staatswissenschaft 102 (1942), S. 101–137.

Weinkauf, Hermann, Die deutsche Justiz und der Nationalsozialismus, Stuttgart 1968.

Wendell Holmes, Oliver, The Path of Law, in: Harvard Law Review 10 (1897), S. 457–478.

Wengeler, Martin, Vom Jedermann-Programm bis zur Vollbeschäftigung. Wirtschaftspolitische Leitvokabeln, in: Karin Böke/Frank Liedtke/Martin Wengeler, Politische Leitvokabeln in der Adenauer-Ära (= Sprache, Politik, Öffentlichkeit 8), Berlin 1996, S. 379–434.

Wengst, Udo, Staatsaufbau und Regierungspraxis 1948–1953. Zur Geschichte der Verfassungsorgane der Bundesrepublik Deutschland, Düsseldorf 1984.

–, Thomas Dehler 1897–1967. Eine politische Biographie, München 1997.

–, Thomas Dehler als liberaler Bundespolitiker, in: Haus der Geschichte der Bundesrepublik Deutschland (Hg.), Nach-Denken. Thomas Dehler und seine Politik, Berlin 1998, S. 17–24.

Werle, Gerhard, Die Bestrafung von NS-Unrecht in Westdeutschland, in: Klaus Marxen/Koichi Miazawa/Gerhard Werle (Hg.), Der Umgang mit Kriegs- und Besatzungsunrecht in Japan und Deutschland, Berlin 2001, S. 137–158.

–, Justiz-Strafrecht und polizeiliche Verbrechensbekämpfung im Dritten Reich, Berlin 1989.
Werner, Stefan, Wirtschaftsordnung und Wirtschaftsstrafrecht im Nationalsozialismus, Frankfurt a. M. 1991.
Wesel, Uwe, Der Gang nach Karlsruhe. Das Bundesverfassungsgericht in der Geschichte der Bundesrepublik, München 2004.
Westermann, Harry, Die unternehmerische Leitungsmacht des Vorstandes der Genossenschaft nach geltendem und zukünftigem Genossenschaftsrecht im Vergleich zur Leitungsmacht des Vorstandes der AG, in: Klemens Pleyer (Hg.), Festschrift für Rudolf Reinhardt zum 70. Geburtstag, 7. Juni 1972, Köln 1972, S. 359–373.
Wieacker, Franz, Geschichtliche Ausgangspunkte der Ehereform, in: Deutsches Recht 1937, S. 178–184.
–, Privatrechtsgeschichte der Neuzeit unter besonderer Berücksichtigung der deutschen Entwicklung, 2. Aufl., Göttingen 1967.
Wilcken, Christoph Alexander von, Die Reformbestrebungen zum Genossenschaftsgesetz in der Frühzeit der Bundesrepublik. Die Beratungen der Sachverständigenkommission zur Überprüfung des Genossenschaftsrechts 1954 bis 1958 und der Referentenentwurf von 1962 (= Rechtshistorische Reihe Nr. 219), Frankfurt a. M. 2000.
Willoweit, Dietmar, Deutsche Verfassungsgeschichte. Vom Frankenreich bis zur Wiedervereinigung Deutschlands, 6. Aufl., München 2009.
Wistrich, Robert, Wer war wer im Dritten Reich. Anhänger, Mitläufer, Gegner aus Wirtschaft, Militär, Kunst und Wissenschaft, München 1983.
Wittreck, Fabian, Die Verwaltung der Dritten Gewalt, Tübingen 2006.
Wojak, Irmtrud, Eichmanns Memoiren. Ein kritischer Essay, Frankfurt a. M. 2001.
–, Fritz Bauer 1903–1968. Eine Biographie, München 2009.
Wolf, Alfred, Das Zerrüttungsprinzip im Ehescheidungsrecht und die Nationalsozialisten, in: Zeitschrift für das gesamte Familienrecht 1988, S. 1217.
Wolf, Erik, Das Rechtsideal des nationalsozialistischen Staates, in: Archiv für Rechts- und Sozialphilosophie 28 (1934/35), S. 348–363.
Wolf, Horst, Die Aktie und die wirtschaftliche Wirklichkeit (Dissertation Köln 1963), Köln 1963.
Wolfrum, Edgar, Die Bundesrepublik Deutschland 1949–1990, Stuttgart 2005.
–, Die geglückte Demokratie. Geschichte der Bundesrepublik Deutschland von ihren Anfängen bis zur Gegenwart, Stuttgart 2006.
Wrobel, Hans, Verurteilt zur Demokratie. Justiz und Justizpolitik in Deutschland 1945–1949, Heidelberg 1989.
Würdinger, Hans, Das Recht der Personalgesellschaften, 1. Teil: Die Kommanditgesellschaft. 1. Arbeitsbericht des Ausschusses für das Recht der Personalgesellschaften der Akademie für Deutsches Recht (= Arbeitsberichte der Akademie für Deutsches Recht Nr. 12), München 1939.
–, Grundfragen zur Reform der Einzelunternehmung und der Personalgesellschaften, in: Hans Frank (Hg.), Nationalsozialistisches Handbuch für Recht und Gesetzgebung, München 1935, S. 1105–1135.
–, Rezension zu Zahn, Wirtschaftsführertum und Vertragsethik im neuen Aktienrecht, in: Jahrbücher für Nationalökonomie und Statistik 143 (1936), S. 625–628.
Würtenberger, Thomas, Wege zum Naturrecht in Deutschland 1946–1948, in: Archiv für Rechts- und Sozialphilosophie 38 (1949/50), S. 98–138, ergänzend in: Archiv für Rechts- und Sozialphilosophie 40 (1952/53), S. 576–597, ergänzend in: Archiv für Rechts- und Sozialphilosophie 41 (1954/55), S. 59–87.
Zacher, Clemens, Die Entstehung des Wirtschaftsrechts in Deutschland. Wirtschaftsrecht, Wirtschaftsverwaltungsrecht und Wirtschaftsverfassung in der Rechtswissenschaft der Weimarer Republik (= Beiträge zum Wirtschaftsrecht Nr. 153), Berlin 2002.

Zahn, Johannes C. D., Die treuhänderische Übertragung und Verwaltung von Körperschaftsrechten; insbesondere von Aktien, Kuxen und G.m.b.H.-Anteilen, Dissertation, Bonn 1931.

–, Gegen den körperschaftlichen Aufbau der Aktiengesellschaft, in: Deutsche Justiz 97 (1935), S. 27–29.

–, Kapitalgesellschaften, Wirtschaftsführertum und Staat, in: Deutsches Recht 3 (1933), S. 228–231.

–, Rechtsstudium und Studienreform in Nordamerika, in: JW 60 (1931), S. 121–122.

–, The Trustee in German-American Industrial Loans, in: Boston University Law Review 12 (1932), S. 187–231, 428–470.

–, Wirtschaftsführertum und Vertragsethik im neuen Aktienrecht. Anregungen zum Neubau des deutschen Aktienrechts auf Grund einer vergleichenden Darstellung des deutschen und nordamerikanischen Aktienrechts, Berlin 1934.

Zeidler, Wolfgang, »...der Rechtsstaat ist sehr teuer«. Gespräch mit dem Präsidenten des Bundesverfassungsgerichts, Prof. Dr. Wolfgang Zeidler, in: Deutsche Richterzeitung 1984, S. 251–255.

Zeller, Bernhard (Hg.), Als der Krieg zu Ende war. Literarisch-politische Publizistik 1945–1950, Marbach 1973.

Zeller, Otto, Befreiung vom Judentum. Tagung der Reichsgruppe Hochschullehrer des NS-Rechtswahrer-Bundes am 3. und 4. Oktober 1936 in Berlin, in: Juristische Wochenschrift 65 (1936), S. 2907–2909.

Zentral-Justizamt für die Britische Zone (Hg.), Das Nürnberger Juristenurteil. Vollständige Ausgabe (= Sonderveröffentlichungen des Zentral-Justizblatts für die britische Zone Bd. 3), Hamburg o. J. (1948).

Ziegler, Albert, Das natürliche Entscheidungsrecht des Mannes in Ehe und Familie, Heidelberg 1958.

Zimmermann, Reinhard, Vor § 1, in: Mathias Schmoeckel/Joachim Rückert/Reinhard Zimmermann (Hg.), Historisch-kritischer Kommentar zum BGB, Bd. 1, Tübingen 2003, S. 1–33.

Zirker, Matthias, Vertrag und Geschäftsgrundlage in der Zeit des Nationalsozialismus (= Würzburger rechtswissenschaftliche Schriften Nr. 6), Würzburg 1996.

Zitelmann, Ernst, Nichterfüllung und Schlechterfüllung, in: Festgabe der Bonner Juristischen Fakultät für Paul Krüger zum Doktor-Jubiläum, Berlin 1911, S. 265–281.

Zöllner, Wolfgang, Alfred Hueck. Rechtslehrer in der Weimarer Republik, Nazidiktatur und Bundesrepublik, in: Stefan Grundmann/Karl Riesenhuber (Hg.), Deutschsprachige Zivilrechtslehrer des 20. Jahrhunderts in den Berichten ihrer Schüler. Eine Ideengeschichte in Einzeldarstellungen, Bd. 1, Berlin 2007, S. 131–147.

Zöllner, Wolfgang, Die Schranken mitgliedschaftlicher Stimmrechtsmacht bei den privatrechtlichen Personenverbänden (= Schriften des Instituts für Wirtschaftsrecht an der Universität Köln Nr. 15), München 1963.

Personenregister

Die Autoren

Prof. Dr. Horst Dreier ist seit 1995 ordentlicher Professor an der Universität Würzburg, wo er von 2001 bis 2003 auch als Dekan der Juristischen Fakultät amtierte. Von 2000 bis 2004 war er Fachgutachter der Deutschen Forschungsgemeinschaft für das Gebiet »Rechts- und Staatsphilosophie«, von 2000 bis 2010 Mitglied des wissenschaftlichen Kuratoriums der Forschungsstätte der Evangelischen Studiengemeinschaft e. V., von 2003 bis 2005 Vorsitzender der Vereinigung der Deutschen Staatsrechtslehrer und von 2004 bis 2008 Mitglied des DFG-Fachkollegiums »Rechtswissenschaften«. Fellowships am Wissenschaftskolleg zu Berlin, am Max Weber-Kolleg für kultur- und sozialwissenschaftliche Studien in Erfurt und bei der Carl Friedrich von Siemens Stiftung in München. Dreier ist Herausgeber eines Grundgesetz-Kommentars.

Prof. Dr. Manfred Görtemaker ist seit 1993 ordentlicher Professor für Neuere Geschichte an der Universität Potsdam. 1994/95 war er dort außerdem Prorektor für Lehre und Studium und von 2001 bis 2004 Vorsitzender des Senats. Er ist Mitglied des Kuratoriums der Stiftung Ernst-Reuter-Archiv im Landesarchiv Berlin und Vorsitzender des Wissenschaftlichen Beirats des Zentrums für Militärgeschichte und Sozialwissenschaften sowie des Beirats für Museumsfragen der Bundeswehr. Gastprofessuren und Fellowships an der Duke University, am Dartmouth College in Hanover (New Hampshire), am St Antony's College der Universität Oxford und an der Universität Bologna. Seit 2012 gehört er der Unabhängigen Wissenschaftlichen Kommission beim Bundesministerium der Justiz zur Aufarbeitung der NS-Vergangenheit an.

Prof. Dr. Ulrich Herbert ist seit 1995 ordentlicher Professor für Neuere und Neueste Geschichte an der Universität Freiburg. Er war Research Fellow am Institut für Deutsche Geschichte an der Universität Tel Aviv und ist Mitherausgeber mehrerer Buchreihen und der Zeitschrift »Journal for Modern European History«. 1999 erhielt er den Gottfried-Wilhelm-Leibniz-Preis der Deutschen Forschungsgemeinschaft. Von 2001 bis 2007 war er Mitglied des Wissenschaftsrates. Seit 2007 leitet er an der Universität Freiburg zusammen mit Jörn Leonhard die School of History des Freiburg Institute for Advanced Studies (FRIAS).

Bundesministerin Sabine Leutheusser-Schnarrenberger arbeitete nach Beendigung des Studiums der Rechtswissenschaften von 1979 bis 1990 beim Deutschen Patentamt in München, zuletzt als Leitende Regierungsdirektorin. 1978 trat sie in die FDP ein. Seit 1990 ist sie Mitglied des Deutschen Bundestages. Von 1992 bis 1996 war sie Bundesministerin der Justiz. Nach dem Mitgliederentscheid der FDP zum sog. Großen Lauschangriff trat sie als Justizministerin zurück und arbeitete ab 1997 als Rechtsanwältin in München. Seit 1997 ist sie Mitglied des Bundespräsidiums der FDP und seit Dezember 2000 Vorsitzende des FDP-Landesverbandes Bayern. Von 2005 bis 2009 war sie stellvertretende Fraktionsvorsitzende und rechtspolitische Sprecherin der FDP-Bundestagsfraktion; von 2005 bis 2009 war sie Mitglied der Parlamentarischen Versammlung des Europarates. Am 28. Oktober 2009 wurde sie erneut Bundesministerin der Justiz. Seit Mai 2011 ist sie stellvertretende Bundesvorsitzende der FDP.

Prof. Dr. Joachim Rückert war von 1984 bis 1993 ordentlicher Professor für Zivilrecht und Rechtsgeschichte an der Universität Hannover, wechselte 1993 auf einen Stiftungslehrstuhl für Juristische Zeitgeschichte und Zivilrecht in Frankfurt am Main und ist dort seit 1998 Inhaber des Lehrstuhls für Neuere Rechtsgeschichte, Juristische Zeitgeschichte, Zivilrecht und Rechtsphilosophie. 1985 gründete er die »Fundamenta Juridica«. Seit 2000 ist er Vorsitzender der Frankfurter Juristischen Gesellschaft sowie stellvertretender Vorsitzender des Arbeitskreises für moderne Sozialgeschichte e. V. Außerdem gehört Rückert der Frankfurter Wissenschaftlichen Gesellschaft an und ist Herausgeber der Savignyana (bisher 8 Bände), des Historisch-kritischen Kommentars zum BGB (bisher 6 Bände) und der Zeitschrift der Savigny-Stiftung für Rechtsgeschichte. Er war leitendes Mitglied des DFG-Graduiertenkollegs Rechtsgeschichte (1993 bis 2002) und der International Max Planck Research School for Comparative Legal History (2002).

Prof. Dr. Dres. h. c. Bernd Rüthers war von 1967 bis 1971 Professor der Rechte an der Freien Universität Berlin und Direktor des Instituts für Rechtssoziologie und Rechtstatsachenforschung. Von 1971 bis zu seiner Emeritierung 1998 war er Professor für Zivilrecht und Rechtstheorie an der Universität Konstanz, deren Rektor er außerdem von 1991 bis 1996 war. Zudem amtierte er von 1976 bis 1989 als Richter am Oberlandesgericht Stuttgart. 1986/87 und 1996 war er Fellow am Wissenschaftskolleg zu Berlin. 1967 wurde er mit dem Hans-Constantin-Paulßen-Preis, 1990 mit dem Ludwig Erhard-Preis ausgezeichnet. 1995 erhielt er den Hanns Martin Schleyer-Preis, 1997 den Woitschach-Forschungspreis. Er ist Ehrendoktor der Universität Jasi/Rumänien (1997) und der Katholischen Universität Lublin/Polen (2000).

Prof. Dr. Christoph Safferling, LL. M. ist seit 2007 Professor für Strafrecht, Strafprozessrecht, Internationales Strafrecht und Völkerrecht an der Philipps-Universität Marburg und Direktor des dortigen Forschungs- und Dokumentationszentrums für Kriegsverbrecherprozesse. Außerdem ist er Whitney R. Harris International Law Fellow am Robert H. Jackson Center in Jamestown, New York. Von 2006 bis 2010 war er Mitglied des Beirats der Stadt Nürnberg für die Errichtung des »Memoriums Nürnberger Prozesse«. Er ist Sprecher der Arbeitsgruppe »Akademie Nürnberger Prozesse«. Seit 2012 gehört er der Unabhängigen Wissenschaftlichen Kommission beim Bundesministerium der Justiz zur Aufarbeitung der NS-Vergangenheit an.

Prof. Dr. Dr. h. c. Dieter Schwab war von 1968 bis 1974 Professor für Rechtswissenschaften an der Universität Gießen, danach bis zu seiner Emeritierung im Jahr 2000 Lehrstuhlinhaber für Bürgerliches Recht, deutsche Rechtsgeschichte und Kirchenrecht an der Universität Regensburg. Sein Forschungsschwerpunkt lag im Bereich des Familienrechts, dessen Entwicklung er durch zahlreiche Publikationen, Vorträge und Stellungnahmen maßgeblich beeinflusste. Aus seiner Mitwirkung als Experte im Rahmen der ZDF-Fernsehreihe »Wie würden Sie entscheiden?« entstand der populäre Ratgeber »Meine Rechte bei Trennung und Scheidung«. Die Friedrich-Schiller-Universität Jena verlieh ihm 2004 die Ehrendoktorwürde. 2005 erschien anlässlich seines 70. Geburtstages eine Festschrift mit dem Titel »Perspektiven des Familienrechts«.

Prof. Dr. Dr. h. c. mult. Michael Stolleis war von 1974 bis zu seiner Emeritierung 2006 Professor für Öffentliches Recht und Rechtsgeschichte an der Johann Wolfgang Goethe-Universität in Frankfurt am Main und von 1991 bis Ende 2009 Direktor des Max-Planck-Instituts für europäische Rechtsgeschichte (MPIER). 1991 erhielt er den Gottfried-Wilhelm-Leibniz-Preis der Deutschen Forschungsgemeinschaft. Er erhielt Ehrendoktorwürden von der Universität Lund (1999), der Universität Toulouse (2002), der Universität Padua (2004) und der Universität Helsinki (2010). Stolleis ist Mitglied zahlreicher in- und ausländischer wissenschaftlicher Akademien.

Prof. Dr. Jan Thiessen ist seit 2010 Inhaber des Lehrstuhls für Bürgerliches Recht, Deutsche Rechtsgeschichte und Juristische Zeitgeschichte, Handels- und Gesellschaftsrecht an der Eberhard-Karls-Universität Tübingen. Seit 2012 ist er Sekretär der Fachgruppe für Grundlagen der Gesellschaft für Rechtsvergleichung.

Prof. Dr. Dr. Thomas Vormbaum ist seit 1994 Professor für Strafrecht, Strafprozessrecht und Juristische Zeitgeschichte an der Fernuniversität Hagen. Im Studienjahr 1996/97 übernahm er zusätzlich das Weiterbildungsstudium »Einführung in den Anwaltsberuf«, das theoretische Grundlagen und berufspraktische Kenntnisse für die Ausübung des Anwaltsberufs vermitteln soll. 1996 bis 1999 war er Prorektor für Forschung und wissenschaftlichen Nachwuchs sowie für Weiterbildung und von 2001 bis 2008 Prodekan bzw. Dekan des Fachbereichs Rechtswissenschaften. Gastprofessur an der Universität Bologna 2009/10.